BIBLIA DE BOSQUEJOS Y SERMONES

Éxodo 1—18

EDITORIAL PORTAVOZ

La misión de *Editorial Portavoz* consiste en proporcionar productos de calidad —con integridad y excelencia—, desde una perspectiva bíblica y confiable, que animen a las personas a conocer y servir a Jesucristo.

Título del original: *The Preacher's Outline and Sermon Bible*, Exodus 1—18, © 1996 por Alpha-Omega Ministries, Inc. y publicado por Leadership Ministries Worldwide, P.O. Box 21310, Chattanooga, TN 37424. Todos los derechos reservados.

Edición en castellano: *Biblia de bosquejos y sermones*, Éxodo 1—18, © 2012 por Alpha-Omega Ministries, Inc. y publicado con permiso por Editorial Portavoz, filial de Kregel Inc., Grand Rapids, Michigan 49505. Todos los derechos reservados.

La *Biblia de bosquejos y sermones* fue escrita para que el pueblo de Dios la use tanto en sus vidas personales como en la predicación y enseñanza.

EDITORIAL PORTAVOZ
2450 Oak Industrial Dr. NE
Grand Rapids, Michigan 49505 USA

Visítenos en: www.portavoz.com

ISBN: 978-0-8254-0727-7

3 4 5 6 edición / año 28 27 26 25 24

Impreso en China
Printed in China

BIBLIA DE BOSQUEJOS Y SERMONES

Éxodo 1—18

CONTENIDO

LIBRO SEGUNDO DE MOISÉS LLAMADO

ÉXODO

INTRODUCCIÓN

I. AUTOR

Moisés, el gran legislador y libertador de Israel. Moisés fue el gran líder que sacó a Israel de la esclavitud egipcia y que lo dirigió por la *peregrinación en el desierto*.

1. La evidencia interna de las Escrituras, las propias Escrituras, apuntan con mucha fuerza a Moisés como el autor de Éxodo. La contundencia de esta declaración se puede ver claramente al revisar los siguientes pasajes.

a. El Antiguo Testamento apunta a Moisés como el autor.

"Y Jehová dijo a Moisés: Escribe esto para memoria en un libro, y di a Josué que raeré del todo la memoria de Amalec de debajo del cielo" (Éx. 17:14).

"Y Moisés escribió todas las palabras de Jehová, y levantándose de mañana edificó un altar al pie del monte, y doce columnas, según las doce tribus de Israel" (Éx. 24:4).

"Y tomó el libro del pacto y lo leyó a oídos del pueblo, el cual dijo: Haremos todas las cosas que Jehová ha dicho, y obedeceremos" (Éx. 24:7).

"Y Jehová dijo a Moisés: Escribe tú estas palabras; porque conforme a estas palabras he hecho pacto contigo y con Israel" (Éx. 34:27).

"Estas son las jornadas de los hijos de Israel, que salieron de la tierra de Egipto por sus ejércitos, bajo el mando de Moisés y Aarón. Moisés escribió sus salidas conforme a sus jornadas por mandato de Jehová. Estas, pues, son sus jornadas con arreglo a sus salidas" (Nm. 33:1-2).

"Y escribió Moisés esta ley, y la dio a los sacerdotes hijos de Leví, que llevaban el arca del pacto de Jehová, y a todos los ancianos de Israel" (Dt. 31:9).

"Solamente esfuérzate y sé muy valiente, para cuidar de hacer conforme a toda la ley que mi siervo Moisés te mandó; no te apartes de ella ni a diestra ni a siniestra, para que seas prosperado en todas las cosas que emprendas. Nunca se apartará de tu boca este libro de la ley, sino que de día y de noche meditarás en él, para que guardes y hagas conforme a todo lo que en él está escrito; porque entonces harás prosperar tu camino, y todo te saldrá bien" (Jos. 1:7-8).

"como Moisés siervo de Jehová lo había mandado a los hijos de Israel, como está escrito en el libro de la ley de Moisés, un altar de piedras enteras sobre las cuales nadie alzó hierro; y ofrecieron sobre él holocaustos a Jehová, y sacrificaron ofrendas de paz" (Jos. 8:31).

b. El Nuevo Testamento apunta a Moisés como el autor.

"Porque Moisés dijo: Honra a tu padre y a tu madre; y: El que maldiga al padre o a la madre, muera irremisiblemente" (Mr. 7:10).

"Pero respecto a que los muertos resucitan, ¿no habéis leído en el libro de Moisés cómo le habló Dios en la zarza, diciendo: Yo soy el Dios de Abraham, el Dios de Isaac y el Dios de Jacob?" (Mr. 12:26).

"Y cuando se cumplieron los días de la purificación de ellos, conforme a la ley de Moisés, le trajeron a Jerusalén para presentarle al Señor (como está escrito en la ley del Señor: Todo varón que abriere la matriz será llamado santo al Señor)" (Lc. 2:22-23).

c. El propio Jesucristo dijo que Moisés era el autor.

"Ellos dijeron: Moisés permitió dar carta de divorcio, y repudiarla. Y respondiendo Jesús, les dijo: Por la dureza de vuestro corazón os escribió este mandamiento" (Mr. 10:4-5).

"Y les dijo: Éstas son las palabras que os hablé, estando aún con vosotros: que era necesario que se cumpliese todo lo que está escrito de mí en la ley de Moisés, en los profetas y en los salmos" (Lc. 24:44).

"Porque si creyeseis a Moisés, me creeríais a mí, porque de mí escribió él. Pero si no creéis a sus escritos, ¿cómo creeréis a mis palabras?" (Jn. 5:46-47).

¿No os dio Moisés la ley, y ninguno de vosotros cumple la ley? ¿Por qué procuráis matarme?" (Jn. 7:19).

2. La evidencia externa también apunta fuertemente a Moisés como el autor de Éxodo.

a. La tradición, tanto la judía como la cristiana, ha apoyado de un modo unánime a Moisés como el autor de Éxodo. De hecho, la tradición sostiene fuertemente que Moisés escribió todo el Pentateuco (Génesis, Éxodo, Levítico, Números, Deuteronomio).

b. La arqueología también apunta a Moisés como el autor. El autor ciertamente vivió en la época en que se escribió Éxodo. ¿Qué nos demuestra esto? Los elementos que hallamos en el Pentateuco, elementos que describen aspectos como. . .

- costumbres
- conducta
- geografía
- historia
- sucesos
- lugares
- nombres

F. B. Huey plantea lo siguiente:

"Los descubrimientos arqueológicos han confirmado la exactitud de las costumbres, los sucesos, y los nombres que se hallan en el Pentateuco y sugieren que el autor no estaba escribiendo cientos de años después del suceso".[1]

3. La capacitación de Moisés lo apunta a él como el autor de Éxodo.
   a. Moisés tenía la preparación para escribir Éxodo. Él estaba bien enseñado en "toda la sabiduría de los egipcios" (Hch. 7:22). Además, obviamente él estaba bien preparado por Dios para asumir el testimonio oral y escrito de sus antepasados y para escribir Éxodo. (Vea Introducción, Autor, *Génesis* para un mayor análisis.)
   b. Moisés estaba bien familiarizado con todo cuanto sucedió en el libro *de Éxodo*. Él sabía todo sobre Egipto, Madián, el desierto, y la península de Sinaí. Él sabía todo sobre las costumbres, la conducta, la geografía, los sucesos, los lugares, y las personas. Él lo sabía porque él estaba allí.
   c. Moisés contó con el tiempo para escribir Éxodo. Él vivió y anduvo por el desierto con los israelitas durante cuarenta años, cuarenta largos años. Al convertir a los esclavos en una nación de personas, él sabría la importancia de registrar su historia para generaciones futuras.
   d. Moisés fue el libertador designado de Dios, el fundador de la nación de Israel. Moisés era un hombre de destino, un hombre designado por Dios para tomar un grupo rendido de esclavos y convertirlos en una nación de personas. Al edificar la nación, él registraría los sucesos y la historia de los israelitas.

   Piensen un momento: Siendo el gran libertador de Israel, habría sido muy inusual, tan inusual que habría sido una tontería, que no registrara los sucesos y la historia de lo que estaba sucediendo. De hecho, tengan presente, él estaba convirtiendo un cuerpo empobrecido de personas en una nación. Él sabía esto. Debía ser muy poco racional pensar que Moisés no estuviera registrando los sucesos para la posteridad, para ayudar a concederle estructura, bloques, un cimiento, a la nación.

   Además de todo lo anterior, si creemos que Dios inspiró ("sopló") las Sagradas Escrituras, un elemento viene a primer plano: Dios habría llevado a hombres desde los primeros días de la historia humana a registrar su plan de redención. Por ende, para el creyente, no cabe duda: Dios designó hombres desde el principio mismo de la historia humana, los designó para escribir las Sagradas Escrituras. Y en la medida en que escribían, Dios inspiraba (Dios soplaba) las palabras de las Escrituras (2 Ti. 3:16).

Según se ha visto, la evidencia es contundente: Moisés escribió el gran libro *de Éxodo*. Nunca se ha sugerido que otra persona pueda competir con Moisés. Sería difícil rechazar toda la evidencia que apunta a Moisés y sugerir que alguna persona *desconocida* y *anónima* escribió Éxodo. La única conclusión razonable y franca es decir lo que señalan las Escrituras: Moisés escribió Éxodo. (Vea Introducción, *Génesis* para un mayor análisis.)

II. FECHA

Probablemente en algún lapso de tiempo entre 1446-1406 a.C.

1. Moisés vivió 120 años (Dt. 34:7).
2. Moisés pasó 40 años en Egipto (Hch. 7:22-23).
3. Moisés pasó 40 años en Madián (Éx. 2:15).
4. Moisés pasó 40 años dirigiendo a Israel por las experiencias del desierto (Dt. 8:2s).

Ahora bien, sabemos con cierta exactitud cuándo vivió Moisés:

> **"En el año cuatrocientos ochenta después que los hijos de Israel salieron de Egipto, el cuarto año del principio del reino de Salomón sobre Israel, en el mes de Zif, que es el mes segundo, comenzó él a edificar la casa de Jehová" (1 R. 6:1).**

El cuarto año del reinado de Salomón fue cerca del 966 a.C.; por ende, Moisés sacó a Israel de Egipto cerca del 1446 a.C. (480 años antes del cuarto año de Salomón como rey [*La Biblia de estudio NVI*], pp. 2, 84). Basados en esta información, la vida de Moisés se fecharía de la siguiente manera:

⇒ Moisés en Egipto 1526-1486 a.C.
⇒ Moisés en Madián 1486-1446 a.C.
⇒ Moisés llevando a Israel por el desierto 1446-1406 a.C.

Moisés tuvo acceso a los registros y escritos de Israel, y él personalmente dirigió a Israel en su peregrinación por el desierto. Sin lugar a dudas Moisés escribió al menos cuatro libros del Pentateuco durante este período: Éxodo, Levítico, Números, y Deuteronomio). Génesis se escribió durante el mismo período de peregrinación en el desierto o durante los últimos años de Moisés en Egipto o durante sus cuarenta años en Madián. Al parecer, él hizo lo que han hecho muchos grandes hombres a través de la historia, él llevó un diario de los sucesos y compiló sus notas en los varios libros en la medida en que tenía tiempo. Recuerden, como el futuro príncipe de Egipto, a Moisés le habrían enseñado la importancia de escribir y registrar la historia.

Note otros dos elementos significativos:

1. Moisés era espiritualmente maduro durante la peregrinación en el desierto. Él tenía la madurez espiritual necesaria para que el Espíritu Santo lo inspirara a escribir Éxodo.

[1] F. B. Huey, hijo. *Exodus*. (Grand Rapids, MI: Zondervan Publishing House, 1977), p. 8.

2. Fue durante la peregrinación en el desierto que Dios lidió con Moisés una y otra vez frente a frente (por así decirlo). Dios es el autor real de las Sagradas Escrituras. Por ende, a fin de cuentas, el nombre de un autor humano tiene poca relación, de tener alguna, con el valor de las Escrituras. Saber el nombre del autor humano resulta de importancia secundaria.

III. A QUIÉN SE ESCRIBIÓ

A Israel en particular y a la raza humana en general.

1. Éxodo se escribió para proporcionarle a Israel un registro de su historia y ley y para instruir a las personas sobre cómo debían vivir, servir, y adorar a Dios.

2. Éxodo se escribió a todas las personas de todas las generaciones. . .

- Para proporcionarnos un ejemplo y una advertencia sobre cómo no vivir.

> **"Y estas cosas les acontecieron como ejemplo, y están escritas para amonestarnos a nosotros, a quienes han alcanzado los fines de los siglos" (1 Co. 10:11).**

- Para enseñarnos de modo que a través de las Escrituras pudiéramos recibir aliento y una gran esperanza.

> **"Porque las cosas que se escribieron antes, para nuestra enseñanza se escribieron, a fin de que por la paciencia y la consolación de las Escrituras, tengamos esperanza" (Ro. 15:4).**

IV. PROPÓSITO

Hay al menos tres propósitos para el libro *de Éxodo*.

1. El *propósito histórico*: Proporcionarles a los israelitas un registro permanente de su historia y ley y un registro de cómo debían servir y adorar a Dios. Históricamente, Éxodo se escribió. . .

a. Para enseñarle a Israel su propósito divino, la razón misma por la que Dios los había escogido como su pueblo (Éx. 1:1-22).
   - Para enseñarle a Israel que había un solo Dios vivo y verdadero, un Dios que había creado y planificado todas las cosas (Is. 43:10-13).
   - Para enseñarle a Israel sus raíces, que el propio Dios los había escogido realmente por medio de Abraham, los había designado como *la descendencia escogida* del pueblo de Dios.
   - Para enseñarle a Israel que *la Simiente prometida*, el Salvador, sería enviado al mundo por medio de ellos. Ellos eran *la descendencia escogida* por medio de quienes Dios iba a salvar al mundo. La salvación, *la Simiente prometida*, vendría por medio de Israel.
   - Para enseñarle a Israel que ellos recibirían *la Tierra Prometida*, la tierra de Canaán, y que Dios sería fiel a su Palabra y les daría *la Tierra Prometida*.

b. Para recordarle siempre a Israel su liberación gloriosa de la esclavitud de Egipto, la liberación gloriosa por medio de la mano poderosa de Dios (Éx. 2:1—13:16).

c. Para enseñarle a Israel las grandes leyes sobre las que se debería edificar y gobernar su nación (Éx. 19:1—40:38).

d. Para enseñarle a Israel cómo debían creer y seguir a Dios:
   - Al enfrentarse y vencer las pruebas y enemigos de la vida.
   - Al buscar la Tierra Prometida (Éx. 13:17—18:27).

e. Para enseñarle a Israel cómo debían servir y adorar a Dios (Éx. 19:1—40:38).

2. El *propósito espiritual o doctrinal*:

a. Para enseñar que la gran promesa de Dios, la promesa de la *Simiente prometida*, sí tuvo lugar: Una gran nación de personas nació de la simiente de Abraham, el pueblo que daría origen a la *Simiente prometida y Salvador*, el Señor Jesucristo (Éx. 1:6-7).

b. Para enseñar la naturaleza maravillosa de Dios, las grandes doctrinas de:
   - El amor, la misericordia, y la gracia de Dios (Éx. 3:7-10; 6:5-9).
   - La elección, predestinación, preordinación, y presciencia de Dios (Éx. 6:6-9).
   - El poder y soberanía de Dios (Éx. 1:1-18:27).
   - La justicia y juicio de Dios (Éx. 7:8-14:31; 17:8-16).
   - La fidelidad de Dios (Éx. 1:1-40:38).
   - La salvación y redención de Dios (Éx. 1:1-40:38).
   - La santidad de Dios (Éx. 3:1-10; 19:1-40:38).
   - El cuidado, guía, provisión, y protección de Dios (Éx. 1:1—40:38).

c. Para enseñar que la salvación se basa únicamente en la sangre del cordero: Que una persona se debe ocultar tras la sangre del cordero:
   - Para ser liberado del juicio.
   - Para comenzar una *nueva vida*.
   - Para recibir la esperanza de la Tierra Prometida (un símbolo del cielo) (Éx. 12:1—13:16; cp. He. 11:13-16, 24-29).

d. Para enseñar la ley de Dios y hacer un pacto, un acuerdo, con el hombre para que cumpla su ley (Éx. 19:1—40:38).

e. Para enseñar la depravación terrible del hombre, la condición verdadera del corazón del hombre:
   - Que el hombre es un pecador, un transgresor de la ley de Dios.
   - Que el hombre desgarra el corazón de Dios una y otra vez, no importa cuán bueno sea Dios con él (Éx. 1:1—40:38)

f. Para enseñar la necesidad apremiante del hombre de un mediador: Que el hombre necesita de un modo apremiante un mediador que interceda por él con Dios (Éx. 1:1—40:38).

g. Para enseñar el servicio y adoración de Dios: Explicar en detalle cómo el hombre debe servir y adorar a Dios (Éx. 1:1—40:38).
h. Para enseñar la necesidad absoluta del sacerdocio, que el hombre necesita un sumo sacerdote, un mediador, un intercesor, que lo represente ante Dios (Éx. 1:1—40:38).

3. El *propósito cristológico o cristocéntrico*: Para enseñar que ciertas cosas apuntan a Jesucristo como el Salvador del mundo:

a. Que el gran liberador Moisés ilustra la necesidad del hombre de un liberador mucho mayor, un liberador que pueda salvar al hombre del mundo (Egipto) y su esclavitud y del juicio venidero.

"Profeta de en medio de ti, de tus hermanos, como yo, te levantará Jehová tu Dios; a él oiréis" (Dt. 18:15).

b. Que el cordero de Pascua ilustra la necesidad del hombre del Cordero de Dios que borra el pecado del mundo.

"El siguiente día vio Juan a Jesús que venía a él, y dijo: He aquí el Cordero de Dios, que quita el pecado del mundo" (Jn. 1:29).

c. Que la sangre derramada del cordero sin manchas ilustra la necesidad del hombre de librarse del juicio de Dios ocultándose tras la sangre del Cordero perfecto de Dios, el Señor Jesucristo.

"Porque si la sangre de los toros y de los machos cabríos, y las cenizas de la becerra rociadas a los inmundos, santifican para la purificación de la carne, ¿cuánto más la sangre de Cristo, el cual mediante el Espíritu eterno se ofreció a sí mismo sin mancha a Dios, limpiará vuestras conciencias de obras muertas para que sirváis al Dios vivo?" (He. 9:13-14; cp. Ro. 5:8-9).

d. Que el maná, el pan del cielo, ilustra al Señor Jesucristo que es el pan de vida (Jn. 6:32-33; 6:48-51; 6:58).

"Jesús les dijo: Yo soy el pan de vida; el que a mí viene, nunca tendrá hambre; y el que en mí cree, no tendrá sed jamás" (Jn. 6:35).

e. Que la ley de Dios y la incapacidad del hombre de obedecer la ley de Dios en todos sus puntos (perfección) ilustra la gran necesidad del hombre de un abogado, un intercesor, un mediador. Jesucristo es nuestro abogado, y Él es también la propiciación (el sacrificio) por nuestros pecados.

"Hijitos míos, estas cosas os escribo para que no pequéis; y si alguno hubiere pecado, abogado tenemos para con el Padre, a Jesucristo el justo. Y él es la propiciación por nuestros pecados; y no solamente por los nuestros, sino también por los de todo el mundo" (1 Jn. 2:1-2; cp. 1 Ti. 2:5; He. 8:6; 9:15, 24; 12:24).

f. Que el sacerdocio de Israel y el sumo sacerdote, Aarón, ilustran la necesidad del hombre de un mediador perfecto, un Sumo Sacerdote perfecto, que pueda interceder por el hombre ante Dios. El Sumo Sacerdote perfecto es el Señor Jesucristo.

"por lo cual puede también salvar perpetuamente a los que por él se acercan a Dios, viviendo siempre para interceder por ellos. Porque tal sumo sacerdote nos convenía: santo, inocente, sin mancha, apartado de los pecadores, y hecho más sublime que los cielos; que no tiene necesidad cada día, como aquellos sumos sacerdotes, de ofrecer primero sacrificios por sus propios pecados, y luego por los del pueblo; porque esto lo hizo una vez para siempre, ofreciéndose a sí mismo" (He. 7:25-27; cp. He. 2:17; 4:14-15; 9:11).

g. Que el tabernáculo, "la tienda real de Dios", "el templo portátil" de Dios (Geisler), ilustra que el hombre puede entrar a la sagrada presencia de Dios solo como Dios manda, solo por medio de un Sumo Sacerdote y Mediador preparado, el Señor Jesucristo.

"Ahora bien, el punto principal de lo que venimos diciendo es que tenemos tal sumo sacerdote, el cual se sentó a la diestra del trono de la Majestad en los cielos, ministro del santuario, y de aquel verdadero tabernáculo que levantó el Señor, y no el hombre" (He. 8:1-2; cp. He. 9:11; 2:17; 4:14-15; 7:25-27).

V. CARACTERÍSTICAS ESPECIALES

1. Éxodo es "El gran libro del Éxodo de Israel". La palabra *Éxodo* significa "partida", "ida", "salida", "un camino de escape", o "una vía de escape". La palabra *Éxodo* es la palabra latina traducida de la Biblia griega "éxodos". El Éxodo (liberación, partida) de Israel es el suceso más grande de todo el Antiguo Testamento, y apunta al suceso más grande del Nuevo Testamento, la cruz de Cristo.

2. Éxodo constituye "El gran libro de la continuación". Continúa la historia de Génesis, el primer libro de la Biblia. De hecho, observe Éxodo 1:6-7, donde se aborda un período de alrededor de 400 años. Dos versículos breves abordan toda la historia de los israelitas desde José hasta Moisés. La idea es la siguiente: Éxodo sigue a continuación de donde se quedó Génesis. Éxodo continúa la *gran historia de redención* que Dios comenzó a escribir en Génesis. Éxodo constituye uno de los libros más importantes de toda la Palabra de Dios.

3. Éxodo constituye "El gran libro de la historia hebrea". En ninguna parte de las Escrituras el lector puede hallar un registro tan detallado como ese de la historia de Israel. Desde el sentir del dolor y el sufrimiento de la esclavitud hasta el regocijo de su gran liberación de la opresión de Faraón, al lector se le da una idea de cómo los israelitas experimentaban la vida como el pueblo de Dios. Ser los elegidos de Dios significaba que los israelitas necesitaban guardar la ley de Dios, y necesitaban saber cómo acercarse a Dios y cómo adorarlo. Los sucesos principales de la historia del pueblo

hebreo se abordan aquí: Su esclavitud, liberación, experiencias en el desierto, recibimiento de la Ley y las instrucciones para edificar el Tabernáculo.

4. Éxodo constituye "El gran libro de la salvación, redención, y liberación". A Dios se le ve:

- Salvando a su pueblo de la esclavitud egipcia (Éx. 1:1-11:10).
- Redimiendo a su pueblo del juicio de muerte por medio del Cordero de Pascua (Éx. 12:1—13:16).
- Liberando a su pueblo por medio de las pruebas de la peregrinación en el desierto: liberándolos en seis pruebas terribles en su viaje a la Tierra Prometida (Éx. 13:17—18:27).

5. Éxodo constituye "El gran libro del poder y la soberanía de Dios". Dios es el *Señor de la historia*. Él es Soberano sobre la historia: Las naciones de este mundo y los asuntos de los hombres son regidos por Dios.

- Fue el poder soberano de Dios el que escogió a un hombre, Abraham, para que diera a luz a toda una nueva raza de personas, una raza que sería el testimonio de Dios para el mundo.
- Fue el poder soberano de Dios el que hizo que la familia de Abraham de más de setenta personas fuera esclavizada para que se pudiera multiplicar en una población de más de dos millones de personas. Si no la hubieran esclavizado, es muy probable que se hubiera esparcido y nunca se hubiera mantenido junta como una raza de personas, no los más de dos millones.
- Fue el poder soberano de Dios el que lanzó las plagas del juicio sobre Egipto y rescató a los israelitas de la esclavitud.
- Fue el poder soberano de Dios el que protegió y proveyó para su pueblo durante la peregrinación en el desierto.
- Fue el poder soberano de Dios el que dio a Israel la ley y las instrucciones de adoración y comenzó a moldearlos en una nación.

6. Éxodo constituye "El gran libro de la esperanza". Durante alrededor de cuatrocientos años, Egipto se había convertido en el hogar de Israel. Cuando vinieron a Egipto, vinieron por la invitación de Faraón y vivieron en Gosén. Ahora bien, otro Faraón que no conocía ni recordaba a José los gobernó con un puño de hierro. La Tierra Prometida parecía ser tan solo un sueño lejano, desprovisto de realidad alguna. Para los israelitas, la vida había perdido sus esperanzas. Pero Dios aún tenía un plan, un pacto, una promesa que cumplir. En una tierra donde la esperanza no existía, la esperanza tomó la forma de un bebé que flotaba en una arquilla río abajo por el Nilo. Ese bebé creció y se convirtió en la vasija de esperanza de Dios. De adulto, Moisés se convirtió en la encarnación física de la esperanza de Israel. El liderazgo de Moisés proveyó el fundamento para la esperanza en:

a. La gran fidelidad y liberación de Dios (Éx. 1:1-22).
b. La capacidad de Dios de enviar un liberador (Éx. 2:1—7:7).
c. El poder de Dios sobre el poder de Faraón (Éx. 7:8—11:10).
d. La omisión de ellos en el juicio (la gran Pascua) (Éx. 12:1—13:16).
e. La guía sobrenatural de Dios de día y de noche (Éx. 13:17-22).
f. La provisión de Dios de alimento y agua (Éx. 13:16—18:27).
g. La protección de Dios de sus enemigos (Éx. 17:8-16).
h. La promesa de Dios de llevarlos a un lugar especial, la *Tierra Prometida* (Éx. 3:8).

7. Éxodo constituye "El gran libro de la libertad". El lector ve cómo una raza entera de esclavos fue liberada: Cómo se les dieron los derechos gloriosos de todos los hombres, el derecho de la vida, la libertad, y la justicia para todos. El lector ve cómo Dios liberó a su pueblo empobrecido y los convirtió en una nación.

8. Éxodo constituye "El gran libro que aborda el nacimiento de una nación". El nacimiento de Israel ocurre en Éxodo. A Dios se le ve tomar una familia de setenta personas y hacer que se multipliquen en una población de más de dos millones de personas, todo eso en un período de alrededor de 430 años. Y la mayor parte del crecimiento tuvo lugar mientras estaban brutalmente esclavizados bajo la opresión de Egipto. Éxodo muestra a Dios tomando a este grupo de esclavos empobrecidos, liberándolos y convirtiéndolos en una gran nación de personas, una nación gobernada por las leyes dadas por el propio Dios.

9. Éxodo constituye "El Gran libro de la ley". Las leyes que tomarían a un grupo de esclavos pobres y los convertiría en una nación se proporcionan en Éxodo. Además, la gran ley que Dios les dio para gobernar a todos los hombres, los *Diez Mandamientos*, se aborda en Éxodo. Éxodo aborda:

- Los Diez Mandamientos (Éx. 20:1-26).
- El derecho moral y civil de Israel (Éx. 21:1—23:19).

10. Éxodo constituye "El gran libro del pacto mosaico". Dios plasma en Éxodo la ley según la cual Israel debe vivir y los Diez Mandamientos que deben regir a todos los hombres. Y Dios formula el acuerdo que se ha de firmar y sellar en el corazón del hombre.

> **"Ahora, pues, si diereis oído a mi voz, y guardareis mi pacto, vosotros seréis mi especial tesoro sobre todos los pueblos; porque mía es toda la tierra. Y vosotros me seréis un reino de sacerdotes, y gente santa. Éstas son las palabras que dirás a los hijos de Israel" (Éx. 19:5-6).**
>
> **"Mas vosotros sois linaje escogido, real sacerdocio, nación santa, pueblo adquirido por Dios, para que anunciéis las virtudes de aquel que os llamó de las tinieblas a su luz admirable; vosotros que en otro tiempo no erais pueblo, pero que ahora sois pueblo de Dios; que en otro tiempo no habíais alcanzado misericordia, pero ahora habéis alcanzado misericordia" (1 P. 2:9-10).**

11. Éxodo constituye "El gran libro que demuestra el juicio de Dios". Al lanzar las diez plagas del juicio sobre Egipto, Dios le demostró un elemento aterrador a todas las generaciones: Se acerca un día de justicia. Dios va a juzgar la impiedad y la injusticia de los hombres.

12. Éxodo constituye "El gran libro de la *experiencia cristiana*" o "El gran libro de la *peregrinación del creyente*". Éxodo aborda la liberación de Israel de la esclavitud por medio del poder de Dios y la sangre del cordero de Pascua. También aborda el comienzo del viaje de Israel por medio de la *peregrinación del desierto*. Esto constituye:

- Una ilustración de la liberación del creyente por medio de la sangre del Señor Jesucristo, el Cordero de Dios.
- Una ilustración del creyente en la medida en que viaja por el desierto de este mundo en su camino a la Tierra Prometida del cielo.

13. Éxodo constituye "El gran libro de la peregrinación del desierto". Cuando los israelitas fueron liberados de Egipto, el pueblo comenzó una nueva vida:

- Una nueva vida alejándose de su vieja vida como esclavos de Egipto (simbolizando el mundo).
- Una nueva vida viajando a la Tierra Prometida de Dios.

Esto es lo que se conoce como la *peregrinación* de Israel *en el desierto*, la nueva vida que Israel llevaba como un pueblo libre, la nueva vida de marchar por el desierto de este mundo hacia la Tierra Prometida de Dios.

14. Éxodo constituye "El gran libro del cuidado, la guía, la provisión, y la protección de Dios". Desde la página inicial hasta la final, se ve a Dios protegiendo y cuidando a su pueblo. En las páginas de Éxodo, Él demuestra y prueba:

- Su cuidado
- Su guía
- Su provisión
- Su protección

15. Éxodo constituye "El gran libro del triunfo y la victoria". Se ve a Dios venciendo a los enemigos terribles de Israel incluso:

- Al ejército egipcio que los atrapó en el Mar Rojo.
- Los amalecitas que atacaron en secreto y asesinaron a los rezagados: Los lisiados, los enfermos, los ancianos, los niños.
- Las pruebas y obstáculos imposibles que se les presentaron.

Dios venció a todos los enemigos de su pueblo. Dios les dio la victoria a los israelitas.

16. Éxodo constituye "El gran libro de adoración". Se proporcionan instrucciones explícitas sobre cómo Dios quiso que su pueblo adorara por medio del modelo del Tabernáculo. Con estos planos, Dios le encomendó a Moisés que siguiera las instrucciones exactamente como Dios se lo había revelado. Y eso hizo Moisés. Moisés preparó un lugar donde los hombres pudieran acercarse y adorar a Dios exactamente como Dios mandaba.

17. Éxodo constituye "El gran libro de la vida en familia". Desde su inicio con el primer capítulo de Éxodo, el registro del árbol genealógico de Israel introduce el papel importante de la familia. Resulta significativo notar que el cimiento para cualquier civilización radiante es la unidad familiar: Padres, madres, hijos, hijas, abuelos, tías, tíos, sobrinos, y sobrinas. En el libro de Éxodo, se proporcionan grandes detalles para enfatizar la familia:

a. La familia de Jacob y la familia extendida eran setenta en número, sin contar a José (Éx. 1:5).
b. Se mencionan los nombres de los hijos de Jacob (Éx. 1:2-5)
c. Murió la generación de José, todos los miembros de la familia que vivieron primero en Egipto (Éx. 1:6).
d. Los hijos de Jacob, los hijos de Israel, rápidamente crecieron y se convirtieron en una gran población (Éx. 1:7).
e. Los hijos de Israel se consideraban una amenaza a la estabilidad del régimen del nuevo Faraón (Éx. 1:8-11).
f. Cada uno de los miembros de la familia Israelita fue esclavizado, sin excepción (Éx. 1:11-14).
g. Las parteras adoptaron una postura moral con respecto a los varones no nacidos. Se rehusaron a obedecer las instrucciones malignas de Faraón de matar a los hijos (Éx. 1:15-22).
h. Moisés nació en un hogar donde la madre era una creyente valiente, una mujer que arriesgó su vida a fin de proteger a su hijo (Éx. 2:1-3).
i. En la soberanía de Dios, la hija de Faraón adoptó a Moisés y permitió que su madre ayudara en su crianza (Éx. 2:5-10).
j. Moisés conoció a una joven (Séfora) en Madián tras escapar de Faraón, y se casó con ella (Éx. 2:21).
k. El suegro de Moisés fue Jetro, el sacerdote de Madián (Éx. 3:1).
l. Moisés tuvo dos hijos, Gersón y Eliezer (Éx. 2:22; 18:4).
m. Moisés tenía un hermano (Aarón) y una hermana (Miriam) (Éx. 4:14; 15:20).
n. La cena de la Pascua se debía celebrar por cada familia; debía estar centrada en la familia (Éx. 12:3-4).

18. Éxodo constituye "El gran libro de la transparencia". Es un libro que no oculta los fracasos de sus personajes protagónicos. Recuerden, fue:

a. Moisés quien mató a un egipcio (Éx. 2:12).
b. Israel quien equívocamente puso su confianza en Egipto (vea resumen, Éx. 2:23).
c. Moisés quien era un profeta renuente, ofreciendo argumentos y excusas para no servir a Dios (Éx. 3:11-4:17).
d. La esposa de Moisés, Séfora, quien objetó a circuncidar a su hijo (Éx. 4:25-26).
e. Moisés quien tuvo que ser castigado por Dios casi al punto de la muerte, castigado porque no circuncidó a su hijo según el pacto (Éx. 4:24).
f. Fueron los líderes de Israel quienes culparon a Moisés y a Aarón por sus problemas (Éx. 5:20-21).
g. Moisés quien cuestionó a Dios por permitir que el mal cayera sobre su pueblo (Éx. 5:22).
h. Moisés quien cuestionó la sabiduría de Dios al enviarlo a liberar a los israelitas (Éx. 5:22).
i. Moisés quien se culpó a sí mismo por traerle problemas a Israel (Éx. 5:23).

j. Israel quien se quejó, rezongó, y murmuró contra Moisés en Mara (Éx. 15:22-27).
k. Israel quien pecó al quejarse y no creer en Dios (Éx. 16:1-36).
l. Israel quien confió más en Moisés que en Dios (Éx. 17:1-7).
m. Israel quien construyó y luego adoró el becerro de oro (Éx. 32:1-35).

19. Éxodo constituye "El gran libro de los temas teológicos" (vea Propósito, pt. 2).

20. Éxodo constituye "El gran libro de los tipos, símbolos, e ilustraciones". Se puede extraer una riqueza vasta de tipos, símbolos, e ilustraciones bíblicas de las páginas de Éxodo. Existen muchos elementos históricos que tienen un significado práctico para el creyente hoy día. (Vea Cuadro de tipos, VII, Introducción.)

VI. UNA VISIÓN GENERAL DE LA HISTORIA EGIPCIA

Egipto, el poderoso Egipto, ha sido una de las civilizaciones más grandes y más fascinantes de la historia mundial. Egipto se ha ubicado a la vanguardia como un centro importante de la cultura occidental. Con orígenes que datan de incluso antes de la historia registrada, un estudio de la historia egipcia constituye una tarea importante para el estudiante dedicado de la Biblia. Como una de las naciones de puntera del mundo antiguo, Egipto llevaba la delantera mientras el resto del mundo observaba con asombro:

- El poder de la nación que se volvía cada vez más grande.
- La cultura moderna que se exportaba a todo el mundo conocido.
- Las grandes hazañas de ingeniería que edificaban ciudades enteras y las pirámides imponentes.
- El uso creativo del arte que pintaba una descripción de la vida en Egipto.
- Los descubrimientos científicos innovadores que demostraron una sed ilimitada de conocimiento.
- La creación del calendario basado en el sol que daba cuentas de un año de 365 días.
- El papel que desempeñaron la religión y los cultos en el pueblo egipcio.

Se han escrito cientos, incluso miles, de libros acerca del pueblo egipcio. Y se escribirán más libros acerca de Egipto y su historia mientras exista la civilización. Como nuestro propósito es analizar el único Dios vivo que crea y orquesta la historia, nuestra tarea será examinar la historia de Egipto como *su* historia, porque incluso Egipto se encuentra bajo el gobierno de la Majestad soberana del universo, el Señor Jesucristo (Sal. 103:19).

Nuestra presentación de la historia egipcia se centrará en los siguientes elementos:

⇒ El período específico de la historia relacionado con el período anterior y hasta el Éxodo.
  - Las figuras centrales durante cada período de la historia.
  - El aporte principal hecho durante cada período de la historia.

⇒ La relación con el Antiguo Testamento, fundamentalmente cómo Egipto se relacionó con los patriarcas.

⇒ La relación con el Nuevo Testamento.

⇒ La relación con los profetas y los tiempos del fin.

¿Qué clase de nación fue Egipto miles de años atrás? Al analizar el pasado, descubriremos una nación, una tierra y un pueblo que de muchas maneras eran iguales a nosotros: Mortales, humanos, y atrapados en un espacio limitado denominado tiempo.

A. LOS PERÍODOS ESPECÍFICOS DE LA HISTORIA

(No se proporcionan las fechas anteriores al primer período de la historia egipcia porque hay una gran diversidad de opiniones entre los historiadores, opiniones que varían en miles de años y fechas que no se pueden acordar con precisión.)

1. PRE-HISTORIA (Aproximadamente 6,000-4,000+ a.C.)
   - *La figura central*: El río Nilo
   - *El aporte principal*: El valle del río Nilo era una fuente fértil de alimento y agua que atrajo a los primeros pobladores a Egipto.
2. LA PRIMERA y SEGUNDA DINASTÍAS
   - *El aporte principal*: Un período en que los egipcios antiguos comenzaron a desarrollarse políticamente. La historia registra que al menos 17 reyes gobernaron Egipto durante este período de la historia.
3. EL ANTIGUO REINO: DESDE LA TERCERA HASTA LA SEXTA DINASTÍA: LA ERA DE ORO
   - *El aporte principal*: La religión comenzó a desempeñar un papel importante en cómo gobernaban los egipcios. Fue durante este período de tiempo que los faraones gobernaron una teocracia. Alegaban ser reyes divinos que contaban con un gobierno absoluto.
   - *La tercera dinastía*: El crecimiento cultural
   - *La cuarta dinastía*: Las pirámides, las artes, y las ciencias, y el calendario solar basado en un año de 365 días.
   - *La quinta dinastía*: Continuó la fortaleza militar y económica. Una burocracia incrementada comenzó a socavar la fortaleza del rey.
   - *La sexta dinastía*: La autoridad central comenzó a disolverse en distritos más pequeños, pero políticamente más poderosos.
4. EL PRIMER PERÍODO INTERMEDIO: DESDE LA SÉPTIMA HASTA LA DECIMOSEGUNDA DINASTÍA
   - *La séptima dinastía*: Este fue el comienzo del primer período intermedio; su influencia para gobernar era débil. El poder con el que sí contaba estaba centrado en el área de Menfis.
   - *La octava dinastía*: como la dinastía anterior, la octava dinastía contaba con poco poder o con ninguno. Su centro de influencia estaba también en Menfis.
   - *La novena dinastía*: Controlaban el área de la Heracleópolis así como el delta del río Nilo (incluso Menfis).

- *La décima dinastía*: Mantenían las ganancias territoriales de la novena dinastía.
- *La decimoprimera dinastía*: Controlaban el sur de Egipto. Los días finales de la décima dinastía coincidieron con esta dinastía y se convirtió en la primera dinastía del Reino medio.
- *La decimosegunda dinastía*: El reinado de Amenemhet I, hizo grandes avances en cuanto a la unidad nacional de los centros de poder esparcidos. Fue durante esta dinastía que Amón (también conocido como Ammon o Amen), el Dios egipcio, se elevó por encima del otro espectro de deidades.

5. EL SEGUNDO PERÍODO INTERMEDIO: DESDE LA DECIMOTERCERA HASTA LA DECIMOSÉPTIMA DINASTÍA
   - *La decimotercera dinastía*: Este período de gobierno fue inestable. Más de 60 gobernantes diferentes probaron suerte en el gobierno. Ni un solo gobernante resultó ser un líder fuerte para su pueblo. Finalmente, su poder se vio confrontado por dos grupos diferentes: la prometedora decimocuarta dinastía y los invasores hicsos de Palestina.
   - *La decimocuarta dinastía*: Muy parecida a la dinastía anterior, el gobierno de la decimocuarta dinastía estuvo marcado por división y levantamientos.
   - *La decimoquinta dinastía*: Los hicsos, los invasores de Palestina, gobernaron una parte de Egipto. Su sombra de influencia llegó desde el delta oriental del Nilo hasta la parte norteña del país.
   - *La decimosexta dinastía*: Mientras los hicsos gobernaban Egipto, durante el mismo período de tiempo la decimosexta dinastía controlaba partes del delta del río Nilo y partes del centro de Egipto.
   - *La decimoséptima dinastía*: En el sur de Egipto, la dinastía decimoséptima o tebana unió a Egipto después de vencer a los hicsos.
6. EL REINO NUEVO: LA DECIMOCTAVA DINASTÍA
   - Fundada por el gobernante que derrotó al pueblo hicso, Ahmose I. Él unió el país de Egipto nuevamente. Fue durante su reinado que el papel de la mujer se incrementó, fundamentalmente aquellas de estirpe real.
   - Las fronteras de Egipto se expandieron para incluir a Nubia y Palestina.
   - El dios Amón recibió la mayor atención a costa de otras deidades.
   - Durante la decimoctava dinastía, una mujer (Hatshepsut) gobernó como Faraón conjuntamente con su hijo joven (Tutmosis III) —el gobernante legítimo de Egipto. Después que Tutmosis III creció y consiguió el control total de Egipto, él conquistó más tierras (las regiones disidentes de Siria y Palestina).
   - Después que habían pasado otros varios gobernantes, se había apagado el brillo de la proyección militar del poder. Lo que una vez se le quitó a otros pueblos por la fuerza se negociaba en la arena de la diplomacia.
   - El último de los gobernantes de la decimoctava dinastía fue Tutankhamen. Su famosa tumba fue descubierta intacta en 1922.
7. EL PERÍODO DE RAMESSE: LA DECIMONOVENA DINASTÍA
   - La capital delta era Pi-Ramesse.
   - Se mantuvo un declive en el gobierno durante este período. Egipto se había convertido en un cascarón de lo que había sido un semillero de gobernantes poderosos.

B. RELACIÓN DE EGIPTO CON EL ANTIGUO TESTAMENTO

Egipto constituye una parte integral del Antiguo Testamento. Debemos recordar que la Biblia no se escribió en un vacío. Las grandes historias de la Biblia no se retiraron del mundo en que ocurrieron. El uso que Dios hizo de Egipto desempeñó un papel importante como el escenario para lo que Dios estaba haciendo en *su* historia.

1. La relación de Egipto con ABRAM:
   a. Él viajó a Egipto por la horrible hambruna en la tierra.

   "Hubo entonces hambre en la tierra, y descendió Abram a Egipto para morar allá; porque era grande el hambre en la tierra. Y aconteció que cuando estaba para entrar en Egipto, dijo a Sarai su mujer: He aquí, ahora conozco que eres mujer de hermoso aspecto" (Gn. 12:10-11).

   b. Él engañó a los egipcios acerca de su relación con su esposa Sara.

   "Y aconteció que cuando entró Abram en Egipto, los egipcios vieron que la mujer era hermosa en gran manera" (Gn. 12:14).

   c. Él abandonó Egipto y regresó a Palestina con su familia.

   "Subió, pues, Abram de Egipto hacia el Neguev, él y su mujer, con todo lo que tenía, y con él Lot" (Gn. 13:1).

   "Y alzó Lot sus ojos, y vio toda la llanura del Jordán, que toda ella era de riego, como el huerto de Jehová, como la tierra de Egipto en la dirección de Zoar, antes que destruyese Jehová a Sodoma y a Gomorra" (Gn. 13:10).

   d. Él recibió la promesa de Dios que establece las fronteras de la Tierra Prometida que llegaban hasta Egipto.

   "En aquel día hizo Jehová un pacto con Abram, diciendo: A tu descendencia daré esta tierra, desde el río de Egipto hasta el río grande, el río Eufrates" (Gn. 15:18).

   e. Él vio a su hijo, Ismael, casarse con una mujer egipcia.

"Y habitó en el desierto de Parán; y su madre le tomó mujer de la tierra de Egipto" (Gn. 21:21).

2. La relación de Egipto con JOSÉ:
   a. Fue vendido a la esclavitud y llevado a Egipto.

   "Y cuando pasaban los madianitas mercaderes, sacaron ellos a José de la cisterna, y le trajeron arriba, y le vendieron a los ismaelitas por veinte piezas de plata. Y llevaron a José a Egipto" (Gn. 37:28).

   "Llevado, pues, José a Egipto, Potifar oficial de Faraón, capitán de la guardia, varón egipcio, lo compró de los ismaelitas que lo habían llevado allá" (Gn. 39:1).

   b. Fue sentenciado a prisión en Egipto por las falsas acusaciones de la esposa de Potifar.

   "Y sucedió que cuando oyó el amo de José las palabras que su mujer le hablaba, diciendo: Así me ha tratado tu siervo, se encendió su furor. Y tomó su amo a José, y lo puso en la cárcel, donde estaban los presos del rey, y estuvo allí en la cárcel" (Gn. 39:19-20).

   c. Se le dio la capacidad de interpretar el sueño del rey de Egipto.

   "Sucedió que por la mañana estaba agitado su espíritu, y envió e hizo llamar a todos los magos de Egipto, y a todos sus sabios; y les contó Faraón sus sueños, mas no había quien los pudiese interpretar a Faraón" (Gn. 41:8).

   "Entonces Faraón envió y llamó a José. Y lo sacaron apresuradamente de la cárcel, y se afeitó, y mudó sus vestidos, y vino a Faraón. Y dijo Faraón a José: Yo he tenido un sueño, y no hay quien lo interprete; mas he oído decir de ti, que oyes sueños para interpretarlos. Respondió José a Faraón, diciendo: No está en mí; Dios será el que dé respuesta propicia a Faraón" (Gn. 41:14-16).

   d. Se le promovió a primer ministro, el segundo al mando en todo Egipto.

   "Por tanto, provéase ahora Faraón de un varón prudente y sabio, y póngalo sobre la tierra de Egipto. Haga esto Faraón, y ponga gobernadores sobre el país, y quinte la tierra de Egipto en los siete años de la abundancia" (Gn. 41:33-34).

   "Dijo además Faraón a José: He aquí yo te he puesto sobre toda la tierra de Egipto" (Gn. 41:41).

   "y lo hizo subir en su segundo carro, y pregonaron delante de él: ¡Doblad la rodilla!; y lo puso sobre toda la tierra de Egipto. Y dijo Faraón a José: Yo soy Faraón; y sin ti ninguno alzará su mano ni su pie en toda la tierra de Egipto. Y llamó Faraón el nombre de José, Zafnat-panea; y le dio por mujer a Asenat, hija de Potifera sacerdote de On. Y salió José por toda la tierra de Egipto. Era José de edad de treinta años cuando fue presentado delante de Faraón rey de Egipto; y salió José de delante de Faraón, y recorrió toda la tierra de Egipto" (Gn. 41:43-46).

   e. Pudo hacer planes para la hambruna venidera, salvando a Egipto y las naciones vecinas del hambre.

   "Así se cumplieron los siete años de abundancia que hubo en la tierra de Egipto. Y comenzaron a venir los siete años del hambre, como José había dicho; y hubo hambre en todos los países, mas en toda la tierra de Egipto había pan. Cuando se sintió el hambre en toda la tierra de Egipto, el pueblo clamó a Faraón por pan. Y dijo Faraón a todos los egipcios: Id a José, y haced lo que él os dijere. Y el hambre estaba por toda la extensión del país. Entonces abrió José todo granero donde había, y vendía a los egipcios; porque había crecido el hambre en la tierra de Egipto. Y de toda la tierra venían a Egipto para comprar de José, porque por toda la tierra había crecido el hambre.

   Viendo Jacob que en Egipto había alimentos, dijo a sus hijos: ¿Por qué os estáis mirando? Y dijo: He aquí, yo he oído que hay víveres en Egipto; descended allá, y comprad de allí para nosotros, para que podamos vivir, y no muramos. Y descendieron los diez hermanos de José a comprar trigo en Egipto" (Gn. 41:53—42:3).

   f. Pudo salvar y reunificar a su familia.

   "y aconteció que cuando acabaron de comer el trigo que trajeron de Egipto, les dijo su padre: Volved, y comprad para nosotros un poco de alimento" (Gn. 43:2).

   "Entonces dijo José a sus hermanos: Acercaos ahora a mí. Y ellos se acercaron. Y él dijo: Yo soy José vuestro hermano, el que vendisteis para Egipto" (Gn. 45:4).

   "Así, pues, no me enviasteis acá vosotros, sino Dios, que me ha puesto por padre de Faraón y por señor de toda su casa, y por gobernador en toda la tierra de Egipto. Daos prisa, id a mi padre y decidle: Así dice tu hijo José: Dios me ha puesto por señor de todo Egipto; ven a mí, no te detengas" (Gn. 45:8-9).

   "y tomad a vuestro padre y a vuestras familias y venid a mí, porque yo os daré lo bueno de la tierra de Egipto, y comeréis de la abundancia de la tierra. Y tú manda: Haced esto: tomaos de la tierra de Egipto carros para vuestros niños y vuestras mujeres, y traed a vuestro padre, y venid. Y no os preocupéis por vuestros enseres, porque la riqueza de la tierra de Egipto será vuestra" (Gn. 45:18-20).

   g. Pudo tener su propia familia, una esposa y dos hijos, en Egipto.

   "Y nacieron a José en la tierra de Egipto Manasés y Efraín, los que le dio a luz Asenat, hija de Potifera sacerdote de On" (Gn. 46:20).

   h. Pudo ver la gran mano de soberanía de Dios en Egipto.

   "Vosotros pensasteis mal contra mí, mas Dios lo encaminó a bien, para hacer lo que vemos hoy, para mantener en vida a mucho pueblo" (Gn. 50:20).

i. Murió a la edad de ciento diez años en Egipto.

"Y habitó José en Egipto, él y la casa de su padre; y vivió José ciento diez años" (Gn. 50:22).

"Y murió José a la edad de ciento diez años; y lo embalsamaron, y fue puesto en un ataúd en Egipto" (Gn. 50:26).

3. La relación de Egipto con MOISÉS:

a. Moisés nació y fue criado en Egipto.

"la que concibió, y dio a luz un hijo; y viéndole que era hermoso, le tuvo escondido tres meses. Pero no pudiendo ocultarle más tiempo, tomó una arquilla de juncos y la calafateó con asfalto y brea, y colocó en ella al niño y lo puso en un carrizal a la orilla del río" (Éx. 2:2-3).

"Y cuando el niño creció, ella lo trajo a la hija de Faraón, la cual lo prohijó, y le puso por nombre Moisés, diciendo: Porque de las aguas lo saqué" (Éx. 2:10).

b. Moisés cometió asesinato en Egipto.

"En aquellos días sucedió que crecido ya Moisés, salió a sus hermanos, y los vio en sus duras tareas, y observó a un egipcio que golpeaba a uno de los hebreos, sus hermanos. Entonces miró a todas partes, y viendo que no parecía nadie, mató al egipcio y lo escondió en la arena. Al día siguiente salió y vio a dos hebreos que reñían; entonces dijo al que maltrataba al otro: ¿Por qué golpeas a tu prójimo? Y él respondió: ¿Quién te ha puesto a ti por príncipe y juez sobre nosotros? ¿Piensas matarme como mataste al egipcio? Entonces Moisés tuvo miedo, y dijo: Ciertamente esto ha sido descubierto" (Éx. 2:11-14).

c. Moisés, huyendo para salvar su vida, tuvo que abandonar Egipto.

"Oyendo Faraón acerca de este hecho, procuró matar a Moisés; pero Moisés huyó de delante de Faraón, y habitó en la tierra de Madián" (Éx. 2:15).

d. Moisés fue enviado de regreso a Egipto por Dios para liberar a su pueblo Israel.

"Ven, por tanto, ahora, y te enviaré a Faraón, para que saques de Egipto a mi pueblo, los hijos de Israel" (Éx. 3:10).

e. Moisés sacó al pueblo de Dios de Egipto por el Mar Rojo.

"Y extendió Moisés su mano sobre el mar, e hizo Jehová que el mar se retirase por recio viento oriental toda aquella noche; y volvió el mar en seco, y las aguas quedaron divididas. Entonces los hijos de Israel entraron por en medio del mar, en seco, teniendo las aguas como muro a su derecha y a su izquierda" (Éx. 14:21-22).

f. Moisés vio ahogarse al gran ejército de Egipto en las aguas embravecidas del Mar Rojo.

"Y Jehová dijo a Moisés: Extiende tu mano sobre el mar, para que las aguas vuelvan sobre los egipcios, sobre sus carros, y sobre su caballería. Entonces Moisés extendió su mano sobre el mar, y cuando amanecía, el mar se volvió en toda su fuerza, y los egipcios al huir se encontraban con el mar; y Jehová derribó a los egipcios en medio del mar. Y volvieron las aguas, y cubrieron los carros y la caballería, y todo el ejército de Faraón que había entrado tras ellos en el mar; no quedó de ellos ni uno" (Éx. 14:26-28).

C. RELACIÓN DE EGIPTO CON EL NUEVO TESTAMENTO

El gran poder y gloria de Egipto se había desmoronado para la época de Cristo. Los días en que los faraones gobernaban con puño de hierro se habían sustituido por otro puño de hierro, el terrible puño de César, el emperador del Imperio Romano. A pesar de los cambios significativos en el ámbito político, la historia de Egipto aún repercutía en el Nuevo Testamento.

1. La relación de Egipto con JESÚS:

a. Jesús fue llevado a Egipto por sus padres a fin de protegerlo de Herodes.

"Después que partieron ellos, he aquí un ángel del Señor apareció en sueños a José y dijo: Levántate, y toma al niño y a su madre, y huye a Egipto, y permanece allá hasta que yo te diga; porque acontecerá que Herodes buscará al niño para matarlo" (Mt. 2:13).

b. El padre de Jesús recibió un sueño mientras vivía en Egipto, un sueño que anunciaba la muerte de Herodes.

"Pero después de muerto Herodes, he aquí un ángel del Señor apareció en sueños a José en Egipto" (Mt. 2:19).

2. La relación de Egipto con el día de PENTECOSTÉS:

Los judíos de toda Europa y del Medio Oriente, incluso Egipto, fueron testigos oculares del poder del Espíritu Santo descendiendo sobre los discípulos que esperaban en el Aposento Alto.

"en Frigia y Panfilia, en Egipto y en las regiones de África más allá de Cirene, y romanos aquí residentes, tanto judíos como prosélitos" (Hch. 2:10).

3. La relación de Egipto con ESTEBAN:

Antes de ser apedreado, el discurso de Esteban ante el sanedrín estuvo entretejido con referencias a las experiencias de Israel con Egipto.

"Los patriarcas, movidos por envidia, vendieron a José para Egipto; pero Dios estaba con él, y le libró de todas sus tribulaciones, y le dio gracia y sabiduría delante de Faraón rey de Egipto, el cual lo puso por gobernador sobre Egipto y sobre toda su casa. Vino entonces hambre en toda la tierra de Egipto y de Canaán, y grande tribulación; y nuestros padres no hallaban alimentos. Cuando oyó Jacob que había trigo

en Egipto, envió a nuestros padres la primera vez" (Hch. 7:9-12).

"Así descendió Jacob a Egipto, donde murió él, y también nuestros padres" (Hch. 7:15).

"Pero cuando se acercaba el tiempo de la promesa, que Dios había jurado a Abraham, el pueblo creció y se multiplicó en Egipto" (Hch. 7:17).

"Ciertamente he visto la aflicción de mi pueblo que está en Egipto, y he oído su gemido, y he descendido para librarlos. Ahora, pues, ven, te enviaré a Egipto" (Hch. 7:34).

"Este los sacó, habiendo hecho prodigios y señales en tierra de Egipto, y en el Mar Rojo, y en el desierto por cuarenta años" (Hch. 7:36).

"al cual nuestros padres no quisieron obedecer, sino que le desecharon, y en sus corazones se volvieron a Egipto, cuando dijeron a Aarón: Haznos dioses que vayan delante de nosotros; porque a este Moisés, que nos sacó de la tierra de Egipto, no sabemos qué le haya acontecido" (Hch. 7:39-40).

4. La relación de Egipto con PABLO:
   El sermón de Pablo a los israelitas y a los gentiles temerosos de Dios comenzó con el tiempo que Israel pasó en Egipto.

   "Cuando los judíos de Tesalónica supieron que también en Berea era anunciada la palabra de Dios por Pablo, fueron allá, y también alborotaron a las multitudes" (Hch. 13:17).

5. La relación de Egipto con EL AUTOR DE LA EPÍSTOLA A LOS HEBREOS:
   a. Los recuerdos de Egipto se lanzan como una advertencia a los conversos judíos que ya eran muy versados en la historia de su fe.

   "¿Quiénes fueron los que, habiendo oído, le provocaron? ¿No fueron todos los que salieron de Egipto por mano de Moisés?" (He. 3:16).

   "No como el pacto que hice con sus padres el día que los tomé de la mano para sacarlos de la tierra de Egipto; porque ellos no permanecieron en mi pacto, y yo me desentendí de ellos, dice el Señor" (He. 8:9).

   b. La vida de Moisés se recuerda como un hombre que estuvo dispuesto a abandonar las riquezas de Egipto por el reproche de Cristo.

   "teniendo por mayores riquezas el vituperio de Cristo que los tesoros de los egipcios; porque tenía puesta la mirada en el galardón. Por la fe dejó a Egipto, no temiendo la ira del rey; porque se sostuvo como viendo al Invisible" (He. 11:26-27).

D. RELACIÓN DE EGIPTO CON LOS PROFETAS DE DIOS Y LOS TIEMPOS DEL FIN

¿Qué tipo de planes tiene Dios con Egipto? Piensen un momento. Piensen en todos los sentimientos negativos que surgen en el pasaje de la historia registrada. Recuerden:

⇒ El terrible mal de la rebelión y el rechazo de Dios por parte de los egipcios.
⇒ La esclavitud brutal y salvaje del pueblo.
⇒ La perversión atroz de la idolatría en Egipto.
⇒ La manera tan cruel en que el pueblo de Dios fue tratado por los egipcios.
⇒ El corazón duro de Faraón, el hombre que destruyó la vida de muchos de sus compatriotas.
⇒ El símbolo mismo de Egipto, una ilustración del mundo y todas sus incitaciones.

Sépase la verdad, ¿por qué preocuparse por una nación de la que no hay esperanzas. . . o sí las *hay*?

1. Habrá un remanente en Egipto, un remanente de personas que amen al Señor:

   "Asimismo acontecerá en aquel tiempo, que Jehová alzará otra vez su mano para recobrar el remanente de su pueblo que aún quede en Asiria, Egipto, Patros, Etiopía, Elam, Sinar y Hamat, y en las costas del mar" (Is. 11:11).

2. Dios lidiará con Egipto como hará con todas las naciones. Dios las juzgará severamente:
   a. Dios juzgará la idolatría y toda la adoración falsa de Egipto.

   "Profecía sobre Egipto. He aquí que Jehová monta sobre una ligera nube, y entrará en Egipto; y los ídolos de Egipto temblarán delante de él, y desfallecerá el corazón de los egipcios dentro de ellos" (Is. 19:1).

   "Y el espíritu de Egipto se desvanecerá en medio de él, y destruiré su consejo; y preguntarán a sus imágenes, a sus hechiceros, a sus evocadores y a sus adivinos" (Is. 19:3).

   b. Dios juzgará a los sabios sedicentes de Egipto.

   "¿Dónde están ahora aquellos tus sabios? Que te digan ahora, o te hagan saber qué es lo que Jehová de los ejércitos ha determinado sobre Egipto. Se han desvanecido los príncipes de Zoán, se han engañado los príncipes de Menfis; engañaron a Egipto los que son la piedra angular de sus familias. Jehová mezcló espíritu de vértigo en medio de él; e hicieron errar a Egipto en toda su obra, como tambalea el ebrio en su vómito. Y no aprovechará a Egipto cosa que haga la cabeza o la cola, la rama o el junco. En aquel día los egipcios serán como mujeres; porque se asombrarán y temerán en la presencia de la mano alta de Jehová de los ejércitos, que él levantará contra ellos" (Is. 19:12-16).

   c. Dios usará a Judá para infundir temor en Egipto.

   "Y la tierra de Judá será de espanto a Egipto; todo hombre que de ella se acordare temerá por causa del consejo que Jehová de los ejércitos acordó sobre aquél" (Is. 19:17).

3. Dios tendrá un testimonio en Egipto.
   a. Dios llamará a los egipcios su pueblo.

"porque Jehová de los ejércitos los bendecirá diciendo: Bendito el pueblo mío Egipto, y el asirio obra de mis manos, e Israel mi heredad" (Is. 19:25).

   b. Dios recibirá adoración de los israelitas que viven en Egipto.

"Acontecerá en aquel día, que trillará Jehová desde el río Eufrates hasta el torrente de Egipto, y vosotros, hijos de Israel, seréis reunidos uno a uno. Acontecerá también en aquel día, que se tocará con gran trompeta, y vendrán los que habían sido esparcidos en la tierra de Asiria, y los que habían sido desterrados a Egipto, y adorarán a Jehová en el monte santo, en Jerusalén" (Is. 27:12-13).

   c. Dios no permitirá que su pueblo gane fortaleza por medio de una alianza con Egipto.

"Que se apartan para descender a Egipto, y no han preguntado de mi boca; para fortalecerse con la fuerza de Faraón, y poner su esperanza en la sombra de Egipto. Pero la fuerza de Faraón se os cambiará en vergüenza, y el amparo en la sombra de Egipto en confusión" (Is. 30:2-3).

"¡Ay de los que descienden a Egipto por ayuda, y confían en caballos; y su esperanza ponen en carros, porque son muchos, y en jinetes, porque son valientes; y no miran al Santo de Israel, ni buscan a Jehová!" (Is. 31:1).

"He aquí que confías en este báculo de caña frágil, en Egipto, en el cual si alguien se apoyare, se le entrará por la mano, y la atravesará. Tal es Faraón rey de Egipto para con todos los que en él confían" (Is. 36:6).

"¿Cómo, pues, podrás resistir a un capitán, al menor de los siervos de mi señor, aunque estés confiado en Egipto con sus carros y su gente de a caballo?" (Is. 36:9).

Dios tiene un plan, un plan muy bueno, para los pueblos de la tierra. Cuando lleguemos al cielo, veremos egipcios así como personas de todas las naciones de la tierra a los pies de Jesucristo. Escuchen el corazón de Dios, un Dios que ama a las personas, un Salvador glorioso:

- Que ama al mundo.

"Porque de tal manera amó Dios al mundo, que ha dado a su Hijo unigénito, para que todo aquel que en él cree, no se pierda, mas tenga vida eterna" (Jn. 3:16).

- Que no desea que ninguno perezca, sino que venga a arrepentimiento.

"Mas, oh amados, no ignoréis esto: que para con el Señor un día es como mil años, y mil años como un día. El Señor no retarda su promesa, según algunos la tienen por tardanza, sino que es paciente para con nosotros, no queriendo que ninguno perezca, sino que todos procedan al arrepentimiento" (2 P. 3:8-9).

- Que recibirá una adoración apasionada de los creyentes de *toda* nación, tribu, y lengua.

"Después de esto miré, y he aquí una gran multitud, la cual nadie podía contar, de todas naciones y tribus y pueblos y lenguas, que estaban delante del trono y en la presencia del Cordero, vestidos de ropas blancas, y con palmas en las manos; y clamaban a gran voz, diciendo: La salvación pertenece a nuestro Dios que está sentado en el trono, y al Cordero. Y todos los ángeles estaban en pie alrededor del trono, y de los ancianos y de los cuatro seres vivientes; y se postraron sobre sus rostros delante del trono, y adoraron a Dios, diciendo: Amén. La bendición y la gloria y la sabiduría y la acción de gracias y la honra y el poder y la fortaleza, sean a nuestro Dios por los siglos de los siglos. Amén" (Ap. 7:9-12).

Qué momento más glorioso será ese. Todos los creyentes cristianos de cada período de la historia se inclinarán para adorar al Señor Jesucristo. Cristo y solo Cristo es el Alfa y la Omega, el principio y el fin de la historia. Mientras aún quede tiempo, que Dios nos dé la gracia de obrar en *su* historia de manera que muchos sean llevados a su reino. "Venga tu reino. Hágase tu voluntad, como en el cielo, así también en la tierra". Amén.

VII. TIPOS, SÍMBOLOS, E ILUSTRACIONES
EL LIBRO DE ÉXODO
PARTE I – ÉXODO 1:1—18:27

¿Qué es un tipo o símbolo bíblico? Sencillamente, un *tipo bíblico* es una "prefiguración" de lo que debía suceder en un período posterior de la historia. A través de una persona, lugar o cosa un tipo bíblico apunta a un cumplimiento del Nuevo Testamento.

Además de los tipos bíblicos, existen lo que podemos denominar *ilustraciones bíblicas*. Una ilustración bíblica es una lección que podemos ver en las Escrituras sin distorsionar la verdad. El estudio de los tipos e ilustraciones bíblicos constituye un estudio valioso ya que nos ayuda a aplicar la verdad de las Escrituras a nuestra vida. Las propias Escrituras nos cuentan esto:

"Y estas cosas les acontecieron como ejemplo, y están escritas para amonestarnos a nosotros, a quienes han alcanzado los fines de los siglos" (1 Co. 10:11).

"Porque las cosas que se escribieron antes, para nuestra enseñanza se escribieron, a fin de que por la paciencia y la consolación de las Escrituras, tengamos esperanza" (Ro. 15:4).

RESUMEN GENERAL

PERSONA / LUGAR / COSA	PASAJE, RESUMEN Y ANÁLISIS
(1) Los hijos de Israel (Éx. 1:1)	Éx. 1:1-7; 1:6-7 (E. F. #2)
(2) Egipto (Éx. 1:8)	Éx. 1:8-22
(3) Faraón (Éx. 1:8)	Éx. 1:11-14 (E. F. #2)
(4) Comisarios de tributos (Éx. 1:11)	Éx. 1:11-14
(5) Arquilla de Moisés [arca] (Éx. 2:3)	Éx. 2:3-4; 2:3 (E. F. #1)
(6) Gersón, hijo mayor de Moisés (Éx. 2:22)	Éx. 2:15-22 (pt. 5)
(7) Moisés (Éx. 3:1s)	Éx. 3:1s
(8) La zarza ardiente (Éx. 3:2-5)	Éx. 3:1-10
(9) El cayado [o vara] de Moisés (Éx. 4:2-5)	Éx. 4:1-9 (pt. 2)
(10) La mano leprosa de Moisés (Éx. 4:6-8)	Éx. 4:1-9 (pt. 2); 4:6-7 (E. F. #2)
(11) Aarón (Éx. 4:14-16)	Éx. 4:13-17; 4:27-31; 6:13-7:7
(12) Circuncisión (Éx. 4:24-26)	Éx. 4:24-26
(13) Las diez plagas (Éx. 7:8-11:10)	Éx. 7:8-11:10
(14) Los hechiceros egipcios (Éx. 7:11)	Éx. 7:10-13
(15) La fiesta de la Pascua (Éx. 12:1-13; 12:21-28)	Éx. 12:1-13:16; 12:1-13; 12:21-28
(16) El cordero de la Pascua "sin manchas [defecto]" (Éx. 12:5)	Éx. 12:5
(17) La matanza del cordero (Éx. 12:7, 13; 12:21-23)	Éx. 12:1—13:16; 12:6-11 (pt. 1); 12:12-13
(18) La sangre del cordero (Éx. 12:7, 13: 12-21-23)	Éx. 12:1—13:16; 12:6-11 (pt. 2); 12:12-13
(19) Las hierbas amargas (Éx. 12:8)	Éx. 12:6-11 (pt. 3)
(20) El asado y comida del cordero de Pascua (Éx. 12:9-11)	Éx. 12:6-11 (pt. 4)
(21) Levadura (Éx. 12:14-20)	Éx. 12:1—13:16 (pt. 7); 12:14-20; 12:34-41 (pt. 4)
(22) Pan sin levadura (Éx. 12:14-20)	Éx. 12:1-13:16 (pt. 7); 12:14-20; 12:34-41 (pt. 4)
(23) Ningún hueso quebrado del cordero (Éx. 12:46)	Éx. 12:42-51 (pt. 1)
(24) La consagración del primogénito (Éx. 13:2)	Éx. 13:1-16
(25) La peregrinación [viaje] en el desierto (Éx. 13:17—18:27)	Éx. 13:17-18:27
(26) La columna de nube y fuego (Éx. 13:21)	Éx. 13:20-22; 16:10
(27) El Mar Rojo (Éx. 14:13-31)	Éx. 14:1-31; 14:16-18
(28) La derrota de Faraón (Éx. 14:13-31)	Éx. 14:1-31

PERSONA / LUGAR / COSA	PASAJE, RESUMEN Y ANÁLISIS
(29) Las aguas amargas en Mara (Éx. 15:22-27)	Éx. 15:22-27; 15:26
(30) Maná (Éx. 16:1-36)	Éx. 16:1-36; 16:31
(31) La roca de Refidim (Éx. 17:6)	Éx. 17:5-6; 17:6
(32) Meriba (Éx. 17:7)	Éx. 17:1-7
(33) Masah (Éx. 17:7)	Éx. 17:1-7
(34) La piedra sobre la que se sentó Moisés (Éx. 17:12)	Éx. 17:10-12 (pt. 4)
(35) Jehová-nisi: Jehová es mi estandarte (Éx. 17:15-16)	Éx. 17:13-16; 17:15
(36) Eliezer, el hijo menor de Moisés (Éx. 18:4)	Éx. 18:1-8 (pt. 3)

TIPOS, SÍMBOLOS, E ILUSTRACIONES EL LIBRO DE ÉXODO (PARTE I: ÉXODO 1:1—18:27)

Nuevamente, nos es necesario hacer énfasis en qué consiste un tipo o símbolo bíblico. Sencillamente, un *tipo bíblico* es una "prefiguración" de lo que debía suceder en un período posterior de la historia. A través de una persona, lugar o cosa un tipo bíblico apunta a un cumplimiento del Nuevo Testamento.

Además de los tipos bíblicos, existen lo que podemos denominar *ilustraciones bíblicas.* Una ilustración bíblica es una lección que podemos ver en las Escrituras sin distorsionar la verdad. El estudio de los tipos e ilustraciones bíblicos constituye un estudio valioso ya que nos ayuda a aplicar la verdad de las Escrituras a nuestra vida. Las propias Escrituras nos cuentan esto (1 Co. 10:11; Ro. 15:4).

TÉRMINO HISTÓRICO	TIPO O ILUSTRACIÓN (FUNDAMENTO BÍBLICO DE CADA UNO)	APLICACIÓN PARA LA VIDA DEL CREYENTE DE HOY DÍA	APLICACIÓN BÍBLICA
(1) *Los hijos de Israel* (Éx. 1:1)	*El pueblo de Dios* **"Estos son los nombres de los hijos de Israel que entraron en Egipto con Jacob; cada uno entró con su familia" (Éx. 1:1).** **"Será tu descendencia como el polvo de la tierra, y te extenderás al occidente, al oriente, al norte y al sur; y todas las familias de la tierra serán benditas en ti y en tu simiente" (Gn. 28:14).**	⇒ El creyente cristiano es el Israel espiritual, el verdadero pueblo de Dios. . . • Quienes ahora son una nueva creación en Cristo Jesús. • Quienes andan en la paz y la misericordia de Dios. • Quienes son el verdadero Israel de Dios, los verdaderos creyentes que siguen a Dios.	***"Porque en Cristo Jesús ni la circuncisión vale nada, ni la incircuncisión, sino una nueva creación. Y a todos los que anden conforme a esta regla, paz y misericordia sea a ellos, y al Israel de Dios" (Gá. 6:15-16).*** (cp. Gá. 3:7, 26, 29). ***"Pues no es judío el que lo es exteriormente, ni es la circuncisión la que se hace exteriormente en la carne; sino que es judío el que lo es en lo interior, y la circuncisión es la del corazón, en espíritu, no en letra; la alabanza del cual no viene de los hombres, sino de Dios" (Ro. 2:28-29).***
(2) *Egipto* (Éx. 1:8)	*Una ilustración del mundo* **"Entretanto, se levantó sobre Egipto un nuevo rey que no conocía a José; y dijo a su pueblo" (Éx. 1:8).** **"Yo soy Jehová tu Dios, que te saqué de tierra de Egipto, de casa de servidumbre" (Dt. 5:6).**	⇒ El mundo (Egipto) oprime y esclaviza al Pueblo de Dios, los esclaviza a la servidumbre del pecado y la muerte.	***"No améis al mundo, ni las cosas que están en el mundo. Si alguno ama al mundo, el amor del Padre no está en él. Porque todo lo que hay en el mundo, los deseos de la carne, los deseos de los ojos, y la vanagloria de la vida, no proviene del Padre, sino del mundo" (1 Jn. 2:15-16).*** *(continuación)*

TÉRMINO HISTÓRICO	TIPO O ILUSTRACIÓN (FUNDAMENTO BÍBLICO DE CADA UNO)	APLICACIÓN PARA LA VIDA DEL CREYENTE DE HOY DÍA	APLICACIÓN BÍBLICA
(2) *(continuación)* *Egipto* (Éx. 1:8)			***"Jesús les respondió: De cierto, de cierto os digo, que todo aquel que hace pecado, esclavo es del pecado" (Jn. 8:34).*** ***"¿No sabéis que si os sometéis a alguien como esclavos para obedecerle, sois esclavos de aquel a quien obedecéis, sea del pecado para muerte, o sea de la obediencia para justicia? Pero gracias a Dios, que aunque erais esclavos del pecado, habéis obedecido de corazón a aquella forma de doctrina a la cual fuisteis entregados" (Ro. 6:16-17).*** ***"Prenderán al impío sus propias iniquidades, y retenido será con las cuerdas de su pecado" (Pr. 5:22).*** (cp. Ro. 7:14-15)
(3) *Faraón* (Éx. 1:8)	*Una ilustración de Satanás* **"Y Faraón respondió: ¿Quién es Jehová, para que yo oiga su voz y deje ir a Israel? Yo no conozco a Jehová, ni tampoco dejaré ir a Israel" (Éx. 5:2).** **"Tú que decías en tu corazón: Subiré al cielo; en lo alto, junto a las estrellas de Dios, levantaré mi trono, y en el monte del testimonio me sentaré, a los lados del norte; sobre las alturas de las nubes subiré, y seré semejante al Altísimo" (Is. 14:13-14).**	⇒ Satanás trata de mantener a los hombres en la esclavitud, la esclavitud eterna.	***"Ahora es el juicio de este mundo; ahora el príncipe de este mundo será echado fuera" (Jn. 12:31).*** ***"en los cuales el dios de este siglo cegó el entendimiento de los incrédulos, para que no les resplandezca la luz del evangelio de la gloria de Cristo, el cual es la imagen de Dios" (2 Co. 4:4).*** ***"en los cuales anduvisteis en otro tiempo, siguiendo la corriente de este mundo, conforme al príncipe de la potestad del aire, el espíritu que ahora opera en los hijos de desobediencia" (Ef. 2:2).*** ***"y escapen del lazo del diablo, en que están cautivos a voluntad de él" (2 Ti. 2:26).*** ***"Así que, por cuanto los hijos participaron de carne y sangre, él también participó de lo mismo, para destruir por medio de la muerte al que tenía el imperio de la muerte, esto es, al diablo" (He. 2:14).*** ***"El que practica el pecado es del diablo; porque el diablo peca desde el principio. Para esto apareció el Hijo de Dios, para deshacer las obras del diablo" (1 Jn. 3:8).*** *(cp. Job 1:12; Lc. 4:6; Hch. 26:18; 1 P. 5:8).*

TÉRMINO HISTÓRICO	TIPO O ILUSTRACIÓN (FUNDAMENTO BÍBLICO DE CADA UNO)	APLICACIÓN PARA LA VIDA DEL CREYENTE DE HOY DÍA	APLICACIÓN BÍBLICA
(4) *Comisarios de tributo* (Éx. 1:11)	*Una ilustración de hombres malignos persiguiendo al pueblo de Dios* **"Entonces pusieron sobre ellos comisarios de tributos que los molestasen con sus cargas; y edificaron para Faraón las ciudades de almacenaje, Pitón y Ramesés" (Éx. 1:11).**	⇒ Los hombres malignos siempre perseguirán al pueblo de Dios por medio de. . . • el ridículo • el acoso • la burla • el desdén • el maltrato • el asesinato	***"Bienaventurados sois cuando por mi causa os vituperen y os persigan, y digan toda clase de mal contra vosotros, mintiendo" (Mt. 5:11, cp. Mt. 24:9; Fil. 1:29; 1 Ts. 3:3; 1 P. 4:12-13; 4:16; Sal. 119: 86).*** ***"Y seréis aborrecidos de todos por causa de mi nombre; mas el que persevere hasta el fin, éste será salvo" (Mt. 10:22).*** ***"Y soliviantaron al pueblo, a los ancianos y a los escribas; y arremetiendo, le arrebataron, y le trajeron al concilio" (Hch. 6:12).*** ***"Y también todos los que quieren vivir piadosamente en Cristo Jesús padecerán persecución" (2 Ti. 3:12).***
(5) *La arquilla de Moisés [arca]* (Éx. 2:3)	*Salvación: Seguridad. El arca salvó a Moisés siendo bebé de la muerte* **"Pero no pudiendo ocultarle más tiempo, tomó una arquilla de juncos y la calafateó con asfalto y brea, y colocó en ella al niño y lo puso en un carrizal a la orilla del río" (Éx. 2:3).** **"Y fue el diluvio cuarenta días sobre la tierra; y las aguas crecieron, y alzaron el arca, y se elevó sobre la tierra" (Gn. 7:17).** **"Así fue destruido todo ser que vivía sobre la faz de la tierra, desde el hombre hasta la bestia, los reptiles, y las aves del cielo; y fueron raídos de la tierra, y quedó solamente Noé, y los que con él estaban en el arca" (Gn. 7:23).**	⇒ Jesucristo es nuestra arca: • nuestra salvación del juicio • nuestra seguridad de los ataques del mundo, de sus males y de sus perseguidores.	***"Porque de tal manera amó Dios al mundo, que ha dado a su Hijo unigénito, para que todo aquel que en él cree, no se pierda, mas tenga vida eterna" (Jn. 3:16).*** ***"El que en él cree, no es condenado; pero el que no cree, ya ha sido condenado, porque no ha creído en el nombre del unigénito Hijo de Dios" (Jn. 3:18; cp. Jn. 5:24).*** ***"Yo soy la puerta; el que por mí entrare, será salvo; y entrará, y saldrá, y hallará pastos" (Jn. 10:9).*** ***"No ruego que los quites del mundo, sino que los guardes del mal" (Jn. 17:15).*** ***"Porque la paga del pecado es muerte, mas la dádiva de Dios es vida eterna en Cristo Jesús Señor nuestro" (Ro. 6:23).*** ***"porque todo aquel que invocare el nombre del Señor, será salvo" (Ro. 10:13).***

TÉRMINO HISTÓRICO	TIPO O ILUSTRACIÓN (FUNDAMENTO BÍBLICO DE CADA UNO)	APLICACIÓN PARA LA VIDA DEL CREYENTE DE HOY DÍA	APLICACIÓN BÍBLICA
(6) *Gersón, el hijo mayor de Moisés* (Éx. 2:22)	*El nombre "Gersón" significa: Forastero en tierra ajena* **"Y ella le dio a luz un hijo; y él le puso por nombre Gersón, porque dijo: Forastero soy en tierra ajena" (Éx. 2:22).** **"También establecí mi pacto con ellos, de darles la tierra de Canaán, la tierra en que fueron forasteros, y en la cual habitaron" (Éx. 6:4).** **"Conforme a la fe murieron todos éstos sin haber recibido lo prometido, sino mirándolo de lejos, y creyéndolo, y saludándolo, y confesando que eran extranjeros y peregrinos sobre la tierra" (He. 11:13).**	⇒ Los creyentes son forasteros en este mundo, seguidores de Cristo: • Quienes han recibido la herencia eterna del propio Dios, la Tierra Prometida del cielo. • Quienes ahora marchan hacia la Tierra Prometida del cielo. • Quienes tan solo son peregrinos en su viaje por el desierto (las pruebas) de este mundo. • Quienes ansían ir a casa en el cielo con Cristo.	***"Mas nuestra ciudadanía está en los cielos, de donde también esperamos al Salvador, al Señor Jesucristo" (Fil. 3:20).*** ***"Hebreos 11:13 Conforme a la fe murieron todos éstos sin haber recibido lo prometido, sino mirándolo de lejos, y creyéndolo, y saludándolo, y confesando que eran extranjeros y peregrinos sobre la tierra" (He. 11:13; cp. He. 11:13-16; 1 Jn. 2:15).*** ***"Amados, yo os ruego como a extranjeros y peregrinos, que os abstengáis de los deseos carnales que batallan contra el alma" (1 P. 2:11).*** ***"Forastero soy yo en la tierra; no encubras de mí tus mandamientos" (Sal. 119:19).***
(7) *Moisés* (Éx. 3:1s)	• *A Moisés se le salvó durante la niñez (Éx. 2:1-10).*	• *A Jesucristo se le salvó durante la niñez.*	***"Y él, despertando, tomó de noche al niño y a su madre, y se fue a Egipto, y estuvo allá hasta la muerte de Herodes; para que se cumpliese lo que dijo el Señor por medio del profeta, cuando dijo: De Egipto llamé a mi Hijo" (Mt. 2:14-15).***
	• *Moisés luchó con Faraón (un símbolo de Satanás) (Éx. 7:11).*	• *Jesucristo luchó con Satanás.*	***"Y después de haber ayunado cuarenta días y cuarenta noches, tuvo hambre" (Mt. 4:2).***
	• *Moisés ayunó cuarenta días (Éx. 34:28).*	• *Jesucristo ayunó cuarenta días.*	***"Y después de haber ayunado cuarenta días y cuarenta noches, tuvo hambre" (Mt. 4:2).***
	• *Moisés fue usado por Dios para controlar el Mar (Éx. 14:21).*	• *Jesucristo controló el mar.*	***"El les dijo: ¿Por qué teméis, hombres de poca fe? Entonces, levantándose, reprendió a los vientos y al mar; y se hizo grande bonanza" (Mt. 8:26).***
	• *Moisés alimentó una multitud (Éx. 16:15).*	• *Jesucristo alimentó una multitud.*	***"Y comieron todos, y se saciaron; y recogieron lo que sobró de los pedazos, doce cestas llenas. Y los que comieron fueron como cinco mil hombres, sin contar las mujeres y los niños" (Mt. 14:20-21).***

TÉRMINO HISTÓRICO	TIPO O ILUSTRACIÓN (FUNDAMENTO BÍBLICO DE CADA UNO)	APLICACIÓN PARA LA VIDA DEL CREYENTE DE HOY DÍA	APLICACIÓN BÍBLICA
(7) *Moisés (continuación)* (Éx. 3:1s)	• *El rostro de Moisés brillaba con la gloria de Dios (Éx. 34:35).*	• *El rostro de Jesucristo brillaba con la gloria de Dios.*	***"y se transfiguró delante de ellos, y resplandeció su rostro como el sol, y sus vestidos se hicieron blancos como la luz" (Mt. 17:2).***
	• *Moisés sufrió la queja y la crítica de las personas (Éx. 15:24).*	• *Jesucristo sufrió la queja y la crítica de las personas.*	***"los cuales, viendo a algunos de los discípulos de Jesús comer pan con manos inmundas, esto es, no lavadas, los condenaban" (Mr. 7:2).***
	• *Moisés sufrió la oposición de su propia familia (Nm. 12:1).*	• *Jesucristo sufrió la oposición de su propia familia.*	***"Porque ni aun sus hermanos creían en él" (Jn. 7:5).***
	• *Moisés fue intercesor. (Él ofreció la oración de intercesión por su pueblo) (Éx. 32:31-32).*	• *Jesucristo fue intercesor. (Él ofreció la oración de intercesión por su pueblo.)*	***"Yo ruego por ellos; no ruego por el mundo, sino por los que me diste; porque tuyos son" (Jn. 17:9).***
	• *Moisés tenía setenta ayudantes (Nm. 11:16-17).*	• *Jesucristo tenía setenta ayudantes.*	***"Después de estas cosas, designó el Señor también a otros setenta, a quienes envió de dos en dos delante de él a toda ciudad y lugar adonde él había de ir" (Lc. 10:1).***
	• *Moisés estableció ordenanzas, conmemoraciones (Éx. 12:14).*	• *Jesucristo estableció ordenanzas, conmemoraciones.*	***"Y tomó el pan y dio gracias, y lo partió y les dio, diciendo: Esto es mi cuerpo, que por vosotros es dado; haced esto en memoria de mí" (Lc. 22:19).***
	• *Moisés reapareció después de la muerte (Mt. 17:3).*	• *Jesucristo reapareció después de la muerte.*	***"a quienes también, después de haber padecido, se presentó vivo con muchas pruebas indubitables, apareciéndoseles durante cuarenta días y hablándoles acerca del reino de Dios" (Hch. 1:3).***

Nota: La comparación entre Moisés y Cristo se tomó de *The Thompson Chain Reference Bible*, Cyclopedia Index. (Indianápolis, IN: B. B. Kirkbride Bible Co., Inc., 1964), pp. 95, 2421.

TÉRMINO HISTÓRICO	TIPO O ILUSTRACIÓN (FUNDAMENTO BÍBLICO DE CADA UNO)	APLICACIÓN PARA LA VIDA DEL CREYENTE DE HOY DÍA	APLICACIÓN BÍBLICA
(8) *La zarza ardiente* (Éx. 3:2, 5)	*Una ilustración de la gloria, presencia, y santidad de Dios* **"Y se le apareció el Ángel de Jehová en una llama de fuego en medio de una zarza; y él miró, y vio que la zarza ardía en fuego, y la zarza no se consumía. . . Y dijo: No te acerques; quita tu calzado de tus pies, porque el lugar en que tú estás, tierra santa es" (Éx. 3:2, 5).** **"Porque yo soy Jehová, que os hago subir de la tierra de Egipto para ser vuestro Dios: seréis, pues, santos, porque yo soy santo" (Lv. 11:45).** (cp. Lv. 19:2; 1 Cr. 16:29).	⇒ La gloria, presencia, y santidad de Dios están disponibles para todo creyente: • Que busque mayores experiencias con Dios. • Que añore conocer cada vez más a Dios. • Que cada vez se acerque más a Dios. • Que ame a Dios sin reserva alguna.	***"Así que, hermanos, os ruego por las misericordias de Dios, que presentéis vuestros cuerpos en sacrificio vivo, santo, agradable a Dios, que es vuestro culto racional. No os conforméis a este siglo, sino transformaos por medio de la renovación de vuestro entendimiento, para que comprobéis cuál sea la buena voluntad de Dios, agradable y perfecta" (Ro. 12:1-2).*** ***"Así que, amados, puesto que tenemos tales promesas, limpiémonos de toda contaminación de carne y de espíritu, perfeccionando la santidad en el temor de Dios" (2 Co. 7:1).*** ***"sino, como aquel que os llamó es santo, sed también vosotros santos en toda vuestra manera de vivir; porque escrito está: Sed santos, porque yo soy santo" (1 P. 1:15-16).*** *(cp. 1 Cr. 16:29; Is. 6:1-3, 5; Ro. 11:33; 2 Co. 3:18).*
(9) *El cayado [o vara] de Moisés* (Éx. 4:2-5)	*El poder de Dios. . .* • *sobre Faraón: simboliza los gobernantes malignos de este mundo y Satanás* • *sobre Egipto: simboliza al mundo y su esclavitud* **"Y Jehová dijo: ¿Qué es eso que tienes en tu mano? Y él respondió: Una vara. El le dijo: Échala en tierra. Y él la echó en tierra, y se hizo una culebra; y Moisés huía de ella. Entonces dijo Jehová a Moisés: Extiende tu mano, y tómala por la cola. Y él extendió su mano, y la tomó, y se volvió vara en su mano. Por esto creerán que se te ha aparecido Jehová, el Dios de tus padres, el Dios de Abraham, Dios de Isaac y Dios de Jacob" (Éx. 4:2-5; cp. Sal. 2:9)**	⇒ El poder de Dios gobierna tanto en el mundo físico como en el espiritual: • Todos los principados, potestades, y gobernadores de este mundo • Todas las fuerzas perversas del mundo espiritual	***"y cuál la supereminente grandeza de su poder para con nosotros los que creemos, según la operación del poder de su fuerza, la cual operó en Cristo, resucitándole de los muertos y sentándole a su diestra en los lugares celestiales, sobre todo principado y autoridad y poder y señorío, y sobre todo nombre que se nombra, no solo en este siglo, sino también en el venidero; y sometió todas las cosas bajo sus pies, y lo dio por cabeza sobre todas las cosas a la iglesia" (Ef. 1:19-22).*** ***"Vestíos de toda la armadura de Dios, para que podáis estar firmes contra las asechanzas del diablo. Porque no tenemos lucha contra sangre y carne, sino contra principados, contra potestades, contra los gobernadores de las tinieblas de este siglo, contra huestes espirituales de maldad en las regiones celestes" (Ef. 6:11-12; cp. Col. 2:15).***

TÉRMINO HISTÓRICO	TIPO O ILUSTRACIÓN (FUNDAMENTO BÍBLICO DE CADA UNO)	APLICACIÓN PARA LA VIDA DEL CREYENTE DE HOY DÍA	APLICACIÓN BÍBLICA
(10) *La mano leprosa de Moisés* (Éx. 4:6-8)	*El poder de Dios. . .* • *sobre la salud* • *sobre la enfermedad* • *sobre la vida* • *sobre el pecado* • *sobre la muerte* **"Le dijo además Jehová: Mete ahora tu mano en tu seno. Y él metió la mano en su seno; y cuando la sacó, he aquí que su mano estaba leprosa como la nieve. Y dijo: Vuelve a meter tu mano en tu seno. Y él volvió a meter su mano en su seno; y al sacarla de nuevo del seno, he aquí que se había vuelto como la otra carne" (Éx. 4:6-7. Vea bosquejo y notas—Éx. 9:8-12).**	⇒ Jesucristo tiene total control sobre nuestro cuerpo y nuestra vida. Su poder: • Sanará o fortalecerá al enfermo. • Consolará a todo aquel que clame a Él. • Perdonará el pecado de todo aquel que se lo pida. • Salvará a todos aquellos que lo invoquen, los salvará para toda la eternidad.	***"El Espíritu del Señor está sobre mí, Por cuanto me ha ungido para dar buenas nuevas a los pobres; Me ha enviado a sanar a los quebrantados de corazón; A pregonar libertad a los cautivos, Y vista a los ciegos; A poner en libertad a los oprimidos" (Lc. 4:18).*** ***"Y el Señor me librará de toda obra mala, y me preservará para su reino celestial. A él sea gloria por los siglos de los siglos. Amén" (2 Ti. 4:18).*** ***"Aunque afligido yo y necesitado, Jehová pensará en mí. Mi ayuda y mi libertador eres tú; Dios mío, no te tardes" (Sal. 40:17).*** ***"En él estaba la vida, y la vida era la luz de los hombres... Aquella luz verdadera, que alumbra a todo hombre, venía a este mundo" (Jn. 1:4, 9)*** ***"porque todo aquel que invocare el nombre del Señor, será salvo" (Ro. 10:13).*** *(cp. Éx. 15:26; Dt. 7:15; Sal. 41:4; Sal. 147:3; Is. 46:4; Is. 53:5; Jer. 30:17; Jn. 3:16; 10:10).*
(11) *Aarón* (Éx. 4:14-16)	*Una ilustración de un portavoz o embajador* **"Y él hablará por ti al pueblo; él te será a ti en lugar de boca, y tú serás para él en lugar de Dios" (Éx. 4:16).** **"Jehová dijo a Moisés: Mira, yo te he constituido dios para Faraón, y tu hermano Aarón será tu profeta. Tú dirás todas las cosas que yo te mande, y Aarón tu hermano hablará a Faraón, para que deje ir de su tierra a los hijos de Israel" (Éx. 7:1-2).**	⇒ Un embajador fiel lleva consigo: • La autoridad de quien (Cristo) lo envió. • El mensaje de quien (Cristo) lo envió. • La voluntad de quién (Cristo) lo envió.	***"Después oí la voz del Señor, que decía: ¿A quién enviaré, y quién irá por nosotros? Entonces respondí yo: Heme aquí, envíame a mí" (Is. 6:8).*** ***"Así que, somos embajadores en nombre de Cristo, como si Dios rogase por medio de nosotros; os rogamos en nombre de Cristo: Reconciliaos con Dios" (2 Co. 5:20).*** ***"No me elegisteis vosotros a mí, sino que yo os elegí a vosotros, y os he puesto para que vayáis y llevéis fruto, y vuestro fruto permanezca; para que todo lo que pidiereis al Padre en mi nombre, él os lo dé" (Jn. 15:16).*** ***"Apacentad la grey de Dios que está entre vosotros, cuidando de ella, no por fuerza, sino voluntariamente; no por ganancia deshonesta, sino con ánimo pronto; no como teniendo señorío sobre los que están a vuestro cuidado, sino siendo ejemplos de la grey" (1 P. 5:2-3).*** *(cp. Hch. 20:28; 1 Ti. 1:12; 1 Co. 2:1-5).*

TÉRMINO HISTÓRICO	TIPO O ILUSTRACIÓN (FUNDAMENTO BÍBLICO DE CADA UNO)	APLICACIÓN PARA LA VIDA DEL CREYENTE DE HOY DÍA	APLICACIÓN BÍBLICA
(12) *Circuncisión* (Éx. 4:24-26)	*Una señal del pacto de Dios con el hombre* **"Este es mi pacto, que guardaréis entre mí y vosotros y tu descendencia después de ti: Será circuncidado todo varón de entre vosotros" (Gn. 17:10).** **"Y le dio el pacto de la circuncisión; y así Abraham engendró a Isaac, y le circuncidó al octavo día; e Isaac a Jacob, y Jacob a los doce patriarcas" (Hch. 7:8).** **"Circuncidad, pues, el prepucio de vuestro corazón, y no endurezcáis más vuestra cerviz" (Dt. 10:16).** (cp. Dt. 30:6; Jer. 4:4).	⇒ Desde la venida de Cristo, la circuncisión: • Ya no es una señal externa. • No pone confianza en la carne. • Ocurre en el corazón de los creyentes.	***"Porque nosotros somos la circuncisión, los que en espíritu servimos a Dios y nos gloriamos en Cristo Jesús, no teniendo confianza en la carne" (Fil. 3:3).*** ***"En él también fuisteis circuncidados con circuncisión no hecha a mano, al echar de vosotros el cuerpo pecaminoso carnal, en la circuncisión de Cristo" (Col. 2:11).*** ***"Pues en verdad la circuncisión aprovecha, si guardas la ley; pero si eres transgresor de la ley, tu circuncisión viene a ser incircuncisión" (Ro. 2:25).*** ***"sino que es judío el que lo es en lo interior, y la circuncisión es la del corazón, en espíritu, no en letra; la alabanza del cual no viene de los hombres, sino de Dios" (Ro. 2:29).***
(13) *Las diez plagas* (Éx. 7:8—11:10)	*Una ilustración del juicio de Dios sobre todos los que lo rechazan y oprimen a su pueblo, sobre los impíos e injustos del mundo.* **"Y Faraón no os oirá; mas yo pondré mi mano sobre Egipto, y sacaré a mis ejércitos, mi pueblo, los hijos de Israel, de la tierra de Egipto, con grandes juicios" (Éx. 7:4).**	⇒ El juicio de Dios va a caer sobre todos aquellos: • Que lo resisten y lo niegan. • Que adoran a otros dioses. • Que oprimen y lastiman a las personas. • Que son impíos e injustos. • Que rechazan la verdad.	***"Y de la manera que está establecido para los hombres que mueran una sola vez, y después de esto el juicio" (He. 9:27).*** ***"Y manifiestas son las obras de la carne, que son: adulterio, fornicación, inmundicia, lascivia, idolatría, hechicerías, enemistades, pleitos, celos, iras, contiendas, disensiones, herejías, envidias, homicidios, borracheras, orgías, y cosas semejantes a estas; acerca de las cuales os amonesto, como ya os lo he dicho antes, que los que practican tales cosas no heredarán el reino de Dios" (Gá. 5:19-21).*** ***"Porque el Hijo del Hombre vendrá en la gloria de su Padre con sus ángeles, y entonces pagará a cada uno conforme a sus obras" (Mt. 16:27).*** ***"sabe el Señor librar de tentación a los piadosos, y reservar a los injustos para ser castigados en el día del juicio" (2 P. 2:9).*** *(cp. Mt. 12:36; 25:31-32; Ro. 1:18, 29-32; 2:5; 2 P. 3:7; Jud. 14-15; Ap. 21:8).*

TÉRMINO HISTÓRICO	TIPO O ILUSTRACIÓN (FUNDAMENTO BÍBLICO DE CADA UNO)	APLICACIÓN PARA LA VIDA DEL CREYENTE DE HOY DÍA	APLICACIÓN BÍBLICA
(14) *Los hechiceros egipcios* (Éx. 7:11)	*Una ilustración de mensajeros falsos* **"Entonces llamó también Faraón sabios y hechiceros, e hicieron también lo mismo los hechiceros de Egipto con sus encantamientos; pues echó cada uno su vara, las cuales se volvieron culebras; mas la vara de Aarón devoró las varas de ellos" (Éx. 7:11-12).** **"Y de la manera que Janes y Jambres resistieron a Moisés, así también éstos resisten a la verdad; hombres corruptos de entendimiento, réprobos en cuanto a la fe" (2 Ti. 3:8).** cp. Éx 7:1; 8:7; 9:11. (Vea Nota—2 Ti. 3:6-9).	⇒ El mensajero falso engaña a las personas: • Alegando ser el mensajero de Dios (2 Co. 11:13-15). • Tergiversando el significado de la Palabra de Dios (Gá. 1:6-10). • Seduciendo a las personas a rechazar la verdad de Dios (2 Ti. 4:3-4). • Negando al Señor que murió por ellos (2 P. 2:1; 1 Jn. 4:1-3).	***"Guardaos de los falsos profetas, que vienen a vosotros con vestidos de ovejas, pero por dentro son lobos rapaces" (Mt. 7:15).*** ***"Porque éstos son falsos apóstoles, obreros fraudulentos, que se disfrazan como apóstoles de Cristo. Y no es maravilla, porque el mismo Satanás se disfraza como ángel de luz. Así que, no es extraño si también sus ministros se disfrazan como ministros de justicia; cuyo fin será conforme a sus obras" (2 Co. 11:13-15).*** ***"Amados, no creáis a todo espíritu, sino probad los espíritus si son de Dios; porque muchos falsos profetas han salido por el mundo. En esto conoced el Espíritu de Dios: Todo espíritu que confiesa que Jesucristo ha venido en carne, es de Dios; y todo espíritu que no confiesa que Jesucristo ha venido en carne, no es de Dios; y este es el espíritu del anticristo, el cual vosotros habéis oído que viene, y que ahora ya está en el mundo" (1 Jn. 4:1-3).*** *(cp. Pr. 6:19; 12:17; Mt. 24:11; Gá. 1:6-10; 1 Ti. 6:3-5; 2 Ti. 4:3-4; 2 P. 2:1; Is. 56:10-12; Jer. 23:2; 50:6; Ez. 34:2-3).*

TÉRMINO HISTÓRICO	TIPO O ILUSTRACIÓN (FUNDAMENTO BÍBLICO DE CADA UNO)	APLICACIÓN PARA LA VIDA DEL CREYENTE DE HOY DÍA	APLICACIÓN BÍBLICA
(15) *La fiesta de la Pascua* (Éx. 12:1-13; 12:21-27)	*Salvación: Liberación del juicio de Dios. El juicio de Dios pasa por alto a todos aquellos que se ocultan tras la sangre del Cordero de Pascua.* **"Y cuando os dijeren vuestros hijos: ¿Qué es este rito vuestro?, vosotros responderéis: Es la víctima de la pascua de Jehová, el cual pasó por encima de las casas de los hijos de Israel en Egipto, cuando hirió a los egipcios, y libró nuestras casas. Entonces el pueblo se inclinó y adoró" (Éx. 12:26-27).**	⇒ El juicio de Dios pasa por alto a todos aquellos que se ocultan tras la sangre de Jesucristo, el Cordero de Dios. El Hijo del propio Dios, el Señor Jesucristo, ha liberado al creyente del juicio eterno.	***"Por la fe celebró la pascua y la aspersión de la sangre, para que el que destruía a los primogénitos no los tocase a ellos" (He. 11:28)*** ***"El siguiente día vio Juan a Jesús que venía a él, y dijo: He aquí el Cordero de Dios, que quita el pecado del mundo" (Jn. 1:29).*** ***"Limpiaos, pues, de la vieja levadura, para que seáis nueva masa, sin levadura como sois; porque nuestra pascua, que es Cristo, ya fue sacrificada por nosotros" (1 Co. 5:7).*** ***"El que cree en el Hijo tiene vida eterna; pero el que rehúsa creer en el Hijo no verá la vida, sino que la ira de Dios está sobre él" (Jn. 3:36).*** ***"Mas Dios muestra su amor para con nosotros, en que siendo aún pecadores, Cristo murió por nosotros. Pues mucho más, estando ya justificados en su sangre, por él seremos salvos de la ira" (Ro. 5:8-9).***
(16) *El cordero de la Pascua "sin manchas [defecto o imperfección]"* (Éx. 12:5)	*Pureza y perfección* **"El animal será sin defecto, macho de un año; lo tomaréis de las ovejas o de las cabras" (Éx. 12:5).**	⇒ Jesucristo es el Cordero de la Pascua que llevó una vida pura, impecable, y perfecta	***"Al que no conoció pecado, por nosotros lo hizo pecado, para que nosotros fuésemos hechos justicia de Dios en él" (2 Co. 5:21).*** ***"El siguiente día vio Juan a Jesús que venía a él, y dijo: He aquí el Cordero de Dios, que quita el pecado del mundo" (Jn. 1:29).*** ***"y habiendo sido perfeccionado, vino a ser autor de eterna salvación para todos los que le obedecen" (He. 5:9).*** ***"sabiendo que fuisteis rescatados de vuestra vana manera de vivir, la cual recibisteis de vuestros padres, no con cosas corruptibles, como oro o plata, sino con la sangre preciosa de Cristo, como de un cordero sin mancha y sin contaminación" (1 P. 1:18-19).*** *(cp. He. 4:15; 7:26; 9:14; 2:22).*

TÉRMINO HISTÓRICO	TIPO O ILUSTRACIÓN (FUNDAMENTO BÍBLICO DE CADA UNO)	APLICACIÓN PARA LA VIDA PARA EL CREYENTE DE HOY DÍA	APLICACIÓN BÍBLICA
(17) *La matanza del cordero* (Éx. 12:7, 13; 12:21-23)	*Expiación sustitutiva: El cordero tenía que morir por el creyente: Se tenían que manchar los postes de la puerta con su sangre para salvar al creyente.* **"Y tomarán de la sangre, y la pondrán en los dos postes y en el dintel de las casas en que lo han de comer. . . Y la sangre os será por señal en las casas donde vosotros estéis; y veré la sangre y pasaré de vosotros, y no habrá en vosotros plaga de mortandad cuando hiera la tierra de Egipto" (Éx. 12:7, 13).**	⇒ Jesucristo, el Cordero de Dios, murió por el hombre. Él dio su vida por el hombre. La vida, la propia muerte y sangre, de Jesucristo se ofreció en la cruz como un sustituto del creyente. Las Escrituras declaran esta verdad gloriosa, la verdad de la muerte sustitutiva de Jesucristo.	***"Mas él herido fue por nuestras rebeliones, molido por nuestros pecados; el castigo de nuestra paz fue sobre él, y por su llaga fuimos nosotros curados. . . Angustiado él, y afligido, no abrió su boca; como cordero fue llevado al matadero; y como oveja delante de sus trasquiladores, enmudeció, y no abrió su boca" (Is. 53:5, 7).*** ***"Mas Dios muestra su amor para con nosotros, en que siendo aún pecadores, Cristo murió por nosotros" (Ro. 5:8).*** ***"Porque también Cristo padeció una sola vez por los pecados, el justo por los injustos, para llevarnos a Dios, siendo a la verdad muerto en la carne, pero vivificado en espíritu" (1 P. 3:18)*** ***"quien llevó él mismo nuestros pecados en su cuerpo sobre el madero, para que nosotros, estando muertos a los pecados, vivamos a la justicia; y por cuya herida fuisteis sanados" (1 P. 2:24).*** ***(cp. Ro. 3:25; 1 Co. 5:7; Gá. 3:13; He. 2:9; 10:4; 13:11-12; 1 Jn. 2:2).***
(18) *La sangre del cordero* (Éx. 12:7, 13; 12:21-23)	*El perdón del pecado: La sangre del cordero manchada en los postes de la puerta:* • Ocultaba al creyente con todas sus debilidades y pecados tras la sangre. • Hacía al creyente acepto ante Dios. **"Y tomarán de la sangre, y la pondrán en los dos postes y en el dintel de las casas en que lo han de comer. . . Y la sangre os será por señal en las casas donde vosotros estéis; y veré la sangre y pasaré de vosotros, y no habrá en vosotros plaga de mortandad cuando hiera la tierra de Egipto" (Éx. 12:7, 13; cp. Éx. 12:21-23).**	⇒ La sangre derramada de Jesucristo: • Proporciona el perdón del pecado. • Hace al creyente acepto ante Dios. • Libera al creyente de la ira de Dios, el juicio venidero.	***"El siguiente día vio Juan a Jesús que venía a él, y dijo: He aquí el Cordero de Dios, que quita el pecado del mundo" (Jn. 1:29).*** ***"en quien tenemos redención por su sangre, el perdón de pecados según las riquezas de su gracia" (Ef. 1:7).*** ***"porque esto es mi sangre del nuevo pacto, que por muchos es derramada para remisión de los pecados" (Mt. 26:28).*** ***"Y sabéis que él apareció para quitar nuestros pecados, y no hay pecado en él" (1 Jn. 3:5).*** ***"y de Jesucristo el testigo fiel, el primogénito de los muertos, y el soberano de los reyes de la tierra. Al que nos amó, y nos lavó de nuestros pecados con su sangre" (Ap. 1:5). (cp. Jn. 3:16; 3:17-18; Hch. 5:31; Ro. 5:9; Gá. 1:4; Gá. 3:13; He. 9:22; 9:26-28; 1 P. 3:18; Ap. 1:5; Is. 53:5).***

TÉRMINO HISTÓRICO	TIPO O ILUSTRACIÓN (FUNDAMENTO BÍBLICO DE CADA UNO)	APLICACIÓN PARA LA VIDA DEL CREYENTE DE HOY DÍA	APLICACIÓN BÍBLICA
(19) *Las hierbas amargas* (Éx. 12:8)	*Los días amargos de la esclavitud de Israel [al pecado]* **"Y aquella noche comerán la carne asada al fuego, y panes sin levadura; con hierbas amargas lo comerán" (Éx. 12:8).**	⇒ La esclavitud es pecado, la máxima expresión de la maldad. Sufrir la cruel servidumbre de la esclavitud es sufrir la perversidad más brutal que se pueda imaginar. No hay gozo alguno, solo amargura, en ser esclavo de tal perversidad. Ésta es una ilustración clara de la esclavitud del hombre al pecado. El pecado es un amo cruel: Esclaviza a las personas a servidumbres tales como. . . • el deseo de la carne • el deseo de los ojos • el orgullo de la vida Pero hay una buena nueva gloriosa. Jesucristo ha destruido el poder del pecado. Jesucristo puede tomar a una persona y liberarla de la servidumbre letal del pecado.	***"Jesús les respondió: De cierto, de cierto os digo, que todo aquel que hace pecado, esclavo es del pecado" (Jn. 8:34).*** ***"Y yo sé que en mí, esto es, en mi carne, no mora el bien; porque el querer el bien está en mí, pero no el hacerlo. Porque no hago el bien que quiero, sino el mal que no quiero, eso hago. Y si hago lo que no quiero, ya no lo hago yo, sino el pecado que mora en mí" (Ro. 7:18-20).*** ***"el cual se dio a sí mismo por nuestros pecados para librarnos del presente siglo malo, conforme a la voluntad de nuestro Dios y Padre" (Gá. 1:4).*** ***"Estad, pues, firmes en la libertad con que Cristo nos hizo libres, y no estéis otra vez sujetos al yugo de esclavitud" (Gá. 5:1).*** ***"Pues no habéis recibido el espíritu de esclavitud para estar otra vez en temor, sino que habéis recibido el espíritu de adopción, por el cual clamamos: ¡Abba, Padre!" (Ro. 8:15).*** *(cp. Ro. 7:14-25; 8:1-2).*
(20) *El asado y comida del cordero de Pascua* (Éx. 12:9-11)	*Identificarse con la muerte del cordero* **"Ninguna cosa comeréis de él cruda, ni cocida en agua, sino asada al fuego; su cabeza con sus pies y sus entrañas. Ninguna cosa dejaréis de él hasta la mañana; y lo que quedare hasta la mañana, lo quemaréis en el fuego. Y lo comeréis así: ceñidos vuestros lomos, vuestro calzado en vuestros pies, y vuestro bordón en vuestra mano; y lo comeréis apresuradamente; es la Pascua de Jehová" (Éx. 12:9-11).**	⇒ El creyente no puede participar de la muerte de Cristo de lejos, es una decisión personal: • Participar de Cristo creyendo en Cristo. • Participar de Cristo llevando una vida que muere para sí mismo y vive para Cristo.	***"Porque de tal manera amó Dios al mundo, que ha dado a su Hijo unigénito, para que todo aquel que en él cree, no se pierda, mas tenga vida eterna" (Jn. 3:16).*** ***"Además os declaro, hermanos, el evangelio que os he predicado, el cual también recibisteis, en el cual también perseveráis; por el cual asimismo, si retenéis la palabra que os he predicado, sois salvos, si no creísteis en vano. Porque primeramente os he enseñado lo que asimismo recibí: Que Cristo murió por nuestros pecados, conforme a las Escrituras" (1 Co. 15:1-3).*** ***"Y decía a todos: Si alguno quiere venir en pos de mí,***

TÉRMINO HISTÓRICO	TIPO O ILUSTRACIÓN (FUNDAMENTO BÍBLICO DE CADA UNO)	APLICACIÓN PARA LA VIDA DEL CREYENTE DE HOY DÍA	APLICACIÓN BÍBLICA
(20) *(continuación)* *El asado y comida del cordero de Pascua* (Éx. 12:9-11)			***niéguese a sí mismo, tome su cruz cada día, y sígame" (Lc. 9:23).*** ***"y por todos murió, para que los que viven, ya no vivan para sí, sino para aquel que murió y resucitó por ellos" (2 Co. 5:15).*** *(cp. Jn. 5:25; Ro. 10:9-10; Gá. 2:20; Ti. 2:14).*
(21) *Levadura* (Éx. 12:14-20)	*Perversidad* **"Siete días comeréis panes sin levadura; y así el primer día haréis que no haya levadura en vuestras casas; porque cualquiera que comiere leudado desde el primer día hasta el séptimo, será cortado de Israel" (Éx. 12:15; cp. Éx. 12:19-20; Éx. 12:39).**	⇒ El creyente debe asumir la responsabilidad personal de purgar de su vida la perversidad: • Eliminando todo el pecado (Col. 3:8-9). • Eliminando todo el pecado que con tanta facilidad lo asedia (He. 12:1). • Absteniéndose incluso de la apariencia del mal (1 Ts. 5:22). • Escudriñando constantemente su corazón en busca del pecado no confesado (Sal. 139:23-24). • No haciendo las paces nunca con el pecado, convirtiéndolo en un hábito despreciado, en un enemigo odiado, un enemigo derrotado.	***"Y Jesús les dijo: Mirad, guardaos de la levadura de los fariseos y de los saduceos" (Mt. 16:6).*** ***"No es buena vuestra jactancia. ¿No sabéis que un poco de levadura leuda toda la masa? Limpiaos, pues, de la vieja levadura, para que seáis nueva masa, sin levadura como sois; porque nuestra pascua, que es Cristo, ya fue sacrificada por nosotros. Así que celebremos la fiesta, no con la vieja levadura, ni con la levadura de malicia y de maldad, sino con panes sin levadura, de sinceridad y de verdad" (1 Co. 5:6-8).*** ***"Absteneos de toda especie de mal" (1 Ts. 5:22).*** ***"Mas estas cosas sucedieron como ejemplos para nosotros, para que no codiciemos cosas malas, como ellos codiciaron" (1 Co. 10:6).*** *(cp. Ro. 12:9; Gá. 5:9; Col. 3:8-10; He. 12:1; 1 P. 3:11; 1 Jn. 1:9; Sal. 51:1-13; 139:23-24).*

TÉRMINO HISTÓRICO	TIPO O ILUSTRACIÓN (FUNDAMENTO BÍBLICO DE CADA UNO)	APLICACIÓN PARA LA VIDA DEL CREYENTE DE HOY DÍA	APLICACIÓN BÍBLICA
(22) *Pan sin levadura* (Éx. 12:14-20)	Al huir de Egipto, el israelita no tuvo tiempo de permitir que la levadura fermentara en el pan. Tuvo que tomar pan sin levadura. (1) Esto es una ilustración de urgencia, apuro, disposición: el creyente debe estar listo de inmediato para abandonar Egipto (el mundo) y comenzar rápidamente el viaje a la Tierra Prometida. (2) Esto es una ilustración de la *nueva vida de justicia* del creyente: el creyente debe abandonar su *vieja vida* de Egipto y comenzar su viaje a la Tierra Prometida. **"Y guardaréis la fiesta de los panes sin levadura, porque en este mismo día saqué vuestras huestes de la tierra de Egipto; por tanto, guardaréis este mandamiento en vuestras generaciones por costumbre perpetua" (Éx. 12:17).**	⇒ Está la necesidad urgente de una persona: • De alejarse del mundo, de convertirse de inmediato y de comenzar rápidamente su viaje a la Tierra Prometida del cielo. • De dejar atrás su *vieja vida* y de comenzar su *nueva vida de justicia.*	***"Porque dice: En tiempo aceptable te he oído, y en día de salvación te he socorrido. He aquí ahora el tiempo aceptable; he aquí ahora el día de salvación" (2 Co. 6:2).*** ***"Porque somos sepultados juntamente con él para muerte por el bautismo, a fin de que como Cristo resucitó de los muertos por la gloria del Padre, así también nosotros andemos en vida nueva" (Ro. 6:4).*** ***"De modo que si alguno está en Cristo, nueva criatura es; las cosas viejas pasaron; he aquí todas son hechas nuevas" (2 Co. 5:17).*** ***"Pero ahora dejad también vosotros todas estas cosas: ira, enojo, malicia, blasfemia, palabras deshonestas de vuestra boca. No mintáis los unos a los otros, habiéndoos despojado del viejo hombre con sus hechos, y revestido del nuevo, el cual conforme a la imagen del que lo creó se va renovando hasta el conocimiento pleno" (Col. 3:8-10).*** *(cp. 2 Co. 6:17-18; Mt. 24:44; 25:13 He. 2:3; Ef. 4:24; Col. 3:8-10).*
(23) *Ningún hueso quebrado en el cordero* (Éx. 12:46)	*Una ilustración de unidad: Las partes del cordero no se debían dividir: el cordero debía permanecer como un cuerpo unificado. Los familiares no se debían dividir: La familia debía ocultarse tras la sangre del cordero como un solo cuerpo, una familia unida.* **"Se comerá en una casa, y no llevarás de aquella carne fuera de ella, ni quebraréis hueso suyo" (Éx. 12:46).**	⇒ Jesucristo murió sin un solo hueso quebrado. No se le desmembró ni una sola parte. Todas las partes de su cuerpo permanecieron unificadas. Jesucristo es la Cabeza de un cuerpo (la Iglesia), un cuerpo: • Que tiene muchos miembros. • Que tiene diferentes dones. • Que ha sido llamado a servir al Cordero de Dios con unidad, sin división.	***"Porque estas cosas sucedieron para que se cumpliese la Escritura: No será quebrado hueso suyo" (Jn. 19:36).*** ***"Vosotros, pues, sois el cuerpo de Cristo, y miembros cada uno en particular. Y a unos puso Dios en la iglesia, primeramente apóstoles, luego profetas, lo tercero maestros, luego los que hacen milagros, después los que sanan, los que ayudan, los que administran, los que tienen don de lenguas" (1 Co. 12:27-28).*** ***"Mas ahora Dios ha colocado los miembros cada uno de ellos en el cuerpo, como él quiso. . . para que no haya desavenencia en el cuerpo,***

TÉRMINO HISTÓRICO	TIPO O ILUSTRACIÓN (FUNDAMENTO BÍBLICO DE CADA UNO)	APLICACIÓN PARA LA VIDA DEL CREYENTE DE HOY DÍA	APLICACIÓN BÍBLICA
(23) *(continuación)* *Ningún hueso quebrado en el cordero* (Éx. 12:46)			***sino que los miembros todos se preocupen los unos por los otros" (1 Co. 12:18, 25).*** ***"Yo en ellos, y tú en mí, para que sean perfectos en unidad, para que el mundo conozca que tú me enviaste, y que los has amado a ellos como también a mí me has amado" (Jn. 17:23).*** *(cp. Ro. 12:4-5; 1 Co. 12:12-13; Ef. 1:23; 4:11-12; Col. 1:24; Hch. 2:1; 1:14; 2:42-47).*
(24) *La consagración del primogénito* (Éx. 13:2)	*La santificación: Apartar una vida para Dios* "**Conságrame todo primogénito. Cualquiera que abre matriz entre los hijos de Israel, así de los hombres como de los animales, mío es" (Éx. 13:2).**	⇒ Dios exige que seamos santificados (santos) que nos apartemos completa y totalmente para Dios. Se nos debe recordar constantemente: • Que Jesucristo es nuestra santificación (1 Co. 1:30). • Que Jesucristo nos santifica por medio de su sangre (He. 13:12). • Que somos escogidos por Dios por medio de la obra santificadora del Espíritu Santo (1 P. 1:2). • Que Jesucristo se entregó a sí mismo por la iglesia, para que Él la pudiera santificar (Ef. 5:26). • Que somos santificados por medio de la verdad, por medio de la Palabra de Dios (Jn. 17:17). • Que debemos ser utensilios santificados [santos], aptos para el uso de Dios (2 Ti. 2:21). • Que la voluntad de Dios es que llevemos una vida santificada, pura, y santa (Lc. 1:74; 2 Co. 7:10; 1 Ts. 4:3).	***"Mas por él estáis vosotros en Cristo Jesús, el cual nos ha sido hecho por Dios sabiduría, justificación, santificación y redención" (1 Co. 1:30).*** ***"Por lo cual también Jesús, para santificar al pueblo mediante su propia sangre, padeció fuera de la puerta" (He. 13:12).*** ***"Santifícalos en tu verdad; tu palabra es verdad" (Jn. 17:17).*** ***"Así que, si alguno se limpia de estas cosas, será instrumento para honra, santificado, útil al Señor, y dispuesto para toda buena obra" (2 Ti. 2:21).*** ***"pues la voluntad de Dios es vuestra santificación; que os apartéis de fornicación" (1 Ts. 4:3).*** *(cp. Pr. 3:9-10; Mt. 6:33; 1 P. 1:2; Ef. 5:26).*

TÉRMINO HISTÓRICO	TIPO O ILUSTRACIÓN (FUNDAMENTO BÍBLICO DE CADA UNO)	APLICACIÓN PARA LA VIDA DEL CREYENTE DE HOY DÍA	APLICACIÓN BÍBLICA
(25) *La peregrinación (viaje) en el desierto* (Éx. 13:16—18:27)	*La peregrinación (viaje, andanzas) del creyente:* • *Al alejarse de Egipto (el mundo) y dejar atrás su vieja vida.* • *Al comenzar su nueva vida viajando a la Tierra Prometida.* • *Al viajar por el desierto [las pruebas] de este mundo y vencer todo cuanto el desierto le supone.* **"Y luego que Faraón dejó ir al pueblo, Dios no los llevó por el camino de la tierra de los filisteos, que estaba cerca; porque dijo Dios: Para que no se arrepienta el pueblo cuando vea la guerra, y se vuelva a Egipto. Mas hizo Dios que el pueblo rodease por el camino del desierto del Mar Rojo. Y subieron los hijos de Israel de Egipto armados" (Éx. 13:17-18).** (cp. Nm. 14:33; Dt. 8:2-3, 5-6; 32:10).	⇒ Cuando una persona se ha salvado, se ha vuelto a Dios y se ha alejado del mundo (Egipto), se ha alejado de su vieja vida, comienza su *nueva vida* (en Cristo). De inmediato comienza a viajar hacia la Tierra Prometida del cielo. Su nueva vida es la *peregrinación* del creyente cristiano: Un viaje por el *desierto* de este mundo, por todo cuanto el desierto supone en su contra. . . • pruebas • tentaciones • problemas • dificultades • obstáculos • accidentes • sufrimientos • muerte	***"Y estas cosas les acontecieron como ejemplo, y están escritas para amonestarnos a nosotros, a quienes han alcanzado los fines de los siglos" (1 Co. 10:11).*** ***"He aquí, yo estoy contigo, y te guardaré por dondequiera que fueres, y volveré a traerte a esta tierra; porque no te dejaré hasta que haya hecho lo que te he dicho" (Gn. 28:15).*** ***"Cuando pases por las aguas, yo estaré contigo; y si por los ríos, no te anegarán. Cuando pases por el fuego, no te quemarás, ni la llama arderá en ti" (Is. 43:2).*** ***"No os ha sobrevenido ninguna tentación que no sea humana; pero fiel es Dios, que no os dejará ser tentados más de lo que podéis resistir, sino que dará también juntamente con la tentación la salida, para que podáis soportar" (1 Co. 10:13).*** *(cp. Mt. 4:1-11; Lc. 4:1-13; 2 S. 22:2; Jer. 1:8; He. 2:14-15).*
(26) *La columna de nube y fuego* (Éx. 13:21)	*Una ilustración de la presencia y guía asombrosas de Dios. Esta nube era:* • *Una fuente de luz.* • *Una fuente de dirección.* • *Una fuente de protección.* • *Una ilustración del bautismo.* **"Y Jehová iba delante de ellos de día en una columna de nube para guiarlos por el camino, y de noche en una columna de fuego para alumbrarles, a fin de que anduviesen de día y de noche. Nunca se apartó de delante del pueblo la columna de nube de día, ni de noche la columna de fuego" (Éx. 13:21-22; cp. Éx. 14:19-20).**	⇒ Dios ha prometido su presencia, guía, y protección en nuestro viaje por el desierto de este mundo, nuestro viaje a la Tierra Prometida del cielo. La presencia y guía de Dios: • Nos guiará con su consejo (Sal. 73:24). • Nos mostrará el camino exacto a seguir (Is. 42:16). • Nos protegerá y liberará (Sal. 34:7; cp. Sal. 91:4). • Estará con nosotros en todo momento, a cualquier costo (Gn. 28:15; Éx. 33:14). • Nos guiará a los pastos delicados y a las aguas de reposo (Sal. 23:2).	***"Me mostrarás la senda de la vida; en tu presencia hay plenitud de gozo; delicias a tu diestra para siempre" (Sal. 16:11).*** ***"Lámpara es a mis pies tu palabra, y lumbrera a mi camino" (Sal. 119:105).*** ***"Te haré entender, y te enseñaré el camino en que debes andar; sobre ti fijaré mis ojos" (Sal. 32:8).*** ***"En lugares de delicados pastos me hará descansar; junto a aguas de reposo me pastoreará" (Sal. 23:2).*** ***"Porque este Dios es Dios nuestro eternamente y para siempre; Él nos guiará aun más allá de la muerte" (Sal. 48:14).*** ***"Me has guiado según tu consejo, y después me recibirás en gloria" (Sal. 73:24).***

TÉRMINO HISTÓRICO	TIPO O ILUSTRACIÓN (FUNDAMENTO BÍBLICO DE CADA UNO)	APLICACIÓN PARA LA VIDA DEL CREYENTE DE HOY DÍA	APLICACIÓN BÍBLICA
(27) *El Mar Rojo* (Éx. 14:13-31)	*Una ilustración de la liberación por medio de las más grandes pruebas y obstáculos* **"Y Moisés dijo al pueblo: No temáis; estad firmes, y ved la salvación que Jehová hará hoy con vosotros; porque los egipcios que hoy habéis visto, nunca más para siempre los veréis" (Éx. 14:13).** **"Y extendió Moisés su mano sobre el mar, e hizo Jehová que el mar se retirase por recio viento oriental toda aquella noche; y volvió el mar en seco, y las aguas quedaron divididas. Entonces los hijos de Israel entraron por en medio del mar, en seco, teniendo las aguas como muro a su derecha y a su izquierda" (Éx. 14:21-22).** **"Y Jehová dijo a Moisés: Extiende tu mano sobre el mar, para que las aguas vuelvan sobre los egipcios, sobre sus carros, y sobre su caballería. Entonces Moisés extendió su mano sobre el mar, y cuando amanecía, el mar se volvió en toda su fuerza, y los egipcios al huir se encontraban con el mar; y Jehová derribó a los egipcios en medio del mar. Y volvieron las aguas, y cubrieron los carros y la caballería, y todo el ejército de Faraón que había entrado tras ellos en el mar; no quedó de ellos ni uno" (Éx. 14:26-28).**	⇒ Dios promete liberarnos de todas las pruebas y tentaciones de la vida, no importa cuán. . . • difíciles • aterradores • espantosos • horribles • imposibles	***"Aunque afligido yo y necesitado, Jehová pensará en mí. Mi ayuda y mi libertador eres tú; Dios mío, no te tardes" (Sal. 40:17).*** ***"No temas, porque yo estoy contigo; no desmayes, porque yo soy tu Dios que te esfuerzo; siempre te ayudaré, siempre te sustentaré con la diestra de mi justicia" (Is. 41:10).*** ***"Y el Señor me librará de toda obra mala, y me preservará para su reino celestial. A él sea gloria por los siglos de los siglos. Amén" (2 Ti. 4:18).*** ***"el cual nos libró, y nos libra, y en quien esperamos que aún nos librará, de tan gran muerte" (2 Co. 1:10).*** ***"Ahora, así dice Jehová, Creador tuyo, oh Jacob, y Formador tuyo, oh Israel: No temas, porque yo te redimí; te puse nombre, mío eres tú. Cuando pases por las aguas, yo estaré contigo; y si por los ríos, no te anegarán. Cuando pases por el fuego, no te quemarás, ni la llama arderá en ti" (Is. 43:1-2).*** *(cp. Jn. 16:13; 1 Co. 10:13; He. 2:14-15; 13:5-6; 2 P. 2:9; Is. 30:21; Sal. 48:14; 73:24; Gn. 28:15; Éx. 33:14; Dt. 20:1; Sal. 91:3; Is. 46:4; Jer. 1:8).*

TÉRMINO HISTÓRICO	TIPO O ILUSTRACIÓN (FUNDAMENTO BÍBLICO DE CADA UNO)	APLICACIÓN PARA LA VIDA DEL CREYENTE DE HOY DÍA	APLICACIÓN BÍBLICA
(28) *La derrota de Faraón* (Éx. 14:13-31)	*Una ilustración de la victoria completa y total de Dios sobre los enemigos* **"Y volvieron las aguas, y cubrieron los carros y la caballería, y todo el ejército de Faraón que había entrado tras ellos en el mar; no quedó de ellos ni uno" (Éx. 14:28).**	⇒ Jesucristo, por medio de su muerte y resurrección, ha vencido a todas las fuerzas malignas del mundo físico y espiritual. Él ahora gobierna: • Sobre los principados, potestades, y gobernadores de este mundo en tinieblas. • Sobre las fuerzas perversas del mundo espiritual (Satanás y sus ángeles perversos). (Recuerden: Faraón simboliza a Satanás.)	***"Ahora es el juicio de este mundo; ahora el príncipe de este mundo será echado fuera" (Jn. 12:31).*** ***"la cual operó en Cristo, resucitándole de los muertos y sentándole a su diestra en los lugares celestiales, sobre todo principado y autoridad y poder y señorío, y sobre todo nombre que se nombra, no solo en este siglo, sino también en el venidero; y sometió todas las cosas bajo sus pies, y lo dio por cabeza sobre todas las cosas a la iglesia" (Ef. 1:20-22).*** ***"y despojando a los principados y a las potestades, los exhibió públicamente, triunfando sobre ellos en la cruz" (Col. 2:15).*** *(cp. Sal. 7:11; 2:8-9; Jn. 16:11; Col. 1:16-17; He. 2:14-15; 2 P. 2:4, 6, 9; Ap. 20:10; 21:8).*
(29) *Las aguas amargas de Mara* (Éx. 15:22-26)	*Pruebas amargas de la vida* **"Y llegaron a Mara, y no pudieron beber las aguas de Mara, porque eran amargas; por eso le pusieron el nombre de Mara. Entonces el pueblo murmuró contra Moisés, y dijo: ¿Qué hemos de beber? Y Moisés clamó a Jehová, y Jehová le mostró un árbol; y lo echó en las aguas, y las aguas se endulzaron. Allí les dio estatutos y ordenanzas, y allí los probó" (Éx. 15:23-25).**	⇒ Dios tomará las experiencias amargas de la vida de cada uno de nosotros y las endulzará. Él purificará y limpiará las amargas experiencias de la vida. Imagínense nada más todos los incidentes, problemas, dificultades, pruebas, y tentaciones de la vida: • Dios les quitará la amargura a todas. • Dios hará posible que las soportemos todas. • Dios nos fortalecerá para vencer y andar en medio de todas ellas, victoriosos y triunfantes.	***"Muchas son las aflicciones del justo, pero de todas ellas le librará Jehová" (Sal. 34:19).*** ***"Jehová lo sustentará sobre el lecho del dolor; mullirás toda su cama en su enfermedad" (Sal. 41:3).*** ***"Él te librará del lazo del cazador, de la peste destructora" (Sal. 91:3)*** ***"No temas, porque yo estoy contigo; no desmayes, porque yo soy tu Dios que te esfuerzo; siempre te ayudaré, siempre te sustentaré con la diestra de mi justicia" (Is. 41:10).*** ***"Y sabemos que a los que aman a Dios, todas las cosas les ayudan a bien, esto es, a los que conforme a su propósito son llamados" (Ro. 8:28).*** ***"y andaré entre vosotros, y yo seré vuestro Dios, y vosotros seréis mi pueblo" (Lv. 26:12).***

(30) *Maná* (Éx. 16:1-36)	*La provisión de Dios: El pan del cielo* **"Y Jehová dijo a Moisés: He aquí yo os haré llover pan del cielo; y el pueblo saldrá, y recogerá diariamente la porción de un día, para que yo lo pruebe si anda en mi ley, o no" (Éx. 16:4).**	⇒ El Señor Jesucristo es el pan del cielo, el pan de vida, una vida que sustenta al creyente ahora y para siempre.	***"Y Jesús les dijo: De cierto, de cierto os digo: No os dio Moisés el pan del cielo, mas mi Padre os da el verdadero pan del cielo. Porque el pan de Dios es aquel que descendió del cielo y da vida al mundo" (Jn. 6:32-33).*** ***"Jesús les dijo: Yo soy el pan de vida; el que a mí viene, nunca tendrá hambre; y el que en mí cree, no tendrá sed jamás" (Jn. 6:35).*** ***"Yo soy el pan de vida. Vuestros padres comieron el maná en el desierto, y murieron. Este es el pan que desciende del cielo, para que el que de él come, no muera. Yo soy el pan vivo que descendió del cielo; si alguno comiere de este pan, vivirá para siempre; y el pan que yo daré es mi carne, la cual yo daré por la vida del mundo" (Jn. 6:48-51; cp. Jn. 6:58).***
(31) *La roca de Refidim* (Éx. 17:6)	*La provisión de Dios de agua* **"He aquí que yo estaré delante de ti allí sobre la peña en Horeb; y golpearás la peña, y saldrán de ella aguas, y beberá el pueblo. Y Moisés lo hizo así en presencia de los ancianos de Israel" (Éx. 17:6).** **"Sacaréis con gozo aguas de las fuentes de la salvación" (Is. 12:3).**	⇒ Jesucristo es nuestra roca, la roca de nuestra salvación: • Que provee el agua que salva y nos da vida. • Que nos sustenta durante las tormentas de la vida. • Que es la piedra angular principal que determina el destino de todos nosotros. • Que es el único cimiento sobre el que podemos edificar y basar nuestras vidas.	***"y todos bebieron la misma bebida espiritual; porque bebían de la roca espiritual que los seguía, y la roca era Cristo" (1 Co. 10:4; cp. Is. 53:4-5).*** ***"Respondió Jesús y le dijo: Cualquiera que bebiere de esta agua, volverá a tener sed; mas el que bebiere del agua que yo le daré, no tendrá sed jamás; sino que el agua que yo le daré será en él una fuente de agua que salte para vida eterna" (Jn. 4:13-14).*** ***"Por lo cual también contiene la Escritura:*** ***He aquí, pongo en Sion la principal piedra del ángulo, escogida, preciosa; y el que creyere en él, no será avergonzado. Para vosotros, pues, los que creéis, él es precioso; pero para los que no creen, la piedra que los edificadores desecharon, ha venido a ser la cabeza del ángulo; y: Piedra de tropiezo, y roca que hace caer, porque tropiezan en la palabra, siendo desobedientes; a lo cual fueron también destinados" (1 P. 2:6-8; cp. 1 Co. 3:11).***

TÉRMINO HISTÓRICO	TIPO O ILUSTRACIÓN (FUNDAMENTO BÍBLICO DE CADA UNO)	APLICACIÓN PARA LA VIDA DEL CREYENTE DE HOY DÍA	APLICACIÓN BÍBLICA
(32) *Meriba* (Éx. 17:7)	*Discusión, contención, y contienda: Quejarse de Dios y de sus siervos* **"Así que el pueblo tuvo allí sed, y murmuró contra Moisés, y dijo: ¿Por qué nos hiciste subir de Egipto para matarnos de sed a nosotros, a nuestros hijos y a nuestros ganados? . . . Y llamó el nombre de aquel lugar Masah y Meriba, por la rencilla de los hijos de Israel, y porque tentaron a Jehová, diciendo: ¿Está, pues, Jehová entre nosotros, o no?" (Éx. 17:3, 7).**	⇒ Los creyentes carnales (según la carne) se quejan, murmuran, y rezongan. Se quejan de Dios y de sus siervos. Son como un cáncer espiritual que se esparce e infecta todo el cuerpo de creyentes.	***"Ni murmuréis, como algunos de ellos murmuraron, y perecieron por el destructor" (1 Co. 10:10).*** ***"Haced todo sin murmuraciones y contiendas" (Fil. 2:14).*** ***"Jesús respondió y les dijo: No murmuréis entre vosotros" (Jn. 6:43).*** ***"Si alguno se cree religioso entre vosotros, y no refrena su lengua, sino que engaña su corazón, la religión del tal es vana" (Stg. 1:26).*** *(cp. Éx. 16:8; Sal. 52:2; 106:24-25; 120:2; Stg. 3:5-8; 1 P. 3:10; Jud. 14-16).*
(33) *Masah* (Éx. 17:7)	*El nombre "Masah" significa prueba: Dudar y cuestionar a Dios* **"Y llamó el nombre de aquel lugar Masah y Meriba, por la rencilla de los hijos de Israel, y porque tentaron a Jehová, diciendo: ¿Está, pues, Jehová entre nosotros, o no?" (Éx. 17:7).**	⇒ No se debe dudar ni cuestionar a Dios. Cómo puede la criatura cuestionar a JEHOVÁ Dios: • Él es el Creador y Sustentador del universo. • Él es el Señor y Majestad soberanos de todo. • Él es el Dador de todo don bueno y perfecto, el Padre de luz, que nunca cambia. • Él es el Dios vivo y verdadero.	***"Mirad, hermanos, que no haya en ninguno de vosotros corazón malo de incredulidad para apartarse del Dios vivo" (He. 3:12).*** ***"Bien; por su incredulidad fueron desgajadas, pero tú por la fe estás en pie. No te ensoberbezcas, sino teme. Porque si Dios no perdonó a las ramas naturales, a ti tampoco te perdonará" (Ro. 11:20-21).*** ***"Entonces él les dijo: ¡Oh insensatos, y tardos de corazón para creer todo lo que los profetas han dicho!" (Lc. 24:25).*** ***"¿Eres tú el Cristo? Dínoslo. Y les dijo: Si os lo dijere, no creeréis" (Lc. 22:67).*** ***"Pero a pesar de que había hecho tantas señales delante de ellos, no creían en él" (Jn. 12:37).*** ***"Y no hizo allí muchos milagros, a causa de la incredulidad de ellos" (Mt. 13:58).*** ***"Tampoco dudó, por incredulidad, de la promesa de Dios, sino que se fortaleció en fe, dando gloria a Dios, plenamente convencido de que era también poderoso para hacer todo lo que había prometido" (Ro. 4:20-21).*** *(cp. 2 Ts. 3:3; 1 Ti. 1:13; 2 Ti. 2:13; He. 3:19; He. 10:23).*

TÉRMINO HISTÓRICO	TIPO O ILUSTRACIÓN (FUNDAMENTO BÍBLICO DE CADA UNO)	APLICACIÓN PARA LA VIDA DEL CREYENTE DE HOY DÍA	APLICACIÓN BÍBLICA
(34) *La piedra sobre la que se sentó Moisés* (Éx. 17:12)	*Una ilustración del apoyo y la salvación* **"Y las manos de Moisés se cansaban; por lo que tomaron una piedra, y la pusieron debajo de él, y se sentó sobre ella; y Aarón y Hur sostenían sus manos, el uno de un lado y el otro de otro; así hubo en sus manos firmeza hasta que se puso el sol" (Éx. 17:12).** **"Pacientemente esperé a Jehová, y se inclinó a mí, y oyó mi clamor" (Sal. 40:1-2).**	⇒ Jesucristo es la roca de la vida de cada uno de nosotros, la roca que nos sostiene en nuestro andar por el desierto de este mundo. Jesucristo es la roca de: • Nuestra salvación. • Nuestro apoyo. • Nuestra seguridad. • Nuestro cimiento.	***"Él solamente es mi roca y mi salvación; es mi refugio, no resbalaré mucho" (Sal. 62:2).*** ***"La piedra que desecharon los edificadores ha venido a ser cabeza del ángulo" (Sal. 118:22).*** ***"edificados sobre el fundamento de los apóstoles y profetas, siendo la principal piedra del ángulo Jesucristo mismo" (Ef. 2:20).*** ***"Porque ¿quién es Dios sino solo Jehová? ¿Y qué roca hay fuera de nuestro Dios?" (Sal. 18:31-32).*** ***"Mas Jehová me ha sido por refugio, y mi Dios por roca de mi confianza" (Sal. 94:22).*** *(cp. 1 S. 2:2; 2 S. 22:47; Dt. 32:4; Sal. 28:1; 62:2; 1 P. 2:6-9).*
(35) *Jehová-nisi: JEHOVÁ es mi estandarte* (Éx. 17:15-16)	*El nombre de Dios es el estandarte del creyente. Su nombre es el emblema, el símbolo, la señal de identificación del creyente.* **"Y Moisés edificó un altar, y llamó su nombre Jehová-nisi; y dijo: Por cuanto la mano de Amalec se levantó contra el trono de Jehová, Jehová tendrá guerra con Amalec de generación en generación" (Éx. 17:15-16).** **"Estos confían en carros, y aquéllos en caballos; mas nosotros del nombre de Jehová nuestro Dios tendremos memoria" (Sal. 20:7).**	⇒ El nombre del Señor Jesucristo es el estandarte. Su nombre es el emblema, el símbolo, la señal de identificación, del creyente. ⇒ El nombre del Señor es lo que el creyente lleva con él en su viaje por el desierto de este mundo. El nombre del Señor es su estandarte (su poder), su testimonio, al dirigirse a la Tierra Prometida del cielo.	***"Por lo cual Dios también le exaltó hasta lo sumo, y le dio un nombre que es sobre todo nombre, para que en el nombre de Jesús se doble toda rodilla de los que están en los cielos, y en la tierra, y debajo de la tierra; y toda lengua confiese que Jesucristo es el Señor, para gloria de Dios Padre" (Fil. 2:9-11).*** ***"Pero éstas se han escrito para que creáis que Jesús es el Cristo, el Hijo de Dios, y para que creyendo, tengáis vida en su nombre" (Jn. 20:31).*** ***"Por cuanto en mí ha puesto su amor, yo también lo libraré; le pondré en alto, por cuanto ha conocido mi nombre" (Sal. 91:14).*** ***"Nuestro socorro está en el nombre de Jehová, que hizo el cielo y la tierra" (Sal. 124:8).*** ***"Torre fuerte es el nombre de Jehová; a él correrá el justo, y será levantado" (Pr. 18:10).*** *(cp. Neh. 9:5-6; Sal. 113:1-5).*

TÉRMINO HISTÓRICO	TIPO O ILUSTRACIÓN (FUNDAMENTO BÍBLICO DE CADA UNO)	APLICACIÓN PARA LA VIDA DEL CREYENTE DE HOY DÍA	APLICACIÓN BÍBLICA
(36) *Eliezer, el hijo menor de Moisés* (Éx. 18:4)	*Dios es mi ayudador* **"y el otro se llamaba Eliezer, porque dijo: El Dios de mi padre me ayudó, y me libró de la espada de Faraón" (Éx. 18:4).**	⇒ Dios es nuestro ayudador. Él nos ayuda cuando. . . • nos sentimos débiles • estamos necesitados • somos pobres • estamos indefensos • estamos angustiados • tenemos miedo • nos critican • nos condenan • nos atacan • estamos solos • nos sentimos vacíos • estamos perdidos • nos menosprecian • nos ignoran	***"Aunque afligido yo y necesitado, Jehová pensará en mí. Mi ayuda y mi libertador eres tú; Dios mío, no te tardes" (Sal. 40:17).*** ***"No temas, porque yo estoy contigo; no desmayes, porque yo soy tu Dios que te esfuerzo; siempre te ayudaré, siempre te sustentaré con la diestra de mi justicia" (Is. 41:10).*** ***"de manera que podemos decir confiadamente: El Señor es mi ayudador; no temeré lo que me pueda hacer el hombre" (He. 13:6).***

VIII. CRONOLOGÍA DE TEMAS, PERSONAJES Y SUCESOS DE ÉXODO (CAPS. 1—18)

DIVISIÓN I. ISRAEL Y EGIPTO: LA OPRESIÓN DEL PUEBLO DE DIOS POR UNA NACIÓN QUE HABÍA RECHAZADO A DIOS Éxodo 1:1-22		
EL SUCESO	**EL PASAJE**	**APLICACIÓN PRÁCTICA**
La liberación pasada de Israel	**Éxodo 1:1-7**	**La ilustración de la liberación de Dios y la fidelidad de Dios**
La esclavitud de Israel por Egipto	**Éxodo 1:8-22**	**Cómo el pueblo de Dios venció la opresión**

DIVISIÓN II. MOISÉS Y DIOS: DIOS LEVANTA UN LÍDER PARA LIBERAR A SU PUEBLO Éxodo 2:1—7:7		
EL SUCESO	**EL PASAJE**	**APLICACIÓN PRÁCTICA**
El nacimiento de Moisés	**Éxodo 2:1-10**	**La ilustración de una madre creyente y valiente**
Los primeros sucesos significativos de la vida de Moisés	**Éxodo 2:11-25**	**Experiencias que cambian la vida de una persona**

CRONOLOGÍA DE ÉXODO DE SUCESOS Y PERSONAJES PRINCIPALES		
	CAPÍTULO 1	**CAPÍTULO 2**
JOSÉ	*José murió, 1:1-7, fundamentalmente 6*	
FARAÓN (el nuevo Faraón)	*No conoció a José, 1:8-22, fundamentalmente 8*	
PRIMERA MENCIÓN DE LA SERVIDUMBRE DE ISRAEL	*Esclavos en Egipto, 1:8-22*	
EL NACIMIENTO DE MOISÉS		*Nacimiento y protección, 2:1-25*
EL LLAMADO DE MOISÉS		
LAS EXCUSAS DE MOISÉS		
LA RENDICIÓN DE MOISÉS A LA VOLUNTAD DE DIOS		
LA PRIMERA CONFRONTACIÓN DE MOISÉS CON FARAÓN (el segundo Faraón mencionado)		
EL ALIENTO Y MENSAJE DE DIOS A MOISÉS		
LAS DIEZ PLAGAS		
LA PASCUA		
COMIENZA EL ÉXODO		
PRIMERA CRISIS DE ISRAEL EN EL DESIERTO		
EL GRAN CÁNTICO DE ALABANZA DE MOISÉS A DIOS		
SEGUNDA CRISIS DE ISRAEL EN EL DESIERTO		
TERCERA CRISIS DE ISRAEL EN EL DESIERTO		
CUARTA CRISIS DE ISRAEL EN EL DESIERTO		
QUINTA CRISIS DE ISRAEL EN EL DESIERTO		
SEXTA CRISIS DE ISRAEL EN EL DESIERTO		

DIVISIÓN II. MOISÉS Y DIOS: DIOS LEVANTA UN LÍDER PARA LIBERAR A SU PUEBLO (CONTINUACIÓN) Éxodo 2:1—7:7		
EL SUCESO	**EL PASAJE**	**APLICACIÓN PRÁCTICA**
El llamado de Moisés	**Éxodo 3:1-10**	**Un estudio del llamado y encomienda de Dios al servicio**
Las excusas de Moisés	**Éxodo 3:11—4:17**	**Un profeta renuente: Argumentos para no servir a Dios**
La rendición de Moisés al llamado de Dios	**Éxodo 4:18-31**	**El fruto de la obediencia**

CRONOLOGÍA DE ÉXODO DE SUCESOS Y PERSONAJES PRINCIPALES		
	CAPÍTULO 3	**CAPÍTULO 4**
JOSÉ		
FARAÓN (el primer Faraón mencionado)		
PRIMERA MENCIÓN DE LA SERVIDUMBRE DE ISRAEL		
EL NACIMIENTO DE MOISÉS		
EL LLAMADO DE MOISÉS	*La zarza ardiente, 3:1-10*	
LAS EXCUSAS DE MOISÉS	*Decirle no a Dios, 3:11—4:17*	
LA RENDICIÓN DE MOISÉS A LA VOLUNTAD DE DIOS		*Finalmente, la obediencia, 4:18-31*
LA PRIMERA CONFRONTACIÓN DE MOISÉS CON FARAÓN (el segundo Faraón mencionado)		
EL ALIENTO Y MENSAJE DE DIOS A MOISÉS		
LAS DIEZ PLAGAS		
LA PASCUA		
COMIENZA EL ÉXODO		
PRIMERA CRISIS DE ISRAEL EN EL DESIERTO		
EL GRAN CÁNTICO DE ALABANZA DE MOISÉS A DIOS		
SEGUNDA CRISIS DE ISRAEL EN EL DESIERTO		
TERCERA CRISIS DE ISRAEL EN EL DESIERTO		
CUARTA CRISIS DE ISRAEL EN EL DESIERTO		
QUINTA CRISIS DE ISRAEL EN EL DESIERTO		
SEXTA CRISIS DE ISRAEL EN EL DESIERTO		

DIVISIÓN II. MOISÉS Y DIOS: DIOS LEVANTA UN LÍDER PARA LIBERAR A SU PUEBLO (CONTINUACIÓN) Éxodo 2:1—7:7		
EL SUCESO	**EL PASAJE**	**APLICACIÓN PRÁCTICA**
La primera confrontación de Moisés con Faraón	**Éxodo 5:1-23**	**Oponerse a la voluntad de Dios para su pueblo, la libertad de vida y adoración**
El gran aliento y mensaje dado a Moisés	**Éxodo 6:1—7:7**	**Liberación y libertad**

CRONOLOGÍA DE ÉXODO DE SUCESOS Y PERSONAJES PRINCIPALES		
	CAPÍTULO 5	**CAPÍTULO 6**
JOSÉ		
FARAÓN (el primer Faraón mencionado)		
PRIMERA MENCIÓN DE LA SERVIDUMBRE DE ISRAEL		
EL NACIMIENTO DE MOISÉS		
EL LLAMADO DE MOISÉS		
LAS EXCUSAS DE MOISÉS		
LA RENDICIÓN DE MOISÉS A LA VOLUNTAD DE DIOS		
LA PRIMERA CONFRONTACIÓN DE MOISÉS CON FARAÓN (el segundo Faraón mencionado)	*"Deja ir a mi pueblo"... "¡No!" 5:1-23*	
EL ALIENTO Y MENSAJE DE DIOS A MOISÉS		*Vencido el desaliento, 6:1—7:7*
LAS DIEZ PLAGAS		
LA PASCUA		
COMIENZA EL ÉXODO		
PRIMERA CRISIS DE ISRAEL EN EL DESIERTO		
EL GRAN CÁNTICO DE ALABANZA DE MOISÉS A DIOS		
SEGUNDA CRISIS DE ISRAEL EN EL DESIERTO		
TERCERA CRISIS DE ISRAEL EN EL DESIERTO		
CUARTA CRISIS DE ISRAEL EN EL DESIERTO		
QUINTA CRISIS DE ISRAEL EN EL DESIERTO		
SEXTA CRISIS DE ISRAEL EN EL DESIERTO		

DIVISIÓN III. LAS DIEZ PLAGAS Y EGIPTO: EL JUICIO DE DIOS SOBRE AQUELLOS QUE LO RECHAZAN Y OPRIMEN A SU PUEBLO Éxodo 7:8—11:10		
EL SUCESO	**EL PASAJE**	**APLICACIÓN PRÁCTICA**
Las credenciales del siervo de Dios	**Éxodo 7:8-13**	**Evidencia de que una persona es sierva de Dios**
La primera plaga: Agua convertida en sangre	**Éxodo 7:14-25**	**Evidencia de que Dios es JEHOVÁ, el Dios de la redención, el Único Dios vivo y verdadero**
La segunda plaga: Ranas por doquier	**Éxodo 8:1-15**	**Evidencia de que Dios no tiene igual, que nadie es como JEHOVÁ nuestro Dios**
La tercera plaga: Piojos o mosquitos infestaron la tierra	**Éxodo 8:16-19**	**Evidencia de que el dedo (poder) de Dios controla todas las cosas, incluso el propio polvo de la tierra**
La cuarta plaga: Moscas invaden la tierra	**Éxodo 8:20-32**	**Evidencia de que JEHOVÁ es el Redentor (el Salvador), el Único Dios vivo y verdadero, en toda tierra y en todo lugar**
La quinta plaga: Una enfermedad severa azotó y mató a todo el ganado en el campo	**Éxodo 9:1-7**	**Evidencia de que la mano de Dios controla la vida animal del mundo**
La sexta plaga: Sarpullido con úlceras afligieron tanto a hombres como animales	**Éxodo 9:8-12**	**Evidencia de que Dios tiene poder sobre el cuerpo y la salud**
La séptima plaga—Granizo devastador y tormenta eléctrica catastrófica	**Éxodo 9:13-35**	**Evidencia de que la Tierra es del Señor**
La octava plaga: Langostas invadieron la tierra	**Éxodo 10:1-20**	**Evidencia de que JEHOVÁ es el gran Salvador de la humanidad**
La novena plaga: Tinieblas cubrieron la tierra	**Éxodo 10:21-29**	**Evidencia de que Dios tiene poder sobre la luz y las tinieblas de la tierra**
La décima plaga: Anunciada la muerte de los primogénitos	**Éxodo 11:1-10**	**Evidencia de que Dios es el Dios de los creyentes verdaderos**

CRONOLOGÍA DE ÉXODO DE SUCESOS Y PERSONAJES PRINCIPALES	
	CAPÍTULOS 7—11
JOSÉ	
FARAÓN (el primer Faraón mencionado)	
PRIMERA MENCIÓN DE LA SERVIDUMBRE DE ISRAEL	
EL NACIMIENTO DE MOISÉS	
EL LLAMADO DE MOISÉS	
LAS EXCUSAS DE MOISÉS	
LA RENDICIÓN DE MOISÉS A LA VOLUNTAD DE DIOS	
LA PRIMERA CONFRONTACIÓN DE MOISÉS CON FARAÓN (el segundo Faraón mencionado)	
EL ALIENTO Y MENSAJE DE DIOS A MOISÉS	
LAS DIEZ PLAGAS	*¡Juicio! 7:8—11:10*
LA PASCUA	
COMIENZA EL ÉXODO	
PRIMERA CRISIS DE ISRAEL EN EL DESIERTO	
EL GRAN CÁNTICO DE ALABANZA DE MOISÉS A DIOS	
SEGUNDA CRISIS DE ISRAEL EN EL DESIERTO	
TERCERA CRISIS DE ISRAEL EN EL DESIERTO	
CUARTA CRISIS DE ISRAEL EN EL DESIERTO	
QUINTA CRISIS DE ISRAEL EN EL DESIERTO	
SEXTA CRISIS DE ISRAEL EN EL DESIERTO	

DIVISIÓN IV. LA PASCUA Y LA DÉCIMA PLAGA: LIBERACIÓN DEL JUICIO DE DIOS: LIBERADO, PUESTO EN LIBERTAD Éxodo 12:1—13:16		
EL SUCESO	**EL PASAJE**	**APLICACIÓN PRÁCTICA**
La institución de la Pascua	**Éxodo 12:1-13**	**Los dos elementos esenciales básicos para la redención**
La fiesta de los panes sin levadura, el segundo elemento esencial para la redención: El pan sin levadura	**Éxodo 12:14-20**	**Sacar toda la levadura, todo el mal, de nuestra vida**
La décima plaga, la muerte de los primogénitos y la Pascua	**Éxodo 12:21-51**	**Liberación del juicio de Dios: Liberado, puesto en libertad**
La consagración del primogénito	**Éxodo 13:1-16**	**Recordar la gran liberación de Dios**

CRONOLOGÍA DE ÉXODO DE SUCESOS Y PERSONAJES PRINCIPALES		
	CAPÍTULO 12	**CAPÍTULO 13**
JOSÉ		
FARAÓN (el primer Faraón mencionado)		
PRIMERA MENCIÓN DE LA SERVIDUMBRE DE ISRAEL		
EL NACIMIENTO DE MOISÉS		
EL LLAMADO DE MOISÉS		
LAS EXCUSAS DE MOISÉS		
LA RENDICIÓN DE MOISÉS A LA VOLUNTAD DE DIOS		
LA PRIMERA CONFRONTACIÓN DE MOISÉS CON FARAÓN (el segundo Faraón mencionado)		
EL ALIENTO Y MENSAJE DE DIOS A MOISÉS		
LAS DIEZ PLAGAS		
LA PASCUA	*Liberación, 12:1—13:16*	
COMIENZA EL ÉXODO		*¡Al fin libres!, 13:17-22*
PRIMERA CRISIS DE ISRAEL EN EL DESIERTO		
EL GRAN CÁNTICO DE ALABANZA DE MOISÉS A DIOS		
SEGUNDA CRISIS DE ISRAEL EN EL DESIERTO		
TERCERA CRISIS DE ISRAEL EN EL DESIERTO		
CUARTA CRISIS DE ISRAEL EN EL DESIERTO		
QUINTA CRISIS DE ISRAEL EN EL DESIERTO		
SEXTA CRISIS DE ISRAEL EN EL DESIERTO		

DIVISIÓN V. EL CRUCE DEL MAR ROJO Y LA PEREGRINACIÓN EN EL DESIERTO
Éxodo 13:17—18:27

EL SUCESO	EL PASAJE	APLICACIÓN PRÁCTICA
Comienzo del viaje por el desierto	Éxodo 13:17-22	Guía de Dios por el día y por la noche
La primera crisis de Israel en el desierto: Cruce del Mar Rojo	Éxodo 14:1-31	La gran liberación de Dios
El gran cántico de alabanza de Moisés	Éxodo 15:1-21	Alabanza a Dios por su gran liberación
La segunda crisis de Israel en el desierto, sed, agua amarga en Mara	Éxodo 15:22-27	El primer gran pecado de Israel, el de quejarse, rezongar y murmurar

CRONOLOGÍA DE ÉXODO DE SUCESOS Y PERSONAJES PRINCIPALES

	CAPÍTULO 14	CAPÍTULO 15
JOSÉ		
FARAÓN (el primer Faraón mencionado)		
PRIMERA MENCIÓN DE LA SERVIDUMBRE DE ISRAEL		
EL NACIMIENTO DE MOISÉS		
EL LLAMADO DE MOISÉS		
LAS EXCUSAS DE MOISÉS		
LA RENDICIÓN DE MOISÉS A LA VOLUNTAD DE DIOS		
LA PRIMERA CONFRONTACIÓN DE MOISÉS CON FARAÓN (el segundo Faraón mencionado)		
EL ALIENTO Y MENSAJE DE DIOS A MOISÉS		
LAS DIEZ PLAGAS		
LA PASCUA		
COMIENZA EL ÉXODO		
PRIMERA CRISIS DE ISRAEL EN EL DESIERTO	*Cruce del Mar Rojo; Salvación, 14:1-31*	
EL GRAN CÁNTICO DE ALABANZA DE MOISÉS A DIOS		*Acción de gracias, 15:1-21*
SEGUNDA CRISIS DE ISRAEL EN EL DESIERTO		*Agua amarga, 15:22-27*
TERCERA CRISIS DE ISRAEL EN EL DESIERTO		
CUARTA CRISIS DE ISRAEL EN EL DESIERTO		
QUINTA CRISIS DE ISRAEL EN EL DESIERTO		
SEXTA CRISIS DE ISRAEL EN EL DESIERTO		

DIVISIÓN V. EL CRUCE DEL MAR ROJO Y LA PEREGRINACIÓN EN EL DESIERTO Éxodo 13:17—18:27 (continuación)		
EL SUCESO	**EL PASAJE**	**APLICACIÓN PRÁCTICA**
La tercera crisis de Israel en el desierto: Hambre	**Éxodo 16:1-36**	**Los dos grandes pecados de Israel, el de rezongar y la desobediencia (incredulidad)**
La cuarta crisis de Israel en el desierto: Sed	**Éxodo 17:1-7**	**La provisión de Dios de agua**
La quinta crisis de Israel en el desierto: Guerra	**Éxodo 17:8-16**	**Victoria por medio de la oración predominante**

CRONOLOGÍA DE ÉXODO DE SUCESOS Y PERSONAJES PRINCIPALES		
	CAPÍTULO 16	**CAPÍTULO 17**
JOSÉ		
FARAÓN (el primer Faraón mencionado)		
PRIMERA MENCIÓN DE LA SERVIDUMBRE DE ISRAEL		
EL NACIMIENTO DE MOISÉS		
EL LLAMADO DE MOISÉS		
LAS EXCUSAS DE MOISÉS		
LA RENDICIÓN DE MOISÉS A LA VOLUNTAD DE DIOS		
LA PRIMERA CONFRONTACIÓN DE MOISÉS CON FARAÓN (el segundo Faraón mencionado)		
EL ALIENTO Y MENSAJE DE DIOS A MOISÉS		
LAS DIEZ PLAGAS		
LA PASCUA		
COMIENZA EL ÉXODO		
PRIMERA CRISIS DE ISRAEL EN EL DESIERTO		
EL GRAN CÁNTICO DE ALABANZA DE MOISÉS A DIOS		
SEGUNDA CRISIS DE ISRAEL EN EL DESIERTO		
TERCERA CRISIS DE ISRAEL EN EL DESIERTO	*Hambre, 16:1-36*	
CUARTA CRISIS DE ISRAEL EN EL DESIERTO		*Sed, 17:1-7*
QUINTA CRISIS DE ISRAEL EN EL DESIERTO		*Guerra, 17:8-16*
SEXTA CRISIS DE ISRAEL EN EL DESIERTO		

DIVISIÓN V. EL CRUCE DEL MAR ROJO Y LA PEREGRINACIÓN EN EL DESIERTO Éxodo 13:17—18:27 (continuación)		
EL SUCESO	**EL PASAJE**	**APLICACIÓN PRÁCTICA**
La sexta crisis de Israel en el desierto: La separación matrimonial y sobrecarga de trabajo: Ayudar a otros	**Éxodo 18:1-27**	**Falta de organización, separación matrimonial y sobrecarga de trabajo**

CRONOLOGÍA DE ÉXODO DE SUCESOS Y PERSONAJES PRINCIPALES	
	CAPÍTULO 18
JOSÉ	
FARAÓN (el primer Faraón mencionado)	
PRIMERA MENCIÓN DE LA SERVIDUMBRE DE ISRAEL	
EL NACIMIENTO DE MOISÉS	
EL LLAMADO DE MOISÉS	
LAS EXCUSAS DE MOISÉS	
LA RENDICIÓN DE MOISÉS A LA VOLUNTAD DE DIOS	
LA PRIMERA CONFRONTACIÓN DE MOISÉS CON FARAÓN (el segundo Faraón mencionado)	
EL ALIENTO Y MENSAJE DE DIOS A MOISÉS	
LAS DIEZ PLAGAS	
LA PASCUA	
COMIENZA EL ÉXODO	
PRIMERA CRISIS DE ISRAEL EN EL DESIERTO	
EL GRAN CÁNTICO DE ALABANZA DE MOISÉS A DIOS	
SEGUNDA CRISIS DE ISRAEL EN EL DESIERTO	
TERCERA CRISIS DE ISRAEL EN EL DESIERTO	
CUARTA CRISIS DE ISRAEL EN EL DESIERTO	
QUINTA CRISIS DE ISRAEL EN EL DESIERTO	
SEXTA CRISIS DE ISRAEL EN EL DESIERTO	*Separación matrimonial y sobrecarga de trabajo, 18:1-27*

UNA BREVE CRONOLOGÍA DE LOS PERSONAJES Y SUCESOS PRINCIPALES DE ÉXODO

	CAPÍTULO 1	**CAPÍTULO 2**
JOSÉ	*José murió, 1:6*	
FARAÓN (el primer Faraón mencionado)	*No conoció a José, 1:8*	
PRIMERA MENCIÓN DE LA SERVIDUMBRE DE ISRAEL	*Esclavos en Egipto, 1:8-22*	
EL NACIMIENTO DE MOISÉS		*Nacimiento y protección, 2:1-25*
	CAPÍTULO 3	**CAPÍTULO 4**
EL LLAMADO DE MOISÉS	*La zarza ardiente, 3:1-10*	
LAS EXCUSAS DE MOISÉS	*Decirle no a Dios: Finalmente, la obediencia, 3:11—4-17*	
LA RENDICIÓN DE MOISÉS A LA VOLUNTAD DE DIOS		*Él finalmente obedece, 4:18-31*
	CAPÍTULO 5	**CAPÍTULO 6**
LA PRIMERA CONFRONTACIÓN DE MOISÉS CON FARAÓN (el segundo Faraón mencionado)	*"Deja ir a mi pueblo"... "¡No!" 5:1-23*	
EL ALIENTO Y MENSAJE DE DIOS A MOISÉS		*Vencido el desaliento, 6:1—7:7*
	CAPÍTULOS 7—11	
LAS DIEZ PLAGAS	*¡Juicio! 7:8—11:10*	
	CAPÍTULO 12	**CAPÍTULO 13**
LA PASCUA	*Liberación, 12:1—13:16*	
COMIENZA EL ÉXODO		*¡Al fin libres!, 13:17-22*
	CAPÍTULO 14	**CAPÍTULO 15**
PRIMERA CRISIS DE ISRAEL EN EL DESIERTO	*Cruce del Mar Rojo; Salvación, 14:1-31*	
EL GRAN CÁNTICO DE ALABANZA DE MOISÉS A DIOS		*Acción de gracias, 15:1-21*
SEGUNDA CRISIS DE ISRAEL EN EL DESIERTO		*Agua amarga, 15:22-27*
	CAPÍTULO 16	**CAPÍTULO 17**
TERCERA CRISIS DE ISRAEL EN EL DESIERTO	*Hambre, 16:1-36*	
CUARTA CRISIS DE ISRAEL EN EL DESIERTO		*Sed, 17:1-7*
QUINTA CRISIS DE ISRAEL EN EL DESIERTO		*Guerra, 17:8-16*
	CAPÍTULO 18	
SEXTA CRISIS DE ISRAEL EN EL DESIERTO	*Separación matrimonial y sobrecarga de trabajo, 18:1-27*	

RESUMEN GENERAL DE ÉXODO (CAPS. 1—18)

LA BIBLIA DE BOSQUEJOS Y SERMONES es *única*. Difiere de todo otro material de estudios bíblicos y recursos de sermones en cuanto a que cada pasaje y tema es bosquejado justo al lado de las Escrituras correspondientes. Cuando usted elija cualquier tema mencionado más adelante y se remita a la referencia, no solo contará con el pasaje de las Escrituras, sino que también descubrirá el pasaje de las Escrituras y el tema *ya bosquejado para usted, versículo por versículo.*

A modo de ejemplo rápido, escoja uno de los temas mencionados más adelante y remítase a las Escrituras y hallará esta maravillosa ayuda para un empleo más rápido, más sencillo y más preciso.

Además, cada punto de las Escrituras y el tema está totalmente desarrollado en un comentario con un pasaje de apoyo en las Escrituras en el final de la página.

Note algo más: Los temas de Éxodo tienen títulos que son a la vez bíblicos y prácticos. Los títulos prácticos a veces tienen más atracción para la gente. Este beneficio se ve claramente en el empleo de folletos, boletines, comunicados de la iglesia, etc.

Una sugerencia: Para una visión más rápida de Éxodo, primero lea todos los títulos principales (I, II, III, etc.), y luego vuelva y lea los subtítulos.

BOSQUEJO DE ÉXODO
PARTE I
CAPÍTULOS 1—18

I. ISRAEL Y EGIPTO: LA OPRESIÓN DEL PUEBLO DE DIOS POR UNA NACIÓN QUE HABÍA RECHAZADO A DIOS, 1:1-22

A. La liberación pasada de Israel: La ilustración de la liberación de Dios y la fidelidad de Dios, 1:1-7

B. La esclavitud de Israel por Egipto: Cómo el pueblo de Dios vence la opresión, 1:8-22

II. MOISÉS Y DIOS: DIOS LEVANTA UN LÍDER PARA LIBERAR A SU PUEBLO (ISRAEL), 2:1—7:7

A. El nacimiento de Moisés: La ilustración de una madre creyente y valiente, 2:1-10

B. Los primeros acontecimientos significativos en la vida de Moisés: Experiencias que cambian la vida de una persona, 2:11-25

C. Llamamiento de Moisés: Un estudio del llamado de Dios al servicio, 3:1-10

D. Las excusas de Moisés: Un profeta reacio: Argumentos para no servir a Dios, Éxodo 3:11—4:17

E. La rendición de Moisés al llamado de Dios: El fruto de la obediencia, Éxodo 4:18-31

F. La primera confrontación de Moisés con Faraón: Oponerse a la voluntad de Dios para su pueblo, el derecho del hombre de vivir y adorar a Dios con libertad, 5:1-23

G. El gran aliento y mensaje dado a Moisés: Liberación y libertad, 6:1—7:7

III. LAS DIEZ PLAGAS Y EGIPTO: EL JUICIO DE DIOS SOBRE AQUELLOS QUE LO RECHAZAN Y OPRIMEN A SU PUEBLO, 7:8—11:10

A. Las credenciales del siervo de Dios: Evidencia de que una persona es sierva de Dios, 7:8-13

B. La primera plaga: Agua convertida en sangre: Evidencia de que Él es JEHOVÁ, el Dios de salvación, el único Dios vivo y verdadero, 7:14-25

C. La segunda plaga: Ranas por doquier: Evidencia de que Dios no tiene igual, que nadie es como JEHOVÁ nuestro Dios, 8:1-15

D. La tercera plaga: Piojos o mosquitos infestaron la tierra: Evidencia de que el dedo (poder) de Dios controla todas las cosas, incluso el propio polvo de la tierra, 8:16-19

E. La cuarta plaga: Moscas invaden la tierra: Evidencia de que JEHOVÁ es el Redentor (el Salvador) en toda la tierra y en todo lugar, 8:20-32

F. La quinta plaga: Una enfermedad severa azotó y mató a todo el ganado en el campo: Evidencia de que la mano de Dios controla la vida animal del mundo, 9:1-7

G. La sexta plaga: Sarpullido con úlceras afligieron tanto a hombres como animales: Evidencia de que Dios tiene poder sobre el cuerpo y la salud, 9:8-12

H. La séptima plaga: Granizo devastador y tormenta eléctrica catastrófica: Evidencia de que la Tierra es del Señor, 9:13-35

I. La octava plaga: Langostas invadieron la tierra: Evidencia de que el Señor es el Salvador de la humanidad, 10:1-20

J. La novena plaga: Tinieblas cubrieron la tierra: Evidencia de que Dios tiene poder sobre la luz y las tinieblas de la Tierra, 10:21-29

K. La décima plaga: Anunciada la muerte de los primogénitos: Evidencia de que Dios es el Dios de los creyentes verdaderos, 11:1-10

IV. LA PASCUA Y LA DÉCIMA PLAGA: LIBERACIÓN DEL JUICIO DE DIOS: LIBERADO, PUESTO EN LIBERTAD, 12:1—13:16

A. La Pascua: El primer elemento esencial y básico para la redención: Un cordero sin manchas, 12:1-13
B. La fiesta de los panes sin levadura: El segundo elemento esencial y básico para la redención: Sacar toda la levadura, todo el mal, de nuestra vida, 12:14-20
C. La décima plaga: La muerte de los primogénitos y la Pascua: Liberación del juicio de Dios: Liberado, puesto en libertad, 12:21-51
D. La consagración del primogénito: Recordar la gran liberación de Dios, 13:1-16

V. EL MAR ROJO Y LA PEREGRINACIÓN EN EL DESIERTO: LAS PRUEBAS DEL CREYENTE EN SU VIAJE A LA TIERRA PROMETIDA, 13:17—18:27

A. Comienzo del viaje por el desierto: La guía de Dios por el día y por la noche, 13:17-22
B. La primera crisis de Israel en el desierto: Cruce del Mar Rojo: La gran liberación de Dios, 14:1-31
C. El gran cántico de alabanza de Moisés: Alabanza a Dios por su gran liberación, 15:1-21
D. La segunda crisis de Israel en el desierto: Agua amarga en Mara: Experiencias amargas hechas dulces y puras, 15:22-27
E. La tercera crisis de Israel en el desierto: Hambre: Los dos grandes pecados de Israel: El de rezongar y la desobediencia (incredulidad), 16:1-36
F. La cuarta crisis de Israel en el desierto: Sed: La provisión de Dios de agua, 17:1-7
G. La quinta crisis de Israel en el desierto: Guerra: Victoria por medio de la oración predominante, 17:8-16
H. La sexta crisis de Israel en el desierto: La separación matrimonial y sobrecarga de trabajo: Ayudar a otros, 18:1-27

DIVISIÓN I

ISRAEL Y EGIPTO: LA OPRESIÓN DEL PUEBLO DE DIOS POR UNA NACIÓN QUE HABÍA RECHAZADO A DIOS, 1:1-22

(1:1-22) ***PERSPECTIVA GENERAL DE LA DIVISIÓN: Israel***: Éxodo constituye el gran libro de liberación, de salvación, y de redención. Éxodo ilustra y proclama claramente que Dios. . .

- nos libera
- nos salva
- nos redime

La gran liberación de Dios se nos ilustra en las experiencias de Israel. Israel era un *pueblo nuevo* creado por Dios en épocas pasadas para que fueran sus testigos, el pueblo de Dios que daría testimonio del único Dios vivo y verdadero. Israel es el centro de atención del libro de Éxodo.

A través de todo Éxodo, resulta útil recordar este elemento: Israel era toda una *nueva raza* de personas, una raza creada por Dios para darle continuidad a la descendencia piadosa de creyentes y finalmente dar a luz la Simiente prometida, el Salvador del mundo. Lo que había sucedido era lo siguiente.

Desde el inicio mismo de la historia humana, el hombre había pecado y había traído muerte sobre la raza humana. Pero para contrarrestar el pecado y la muerte, Dios había prometido enviar a un Salvador (la Simiente prometida) por medio de la simiente piadosa de Adán y su hijo Set. Una y otra vez tuvo Dios que intervenir para mantener pura la descendencia piadosa de creyentes. Él hizo esto hasta *el gran diluvio*. En ese momento Dios escogió a Noé, y más tarde la descendencia de su hijo Sem, para que le diera continuidad a la descendencia piadosa de personas. Dios cumplió su promesa y mantuvo viva la esperanza de la simiente y el Salvador prometidos.

Pero incluso después del gran diluvio, la raza humana, como siempre había hecho, continuó deteriorándose a una total depravación (Gn. 11:1-32). Por eso Dios tuvo que intervenir una vez más en la historia humana. Él hizo esto llamando a Abraham a engendrar toda una *nueva raza* de personas, un pueblo que daría continuidad a la línea piadosa y daría origen a la Simiente prometida y al Salvador del mundo, el Señor Jesucristo. Según lo planteado anteriormente, esa *nueva raza* de personas fue Israel.

Note lo siguiente: Dios tenía al menos cinco propósitos para crear una *nueva raza* de personas por medio de Abraham. Observe también que los mismos cinco propósitos se aplican tanto a Israel como nación como para los creyentes como la nueva nación y el pueblo de Dios. (Vea Nota, pt. 3, Gn. 12:3; también vea notas—Jn. 4:22; Ro. 4:1-25; y Lc. 1:68 para un mayor análisis.)

1. Dios quería un pueblo que amara y sirviera a Dios de un modo supremo. Sus seguidores debían ser un pueblo que le ofreciera su primera lealtad.

"Y estableceré mi pacto entre mí y ti, y tu descendencia después de ti en sus generaciones, por pacto perpetuo, para ser tu Dios, y el de tu descendencia después de ti" (Gn. 17:7).

"Ahora, pues, Israel, ¿qué pide Jehová tu Dios de ti, sino que temas a Jehová tu Dios, que andes en todos sus caminos, y que lo ames, y sirvas a Jehová tu Dios con todo tu corazón y con toda tu alma" (Dt. 10:12; cp. Dt. 6:5; Is. 43:10; Mt. 22:37).

2. Dios quería un pueblo que fuera su fuerza misionera para con el mundo. Sus seguidores debían ser un pueblo que fueran un testimonio dinámico para todas las otras naciones que Dios y solo Él es el Único Dios vivo y verdadero.

"Vosotros sois mis testigos, dice Jehová, y mi siervo que yo escogí, para que me conozcáis y creáis, y entendáis que yo mismo soy; antes de mí no fue formado dios, ni lo será después de mí. Yo, yo Jehová, y fuera de mí no hay quien salve" (Is. 43:10-11).

"Varones hermanos, hijos del linaje de Abraham, y los que entre vosotros teméis a Dios, a vosotros es enviada la palabra de esta salvación. . . Porque así nos ha mandado el Señor, diciendo: Te he puesto para luz de los gentiles, a fin de que seas para salvación hasta lo último de la tierra" (Hch. 13:26, 47; cp. Gn. 12:3; 22:18).

3. Dios quería un pueblo por medio de quien Él pudiera enviar a su Hijo al mundo. Sus seguidores debían ser un pueblo por medio de quien Él pudiera enviar la Simiente prometida, el Salvador y Mesías del mundo, el Señor Jesucristo.

"En tu simiente serán benditas todas las naciones de la tierra, por cuanto obedeciste a mi voz" (Gn. 22:18).

"Ahora bien, a Abraham fueron hechas las promesas, y a su simiente. No dice: Y a las simientes, como si

hablase de muchos, sino como de uno: Y a tu simiente, la cual es Cristo" (Gá. 3:16; cp. Gn. 3:15; Jn. 4:22. Vea nota—Éx. 1:6-7).

4. Dios quería un pueblo por medio de quien Él pudiera darle su Palabra escrita, la Santa Biblia, al mundo.

"que son israelitas, de los cuales son la adopción, la gloria, el pacto, la promulgación de la ley, el culto y las promesas; de quienes son los patriarcas, y de los cuales, según la carne, vino Cristo, el cual es Dios sobre todas las cosas, bendito por los siglos. Amén" (Ro. 9:4-5).

"Dios, habiendo hablado muchas veces y de muchas maneras en otro tiempo a los padres por los profetas" (He. 1:1).

"Tenemos también la palabra profética más segura, a la cual hacéis bien en estar atentos como a una antorcha que alumbra en lugar oscuro, hasta que el día esclarezca y el lucero de la mañana salga en vuestros corazones; entendiendo primero esto, que ninguna profecía de la Escritura es de interpretación privada, porque nunca la profecía fue traída por voluntad humana, sino que los santos hombres de Dios hablaron siendo inspirados por el Espíritu Santo" (2 P. 1:19-21; cp. 2 Ti. 3:16; 1 P. 1:10-11).

5. Dios quería un pueblo por medio de quien Él pudiera demostrarle al mundo la verdad acerca de la vida y la salvación. Observe que estas tres verdades se demostraron a través de la historia de Israel. (Vea notas—Ef. 1:3; 1:7; 2:8-9; 2:11-18.)

a) Dios quería demostrar que la *vida y la salvación no son de este mundo*, no son del mundo físico y material. Israel siempre estaba buscando las bendiciones físicas y materiales de esta tierra, y la mayoría de los israelitas confiaban en que los rituales físicos de la religión los salvaran y los identificaran como el pueblo de Dios (rituales físicos como la circuncisión y las ceremonias). Pero el mundo se deteriora: Posee un cimiento de corrupción y no perdura; no es permanente ni eterno. El mundo necesita imperiosamente reconocer y aprender esta realidad. Por eso Dios usó a Israel para demostrarle esta realidad al mundo, que la vida y la salvación no son de este mundo, no son del mundo físico y material. (Vea notas—Mt. 8:17; 1 Co. 15:50; 2 P. 1:4.)

"Pero esto digo, hermanos: que la carne y la sangre no pueden heredar el reino de Dios, ni la corrupción hereda la incorrupción" (1 Co. 15:50).

"Pero el día del Señor vendrá como ladrón en la noche; en el cual los cielos pasarán con grande estruendo, y los elementos ardiendo serán deshechos, y la tierra y las obras que en ella hay serán quemadas" (2 P. 3:10).

"No améis al mundo, ni las cosas que están en el mundo. Si alguno ama al mundo, el amor del Padre no está en él. Porque todo lo que hay en el mundo, los deseos de la carne, los deseos de los ojos, y la vanagloria de la vida, no proviene del Padre, sino del mundo. Y el mundo pasa, y sus deseos; pero el que hace la voluntad de Dios permanece para siempre" (1 Jn. 2:15-17; cp. Sal. 102:25-26; Is. 24:4; 34:4; 51:6; 2 Co. 4:18; Ap. 21:1).

b) Dios quería demostrar que *la vida y la salvación son espirituales y eternas*. Nuevamente, la pesquisa constante de Israel de las bendiciones físicas y materiales, el descuido del pueblo de lo espiritual y lo eterno, lo demostraba. Lo que se necesitaba para la vida y la salvación no eran las bendiciones físicas y materiales de la tierra, ni una religión de forma y ritual. Lo que se necesitaba era una simiente permanente e incorruptible: se necesitaba una nueva criatura, un nuevo hombre, a fin de proveerle salvación y vida al hombre. El mundo necesitaba saber que cualquier cosa que Dios hiciera, la haría de modo perfecto y permanente. Por eso la vida y la salvación no serían de esta tierra, no estarían compuestas de elementos materiales y físicos (que solo duran unos cortos años). La vida es del espíritu, de otra dimensión de la existencia por completo, de la dimensión espiritual. La dimensión espiritual es el mundo real donde viven el propio Dios, sus huestes angelicales y los creyentes que abandonan este mundo, todo con perfección y para la eternidad. La vida es eterna y permanente, y se vive igualmente con Dios o apartado de Dios. (Vea nota—Ef. 1:3.)

"siendo renacidos, no de simiente corruptible, sino de incorruptible, por la palabra de Dios que vive y permanece para siempre" (1 P. 1:23).

"De modo que si alguno está en Cristo, nueva criatura es; las cosas viejas pasaron; he aquí todas son hechas nuevas" (2 Co. 5:17).

"y vestíos del nuevo hombre, creado según Dios en la justicia y santidad de la verdad" (Ef. 4:24; cp. Jn. 3:3, 5, 16).

c) Dios quería demostrar que *la vida y la salvación las garantiza la fe y solo la fe*, no las obras ni las pretensiones de superioridad moral. Las reglas, rituales, y ceremonias de Israel no podían salvar al pueblo. Buenas obras y servicio religioso nunca pueden hacer perfecta a una persona, y la perfección es esencial para vivir en la presencia de Dios. Por eso ningún hombre es salvo por obras ni por pretensiones de superioridad moral. Es salvo:

- Al confiar en la justicia y perfección de la Simiente prometida, el Salvador, el Señor Jesucristo.
- Al confiar en que la justicia y perfección del Salvador prometido lo cubre y lo vuelve acepto ante Dios.
- Al confiar en que Dios lo acepta en la justicia y perfección del Salvador prometido, que Dios realmente cuenta su fe en el Salvador como justicia.

Todas estas son maneras similares de decir la misma cosa: El hombre es salvo por la gracia de Dios por medio de la fe, de ninguna otra manera. Él es salvo solo por gracia y por fe. Dios demostró esto a través de la historia de Israel. (Vea nota—Ef. 2:8-10. También vea resumen y notas, Ro. 9:1-5.)

> **"Porque por gracia sois salvos por medio de la fe; y esto no de vosotros, pues es don de Dios; no por obras, para que nadie se gloríe" (Ef. 2:8-9).**
>
> **"nos salvó, no por obras de justicia que nosotros hubiéramos hecho, sino por su misericordia, por el lavamiento de la regeneración y por la renovación en el Espíritu Santo" (Tit. 3:5).**

Según lo planteado, Israel era toda una nueva raza de personas, los descendientes de Abraham. Dios había creado a Israel para darle continuidad a la línea piadosa de creyentes y para finalmente dar a luz la Simiente prometida, el Salvador y Mesías del mundo. El primer gran libro de la Biblia, *Génesis,* abordó el nacimiento y primeros comienzos de Israel.

Ahora bien, el segundo gran libro de la Biblia, *Éxodo,* comienza con Israel en Egipto. Recuerden que Egipto constituye una ilustración, un tipo, un símbolo de la mundanalidad. Egipto era una sociedad que había alcanzado la cumbre de la prosperidad, la tecnología, y el placer; pero el pueblo había rechazado al único Dios vivo y verdadero (Jehová) y habían creado sus propios dioses para adorarlos. Israel, la nueva raza de personas que creían en el Dios verdadero, se asentó justo en medio de Egipto; y Egipto oprimió y esclavizó a Israel. Al pueblo de Dios lo perseguía el mundo. Israel necesitaba la ayuda de Dios. Al pueblo que creía en el Dios verdadero (los creyentes verdaderos) le era necesario que Dios interviniera en su nombre. Los creyentes de esa época necesitaban que Dios los liberara de la persecución y opresión de los egipcios. Por eso el gran tema de Éxodo, la gran necesidad de liberación, salvación, y redención, salta a la vista del lector en el primer capítulo mismo de este gran libro de la Biblia.

DIVISIÓN I
ISRAEL Y EGIPTO: LA OPRESIÓN DEL PUEBLO DE DIOS POR UNA NACIÓN QUE HABÍA RECHAZADO A DIOS, 1:1-22

A. La liberación pasada de Israel: La ilustración de la liberación de Dios y la fidelidad de Dios, 1:1-7

B. La esclavitud de Israel por Egipto: Cómo el pueblo de Dios vence la opresión, 1:8-22

	CAPÍTULO 1 **I. ISRAEL Y EGIPTO: LA OPRESIÓN DEL PUEBLO DE DIOS POR UNA NACIÓN QUE HABÍA RECHAZADO A DIOS, 1:1-22** **A. La liberación pasada de Israel: La ilustración de la liberación de Dios y la fidelidad de Dios, 1:1-7**	2 Rubén, Simeón, Leví, Judá, 3 Isacar, Zabulón, Benjamín, 4 Dan, Neftalí, Gad y Aser. 5 Todas las personas que le nacieron a Jacob fueron setenta. Y José estaba en Egipto.	b. Los hijos de Lea: desde Rubén hasta Zabulón c. El hijo de Raquel: Benjamín d. Los dos hijos de Bilha e. Los dos hijos de Zilpa f. Setenta descendientes en total, sin contar a José; él ya estaba en Egipto
		6 Y murió José, y todos sus hermanos, y toda aquella generación. 7 Y los hijos de Israel fructificaron y se multiplicaron, y fueron aumentados y fortalecidos en extremo, y se llenó de ellos la tierra.	**2 La fidelidad de Dios** a. Dios se mantuvo cumpliéndole su promesa a su pueblo de generación en generación: Darle la Simiente prometida, crear una gran nación de personas (creyentes)[EF2] b. Dios hizo que la población de Israel se multiplicara
1 La liberación de Dios[EF1] a. Dios había llevado a su pueblo, Israel, hasta Egipto 400 años antes (Hch. 7:6)	1 Estos son los nombres de los hijos de Israel que entraron en Egipto con Jacob; cada uno entró con su familia:		

DIVISIÓN I

ISRAEL Y EGIPTO: LA OPRESIÓN DEL PUEBLO DE DIOS POR UNA NACIÓN QUE HABÍA RECHAZADO A DIOS, 1:1-22

A. La liberación pasada de Israel: La ilustración de la liberación de Dios y la fidelidad de Dios, 1:1-7

(1:1-7) ***Introducción***: El primer pasaje mismo de Éxodo lidia con el gran tema de Éxodo: La liberación. Dios ya había liberado a Israel en el pasado. Por ende, se vuelve clara la implicación: Dios liberará a Israel en el futuro. No importa cuál pueda ser el problema, no importa cuán aterrador y desesperanzado, no importa cuán imposibles puedan parecer las circunstancias, Dios liberará a Israel nuevamente, los liberará tal como Él lo había liberado en el pasado.

Dios siempre salva a su pueblo. Él siempre lo ha salvado cuando están en problemas. Por ende, nos queda clara la implicación: Dios siempre nos salvará y nos liberará. Dios nos cuida y nos ayudará no importa cuáles sean las circunstancias. . .

- enfermedad
- padecimientos
- sufrimiento
- muerte
- soledad
- vacío
- hambre
- sed
- desconsuelo
- recaída
- pérdida de un cónyuge
- encarcelamiento
- desempleo
- pobreza

Aunque la situación sea aterradora y desesperanzada, aunque estemos indefensos, Dios nos liberará y salvará de las circunstancias. Incluso Él obrará las circunstancias aterradoras a bien nuestro. Esta es la promesa de Dios para su pueblo, para aquellos que lo aman y lo siguen verdaderamente (Ro. 8:28). Dios nos liberará; Él nos salvará. En esto consiste la garantía de este pasaje introductorio de Éxodo. El gran tema es: *La liberación pasada de Israel: La ilustración de la liberación de Dios y la fidelidad de Dios,* 1:1-7.

1. La liberación de Dios (vv. 1-5).
2. La fidelidad de Dios (vv. 6-7).

1 (1:1-5) ***Liberación — Israel***: Dios había liberado y salvado a su pueblo, Israel, hacía unos 400 años. Él los había llevado, a cada uno de los miembros de la familia de Jacob, hasta Egipto (Hch. 7:6). Este suceso se aborda en Génesis 46:1-27 (vea fundamentalmente vv. 2-4). ¿Por qué Dios había llevado a Israel hasta Egipto?

Porque Israel no se estaba comportando como la simiente (pueblo) escogida de Dios. La familia de Jacob estaba a punto de perder su identidad piadosa. Ellos no estaban llevando vidas limpias; no estaban protegiendo la pureza de la familia piadosa. Esto se ve en dos elementos.

1. Estaba el deterioro moral dentro de la familia. Los hijos estaban llevando vidas inmorales, violentas, y anárquicas (Gn. 34:1-31; 37:1-36; 38:1-30).
2. La familia estaba inmersa en la mundanalidad de su medio circundante. Estaban siguiendo el estilo de vida del pueblo que vivía a su alrededor, de los incrédulos, de los cananeos. La familia estaba rodeada de cananeos que llevaban vidas impías, y la familia era joven y pequeña en número (setenta personas). Trágicamente, se sintieron atraídos por los lujos y las prácticas inmorales e impías de sus vecinos. Estaban adoptando y sumergiéndose en el estilo de vida cananeo. Por medio del entrecruzamiento y el matrimonio endogámico, enfrentaban la amenaza de formar parte del pueblo

cananeo. Fácilmente podían haber perdido su identidad distintiva como el pueblo de Dios. Israel, Jacob y sus hijos, estuvo a punto de perderse como una nación por separado.

Por ende, Dios se dispuso a salvar y preservar a su pueblo a fin de cumplir sus propósitos con ellos. Dios hizo tres maniobras.

Primera, Dios tomó uno de los hijos de Jacob y lo erigió en gobernador de Egipto. El hijo era José, que gobernó Egipto como segundo solamente del propio Faraón. (Vea nota—Gn. 41:37-44 para un mayor análisis.)

Segunda, Dios hizo que toda la familia se alejara de la tentación e influencia mundana de los cananeos. Él usó una hambruna para llevarlos hasta Egipto (Gn. 41:56s).

Tercera, Dios colocó a la familia junto a los egipcios, un pueblo que los consideraba una abominación, totalmente inaceptable, un pueblo que no tendría nada que ver con ellos (Gn. 46:34). Así, la posibilidad del entrecruzamiento y el matrimonio endogámico era mucho, mucho menor. Por ende, Israel se ceñiría a sí mismo y mantendría su identidad piadosa. El pueblo estaría aislado, obligado a vivir en el distrito de Gosén, obligado a vivir de ellos mismos y a mantener pura la línea piadosa de descendientes.

Ahora bien, observen dos elementos significativos acerca de la liberación pasada de Dios de Israel.

1. Dios había liberado a Israel al distrito egipcio de Gosén, los liberó alrededor de cuatrocientos años antes de que comenzaran los sucesos de Éxodo (Hch. 7:6; cp. Gn. 15:13-14). Israel estuvo en Egipto cerca de 430 años (Éx. 12:40-41).
2. Cada uno de los miembros de la familia de Jacob fueron a Egipto, setenta descendientes en total (vv. 2-5).
   - Los seis hijos de Lea tuvieron veinticinco hijos y dos nietos que hacían un total de *treinta y tres personas*.
   - Los dos hijos de Raquel tuvieron doce hijos que hacían un total de *catorce personas*.
   - Los dos hijos de Bilha tuvieron cinco hijos que hacían un total de *siete personas*.
   - Los dos hijos de Zilpa tuvieron once hijos y una hija y dos nietos haciendo un total *dieciséis personas*.
   - De ahí que el total de los hijos, los nietos, y una hija es setenta personas.

Lo que se debe tener en cuenta es lo siguiente: Dios libró a su pueblo Israel hacia Egipto. Él salvó al pueblo de Dios, setenta personas, aquellos que creían verdaderamente en Él y que sinceramente seguían al único Dios vivo y verdadero.

Pensamiento 1. Dios siempre libera y salva a su pueblo, a cualquiera de nosotros que crea verdaderamente en Él y que lo siga sinceramente como el único Dios vivo y verdadero. Dios siempre nos libera no importa:

- Cuán malas sean las circunstancias.
- Cuán terrible sea el pecado y la vergüenza.
- Cuán severo sea el dolor.
- Cuán espantosa sea la noticia.

Dios cuida de nosotros. Dios nos liberará y nos salvará de las profundidades mismas del pecado y la muerte, no importa cuán terribles puedan ser. Pero eso no es todo: Dios también nos liberará *de* todas las crisis y pruebas de la vida sin importar cuán dolorosas puedan ser.

"Dijo: Jehová es mi roca y mi fortaleza, y mi libertador" (2 S. 22:2).

"Aunque afligido yo y necesitado, Jehová pensará en mí. Mi ayuda y mi libertador eres tú; Dios mío, no te tardes" (Sal. 40:17).

"Pues tú has librado mi alma de la muerte, mis ojos de lágrimas, y mis pies de resbalar. Andaré delante de Jehová en la tierra de los vivientes" (Sal. 116:8-9).

"No temas, porque yo estoy contigo; no desmayes, porque yo soy tu Dios que te esfuerzo; siempre te ayudaré, siempre te sustentaré con la diestra de mi justicia" (Is. 41:10).

"Y hasta la vejez yo mismo, y hasta las canas os soportaré yo; yo hice, yo llevaré, yo soportaré y guardaré" (Is. 46:4).

"Porque el Hijo del Hombre vino a buscar y a salvar lo que se había perdido" (Lc. 19:10).

"Porque de tal manera amó Dios al mundo, que ha dado a su Hijo unigénito, para que todo aquel que en él cree, no se pierda, mas tenga vida eterna" (Jn. 3:16).

"No os ha sobrevenido ninguna tentación que no sea humana; pero fiel es Dios, que no os dejará ser tentados más de lo que podéis resistir, sino que dará también juntamente con la tentación la salida, para que podáis soportar" (1 Co. 10:13).

"Y el Señor me librará de toda obra mala, y me preservará para su reino celestial. A él sea gloria por los siglos de los siglos. Amén" (2 Ti. 4:18).

"Así que, por cuanto los hijos participaron de carne y sangre, él también participó de lo mismo, para destruir por medio de la muerte al que tenía el imperio de la muerte, esto es, al diablo, y librar a todos los que por el temor de la muerte estaban durante toda la vida sujetos a servidumbre" (He. 2:14-15).

Pensamiento 2. A la mente natural, Egipto sería el último lugar que una persona escogería como refugio. No obstante, era el lugar de Dios. Con qué frecuencia desechamos la voluntad de Dios por ceder ante la manera de proceder del mundo en vez de seguir el proceder de Dios. Demasiados de nosotros hemos abandonado el camino de Dios y nos hemos sumergido en la mundanalidad de nuestro medio y hemos sufrido el deterioro moral. El camino de Dios es *siempre*, sin excepción, el mejor camino.

"En cuanto a Dios, perfecto es su camino, y acrisolada la palabra de Jehová; escudo es a todos los que en él esperan" (Sal. 18:30).

"Justo es Jehová en todos sus caminos, y misericordioso en todas sus obras" (Sal. 145:17).

"para que Jehová tu Dios nos enseñe el camino por donde vayamos, y lo que hemos de hacer" (Jer. 42:3).

"¿Quién es sabio para que entienda esto, y prudente para que lo sepa? Porque los caminos de Jehová son rectos, y los justos andarán por ellos; mas los rebeldes caerán en ellos" (Os. 14:9).

"Se levantó, y midió la tierra; Miró, e hizo temblar las gentes; Los montes antiguos fueron desmenuzados, Los collados antiguos se humillaron. Sus caminos son eternos" (Hab. 3:6).

"porque estrecha es la puerta, y angosto el camino que lleva a la vida, y pocos son los que la hallan" (Mt. 7:14).

"¡Oh profundidad de las riquezas de la sabiduría y de la ciencia de Dios! ¡Cuán insondables son sus juicios, e inescrutables sus caminos!" (Ro. 11:33).

"Y cantan el cántico de Moisés siervo de Dios, y el cántico del Cordero, diciendo: Grandes y maravillosas son tus obras, Señor Dios Todopoderoso; justos y verdaderos son tus caminos, Rey de los santos" (Ap. 15:3).

ESTUDIO A FONDO 1

(1:1-5) ***Genealogía, de Jacob — Árbol genealógico — Jacob, hijos de*:**

ÁRBOL GENEALÓGICO DE JACOB (Vea también Génesis 29:31—30:24)

Nombre del hijo	Significado del nombre	Madre del hijo	Perspectiva de la madre
Rubén	"He aquí un hijo"	Lea	Creyó que Dios la había bendecido con un hijo, por eso ahora Jacob la amaría
Simeón	"Oyó"	Lea	Creyó que Dios sabía que ella era menospreciada y había escuchado su oración
Leví	"Unirá"	Lea	Creyó que ahora Jacob se uniría a ella
Judá	"Alabaré"	Lea	Creyó que le debía alabanza a Dios por lo que Él había hecho
Dan	"Juzgaré, vindicación"	Bilha (sierva de Raquel)	(Raquel) creyó que Dios la había escuchado y vindicado para ser digna de tener hijos
Neftalí	"Lucha"	Bilha (sierva de Raquel)	(Raquel) pensó que Dios hizo que ella prevaleciera frente a Lea para la atención de Jacob
Gad	"Buena fortuna"	Zilpa (sierva de Lea)	(Lea) creyó que el niño era buena fortuna
Aser	"Feliz"	Zilpa	(Lea) creyó que la gente la llamaría bendecida, feliz
Isacar	"Recompensa"	Lea	Creyó que Dios le había dado salarios, una buena recompensa
Zabulón	"Honor" o "Morada"	Lea	Creyó que Dios había hecho un buen regalo, por lo que Jacob la favorecería y moraría más con ella
Dina	"Juicio" o "Vindicación"	Lea	Creyó que Dios la había juzgado, vindicado su amor por Jacob
José	"Añádame Dios otro hijo"	Raquel	Creyó que Dios le había quitado su afrenta al darle otro hijo
Benjamín • Llamado Benoni (por Raquel) • Llamado Benjamín (por Jacob)	 "Hijo de mi dolor" "Hijo de la mano derecha"	Raquel	Raquel murió al dar a luz (Gn. 35:16-20)

2 (1:6-7) ***Dios, La fidelidad de — La Simiente, prometida***: Dios fue fiel y se mantuvo cumpliendo la promesa de generación en generación. ¿Qué promesa? La promesa de la Simiente prometida, la promesa de crear una gran nación de personas (creyentes).

1. Tenga presente por qué Dios había designado a Israel a convertirse en una gran nación de creyentes: Dios quería:
   - A un pueblo a través del cual Él pudiera enviar la muy especial Simiente prometida, es decir, *el Salvador del mundo, el Señor Jesucristo*.
   - A un pueblo a través del cual Él pudiera difundir la *Santa Palabra de Dios* al mundo.
   - A un pueblo que *diera testimonio* del único Dios vivo y verdadero.
   - A un pueblo que *amara y adorara a Dios de un modo supremo.*
   - A un pueblo a través del cual Él pudiera demostrar al mundo *la gran verdad acerca de la vida y la salvación,* principalmente la verdad de que una persona se hace aceptable a Dios (salvado, justificado) a través de la fe y no por su obra y su virtud. (Vea *División I*, Éx. 1:1-22 para un mayor análisis.)

Israel tuvo sus inicios hace mucho, mucho tiempo. Dios enfrentó a Abraham y le hizo una gran promesa: Si Abraham creyera en Dios, realmente creyera y siguiera a Dios, entonces Dios haría que surgiera una gran nación de personas a través de su simiente. Abraham creyó a Dios y Dios comenzó a cumplir su promesa. (Vea resúmenes y notas—Gn. 12:1; 12:1-3; 12:4-9 para un mayor análisis.)

El pasaje actual, la gran multiplicación de Israel, es una estampa dramática del cumplimiento de la gran promesa de Dios a Abraham. Observe cuán claramente Dios cumplía su promesa a Abraham; observe cuán frecuentemente Dios había hecho su promesa.

⇒ Observe la gran promesa de Dios a Abraham:

> **"Pero Jehová había dicho a Abram: Vete de tu tierra y de tu parentela, y de la casa de tu padre, a la tierra que te mostraré. Y haré de ti *una nación grande*, y te bendeciré, y engrandeceré tu nombre, y serás bendición" (Gn. 12:1-2).**

⇒ Observe la gran promesa de Dios a Isaac, el hijo de Abraham:

> **"Y se le apareció Jehová, y le dijo: No desciendas a Egipto; habita en la tierra que yo te diré. Habita como forastero en esta tierra, y estaré contigo, y te bendeciré; porque a ti y a tu descendencia daré todas estas tierras, y confirmaré el juramento que hice a Abraham tu padre. *Multiplicaré tu descendencia* como las estrellas del cielo, y daré a tu descendencia todas estas tierras; y todas las naciones de la tierra serán benditas en tu simiente, por cuanto oyó Abraham mi voz, y guardó mi precepto, mis mandamientos, mis estatutos y mis leyes" (Gn. 26:2-5).**

⇒ Observe la gran promesa de Dios a Jacob, el nieto de Abraham:

> **"Y habló Dios a Israel en visiones de noche, y dijo: Jacob, Jacob. Y él respondió: Heme aquí. Y dijo: Yo soy Dios, el Dios de tu padre; no temas de descender a Egipto, porque allí yo haré de ti *una gran nación*" (Gn. 46:2-3).**

⇒ Observe aquí en Éxodo cuán clara y dramáticamente Dios estaba cumpliendo su gran promesa.

> **"Y los hijos de Israel fructificaron y se multiplicaron, y fueron aumentados y fortalecidos en extremo, y se llenó de ellos la tierra" (Éx. 1:7).**

2. Observe cómo el enorme crecimiento de la población está gráficamente representado. El crecimiento y la población de Israel:
   - "Fructificaron".
   - "Fueron aumentados" (RVR-60).
   - "Se multiplicaron" (NVI).
   - Fueron "fortalecidos en extremo" (RVR-60) o "excesivamente numerosos" (NVI).

Según lo planteado anteriormente, esto fue el cumplimiento de la promesa de Dios a Abraham. Pero también fue el cumplimiento de la promesa de Dios a los hombres desde el principio de la creación. Observe su promesa:

a. Promesa de Dios a Adán.

> **"Y los bendijo Dios, y les dijo: Fructificad y multiplicaos; llenad la tierra, y sojuzgadla, y señoread en los peces del mar, en las aves de los cielos, y en todas las bestias que se mueven sobre la tierra" (Gn. 1:28).**

b. Promesa de Dios a Noé.

> **"Todos los animales que están contigo de toda carne, de aves y de bestias y de todo reptil que se arrastra sobre la tierra, sacarás contigo; y vayan por la tierra, y fructifiquen y multiplíquense sobre la tierra" (Gn. 8:17).**
>
> **"Bendijo Dios a Noé y a sus hijos, y les dijo: Fructificad y multiplicaos, y llenad la tierra. . . Mas vosotros fructificad y multiplicaos; procread abundantemente en la tierra, y multiplicaos en ella" (Gn. 9:1, 7).**

c. Promesa de Dios a Abraham.

> **"Pero Jehová había dicho a Abram: Vete de tu tierra y de tu parentela, y de la casa de tu padre, a la tierra que te mostraré. Y haré de ti una nación grande, y te bendeciré, y engrandeceré tu nombre, y serás bendición. Bendeciré a los que te bendijeren, y a los que te maldijeren maldeciré; y serán benditas en ti todas las familias de la tierra" (Gn. 12:1-3).**
>
> **"Y pondré mi pacto entre mí y ti, y te multiplicaré en gran manera. Entonces Abram se postró sobre su rostro, y Dios habló con él, diciendo: He aquí mi pacto es contigo, y serás padre de muchedumbre de gentes. Y no se llamará más tu nombre Abram, sino que será tu**

nombre Abraham, porque te he puesto por padre de muchedumbre de gentes. Y te multiplicaré en gran manera, y haré naciones de ti, y reyes saldrán de ti" (Gn. 17:2-6).

"de cierto te bendeciré, y multiplicaré tu descendencia como las estrellas del cielo y como la arena que está a la orilla del mar; y tu descendencia poseerá las puertas de sus enemigos" (Gn. 22:17).

d. Promesa de Dios a Isaac.

"Multiplicaré tu descendencia como las estrellas del cielo, y daré a tu descendencia todas estas tierras; y todas las naciones de la tierra serán benditas en tu simiente" (Gn. 26:4)

e. Promesa de Dios a Jacob.

"Y el Dios omnipotente te bendiga, y te haga fructificar y te multiplique, hasta llegar a ser multitud de pueblos" (Gn. 28:3).

"Será tu descendencia como el polvo de la tierra, y te extenderás al occidente, al oriente, al norte y al sur; y todas las familias de la tierra serán benditas en ti y en tu simiente" (Gn. 28:14).

"También le dijo Dios: Yo soy el Dios omnipotente: crece y multiplícate; una nación y conjunto de naciones procederán de ti, y reyes saldrán de tus lomos" (Gn. 35:11).

"y me dijo: He aquí yo te haré crecer, y te multiplicaré, y te pondré por estirpe de naciones; y daré esta tierra a tu descendencia después de ti por heredad perpetua" (Gn. 48:4).

El aspecto a tener en cuenta es la fidelidad de Dios. Dios fue fiel a su promesa. Él estaba cumpliendo su promesa, cumpliéndola gloriosamente. Él estaba haciendo que la Simiente prometida, los descendientes de Israel, se desarrollaran en una gran y fuerte nación que pronto tendría más de dos millones de personas (Nm. 1:46; Sal. 105:24; Dt. 26:5). Israel se estaba convirtiendo en un gran pueblo, un pueblo. . .

- Que creería y seguiría a Dios.
- Que sería sus más grande testigo sobre la Tierra.

Pensamiento 1. Dios es fiel, siempre fiel. Dios cumple con su Palabra y cumple sus promesas. Podemos confiar en Él. Él cumplirá todas las promesas que haya hecho.

1) Dios prometió enviar la Simiente prometida al mundo. Con Simiente prometida quiso decir el Salvador, el Señor Jesucristo. Así lo hizo.

"Ahora bien, a Abraham fueron hechas las promesas, y a su simiente. No dice: Y a las simientes, como si hablase de muchos, sino como de uno: Y a tu simiente, la cual es Cristo" (Gá. 3:16).

"que os ha nacido hoy, en la ciudad de David, un Salvador, que es CRISTO el Señor" (Lc. 2:11).

"Porque de tal manera amó Dios al mundo, que ha dado a su Hijo unigénito, para que todo aquel que en él cree, no se pierda, mas tenga vida eterna" (Jn. 3:16).

2) Dios ha prometido perdonar nuestros pecados si confesamos y nos arrepentimos (nos apartamos del pecado y acudimos a Dios). Así lo hace.

"Pedro les dijo: Arrepentíos, y bautícese cada uno de vosotros en el nombre de Jesucristo para perdón de los pecados; y recibiréis el don del Espíritu Santo" (Hch. 2:38).

"Así que, arrepentíos y convertíos, para que sean borrados vuestros pecados; para que vengan de la presencia del Señor tiempos de refrigerio" (Hch. 3:19).

"si se humillare mi pueblo, sobre el cual mi nombre es invocado, y oraren, y buscaren mi rostro, y se convirtieren de sus malos caminos; entonces yo oiré desde los cielos, y perdonaré sus pecados, y sanaré su tierra" (2 Cr. 7:14).

"Deje el impío su camino, y el hombre inicuo sus pensamientos, y vuélvase a Jehová, el cual tendrá de él misericordia, y al Dios nuestro, el cual será amplio en perdonar" (Is. 55:7).

"Si confesamos nuestros pecados, él es fiel y justo para perdonar nuestros pecados, y limpiarnos de toda maldad" (1 Jn. 1:9).

3) Dios prometió darles vida eterna a los verdaderos creyentes y asegurarse completamente de que la reciban. Así lo hace.

"Porque de tal manera amó Dios al mundo, que ha dado a su Hijo unigénito, para que todo aquel que en él cree, no se pierda, mas tenga vida eterna" (Jn. 3:16).

"De cierto, de cierto os digo: El que oye mi palabra, y cree al que me envió, tiene vida eterna; y no vendrá a condenación, mas ha pasado de muerte a vida" (Jn. 5:24).

"y yo les doy vida eterna; y no perecerán jamás, ni nadie las arrebatará de mi mano. Mi Padre que me las dio, es mayor que todos, y nadie las puede arrebatar de la mano de mi Padre" (Jn. 10:28-29).

"Porque el que siembra para su carne, de la carne segará corrupción; mas el que siembra para el Espíritu, del Espíritu segará vida eterna" (Gá. 6:8).

"estando persuadido de esto, que el que comenzó en vosotros la buena obra, la perfeccionará hasta el día de Jesucristo" (Fil. 1:6).

"Por lo cual asimismo padezco esto; pero no me avergüenzo, porque yo sé a quién he creído, y estoy seguro que es poderoso para guardar mi depósito para aquel día" (2 Ti. 1:12).

"Y el Señor me librará de toda obra mala, y me preservará para su reino celestial. A él sea gloria por los siglos de los siglos. Amén" (2 Ti. 4:18).

"que sois guardados por el poder de Dios mediante la fe, para alcanzar la salvación que está preparada para ser manifestada en el tiempo postrero" (1 P. 1:5).

"Y a aquel que es poderoso para guardaros sin caída, y presentaros sin mancha delante de su gloria

con gran alegría, al único y sabio Dios, nuestro Salvador, sea gloria y majestad, imperio y potencia, ahora y por todos los siglos. Amén" (Jud. 24-25).

4) Dios ha prometido estar con los creyentes a través de todas las pruebas, problemas, y circunstancias terribles de la vida. Esto nunca deja de hacerlo.

"enseñándoles que guarden todas las cosas que os he mandado; y he aquí yo estoy con vosotros todos los días, hasta el fin del mundo. Amén" (Mt. 28:20).

"Sean vuestras costumbres sin avaricia, contentos con lo que tenéis ahora; porque él dijo: No te desampararé, ni te dejaré; de manera que podemos decir confiadamente: El Señor es mi ayudador; no temeré lo que me pueda hacer el hombre" (He. 13:5-6).

"Y él dijo: Mi presencia irá contigo, y te daré descanso" (Éx. 33:14).

"Porque él me esconderá en su tabernáculo en el día del mal; me ocultará en lo reservado de su morada; sobre una roca me pondrá en alto" (Sal. 27:5).

"En lo secreto de tu presencia los esconderás de la conspiración del hombre; los pondrás en un tabernáculo a cubierto de contención de lenguas" (Sal. 31:20).

"Tú eres mi refugio; me guardarás de la angustia; con cánticos de liberación me rodearás" (Sal. 32:7; 40:17).

"Dios es nuestro amparo y fortaleza, nuestro pronto auxilio en las tribulaciones" (Sal. 46:1).

"Ten misericordia de mí, oh Dios, ten misericordia de mí; porque en ti ha confiado mi alma, y en la sombra de tus alas me ampararé hasta que pasen los quebrantos" (Sal. 57:1).

"No temas, porque yo estoy contigo; no desmayes, porque yo soy tu Dios que te esfuerzo; siempre te ayudaré, siempre te sustentaré con la diestra de mi justicia" (Is. 41:10).

"Cuando pases por las aguas, yo estaré contigo; y si por los ríos, no te anegarán. Cuando pases por el fuego, no te quemarás, ni la llama arderá en ti" (Is. 43:2).

ESTUDIO A FONDO 2

(1:6-7) *La Simiente, prometida — Israel — Pacto, con Abraham — Abraham:* Dios prometió darle a Abram la Simiente prometida, hacerlo padre de una gran nación y raza de personas. Dios le dio un significado a esto tanto literal como espiritual. Observe lo siguiente:

1. Dios quiso que la Simiente prometida fuera un *pueblo físico y literal*. Abram debía ser el progenitor de una nueva raza de personas: los judíos, la nación de Israel.

a. Observe las referencias del Antiguo Testamento

"Y haré tu descendencia como el polvo de la tierra; que si alguno puede contar el polvo de la tierra, también tu descendencia será contada" (Gn. 13:16).

"Y lo llevó fuera, y le dijo: Mira ahora los cielos, y cuenta las estrellas, si las puedes contar. Y le dijo: Así será tu descendencia" (Gn. 15:5).

"He aquí mi pacto es contigo, y serás padre de muchedumbre de gentes. Y no se llamará más tu nombre Abram, sino que será tu nombre Abraham, porque te he puesto por padre de muchedumbre de gentes. Y te multiplicaré en gran manera, y haré naciones de ti, y reyes saldrán de ti. Y estableceré mi pacto entre mí y ti, y tu descendencia después de ti en sus generaciones, por pacto perpetuo, para ser tu Dios, y el de tu descendencia después de ti" (Gn. 17:4-7).

"Dijo también Dios a Abraham: A Sarai tu mujer no la llamarás Sarai, mas Sara será su nombre. Y la bendeciré, y también te daré de ella hijo; sí, la bendeciré, y vendrá a ser madre de naciones; reyes de pueblos vendrán de ella" (Gn. 17:15-16).

"Y Jehová dijo: ¿Encubriré yo a Abraham lo que voy a hacer, habiendo de ser Abraham una nación grande y fuerte, y habiendo de ser benditas en él todas las naciones de la tierra?" (Gn. 18:17-18).

"de cierto te bendeciré, y multiplicaré tu descendencia como las estrellas del cielo y como la arena que está a la orilla del mar; y tu descendencia poseerá las puertas de sus enemigos" (Gn. 22:17).

"y le respondió Jehová: Dos naciones hay en tu seno, y dos pueblos serán divididos desde tus entrañas; El un pueblo será más fuerte que el otro pueblo, y el mayor servirá al menor" (Gn. 25:23).

"Multiplicaré tu descendencia como las estrellas del cielo, y daré a tu descendencia todas estas tierras; y todas las naciones de la tierra serán benditas en tu simiente" (Gn. 26:4, la promesa se confirma con Isaac, el hijo de Abram).

"Será tu descendencia como el polvo de la tierra, y te extenderás al occidente, al oriente, al norte y al sur; y todas las familias de la tierra serán benditas en ti y en tu simiente" (Gn. 28:14, la promesa se confirma con Jacob, nieto de Abram).

"También le dijo Dios: Yo soy el Dios omnipotente: crece y multiplícate; una nación y conjunto de naciones procederán de ti, y reyes saldrán de tus lomos" (Gn. 35:11, la promesa se vuelve a confirmar con Jacob, nieto de Abram).

"Y dijo: Yo soy Dios, el Dios de tu padre; no temas de descender a Egipto, porque allí yo haré de ti una gran nación" (Gn. 46:3, la promesa se vuelve a confirmar con Jacob, nieto de Abram).

b. Observe las referencias del Nuevo Testamento.

"Vosotros sois los hijos de los profetas, y del pacto que Dios hizo con nuestros padres, diciendo a Abraham: En tu simiente serán benditas todas las familias de la tierra" (Hch. 3:25).

"Y le dijo Dios así: Que su descendencia sería extranjera en tierra ajena, y que los reducirían a

servidumbre y los maltratarían, por cuatrocientos años" (Hch. 7:6).

"que son israelitas, de los cuales son la adopción, la gloria, el pacto, la promulgación de la ley, el culto y las promesas" (Ro. 9:4).

"Por la fe también la misma Sara, siendo estéril, recibió fuerza para concebir; y dio a luz aun fuera del tiempo de la edad, porque creyó que era fiel quien lo había prometido. Por lo cual también, de uno, y ése ya casi muerto, salieron como las estrellas del cielo en multitud, y como la arena innumerable que está a la orilla del mar" (He. 11:11-12).

2. Dios quiso que la Simiente prometida fuera un *pueblo espiritual*. Abram debía ser el progenitor de una nueva raza de personas espirituales: las personas de fe, verdaderos y genuinos creyentes que seguirían a Dios y sus promesas. Los creyentes de todas las naciones se consideran *hijos de Abraham*. Observe con cuánta claridad las Escrituras exponen este hecho:

"Y recibió la circuncisión como señal, como sello de la justicia de la fe que tuvo estando aún incircunciso; para que fuese padre de todos los creyentes no circuncidados, a fin de que también a ellos la fe les sea contada por justicia" (Ro. 4:11).

"Porque no por la ley fue dada a Abraham o a su descendencia la promesa de que sería heredero del mundo, sino por la justicia de la fe. Porque si los que son de la ley son los herederos, vana resulta la fe, y anulada la promesa" (Ro. 4:13-14).

"Por tanto, es por fe, para que sea por gracia, a fin de que la promesa sea firme para toda su descendencia; no solamente para la que es de la ley, sino también para la que es de la fe de Abraham, el cual es padre de todos nosotros" (Ro. 4:16).

"Y no solamente con respecto a él se escribió que le fue contada, sino también con respecto a nosotros a quienes ha de ser contada, esto es, a los que creemos en el que levantó de los muertos a Jesús, Señor nuestro, el cual fue entregado por nuestras transgresiones, y resucitado para nuestra justificación" (Ro. 4:23-25).

"Sabed, por tanto, que los que son de fe, éstos son hijos de Abraham" (Gá. 3:7).

"Y la Escritura, previendo que Dios había de justificar por la fe a los gentiles, dio de antemano la buena nueva a Abraham, diciendo: En ti serán benditas todas las naciones" (Gá. 3:8).

"De modo que los de la fe son bendecidos con el creyente Abraham" (Gá. 3:9).

"para que en Cristo Jesús la bendición de Abraham alcanzase a los gentiles, a fin de que por la fe recibiésemos la promesa del Espíritu" (Gá. 3:14).

"pues todos sois hijos de Dios por la fe en Cristo Jesús;...Y si vosotros sois de Cristo, ciertamente linaje de Abraham sois, y herederos según la promesa" (Gá. 3:26, 29).

"Y a todos los que anden conforme a esta regla, paz y misericordia sea a ellos, y al Israel de Dios" (Gá. 6:16).

La Simiente prometida fue tanto una promesa espiritual como literal. Siempre se debe tener presente este doble significado al leer o estudiar *la Simiente prometida* dada a Abram.

⇒ Observe las referencias del Antiguo Testamento más arriba (el primer punto), la promesa de que la simiente de Abram ascendería a la cantidad de estrellas en el cielo y los granos de arena a orillas del mar (Gn. 13:16; 15:5). Literalmente, esto nunca podría cumplirse si se refiriera solo a una nación física de personas sobre la Tierra. Debe tener, por tanto, una doble referencia. La promesa debe referirse a todos los creyentes de *todas las naciones* a través de los siglos y milenios de la historia de la humanidad. Y la historia debe durar por mucho tiempo, continuar para que cada vez más personas puedan confiar en Jesucristo y convertirse en seguidores de Dios y su promesa. (¡Qué desafío el de ir y ser testigo de Nuestro Señor y Salvador, Jesucristo!)

⇒ Observe todas las Escrituras de más arriba (el segundo punto): Espiritualmente, Abram sería el padre de todos los que creyeran en las promesas de Dios. Él fue la primera persona desde el gran diluvio y Noé, en el Nuevo Mundo, en creer y dedicar su vida a las promesas de Dios. Por tanto, Abram sería el padre de todos los que lo siguieran y creyeran sus promesas. Todos los que siguen los pasos de la fe de Abram se cuentan entre sus hijos, como hijos de la fe, y deberán recibir espiritualmente las mismas promesas hechas a Abram (Ro. 4:11-12. Vea notas, Ro. 4:11-12; 4:13 para un mayor análisis.)

TIPOS, SÍMBOLOS E ILUSTRACIONES
Éxodo 1:1-7

TÉRMINO HISTÓRICO	TIPO O ILUSTRACIÓN (FUNDAMENTO BÍBLICO DE CADA UNO)	APLICACIÓN PARA LA VIDA DEL CREYENTE DE HOY DÍA	APLICACIÓN BÍBLICA
Los hijos de Israel (Éx. 1:1)	*El pueblo de Dios* **"Estos son los nombres de los hijos de Israel que entraron en Egipto con Jacob; cada uno entró con su familia" (Éx. 1:1).** **"Será tu descendencia como el polvo de la tierra, y te extenderás al occidente, al oriente, al norte y al sur; y todas las familias de la tierra serán benditas en ti y en tu simiente" (Gn. 28:14).**	⇒ El creyente cristiano es el Israel espiritual, el verdadero pueblo de Dios: • Quienes ahora son una nueva creación en Cristo Jesús. • Quienes andan en la paz y la misericordia de Dios. • Quienes son el verdadero *Israel de Dios*, los verdaderos creyentes que siguen a Dios.	***"Porque en Cristo Jesús ni la circuncisión vale nada, ni la incircuncisión, sino una nueva creación. Y a todos los que anden conforme a esta regla, paz y misericordia sea a ellos, y al Israel de Dios" (Gá. 6:15-16). (cp. Gá. 3:7, 26, 29).*** ***"Pues no es judío el que lo es exteriormente, ni es la circuncisión la que se hace exteriormente en la carne; sino que es judío el que lo es en lo interior, y la circuncisión es la del corazón, en espíritu, no en letra; la alabanza del cual no viene de los hombres, sino de Dios" (Ro. 2:28-29).***

1 Las causas de la opresión
   a. La ignorancia: El nuevo rey no sabía nada acerca de José[EFI]
   b. Temor de la gente (Israel)
      1) Su número y efectivos
      2) La unión de sus fuerzas con algún enemigo
   c. Temor a las pérdidas: Que la fuerza laboral y el poder económico de Israel se perdiera

2 La primera opresión, la de la persecución: Pero fue vencida por el propósito y la promesa de Dios
   a. La persecución: Esclavización y trabajos forzados para el estado
   b. Venciendo la persecución: Dios hizo que la gente se multiplicara aún más, todo en cumplimiento de su propósito y su promesa (cp. vv. 6-7)
   c. La reacción de los perseguidores contra el pueblo de Dios: Impusieron un trabajo más implacable e hicieron que la vida fuera más amarga.
      1) En la construcción
      2) En la agricultura

3 La segunda opresión, un complot de engaño:

B. La esclavitud de Israel por Egipto: Cómo el pueblo de Dios vence la opresión, 1:8-22

8 Entretanto, se levantó sobre Egipto un nuevo rey que no conocía a José; y dijo a su pueblo:
9 He aquí, el pueblo de los hijos de Israel es mayor y más fuerte que nosotros.
10 Ahora, pues, seamos sabios para con él, para que no se multiplique, y acontezca que viniendo guerra, él también se una a nuestros enemigos y pelee contra nosotros, y se vaya de la tierra.

11 Entonces pusieron sobre ellos comisarios de tributos que los molestasen con sus cargas; y edificaron para Faraón las ciudades de almacenaje, Pitón y Ramesés.
12 Pero cuanto más los oprimían, tanto más se multiplicaban y crecían, de manera que los egipcios temían a los hijos de Israel.
13 Y los egipcios hicieron servir a los hijos de Israel con dureza,
14 y amargaron su vida con dura servidumbre, en hacer barro y ladrillo, y en toda labor del campo y en todo su servicio, al cual los obligaban con rigor.

15 Y habló el rey de Egipto a las parteras de las hebreas, una de las cuales se llamaba Sifra, y otra Fúa, y les dijo:
16 Cuando asistáis a las hebreas en sus partos, y veáis el sexo, si es hijo, matadlo; y si es hija, entonces viva.
17 Pero las parteras temieron a Dios, y no hicieron como les mandó el rey de Egipto, sino que preservaron la vida a los niños.
18 Y el rey de Egipto hizo llamar a las parteras y les dijo: ¿Por qué habéis hecho esto, que habéis preservado la vida a los niños?
19 Y las parteras respondieron a Faraón: Porque las mujeres hebreas no son como las egipcias; pues son robustas, y dan a luz antes que la partera venga a ellas.
20 Y Dios hizo bien a las parteras; y el pueblo se multiplicó y se fortaleció en gran manera.
21 Y por haber las parteras temido a Dios, él prosperó sus familias.

22 Entonces Faraón mandó a todo su pueblo, diciendo: Echad al río a todo hijo que nazca, y a toda hija preservad la vida.

Pero fue vencido por algunas personas (las parteras) que temían más a Dios que a los hombres
   a. La persecución: El rey ordenó que las dos parteras supervisoras hicieran matar a todos los niños varones al nacer, estando aún en el banco de alumbramiento, matarlos sin que las madres lo supieran.
   b. Venciendo la persecución: Las parteras temían a Dios más que lo que temían al rey. Dejaron que los niños vivieran.
   c. El rey mandó a llamar a las parteras y les cuestionó su proceder.
      1) ¿Por qué no habían llevado a cabo sus órdenes?
      2) Ellas evitaron dar una respuesta directa, diciendo una verdad acerca de las mujeres que están en forma: Las mujeres hebreas eran robustas y daban a luz antes de que las parteras llegaran a ellas.
   d. Dios bendijo a las parteras y continuó bendiciendo a Israel
      1) Él multiplicó a Israel
      2) Él les dio a las parteras hijos propios

4. La tercera opresión, una ley asesina: Pero fue vencida por una madre que creía en Dios (vea Éx. 2:1-25 para conocer cómo vencieron la persecución)

División I
Israel y Egipto: La opresión del pueblo de Dios por una nación que había rechazado a Dios, 1:1-22

B. La esclavitud de Israel por Egipto: Cómo el pueblo de Dios vence la opresión, 1:8-22

(1:8-22) ***Introducción***: El mundo rechaza a Dios y persigue a los creyentes. Si alguno es un verdadero creyente, si trata sinceramente de seguir a Cristo y dar testimonio de Cristo, será perseguido por el mundo. La persecución es inevitable; es algo seguro. Y la persecución puede ir desde ser ligeramente rechazado o ridiculizado hasta ser esclavizado físicamente, maltratado o hasta asesinado por su fe.

Este es el tema de este trágico pasaje de las Escrituras. Abarca la persecución y esclavitud de Israel. Cuenta cómo Israel perdió su posición de privilegio y comodidad en Egipto y se convirtió en objeto de una atroz y despiadada opresión. Nos relata por qué Egipto comenzó a perseguir y a esclavizar a Israel. Y nos cuenta cómo Israel venció la opresión. Observe cómo Egipto es una ilustración del mundo en todo este pasaje, un mundo que ridiculiza y persigue al pueblo de Dios, aquellos que verdaderamente tratan de seguir a Dios y vivir una vida honrada.

Este es un pasaje que debe ser estudiado por las naciones del mundo, así como por las personas, pues muestra por qué las personas y las naciones se persiguen los unos a los otros. También les asegura a los creyentes que Dios siempre nos librará de la persecución y la esclavitud, si simplemente nos mantenemos firmes en nuestra fe y perseveramos en seguirlo a Él. Como se ha dicho, este tema es importante para las naciones de la tierra así como para las personas. Este pasaje trata sobre: *La esclavitud de Israel por Egipto: Cómo el pueblo de Dios vence la opresión*, 1:8-22.

1. Las causas de opresión (v. 8-10).
2. La primera opresión, la de la esclavización: Pero fue vencida por el propósito y la promesa de Dios (vv. 11-14).
3. La segunda opresión, una conspiración de engaño: Pero fue vencida por algunas personas (las parteras) que temían más a Dios que a los hombres (vv. 15-21).
4. La tercera opresión, una ley asesina: Pero fue vencida por una madre que creía en Dios (v. 22).

[1] (1:8-10) ***Opresión — Persecución — Esclavitud***: Las causas de la opresión. ¿Por qué los pueblos y las naciones se persiguen y se esclavizan los unos a los otros? Existen fundamentalmente tres razones y las tres se observan en la esclavización de Israel por Egipto:

1. Había ignorancia: El nuevo rey no sabía nada sobre José, y no sabía nada sobre Dios, ni del único y verdadero Dios viviente. Ninguna nación (o persona) que esclaviza a otra conoce a Dios, no de manera personal (v. 8). Faraón no sabía nada de historia o de lo contrario le prestaba poca o ninguna atención a la historia. Ignoraba la gran contribución que José le había hecho a Egipto. José literalmente había salvado a Egipto y al mundo circundante del hambre y había ayudado a establecer a Egipto como una de las más grandes naciones de la tierra (vea resumen y notas, Gn. caps. 41—47). El rey también desconocía el pueblo de José, Israel:

- Ignoraba quiénes eran.
- Ignoraba por qué y cómo habían emigrado a Egipto.
- Ignoraba la gran contribución que le habían hecho a la fuerza laboral de Egipto y al desarrollo y la economía de Egipto a través de los años, todos como un pueblo libre que vivía en el distrito egipcio de Gosén. (Vea resumen y notas, Gn. 47:1-6. También cp. Gn. 47:27.)
- Ignoraba el gran valor y dignidad de la vida humana.
- Ignoraba a Dios, ignoraba al único y verdadero Dios viviente.

Dicho sencillamente, el nuevo rey ignoraba al pueblo, que son básicamente seres espirituales con la necesidad fundamental de ser libres. No pudo ver que las personas necesitan usar su propia iniciativa para mantenerse ellos y a sus familias y para crear sus propias vidas y la sociedad. Ignoraba uno de los hechos fundamentales de la naturaleza humana: Que las personas producen más cuando son libres y se les permite usar sus propias iniciativas.

Pensamiento 1. Las personas, tanto creyentes como incrédulos, a menudo se ven involucradas en situaciones como la de los israelitas. Un nuevo rey que no 'conoce a José' se hace con el poder y nosotros sufrimos debido a su poder. El nuevo rey puede ser:

- Un supervisor o dueño de una compañía que tiene autoridad sobre nosotros y nos maltrata o hace peligrar nuestros trabajos.
- Un cónyuge que abusa de su autoridad y se vuelve insoportable, distante, dominante o amenazador.
- Un rey o funcionario de gobierno que abusa de su poder y limita nuestra libertad y, en algunos casos, nos esclaviza.

Todos los días, millones de vidas se ven afectadas por situaciones como estas. La respuesta a la opresión y la persecución es Dios, creer y confiar en Dios. Dios libra a todos los que verdaderamente creen y confían en Él, a todos los verdaderos creyentes.

"Muchas son las aflicciones del justo, pero de todas ellas le librará Jehová" (Sal. 34:19).

"Jehová lo sustentará sobre el lecho del dolor; mullirás toda su cama en su enfermedad" (Sal. 41:3).

"E invócame en el día de la angustia; te libraré, y tú me honrarás" (Sal. 50:15).

"Si anduviere yo en medio de la angustia, tú me vivificarás; contra la ira de mis enemigos extenderás tu mano, y me salvará tu diestra" (Sal. 138:7).

"Cuando pases por las aguas, yo estaré contigo; y si por los ríos, no te anegarán. Cuando pases por el fuego, no te quemarás, ni la llama arderá en ti" (Is. 43:2).

"No se turbe vuestro corazón; creéis en Dios, creed también en mí. En la casa de mi Padre muchas moradas hay; si así no fuera, yo os lo hubiera dicho; voy, pues, a preparar lugar para vosotros" (Jn. 14:1-2).

"Y sabemos que a los que aman a Dios, todas las cosas les ayudan a bien, esto es, a los que conforme a su propósito son llamados" (Ro. 8:28).

"Porque esta leve tribulación momentánea produce en nosotros un cada vez más excelente y eterno peso de gloria" (2 Co. 4:17).

Pensamiento 2. Los líderes de naciones, negocios y grupos necesitan recordar este hecho fundamental acerca de la naturaleza humana: El hombre es un ser espiritual que necesita ser libre. Dios creó al hombre como un ser espiritual, lo creó con la mayor dignidad y el mayor honor posible, lo creó a imagen misma del propio Dios. Luego, el hombre se siente impulsado a utilizar su propia iniciativa personal para adorar, trabajar y jugar. Debe, por tanto, permitírsele vivir en libertad, vivir y compartir su vida con otros: su vida de fe, trabajo y juego. (Vea nota, Gn. 1:26 para mayor análisis.)

"Y creó Dios al hombre a su imagen, a imagen de Dios lo creó; varón y hembra los creó" (Gn. 1:27).

"Entonces Jehová Dios formó al hombre del polvo de la tierra, y sopló en su nariz aliento de vida, y fue el hombre un ser viviente" (Gn. 2:7).

"El Espíritu de Jehová el Señor está sobre mí, porque me ungió Jehová; me ha enviado a predicar buenas nuevas a los abatidos, a vendar a los quebrantados de corazón, a *publicar libertad* a los cautivos, y a los presos apertura de la cárcel" (Is. 61:1).

"Así que, todas las cosas que queráis que los hombres hagan con vosotros, así también haced vosotros con ellos; porque esto es la ley y los profetas" (Mt. 7:12).

"El Espíritu del Señor está sobre mí, por cuanto me ha ungido para dar buenas nuevas a los pobres; me ha enviado a sanar a los quebrantados de corazón; a pregonar *libertad a los cautivos*, y vista a los ciegos; a poner en libertad a los oprimidos" (Lc. 4:18).

"Y como queréis que hagan los hombres con vosotros, así también haced vosotros con ellos" (Lc. 6:31).

"Sobrellevad los unos las cargas de los otros, y cumplid así la ley de Cristo" (Gá. 6:2).

2. Existía temor hacia el pueblo (Israel) (v. 9). El nuevo rey temía que la gente fuera una amenaza a su nación y su forma de vida. El rey temía a su número y fuerza:

⇒ La población de Israel se disparaba, crecía a pasos agigantados.

⇒ Se estaban convirtiendo en una poderosa fuerza humana solo debido a su creciente número.

⇒ El rey temió que pudieran unir fuerzas con algún enemigo y atacaran a Egipto.

⇒ Los israelitas eran distintos a los egipcios, distintos en apariencia, estilo de vida y religión.

El punto es el siguiente: Es el miedo a las personas (sentir que constituyen una amenaza o que son diferentes en alguna manera) lo que causa que unos persigan a otros. Esta fue una de las razones por las que Egipto persiguió a Israel.

Pensamiento 1. A menudo, las personas persiguen a los creyentes porque les temen. Sienten que los creyentes constituyen una amenaza para su forma de vida; por lo tanto, deben detener a los creyentes y callarlos. Piensen por un momento:

- Los creyentes predican y enseñan el amor, pero la mayoría de las personas quieren tener derecho a sentir aversión por otros cuando ellos deseen. Quieren tener derecho a rechazar el amor y a rehuir, a ignorar, a molestarse y enojarse con otros que no les gusten. Quieren tener derecho incluso a odiar y contraatacar a otros cuando estos los maltraten.
- Los creyentes predican y enseñan la rectitud, que Dios exige de todos nosotros. Dios exige pureza, vestimentas modestas, moralidad sexual, habla limpia, sin maldecir, pensamientos controlados, una vida de disciplina y honestidad. Pero muchos en el mundo quieren vivir, aparentar, hablar y hacer exactamente lo que ellos quieran cuando ellos quieran. La mayoría quiere tener derecho a hacer lo que les plazca. Por lo tanto, se oponen a los verdaderos creyentes, a esos que viven y enseñan rectitud. La rectitud es una amenaza a su estilo de vida.
- Los creyentes predican y enseñan el desinterés y el servicio sacrificado. Los creyentes acentúan las apremiantes necesidades de las personas, la necesidad de tener amor, amigos, cuidados, alimentos, ropa, casa, atenciones, y, más que nada, la necesidad de escuchar el evangelio del Señor Jesucristo. Esto requiere de nuestro tiempo, talento y dinero (el servicio sacrificado en todo lo que somos y tenemos). La mayoría de las personas no quieren escuchar el mensaje de desinterés y servicio sacrificado. Quieren los bienes de este mundo, todos los que puedan tener. Por lo tanto, se oponen a los verdaderos creyentes, a esos que enseñan desinterés y servicio sacrificado. El servicio sacrificado es una amenaza a su estilo de vida.

La lista podría continuar por siempre, pero su aplicación es clara para nosotros. Las personas del mundo temen a los verdaderos creyentes porque representan una amenaza para su estilo de vida. Por lo tanto, algunas personas siempre rehuirán, harán caso omiso, ignorarán, ridiculizarán y amenazarán a los creyentes. Las personas intentarán incluso silenciar y despojar de derechos a los creyentes; y a veces, si resultara necesario, incluso los maltratarían, los esclavizarían y los matarían.

"Y guardaos de los hombres, porque os entregarán a los concilios, y en sus sinagogas os azotarán" (Mt. 10:17).

"Entonces os entregarán a tribulación, y os matarán, y seréis aborrecidos de todas las gentes por causa de mi nombre" (Mt. 24:9).

"Acordaos de la palabra que yo os he dicho: El siervo no es mayor que su señor. Si a mí me han perseguido, también a vosotros os perseguirán; si han guardado mi palabra, también guardarán la vuestra" (Jn. 15:20).

"Porque a vosotros os es concedido a causa de Cristo, no solo que creáis en él, sino también que padezcáis por él" (Fil. 1:29).

"a fin de que nadie se inquiete por estas tribulaciones; porque vosotros mismos sabéis que para esto estamos puestos" (1 Ts. 3:3).

"Y también todos los que quieren vivir piadosamente en Cristo Jesús padecerán persecución" (2 Ti. 3:12).

"Amados, no os sorprendáis del fuego de prueba que os ha sobrevenido, como si alguna cosa extraña os aconteciese, sino gozaos por cuanto sois participantes de los padecimientos de Cristo, para que también en la revelación de su gloria os gocéis con gran alegría. Si sois vituperados por el nombre de Cristo, sois bienaventurados, porque el glorioso Espíritu de Dios reposa sobre vosotros. Ciertamente, de parte de ellos, él es blasfemado, pero por vosotros es glorificado" (1 P. 4:12-14).

"pero si alguno padece como cristiano, no se avergüence, sino glorifique a Dios por ello" (1 P. 4:16).

"Entonces uno de los ancianos habló, diciéndome: Estos que están vestidos de ropas blancas, ¿quiénes son, y de dónde han venido? Yo le dije: Señor, tú lo sabes. Y él me dijo: Estos son los que han salido de la gran tribulación, y han lavado sus ropas, y las han emblanquecido en la sangre del Cordero" (Ap. 7:13-14).

"Enjugará Dios toda lágrima de los ojos de ellos; y ya no habrá muerte, ni habrá más llanto, ni clamor, ni dolor; porque las primeras cosas pasaron" (Ap. 21:4).

"Todos tus mandamientos son verdad; sin causa me persiguen; ayúdame" (Sal. 119:86).

3. Existía miedo a la pérdida, a la pérdida de la posición y el poder, de los bienes y la riqueza. El rey temió que Israel pudiera dejar la tierra de Egipto. Si se iban, Egipto perdería la mano de obra y el poder económico de Israel. La pérdida de la riqueza y el comercio de Israel sería un golpe devastador para Egipto. La población de Israel era de casi dos millones en aquella época. La pérdida de dos millones de personas, de su trabajo y su comercio, haría naufragar la economía de cualquier país pequeño. Faraón tenía que asegurarse de que Egipto no perdiera la mano de obra ni el comercio de Israel.

Pensamiento 1. El mundo, tanto los hombres como las mujeres, buscan…

- posición y poder
- bienes y riqueza

La posición y poder alcanzados pueden darle prestigio en la familia, el empresariado, el pueblo, la ciudad, el estado o la nación. Los bienes y la riqueza conseguidos pueden ser las sencillas comodidades en el hogar, un buen empleo, lo suficiente para vivir holgadamente, un negocio o una granja prósperos, o millones y millones de dólares.

No hay nada de malo en tener posición y poder. Alguien tiene que ocupar y hacerse cargo de las posiciones de responsabilidad dentro de las organizaciones. Y no hay nada de malo en los bienes y las riquezas. Algunos de nosotros tenemos que ser suficientemente ricos para aventurarnos y emprender negocios que proporcionen empleos para el resto de nosotros. Sin embargo, cuando la avaricia, la codicia y la lujuria por más se asientan y comenzamos a acaparar riquezas mientras otros sufren, eso está mal. Permitir que continúen el hambre, la inanición, la falta de viviendas, las enfermedades, la ignorancia y la peor de todas, la muerte sin Cristo, eso está mal. Faraón llegó hasta el punto de perseguir y esclavizar a Israel para proteger sus riquezas y las riquezas de su pueblo.

La persecución, la esclavización y el acaparamiento de riquezas, están todas mal. Las Escrituras dicen que todos los avaros y los acaparadores serán juzgados y condenados con severidad. Además, el propio Jesucristo dijo que una persona acaparadora y avara no heredará vida eterna.

"Porque el malo se jacta del deseo de su alma, bendice al codicioso, y desprecia a Jehová" (Sal. 10:3).

"¡Ay de los que en sus camas piensan iniquidad y maquinan el mal, y cuando llega la mañana lo ejecutan, porque tienen en su mano el poder! Codician las heredades, y las roban; y casas, y las toman; oprimen al hombre y a su casa, al hombre y a su heredad. Por tanto, así ha dicho Jehová: He aquí, yo pienso contra esta familia un mal del cual no sacaréis vuestros cuellos, ni andaréis erguidos; porque el tiempo será malo" (Mi. 2:1-3).

"Jesús le dijo: Si quieres ser perfecto, anda, vende lo que tienes, y dalo a los pobres, y tendrás tesoro en el cielo; y ven y sígueme. Oyendo el joven esta palabra, se fue triste, porque tenía muchas posesiones. Entonces Jesús dijo a sus discípulos: De cierto os digo, que difícilmente entrará un rico en el reino de los cielos. Otra vez os digo, que es más fácil pasar un camello por el ojo de una aguja, que entrar un rico en el reino de Dios" (Mt. 19:21-24).

"Y les dijo: Mirad, y guardaos de toda avaricia; porque la vida del hombre no consiste en la abundancia de los bienes que posee" (Lc. 12:15).

"y diré a mi alma: Alma, muchos bienes tienes guardados para muchos años; repósate, come, bebe, regocíjate. Pero Dios le dijo: Necio, esta noche vienen a pedirte tu alma; y lo que has provisto, ¿de quién será?" (Lc. 12:19-20).

"Haced morir, pues, lo terrenal en vosotros: fornicación, impureza, pasiones desordenadas, malos deseos y *avaricia*, que es idolatría; cosas por las cuales la ira de Dios viene sobre los hijos de desobediencia" (Col. 3:5-6).

"Pero fornicación y toda inmundicia, o *avaricia*, ni aun se nombre entre vosotros, como conviene a santos; Porque sabéis esto, que ningún fornicario, o inmundo, o avaro, que es idólatra, tiene herencia en el reino de Cristo y de Dios" (Ef. 5:3, 5).

"A los ricos de este siglo manda que no sean altivos, ni pongan la esperanza en las riquezas, las cuales son inciertas, sino en el Dios vivo, que nos da todas las cosas en abundancia para que las disfrutemos" (1 Ti. 6:17).

ESTUDIO A FONDO 1

(1:8) ***Faraón — Rey***: ¿Quién fue el nuevo rey que gobernó a Egipto y esclavizó a Israel? Las Escrituras no lo dicen. De hecho, la Biblia nunca menciona el nombre de ninguno de los reyes egipcios durante este período de la historia de Israel. Las Escrituras solo hacen mención a Faraón, y Faraón no es un nombre propio; es el título oficial del rey egipcio. Además, no se puede determinar la fecha exacta de los hechos ocurridos en Egipto entre Éxodo y Ruth. Sencillamente no se conoce quién fue el rey; no obstante, parece haber dos puntos de vista fundamentales que presentan argumentos de peso.

1. El nuevo rey que esclavizó a Israel pudo haber sido el gobernante egipcio que derrocó a la dinastía hicsa. Los hicsos eran extranjeros que invadieron y conquistaron Egipto en fecha cercana al 1550 a.C., un período de cerca de 180 años. En aquella época, los egipcios se alzaron y derrocaron al rey hicso y recuperaron su nación de manos de los gobernantes extranjeros. Dos hechos a los que hay que prestar atención con respecto a este punto de vista:
   a. Los hicsos eran un pueblo semita, es decir, eran de la misma familia racial de los israelitas. Esto ha llevado a muchos intérpretes a decir que un rey hicso hubiera estado mucho más dispuesto a aceptar a José y su pueblo (Israel). Recuerden que los egipcios detestaban a los pastores (Gn. 46:24). Entonces, este punto de vista plantea que probablemente fue un rey hicso quien ascendió a José a gobernador de Egipto y quien trajo a su familia, Jacob y sus hijos, a vivir a Egipto. Por tanto, se cree más razonable pensar que fueron los reyes hicsos los que acogieron a Israel, y que algún Faraón egipcio lo esclavizó.
   b. Además, la palabra *nuevo* no significa "otro rey" en hebreo, sino "nuevo rey, un rey diferente". Por lo tanto, este punto de vista sostiene que el nuevo rey era el gobernante egipcio (un rey de nacionalidad distinta) que derrocó al rey hicso. En respuesta a este punto de vista, observe la profecía que Dios dijo a Abraham: Israel será esclavizado y oprimido por 400 años (Gn. 15:13). (Recuerde que la dinastía hicsa duró cerca de 180 años.)

En resumen: Si fue un rey hicso el que ascendió a José y aceptó a Israel en Egipto, entonces es casi seguro que los israelitas vivieron en paz por cien años o más. Esto no parece corresponderse con la profecía de cuatrocientos años de esclavitud y opresión (Gn. 15:13). Además, tomaría años para que el propio pueblo egipcio olvidara lo que José había hecho por la nación.

Es difícil imaginar que un egipcio ascendió al trono y esclavizó a Israel, ya que él o algún oficial de su gabinete sabría con certeza acerca de uno de los grandes gobernantes y hechos significativos de su historia reciente. No obstante, esto no sería cierto si el nuevo rey fuera un invasor de otra nación. Este sabría muy poco, si acaso, acerca de los anteriores gobernantes egipcios.

Debido a estos argumentos, este punto de vista parece ser más débil que la siguiente propuesta.

2. El nuevo rey pudo haber sido el rey hicso que invadió y conquistó Egipto. Los hechos que sustentan este punto de vista serían los siguientes:
   a. El nuevo rey hicso, como invasor extranjero, posiblemente no tuvo manera de enterarse acerca de José y la historia de Egipto.
   b. Dios dijo a Abraham que su semilla sería esclavizada y oprimida por 400 años (Gn. 15:13). Note que en las Escrituras dice realmente que Israel será oprimido por cientos de años, cuatrocientos, concretamente. Cómo mínimo, esto implica un largo período de esclavitud para Israel, cientos de años, no solo unas cuantos años o décadas hacia el final de su permanencia en Egipto.
   c. La dinastía hicsa gobernó por cerca de 180 años, lo que significa que Israel se mantuvo esclavizado todo ese tiempo.
   d. Es probable que el nuevo rey egipcio, que derrocó a los hicsos extranjeros, continuara sometiendo y esclavizando a todos los extranjeros, incluyendo a Israel. Por lo tanto, la esclavitud de Israel continuaría por más tiempo que los 180 años de la opresión hicsa, continuaría por más de otros 220 años.

      Observe como este hecho da lugar a la invasión hicsa poco después del gobierno y muerte de José (cerca de 70 años). Israel estuvo en Egipto por cerca de 430 (Éx. 12:20). Réstense los 70 años de gobierno de José, y la esclavitud pudo ser cercana a 360 años. Esto se acerca mucho más a la profecía de Dios de que Israel sería esclavizado por 400 años (Gn. 15:13).
   e. El éxodo de Israel desde Egipto respalda este punto de vista. Dos Escrituras brindan una pista acerca de la fecha del *éxodo*.

      "El tiempo que los hijos de Israel habitaron en Egipto fue cuatrocientos treinta años" (Éx. 12:40).

"En el año cuatrocientos ochenta después que los hijos de Israel salieron de Egipto, el cuarto año del principio del reino de Salomón sobre Israel, en el mes de Zif, que es el mes segundo, comenzó él a edificar la casa de Jehová" (1 R. 6:1).

El reinado de Salomón puede fijarse con bastante exactitud cerca de 970-930 a.C. Por lo tanto, el 966 a.C. fue el cuarto año de su reinado. Si el éxodo tuvo lugar 480 años antes, esto significa que Israel partió de Egipto aproximadamente en 1446 a.C. Todo esto significa que:

⇒ Estos dos versículos implican que la estancia de Israel en Egipto ocurrió aproximadamente cerca de 1876-1446 a.C. (430 años, Éx. 12:40).

⇒ Si la opresión a Israel debió durar cerca de 400 años, entonces los reyes hicsos tienen que incluirse entre las dinastías gobernantes que esclavizaron a Israel. ¿Por qué? Porque ellos gobernaron Egipto por cerca de 180 años, época en que Israel estaba en Egipto (aproximadamente 1730-1550 a.C.).

Por tanto, el nuevo rey, quien no sabía nada acerca de José e Israel, fue probablemente el rey hicso que conquistó Egipto por primera vez, en fecha cercana a 1703 a.C. Esto nos sugiere la siguiente cronología:

⇒ En aproximadamente 1876 a.C. Israel entró en Egipto.

⇒ En aproximadamente 1730 a.C. Israel fue esclavizado y oprimido por un rey hicso, que atacó y conquistó Egipto.

⇒ En aproximadamente 1575-1550 a.C. los egipcios derrocaron la dinastía hicsa y recuperaron el país, pero mantuvieron esclavizado a Israel.

⇒ En aproximadamente 1446 a.C. tuvo lugar el gran éxodo de Israel; Israel fue liberado. Habían sido oprimidos por cerca de 284 años. (Para más información, vea Walter C. Kaiser, hijo, *Éxodo, The Expositor's Bible Commentary*, vol. 2, pp. 304-305. También observe la cronología en la *Biblia de bosquejos y sermones,* donde la esclavitud de Israel, el éxodo, y la conquista de Canaán ocurrió entre 1800 y 1050 a.C., *Génesis,* vol. 1. Cronología del Antiguo Testamento, p. 22.)

Tenga siempre este hecho en mente: Cuando tenga ante sí un hecho referente a la historia antigua, es imposible determinar la fecha exacta de dicho evento con absoluta exactitud.

2 (1:11-14) ***Opresión — Persecución***: La primera opresión lanzada por el nuevo rey fue la de perseguir y esclavizar. Pero note que fue vencida por los propósitos y la promesa de Dios.

1. Los egipcios lanzaron una brutal persecución contra Israel. Esclavizaron a Israel e impusieron amos al pueblo, obligándolos a trabajar para el Estado. Los egipcios querían:

- Detener el crecimiento de la población de Israel.
- Quebrantarles el espíritu y no dejarlos tener hijos.
- Hacer que un número de ellos muriera a causa del duro trabajo y los malos tratos, acortando así sus días.

Las personas fueron esclavizadas, y sin duda oprimidas, maltratadas y golpeadas. Las obligaron a construir dos ciudades de almacenaje para Egipto: Las ciudades de Pitón y Ramesés. Dichas ciudades eran utilizadas para almacenar armas y suministros militares y productos agrícolas y del gobierno.

Lo que hay que ver es que se estaba haciendo un intento deliberado para detener el crecimiento demográfico de Israel. El método escogido fue despiadado y cruel: El de la esclavitud, de ser maltratados, golpeados, y lentamente exterminados hasta que la población fuera controlable. La libertad de Israel no solo se vio restringida, sino que se perdió. Las personas fueron esclavizadas y obligadas a trabajar para el gobierno. Se han encontrado representaciones de dueños de esclavos en pinturas murales. Se les ve mirando a los esclavos, armados con "látigos pesados".[1]

2. Pero las personas vencieron a la persecución. ¿Cómo? Multiplicándose y teniendo más y más hijos. De hecho, mientras más perseguidos eran, más crecían. ¿Cómo pudo ser esto posible cuando los egipcios causaron tanto sufrimiento al pueblo? ¿Cuándo en realidad trataron de desgastar a las personas, tratando de cansarlos de tal manera que no les quedara fuerza suficiente para concebir hijos? Solo hay una respuesta: Dios. La gran promesa de Dios de enviar *la Simiente prometida* a través de Israel tenía que cumplirse. Ningún hombre, ni siquiera los grandes Faraones y gobernantes de la Tierra, pueden impedir que Dios cumpla sus promesas. Por lo tanto, Dios le dio al pueblo de Israel la fuerza para concebir y tener hijos. Dios hizo que las personas se multiplicaran a pesar de su agotamiento y sufrimiento. (Vea notas—Éx. 1:6-7; Gn. 12:1; 12:1-3; 12:4-9 para mayor análisis.)

3. La reacción de los perseguidores contra el pueblo de Dios fue encarnizada. Los egipcios obligaron al pueblo a realizar trabajos más despiadados; hicieron la vida de los israelitas más amarga. Los egipcios se volvieron más y más despiadados y malvados: Impusieron a las personas el duro trabajo de los animales.

⇒ En la esfera de la construcción, obligaron a las personas a fabricar bloques y mezcla, y a construir ciudades enteras para el gobierno egipcio.

⇒ En la esfera de la agricultura, los obligaron a plantar, atender, cosechar, limpiar los nuevos campos, y a cavar y construir canales de irrigación. Observe la palabra "rigor" o

[1] Frank E. Gaebelein, editor. *The Expositor's Bible Commentary,* vol. 2 (Grand Rapids, MI: Zondervan Publishing House, 1990), p. 304.

despiadado (*beparek*). Significa trabajo agotador, aplastante, un trabajo tan duro que, literalmente, descompone el cuerpo.

Los egipcios estaban decididos a controlar el crecimiento demográfico de Israel. Faraón estaba dispuesto a dar cualquier orden malvada con el objetivo de mantener a las personas como esclavos para satisfacer sus deseos.

Pensamiento 1. Las promesas de Dios son irrevocables. Él le había prometido a Abraham la *Simiente prometida*, el nacimiento de una gran nación. Este pasaje muestra cómo Dios derramó su gracia sobre Israel, cómo cumplió su promesa, cómo hizo nacer una gran nación de la simiente de Abraham. Cualquier cosa que Dios nos prometa, Él la cumplirá. No importa a qué nos enfrentemos, no importa cuán terrible o doloroso sea, Dios estará con nosotros y nos ayudará. Él cumplirá (realizará, completará) exactamente lo que ha prometido.

"Y él dijo: Mi presencia irá contigo, y te daré descanso" (Éx. 33:14).

"Aunque afligido yo y necesitado, Jehová pensará en mí. Mi ayuda y mi libertador eres tú; Dios mío, no te tardes" (Sal. 40:17).

"No temas, porque yo estoy contigo; no desmayes, porque yo soy tu Dios que te esfuerzo; siempre te ayudaré, siempre te sustentaré con la diestra de mi justicia" (Is. 41:10).

"Cuando pases por las aguas, yo estaré contigo; y si por los ríos, no te anegarán. Cuando pases por el fuego, no te quemarás, ni la llama arderá en ti" (Is. 43:2).

"de manera que podemos decir confiadamente: El Señor es mi ayudador; no temeré lo que me pueda hacer el hombre" (He. 13:6).

ESTUDIO A FONDO 2

(1:11-14) ***Faraón — Satanás — Símbolo — Tipo***: El Faraón del Antiguo Egipto es una representación, un tipo, un símbolo del príncipe del mal de este mundo, el propio Satanás. Fíjese en estos hechos, ilustrados en este pasaje en particular.

1. Faraón era el príncipe de Egipto; Satanás es el príncipe de este mundo.

"Ahora es el juicio de este mundo; ahora el príncipe de este mundo será echado fuera" (Jn. 12:31).

"No hablaré ya mucho con vosotros; porque viene el príncipe de este mundo, y él nada tiene en mí" (Jn. 14:30).

"y de juicio, por cuanto el príncipe de este mundo ha sido ya juzgado" (Jn. 16:11).

2. Faraón oprimía al pueblo; Satanás también oprime al pueblo de Dios.

"Y mientras se acercaba el muchacho, el demonio le derribó y le sacudió con violencia; pero Jesús reprendió al espíritu inmundo, y sanó al muchacho, y se lo devolvió a su padre" (Lc. 9:42).

"Y cuando cenaban, como el diablo ya había puesto en el corazón de Judas Iscariote, hijo de Simón, que le entregase" (Jn. 13:2).

"en los cuales el dios de este siglo cegó el entendimiento de los incrédulos, para que no les resplandezca la luz del evangelio de la gloria de Cristo, el cual es la imagen de Dios" (2 Co. 4:4).

"en los cuales anduvisteis en otro tiempo, siguiendo la corriente de este mundo, conforme al príncipe de la potestad del aire, el espíritu que ahora opera en los hijos de desobediencia" (Ef. 2:2).

3. Faraón tenía al pueblo de Egipto bajo su dominio; Satanás tiene a los pueblos del mundo bajo su dominio.

"Y le dijo el diablo: A ti te daré toda esta potestad, y la gloria de ellos; porque a mí me ha sido entregada, y a quien quiero la doy" (Lc. 4:6).

"para que abras sus ojos, para que se conviertan de las tinieblas a la luz, y de la potestad de Satanás a Dios; para que reciban, por la fe que es en mí, perdón de pecados y herencia entre los santificados" (Hch. 26:18).

"Porque no tenemos lucha contra sangre y carne, sino contra principados, contra potestades, contra los gobernadores de las tinieblas de este siglo, contra huestes espirituales de maldad en las regiones celestes" (Ef. 6:12).

"el cual nos ha librado de la potestad de las tinieblas, y trasladado al reino de su amado Hijo" (Col. 1:13).

"Así que, por cuanto los hijos participaron de carne y sangre, él también participó de lo mismo, para destruir por medio de la muerte al que tenía el imperio de la muerte, esto es, al diablo" (He. 2:14).

4. Faraón esclavizaba a las personas para que hicieran su voluntad; Satanás esclaviza a las personas para que hagan su voluntad, es decir, pecar.

"Entonces Jesús fue llevado por el Espíritu al desierto, para ser tentado por el diablo" (Mt. 4:1).

"Mas ahora que habéis sido libertados del pecado y hechos siervos de Dios, tenéis por vuestro fruto la santificación, y como fin, la vida eterna" (Ro. 6:22).

"en los cuales anduvisteis en otro tiempo, siguiendo la corriente de este mundo, conforme al príncipe de la potestad del aire, el espíritu que ahora opera en los hijos de desobediencia" (Ef. 2:2).

"El que practica el pecado es del diablo; porque el diablo peca desde el principio. Para esto apareció el Hijo de Dios, para deshacer las obras del diablo" (1 Jn. 3:8).

ESTUDIO A FONDO #3

(1:11) ***Pitón*** (Vea ***Ciudades; Mapa, de Egipto***)*:* Ciudad construida por los israelitas durante su cautiverio en Egipto. Es la única ocasión en que Pitón se menciona en la Biblia.

> **ESTUDIO A FONDO #4**
>
> (1:11) ***Ramesés*** (Vea ***Ciudades; Mapa, de Egipto***): Era la capital del Egipto de Faraón. Moisés, que se encontraba siendo un bebé flotando en el río Nilo en una cesta, fue hallado por la hija de Faraón y traído a Ramesés. Los israelitas esclavizados fueron obligados a construir esta ciudad para Faraón.

[3] (1:15-21) ***Opresión — Persecución — Temor a Dios; a los Hombres***: La segunda opresión lanzada por el nuevo rey fue la trama de un engaño. Pero fue superada por los creyentes que temieron más a Dios que al hombre.

1. El rey tramó una terrible maldad, una horrible persecución. Ordenó a las dos parteras supervisoras asegurarse de matar a todos los recién nacidos varones en el mismo momento del parto, de manera que sus madres nunca se enteraran (vv. 15-16). Evidentemente, a las madres se les haría creer que alguna complicación había causado la muerte de los niños.

Las dos parteras eran evidentemente supervisoras de todas las otras. Recuerde que la población de Israel era de alrededor de dos millones en aquella época Fíjese que se mencionan sus nombres: *Shiphrah*, que significa belleza; y *Puah*, que significa esplendor.

2. ¿Cómo pudo ser vencida esta treta, la persecución? Por el temor a Dios (v. 17). Las parteras sencillamente temían más a Dios que al rey. Por lo tanto, se rehusaron a obedecer al rey. Dejaron vivir a los niños.

3. El rey estaba furioso sin dudas. Mandó llamar a las parteras y les pidió dar cuenta de sus actos. (vv. 18-19).

⇒ ¿Por qué no habían cumplido sus órdenes (v. 18)?

⇒ Ellas evitaron dar una respuesta directa, pero le dijeron algo que evidentemente era verdad: Las mujeres hebreas eran más robustas que las mujeres egipcias para dar a luz. Daban a luz antes de que las parteras llegaran. Recuerde: Las mujeres hebreas eran esclavas, lo cual significa que trabajaban duro y eran físicamente fuertes.

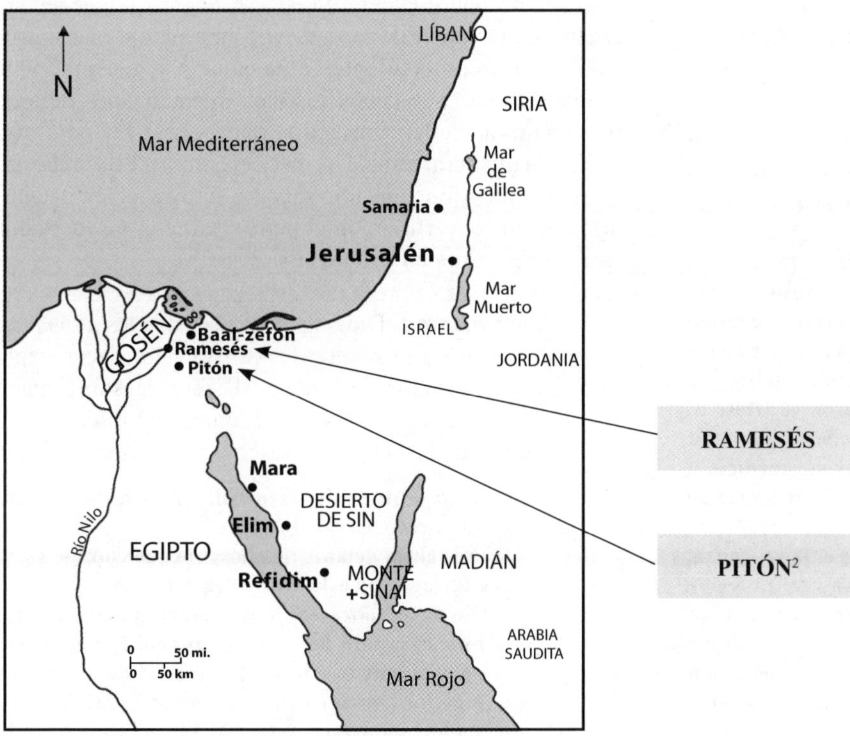

Esta respuesta resultó aceptable para Faraón, por lo que no tomó represalia alguna contra las parteras. No fueron ni apresadas ni ejecutadas. Al contrario, se les permitió irse y continuar con sus vidas y su trabajo de parteras.

4. Fíjese que Dios bendijo a las parteras y continuó bendiciendo a Israel (vv. 20-21). Él siguió multiplicando al pueblo (v. 20), y permitió a las parteras tener sus propias familias (v. 21).

Pensamiento 1. ¡Qué poderoso testimonio y coraje demostraron estas mujeres! Temer a Dios más que al hombre, incluso ante la persecución y la amenaza de encarcelamiento y muerte.

¿A quién tememos más, a los hombres o a Dios? Cuando el mundo nos ridiculiza, se burla, nos acusa, nos amenaza, nos aprisiona, y nos ataca, tememos tanto al mundo que:

- ¿Nos entregamos y nos dejamos llevar por el mundo?
- ¿Negamos a Cristo?
- ¿Nos desalentamos y sentimos derrotados y nos rendimos?

¿A quién tememos más, honestamente: Al hombre o a Dios? Siempre debemos recordar la advertencia, la enérgica advertencia, de las Escrituras.

"Y no temáis a los que matan el cuerpo, mas el alma no pueden matar; temed más bien a aquel que puede destruir el alma y el cuerpo en el infierno" (Mt. 10:28).

"Porque es justo delante de Dios pagar con tribulación a los que os atribulan, y a vosotros que sois atribulados, daros reposo con nosotros, cuando se manifieste el Señor Jesús desde el cielo con los ángeles de su poder, en llama de fuego, para dar retribución a los que no conocieron a Dios, ni obedecen al evangelio de nuestro Señor Jesucristo; los cuales sufrirán pena de eterna perdición, excluidos de la presencia del Señor y de la gloria de su poder" (2 Ts. 1:6-9).

"Pues conocemos al que dijo: Mía es la venganza, yo daré el pago, dice el Señor. Y otra vez: El Señor juzgará a su pueblo. ¡Horrenda cosa es caer en manos del Dios vivo!" (He. 10:30-31).

"Y si invocáis por Padre a aquel que sin acepción de personas juzga según la obra de cada uno, conducíos en temor todo el tiempo de vuestra peregrinación" (1 P. 1:17).

"Yo, yo soy vuestro consolador. ¿Quién eres tú para que tengas temor del hombre, que es mortal, y del hijo de hombre, que es como heno?" (Is. 51:12).

4 (1:22) ***Opresión — Persecución***: La tercera opresión lanzada por el nuevo rey fue una ley asesina. Pero fue vencida por una valerosa madre que creía en Dios. Faraón estaba furioso. Había lanzado todo el mal que podía concebir. Pero no importaba lo que tramara, los diabólicos planes de Faraón eran vencidos. Solo le quedó una opción: La ley de la tierra. Así que decretó una ley asesina: Todos los recién nacidos varones de Israel debían ser ahogados. ¿Quiénes serían sus ejecutores? Todos los egipcios. Faraón ordenó a *todo su pueblo* ahogar a todos los recién nacidos varones que vieran, nacidos de mujeres israelitas, en el río Nilo.

¿Cómo fue vencida esta ley asesina? Por una valerosa madre que creía en Dios. Esta valerosa madre era la madre del propio Moisés. Lo que ella hizo fue tan importante que es necesario hacer un estudio completo para abarcar toda su fe. Ella y su fe son el tema de la siguiente reseña. (Vea resumen y notas, Éx. 2:1-10 para discusión.)

Por ahora, el punto a tratar es la malvada y feroz persecución contra el pueblo de Dios lanzada por Faraón.

⇒ Él había esclavizado al pueblo de Israel, creándole las más horribles condiciones posibles de vida e infligiéndoles el mayor y más cruel dolor posibles. Estaba decidido a aplastar brutalmente el espíritu de Israel, a detener el crecimiento de su población, y a tenerlos para siempre como esclavos en Egipto.

⇒ También había tramado con las parteras el asesinato de todos los recién nacidos varones al nacer.

Pero fíjese, Dios venció la persecución. Dios tocó el corazón de una creyente, y esta se negó a obedecer la ley asesina de Faraón. Ella se negó a matar a su hijo recién nacido. Ella se enfrentó valientemente a la ley asesina, y muy probablemente, a los consejos bien intencionados de amigos que seguramente le aconsejaron obedecer la ley para que no fuera ella misma arrestada o tal vez ejecutada. Ella audazmente tomó una decisión y decidió salvar a su hijo recién nacido, un hijo que se convertiría con el tiempo en el gran libertador de Israel. (Vea resumen y notas, Éx. 2:1-10.)

Pensamiento 1. Dios suple las necesidades de su pueblo. Él levantó a la madre de Moisés para hacer llegar al gran libertador de Israel. Él siempre suple nuestras necesidades, sin importar cuán terribles sean las circunstancias, el juicio, la tentación o el sufrimiento.

"Él te librará del lazo del cazador, de la peste destructora" (Sal. 91:3).

"No temas delante de ellos, porque contigo estoy para librarte, dice Jehová" (Jer. 1:8).

"No os ha sobrevenido ninguna tentación que no sea humana; pero fiel es Dios, que no os dejará ser tentados más de lo que podéis resistir, sino que dará también juntamente con la tentación la salida, para que podáis soportar" (1 Co. 10:13).

"Y el Señor me librará de toda obra mala, y me preservará para su reino celestial. A él sea gloria por los siglos de los siglos. Amén" (2 Ti. 4:18).

"Así que, por cuanto los hijos participaron de carne y sangre, él también participó de lo mismo, para destruir por medio de la muerte al que tenía el imperio de la muerte, esto es, al diablo, y librar a todos los que por el temor de la muerte estaban durante toda la vida sujetos a servidumbre" (He. 2:14-15).

"sabe el Señor librar de tentación a los piadosos, y reservar a los injustos para ser castigados en el día del juicio" (2 P. 2:9).

Pensamiento 2. "¿Quién merece vivir?" Esta es una pregunta que cada generación, cada civilización y cada persona tiene que afrontar. Durante la época de Faraón, él tomaba las decisiones de quién debía vivir y quién morir, y basaba estas decisiones en factores puramente económicos y políticos. Dándose cuenta de que los varones hebreos recién nacidos eran una amenaza para su dominio, emitió una malévola orden: Matar a todos los recién nacidos varones de los israelitas. En un principio la responsabilidad recayó en las parteras, pero después Faraón ordeno a todo su pueblo que matara a los hebreos recién nacidos.

El punto es este: Las personas escogidas para morir aquel día y hora eran los recién nacidos varones de los israelitas. El mismo espíritu de asesinato envenena la cultura de cada generación. El valor de la vida humana dentro de una cultura se convierte en algo relativo. Las personas egocéntricas de la sociedad dan poco o ningún valor a:

- Los recién nacidos no deseados y no planificados.
- Los niños discapacitados.
- Los enfermos que requieren de costosos cuidados.
- Las personas muy mayores que ya no pueden contribuir económicamente.
- Las personas que proclaman las verdaderas enseñanzas de Jesucristo y las Sagradas Escrituras.

La santidad de la vida se encuentra bajo ataque mortal. A medida que sube la inundación de la opinión pública, el creyente tiene que luchar con todas sus fuerzas para permanecer por sobre la marea del mal. ¿Decidiría usted por la vida?

"Solamente esfuérzate y sé muy valiente, para cuidar de hacer conforme a toda la ley que mi siervo Moisés te mandó; no te apartes de ella ni a diestra ni a siniestra, para que seas prosperado en todas las cosas que emprendas" (Jos. 1:7).

"Y creó Dios al hombre a su imagen, a imagen de Dios lo creó; varón y hembra los creó" (Gn. 1:27).

"Este es el libro de las generaciones de Adán. El día en que creó Dios al hombre, a semejanza de Dios lo hizo" (Gn. 5:1).

"El que en el vientre me hizo a mí, ¿no lo hizo a él? ¿Y no nos dispuso uno mismo en la matriz?" (Job 31:15).

"Tus manos me hicieron y me formaron; hazme entender, y aprenderé tus mandamientos" (Sal. 119:73).

"Porque tú formaste mis entrañas; Tú me hiciste en el vientre de mi madre. Te alabaré; porque formidables, maravillosas son tus obras; estoy maravillado, y mi alma lo sabe muy bien. No fue encubierto de ti mi cuerpo, bien que en oculto fui formado, y entretejido en lo más profundo de la tierra. Mi embrión vieron tus ojos, y en tu libro estaban escritas todas aquellas cosas que fueron luego formadas, sin faltar una de ellas. ¡Cuán preciosos me son, oh Dios, tus pensamientos! ¡Cuán grande es la suma de ellos! Si los enumero, se multiplican más que la arena; despierto, y aún estoy contigo" (Sal. 139:13-18).

"Como tú no sabes cuál es el camino del viento, o cómo crecen los huesos en el vientre de la mujer encinta, así ignoras la obra de Dios, el cual hace todas las cosas" (Ec. 11:5).

"Vino, pues, palabra de Jehová a mí, diciendo: Antes que te formase en el vientre te conocí, y antes que nacieses te santifiqué, te di por profeta a las naciones" (Jer. 1:4-5).

"El nacimiento de Jesucristo fue así: Estando desposada María su madre con José, antes que se juntasen, se halló que había concebido del Espíritu Santo. José su marido, como era justo, y no quería infamarla, quiso dejarla secretamente. Y pensando él en esto, he aquí un ángel del Señor le apareció en sueños y le dijo: José, hijo de David, no temas recibir a María tu mujer, porque lo que en ella es engendrado, del Espíritu Santo es" (Mt. 1:18-20).

"Porque habéis sido comprados por precio; glorificad, pues, a Dios en vuestro cuerpo y en vuestro espíritu, los cuales son de Dios" (1 Co. 6:20).

TIPOS, SÍMBOLOS E ILUSTRACIONES
ÉXODO 1:8-22

TÉRMINO HISTÓRICO	TIPO O ILUSTRACIÓN (FUNDAMENTO BÍBLICO DE CADA UNO)	APLICACIÓN PARA LA VIDA DEL CREYENTE DE HOY DÍA	APLICACIÓN BÍBLICA
Egipto (Éx. 1:8)	*Una ilustración del mundo* **"Entretanto, se levantó sobre Egipto un nuevo rey que no conocía a José" (Éx. 1:8).** **"Yo soy Jehová tu Dios, que te saqué de tierra de Egipto, de casa de servidumbre" (Dt. 5:6).**	⇒ El mundo (Egipto) oprime y esclaviza al pueblo de Dios, los esclaviza a la servidumbre del pecado y la muerte.	***"No améis al mundo, ni las cosas que están en el mundo. Si alguno ama al mundo, el amor del Padre no está en él. Porque todo lo que hay en el mundo, los deseos de la carne, los deseos de los ojos, y la vanagloria de la vida, no proviene del Padre, sino del mundo" (1 Jn. 2:15-16).*** ***"Jesús les respondió: De cierto, de cierto os digo, que todo aquel que hace pecado, esclavo es del pecado" (Jn. 8:34).*** ***"¿No sabéis que si os sometéis a alguien como esclavos para obedecerle, sois esclavos de aquel a quien obedecéis, sea del pecado para muerte, o sea de la obediencia para justicia? Pero gracias a Dios, que aunque erais esclavos del pecado, habéis obedecido de corazón a aquella forma de doctrina a la cual fuisteis entregados" (Ro. 6:16-17).*** ***"Prenderán al impío sus propias iniquidades, y retenido será con las cuerdas de su pecado" (Pr. 5:22).*** *(cp. Ro. 7:14-15).*
Faraón (Éx. 1:8)	*Una ilustración de Satanás* **"Y Faraón respondió: ¿Quién es Jehová, para que yo oiga su voz y deje ir a Israel? Yo no conozco a Jehová, ni tampoco dejaré ir a Israel" (Éx. 5:2).** **"Tú que decías en tu corazón: Subiré al cielo; en lo alto, junto a las estrellas de Dios, levantaré mi trono, y en el monte del testimonio me sentaré, a los lados del norte; sobre las alturas de las nubes subiré, y seré semejante al Altísimo" (Is. 14:13-14).**	⇒ Satanás trata de mantener a los hombres en la esclavitud, la esclavitud eterna.	***"Ahora es el juicio de este mundo; ahora el príncipe de este mundo será echado fuera" (Jn. 12:31).*** ***"en los cuales el dios de este siglo cegó el entendimiento de los incrédulos, para que no les resplandezca la luz del evangelio de la gloria de Cristo, el cual es la imagen de Dios" (2 Co. 4:4).*** ***"en los cuales anduvisteis en otro tiempo, siguiendo la corriente de este mundo, conforme al príncipe de la potestad del aire, el espíritu que ahora opera en los hijos de desobediencia" (Ef. 2:2).*** ***"y escapen del lazo del diablo, en que están cautivos a voluntad de él" (2 Ti. 2:26).***

TÉRMINO HISTÓRICO	TIPO O ILUSTRACIÓN (FUNDAMENTO BÍBLICO DE CADA UNO)	APLICACIÓN PARA LA VIDA DEL CREYENTE DE HOY DÍA	APLICACIÓN BÍBLICA
Faraón (continuación) (Éx. 1:8)			***"Así que, por cuanto los hijos participaron de carne y sangre, él también participó de lo mismo, para destruir por medio de la muerte al que tenía el imperio de la muerte, esto es, al diablo" (He. 2:14).*** ***"El que practica el pecado es del diablo; porque el diablo peca desde el principio. Para esto apareció el Hijo de Dios, para deshacer las obras del diablo" (1 Jn. 3:8).*** *(cp. Job. 1:12; Lc. 4:6; Hch. 26:18; 1 P. 5:8).*
Comisarios de tributos (Éx. 1:11)	*Una ilustración de hombres malvados persiguiendo al pueblo de Dios* **"Entonces pusieron sobre ellos comisarios de tributos que los molestasen con sus cargas; y edificaron para Faraón las ciudades de almacenaje, Pitón y Ramesés" (Éx. 1:11).**	⇒ Los hombres malvados siempre perseguirán al pueblo de Dios por medio de. . . • el ridículo • el acoso • la burla • el desdén • el maltrato • el asesinato	***"Bienaventurados sois cuando por mi causa os vituperen y os persigan, y digan toda clase de mal contra vosotros, mintiendo" (Mt. 5:11; cp. Mt. 24:9; Fil. 1:29; 1 Ts. 3:3; 1 P. 4:12-13; 4:16; Sal. 119:86).*** ***"Y seréis aborrecidos de todos por causa de mi nombre; mas el que persevere hasta el fin, éste será salvo" (Mt. 10:22)*** ***"Y soliviantaron al pueblo, a los ancianos y a los escribas; y arremetiendo, le arrebataron, y le trajeron al concilio" (Hch. 6:12).*** ***"Y también todos los que quieren vivir piadosamente en Cristo Jesús padecerán persecución" (2 Ti. 3:12).***

DIVISIÓN II

MOISÉS Y DIOS: DIOS LEVANTA UN LÍDER PARA LIBERAR A SU PUEBLO (ISRAEL), 2:1—7:7

(2:1–7:7) ***PERSPECTIVA GENERAL DE LA DIVISIÓN* — *Moisés*:** La historia de Moisés ahora comienza. Dios levantó a Moisés...

- para salvar a Israel de la esclavitud (capítulos 3 al 11).
- para conducir a Israel a la Tierra Prometida, guiándolos a través del Mar Rojo y de la peregrinación por el desierto (capítulos 12 al 18).
- para darle la ley y los Diez Mandamientos a Israel y al mundo en general; establecer a Israel como una nación gobernada por la ley (capítulos 19 al 24).
- para planear el tabernáculo, la casa de oración de Israel, y para establecer el sacerdocio y la religión de Israel (capítulos 25 al 31).
- para proclamar la Palabra de Dios a Israel e interceder por el perdón de Dios cuando el pueblo pecaba y se extraviaba (capítulos 32 al 34).
- para construir el tabernáculo y conducir al pueblo a obedecer a Dios en todo lo que hicieran (capítulos 35 al 40).

Ningún otro hombre ha hecho tanto como hizo Moisés, exceptuando, por supuesto, a Jesucristo. Moisés fue escogido por Dios de forma singular para salvar a Israel. Dios iba a usar Israel para dar al mundo los dos regalos más extraordinarios que eran posibles: La Palabra de Dios y el Salvador, el Señor Jesucristo. Moisés le creyó a Dios y él conoció a Dios. Él tuvo una relación íntima y personal con Dios: Él caminó con Dios y habló con el Señor. Su amistad con Dios fue probablemente la más íntima que un hombre puede experimentar. Obviamente tuvo lo que pudiéramos llamar *una intimidad y comunión continua con Dios*, la misma cosa que todos deberíamos desear. La magnitud de su vida y su andar con Dios pueden verse en sus discursos de despedida a su amado pueblo, Israel. Estos se registran en el gran libro de *Deuteronomio.* Pero por ahora, nuestro interés debe concentrase en los primeros años de Moisés. El gran tema de esta sección de las Sagradas Escrituras es: MOISÉS Y DIOS: DIOS LEVANTA A UN LÍDER PARA LIBERAR A SU PUEBLO (ISRAEL), 2:1—7:7.

DIVISIÓN II
MOISÉS Y DIOS: DIOS LEVANTA UN LÍDER PARA LIBERAR A SU PUEBLO (ISRAEL), 2:1—7:7

A. El nacimiento de Moisés: La ilustración de una madre creyente y valiente, 2:1-10

B. Los primeros acontecimientos significativos en la vida de Moisés: Experiencias que cambian la vida de una persona, 2:11-25

C. Llamamiento de Moisés: Un estudio del llamado de Dios al servicio, 3:1-10

D. Las excusas de Moisés: Un profeta reacio: Argumentos para no servir a Dios, 3:11—4:17

E. La rendición de Moisés al llamado de Dios: El fruto de la obediencia, Éxodo 4:18-31

F. La primera confrontación de Moisés con Faraón: Oponerse a la voluntad de Dios para su pueblo, el derecho del hombre de vivir y adorar a Dios con libertad, 5:1-23

G. El gran aliento y mensaje dado a Moisés: Liberación y libertad, 6:1—7:7

	CAPÍTULO 2 **II. MOISÉS Y DIOS: DIOS LEVANTA UN LÍDER PARA LIBERAR A SU PUEBLO (ISRAEL), 2:1—7:7** **A. El nacimiento de Moisés: La ilustración de una madre creyente y valiente, 2:1-10**	5 Y la hija de Faraón descendió a lavarse al río, y paseándose sus doncellas por la ribera del río, vio ella la arquilla en el carrizal, y envió una criada suya a que la tomase. 6 Y cuando la abrió, vio al niño; y he aquí que el niño lloraba. Y teniendo compasión de él, dijo: De los niños de los hebreos es éste.	**4 Fue testigo de la soberana guía de la mano de Dios** a. La hija de Faraón descubre la cesta en forma de arca b. Abrió la cesta y fue movida a compasión por el llanto del niño c. La hermana de Moisés demostró coraje: Se acercó y se le sugirió a la hija de Faraón llamar a una nodriza hebrea para que criase al niño
1 Ella era una hebrea, de la tribu de Leví: Una esclava del más bajo rango y posición imaginables **2 Ella era una mujer valiente y justa** a. Tuvo un hijo b. Hizo lo justo: Lo escondió durante 3 meses **3 Tuvo gran sabiduría: Ella planeó de antemano y confió en Dios completamente** a. Fabricó una cesta impermeable, en forma de arca[EF1] b. Puso a Moisés en la cesta y lo escondió entre los carrizos del río Nilo: Confió en Dios para salvarlo c. Dejó que su hermana mayor cuidara a Moisés	1 Un varón de la familia de Leví fue y tomó por mujer a una hija de Leví, 2 la que concibió, y dio a luz un hijo; y viéndole que era hermoso, le tuvo escondido tres meses. 3 Pero no pudiendo ocultarle más tiempo, tomó una arquilla de juncos y la calafateó con asfalto y brea, y colocó en ella al niño y lo puso en un carrizal a la orilla del río. 4 Y una hermana suya se puso a lo lejos, para ver lo que le acontecería.	7 Entonces su hermana dijo a la hija de Faraón: ¿Iré a llamarte una nodriza de las hebreas, para que te críe este niño? 8 Y la hija de Faraón respondió: Ve. Entonces fue la doncella, y llamó a la madre del niño, 9 a la cual dijo la hija de Faraón: Lleva a este niño y críamelo, y yo te lo pagaré. Y la mujer tomó al niño y lo crió. 10 Y cuando el niño creció, ella lo trajo a la hija de Faraón, la cual lo prohijó, y le puso por nombre Moisés, diciendo: Porque de las aguas lo saqué.	d. La hija de Faraón accedió (bajo la soberana guía de la mano de Dios) **5 Su fe se vio recompensada** a. Ella fue empleada como nodriza del niño. b. Ella vio que Dios hace que las cosas sucedan para bien: Su hijo Moisés no solo se salvó, sino que fue adoptado por la propia hija de Faraón (bajo la soberana guía de la mano de Dios)

DIVISIÓN II

MOISÉS Y DIOS: DIOS LEVANTA UN LÍDER PARA LIBERAR A SU PUEBLO (ISRAEL), 2:1—7:7

A. El nacimiento de Moisés: La ilustración de una madre creyente y valiente, 2:1-10

(2:1-10) ***Introducción — Madres, piadosas***: Este pasaje cubre el nacimiento de Moisés, pero se centra en la madre de Moisés. Nos narra óomo salvó a Moisés de que el rey lo matara, cómo confió en Dios para que se hiciera cargo de su hijo. La madre de Moisés fue una madre piadosa, una joven que confió en Dios con todo su corazón. Cuando inspeccionamos las páginas de la historia humana, son muy pocas las madres piadosas. Las madres que realmente creen en Dios, que tienen el coraje de defender a Dios y su exigencia de rectitud y pureza, son difíciles de encontrar en la faz de la tierra. No obstante, las madres piadosas sí existen. Aquí y allá pueden encontrarse algunas madres piadosas. Existen madres en cada generación que han dado a Dios todo su ser, que están totalmente comprometidas a seguir el camino de rectitud y pureza que Dios exige.

Este es el tema de las Escrituras que nos ocupa: *El nacimiento de Moisés: La imagen de una madre creyente y valiente,* 2:1-10.

1. Ella era hebrea, de la tribu de Leví: Una esclava del más bajo rango y posición imaginables (v. 1).
2. Ella era una mujer valiente y justa (v. 2).

3. Ella era una mujer de gran sabiduría: Planeaba de antemano y confiaba en Dios completamente (vv. 3-4).
4. Ella fue testigo de la mano guía y soberana de Dios (vv. 5-8).
5. Su fe se vio recompensada (vv. 9-10).

1 (2:1) ***Madres***: La madre de Moisés era hebrea, de la tribu de Leví, una esclava del más bajo rango y posición imaginables. Recuerde, Israel había sido esclavizado por un siglo o más. Los padres de Moisés eran, por tanto, esclavos cuando se casaron. Esto significa que tanto el padre como la madre:

- Realizaban el trabajo de esclavos, como bestias de carga.
- Eran víctimas de maltratos y gritos, y probablemente eran maldecidos y golpeados a voluntad de sus amos.
- Eran pobres, incluso menesterosos.
- Vivían en una pequeña y pobremente amueblada casa o casucha.
- Tenían pocos, si acaso alguno, bienes que pudieran llamar suyos.
- No tenían oportunidad alguna de hacer lo que deseaban.
- No podían prosperar ni superarse.

La madre de Moisés no tenía posición alguna en la sociedad, ni ropas decentes, ni bienes, ni rango, ni posición. Era una esclava. Trabajaba en los almacenes de venta de ladrillos, o en los campos o como sirvienta de algún egipcio acaudalado. Pero era la intención de Dios utilizar a esa humilde madre, esa mujer esclavizada, más allá de los límites de la imaginación. Ella daría a luz a uno de los más grandes hombres que han vivido jamás.

Pensamiento 1. La madre de Moisés constituye un gran ejemplo para nosotros. No importa cuán humildes seamos o cuán lejos estemos, Dios nos utilizará. Dios nos utilizará sin que importe cuán humilde sea nuestro(a) (s)...

• pasado	• educación	• capacidades
• presente	• rango	• herencia
• posición social	• logros	• bienes
• posición	• finanzas	• apariencia

Si solo hacemos lo que hizo la madre de Moisés, creer en Dios y seguir a Dios, Dios nos aceptará y nos utilizará para bendecir las vidas de muchos a lo largo del mundo. Dios siempre utiliza a los humildes que en verdad confían y lo siguen, los utiliza para desconcertar y dar lecciones de humildad a aquellos que se ensalzan a sí mismos.

"Pues mirad, hermanos, vuestra vocación, que no sois muchos sabios según la carne, ni muchos poderosos, ni muchos nobles; sino que lo necio del mundo escogió Dios, para avergonzar a los sabios; y lo débil del mundo escogió Dios, para avergonzar a lo fuerte; y lo vil del mundo y lo menospreciado escogió Dios, y lo que no es, para deshacer lo que es, a fin de que nadie se jacte en su presencia" (1 Co. 1:26-29).

"De la boca de los niños y de los que maman, fundaste la fortaleza, a causa de tus enemigos, para hacer callar al enemigo y al vengativo" (Sal. 8:2).

"Se acercaban a Jesús todos los publicanos y pecadores para oírle, y los fariseos y los escribas murmuraban, diciendo: Este a los pecadores recibe, y con ellos come. Entonces él les refirió esta parábola, diciendo: ¿Qué hombre de vosotros, teniendo cien ovejas, si pierde una de ellas, no deja las noventa y nueve en el desierto, y va tras la que se perdió, hasta encontrarla? Y cuando la encuentra, la pone sobre sus hombros gozoso; y al llegar a casa, reúne a sus amigos y vecinos, diciéndoles: Gozaos conmigo, porque he encontrado mi oveja que se había perdido. Os digo que así habrá más gozo en el cielo por un pecador que se arrepiente, que por noventa y nueve justos que no necesitan de arrepentimiento" (Lc. 15:1-7).

2 (2:2) ***Madres — Moisés, nacimiento***: La madre de Moisés fue una mujer valiente y justa. En un momento dado, quedó embarazada y tuvo a Moisés. Ese fue su tercer hijo.

⇒ *María*, única hermana de Moisés, era, como es lógico, una jovencita cuando Moisés nació, posiblemente tendría entre trece y dieciséis años (Éx. 2:4-8; 15:20; Nm. 26:59).

⇒ *Aarón,* único hermano de Moisés, era tres años mayor que Moisés (Éx. 7:7).

Observe que la ley del rey de ahogar a todos los varones recién nacidos no estaba vigente cuando Aarón nació. Como se dijo, era un niño de tres años que vivía perfectamente cuando Moisés nació. Obviamente, la ley se aprobó justo antes del nacimiento de Moisés.

Imagínese por un instante el desasosiego de los padres de Moisés cuando la madre descubrió que estaba encinta. Solo trate de imaginar su preocupación, su ansiedad, su temor, su incertidumbre, preguntándose qué sucedería si el niño era varón. ¿Qué harían? ¿Qué podían hacer? Mes tras mes, durante nueve largos meses, habrán rezado y se habrán preguntado, habrán hecho su mayor esfuerzo para resolver qué hacer si nacía un varón.

Entonces, por fin llegó el día, y aquello que más temían se convirtió en realidad: Un niño, Moisés, había nacido. Note lo que su madre hizo: Hizo lo valiente y justo. Escondió al niño durante tres meses. ¿Por qué? ¿Qué la haría arriesgar su propia vida para salvar la de su hijo? Lo mismo que ha hecho a tantas madres salvar a sus hijos cuando están en peligro:

⇒ amor	⇒ justeza
⇒ deber	⇒ justicia
⇒ responsabilidad	⇒ la santidad de la vida

Pero fíjese en la frase "niño hermoso" (RVR-60) o "tan hermoso" (NVI). Esto puede que haga referencia a la apariencia física de Moisés, diciendo que era un niño hermoso (cp. Gn. 39:6). Pero también puede que signifique "hermoso ante los ojos de Dios". De hecho, los griegos lo dicen en Hechos 7:20: "[Moisés] fue agradable a los ojos de Dios" (*en asteios to theo*). Este parece ser el verdadero significado de lo expresado en Éxodo.

El punto es el siguiente: La madre de Moisés fue una mujer valiente y justa. Cuando ella miró a Moisés, Dios le hizo sentir que aquel niño era especial. Era un regalo, un regalo muy especial de Dios. Su vida era importante para Dios; por eso, ella tuvo que ser valiente y hacer lo justo: Tenía que salvar la vida de su hijo. El propósito de Dios con aquel niño era mucho más importante que incluso su amor. Por lo tanto, ella quiso salvar al niño, no solo porque lo amaba, sino porque había sido un regalo especial de Dios. Por ello escondió al niño durante tres meses. Día tras día, semana tras semana, tres largos meses, ella ocultó al niño de las autoridades y de los vecinos, de cualquiera que pudiera representar una amenaza, no fuera que alguien informara acerca de la presencia del niño. Ocultó al niño a riesgo de su propia vida. La madre de Moisés fue una mujer piadosa, una mujer valiente y justa.

Pensamiento 1. ¿Qué hacer cuando la ley del estado se opone a la ley de Dios? La madre de Moisés es un gran ejemplo para nosotros: de manera silenciosa y humilde, justo como ella lo hizo, debemos ser valientes y justos: obedecemos a Dios. Siempre hemos de hacer lo valiente y lo justo.

"¡Quién diera que tuviesen tal corazón, que me temiesen y guardasen todos los días todos mis mandamientos, para que a ellos y a sus hijos les fuese bien para siempre!" (Dt. 5:29).

"No todo el que me dice: Señor, Señor, entrará en el reino de los cielos, sino el que hace la voluntad de mi Padre que está en los cielos" (Mt. 7:21).

"Respondiendo Pedro y los apóstoles, dijeron: Es necesario obedecer a Dios antes que a los hombres" (Hch. 5:29).

"Bienaventurados los que lavan sus ropas, para tener derecho al árbol de la vida, y para entrar por las puertas en la ciudad" (Ap. 22:14).

Pensamiento 2. ¿Cuántos padres ven a sus hijos de la manera en que la madre de Moisés veía al suyo? ¿Cuántos los ven como un regalo de Dios? Cuán distinto sería este mundo si todos los padres siguieran el ejemplo de la madre de Moisés:

⇒ Si los padres amaran a sus hijos, los amaran de verdad.

⇒ Si los padres vieran a sus hijos como *un regalo* de Dios, muy especial y muy importante para Dios.

⇒ Si los padres protegieran a sus hijos, los protegieran incluso a riesgo de su propia vida.

⇒ Si los padres encomendaran sus hijos a Dios, dejaran su bienestar y su cuidado en manos de Dios.

⇒ Si los padres enseñaran a sus hijos a confiar en Dios, confiar en sus promesas.

⇒ Si los padres les enseñaran a sus hijos la Palabra de Dios y rezaran junto a ellos. (Vea nota, Éx. 2:9-10 para mayor análisis.)

Fíjese lo que dicen las Escrituras acerca de los hijos. Se hacen dos declaraciones importantes.

1) Los hijos son el regalo de Dios.

"Y alzó sus ojos y vio a las mujeres y los niños, y dijo: ¿Quiénes son éstos? Y él respondió: Son los niños que Dios ha dado a tu siervo" (Gn. 33:5).

"Y respondió José a su padre: Son mis hijos, que Dios me ha dado aquí. Y él dijo: Acércalos ahora a mí, y los bendeciré" (Gn. 48:9).

"Y yo tomé a vuestro padre Abraham del otro lado del río, y lo traje por toda la tierra de Canaán, y aumenté su descendencia, y le di Isaac" (Jos. 24:3).

"El hace habitar en familia a la estéril, Que se goza en ser madre de hijos. Aleluya" (Sal. 113:9).

"He aquí, herencia de Jehová son los hijos; cosa de estima el fruto del vientre" (Sal. 127:3).

"He aquí, yo y los hijos que me dio Jehová somos por señales y presagios en Israel, de parte de Jehová de los ejércitos, que mora en el monte de Sion" (Is. 8:18).

2) A los hijos se les debe enseñar la Palabra de Dios y las promesas de Dios. Se les debe enseñar a seguir a Dios.

"Por tanto, guárdate, y guarda tu alma con diligencia, para que no te olvides de las cosas que tus ojos han visto, ni se aparten de tu corazón todos los días de tu vida; antes bien, las enseñarás a tus hijos, y a los hijos de tus hijos" (Dt. 4:9).

"y las repetirás a tus hijos, y hablarás de ellas estando en tu casa, y andando por el camino, y al acostarte, y cuando te levantes" (Dt. 6:7).

"La cual no teniendo capitán, ni gobernador, ni señor" (Pr. 6:7).

"¿A quién se enseñará ciencia, o a quién se hará entender doctrina? ¿A los destetados? ¿a los arrancados de los pechos?" (Is. 28:9).

"Y vosotros, padres, no provoquéis a ira a vuestros hijos, sino criadlos en disciplina y amonestación del Señor" (Ef. 6:4).

[3] (2:3-4) ***Madres — Moisés — Confianza***: La madre de Moisés era una mujer de gran sabiduría, una mujer que hacía planes con anticipación y que confiaba en Dios completamente. Llegó el día en que no pudo seguir escondiendo al pequeño Moisés en la casa. ¿Por qué? Las Escrituras no lo dicen. Pero es de suponer que había rondas periódicas por las calles para mantener el control sobre los esclavos. Esto siempre sucede cuando se somete a las personas. Seguramente también había registros periódicos casa por casa, solo para asegurarse de que no estaban escondiendo a los hijos recién nacidos.

Los niños lloran, por lo que se corría gran peligro de que algún guardia que estuviera patrullando oyera el llanto de Moisés, o de que algún guardia que estuviera registrando la casa de su familia lo descubriera. Existía incluso la posibilidad de que un vecino, con la esperanza de recibir alguna recompensa o de ser favorecido por los egipcios, pudiera delatar al niño.

Llegó el día en que no pudieron seguir ocultando a Moisés. Su madre tenía que hacer algo. ¿Qué podía hacer ella para salvar a su hijo? Tenía que ser sabia, tenía que idear el plan más sabio que pudiera y tenía que confiar en Dios. Confiar en Él completamente para llevar a cabo su plan y salvar a su hijo. Esto fue lo que hizo.

⇒ Hizo un canastillo impermeable en forma de arca (v. 3).

⇒ Puso a Moisés en el canastillo y puso el canastillo entre los carrizales del río Nilo. Sin duda, ella sabía del lugar donde la hija Faraón (y probablemente otros oficiales egipcios) se bañaban y nadaban. Sabía que Moisés solo podría salvarse de la amenaza de muerte del rey si algún oficial egipcio lo hallaba, sentía compasión y se quedaba con el niño como propio. Así, cuando ella puso el canastillo en forma de arca en el río Nilo, estaba confiando en que Dios hiciera que algún oficial egipcio hallara al niño y lo salvara (v. 3).

⇒ Hizo que su hija mayor, María, se quedara a una distancia prudencial, vigilando al niño (v. 4).

Lo que hay que ver es la gran sabiduría y fe de la madre de Moisés. Ella hizo todo lo que pudo y confió en Dios, confió en que Él hiciera uso de sus esfuerzos y los bendijera. Ella hizo el mejor plan que pudo y lo llevó a la práctica. Y en medio de su plan, confió en Dios para que todo saliera bien: Para salvar a su hijo. La madre de Moisés tuvo una fe tan grande, que figura en *El Gran salón de la fe*, en Hebreos:

"Por la fe Moisés, cuando nació, fue escondido por sus padres por tres meses, porque le vieron niño hermoso, y no temieron el decreto del rey" (He. 11:23).

Pensamiento 1. Gran sabiduría y gran fe son las dos cualidades que necesitamos. Algún día surgirán situaciones ajenas a nuestra voluntad, situaciones tales como…

• opresión	• hambre y sed
• pérdida	• soledad
• enfermedad	• desolación
• accidente	• fracaso
• muerte	• tentación
• quiebra	• pecado

1) Cuando surgen situaciones ajenas a nuestra voluntad, necesitamos concebir y ejecutar los planes más sabios.

"Y sabemos que a los que aman a Dios, todas las cosas les ayudan a bien, esto es, a los que conforme a su propósito son llamados" (Ro. 8:28).

"Por tanto, amados míos, como siempre habéis obedecido, no como en mi presencia solamente, sino mucho más ahora en mi ausencia, ocupaos en vuestra salvación con temor y temblor" (Fil. 2:12).

"Y si alguno de vosotros tiene falta de sabiduría, pídala a Dios, el cual da a todos abundantemente y sin reproche, y le será dada" (Stg. 1:5).

2) Cuando surgen situaciones ajenas a nuestra voluntad, necesitamos confiar en Dios, confiar en Él completamente, confiar en que Él resolverá la situación por nosotros.

"Jehová redime el alma de sus siervos, y no serán condenados cuantos en él confían" (Sal. 34:22).

"Confía en Jehová, y haz el bien; y habitarás en la tierra, y te apacentarás de la verdad" (Sal. 37:3).

"Encomienda a Jehová tu camino, y confía en él; y él hará" (Sal. 37:5).

"Mejor es confiar en Jehová que confiar en el hombre" (Sal. 118:8).

"Los que confían en Jehová son como el monte de Sion, que no se mueve, sino que permanece para siempre" (Sal. 125:1).

"Fíate de Jehová de todo tu corazón, y no te apoyes en tu propia prudencia. Reconócelo en todos tus caminos, y él enderezará tus veredas" (Pr. 3:5-6).

"Tú guardarás en completa paz a aquel cuyo pensamiento en ti persevera; porque en ti ha confiado. Confiad en Jehová perpetuamente, porque en Jehová el Señor está la fortaleza de los siglos" (Is. 26:3-4).

Pensamiento 2. ¿Cuántas preguntas y qué clase de preguntas habrán inundado el tierno corazón de la madre de Moisés? Solo podemos imaginar las cosas en las que ella pudo pensar. Preguntas tales como:

⇒ "Dios, ¿por qué nuestro querido hijo tuvo que ser varón?"

⇒ "¿Por qué tuvo nuestra familia que vivir en un lugar tan peligroso como Egipto?"

⇒ "¿Cómo fue que terminamos con un gobernante tan malvado como Faraón?"

⇒ "¿Por cuánto tiempo podremos seguir ocultando a nuestro hijo sin que nadie se entere y nos denuncie?"

⇒ "¿Qué puedo hacer para salvar a mi hijo?"

En medio de la seguridad que brinda el corazón, el creyente tiene un santuario donde puede formular a Dios las preguntas difíciles de la vida. Es mediante la oración:

- Que Dios da respuesta a nuestras inquietudes más desconcertantes.
- Que Dios satisface nuestras más grandes necesidades.
- Que Dios nos indica qué hacer.

En la oración crece la fe, es donde los imposibles de la vida se convierten en las soluciones de Dios.

"¿Hasta cuándo, Jehová? ¿Me olvidarás para siempre? ¿Hasta cuándo esconderás tu rostro de mí? ¿Hasta cuándo pondré consejos en mi alma, con tristezas en mi corazón cada día? ¿Hasta cuándo será enaltecido mi enemigo sobre mí?" (Sal. 13:1-2).

"Me invocará, y yo le responderé; con él estaré yo en la angustia; lo libraré y le glorificaré" (Sal. 91:15).

"Y antes que clamen, responderé yo; mientras aún hablan, yo habré oído" (Is. 65:24).

"y me buscaréis y me hallaréis, porque me buscaréis de todo vuestro corazón" (Jer. 29:13).

"¿Hasta cuándo, oh Jehová, clamaré, y no oirás; y daré voces a ti a causa de la violencia, y no salvarás? ¿Por qué me haces ver iniquidad, y haces que vea molestia? Destrucción y violencia están delante de mí, y pleito y contienda se levantan" (Hab. 1:2-3).

"Aunque la higuera no florezca, ni en las vides haya frutos, aunque falte el producto del olivo, y los labrados no den mantenimiento, y las ovejas sean

quitadas de la majada, y no haya vacas en los corrales; con todo, yo me alegraré en Jehová, y me gozaré en el Dios de mi salvación. Jehová el Señor es mi fortaleza, el cual hace mis pies como de ciervas, y en mis alturas me hace andar" (Hab. 3:17-19).

"Pedid, y se os dará; buscad, y hallaréis; llamad, y se os abrirá" (Mt. 7:7).

"Si permanecéis en mí, y mis palabras permanecen en vosotros, pedid todo lo que queréis, y os será hecho" (Jn. 15:7).

"Hasta ahora nada habéis pedido en mi nombre; pedid, y recibiréis, para que vuestro gozo sea cumplido" (Jn. 16:24).

ESTUDIO A FONDO 1

(2:3) ***Arquilla*** (Tebah): La palabra que se utiliza en hebreo para designar un pequeño canastillo en forma de arca es la misma que se utiliza para el arca de Noé. De hecho, la palabra solo se utiliza estas dos veces en la Biblia. Este hecho nos sugiere la siguiente ilustración o tipo:

⇒ La arquilla era un lugar de salvación, resguardo y seguridad, para Moisés, igual que el arca para Noé. (Vea esquema y nota, Gn. 7:13-16 para mayor análisis.)

⇒ Cristo es la arquilla del creyente, la salvación del creyente de ser juzgado, el resguardo y la seguridad del creyente.

"He aquí, yo estoy contigo, y te guardaré por dondequiera que fueres, y volveré a traerte a esta tierra; porque no te dejaré hasta que haya hecho lo que te he dicho" (Gn. 28:15).

"Pero la salvación de los justos es de Jehová. Y él es su fortaleza en el tiempo de la angustia" (Sal. 37:39).

"Porque el Hijo del Hombre vino a buscar y a salvar lo que se había perdido" (Lc. 19:10).

"Porque de tal manera amó Dios al mundo, que ha dado a su Hijo unigénito, para que todo aquel que en él cree, no se pierda, mas tenga vida eterna. Porque no envió Dios a su Hijo al mundo para condenar al mundo, sino para que el mundo sea salvo por él" (Jn. 3:16-17).

"estando persuadido de esto, que el que comenzó en vosotros la buena obra, la perfeccionará hasta el día de Jesucristo" (Fil. 1:6).

"Porque hay un solo Dios, y un solo mediador entre Dios y los hombres, Jesucristo hombre" (1 Ti. 2:5).

"Por lo cual asimismo padezco esto; pero no me avergüenzo, porque yo sé a quién he creído, y estoy seguro que es poderoso para guardar mi depósito para aquel día" (2 Ti. 1:12).

"por lo cual puede también salvar perpetuamente a los que por él se acercan a Dios, viviendo siempre para interceder por ellos" (He. 7:25).

"que sois guardados por el poder de Dios mediante la fe, para alcanzar la salvación que está preparada para ser manifestada en el tiempo postrero" (1 P. 1:5).

"Y a aquel que es poderoso para guardaros sin caída, y presentaros sin mancha delante de su gloria con gran alegría, al único y sabio Dios, nuestro Salvador, sea gloria y majestad, imperio y potencia, ahora y por todos los siglos. Amén" (Jud. 24-25).

[4] (2:5-8) ***Madres — Moisés, Dios, soberanía de***: La madre de Moisés fue una mujer que fue testigo de la mano guía y soberana de Dios. El plan de la madre de Moisés funcionó.

⇒ La hija de Faraón encontró el canastillo en forma de arca (v. 5). Ella había bajado al río y comenzado a bañarse. En un momento dado, vio el canastillo flotando entre los carrizales y pidió a uno de sus sirvientes que entrara y lo recogiera.

⇒ Cuando la hija de Faraón abrió el canastillo, la criatura comenzó a llorar inmediatamente. Aquello la conmovió y sintió compasión por el niño que lloraba (v. 6). Fíjese que ella sabía que el niño era de origen hebreo.

⇒ En ese mismo instante, la hermana de Moisés demostró tener un gran coraje: Se acercó y le sugirió a la hija de Faraón que buscase a una nodriza hebrea para que criara al niño (v. 7). ¿Se hubiera quedado la hija de Faraón con Moisés si María no le hubiera hecho aquella sugerencia a la princesa? No podemos saberlo, no con seguridad, pero la compasión que tuvo por él, junto a la sugerencia de María, la impulsaron a actuar.

⇒ La hija de Faraón estuvo de acuerdo con la sugerencia: Le indicó a María que fuera a buscar a una hebrea para que le criara al niño (v. 8). María fue y trajo a su propia madre (la madre de Moisés) ante la princesa.

El punto a analizar es la soberanía de Dios, su mano guía, durante todo el acontecimiento. El Espíritu de Dios estuvo rondando el pequeño canastillo y al pequeño que yacía dentro. Fíjese cómo todo funcionó para bien:

⇒ Los carrizales mantuvieron al canastillo cerca de la orilla y evitaron que flotara río abajo arrastrado por la corriente.

⇒ No se acercaron ningún cocodrilo ni perro a poner en riesgo al niño.

⇒ La propia hija de Faraón vino a bañarse, no ningún otro alto oficial. No se acercó otra persona que no fuera la que más probabilidades tenía de sentir compasión por un niño, la propia hija de Faraón.

⇒ La hija de Faraón miró en la dirección correcta para ver el canastillo.

⇒ La criatura rompió a llorar en el momento preciso, justo cuando la hija de Faraón levantó la tapa del canastillo.

⇒ El despertar de una *profunda compasión,* una compasión lo suficientemente profunda para luego convencer a su padre, el rey, de dejarla conservar al niño, ocurrió en el momento justo.

⇒ El coraje brotó de dentro de la hermana de Moisés, quien era apenas una jovencita, coraje suficiente para acercarse a la hija de Faraón y sugerirle que conservara al niño como suyo.

La madre de Moisés había rezado y confiado en que Dios salvaría a su hijo y lo pondría al servicio de Dios. Y Dios estaba haciendo justamente eso. Dios estaba velando y cuidando al niño. La madre de Moisés fue testigo de la mano guía y soberana de Dios. Ella experimentó la manera en que Dios lo resuelve todo para bien, por aquellos que realmente lo aman y lo siguen (Ro. 8:28). Dios es soberano; Dios es todopoderoso. Él logra cualquier cosa.

"Y sabemos que a los que aman a Dios, todas las cosas les ayudan a bien, esto es, a los que conforme a su propósito son llamados" (Ro. 8:28).

"al único y sabio Dios, sea gloria mediante Jesucristo para siempre. Amén" (Ro. 16:27).

"Jesús le dijo: Si puedes creer, al que cree todo le es posible" (Mr. 9:23).

"Por tanto, os digo que todo lo que pidiereis orando, creed que lo recibiréis, y os vendrá" (Mr. 11:24).

"Y todo lo que pidiereis en oración, creyendo, lo recibiréis" (Mt. 21:22).

"porque nada hay imposible para Dios" (Lc. 1:37).

"Yo conozco que todo lo puedes, y que no hay pensamiento que se esconda de ti" (Job 42:2).

"Una vez habló Dios; dos veces he oído esto: Que de Dios es el poder" (Sal. 62:11).

"Nuestro Dios está en los cielos; Todo lo que quiso ha hecho" (Sal. 115:3).

"Aun antes que hubiera día, yo era; y no hay quien de mi mano libre. Lo que hago yo, ¿quién lo estorbará?" (Is. 43:13).

5 (2:9-10) ***Fe, recompensas***: La madre de Moisés vio su fe recompensada. Sucedió lo más que ella pudo esperar en ese momento.

1. La emplearon para que cuidara de Moisés (v. 9). Cuando María llevó a su madre ante la hija de Faraón, la princesa la contrató para que velara por Moisés. Fíjese que la madre de Moisés incluso recibía un salario por cuidar a su propio hijo. Fue durante los primeros años de la vida de Moisés, sentado en las rodillas de su padre y su madre, que probablemente le enseñaron a confiar en Dios y a creer en las grandes promesas que Dios había hecho a Israel. Sin duda, como fue su nodriza, se le permitió mantener su relación con él a lo largo de los años que pasó en el palacio de Faraón. También debió continuar educando a Moisés durante sus visitas. Existe la posibilidad de que ella se mantuviera en el palacio sirviendo a la hija de Faraón a lo largo de los años que Moisés pasó en Egipto.

2. La madre de Moisés vio que Dios lo había resuelto todo para bien: Su hijo no solo se había salvado, sino que había sido adoptado por la hija del propio Faraón (bajo la mano guía y soberana de Dios). Cuando Moisés alcanzó cierta edad, su madre lo llevó ante la princesa, y Moisés se convirtió en el hijo de la hija de Faraón.

Observe que fue la hija de Faraón quien nombró al niño *Moisés*. El nombre *Moisés* (*Moseh*) significa "de las aguas lo saqué". Observe también cómo Dios tomó el malvado plan de Faraón, lo cambió, y lo resolvió todo para bien. Dios hizo que Faraón diera alimentos, techo y ropas al mismo niño que tomaría la iniciativa en liberar a los esclavos israelitas, justo lo que Faraón trataba de evitar.

Pensamiento 1. La fe de la madre de Moisés se vio recompensada. Nuestra fe también se verá recompensada si tan solo confiamos en Dios. Dios cambiará los acontecimientos y lo resolverá todo para nuestro bien si tan solo lo amamos y lo seguimos.

"Y sabemos que a los que aman a Dios, todas las cosas les ayudan a bien, esto es, a los que conforme a su propósito son llamados" (Ro. 8:28).

"Así que, por cuanto los hijos participaron de carne y sangre, él también participó de lo mismo, para destruir por medio de la muerte al que tenía el imperio de la muerte, esto es, al diablo, y *librar a todos* los que por el temor de la muerte estaban durante toda la vida sujetos a servidumbre" (He. 2:14-15).

"Dijo: Jehová es mi roca y mi fortaleza, y mi libertador" (2 S. 22:2).

"Jehová es mi fortaleza y mi escudo; en él confió mi corazón, y fui ayudado, por lo que se gozó mi corazón, y con mi cántico le alabaré" (Sal. 28:7).

"Aunque afligido yo y necesitado, Jehová pensará en mí. Mi ayuda y mi libertador eres tú; Dios mío, no te tardes" (Sal. 40:17).

"Él te librará del lazo del cazador, de la peste destructora" (Sal. 91:3).

"No temas, porque yo estoy contigo; no desmayes, porque yo soy tu Dios que te esfuerzo; siempre te ayudaré, siempre te sustentaré con la diestra de mi justicia" (Is. 41:10).

"No temas delante de ellos, porque contigo estoy para librarte, dice Jehová" (Jer. 1:8).

"No os ha sobrevenido ninguna tentación que no sea humana; pero fiel es Dios, que no os dejará ser tentados más de lo que podéis resistir, sino que dará también juntamente con la tentación la salida, para que podáis soportar" (1 Co. 10:13).

"Y el Señor me librará de toda obra mala, y me preservará para su reino celestial. A él sea gloria por los siglos de los siglos. Amén" (2 Ti. 4:18).

"Pero sin fe es imposible agradar a Dios; porque es necesario que el que se acerca a Dios crea que le hay, y que es galardonador de los que le buscan" (He. 11:6).

"sabe el Señor librar de tentación a los piadosos, y reservar a los injustos para ser castigados en el día del juicio" (2 P. 2:9).

TIPOS, SÍMBOLOS E ILUSTRACIONES
ÉXODO 2:1-10

TÉRMINO HISTÓRICO	TIPO O ILUSTRACIÓN (FUNDAMENTO BÍBLICO DE CADA UNO)	APLICACIÓN PARA LA VIDA DEL CREYENTE DE HOY DÍA	APLICACIÓN BÍBLICA
Canastillo de Moisés [arquilla] (Éx. 2:3)	*Salvación: Resguardo y seguridad. La arquilla salvó al pequeño Moisés de la muerte.* **"Pero no pudiendo ocultarle más tiempo, tomó una arquilla de juncos y la calafateó con asfalto y brea, y colocó en ella al niño y lo puso en un carrizal a la orilla del río" (Éx. 2:3).** **"Y fue el diluvio cuarenta días sobre la tierra; y las aguas crecieron, y alzaron el arca, y se elevó sobre la tierra" (Gn. 7:17).** **"Así fue destruido todo ser que vivía sobre la faz de la tierra, desde el hombre hasta la bestia, los reptiles, y las aves del cielo; y fueron raídos de la tierra, y quedó solamente Noé, y los que con él estaban en el arca" (Gn. 7:23).**	⇒ Jesucristo es nuestra arquilla: • Nuestra salvación de ser juzgados. • Nuestro resguardo y seguridad de los ataques del mundo, su mal y sus perseguidores.	***"Porque de tal manera amó Dios al mundo, que ha dado a su Hijo unigénito, para que todo aquel que en él cree, no se pierda, mas tenga vida eterna" (Jn. 3:16).*** ***"El que en él cree, no es condenado; pero el que no cree, ya ha sido condenado, porque no ha creído en el nombre del unigénito Hijo de Dios" (Jn. 3:18; cp. Jn. 5:24).*** ***"Yo soy la puerta; el que por mí entrare, será salvo; y entrará, y saldrá, y hallará pastos" (Jn. 10:9).*** ***"No ruego que los quites del mundo, sino que los guardes del mal" (Jn. 17:15).*** *(cp. Ro. 6:23; 10:13).*

1 **Visita de Moisés a su propio pueblo: El surgimiento de su compasión y determinación, un espíritu que se identificó con su pueblo**

2 **Moisés mata a un egipcio: La reacción de un espíritu carnal y pecaminoso**
   a. Vio a un egipcio golpeando a un hermano hebreo
   b. Reaccionó en la carne: Mató al egipcio y lo escondió en la arena

3 **Moisés intenta aplacar una disputa entre dos hermanos hebreos: El descubrimiento de que otros conocen de su pecado**
   a. Trató de hacer las paces, de reconciliarlos
   b. Cosechó las consecuencias de un espíritu carnal y pecaminoso: Un mal testimonio, rechazaron su ayuda
   c. Experimentó temor, un temor que lo atormentaba
   d. Experimentó separación y alienación: Tuvo que huir por su vida

4 **Moisés huyó a Madián: Tiempo de preparación y crecimiento**
   a. Creció al vivir en Madián, conociendo penurias y pobreza
   b. Creció al ponerse de pie a favor de la justicia y los oprimidos
      1) Huyó a Madián y se sentó cerca de un pozo (v. 15)

B. Los primeros acontecimientos significativos en la vida de Moisés: Experiencias que cambian la vida de una persona, 2:11-25

11 En aquellos días sucedió
que crecido ya Moisés, salió
a sus hermanos, y los vio en
sus duras tareas, y observó a
un egipcio que golpeaba a
uno de los hebreos, sus
hermanos.
12 Entonces miró a todas
partes, y viendo que no
parecía nadie, mató al
egipcio y lo escondió en la
arena.

13 Al día siguiente salió y
vio a dos hebreos que reñían;
entonces dijo al que
maltrataba al otro: ¿Por qué
golpeas a tu prójimo?
14 Y él respondió: ¿Quién te
ha puesto a ti por príncipe y
juez sobre nosotros?
¿Piensas matarme como
mataste al egipcio? Entonces
Moisés tuvo miedo, y dijo:
Ciertamente esto ha sido
descubierto.

15 Oyendo Faraón acerca de
este hecho, procuró matar a
Moisés; pero Moisés huyó
de delante de Faraón, y
habitó en la tierra de Madián.
16 Y estando sentado junto
al pozo, siete hijas que tenía
el sacerdote de Madián
vinieron a sacar agua para
llenar las pilas y dar de
beber a las ovejas de su
padre.

17 Mas los pastores vinieron
y las echaron de allí;
entonces Moisés se levantó
y las defendió, y dio de
beber a sus ovejas.
18 Y volviendo ellas a Reuel
su padre, él les dijo: ¿Por
qué habéis venido hoy tan
pronto?
19 Ellas respondieron: Un
varón egipcio nos defendió
de mano de los pastores, y
también nos sacó el agua, y
dio de beber a las ovejas.
20 Y dijo a sus hijas: ¿Dónde
está? ¿Por qué habéis dejado
a ese hombre? Llamadle
para que coma.
21 Y Moisés convino en
morar con aquel varón; y él
dio su hija Séfora por mujer
a Moisés.
22 Y ella le dio a luz un hijo;
y él le puso por nombre
Gersón, porque dijo:
Forastero soy en tierra ajena.

23 Aconteció que después
de muchos días murió el rey
de Egipto, y los hijos de
Israel gemían a causa de la
servidumbre, y clamaron; y
subió a Dios el clamor de
ellos con motivo de su
servidumbre.
24 Y oyó Dios el gemido de
ellos, y se acordó de su
pacto con Abraham, Isaac y
Jacob.
25 Y miró Dios a los hijos
de Israel, y los reconoció
Dios.

      2) Siete hijas de un sacerdote local fueron a dar de beber al rebaño del padre (v. 16)
      3) Algunos pastores llegaron y echaron a las hijas
      4) Moisés se levantó y defendió a las jóvenes oprimidas
      5) Las muchachas regresaron con su padre, Reuel, y él les preguntó por qué habían regresado tan pronto
      6) Ellas le contaron cómo el egipcio (Moisés) las había rescatado de los pastores y había dado agua a sus rebaños
      7) Su padre les reprochó haber dejado al egipcio (el salvador) en el pozo y las envió a que lo invitaran a comer
   c. Creció al dedicarse a servir y trabajar para otros
   d. Creció al comprometerse a casarse
   e. Creció al declarar su fe en la Tierra Prometida: Llamó a su hijo Gersón, que significa que era un forastero, lejos de Israel y la Tierra Prometida

5 **El pueblo de Moisés, Israel, y su terrible sufrimiento: Muestra cómo Dios preparó a Israel para la liberación**
   a. El rey murió
   b. Los israelitas sufrieron y gimieron: Egipto ya no significaba holgura y abundancia para ellos
   c. La respuesta de Dios
      1) Dios escuchó su clamor
      2) Dios se acordó de su pacto[EF1]
      3) Dios vio al pueblo (tuvo compasión de ellos)
      4) Dios supo, prestó atención, se preocupó

DIVISIÓN II

MOISÉS Y DIOS: DIOS LEVANTA UN LÍDER PARA LIBERAR A SU PUEBLO (ISRAEL), 2:1—7:7

B. Los primeros acontecimientos significativos en la vida de Moisés: Experiencias que cambian la vida de una persona, 2:11-25

(2:11-25) ***Introducción — Moisés***: Nada se conoce acerca de Moisés desde su nacimiento hasta la edad de cuarenta años. En realidad, hay solamente un versículo que menciona esos años:

> **"Cuando hubo cumplido la edad de cuarenta años, le vino al corazón el visitar a sus hermanos, los hijos de Israel" (Hch. 7:23).**

Piense en este hecho por un instante: Ni un solo acontecimiento acerca de los primeros cuarenta años de vida de Moisés aparece registrado. Al parecer, no ocurrió nada durante esos cuarenta años que Dios quiera que nosotros conozcamos.

Esto es algo significativo: Nos dice que los hechos que aparecen registrados en este pasaje tienen una gran importancia. Son los primeros hechos acontecidos durante la vida adulta de Moisés que Dios quiere que nosotros conozcamos. ¿Por qué? Porque son las experiencias que cambiaron la vida de Moisés. Este es el tema de este importante pasaje de las Escrituras: *Los primeros acontecimientos significativos en la vida de Moisés: Experiencias que cambian la vida de una persona,* 2:11-25.

1. Moisés sale a ver a los de su propio pueblo: El surgimiento de la compasión y la determinación, de un espíritu que lo identificó con su pueblo (v. 11).
2. Moisés mata a un egipcio: La reacción de un espíritu carnal y pecador (vv. 11-12).
3. Moisés intenta aplacar una disputa entre dos hebreos: El descubrimiento de que otros conocen de su pecado (vv. 13-15).
4. La huida de Moisés a Madián: Un tiempo de preparación y crecimiento (vv. 15-22).
5. El pueblo de Moisés —Israel— y su terrible sufrimiento: Muestra cómo Dios preparó a Israel para la liberación (vv. 23-25).

[1] (2:11) ***Moisés — Compasión — Lástima — Identificación con los demás***: Hubo una primera experiencia, el encuentro de Moisés con los de su pueblo. Este encuentro cambió la vida de Moisés: Movió dentro de Moisés el espíritu de determinación, de misión y de compasión, un espíritu de sentir e identificarse con su pueblo.

Fíjese cuándo es que Moisés va a encontrarse con su pueblo: Cuando ya es un adulto (v. 11). Hechos dice que fue a la edad de cuarenta años (Hch. 7:23). ¿Significa esto que Moisés nunca antes había ido de visita a Israel? Que desde que fue llevado al palacio, ¿nunca más había visto a su hermano Aarón ni a su hermana María ni a su madre, que había sido su nodriza cuando era un recién nacido? Que habían pasado treinta y tantos años y ¿nunca los visitó? Probablemente no, aunque las Escrituras no nos dicen con exactitud. Pero cuando la hija de Faraón encontró a Moisés siendo un niño, ella sabía que se trataba de un niño hebreo, y mandó a que fuera una mujer hebrea quien se ocupara del niño. Esa mujer, sin saberlo la princesa, era la propia madre de Moisés. Por lo tanto, Moisés supo que él era hebreo desde el primer momento. Durante esos primeros años que su madre pasó cuidándolo e instruyéndolo, sin duda ella le debe haber enseñando a Moisés su gran herencia y las grandes promesas de Dios para Israel. Probablemente, al haber sido su nodriza, le haya sido permitido mantener su relación con Moisés a través de su vida en la corte de Faraón. Tal vez la hayan dejado incluso en el palacio sirviendo a la hija de Faraón por el resto de su vida.

Pero no sabemos nada acerca de la vida de Moisés durante los cuarenta años de su vida en la corte de Faraón, nada hasta ahora, hasta esta visita a su pueblo a la edad de cuarenta años. Como se dijo, este es el primer hecho registrado acerca de Moisés, el primer hecho que Dios quiere que conozcamos. ¿Por qué? Solo puede haber una razón: Este hecho revela un gran cambio en el corazón y en la vida de Moisés. Revela el gran cambio que tenía lugar en su corazón hacia su pueblo, Israel. Cuatro significativos hechos nos lo demuestran.

1. Moisés salió a visitar Israel siendo ya *adulto*. La palabra *adulto* parece decir algo más que solo años, algo más que solamente la edad cronológica. Por *adulto* se entiende madurez, completo desarrollo. Moisés tenía ahora un corazón maduro y completamente desarrollado, que tenía un sentido de determinación y una misión en la vida.
2. La palabra "*salió*" se enfatiza. Esto sugiere que Moisés había ido a visitar a su pueblo con algún sentido de misión y determinación, con un corazón que había sido movido y estaba decidido a ayudar a su pueblo.
3. Cuando Moisés finalmente se encontró ante su pueblo, vio, observó y estudió su difícil situación. La palabra "*vio*" u "*observó*" (*wayyak*) significa mirar con lástima, con profundo sentimiento y emoción, identificarse con algo. La idea parece ser que Moisés había ido allí a investigar los sufrimientos de su pueblo, que él fue allí deliberadamente a ver la situación. Los vio en sus duras tareas, y vio las pesadas cargas que los agobiaban. El efecto fue dinámico: Se sintió conmovido, alcanzado por las más profundas emociones y sentimientos posibles. Su corazón se llenó de compasión por ellos. Moisés sufrió por su pueblo y se identificó con él.
4. El Nuevo Testamento nos dice que esto fue exactamente lo que le sucedió a Moisés.

> **"Cuando hubo cumplido la edad de cuarenta años, le vino al *corazón* el visitar a sus hermanos, los hijos de Israel" (Hch. 7:23).**

El pensamiento de que necesitaba visitar a su pueblo, Israel, y "fue a ver a sus hermanos de sangre" (NVI). Durante sus cuarenta años como príncipe de Egipto, Moisés, sin duda, debió ver a su pueblo sufrir bajo el peso de la esclavitud, trabajando en los talleres y la construcción y la agricultura de Egipto. Los vio ser azotados, golpeados y maltratados. Por lo tanto, el punto de este hecho en particular es mostrar que algo diferente le estaba sucediendo a Moisés. Dios, al parecer, había tocado el corazón de Moisés, despertando en él sentimientos de compasión hacia los israelitas. Dios movió a Moisés a hacer una visita especial para investigar los sufrimientos de su pueblo y hacer planes para ayudarlo. Por lo tanto, esta particular visita revela que el espíritu de Moisés estaba lleno de un sentido de determinación, de misión y de compasión. Su espíritu se hallaba realmente identificado con su pueblo, sus terribles sufrimientos. Y estaba decidido a encontrar la forma de ayudarlo.

Pensamiento 1. Sentir compasión puede cambiar la vida de cada uno de nosotros. La mayoría, si no todos nosotros, hemos sentido en ocasiones compasión por otros. Si solo dejamos que la compasión nos llene, como hizo Moisés, entonces la mayoría de las urgentes necesidades de las personas podrían ser suplidas. Las necesidades de los / las. . .

• huérfanos	• moribundos	• sedientos
• viudas	• enfermos	• enajenados
• viudos	• atormentados	• no perdonados
• solitarios	• hambrientos	• perdidos
• presos	• pobres	• pecadores
• descorazonados	• vacíos	• discriminados
• reincidentes		

Si cuando sentimos por primera vez compasión por otros, les tendemos la mano y los ayudamos, con el tiempo nos convertiremos en personas compasivas. El corazón y la vida de cada uno de nosotros cambiará. Mostrar compasión y ayudar a otros se convertirá en uno de nuestros mayores propósitos en la vida.

⇒ Muchos de nosotros nos entregaríamos a nuestro trabajo como nunca antes para ganar más dinero y así poder ayudar a los necesitados.

⇒ Otros nos sacrificaríamos como nunca antes.

⇒ Otros acudiríamos personalmente a los necesitados de todo el mundo para ayudarlos.

La compasión nos puede hacer individuos más útiles y más serviciales. Una persona compasiva hace una contribución mucho mayor a la sociedad que una no compasiva, una mayor contribución a los amigos, a los vecinos, a las comunidades, a las ciudades, a las naciones y al mundo. Una persona compasiva suple las urgentes necesidades del mundo. La experiencia de sentir compasión por otros, de identificarse con ellos (si se actúa), puede cambiar nuestra vida. Puede incluso cambiar al mundo.

"En todo os he enseñado que, trabajando así, se debe ayudar a los necesitados, y recordar las palabras del Señor Jesús, que dijo: Más bienaventurado es dar que recibir" (Hch. 20:35).

"Así que, los que somos fuertes debemos soportar las flaquezas de los débiles, y no agradarnos a nosotros mismos" (Ro. 15:1).

"Sobrellevad los unos las cargas de los otros, y cumplid así la ley de Cristo" (Gá. 6:2).

"Vestíos, pues, como escogidos de Dios, santos y amados, de entrañable misericordia, de benignidad, de humildad, de mansedumbre, de paciencia" (Col. 3:12).

"Acordaos de los presos, como si estuvierais presos juntamente con ellos; y de los maltratados, como que también vosotros mismos estáis en el cuerpo" (He. 13:3).

"La religión pura y sin mácula delante de Dios el Padre es esta: Visitar a los huérfanos y a las viudas en sus tribulaciones, y guardarse sin mancha del mundo" (Stg. 1:27).

2 (2:11-12) *Carnal — Pecaminoso — Asesinato*: Hubo una segunda experiencia: Moisés mata a un egipcio. Moisés permitió que su naturaleza carnal y pecadora se adueñara de él, y cometió un asesinato. Esto fue lo que sucedió.

Moisés estaba observando a su pueblo hacer barro y ladrillos, y sufriendo más allá de cualquier medida bajo las apremiantes exigencias y las amenazas de los capataces. De repente, a su lado, vio a un capataz egipcio golpeando a uno de los esclavos hebreos (v. 11). El esclavo estaba indefenso ante la ira y el cortante látigo del capataz. La vista de tan inhumana escena provocó cólera infinita en Moisés, quien reaccionó en la carne. (v. 12).

⇒ Miró hacia todas partes, en una y otra dirección.

⇒ Vio que no había nadie cerca del egipcio que estaba golpeando al esclavo hebreo.

⇒ Moisés se acercó al egipcio, lo mató y lo escondió en la arena.

¿Estaría justificado el que Moisés rescatara al esclavo hebreo y matara al egipcio? Probablemente no. Él actuó por impulso, bajo la ira y la cólera, sintiéndose enfurecido. Él no supo disciplinar y controlar sus emociones. Fíjese en que él miró hacia todas partes para asegurarse de que no había nadie cerca y que enterró al egipcio en la arena, para evitar que fuese descubierto. Moisés al parecer sabía que lo que hacía estaba mal. Se había entregado a su naturaleza pecadora y carnal y había dado rienda suelta a su cólera. Y esta experiencia de cólera, al entregarse a su naturaleza pecadora y carnal, iba a provocar un atormentador temor en la vida de Moisés, un temor que ocasionaría un cambio radical en su vida. Esto lo trataremos en los siguientes puntos.

Pensamiento 1. Un acto carnal y pecaminoso con frecuencia conduce a un cambio radical (malo, terrible) en nuestra vida. En nuestra vida, así como relaciones, matrimonio, empleo y otras áreas de la vida, pueden cambiar a causa de un acto carnal y pecaminoso:

⇒ adulterio	⇒ habladurías
⇒ robo	⇒ pereza
⇒ mentira	⇒ embriaguez
⇒ estafa	⇒ drogadicción

Dios nos previene contra la entrega al pecado, contra vivir una vida carnal y pecaminosa.

"Porque los que son de la carne piensan en las cosas de la carne; pero los que son del Espíritu, en las cosas del Espíritu. Porque el ocuparse de la carne es muerte, pero el ocuparse del Espíritu es vida y paz" (Ro. 8:5-6).

"sino vestíos del Señor Jesucristo, y no proveáis para los deseos de la carne" (Ro. 13:14).

"Y manifiestas son las obras de la carne, que son: adulterio, fornicación, inmundicia, lascivia, idolatría, hechicerías, enemistades, pleitos, celos, iras, contiendas, disensiones, herejías, envidias, homicidios, borracheras, orgías, y cosas semejantes a estas; acerca de las cuales os amonesto, como ya os lo he dicho antes, que los que practican tales cosas no heredarán el reino de Dios" (Gá. 5:19-21).

"Haced morir, pues, lo terrenal en vosotros: fornicación, impureza, pasiones desordenadas, malos deseos y avaricia, que es idolatría" (Col. 3:5).

"Amados, yo os ruego como a extranjeros y peregrinos, que os abstengáis de los deseos carnales que batallan contra el alma" (1 P. 2:11).

"para no vivir el tiempo que resta en la carne, conforme a las concupiscencias de los hombres, sino conforme a la voluntad de Dios" (1 P. 4:2).

3 (2:13-15) ***Pecado, descubierto; conocido***: Hubo una tercera experiencia: El intento de Moisés de aplacar una disputa entre dos hebreos. Moisés descubrió que su pecado era conocido, que otros sabían que él había matado al egipcio.

1. Al siguiente día Moisés vio a dos hebreos peleando, e intentó detener la pelea y que hicieran las paces (v. 13). Le preguntó al que había iniciado la pelea: "¿Por qué golpeas a tu prójimo?"
2. Ahora fíjese en lo que sucedió: Moisés cosechó los frutos de su naturaleza carnal y pecadora (vv. 13-15). Cosechó tres trágicas consecuencias.
   a. Moisés cosechó un mal testimonio: rechazaron su ayuda (v. 14). Lo que Moisés había hecho era encomiable: Había intentado detener la pelea y que los dos hebreos hicieran las paces. Pero el hombre que inició la pelea se vuelve y lanza dos agudas preguntas a Moisés.
      ⇒ *"¿Quién te ha puesto a ti por príncipe y juez sobre nosotros?"*
      ⇒ *"¿Piensas matarme como mataste al egipcio?"*

      El pecado de Moisés era conocido. Su testimonio estaba arruinado; su ayuda fue rechazada. Cualquier esperanza que hubiera tenido de ayudar a su pueblo se había ahora perdido, y todo por causa de su naturaleza carnal y pecadora.
   b. Además de eso, el temor golpeó a Moisés como un relámpago, un temor atormentador (v. 14). Su pecado era ahora conocido: Era del domino público. Moisés no podría ya mirar a su pueblo, no sin sentir bochorno, vergüenza y, quizá, el ridículo y las acusaciones en su contra. Moisés también sabía que Faraón se enteraría del asesinato. Su corazón estaba lleno de temor. Por largo tiempo, tendría que vivir con miedo, todo a causa de haberse entregado a su naturaleza carnal y pecadora.
   c. Pero más que esto, el pecado de Moisés lo hizo cosechar una vida de separación y distanciamiento de su familia y de su pueblo (v. 15). Moisés lo perdió todo cuando Faraón se enteró del asesinato, una de las cosas que Moisés temía que pasaran. Moisés tuvo que huir para salvar su vida, pues Faraón ordenó su arresto y ejecución. Se vio obligado a huir y dejar atrás todo lo que estimaba: Su familia, su posición real, su autoridad, su pueblo, Israel, y toda esperanza de ayudarlo.

Ahora, fíjese en lo que dice el Nuevo Testamento sobre los días en que visitó a su pueblo.

"Por la fe Moisés, hecho ya grande, rehusó llamarse hijo de la hija de Faraón, escogiendo antes ser maltratado con el pueblo de Dios, que gozar de los deleites temporales del pecado, teniendo por mayores riquezas el vituperio de Cristo que los tesoros de los egipcios; porque tenía puesta la mirada en el galardón" (He. 11:24-26).

¿Cuándo negó Moisés la corte o el trono de Faraón y escogió identificarse con su propio pueblo, Israel? Josefo dice que Faraón tenía solo una hija y que esta no tenía hijos propios, solo a Moisés, que era su hijo adoptivo. Por lo tanto, Moisés probablemente habría sido nombrado gobernador de Egipto tras la muerte de Faraón.[1] Moisés poseía una alta posición en Egipto como hijo de la hija de Faraón. Tenía gran autoridad, honor y riquezas. Pero en algún momento, él rechaza la vida de la realeza y quizás el trono mismo. Rechaza todo esto y escoge identificarse con su propio pueblo. ¿Cuándo? Las Escrituras no lo dicen. Pero los hechos que aparecen en Éxodo parecen señalar que Moisés tomó esa decisión durante aquellos días. Tal vez él acababa de rehusar el trono o de rechazar la vida de la realeza cuando salió a visitar a su pueblo, Israel (v. 11). Esta pudiera ser la razón por la cual Faraón estaba tan molesto con Moisés, lo suficientemente molesto como para ordenar arrestarlo y ejecutarlo por matar a un egipcio. El propio Faraón era la ley: Lo que él decía, se cumplía. Por lo tanto, no era raro que miembros de la familia real causaran algún daño a las personas comunes y que Faraón los perdonara y absolviera. Evidentemente, algo había sucedido entre Faraón y Moisés para que este pidiera la vida de Moisés. Como hemos dicho, esta ruptura de relaciones pudo deberse al rechazo de Moisés al trono de la familia real.

Lo importante es que Moisés estaba ahora cosechando los frutos de su pecado, de su naturaleza carnal y pecadora. Había asesinado a un egipcio y lo había escondido en la arena, tratando de mantener su pecado en secreto. Pero el pecado había sido descubierto y ahora tenía que huir para salvar su vida. Estaba lleno de un atormentador temor de ser capturado y ejecutado.

---

1 Flavio Josefo. Antiquities of the Jews. "Complete Works". (Grand Rapids, MI: Kregel Publications, 1981), libro 2, capítulo IX, 7, p. 57.

Pensamiento 1. Cuando los pecados secretos se descubren, nuestra vida puede cambiar drásticamente. Con frecuencia tienen consecuencias trágicas.

1) El pecado arruina nuestro testimonio.

"Como yo he visto, los que aran iniquidad y siembran injuria, la siegan" (Job 4:8).

"enseñándonos que, renunciando a la impiedad y a los deseos mundanos, vivamos en este siglo sobria, justa y piadosamente, aguardando la esperanza bienaventurada y la manifestación gloriosa de nuestro gran Dios y Salvador Jesucristo, quien se dio a sí mismo por nosotros para redimirnos de toda iniquidad y purificar para sí un pueblo propio, celoso de buenas obras. Esto habla, y exhorta y reprende con toda autoridad. *Nadie te menosprecie*" (Tit. 2:12-15).

"Por tanto, nosotros también, teniendo en derredor nuestro tan grande nube de testigos, despojémonos de todo peso y del pecado que nos asedia, y corramos con paciencia la carrera que tenemos por delante" (He. 12:1).

"sino santificad a Dios el Señor en vuestros corazones, y estad siempre preparados para presentar defensa con mansedumbre y reverencia ante todo el que os demande razón de la esperanza que hay en vosotros" (1 P. 3:15).

2) El pecado provoca temor, un temor atormentador. Cuando las personas conocen nuestro pecado, con frecuencia tememos enfrentarlas. Tenemos miedo al bochorno, la vergüenza, el ridículo y las acusaciones.

"Por la mañana dirás: ¡Quién diera que fuese la tarde! y a la tarde dirás: ¡Quién diera que fuese la mañana! por el miedo de tu corazón con que estarás amedrentado, y por lo que verán tus ojos" (Dt. 28:67).

"y dije: Dios mío, confuso y avergonzado estoy para levantar, oh Dios mío, mi rostro a ti, porque nuestras iniquidades se han multiplicado sobre nuestra cabeza, y nuestros delitos han crecido hasta el cielo" (Esd. 9:6).

"Cada día mi vergüenza está delante de mí, y la confusión de mi rostro me cubre" (Sal. 44:15).

"y pondré sobre vosotros afrenta perpetua, y eterna confusión que nunca borrará el olvido" (Jer. 23:40).

"Mas si así no lo hacéis, he aquí habréis pecado ante Jehová; y sabed que vuestro pecado os alcanzará" (Nm. 32:23).

"Aunque su odio se cubra con disimulo, su maldad será descubierta en la congregación" (Pr. 26:26).

"Porque nada hay encubierto, que no haya de descubrirse; ni oculto, que no haya de saberse" (Lc. 12:2).

"porque vergonzoso es aun hablar de lo que ellos hacen en secreto" (Ef. 5:12).

3) El pecado provoca la pérdida de la familia, los amigos, los bienes, el empleo, la salud, la vida y muchas otras cosas. El pecado con frecuencia nos separa y nos distancia de aquellos a quienes más amamos.

"No os engañéis; Dios no puede ser burlado: pues todo lo que el hombre sembrare, eso también segará. Porque el que siembra para su carne, de la carne segará corrupción; mas el que siembra para el Espíritu, del Espíritu segará vida eterna" (Gá. 6:7-8).

"El que encubre sus pecados no prosperará; mas el que los confiesa y se aparta alcanzará misericordia" (Pr. 28:13).

"Vuestras iniquidades han estorbado estas cosas, y vuestros pecados apartaron de vosotros el bien" (Jer. 5:25).

"No muchos días después, juntándolo todo el hijo menor, se fue lejos a una provincia apartada; y allí desperdició sus bienes viviendo perdidamente. Y cuando todo lo hubo malgastado, vino una gran hambre en aquella provincia, y comenzó a faltarle. Y fue y se arrimó a uno de los ciudadanos de aquella tierra, el cual le envió a su hacienda para que apacentase cerdos. Y deseaba llenar su vientre de las algarrobas que comían los cerdos, pero nadie le daba" (Lc. 15:13-16).

"Seguid la paz con todos, y la santidad, sin la cual nadie verá al Señor. Mirad bien, no sea que alguno deje de alcanzar la gracia de Dios; que brotando alguna raíz de amargura, os estorbe, y por ella muchos sean contaminados; no sea que haya algún fornicario, o profano, como Esaú, que por una sola comida vendió su primogenitura. Porque ya sabéis que aun después, deseando heredar la bendición, fue desechado, y no hubo oportunidad para el arrepentimiento, aunque la procuró con lágrimas" (He. 12:14-17).

[4] (2:15-22) ***Comprometimiento — Reuel — Jetro — Madián***: Hubo una cuarta experiencia: Moisés huye a Madián. Sus años en Madián serían un período de preparación para Moisés, un período de gran crecimiento tanto mental como espiritual. Su carácter y su comprometimiento espiritual crecerían enormemente durante estos años. Al menos cinco áreas de crecimiento pueden ser extraídas de estos ocho versículos.

1. El carácter de Moisés se fortaleció viviendo en Madián, un sitio duro, áspero y empobrecido. Fíjese que Moisés *escogió* vivir en Madián (v. 15). Madián se encontraba en alguna parte de Arabia, al sur de Palestina. La mejor información sitúa a Madián en la región noroeste de Arabia, junto a la ribera oriental del Mar Rojo, cerca de Akaba. También existe la posibilidad de que algunos madianitas se hayan asentado en el área de la península de Sinaí.[2] Tanto Arabia como Sinaí eran desiertos, territorios vírgenes con escasos recursos de agua, de suelo fértil y de tierras de pasto. La vida era ruda y difícil en aquel lugar. En Madián, Moisés, el príncipe de Egipto, aprendería:

2 F. B. Huey, hijo, *Exodus*, p. 25.

- Las áreas geográficas del desierto virgen.
- Las difíciles condiciones del desierto, con oasis y suministros alimenticios dispersos.
- La fuerza que se necesita para enfrentar la pobreza viviendo en una tierra áspera.
- Los sufrimientos de las personas que vivían en condiciones de pobreza y rigor.

Todo esto ayudaría a preparar a Moisés para guiar a su pueblo, Israel, una nación entera, en su peregrinaje a través del desierto.

MADIÁN[3]

2. El carácter de Moisés creció defendiendo la justicia y a los oprimidos (vv. 15-20). Recuerde, ya Moisés había demostrado tener un fuerte sentido de justicia. Él había defendido ya en dos ocasiones a los oprimidos de este mundo:

Primero, había defendido a un israelita que estaba siendo golpeado por un egipcio. Cierto, fue demasiado lejos al matar al egipcio. Sin embargo, fue su sentido de justicia lo que lo movió a defender al israelita oprimido (vv. 11-12).

Segundo, había defendido al israelita oprimido que había sido instigado a la pelea por su prójimo, otro israelita (vv. 13-14). Otra vez, el sentido de la justicia y la compasión de Moisés por los oprimidos puede verse en este segundo incidente.

Ahora, por tercera vez puede apreciarse su gran sentido de justicia y compasión por los oprimidos. El carácter de Moisés fue, sin duda, desarrollándose a través de los años, mediante la defensa de la justicia y de los oprimidos. Fíjese en esta historia en particular.

⇒ Moisés había acabado de llegar a la tierra de Madián y se sentó junto a un pozo a descansar (v. 15).

⇒ Poco tiempo después, las siete hijas de un sacerdote del lugar vinieron al pozo a dar de beber a las ovejas de su padre (v. 16).

⇒ En cuanto comenzaron a llenar las pilas, vinieron otros pastores y las echaron de allí (v. 17).

⇒ Pero Moisés se levantó y las defendió, y terminó él mismo de dar de beber a sus ovejas (v. 17).

⇒ La opresión de los pastores sobre las muchachas era evidentemente un ataque diario, pues fíjese que al ayudarlas Moisés, estas regresaron a casa más temprano (v. 18). De hecho, llegaron tan antes de lo acostumbrado que su padre les preguntó por qué habían regresado a casa tan pronto.

⇒ En respuesta, ellas simplemente le relataron lo sucedido: Un egipcio las había defendido de los pastores e incluso había dado de beber a las ovejas (v. 19). Fíjese que la apariencia de Moisés, el idioma y su comportamiento, indicaban que él era egipcio. Había estado tan educado e inmerso en la sociedad egipcia, que se había convertido en un egipcio en apariencia, no de corazón, sino en apariencia.

⇒ Después de escuchar cómo Moisés había defendido a sus hijas, Reuel, el padre, reprochó a sus hijas el haber dejado al egipcio junto al pozo. E inmediatamente las envió de vuelta a que invitaran a Moisés a cenar (v. 20).

El punto a observar aquí es el sentido de justicia de Moisés, su defensa de las hijas oprimidas contra los pastores. El carácter de Moisés se estaba moldeando con un gran sentido de justicia y de compasión por los oprimidos de este mundo. Estos dos rasgos, sentido de justicia y compasión por los oprimidos, serían extremadamente necesarios para que Moisés enfrentara los problemas del futuro.

⇒ Él tendría que insistir por justicia ante Faraón cuando comenzara a exigirle que liberara a Israel de la esclavitud.

⇒ Él tendría también que insistir en que el pueblo viviera según las leyes de la justicia cuando comenzara a moldear a Israel como nación gobernada por la ley.

3. El carácter de Moisés creció mediante su comprometimiento a servir y trabajar por los demás (v. 21). El nombre del padre era Reuel (v. 18) o Jetro (Gn. 3:1). Era común que las personas de otros tiempos tuvieran dos nombres, siendo uno de ellos su nombre personal y el otro el nombre o título oficial. Recuerde que Reuel era sacerdote de Madián. Quizás Reuel era el nombre oficial del sacerdote de Madián (v. 16). El nombre Reuel significa *amigo, compañero de Dios*.

Fíjese que el padre invitó a Moisés a morar con él, a ser un miembro de su familia. Esto evidentemente significaba que Moisés iba a trabajar y servirle al padre. Moisés estuvo de acuerdo, y se asentó en Madián, convirtiéndose en empleado, pastor, y trabajando para Reuel o Jetro (v. 21).

Recuerde, Moisés nunca había servido ni hecho trabajos duros para nadie en toda su vida. Siempre había vivido en la corte de Faraón, viviendo una vida de lujos, suavidad y abundancia. Pero ahora, la soberanía de Dios había llevado a

3 © 2011 Editorial Portavoz, Grand Rapids, MI 49501.

Moisés a una posición de servidumbre y a trabajar para otros. Él aprendería lo que era el trabajo duro y arduo. Y trabajaría durante cuarenta largos años sirviendo como empleado y pastor a Reuel. Los dos rasgos de ser un trabajador constante y de estar dispuesto a servir a los otros serían moldeados ahora en el carácter de Moisés.

4. El personaje de Moisés creció al comprometerse en matrimonio (v. 21). El verdadero matrimonio, la verdadera unión divina, es algo maravilloso y una unión divina le enseña a una persona dos grandes rasgos:

⇒ El rasgo del amor *ágape*, del amor sacrificado, de autonegación y altruismo.

⇒ El rasgo del compromiso, de comprometerse a sí mismo con una persona sin importar lo que se presente, sin importar las pruebas, circunstancias, dificultades, problemas, sufrimiento o defectos e imperfecciones.

Una persona que se compromete sinceramente en un matrimonio divino aprende lo que es el verdadero comprometimiento, porque confrontará toda prueba concebible y problema imaginable durante los largos años de matrimonio. Tendrá que persistir y perseverar, aprendiendo lo que es el verdadero amor. El gran rasgo del amor *ágape*, de divino sacrificio y comprometimiento, moldeará su carácter.

Sin duda, Moisés aprendió el amor *ágape* a través de sus años de matrimonio: Aprendió los grandes rasgos del sacrificio y el comprometimiento divinos. Aprendió más y más lo que significa amar a una persona, entregarse verdaderamente:

- Hasta el punto del sacrificio, de preocuparse tanto que actuaría de forma altruista para ayudar a otra persona.
- Hasta el punto del comprometimiento, de estar tan comprometido con una persona que se quedaría junto a ella sin importar lo difícil que pueda volverse la situación.

El punto es el siguiente: Dios en su soberanía llevó a Moisés a casarse con Séfora. A través del matrimonio, Moisés aprendería lo que Dios quiere que todas las personas casadas aprendan: La gran lección del amor *ágape*, los grandes rasgos del sacrificio y el comprometimiento divinos. El amor de Moisés por Israel y su comprometimiento con Israel serían probados una y otra vez por el espíritu rebelde del pueblo. Por lo tanto, su corazón tenía que llenarse de amor *ágape*, de un espíritu dispuesto a sacrificarse a sí mismo por los demás y a comprometerse con los demás sin importar lo que suceda.

5. El carácter de Moisés creció al declarar su fe en la Tierra Prometida. Esto puede verse cuando pone nombre a su hijo (v. 22). Moisés llamó a su primer hijo "Gersón", que significa *extranjero, forastero, residente temporal* o *expulsión*. Fíjese por qué Moisés llamó a su hijo Gersón: Porque Moisés era un forastero en una tierra ajena. Él era un forastero, un residente temporal en una tierra que no era la suya. ¿Dónde estaba la tierra de Moisés? ¿Por qué no reclamaba Moisés a Madián como su hogar? ¿No se había asentado allí? ¿Casado allí? Y ahora, ¿no estaba teniendo hijos allí? Moisés vivió en Madián durante cuarenta años. ¿Qué quería decir Moisés cuando dijo que él era solo un forastero en una tierra ajena (Madián)? No se estaría refiriendo a Egipto, puesto que Moisés no era egipcio, y su pueblo estaba esclavizado por los egipcios. Moisés con seguridad no llamaría a Egipto su hogar.

Solo podía haber una tierra a la que Moisés se refería: La *Tierra Prometida*, la tierra de Canaán, que era un símbolo e imagen de la Tierra Prometida del cielo. El corazón de Moisés se encontraba sobre la Tierra Prometida de Dios. Y él estaba declarando su fe en la *Tierra Prometida*, tanto en la Tierra Prometida de Canaán como en la Tierra Prometida del cielo. (Vea *Estudio a fondo 1*, Éx. 2:24. Vea nota 2, Gn. 12:1 para mayor análisis.) El Nuevo Testamento declara que los grandes líderes de la Biblia creían en la Tierra Prometida del cielo tanto como en la Tierra Prometida de Canaán. Creían en una *patria celestial* y en una *ciudad celestial*. Su verdadero hogar no era esta tierra, ni ningún país ni ciudad del mundo. Su verdadero hogar era un hogar celestial, una patria y una ciudad celestial que son eternas y que Abraham y todos los creyentes heredarán. Fíjese cuán claramente las Escrituras declaran este hecho:

"Por la fe Abraham, siendo llamado, obedeció para salir al lugar que había de recibir como herencia; y salió sin saber a dónde iba. Por la fe habitó como extranjero en la tierra prometida como en tierra ajena, morando en tiendas con Isaac y Jacob, coherederos de la misma promesa; *porque esperaba la ciudad* que tiene fundamentos, *cuyo arquitecto y constructor es Dios*" (He. 11:8-10).

"Conforme a la fe murieron todos éstos sin haber recibido lo prometido, sino mirándolo de lejos, y creyéndolo, y saludándolo, y confesando que eran extranjeros y peregrinos sobre la tierra. Porque los que esto dicen, claramente dan a entender que buscan una patria; pues si hubiesen estado pensando en aquella de donde salieron, ciertamente tenían tiempo de volver. Pero anhelaban una mejor, esto es, celestial; por lo cual Dios no se avergüenza de llamarse Dios de ellos; porque les ha preparado una ciudad" (He. 11:13-16).

"sino que os habéis acercado al monte de Sion, a la ciudad del Dios vivo, *Jerusalén la celestial*, a la compañía de muchos millares de ángeles" (He. 12:22).

"porque no tenemos aquí *ciudad permanente*, sino que buscamos la por venir" (He. 13:14).

"Porque no por la ley fue dada a Abraham o a su descendencia la promesa de que sería *heredero del mundo*, sino por la justicia de la fe" (Ro. 4:13; cp. 2 P. 3:10-13).

5 (2:23-25) ***Israel — hebreos — Dios***: Hubo una quinta experiencia, el pueblo de Moisés y su terrible sufrimiento y la respuesta de Dios a los clamores de su pueblo. Cerca de cuarenta años transcurrieron entre los versículos 22 y 23, entre la huida de Moisés a Madián y la respuesta de Dios a los clamores de su pueblo.

1. El rey de Egipto murió (v. 23). Este era, evidentemente, el mismo rey que había ordenado arrestar y ejecutar a Moisés. El propio hecho de que se mencione su muerte sugiere que se trata del mismo rey (cp. Éx. 2:15; 4:19). Moisés era libre ahora de regresar a Egipto. Legal y políticamente, él podía regresar ahora a Egipto sin ser arrestado.

2. Los israelitas sufrían y gemían bajo el peso de su servidumbre (v. 23). Recuerde, los israelitas estaban sufriendo una dura e inhumana opresión:

⇒ Siendo obligados a trabajar para el estado.
⇒ Siendo explotados despiadadamente, dándoles a hacer tareas extenuantes, agobiadoras.
⇒ Siendo cruelmente maltratados, golpeados y lentamente exterminados para controlar su crecimiento demográfico.

El pueblo *gemía* bajo la amargura de su servidumbre. Da la idea de miseria, angustia, y dolor, de gritar de desesperación, de gemir bajo la más pesada aflicción.[4] Cuando José gobernaba Egipto, el pueblo estaba cómodo y tenía abundante comida y todo lo demás, viviendo una vida de holgura. Pero ya no: Egipto ya no significaba comodidad, abundancia, y holgura. Egipto significaba esclavitud, una vida de duro trabajo y maltrato.

Ahora, fíjese en este hecho: Muchos de los israelitas habían olvidado a Dios y comenzado a adorar a los falsos dioses de los egipcios. Evidentemente, los días de abundancia, comodidad y holgura después de la muerte de José hicieron a los israelitas espiritualmente débiles. Se volvieron más interesados en las cosas del mundo que en las promesas de Dios. Muchos se rindieron a la carne y al pecado, olvidando a Dios y adorando a los falsos dioses de Egipto. En realidad las Escrituras dicen que esta es la razón por la cual Dios permitió que los israelitas fueran esclavizados y sufrieran tanto en Egipto, que el cautiverio y el sufrimiento eran parte de la disciplina y el castigo de Dios. Permitir que el pueblo sufriera era la manera de Dios para que tomaran conciencia y regresaran a Él.

> **"entonces les dije: Cada uno eche de sí las abominaciones de delante de sus ojos, y no os contaminéis con los ídolos de Egipto. Yo soy Jehová vuestro Dios. Mas ellos se rebelaron contra mí, y no quisieron obedecerme; no echó de sí cada uno las abominaciones de delante de sus ojos, ni dejaron los ídolos de Egipto; y dije que derramaría mi ira sobre ellos, para cumplir mi enojo en ellos en medio de la tierra de Egipto" (Ez. 20:7-8).**

El plan soberano de Dios había funcionado. La angustia y el dolor de su amarga aflicción habían quebrantado al pueblo. Desesperados, clamaron a Dios, al único y verdadero Dios vivo. Y fíjese lo que sucedió: Sus clamores llegaron al cielo. Sus clamores llegaron hasta Dios.

3. La respuesta de Dios se expresa en cuatro verbos de fuerte acción (vv. 24-25). Dios estaba conmovido. Se movió y actuó. Dios tuvo cuatro respuestas para el doloroso y desesperado clamor de su pueblo.

a. Dios *oyó* el gemido del pueblo, oyó el gemido de su miseria, desesperación, angustia y dolor. El verdadero Dios, el único Dios vivo, nunca presta oídos sordos a una persona que se vuelve a él. Dios siempre escucha el clamor de las personas que sinceramente le piden ayuda. Dios escucha el gemido de las personas. Él escucha su pedido de auxilio.

b. Dios *se acordó* de su pacto con Israel, el pacto que Él había hecho con Abram, Isaac, y Jacob (v. 24). ¿Cuál era ese pacto? Era el pacto abrahámico, que incluía tres grandes promesas (vea esquema y notas, Gn. 12:1-3; 17:6-8; 26:1-6; 28:12-15; *Estudio a fondo 2*, Éx. 1:6-7; *Estudio a fondo 1*, Éx. 2:24 para mayor análisis):

⇒ Estaba la promesa de la Simiente prometida o de la descendencia. Dios prometió que haría nacer una gran nación de la semilla de Abraham, Isaac, y Jacob. (Vea esquema y notas, Gn. 12:2-3; *Estudio a fondo 2*, Éx. 1:6-7 para mayor análisis.)
⇒ Estaba la promesa de la Simiente prometida, que también se refería a una semilla o una descendencia. Dios prometió que enviaría al Salvador del mundo mediante la semilla o la descendencia de Israel. (Vea esquema y notas, Gn. 12:3; *Estudio a fondo 2*, Éx. 1:6-7 para mayor análisis.)
⇒ Estaba la promesa de la Tierra Prometida. La Tierra Prometida se refería tanto a la tierra de Canaán como a la tierra del cielo. (Vea *Estudio a fondo 1*, Éx. 2:24. Fíjese en Gn. 12:1 para mayor análisis.)

El punto es el siguiente: El pueblo había sido quebrantado y estaba regresando a Dios, clamando por su ayuda. Y Dios oyó su clamor y se acordó de las promesas que en su gran pacto había hecho a los padres de Israel. Esto no significa que Dios había olvidado las promesas del pacto. Dios nunca olvida. Cuando las Escrituras dicen que Dios *se acuerda*, significa que Dios estaba pensando activamente en el pacto que había hecho con Abraham, Isaac y Jacob. Dios estaba pensando activamente en las grandes promesas que había hecho, las promesas de la Tierra Prometida y la Simiente prometida (significando estas al mismo tiempo una gran nación y el Salvador del mundo).

c. Dios *miró* al pueblo, lo cual significa que tuvo compasión de ellos (v. 25).

d. Dios "*los tuvo en cuenta*" (BLA), "*se dio cuenta de su condición*" (DHH), "*los tomó en cuenta*" (NVI). La palabra hebrea es *wayyeda*, que significa literalmente "Él conoció", conoció por experiencia, conoció sintiendo por ellos. Dios conoció todo acerca del dolor y la angustia del pueblo. Conoció todo acerca de la terrible aflicción que sufrían.

El punto es el siguiente: El pueblo estaba quebrantado y arrepentido. Habían aprendido que "el camino de los transgresores es duro" (Pr. 13:15). Conocieron la amargura y las terribles consecuencias del pecado. Ahora estaban listos para alejarse de la falsa adoración de Egipto y listos para regresar a Dios, al único y verdadero Dios vivo. Esto hicieron: Clamaron desesperados a Dios por ayuda. Ahora ambos, Moisés e Israel habían sido preparados, preparados espiritual y mentalmente para que Dios liberara a su pueblo de Egipto. Ahora Dios podía comenzar a cumplir las grandes promesas que hizo a su pueblo:

• La promesa de la Tierra Prometida.

[4] William Wilson. *Wilson's Old Testament Word Studies*. (McLean, VA: MacDonald Publishing Company, no se da fecha), p. 202.

- La promesa de la Simiente prometida, significando al mismo tiempo la simiente de una gran nación y la simiente del Salvador.

Pensamiento 1. Dios escucha el clamor de su pueblo cuando este clama a Él por ayuda. Dios, el único y verdadero Dios vivo, nunca presta oídos sordos a ninguna persona que sinceramente le pide ayuda.

"Mas si desde allí buscares a Jehová tu Dios, lo hallarás, si lo buscares de todo tu corazón y de toda tu alma" (Dt. 4:29).

"Los ojos de Jehová están sobre los justos, y atentos sus oídos al clamor de ellos" (Sal. 34:15).

"Este pobre clamó, y le oyó Jehová, y lo libró de todas sus angustias" (Sal. 34:6).

"Desde el cabo de la tierra clamaré a ti, cuando mi corazón desmayare.

Llévame a la roca que es más alta que yo" (Sal. 61:2).

"Me invocará, y yo le responderé; con él estaré yo en la angustia; lo libraré y le glorificaré" (Sal. 91:15).

"Entonces invocarás, y te oirá Jehová; clamarás, y dirá él: Heme aquí. Si quitares de en medio de ti el yugo, el dedo amenazador, y el hablar vanidad" (Is. 58:9).

"Y antes que clamen, responderé yo; mientras aún hablan, yo habré oído" (Is. 65:24).

"Y meteré en el fuego a la tercera parte, y los fundiré como se funde la plata, y los probaré como se prueba el oro. Él invocará mi nombre, y yo le oiré, y diré: Pueblo mío; y él dirá: Jehová es mi Dios" (Zac. 13:9).

ESTUDIO A FONDO 1

(2:24) ***Tierra Prometida — Canaán — Pacto — Cielo — Heredad — Descanso espiritual***: Dios prometió que le daría a Abram *la Tierra Prometida* de Canaán. Dios realmente prometió la tierra a Abram. Pero fíjese:

⇒ La tierra solo fue prometida: Se dispone en el futuro; no sería inmediatamente poseída. La tierra era solo lo que los creyentes la habían llamado durante siglos, *la Tierra Prometida*. Iba a ser la gran esperanza de Abram. Esta es la razón por la cual se refiere a la tierra de Canaán como *la Tierra Prometida.*

Todo lo que Abram tenía que seguir era la promesa de Dios, lo que Dios había dicho. Abram tenía que aumentar su fe y creer en la Palabra de Dios, su promesa, acerca de la *Tierra Prometida*. Fíjese en varios hechos sobre esta gran promesa hecha a Abram.

1. La *Tierra Prometida* definitivamente se refiere a Palestina, la tierra de Israel. Esto lo dice claramente Dios una y otra vez.
   a. Fíjese en la promesa que Dios le hace a Abram.

   "Y pasó Abram por aquella tierra hasta el lugar de Siquem, hasta el encino de More; y el cananeo estaba entonces en la tierra. Y apareció Jehová a Abram, y le dijo: A tu descendencia daré esta tierra. Y edificó allí un altar a Jehová, quien le había aparecido" (Gn. 12:6-7).

   "Y Jehová dijo a Abram, después que Lot se apartó de él: Alza ahora tus ojos, y mira desde el lugar donde estás hacia el norte y el sur, y al oriente y al occidente. Porque toda la tierra que ves, la daré a ti y a tu descendencia para siempre. . . Levántate, ve por la tierra a lo largo de ella y a su ancho; porque a ti *la daré*" (Gn. 13:14-15, 17).

   "Y le dijo: Yo soy Jehová, que te saqué de Ur de los caldeos, para darte a heredar esta tierra. . . En aquel día hizo Jehová un pacto con Abram, diciendo: A tu descendencia *daré* esta tierra, desde el río de Egipto hasta el río grande, el río Eufrates; la tierra de los ceneos, los cenezeos, los cadmoneos, los heteos, los ferezeos, los refaítas, los amorreos, los cananeos, los gergeseos y los jebuseos" (Gn. 15:7, 18-21).

   "Y te *daré* a ti, y a tu descendencia después de ti, la tierra en que moras, toda la tierra de Canaán en heredad perpetua; y seré el Dios de ellos" (Gn. 17:8).

   b. Fíjese en la promesa que le hace Dios al hijo de Abram, Isaac.

   "Habita como forastero en esta tierra, y estaré contigo, y te bendeciré; porque a ti y a tu descendencia *daré* todas estas tierras, y confirmaré el juramento que hice a Abraham tu padre" (Gn. 26:3).

   c. Fíjese en la promesa que le hace Dios al nieto de Abram, Jacob.

   "Y he aquí, Jehová estaba en lo alto de ella, el cual dijo: Yo soy Jehová, el Dios de Abraham tu padre, y el Dios de Isaac; la tierra en que estás acostado te la *daré* a ti y a tu descendencia" (Gn. 28:13).

   "La tierra que he dado a Abraham y a Isaac, la daré a ti, y a tu descendencia después de ti *daré* la tierra" (Gn. 35:12).

2. La *Tierra Prometida* definitivamente se refiere al cielo. La Tierra Prometida de Canaán es un símbolo (un tipo, una imagen, una ilustración) del cielo, de la promesa de Dios al creyente de que heredará el cielo, los nuevos cielos y la tierra. Observe dos hechos:
   a. La Tierra Prometida de Dios se refiere al *mundo entero*. Es el *mundo entero* el que Abram y los creyentes van a *heredar*.

   "Porque no por la ley fue dada a Abraham o a su descendencia la promesa de que sería *heredero del mundo*, sino por la justicia de la fe" (Ro. 4:13).

   Heredar el mundo entero solo puede referirse a *los nuevos cielos y la tierra,* el nuevo universo, que Dios volverá a crear en el fin de los tiempos. No puede referirse a un universo corruptible que se está degenerando, disipando y debilitando, que finalmente dejará de existir de aquí a millones de años, que dejará de existir solo a causa del proceso natural del tiempo. (Vea esquema y notas, 2 P. 3:1-18 para mayor análisis.)

"Pero el día del Señor vendrá como ladrón en la noche; en el cual *los cielos pasarán* con grande estruendo, y los elementos ardiendo serán deshechos, y la tierra y las obras que en ella hay serán quemadas. Puesto que todas estas cosas han de ser deshechas, ¡cómo no debéis vosotros andar en santa y piadosa manera de vivir, esperando y apresurándoos para la venida del día de Dios, en el cual los cielos, encendiéndose, serán deshechos, y los elementos, siendo quemados, se fundirán! Pero nosotros esperamos, según sus promesas, *cielos nuevos y tierra nueva*, en los cuales mora la justicia" (2 P. 3:10-13).

"Vi *un cielo nuevo y una tierra nueva*; porque el primer cielo y la primera tierra pasaron, y el mar ya no existía más. Y yo Juan vi la santa ciudad, la nueva Jerusalén, descender del cielo, de Dios, dispuesta como una esposa ataviada para su marido. Y oí una gran voz del cielo que decía: He aquí el tabernáculo de Dios con los hombres, y él morará con ellos; y ellos serán su pueblo, y Dios mismo estará con ellos como su Dios. Enjugará Dios toda lágrima de los ojos de ellos; y ya no habrá muerte, ni habrá más llanto, ni clamor, ni dolor; porque *las primeras cosas pasaron*" (Ap. 21:1-4).

"Desde el principio tú fundaste la tierra, y los cielos son obra de tus manos. Ellos perecerán, mas tú permanecerás; y todos ellos como una vestidura se envejecerán; como un vestido los mudarás, y serán mudados; pero tú eres el mismo, y tus años no se acabarán" (Sal. 102:25-27).

"Y todo el ejército de los cielos se disolverá, y se enrollarán los cielos como un libro; y caerá todo su ejército, como se cae la hoja de la parra, y como se cae la de la higuera" (Is. 34:4).

"Alzad a los cielos vuestros ojos, y mirad abajo a la tierra; porque los cielos serán deshechos como humo, y la tierra se envejecerá como ropa de vestir, y de la misma manera perecerán sus moradores; pero mi salvación será para siempre, mi justicia no perecerá" (Is. 51:6).

"Porque he aquí que yo crearé nuevos cielos y nueva tierra; y de lo primero no habrá memoria, ni más vendrá al pensamiento" (Is. 65:17).

"Porque como los cielos nuevos y la nueva tierra que yo hago permanecerán delante de mí, dice Jehová, así permanecerá vuestra descendencia y vuestro nombre" (Is. 66:22).

b. La Tierra Prometida de Dios se refiere a una *patria celestial* y a una *ciudad celestial*. Es un hogar celestial, una patria y una ciudad celestial eternas, el que Abram y los creyentes heredarán. Fíjese qué claramente dicen esto las Escrituras:

"Por la fe Abraham, siendo llamado, obedeció para salir al lugar que había de recibir como herencia; y salió sin saber a dónde iba. Por la fe habitó como extranjero en la tierra prometida como en tierra ajena, morando en tiendas con Isaac y Jacob, coherederos de la misma promesa; porque *esperaba la ciudad* que tiene fundamentos, *cuyo arquitecto y constructor es Dios*. . . Conforme a la fe murieron todos éstos sin haber recibido lo prometido, sino mirándolo de lejos, y creyéndolo, y saludándolo, y confesando que eran extranjeros y peregrinos sobre la tierra. Porque los que esto dicen, claramente dan a entender que buscan una patria; pues si hubiesen estado pensando en aquella de donde salieron, ciertamente tenían tiempo de volver. Pero anhelaban una mejor, esto es, *celestial*; por lo cual Dios no se avergüenza de llamarse Dios de ellos; porque les ha preparado una ciudad" (He. 11:8-10, 13-16).

"sino que os habéis acercado al monte de Sion, a la ciudad del Dios vivo, *Jerusalén la celestial*, a la compañía de muchos millares de ángeles" (He. 12:22).

"porque no tenemos aquí ciudad permanente, sino que buscamos la por venir" (He. 13:14).

"Y yo Juan vi la santa ciudad, la nueva Jerusalén, descender del cielo, de Dios, dispuesta como una esposa ataviada para su marido. Y oí una gran voz del cielo que decía: He aquí el tabernáculo de Dios con los hombres, y él morará con ellos; y ellos serán su pueblo, y Dios mismo estará con ellos como su Dios. Enjugará Dios toda lágrima de los ojos de ellos; y ya no habrá muerte, ni habrá más llanto, ni clamor, ni dolor; porque las primeras cosas pasaron" (Ap. 21:2-4).

"Y me llevó en el Espíritu a un monte grande y alto, y me mostró la gran ciudad santa de Jerusalén, que descendía del cielo, de Dios" (Ap. 21:10).

3. La *Tierra Prometida* representaba muchas cosas para Abram.
   a. La Tierra Prometida era la seguridad de una *herencia personal*: la posesión de un nuevo país, de su propia propiedad con todas sus buenas tierras, riquezas y derechos. Abram creía que él viviría en una nueva ciudad dentro de su propia tierra y país, dado todo por el propio Dios. Y que la tierra sería para siempre, ya que había sido prometida por el propio Dios eterno.

   Fíjese en esto, pues es importante: La esperanza de Abram era la de un país y una ciudad para siempre, eternos. Es cierto que físicamente estaba viajando a través de la Tierra Prometida de Canaán, creyendo que Dios se la daría a él y a su simiente (a sus descendientes). Pero mientras viajaba, su esperanza era la del país y la ciudad para siempre, eternos, de Dios. Abram sabía que la Tierra Prometida de Dios se refería tanto a una tierra celestial como a una terrenal. Fíjese qué claramente las Escrituras dicen esto:

⇒ **"Porque toda la tierra que ves, la daré a ti y a tu descendencia *para siempre*" (Gn. 13:15).**

La promesa de Dios incluía la posesión eterna, para siempre, de la Tierra Prometida, y Abram sabía esto.

⇒ **"Por la fe habitó como extranjero en la tierra prometida como en tierra ajena, morando en tiendas con Isaac y Jacob, coherederos de la misma promesa; porque esperaba la ciudad que tiene fundamentos, cuyo arquitecto y constructor es Dios" (He. 11:9-10).**

Esto se refiere la Jerusalén celestial, la capital de los nuevos cielos y la nueva tierra (cp. He. 12:22; 13:14. Vea pt. 2 arriba. Vea también nota, Ap. 21:2.)

⇒ **"Conforme a la fe murieron todos éstos sin haber recibido lo prometido, sino mirándolo de lejos, y creyéndolo, y saludándolo, y confesando que eran extranjeros y peregrinos sobre la tierra. Porque los que esto dicen, claramente dan a entender que buscan una patria; pues si hubiesen estado pensando en aquella de donde salieron, ciertamente tenían tiempo de volver. Pero anhelaban *una mejor, esto es, celestial*; por lo cual Dios no se avergüenza de llamarse Dios de ellos; porque les ha preparado una ciudad" (He. 11:13-16).**

Nota el versículo 15: Dice claramente que la mente de Abram se encontraba en la patria eterna y celestial. Si no lo hubiera estado, él habría regresado a su antiguo hogar. Nunca habría vagado, sufriendo las penalidades que soportó.

Pensamiento 1. Fíjese cómo la promesa dada a Abram es análoga a la promesa hecha al creyente. Abram heredaría *la Tierra Prometida* si rechazaba al mundo y seguía a Dios. Nosotros heredaremos la *Tierra Prometida del cielo* si rechazamos al mundo y seguimos a Dios. *La Tierra Prometida* es un símbolo, un tipo, una imagen del cielo.

1) La promesa hecha a Abram.

"Y te daré a ti, y a tu descendencia después de ti, la tierra en que moras, toda la tierra de Canaán en heredad perpetua; y seré el Dios de ellos" (Gn. 17:8).

2) La promesa hecha al creyente.

"En la casa de mi Padre muchas moradas hay; si así no fuera, yo os lo hubiera dicho; voy, pues, a preparar lugar para vosotros. Y si me fuere y os preparare lugar, vendré otra vez, y os tomaré a mí mismo, para que donde yo estoy, vosotros también estéis" (Jn. 14:2-3).

"Porque sabemos que si nuestra morada terrestre, este tabernáculo, se deshiciere, tenemos de Dios un edificio, una casa no hecha de manos, eterna, en los cielos" (2 Co. 5:1).

"Mas nuestra ciudadanía está en los cielos, de donde también esperamos al Salvador, al Señor Jesucristo; el cual transformará el cuerpo de la humillación nuestra, para que sea semejante al cuerpo de la gloria suya, por el poder con el cual puede también sujetar a sí mismo todas las cosas" (Fil. 3:20-21).

"Por la fe Abraham, siendo llamado, obedeció para salir al lugar que había de recibir como herencia; y salió sin saber a dónde iba. Por la fe habitó como extranjero en la tierra prometida como en tierra ajena, morando en tiendas con Isaac y Jacob, coherederos de la misma promesa; porque esperaba la ciudad que tiene fundamentos, cuyo arquitecto y constructor es Dios" (He. 11:8-10).

"Conforme a la fe murieron todos éstos sin haber recibido lo prometido, sino mirándolo de lejos, y creyéndolo, y saludándolo, y confesando que eran extranjeros y peregrinos sobre la tierra. Porque los que esto dicen, claramente dan a entender que buscan una patria; pues si hubiesen estado pensando en aquella de donde salieron, ciertamente tenían tiempo de volver. Pero anhelaban una mejor, esto es, celestial; por lo cual Dios no se avergüenza de llamarse Dios de ellos; porque les ha preparado una ciudad" (He. 11:13-16).

"Bendito el Dios y Padre de nuestro Señor Jesucristo, que según su grande misericordia nos hizo renacer para una esperanza viva, por la resurrección de Jesucristo de los muertos, para una herencia incorruptible, incontaminada e inmarcesible, reservada en los cielos para vosotros, que sois guardados por el poder de Dios mediante la fe, para alcanzar la salvación que está preparada para ser manifestada en el tiempo postrero" (1 P. 1:3-5).

"Bienaventurados los que lavan sus ropas, para tener derecho al árbol de la vida, y para entrar por las puertas en la ciudad" (Ap. 22:14).

b. La Tierra Prometida era la seguridad de *conquista y descanso, de victoria espiritual y descanso espiritual.* La Tierra Prometida traería una paz y seguridad dadas por Dios, libertad y liberación, emancipación y salvación para Abram. La Tierra Prometida significaba victoria y descanso para

Abram, una victoria y un descanso dados por Dios:

- De tener que vagar.
- De nunca haberse asentado.
- De la agitación.
- De ser expuesto a toda case de pruebas, peligros, amenazas, ataques, esclavitud y sometimiento que provienen de no tener un hogar establecido en este mundo, de no tener un lugar dado y protegido por Dios mismo.

Para Abram, la Tierra Prometida era la seguridad de la victoria y el descanso, la conquista y el triunfo sobre todos los enemigos, una victoria y un descanso que serían dados por el propio Dios.

Pensamiento 1. Fíjese cómo la victoria y el descanso espiritual prometidos a Abram representan el descanso espiritual prometido al creyente. (Vea nota, He. 4:1 para mayor análisis.)

1) La promesa hecha a Abram.

"Y haré de ti una nación grande, y te bendeciré, y engrandeceré tu nombre, y serás bendición. Bendeciré a los que te bendijeren, y a los que te maldijeren maldeciré; y serán benditas en ti todas las familias de la tierra" (Gn. 12:2-3).

"Después de estas cosas vino la palabra de Jehová a Abram en visión, diciendo: No temas, Abram; yo soy tu escudo, y tu galardón será sobremanera grande" (Gn. 15:1).

"de cierto te bendeciré, y multiplicaré tu descendencia como las estrellas del cielo y como la arena que está a la orilla del mar; y tu descendencia poseerá las puertas de sus enemigos. En tu simiente serán benditas todas las naciones de la tierra, por cuanto obedeciste a mi voz" (Gn. 22:17-18).

2) La promesa hecha al creyente.

"Llevad mi yugo sobre vosotros, y aprended de mí, que soy manso y humilde de corazón; y hallaréis descanso para vuestras almas" (Mt. 11:29).

"Oí una voz que desde el cielo me decía: Escribe: Bienaventurados de aquí en adelante los muertos que mueren en el Señor. Sí, dice el Espíritu, descansarán de sus trabajos, porque sus obras con ellos siguen" (Ap. 14:13).

"Temamos, pues, no sea que permaneciendo aún la promesa de entrar en su reposo, alguno de vosotros parezca no haberlo alcanzado. Porque también a nosotros se nos ha anunciado la buena nueva como a ellos; pero no les aprovechó el oír la palabra, por no ir acompañada de fe en los que la oyeron. Pero los que hemos creído entramos en el reposo, de la manera que dijo: Por tanto, juré en mi ira, no entrarán en mi reposo; aunque las obras suyas estaban acabadas desde la fundación del mundo" (He. 4:1-3).

"Procuremos, pues, entrar en aquel reposo, para que ninguno caiga en semejante ejemplo de desobediencia" (He. 4:11).

"Y él dijo: Mi presencia irá contigo, y te daré descanso" (Éx. 33:14).

"Vuelve, oh alma mía, a tu reposo, porque Jehová te ha hecho bien" (Sal. 116:7).

"a los cuales él dijo: Este es el reposo; dad reposo al cansado; y este es el refrigerio; mas no quisieron oír" (Is. 28:12).

c. La Tierra Prometida era la seguridad de la *propia presencia de Dios,* es decir, del amor, del cuidado, de la provisión y de la protección de Dios. Abram pensaba esto: Si Dios iba a darle la Tierra Prometida, entonces Dios se preocupaba por él y lo amaba. Dios por tanto lo proveería y lo protegería sin importar lo que sucediera. Dios, su poderosa presencia, estaría con él en todas las pruebas y batallas de la vida.

Pensamiento 1. La seguridad de Abram en la presencia de Dios simboliza la experiencia del creyente. El creyente puede estar seguro de la presencia de Dios: del amor, del cuidado, de la provisión y de la protección de Dios.

1) La promesa hecha a Abram.

"Y te daré a ti, y a tu descendencia después de ti, la tierra en que moras, toda la tierra de Canaán en heredad perpetua; y seré el Dios de ellos" (Gn. 17:8).

"He aquí, yo estoy contigo, y te guardaré por dondequiera que fueres, y volveré a traerte a esta tierra; porque no te dejaré hasta que haya hecho lo que te he dicho" (Gn. 28:15).

2) La promesa hecha al creyente.

"Cuando salgas a la guerra contra tus enemigos, si vieres caballos y carros, y un pueblo más grande que tú, no tengas temor de ellos, porque Jehová tu Dios está contigo, el cual te sacó de tierra de Egipto" (Dt. 20:1).

"Cuando pases por las aguas, yo estaré contigo; y si por los ríos, no te anegarán. Cuando pases por el fuego, no te quemarás, ni la llama arderá en ti" (Is. 43:2).

"Mas buscad primeramente el reino de Dios y su justicia, y todas estas cosas os serán añadidas" (Mt. 6:33).

"enseñándoles que guarden todas las cosas que os he mandado; y he aquí yo estoy con vosotros todos los días, hasta el fin del mundo. Amén" (Mt. 28:20).

"Sean vuestras costumbres sin avaricia, contentos con lo que tenéis ahora; porque él dijo: No te desampararé, ni te dejaré" (He. 13:5).

TIPOS, SÍMBOLOS E ILUSTRACIONES
ÉXODO 2:11-25

TÉRMINO HISTÓRICO	TIPO O ILUSTRACIÓN (FUNDAMENTO BÍBLICO DE CADA UNO)	APLICACIÓN PARA LA VIDA DEL CREYENTE DE HOY DÍA	APLICACIÓN BÍBLICA
Gersón, hijo mayor de Moisés (Éx. 2:22)	*El nombre "Gersón" significa: Forastero en una tierra ajena.* **"Y ella le dio a luz un hijo; y él le puso por nombre Gersón, porque dijo: Forastero soy en tierra ajena" (Éx. 2:22).** **"También establecí mi pacto con ellos, de darles la tierra de Canaán, la tierra en que fueron forasteros, y en la cual habitaron" (Éx. 6:4).** **"Conforme a la fe murieron todos éstos sin haber recibido lo prometido, sino mirándolo de lejos, y creyéndolo, y saludándolo, y confesando que eran *extranjeros y peregrinos* sobre la tierra" (He. 11:13).**	⇒ Los creyentes son forasteros en este mundo, seguidores de Cristo: • A los que ha sido dada la herencia eterna del propio Dios, la Tierra Prometida del cielo. • Que marchan ahora a la Tierra Prometida del cielo. • Que son solo peregrinos en su viaje a través de los desiertos (pruebas) de este mundo. • Que añoran estar en casa en el cielo con Cristo.	***"Mas nuestra ciudadanía está en los cielos, de donde también esperamos al Salvador, al Señor Jesucristo" (Fil. 3:20).*** ***"Conforme a la fe murieron todos éstos sin haber recibido lo prometido, sino mirándolo de lejos, y creyéndolo, y saludándolo, y confesando que eran extranjeros y peregrinos sobre la tierra" (He. 11:13; cp. He. 11:13-16; 1 P. 2:11; 1 Jn. 2:15).*** ***"Forastero soy yo en la tierra; no encubras de mí tus mandamientos" (Sal. 119:19).***

1 **El tipo de hombre que Dios llamó**
   a. Moisés era un pastor: Esto sugiere que tenía un corazón para pastorear personas
   b. Moisés era un hombre trabajador: Apacentaba su rebaño en el desierto (un lugar desolado) en el Monte Horeb [EF1]
   c. Moisés era un hombre de fe, un hombre que creería en los milagros, los hechos imposibles de Dios: El ángel del Señor se le apareció a Moisés en una llama de fuego en medio de una zarza
   d. Moisés era un hombre que se detendría a buscar el sentido de las cosas: él se detuvo para buscar el sentido de la zarza ardiente

2 **El llamado mismo de Dios**
   a. El llamado de Dios fue para un hombre que buscaba
   b. El llamado de Dios fue personal
      1) Dios llamó a Moisés por su nombre
      2) La respuesta de Moisés fue: "Heme aquí"
   c. El llamado de Dios fue un llamado santo

CAPÍTULO 3

C. Llamamiento de Moisés: Un estudio del llamado de Dios al servicio, 3:1-10

1 Apacentando Moisés las ovejas de Jetro su suegro, sacerdote de Madián, llevó las ovejas a través del desierto, y llegó hasta Horeb, monte de Dios.
2 Y se le apareció el Ángel de Jehová en una llama de fuego en medio de una zarza; y él miró, y vio que la zarza ardía en fuego, y la zarza no se consumía.
3 Entonces Moisés dijo: Iré yo ahora y veré esta grande visión, por qué causa la zarza no se quema.

4 Viendo Jehová que él iba a ver, lo llamó Dios de en medio de la zarza, y dijo: ¡Moisés, Moisés! Y él respondió: Heme aquí.
5 Y dijo: No te acerques; quita tu calzado de tus pies, porque el lugar en que tú estás, tierra santa es.
6 Y dijo: Yo soy el Dios de tu padre, Dios de Abraham, Dios de Isaac, y Dios de Jacob. Entonces Moisés cubrió su rostro, porque tuvo miedo de mirar a Dios.

7 Dijo luego Jehová: Bien he visto la aflicción de mi pueblo que está en Egipto, y he oído su clamor a causa de sus exactores; pues he conocido sus angustias,
8 y he descendido para librarlos de mano de los egipcios, y sacarlos de aquella tierra a una tierra buena y ancha, a tierra que fluye leche y miel, a los lugares del cananeo, del heteo, del amorreo, del ferezeo, del heveo y del jebuseo.

9 El clamor, pues, de los hijos de Israel ha venido delante de mí, y también he visto la opresión con que los egipcios los oprimen.
10 Ven, por tanto, ahora, y te enviaré a Faraón, para que saques de Egipto a mi pueblo, los hijos de Israel.

      1) Simbolizado en las instrucciones que Dios dio a Moisés de que se quitara las sandalias
      2) La razón: Dios es santo
   d. El llamado de Dios fue un llamado del único y verdadero Dios vivo, el Dios que cumple sus promesas a las personas
      1) Dios declara este hecho: Él es (no *fue*) el Dios de Abraham, Isaac, y Jacob
      2) La respuesta de Moisés

3 **Las razones del llamado de Dios**
   a. Dios estaba profundamente preocupado por el sufrimiento de su pueblo
      1) Dio vio su aflicción
      2) Dios oyó su clamor
      3) Dios conocía sus sufrimientos y estaba profundamente preocupado
   b. Dios descendió a liberar a su pueblo (Israel) de su sufrimiento: Él quería liberarlos
   c. Dios quería darle la Tierra Prometida a su pueblo (un símbolo del cielo)[EF2]
      1) Él quería darles una tierra fructífera
      2) Él quería darles una tierra extensa

4 **La respuesta esperada al llamado de Dios** [EF3]
   a. Moisés iba a contemplar la visión de Dios y su compasión por su pueblo
   b. Moisés iría como mensajero de Dios a liberar al pueblo de su esclavitud

DIVISIÓN II

MOISÉS Y DIOS: DIOS LEVANTA UN LÍDER PARA LIBERAR A SU PUEBLO (ISRAEL), 2:1—7:7

C. Llamamiento de Moisés: Un estudio del llamado de Dios al servicio, 3:1-10

(3:1-10) ***Introducción***: Dios llama a las personas para que se pongan a su servicio. Solo piense quién nos llama para ponernos a su servicio: El mismo Señor, el gran Dios y Salvador que creó el universo y lo sostiene todo a todo lo largo del universo. Él es el Soberano Señor y Majestad de todos, el propio Dios, quien se encorva y nos ofrece el maravilloso privilegio de ponernos a su servicio. Esto debe emocionarnos. Esto debe movernos a buscar el llamamiento de Dios, a buscar que Dios ponga su mano en la vida de cada uno de nosotros.

A todos los que buscan a Dios, a todos lo que quieren servir a Dios, a todos los que quieren el llamado de Dios en su vida, las Escrituras nos muestran cómo podemos recibir el llamado de Dios: *Llamamiento de Moisés: Un estudio del llamado de Dios al servicio*, 3:1-10.

1. El tipo de hombre a quien Dios llamó (vv. 1-3).
2. El llamado mismo de Dios (vv. 4-6).
3. Las razones por las cuales Dios llamó a Moisés (vv. 7-8).
4. La respuesta esperada al llamado de Dios (vv. 9-10).

[1] (3:1-3) ***Llamado, de Dios — Moisés***: Primero, ¿a qué clase de personas llama Dios? Moisés nos lo muestra. Recuerde, Moisés había sido el Príncipe de Egipto. En consecuencia, el decepcionado Faraón andaba tras la vida de Moisés y Moisés se vio obligado a huir a Madián. En aquella tierra distante, pero segura, Moisés se encontró con Jetro y aceptó trabajar para él, el sacerdote de Madián. Pero fíjese: Todo esto ocurrió *cuarenta años* antes de la presente Escritura. El llamado de Dios a Moisés tuvo lugar después que Moisés huyó de Egipto y se asentó en Madián. Al recoger los acontecimientos más importantes de su vida, Moisés no hace mención al segundo período de cuarenta años. Son años de silencio, desconocidos.

Pero ahora, cuarenta años después, ocurre un acontecimiento importante: Dios llama a Moisés, lo llama para una heroica tarea. Fíjese en el tipo de persona que fue Moisés, el tipo de persona a quien Dios llamó.

1. Moisés era un pastor de ovejas, lo que indica que tenía un corazón capaz de guiar a las personas. Cuando Moisés recibe el llamado de Dios, estaba cuidando del rebaño de Jetro, su suegro. El texto hebreo expresa la idea de una acción continua; es decir, su trabajo era atender el rebaño. Moisés era pastor de profesión. El trabajo de un pastor consistía en:

- Alimentar y dar de beber a las ovejas.
- Guiar a las ovejas.
- Buscar y salvar a las ovejas que se perdieran.
- Proteger a las ovejas.
- Mantener a las ovejas separadas de las cabras (vea esquema y notas, Jn. 10:2-3 para mayor análisis).

Necesitaba ser una persona con un corazón muy especial para ser pastor. Su corazón tenía que ser duro y tierno a la vez, insensible y compasivo, disciplinado y dulce. Además, un pastor de ovejas tenía que pasar mucho tiempo solo en el campo. Mientras estaba solo, podía, por supuesto, simplemente dejar que su mente perdiera el tiempo vagando de pensamiento en pensamiento, o podía aprovechar el tiempo en desarrollar sus procesos de pensamiento y acercarse a Dios. El pastor siempre tenía la oportunidad de hacer uso de su tiempo para convertirse en un hombre de gran devoción y oración.

Obviamente, Moisés se había dedicado a esto por cuarenta años: A desarrollar el corazón de un verdadero pastor y hacer uso de las horas de soledad para acercarse a Dios más y más. Ahora Dios estaba listo para llamarlo a ser el pastor del pueblo de Dios.

> ***Pensamiento 1***. El llamado de Dios no está dirigido a una profesión en particular. Está dirigido a un corazón en particular, un corazón heroico, a un corazón dispuesto a realizar una tarea heroica. El llamado de Dios va dirigido a un corazón que esté dispuesto a guiar a las personas, a un corazón que sea a la vez…
>
> - duro y tierno
> - insensible y compasivo
> - disciplinado y dulce
>
> 1) El llamado de Dios va dirigido a una persona que no desperdicia su tiempo, sino que lo emplea con sabiduría; a una persona que haga uso de su tiempo para desarrollar sus procesos de pensamiento y acercarse a Dios; a una persona que se convierte en un individuo de devoción y oración.
> 2) El llamado de Dios va dirigido a una persona dispuesta a dar de comer y guiar a las personas, a buscar y salvar a las personas, y a proteger y guardar a las personas para Dios.
>
> **“y os daré pastores según mi corazón, que os apacienten con ciencia y con inteligencia” (Jer. 3:15).**
>
> **“Y pondré sobre ellas pastores que las apacienten; y no temerán más, ni se amedrentarán, ni serán menoscabadas, dice Jehová” (Jer. 23:4).**
>
> **“Y levantaré sobre ellas a un pastor, y él las apacentará; a mi siervo David, él las apacentará, y él les será por pastor” (Ez. 34:23).**
>
> **“Le dijo la tercera vez: Simón, hijo de Jonás, ¿me amas? Pedro se entristeció de que le dijese la tercera vez: ¿Me amas? y le respondió: Señor, tú lo sabes todo; tú sabes que te amo. Jesús le dijo: Apacienta mis ovejas” (Jn. 21:17).**
>
> **“Por tanto, mirad por vosotros, y por todo el rebaño en que el Espíritu Santo os ha puesto por obispos, para apacentar la iglesia del Señor, la cual él ganó por su propia sangre” (Hch. 20:28).**
>
> **“Apacentad la grey de Dios que está entre vosotros, cuidando de ella, no por fuerza, sino voluntariamente; no por ganancia deshonesta, sino con ánimo pronto” (1 P. 5:2).**

2. Moisés era un hombre trabajador y diligente (v. 1). Fíjese el lugar donde estaba cuando el llamado de Dios vino a

él: Estaba cuidando al rebaño al otro lado del desierto. Era un trabajador común, empleado de su suegro, Jetro. Como ya se dijo, el trabajo que Jetro le dio era duro, el de ser pastor. El trabajo del pastor requiere largas horas, los siete días de la semana. Su trabajo, en ocasiones, le exigía alejarse de su hogar, alejarse de su familia y, sin duda, durante semanas a veces. El trabajo era además solitario y peligroso.

Lo importante es ver que Moisés era muy diligente y trabajador. No era vago ni perezoso. Realizaba un trabajo, en un lugar, que muy pocas personas hubieran aceptado, y trabajaba más horas y más días de lo que la mayoría de las personas hubieran trabajado. Por eso, cuando Dios vio a Moisés, vio a un hombre trabajador y diligente.

> ***Pensamiento 1***. Dios no llama a personas vagas ni perezosas. Una persona perezosa no trabajará duras y largas horas. Tampoco una persona perezosa terminará una tarea, no a menudo. Dios necesita a personas dispuestas a trabajar largas y duras horas en cualquier tarea, personas que cumplirían cualquier tarea sin importar cuán difícil sea.
>
> Una vez más, la persona a quien Dios llama es trabajadora y diligente. Dios no llama a una persona vaga y perezosa.
>
> **"El alma del perezoso desea, y nada alcanza; mas el alma de los diligentes será prosperada" (Pr. 13:4).**
>
> **"El camino del perezoso es como seto de espinos; mas la vereda de los rectos, como una calzada" (Pr. 15:19).**
>
> **"En lo que requiere diligencia, no perezosos; fervientes en espíritu, sirviendo al Señor" (Ro. 12:11).**
>
> **"Porque oímos que algunos de entre vosotros andan desordenadamente, no trabajando en nada, sino entremetiéndose en lo ajeno. A los tales mandamos y exhortamos por nuestro Señor Jesucristo, que trabajando sosegadamente, coman su propio pan" (2 Ts. 3:11-12).**
>
> **"a fin de que no os hagáis perezosos, sino imitadores de aquellos que por la fe y la paciencia heredan las promesas" (He. 6:12).**

3. Moisés era un hombre de fe, un hombre que creía en los milagros de Dios, los actos imposibles de Dios (v. 2). La persona a quien Dios utilice debe ser una persona de fe, una persona que crea en Dios. Fíjese en lo que sucedió.

El Ángel del Señor se apareció ante Moisés (v. 2). Apareció en una llama de fuego en una zarza, una llama de fuego que no quemó ni consumió la zarza. ¿Quién era aquel? ¿El mismo Dios o algún mensajero angelical (ángel significa mensajero) enviado por Dios? Fíjese en estos hechos:

⇒ La voz de Dios llamó a Moisés desde dentro de la zarza en llamas (v. 4).

⇒ Dios se identificó como el Dios de Abraham, Isaac y Jacob (v. 6).

⇒ El Señor continuó hablando a Moisés desde dentro de la zarza en llamas. De hecho, solo el Señor habló desde el versículo cuatro hasta el final de este pasaje, el versículo diez.

A la luz de estos hechos, el mensajero parece ser el propio Dios nuestro Señor, más específicamente, la segunda persona del Altísimo, nuestro Señor Jesucristo. (Vea nota, Gn. 16:7 para mayor análisis.) Fíjese que el Señor se apareció como una llama de fuego que ardía dentro de una zarza, una llama de fuego que continuaba ardiendo pero que no consumía la zarza (v. 2). Dios ha utilizado el fuego con frecuencia para simbolizar y representar su presencia (Éx. 13:21; 19:18; 24:17; Jue. 13:20; 1 R. 18:24, 38; 2 Cr. 7:1-3; Ez. 1:4-28; Dn. 7:9-10; He. 12:29).

Arthur W. Pink señala que la palabra hebrea para "zarza" (*sen-eh*) solo se utiliza una vez más, en Deuteronomio 33:16.

> **"Y con las mejores dádivas de la tierra y su plenitud; y la gracia del que habitó en la *zarza* venga sobre la cabeza de José, y sobre la frente de aquel que es príncipe entre sus hermanos" (Dt. 33:16).**

En este versículo, la palabra en hebreo para "habitó" es *shaw-kan* o *shakan*. Esta era, entonces, la gloria Shekiná, la misma presencia de Dios brillando y resplandeciendo en la zarza.[1] (Vea *Estudio a fondo 2, gloria Shekiná,* Éx. 16:10. Vea también las notas, Ro. 9:4; Mt. 17:5-8 para mayor análisis.)

Este es el punto: El propio Dios se encontró con Moisés. Él se manifestó y se reveló a sí mismo, al encontrarse con Moisés de manera muy especial. Moisés necesitaba una experiencia profunda e inolvidable con Dios. Necesitaba una experiencia con Dios que nunca olvidaría al entregarse a Dios. Moisés necesitaba ver la gloria de Dios:

- Antes de que pudiera asumir la misión de Dios.
- Antes de que pudiera ministrar y servir en el poder Dios.

> ***Pensamiento 1.*** Todo creyente debe buscar experiencias más profundas con Dios, para conocer a Dios más y más, para acercarse a Él.
>
> 1) Debemos buscar experimentar más y más de la gloria de Dios, la gloria de Dios manifestada en Jesucristo, nuestro Señor y Salvador.
>
> **"Por tanto, nosotros todos, mirando a cara descubierta como en un espejo la gloria del Señor, somos transformados de gloria en gloria en la misma imagen, como por el Espíritu del Señor" (2 Co. 3:18).**
>
> **"Porque Dios, que mandó que de las tinieblas resplandeciese la luz, es el que resplandeció en nuestros corazones, para iluminación del conocimiento de la gloria de Dios en la faz de Jesucristo. Pero tenemos este tesoro en vasos de barro, para que la excelencia del poder sea de Dios, y no de nosotros" (2 Co. 4:6-7).**
>
> **"Dios, habiendo hablado muchas veces y de muchas maneras en otro tiempo a los padres por los profetas, en estos postreros días nos ha hablado por el Hijo, a quien constituyó heredero de todo, y por quien asimismo hizo el universo; el cual, siendo el**

[1] Arthur W. Pink. *Gleanings in Exodus*. (Chicago, IL: Moody Bible Institute of Chicago, Moody Press, s.f.), p. 23.

resplandor de su gloria, y la imagen misma de su sustancia, y quien sustenta todas las cosas con la palabra de su poder, habiendo efectuado la purificación de nuestros pecados por medio de sí mismo, se sentó a la diestra de la Majestad en las alturas" (He. 1:1-3).

2) Una vez que hayamos visto verdaderamente la gloria de Dios, entonces ministraremos y atestiguaremos en el poder de Dios. Los pastores que vieron la gloria de Dios cuando Jesucristo vino al mundo son un dinámico ejemplo de esta verdad.

"Había pastores en la misma región, que velaban y guardaban las vigilias de la noche sobre su rebaño. Y he aquí, se les presentó un ángel del Señor, y la gloria del Señor los rodeó de resplandor; y tuvieron gran temor. Pero el ángel les dijo: No temáis; porque he aquí os doy nuevas de gran gozo, que será para todo el pueblo: que os ha nacido hoy, en la ciudad de David, un Salvador, que es CRISTO el Señor. Esto os servirá de señal: Hallaréis al niño envuelto en pañales, acostado en un pesebre. Y repentinamente apareció con el ángel una multitud de las huestes celestiales, que alababan a Dios, y decían: ¡Gloria a Dios en las alturas, y en la tierra paz, buena voluntad para con los hombres! Sucedió que cuando los ángeles se fueron de ellos al cielo, los pastores se dijeron unos a otros: Pasemos, pues, hasta Belén, y veamos esto que ha sucedido, y que el Señor nos ha manifestado. Vinieron, pues, apresuradamente, y hallaron a María y a José, y al niño acostado en el pesebre. Y al verlo, dieron a conocer lo que se les había dicho acerca del niño" (Lc. 2:8-17).

"(porque la vida fue manifestada, y la hemos visto, y testificamos, y os anunciamos la vida eterna, la cual estaba con el Padre, y se nos manifestó); lo que hemos visto y oído, eso os anunciamos, para que también vosotros tengáis comunión con nosotros; y nuestra comunión verdaderamente es con el Padre, y con su Hijo Jesucristo" (1 Jn. 1:2-3).

Pensamiento 2. Otros dos ejemplos de hombres que vieron la gloria de Dios son:

⇒ Isaías (Is. 6:1s)

⇒ Pablo, el apóstol (Hch. 9:3s)

4. Moisés era un hombre que se detendría a buscar el significado de las cosas (v. 3). Fíjese que se detuvo, se volvió a un lado y fue a ver la insólita visión, justamente a averiguar por qué la llama de fuego no quemaba o consumía la zarza. Solo piense qué hubiera sucedido si Moisés no se hubiera detenido y hubiera ido a ver la insólita visión: Se hubiera:

- Perdido bendición de Dios.
- Perdido la profunda experiencia con Dios.
- Perdido el llamado de Dios a su vida.

Pensamiento 1. Muchas personas no se interesan por el significado de las cosas, no lo suficiente para detenerse a estudiar el verdadero significado que se esconde tras las cosas, en especial el significado de Dios y las cosas espirituales. Muchas personas ignoran a Dios y las cosas de Dios. Ellos están:

- Demasiado ocupados y no piensan sino en las cuestiones de la vida.
- Simplemente interesados en los placeres y los bienes de este mundo.

La mayoría de las personas no son como Moisés: No están dispuestas a detenerse a buscar el significado de las cosas espirituales. El Señor se apareció ante Moisés y Moisés se detuvo a buscar el significado de la aparición del Señor. El Señor se ha aparecido ante nosotros, Él ha venido a la tierra. Debemos detenernos a buscar el significado de su venida. La persona que realmente busque al Señor, lo encontrará.

"Mas si desde allí buscares a Jehová tu Dios, lo hallarás, si lo buscares de todo tu corazón y de toda tu alma" (Dt. 4:29).

"Buscad a Jehová mientras puede ser hallado, llamadle en tanto que está cercano" (Is. 55:6).

"y me buscaréis y me hallaréis, porque me buscaréis de todo vuestro corazón" (Jer. 29:13).

"Y yo os digo: Pedid, y se os dará; buscad, y hallaréis; llamad, y se os abrirá. Porque todo aquel que pide, recibe; y el que busca, halla; y al que llama, se le abrirá" (Lc. 11:9-10).

"para que busquen a Dios, si en alguna manera, palpando, puedan hallarle, aunque ciertamente no está lejos de cada uno de nosotros" (Hch. 17:27).

ESTUDIO A FONDO 1

(3:1) ***Monte Horeb — Monte Sinaí***: Horeb significa *desierto* o *desolación*. El Monte Horeb y el Monte Sinaí o son la misma montaña o pertenecen a la misma cadena. Al parecer ambos nombres se utilizan de manera intercambiable a lo largo de las Escrituras. Fíjese que la montaña es llamada "montaña de Dios". El Monte Sinaí o Horeb es la montaña:

- Donde Dios llamó a Moisés para librar a su pueblo de la esclavitud (Éx. 3:1s).
- Donde Dios dio la ley a Moisés y a su pueblo (Éx. 19:1s).
- Donde Moisés golpeó la peña y Dios hizo que el agua emanara de la peña (Éx. 17:6).
- Donde las personas se arrepintieron e hicieron ofrendas a Dios (Éx. 33:6).
- Donde Elías huyó de Jezabel (1 R. 19:8).

Monte HOREB o Monte SINAÍ[2]

[2] (3:4-6) ***Llamado, de Dios — Moisés — Dios, santo***: Segundo, existió el llamado mismo de Dios. El llamado de Dios a Moisés nos muestra exactamente qué supone un llamado de Dios a una persona. Nos muestra los factores implicados en el llamado de Dios.

1. El llamado de Dios estaba destinado a un hombre que buscaba. Fíjese cuándo Dios llama a Moisés: cuando Moisés se detuvo a buscar el significado de la zarza en llamas (v. 4). Entonces, solo entonces, llamó Dios a Moisés. ¿Qué hubiera sucedido si Moisés hubiera ignorado la zarza y hubiera concluido que no valía la pena esforzarse para tratar de entenderla? Con seguridad Dios no lo hubiera llamado.

Pero Moisés se detuvo e intentó descifrar la zarza en llamas. El llamado de Dios estaba destinado a un hombre que buscaba, a un hombre que buscara entender la verdad y el significado de las cosas.

Pensamiento 1. La persona que busca conocer la verdad y el significado de las cosas, y está abierta a Dios, encontrará a Dios. Dios encontrará y llamará a la persona que busca. La Biblia dice claramente que cualquiera que busque a Dios, que busque conocer y entender a Dios, encontrará a Dios.

"Mas si desde allí buscares a Jehová tu Dios, lo hallarás, si lo buscares de todo tu corazón y de toda tu alma" (Dt. 4:29).

"Yo amo a los que me aman, y me hallan los que temprano me buscan" (Pr. 8:17).

"y me buscaréis y me hallaréis, porque me buscaréis de todo vuestro corazón" (Jer. 29:13).

"Pero así dice Jehová a la casa de Israel: Buscadme, y viviréis" (Am. 5:4).

"Y yo os digo: Pedid, y se os dará; buscad, y hallaréis; llamad, y se os abrirá. Porque todo aquel que pide, recibe; y el que busca, halla; y al que llama, se le abrirá" (Lc. 11:9-10).

2. El llamado de Dios fue un llamado personal (v. 4). Dios llamó a Moisés por su nombre. Fíjese en la respuesta de Moisés: "Heme aquí".

Pensamiento 1. Dos puntos de aplicación.

1) El llamado de Dios a nosotros es personal. Él conoce nuestros nombres, el de cada uno de nosotros.

"Yo te he conocido por tu nombre, y has hallado también gracia en mis ojos" (Éx. 33:12).

"Sabed, pues, que Jehová ha escogido al piadoso para sí; Jehová oirá cuando yo a él clamare" (Sal. 4:3).

"No temas, porque yo te redimí; te puse nombre, mío eres tú" (Is. 43:1).

2) Siempre debemos responder de manera positiva al llamado de Dios: "Heme aquí". Debemos obedecer a Dios: hacer exactamente lo que Él quiera.

- Abram respondió: "Heme aquí".

"Entonces el ángel de Jehová le dio voces desde el cielo, y dijo: Abraham, Abraham. Y él respondió: Heme aquí" (Gn. 22:11).

- Samuel respondió: "Heme aquí".

"Jehová llamó a Samuel; y él respondió: Heme aquí" (1 S. 3:4).

- Isaías respondió: "Heme aquí".

"Después oí la voz del Señor, que decía: ¿A quién enviaré, y quién irá por nosotros? Entonces respondí yo: Heme aquí, envíame a mí" (Is. 6:8).

- Pablo respondió: "Heme aquí".

"Él, temblando y temeroso, dijo: Señor, ¿qué quieres que yo haga? Y el Señor le dijo: Levántate y entra en la ciudad, y se te dirá lo que debes hacer" (Hch. 9:6).

3. El llamado de Dios fue un llamado sagrado (v. 5). Dios ordenó a Moisés que se detuviera. Le dijo a Moisés que no se acercara más y que se quitara los zapatos. ¿Por qué? Porque la tierra sobre la cual estaba parado era tierra santa. Fíjese que la tierra no era sagrada en y por sí misma; era sagrada porque Dios estaba allí. Dios se estaba manifestando a sí mismo de una manera especial y estaba utilizando la tierra con un propósito específico, el de hacer un llamado a un hombre para que fuera su sirviente, el mensajero de Dios.

Cuando Dios le dijo a Moisés que se quitara los zapatos, le estaba dando una necesaria lección a Moisés, una lección que toda persona debe aprender: Dios es sagrado. Ser sagrado

[2] © 2011 Editorial Portavoz, Grand Rapids, MI 49501.

significa estar separado y ser distinto, diferente, completamente diferente, del hombre mortal. Significa que Dios es puro, justo, moral, imparcial y eterno, perfecto en cada uno de los detalles de su ser.

Dios es sagrado. Por lo tanto, cuando un hombre mortal se vaya a encontrar en presencia de Dios, debe estar preparado: El hombre debe ser respetuoso, reverente y sumiso.

> ***Pensamiento 1***. Dios no es un "amigo del alma" para el hombre. Tampoco es "el señor que vive en los altos". No es el "típico abuelo" que nos permite portarnos como queramos y nos da lo que deseamos.
>
> Dios es sagrado, diferente, está completamente aparte de este universo. Y gobierna y reina como el Señor Supremo y Majestad del universo. De ahí que al estar ante su sagrada presencia debemos ser: Respetuosos, reverentes y sumisos.
>
> **"¿Quién como tú, oh Jehová, entre los dioses? ¿Quién como tú, magnífico en santidad, terrible en maravillosas hazañas, hacedor de prodigios?" (Éx. 15:11).**
>
> **"Porque yo soy Jehová vuestro Dios; vosotros por tanto os santificaréis, y seréis santos, porque yo soy santo; así que no contaminéis vuestras personas con ningún animal que se arrastre sobre la tierra" (Lv. 11:44).**
>
> **"Exaltad a Jehová nuestro Dios, y postraos ante su santo monte, porque Jehová nuestro Dios es santo" (Sal. 99:9).**
>
> **"Y el uno al otro daba voces, diciendo: Santo, santo, santo, Jehová de los ejércitos; toda la tierra está llena de su gloria" (Is. 6:3).**
>
> **"porque escrito está: Sed santos, porque yo soy santo" (1 P. 1:16).**
>
> **"¿Quién no te temerá, oh Señor, y glorificará tu nombre? pues solo tú eres santo; por lo cual todas las naciones vendrán y te adorarán, porque tus juicios se han manifestado" (Ap. 15:4).**

4. El llamado de Dios fue un llamado del único viviente y verdadero Dios, el único Dios que puede cumplir verdaderamente sus promesas a los hombres (v. 6). Dios manifestó a Moisés algo increíble. Fíjese que dijo exactamente: "Yo soy el Dios de tu padre, Dios de Abraham, Dios de Isaac, y Dios de Jacob". Dios no dijo que Él *era* el Dios de los antepasados de Moisés. Dijo que Él *es* su Dios. Tiempo presente, voz activa. El mismo Jesucristo hizo referencia a este pasaje al decir que Dios mostraba su existencia y la realidad de la vida después de la muerte. Dios probó:

⇒ Que Él es el verdadero Dios viviente.

⇒ Que los creyentes están vivos y activamente comprometidos con Dios para cuando dejen este mundo.

⇒ Que los creyentes realmente entrarán en la Tierra Prometida en el cielo.

Dios *es* el Dios de Abraham, Isaac y Jacob. Ya ellos habían muerto hacía mucho y ya habían pasado más de cuatrocientos años. Sin embargo, aún estaban con vida, vivían con Dios y le servían.

Ahora, fíjese exactamente lo que Dios dijo a Moisés: "Yo soy [tiempo presente, voz activa] el Dios de tu padre, Dios de Abraham, Dios de Isaac, y Dios de Jacob" (v. 6).

⇒ Él es el único y verdadero Dios viviente.

⇒ Él es el Dios de los antepasados de Moisés, el mismo Dios en quien creyeron y a quien sirvieron.

⇒ Él es el Dios que hizo las promesas a los antepasados de Moisés, las promesas de la Tierra Prometida y de la Simiente prometida, lo que significaba tanto una gran nación como el Salvador en persona.

⇒ Él es el Dios con quien los antepasados de Moisés vivieron, el Dios que había cumplido su promesa de darles la Tierra Prometida del cielo, la vida eterna.

Fíjese en la reacción de Moisés ante tan maravillosa revelación: Cubrió su rostro, porque tuvo miedo de mirar a Dios (v. 6).

> ***Pensamiento 1***. El llamado de Dios estaba destinado a fortalecer la fe de Moisés. Solo piense en lo que aprendió Moisés de su revelación: Dios vive; Dios existe realmente.
>
> ⇒ La Tierra Prometida del cielo, la vida eterna, son ciertos.
>
> ⇒ Los creyentes, todos los creyentes que ya hayan partido, viven y vivirán por siempre en presencia de Dios.
>
> ⇒ Dios cumple sus promesas. Él cumplió sus promesas a Abraham, Isaac y Jacob. Por lo tanto, Él cumplirá las promesas que nos hizo.
>
> **"Conoce, pues, que Jehová tu Dios es Dios, Dios fiel, que guarda el pacto y la misericordia a los que le aman y guardan sus mandamientos, hasta mil generaciones" (Dt. 7:9).**
>
> **"Bendito sea Jehová, que ha dado paz a su pueblo Israel, conforme a todo lo que él había dicho; ninguna palabra de todas sus promesas que expresó por Moisés su siervo, ha faltado" (1 R. 8:56).**
>
> **"Jehová, hasta los cielos llega tu misericordia, y tu fidelidad alcanza hasta las nubes" (Sal. 36:5).**
>
> **"Fiel es Dios, por el cual fuisteis llamados a la comunión con su Hijo Jesucristo nuestro Señor" (1 Co. 1:9).**
>
> **"Pero fiel es el Señor, que os afirmará y guardará del mal" (2 Ts. 3:3).**
>
> **"Por lo cual asimismo padezco esto; pero no me avergüenzo, porque yo sé a quién he creído, y estoy seguro que es poderoso para guardar mi depósito para aquel día" (2 Ti. 1:12).**
>
> **"Mantengamos firme, sin fluctuar, la profesión de nuestra esperanza, porque fiel es el que prometió" (He. 10:23).**

3 (3:7-8) ***Llamado de Dios***: Tercero, hubo razones por las cuales Dios llamó a Moisés. Dios llamó a Moisés por tres razones específicas, razones que son ciertas de todo llamado de Dios.

1. Dios estaba muy preocupado por el sufrimiento de su pueblo (v. 7). Su preocupación se demuestra de manera gráfica:
   a. Dios vio la aflicción y la miseria de su pueblo (v. 7). Fíjese con qué fuerza se expone este hecho: "Bien he visto la aflicción de mi pueblo" (v. 7). Esta es la primera vez que Dios llamó a Israel "mi pueblo".
   b. Dios escuchó el clamor de su pueblo (v. 7). Sin duda los capataces los maldecían los maltrataban, los golpeaban y los obligaban a trabajar más allá del agotamiento total. El pueblo se quejaba y gemía bajo la aflicción opresiva. Dios era su única esperanza, y no podían hacer otra cosa que no fuera clamar a Dios. Eso hicieron y ahora sucedía lo más maravilloso: Dios oyó su clamor y tomaba partido para suplir sus necesidades.
   c. Dios sabía acerca de su pena y sufrimiento, y estaba muy preocupado por ellos (v. 7).

Pensamiento 1. En este punto se observan claramente dos lecciones.

1) Dios siempre ve nuestro sufrimiento y miseria. Él siempre escucha nuestro clamor. Dios sabe todo acerca de nuestras penas y está muy preocupado por nosotros. La verdadera razón por la que Dios nos llama para que le sirvamos es porque:
   - Él ve la aflicción y el sufrimiento de las personas.
   - Él escucha cuando claman por ayuda.
   - Él sabe todo acerca de nuestras penas y está muy preocupado al respecto.

"Aunque afligido yo y necesitado, Jehová pensará en mí. Mi ayuda y mi libertador eres tú; Dios mío, no te tardes" (Sal. 40:17).

"No temas, porque yo estoy contigo; no desmayes, porque yo soy tu Dios que te esfuerzo; siempre te ayudaré, siempre te sustentaré con la diestra de mi justicia" (Is. 41:10).

"Cuando pases por las aguas, yo estaré contigo; y si por los ríos, no te anegarán. Cuando pases por el fuego, no te quemarás, ni la llama arderá en ti" (Is. 43:2).

"Y hasta la vejez yo mismo, y hasta las canas os soportaré yo; yo hice, yo llevaré, yo soportaré y guardaré" (Is. 46:4).

"echando toda vuestra ansiedad sobre él, porque él tiene cuidado de vosotros" (1 P. 5:7).

2) Dios también quiere que veamos, escuchemos y nos preocupemos por su pueblo, por aquellos que sufren en el mundo.

"En todo os he enseñado que, trabajando así, se debe ayudar a los necesitados, y recordar las palabras del Señor Jesús, que dijo: Más bienaventurado es dar que recibir" (Hch. 20:35).

"Así que, los que somos fuertes debemos soportar las flaquezas de los débiles, y no agradarnos a nosotros mismos" (Ro. 15:1).

"Sobrellevad los unos las cargas de los otros, y cumplid así la ley de Cristo" (Gá. 6:2).

"Vestíos, pues, como escogidos de Dios, santos y amados, de entrañable misericordia, de benignidad, de humildad, de mansedumbre, de paciencia" (Col. 3:12).

"Acordaos de los presos, como si estuvierais presos juntamente con ellos; y de los maltratados, como que también vosotros mismos estáis en el cuerpo" (He. 13:3).

2. Dios bajó a librar a su pueblo del sufrimiento (v. 8). Él quería librarlos de la esclavitud, de la mano esclavista de su enemigo (Egipto). Fíjese en la imagen: Dios vino como el Dios de la liberación que llevaría a cabo la redención. Dios vino a salvar a su pueblo, a liberarlo de la esclavitud a que lo tenía sometido el malvado príncipe y los malvados esclavistas de Egipto.

Pensamiento 1. Esto debe darnos gran certeza, gran confianza, gran seguridad, Dios tiene el poder para salvarnos.

1) Dios puede librarnos de nuestro sufrimiento.
2) Dios puede librarnos de ser esclavos de alguien, persona, nación o poder, ya sea físico o espiritual. A lo largo de las Escrituras, el antiguo Egipto es símbolo del mundo y de las cosas terrenales; y Faraón es el símbolo del príncipe del mal, del mismo Satanás. Dios puede librarnos de Satanás y del mundo y de lo que nos esclaviza en este mundo. No importa cuán esclavizados nos tenga algún poder, ya sea físico o espiritual, Dios puede liberarnos.

"Dijo: Jehová es mi roca y mi fortaleza, y mi libertador" (2 S. 22:2).

"Él te librará del lazo del cazador, de la peste destructora" (Sal. 91:3).

"No temas delante de ellos, porque contigo estoy para librarte, dice Jehová" (Jer. 1:8).

"Él salva y libra, y hace señales y maravillas en el cielo y en la tierra; él ha librado a Daniel del poder de los leones" (Dn. 6:27).

"No os ha sobrevenido ninguna tentación que no sea humana; pero fiel es Dios, que no os dejará ser tentados más de lo que podéis resistir, sino que dará también juntamente con la tentación la salida, para que podáis soportar" (1 Co. 10:13).

"Y el Señor me librará de toda obra mala, y me preservará para su reino celestial. A él sea gloria por los siglos de los siglos. Amén" (2 Ti. 4:18).

"Así que, por cuanto los hijos participaron de carne y sangre, él también participó de lo mismo, para destruir por medio de la muerte al que tenía el imperio de la muerte, esto es, al diablo, y librar a todos los que por el temor de la muerte estaban durante toda la vida sujetos a servidumbre" (He. 2:14-15).

"sabe el Señor librar de tentación a los piadosos, y reservar a los injustos para ser castigados en el día del juicio" (2 P. 2:9)

Pensamiento 2. Fíjese en estos dos hechos significativos acerca de la redención.

1) Dios es nuestro Redentor.

"Yo sé que mi Redentor vive, y al fin se levantará sobre el polvo" (Job 19:25).

"Y él redimirá a Israel de todos sus pecados" (Sal. 130:8).

"Porque el defensor de ellos es el Fuerte, el cual juzgará la causa de ellos contra ti" (Pr. 23:11).

"Así dice Jehová, tu Redentor, que te formó desde el vientre: Yo Jehová, que lo hago todo, que extiendo solo los cielos, que extiendo la tierra por mí mismo" (Is. 44:24).

"Nuestro Redentor, Jehová de los ejércitos es su nombre, el Santo de Israel" (Is. 47:4).

"Y vendrá el Redentor a Sion, y a los que se volvieren de la iniquidad en Jacob, dice Jehová" (Is. 59:20).

"En tu mano encomiendo mi espíritu; Tú me has redimido, oh Jehová, Dios de verdad" (Sal. 31:5).

"Redención ha enviado a su pueblo; para siempre ha ordenado su pacto; santo y temible es su nombre" (Sal. 111:9).

"Espere Israel a Jehová, porque en Jehová hay misericordia, y abundante redención con él" (Sal. 130:7).

"Ahora, así dice Jehová, Creador tuyo, oh Jacob, y Formador tuyo, oh Israel: No temas, porque yo te redimí; te puse nombre, mío eres tú" (Is. 43:1).

"Bendito el Señor Dios de Israel, que ha visitado y redimido a su pueblo" (Lc. 1:68).

"Esta, presentándose en la misma hora, daba gracias a Dios, y hablaba del niño a todos los que esperaban la redención en Jerusalén" (Lc. 2:38).

2) Dios nos redime a través de su Hijo, el Señor Jesucristo. Es Cristo quien nos salva y nos libra del poder de Satanás y de ser esclavos de este mundo. Jesucristo puede librarnos de la vergüenza, del derrumbamiento, de la soledad, de la rutina, de la inmoralidad, de las drogas, del alcohol, de la pornografía, del robo, del maltrato, de los delitos y de cualquier otro poder esclavizante. Él es el Redentor y Salvador del hombre. Jesucristo nos puede llevar…

- del pecado a la justicia
- de la muerte a la vida
- del infierno al cielo
- de la desolación a la abundancia
- de la soledad a la amistad
- de la oscuridad a la luz
- del rumbo errático a un propósito
- de la insignificancia a la trascendencia

"siendo justificados gratuitamente por su gracia, mediante la redención que es en Cristo Jesús" (Ro. 3:24).

"Mas por él estáis vosotros en Cristo Jesús, el cual nos ha sido hecho por Dios sabiduría, justificación, santificación y redención" (1 Co. 1:30).

"Cristo nos redimió de la maldición de la ley, hecho por nosotros maldición (porque está escrito: Maldito todo el que es colgado en un madero)" (Gá. 3:13).

"en quien tenemos redención por su sangre, el perdón de pecados" (Col. 1:14).

"quien se dio a sí mismo por nosotros para redimirnos de toda iniquidad y purificar para sí un pueblo propio, celoso de buenas obras" (Tit. 2:14).

"y no por sangre de machos cabríos ni de becerros, sino por su propia sangre, entró una vez para siempre en el Lugar Santísimo, habiendo obtenido eterna redención" (He. 9:12).

"sabiendo que fuisteis rescatados de vuestra vana manera de vivir, la cual recibisteis de vuestros padres, no con cosas corruptibles, como oro o plata" (1 P. 1:18).

"y cantaban un nuevo cántico, diciendo: Digno eres de tomar el libro y de abrir sus sellos; porque tú fuiste inmolado, y con tu sangre nos has redimido para Dios, de todo linaje y lengua y pueblo y nación" (Ap. 5:9).

3. Dios quería dar a su pueblo la Tierra Prometida (v. 8). Recuerde, la Tierra Prometida de Canaán era un símbolo de la Tierra Prometida del cielo (vea nota, Gn. 12:1). Fíjese con exactitud en lo que Dios dijo: Él no solo iba a liberar a su pueblo de la esclavitud, sino que Él también los iba a guiar hasta la Tierra Prometida. Él dijo dos cosas acerca de la tierra:

⇒ Era una tierra donde "fluía la leche y la miel" (v. 8). Esta es una imagen que denota gran provecho, fertilidad y abundancia. La Tierra Prometida era una tierra donde se recogían los mejores frutos, una tierra con suficientes provisiones para satisfacer todas las necesidades físicas del pueblo de Dios. El término se utiliza a los largo de las Escrituras (Éx. 3:17; 13:5).

⇒ Era una tierra espaciosa, una tierra tan espaciosa que en aquel entonces se encontraban habitándola seis naciones (v. 8). La idea es que la tierra era lo suficientemente amplia como para albergarlos a todos. Era una tierra donde todos tendrían espacio de sobra y vivirían en paz (v. 8).

Pensamiento 1. Dios no solo nos redime *de* algo, Él nos redime *hacia* algo. Él nos redime de Satanás y del mundo y nos redime hacia Él y hacia el cielo. La tierra de Canaán, prometida a Israel, es una imagen de la Tierra Prometida del cielo.

1) El cielo es un lugar donde fluye la leche y la miel, un lugar donde todas nuestras necesidades se satisfacen con abundancia.

"Antes bien, como está escrito: Cosas que ojo no vio, ni oído oyó, ni han subido en corazón de hombre, son las que Dios ha preparado para los que le aman" (1 Co. 2:9).

"Vi un cielo nuevo y una tierra nueva; porque el primer cielo y la primera tierra pasaron, y el mar ya no existía más. Y yo Juan vi la santa ciudad, la nueva Jerusalén, descender del cielo, de Dios, dispuesta

como una esposa ataviada para su marido. Y oí una gran voz del cielo que decía: He aquí el tabernáculo de Dios con los hombres, y él morará con ellos; y ellos serán su pueblo, y Dios mismo estará con ellos como su Dios. Enjugará Dios toda lágrima de los ojos de ellos; y ya no habrá muerte, ni habrá más llanto, ni clamor, ni dolor; porque las primeras cosas pasaron" (Ap. 21:1-4).

"Después me mostró un río limpio de agua de vida, resplandeciente como cristal, que salía del trono de Dios y del Cordero. En medio de la calle de la ciudad, y a uno y otro lado del río, estaba el árbol de la vida, que produce doce frutos, dando cada mes su fruto; y las hojas del árbol eran para la sanidad de las naciones. Y no habrá más maldición; y el trono de Dios y del Cordero estará en ella, y sus siervos le servirán, y verán su rostro, y su nombre estará en sus frentes. No habrá allí más noche; y no tienen necesidad de luz de lámpara, ni de luz del sol, porque Dios el Señor los iluminará; y reinarán por los siglos de los siglos" (Ap. 22:1-5).

2) El cielo es espacioso: En el cielo hay espacio para todos los que creen en Dios.

"Porque de tal manera amó Dios al mundo, que ha dado a su Hijo unigénito, para que *todo aquel* que en él cree, no se pierda, mas tenga vida eterna" (Jn. 3:16).

"No se turbe vuestro corazón; creéis en Dios, creed también en mí. En la casa de mi Padre *muchas moradas hay*; si así no fuera, yo os lo hubiera dicho; voy, pues, a preparar lugar para vosotros. Y si me fuere y os preparare lugar, vendré otra vez, y os tomaré a mí mismo, para que donde yo estoy, vosotros también estéis" (Jn. 14:1-3).

"Porque sabemos que si nuestra morada terrestre, este tabernáculo, se deshiciere, tenemos de Dios un edificio, una casa no hecha de manos, eterna, en los cielos" (2 Co. 5:1).

"Por la fe Abraham, siendo llamado, obedeció para salir al lugar que había de recibir como herencia; y salió sin saber a dónde iba. Por la fe habitó como extranjero en la tierra prometida como en tierra ajena, morando en tiendas con Isaac y Jacob, coherederos de la misma promesa; porque esperaba la ciudad que tiene fundamentos, cuyo arquitecto y constructor es Dios" (He. 11:8-10).

"Conforme a la fe murieron todos éstos sin haber recibido lo prometido, sino mirándolo de lejos, y creyéndolo, y saludándolo, y confesando que eran extranjeros y peregrinos sobre la tierra. Porque los que esto dicen, claramente dan a entender que buscan una patria; pues si hubiesen estado pensando en aquella de donde salieron, ciertamente tenían tiempo de volver. Pero anhelaban una mejor, esto es, celestial; por lo cual Dios no se avergüenza de llamarse Dios de ellos; porque les ha preparado una ciudad" (He. 11:13-16).

"Bendito el Dios y Padre de nuestro Señor Jesucristo, que según su grande misericordia nos hizo renacer para una esperanza viva, por la resurrección de Jesucristo de los muertos, para una herencia incorruptible, incontaminada e inmarcesible, reservada en los cielos para vosotros" (1 P. 1:3-4).

"Pero el día del Señor vendrá como ladrón en la noche; en el cual los cielos pasarán con grande estruendo, y los elementos ardiendo serán deshechos, y la tierra y las obras que en ella hay serán quemadas. Puesto que todas estas cosas han de ser deshechas, ¡cómo no debéis vosotros andar en santa y piadosa manera de vivir, esperando y apresurándoos para la venida del día de Dios, en el cual los cielos, encendiéndose, serán deshechos, y los elementos, siendo quemados, se fundirán! Pero nosotros esperamos, según sus promesas, cielos nuevos y tierra nueva, en los cuales mora la justicia" (2 P. 3:10-13).

ESTUDIO A FONDO 2

(3:8) ***Cananeos — Israel — Tierra Prometida — Lucha espiritual — Separación — Compromiso — Religión, falsa — Guerra —Mundanalidad***: La tierra que Dios había prometido a los israelitas no estaba deshabitada. Antes de que Israel pudiera poseer completamente la tierra donde fluía la leche y la miel, tendrían que lidiar con diversos enemigos.

⇒ Los *cananeos* eran descendientes directos de Canaán (Gn. 10:15-18). De los hijos de Canaán surgieron diversos pueblos: Los heteos, los amorreos, los ferezeos, los heveos y los jebuseos.

⇒ La *religión* de los cananeos se centraba en diversas deidades, pero daban mayor importancia a *El* (también conocido como Baal). Con el tiempo, Israel comenzó a descuidar el mandato de Dios de destruir toda influencia cananea. Dejaron de adorar solo a Dios. Dejaron que la falsa religión de los cananeos pasara a formar parte de la vida diaria. Más tarde, este descuido resultó ser un error fatal.

⇒ Los israelitas comenzaron a sentirse atraídos por el estilo de vida *materialista* e *inmoral* de los cananeos. En vez de los israelitas atraer a los cananeos a su cultura, los cananeos arrastraron a los israelitas a la suya. Los israelitas permitieron que el veneno mundano contaminara la vida de cada uno de ellos con lujuria por las cosas de este mundo: Codiciaban a los hombres y a las mujeres de Canaán y codiciaban los bienes materiales de los cananeos. Fue un veneno que adormeció su deseo de vivir una vida de moral ante Dios y el hombre.

Pensamiento 1. Libramos una lucha día tras día:

- Al tratar de vivir una vida de separación, una vida de moralidad y justicia.
- Al tratar de resistirnos a las personas y las cosas que tratan de alejarnos de Dios.
- Al tratar de no hacer concesiones con respecto a las convicciones bíblicas en un clima en que la moral cambia constantemente.

- Al tratar de resistirnos a la tentación de formar parte de la febril competitividad de la vida moderna.
- Al tratar de sortear los escollos de la idolatría.
- Al tratar de vivir por la verdad.
- Al tratar de ir por todas partes agradeciendo y alabando a Dios.

"¿Con qué limpiará el joven su camino? Con guardar tu palabra. Con todo mi corazón te he buscado; no me dejes desviarme de tus mandamientos. En mi corazón he guardado tus dichos, para no pecar contra ti" (Sal. 119:9-11).

"Ordena mis pasos con tu palabra, y ninguna iniquidad se enseñoree de mí" (Sal. 119:133).

[4] (3:9-10) ***Llamado, de Dios***: Dios recibió la respuesta esperada a su llamado. Dios esperaba dos respuestas de Moisés, las mismas dos respuestas que hubiera esperado de cualquier persona que Él hubiera llamado para servirse de ella.

1. Moisés debía contemplar, ver, captar, percibir, la visión y la compasión de Dios para con su pueblo (v. 9). Fíjese que Dios repetía lo que había acabado de decir en el versículo siete: El clamor de su pueblo había llegado hasta Él y había visto su terrible sufrimiento. ¿Por qué se repite este hecho? Obviamente, los sufrimientos del pueblo habían a Dios conmovido profundamente. Pero hay más que esto, Dios quería que este punto llegara al corazón de Moisés. Dios quería conmover el corazón de Moisés con los sufrimientos de su pueblo. Dios quería que el corazón de Moisés se rompiera de compasión. Moisés necesitaba captar la gran visión de Dios para su pueblo. Entonces, solo entonces, obedecería Moisés al llamado de Dios.

2. Moisés debía convertirse en el mensajero de Dios para liberar al pueblo de Dios de la esclavitud (v. 10). He aquí el gran llamamiento de Moisés, el gran encargo que le hizo Dios a Moisés. Observe los siguientes hechos:

a. Fue Dios quien envió a Moisés (v. 10). Moisés no se nombró a sí mismo vocero de Dios, no contaba con autoridad para hacer tal cosa. Moisés fue nombrado, escogido, enviado y había recibido el encargo del mismo Dios. Dios y solo Dios tiene la autoridad para llamar y encargar a alguien la tarea de que lo represente.

Pensamiento 1. ¿Cuántos púlpitos no se han llenado de personas que Dios no ha llamado realmente? ¿Qué veían el ministerio simplemente como una profesión? ¿Solo como una vía para ganar dinero o vivir decentemente? ¿Cuántas personas no han escogido el ministerio porque parecía la mejor vía para servir a las personas y realizar una contribución encomiable a la sociedad?

"Guardaos de los falsos profetas, que vienen a vosotros con vestidos de ovejas, pero por dentro son lobos rapaces" (Mt. 7:15).

"Pues en vano me honran, enseñando como doctrinas, mandamientos de hombres" (Mt. 15:9).

"Pues no somos como muchos, que medran falsificando la palabra de Dios, sino que con sinceridad, como de parte de Dios, y delante de Dios, hablamos en Cristo" (2 Co. 2:17).

"Antes bien renunciamos a lo oculto y vergonzoso, no andando con astucia, ni adulterando la palabra de Dios, sino por la manifestación de la verdad recomendándonos a toda conciencia humana delante de Dios" (2 Co. 4:2).

"Pero el Espíritu dice claramente que en los postreros tiempos algunos apostatarán de la fe, escuchando a espíritus engañadores y a doctrinas de demonios; por la hipocresía de mentirosos que, teniendo cauterizada la conciencia" (1 Ti. 4:1-2).

"Pero hubo también falsos profetas entre el pueblo, como habrá entre vosotros falsos maestros, que introducirán encubiertamente herejías destructoras, y aun negarán al Señor que los rescató, atrayendo sobre sí mismos destrucción repentina" (2 P. 2:1).

b. El llamamiento y encargo de Moisés fue de rescatar a las personas, liberarlas de la esclavitud (v. 10).

Pensamiento 1. Cuando Dios nos hace un llamado, Él espera que respondamos, que aceptemos su llamado.

1) Dios espera que captemos su visión y compasión por las personas.
2) Dios espera que vayamos adelante como sus mensajeros, que avancemos a liberar a las personas de la esclavitud de las cosas mundanas de la tierra. Dios espera que llevemos a los pecadores…
   - del pecado a la justicia
   - de la esclavitud a la libertad
   - de la muerte a la vida
   - de la enfermedad a la salud
   - del hambre a la saciedad
   - de la soledad a la amistad
   - de la división a la reconciliación
   - del odio al amor
   - de la guerra a la paz
   - del prejuicio a la aceptación

"como el Hijo del Hombre no vino para ser servido, sino para servir, y para dar su vida en rescate por muchos" (Mt. 20:28).

"Por tanto, id, y haced discípulos a todas las naciones, bautizándolos en el nombre del Padre, y del Hijo, y del Espíritu Santo; enseñándoles que guarden todas las cosas que os he mandado; y he aquí yo estoy con vosotros todos los días, hasta el fin del mundo. Amén" (Mt. 28:19-20).

"Y les dijo: Id por todo el mundo y predicad el evangelio a toda criatura" (Mr. 16:15).

"No me elegisteis vosotros a mí, sino que yo os elegí a vosotros, y os he puesto para que vayáis y llevéis fruto, y vuestro fruto permanezca; para que todo lo que pidiereis al Padre en mi nombre, él os lo dé" (Jn. 15:16).

"pero recibiréis poder, cuando haya venido sobre vosotros el Espíritu Santo, y me seréis testigos en Jerusalén, en toda Judea, en Samaria, y hasta lo último de la tierra" (Hch. 1:8).

"El Señor le dijo: Ve, porque instrumento escogido me es éste, para llevar mi nombre en presencia de los gentiles, y de reyes, y de los hijos de Israel" (Hch. 9:15).

"Y él dijo: El Dios de nuestros padres te ha escogido para que conozcas su voluntad, y veas al Justo, y oigas la voz de su boca. Porque serás testigo suyo a todos los hombres, de lo que has visto y oído" (Hch. 22:14-15).

"lo que hemos visto y oído, eso os anunciamos, para que también vosotros tengáis comunión con nosotros; y nuestra comunión verdaderamente es con el Padre, y con su Hijo Jesucristo" (1 Jn. 1:3).

ESTUDIO A FONDO 3

(3:9-10) ***Llamado, de Dios — Cuadro, de personas que recibieron el llamado de Dios***: Cuando Dios hace un llamado a una persona, ocurren dos cosas: Dios hace el llamado y la persona responde. El creyente puede aprender mucho a partir de un sencillo estudio que se centra en el llamamiento de algunos de los personajes del Antiguo Testamento.

UN ESTUDIO GENERAL DE LOS LLAMADOS DE DIOS A SU PUEBLO

La persona	La referencia	El llamamiento	La respuesta
Adán	Gn. 2:15-17	Cultivar el huerto y cuidarlo, manteniéndose alejado del árbol del conocimiento del bien y el mal.	Adán desobedeció a Dios y comió el fruto del árbol prohibido.
Noé	Gn. 6:14-22	Construir un arca para salvar a Noé, su familia y una pareja de cada criatura viviente.	Noé hizo todo lo que Dios lo encomendó.
Abraham	Gn. 12:1-4	Dejar… • su país • su familia • el hogar paterno … y buscar la Tierra Prometida de Dios.	Abram partió e hizo exactamente lo que el Señor le ordenó.
Moisés	Éx. 3:1-10	Ir al Egipto de Faraón y liberar a su pueblo de la esclavitud.	Después de dar a Dios una lista de excusas, Moisés terminó por rendirse ante el llamado de Dios de liberar a Israel.
Josué	Jos. 1:1-9	Llevar a Israel a la Tierra Prometida.	Después de aceptar el reto de Dios de ser "fuerte y valiente", Josué guió al pueblo a la Tierra Prometida
Gedeón	Jue. 6:11-24	Liberar a Israel de la mano de Madián.	Madián fue sometida por los hijos de Israel (Jue. 8:28).
Samuel	1 S. 3:1-14	Sustituir el corrupto liderazgo sacerdotal de la casa de Elí.	En una época en que escuchar unas palabras del Señor era extraño, Samuel no solo escuchó al Señor ("Heme aquí"), sino que compartió la palabra del Señor con Elí.
Saúl	1 S. 9:15-16	[Dado a Saúl a través de Samuel] • Ser capitán o príncipe de Israel. • Liberar a Israel de los filisteos.	Saúl reinó como rey durante 32 años (1 S. 13:1).

La persona	La referencia	El llamamiento	La respuesta
David	1 S. 16:7-13	Convertirse en rey de Israel.	A pesar de que el llamamiento de David de convertirse en rey le llegó durante su juventud, Dios lo estaba preparando para la tarea: de pastor a rey. Después de Saúl, David se convirtió en el siguiente rey de Israel.
Salomón	1 R. 2:1-4	[La carga de David pasa a su hijo] • Ser fuerte como un hombre • Soportar la carga de Dios nuestro Señor • Andar en sus caminos Mantener sus estatutos, juicios y testimonios.	El reino de Salomón fue firme en "gran manera" (1 R. 2:12).
Isaías	Is. 6:1-8	Ser enviado por Dios a predicar ante su pueblo rebelde.	Isaías le respondió con esta gran confesión: "Heme aquí; envíame a mí".
Ezequiel	Ez. 2:1-10	Ser profeta en medio del pueblo de Dios, la nación rebelde de Israel que se encontraba cautiva.	Ezequiel, un hombre lleno del Espíritu de Dios, obedeció al Señor y profetizó a los que se encontraban en Babilonia.
Jeremías	Jer. 1:4-19	Voltear su mundo patas arriba al pronunciar el juicio de Dios con respecto a Judas.	Conocido como el "el profeta que lloraba", Jeremías proclamó fielmente la Palabra del Señor.

TIPOS, SÍMBOLOS E ILUSTRACIONES
ÉXODO 3:1-10

TÉRMINO HISTÓRICO	TIPO O ILUSTRACIÓN (FUNDAMENTO BÍBLICO DE CADA UNO)	APLICACIÓN PARA LA VIDA DEL CREYENTE DE HOY DÍA	APLICACIÓN BÍBLICA
Moisés (Éx. 3:1s)	• *Moisés fue salvado en su niñez (Éx. 2:1-10).*	• *Jesucristo fue salvado en su niñez.*	***"Y él, despertando, tomó de noche al niño y a su madre, y se fue a Egipto, y estuvo allá hasta la muerte de Herodes; para que se cumpliese lo que dijo el Señor por medio del profeta, cuando dijo: De Egipto llamé a mi Hijo" (Mt. 2:14-15).***
	• *Moisés luchó contra Faraón (un símbolo de Satanás) (Éx. 7:11).*	• *Jesucristo luchó contra Satanás.*	***"Y después de haber ayunado cuarenta días y cuarenta noches, tuvo hambre" (Mt. 4:2).***
	• *Moisés ayunó durante 40 días (Éx. 34:28).*	• *Jesucristo ayunó durante 40 días.*	***"Y después de haber ayunado cuarenta días y cuarenta noches, tuvo hambre" (Mt. 4:2).***
	• *Dios utilizó a Moisés para controlar el mar (Éx. 14:21).*	• *Jesucristo controló el mar.*	***"Él les dijo: ¿Por qué teméis, hombres de poca fe? Entonces, levantándose, reprendió a los vientos y al mar; y se hizo grande bonanza" (Mt. 8:26).***
	• *Moisés dio de comer a una multitud (Éx. 16:15).*	• *Jesucristo dio de comer a una multitud.*	***"Y comieron todos, y se saciaron; y recogieron lo que sobró de los pedazos, doce cestas llenas. Y los que comieron fueron como cinco mil hombres, sin contar las mujeres y los niños" (Mt. 14:20-21).***
	• *El rostro de Moisés resplandeció con la gloria de Dios (Éx. 34:35).*	• *El rostro de Jesucristo resplandeció con la gloria de Dios.*	***"y se transfiguró delante de ellos, y resplandeció su rostro como el sol, y sus vestidos se hicieron blancos como la luz" (Mt. 17:2).***
	• *Moisés padeció las quejas y las críticas de las personas (Éx. 15:24).*	• *Jesucristo padeció las quejas y las críticas de las personas.*	***"los cuales, viendo a algunos de los discípulos de Jesús comer pan con manos inmundas, esto es, no lavadas, los condenaban" (Mr. 7:2).***
	• *Moisés sufrió la oposición de su propia familia (Nm. 12:1).*	• *Jesucristo sufrió la oposición de su propia familia.*	***"Porque ni aun sus hermanos creían en él" (Jn. 7:5).***
	• *Moisés fue un intercesor.* *(Ofreció una oración de intercesión por su pueblo) (Éx. 32:31-32).*	• *Jesucristo fue un intercesor.* *(Ofreció una oración de intercesión por su pueblo).*	***"Yo ruego por ellos; no ruego por el mundo, sino por los que me diste; porque tuyos son" (Jn. 17:9).***

TÉRMINO HISTÓRICO	TIPO O ILUSTRACIÓN (FUNDAMENTO BÍBLICO DE CADA UNO)	APLICACIÓN PARA LA VIDA DEL CREYENTE DE HOY DÍA	APLICACIÓN BÍBLICA
	• *Moisés tenía setenta ayudadores (Nm. 11:16-17).*	• *Jesucristo tenía setenta ayudadores.*	***"Después de estas cosas, designó el Señor también a otros setenta, a quienes envió de dos en dos delante de él a toda ciudad y lugar adonde él había de ir" (Lc. 10:1).***
	• *Moisés estableció ordenanzas, memoriales (Éx. 12:14).*	• *Jesucristo estableció ordenanzas, memoriales.*	***"Y tomó el pan y dio gracias, y lo partió y les dio, diciendo: Esto es mi cuerpo, que por vosotros es dado; haced esto en memoria de mí" (Lc. 22:19).***
	• *Moisés resucitó (Mt. 17:3).*	• *Jesucristo resucitó.*	***"a quienes también, después de haber padecido, se presentó vivo con muchas pruebas indubitables, apareciéndoseles durante cuarenta días y hablándoles acerca del reino de Dios" (Hch. 1:3).***
La zarza ardiente (Éx. 3:2, 5)	*Una imagen de la gloria, presencia y santidad de Dios.* **"Y tuve por más feliz que unos y otros al que no ha sido aún, que no ha visto las malas obras que debajo del sol se hacen. . . . El necio cruza sus manos y come su misma carne" (Éx. 3:2, 5).** **"Porque yo soy Jehová, que os hago subir de la tierra de Egipto para ser vuestro Dios: seréis, pues, santos, porque yo soy santo" (Lv. 11:45).** (cp. Lv. 19:2; 1 Cr. 16:29).	⇒ La gloria, presencia y santidad de Dios están disponibles para cada creyente: • Que busque experiencias más profundas con Dios. • Que añora conocer a Dios más y más. • Que se acerca a Dios más y más. • Que ama a Dios sin reservas.	***"Así que, hermanos, os ruego por las misericordias de Dios, que presentéis vuestros cuerpos en sacrificio vivo, santo, agradable a Dios, que es vuestro culto racional. No os conforméis a este siglo, sino transformaos por medio de la renovación de vuestro entendimiento, para que comprobéis cuál sea la buena voluntad de Dios, agradable y perfecta" (Ro. 12:1-2).*** ***"Así que, amados, puesto que tenemos tales promesas, limpiémonos de toda contaminación de carne y de espíritu, perfeccionando la santidad en el temor de Dios" (2 Co. 7:1).*** ***"sino, como aquel que os llamó es santo, sed también vosotros santos en toda vuestra manera de vivir; porque escrito está: Sed santos, porque yo soy santo" (1 P. 1:15-16).*** *(cp. 1 Cr. 16:29; Is. 6:1-3, 5; Ro. 11:33; 2 Co. 3:18).*

Nota: La comparación entre Moisés y Cristo fue tomada de *The Thompson Chain Reference Bible* [La Biblia de referencia Thompson], Cyclopedia Index. (Indianápolis, IN: B. B. Kirkbride Bible Co., Inc., 1964), pp. 95, #2421.

1 **Argumento 1: Se sintió incapaz y poco calificado**

a. Excusa de Moisés: ¿Quién soy yo para asumir tamaña tarea?
   1) Ir ante Faraón
   2) Liberar al pueblo esclavizado

b. Respuesta de Dios: Le exige fe, que crea en la promesa de Dios
   1) La promesa de la presencia de Dios: “Estaré contigo”
   2) La promesa de una señal: Israel adoraría a Dios en la misma montaña donde Moisés se había parado

2 **Argumento 2: Sintió que las personas desconocerían a Dios y tendrían dudas acerca del poder de Dios para ayudarlos en realidad**

a. Excusa de Moisés: Sintió que las personas cuestionarían su llamamiento y cuestionarían quién era Dios, cuestionarían su poder para salvarlos y liberarlos

b. Respuesta de Dios: Moisés debía manifestar algunos hechos a Israel
   1) El nombre de Dios “YO SOY EL QUE SOY”, fue Él quien envió a Moisés[EF1]
   2) La identidad de Dios, Dios nuestro Señor: Él es el mismo Dios que el Dios de Abraham, que el Dios de Isaac, que el Dios de Jacob, fue Él quien envió a Moisés
   3) El memorial de Dios: Su nombre, Dios

D. Las excusas de Moisés: Un profeta reacio: Argumentos para no servir a Dios, 3:11—4:17

11 Entonces Moisés respondió a Dios: ¿Quién soy yo para que vaya a Faraón, y saque de Egipto a los hijos de Israel?
12 Y él respondió: Ve, porque yo estaré contigo; y esto te será por señal de que yo te he enviado: cuando hayas sacado de Egipto al pueblo, serviréis a Dios sobre este monte.

13 Dijo Moisés a Dios: He aquí que llego yo a los hijos de Israel, y les digo: El Dios de vuestros padres me ha enviado a vosotros. Si ellos me preguntaren: ¿Cuál es su nombre?, ¿qué les responderé?
14 Y respondió Dios a Moisés: YO SOY EL QUE SOY. Y dijo: Así dirás a los hijos de Israel: YO SOY me envió a vosotros.
15 Además dijo Dios a Moisés: Así dirás a los hijos de Israel: Jehová, el Dios de vuestros padres, el Dios de Abraham, Dios de Isaac y Dios de Jacob, me ha enviado a vosotros. Este es mi nombre para siempre; con él se me recordará por todos los siglos.
16 Ve, y reúne a los ancianos de Israel, y diles: Jehová, el Dios de vuestros padres, el Dios de Abraham, de Isaac y de Jacob, me apareció diciendo: En verdad os he visitado, y he visto lo que se os hace en Egipto;
17 y he dicho: Yo os sacaré de la aflicción de Egipto a la tierra del cananeo, del heteo, del amorreo, del ferezeo, del heveo y del jebuseo, a una tierra que fluye leche y miel.
18 Y oirán tu voz; e irás tú, y los ancianos de Israel, al rey de Egipto, y le diréis: Jehová el Dios de los hebreos nos ha encontrado; por tanto, nosotros iremos ahora camino de tres días por el desierto, para que ofrezcamos sacrificios a Jehová nuestro Dios.
19 Mas yo sé que el rey de Egipto no os dejará ir sino por mano fuerte.
20 Pero yo extenderé mi mano, y heriré a Egipto con todas mis maravillas que haré en él, y entonces os dejará ir.
21 Y yo daré a este pueblo gracia en los ojos de los egipcios, para que cuando salgáis, no vayáis con las manos vacías;
22 sino que pedirá cada mujer a su vecina y a su huésped alhajas de plata, alhajas de oro, y vestidos, los cuales pondréis sobre vuestros hijos y vuestras hijas; y despojaréis a Egipto.

CAPÍTULO 4

1 Entonces Moisés respondió diciendo: He aquí que ellos no me creerán, ni

nuestro Señor, es su memorial, el nombre que ha de ser conocido y recordado por siempre
   4) La preocupación y el cuidad de Dios por su pueblo, Israel
   5) La promesa de liberación que había hecho Dios: Dios había prometido 400 años antes sacar a Israel de Egipto y conducirlos a tierra prometida (Gn. 15:13-14; 50:24)
   6) La promesa que hizo Dios a Moisés, su sirviente: Las personas lo escucharían y aceptarían su liderazgo
   7) Las instrucciones de Dios a los ancianos (líderes): Moisés y los ancianos debían acudir a Faraón a decirle que Dios se había aparecido ante ellos y les había exigido que salieran de Egipto por tres días para adorar a Dios
   8) La advertencia y predicción de Dios: El rey de Egipto se negaría a su petición
   9) El juicio de Dios y su garantía de liberación: Su mano de juicio obligaría al rey a liberar a Israel
   10) El poder de Dios: Su poder para lograr que los egipcios favorecieran a su pueblo y rectificaran sus injusticias contra su pueblo: Una vez liberados de Egipto, debían pedir plata, oro y ropas a los egipcios

3 **Argumento 3: Sintió que las personas no le creerían**

a. Excusa de Moisés: Temió que lo

rechazaran, que las personas negaran su llamamiento y misión

b. Respuesta de Dios: Dios daría tres señales a las personas.
    1) Señal 1: El bastón de Moisés se convertiría en serpiente cuando fuera lanzado al piso, y se volvería a convertir en vara cuando lo levantaran, un símbolo del poder de Dios sobre Faraón y Egipto (Faraón llevaba una serpiente en la corona como emblema, cp. 7:10-13)
    2) El propósito de Dios: Avivar la creencia en Dios y en el mensajero de Dios
    3) Señal 2: La mano de Moisés se vería contagiada con lepra cuando la introdujera dentro de su capa y se restablecería cuando la volviera a colocar dentro de la capa, un símbolo del poder de Dios sobre la salud y la enfermedad, la vida y la muerte[EF2]
    4) El propósito de Dios para la segunda señal: Avivar la creencia en el caso de que las personas no creyeran en la primera señal[EF3]
    5) Señal 3: El agua extraída del Nilo se convertiría en sangre cuando se vertiera sobre la tierra
    6) El propósito de Dios para la tercera señal: Avivar la creencia (v. 9)

oirán mi voz; porque dirán: No te ha aparecido Jehová.

2 Y Jehová dijo: ¿Qué es eso que tienes en tu mano? Y él respondió: Una vara.

3 Él le dijo: Échala en tierra. Y él la echó en tierra, y se hizo una culebra; y Moisés huía de ella.

4 Entonces dijo Jehová a Moisés: Extiende tu mano, y tómala por la cola. Y él extendió su mano, y la tomó, y se volvió vara en su mano.

5 Por esto creerán que se te ha aparecido Jehová, el Dios de tus padres, el Dios de Abraham, Dios de Isaac y Dios de Jacob.

6 Le dijo además Jehová: Mete ahora tu mano en tu seno. Y él metió la mano en su seno; y cuando la sacó, he aquí que su mano estaba leprosa como la nieve.

7 Y dijo: Vuelve a meter tu mano en tu seno. Y él volvió a meter su mano en su seno; y al sacarla de nuevo del seno, he aquí que se había vuelto como la otra carne.

8 Si aconteciere que no te creyeren ni obedecieren a la voz de la primera señal, creerán a la voz de la postrera.

9 Y si aún no creyeren a estas dos señales, ni oyeren tu voz, tomarás de las aguas del río y las derramarás en tierra; y se cambiarán aquellas aguas que tomarás del río y se harán sangre en la tierra.

10 Entonces dijo Moisés a Jehová: ¡Ay, Señor! nunca he sido hombre de fácil palabra, ni antes, ni desde que tú hablas a tu siervo; porque soy tardo en el habla y torpe de lengua.

11 Y Jehová le respondió: ¿Quién dio la boca al hombre? ¿o quién hizo al mudo y al sordo, al que ve y al ciego? ¿No soy yo Jehová?

12 Ahora pues, ve, y yo estaré con tu boca, y te enseñaré lo que hayas de hablar.

13 Y él dijo: ¡Ay, Señor! envía, te ruego, por medio del que debes enviar.

14 Entonces Jehová se enojó contra Moisés, y dijo: ¿No conozco yo a tu hermano Aarón, levita, y que él habla bien? Y he aquí que él saldrá a recibirte, y al verte se alegrará en su corazón.

15 Tú hablarás a él, y pondrás en su boca las palabras, y yo estaré con tu boca y con la suya, y os enseñaré lo que hayáis de hacer.

16 Y él hablará por ti al pueblo; él te será a ti en lugar de boca, y tú serás para él en lugar de Dios.

17 Y tomarás en tu mano esta vara, con la cual harás las señales.

4 Argumento 4: Sintió que no era elocuente, que no era un orador dotado[EF4]

a. Excusa de Moisés: Era tardo en el habla y torpe en la lengua.

b. Respuesta de Dios
    1) Preguntó a su sirviente, Moisés: ¿No es Dios quien otorga el habla, el oído y la visión al hombre?
    2) Le aseguró a su siervo Moisés: Él ayudaría a Moisés a hablar y le diría qué decir

5 Argumento 5: No quería ir; se opuso, pidió a Dios que enviase a otro

a. La negativa de Moisés: Un corazón mal dispuesto, incrédulo

b. Respuesta de Dios: Dicha con justo enojo
    1) Dios daría a Moisés un ayudador, su hermano Aarón, para que fuera su portavoz
    2) Aarón, de hecho, iba camino a visitar a Moisés: Aarón aceptó y se alegró por Moisés y su llamamiento
    3) Moisés compartiría la Palabra de Dios con Aarón: Dios ayudaría a ambos, a Moisés y a Aarón a hablar, indicándoles qué hacer
    4) Aarón sería el portavoz del pueblo, la misma boca de Moisés ante el pueblo, y Moisés sería el portavoz de Dios ante Aarón.
    5) Moisés también tomaría el bastón en su mano: Para realizar milagros con él

DIVISIÓN II
MOISÉS Y DIOS: DIOS LEVANTA UN LÍDER PARA LIBERAR A SU PUEBLO (ISRAEL), 2:1—7:7

D. Las excusas de Moisés: Un profeta reacio: Argumentos para no servir a Dios, Éx. 3:11—4:17

(3:11—4:17) ***Introducción — Llamado, de Dios***: Uno de los más grandes llamados que ha recibido la humanidad fue el de Moisés. El mismo Dios llamó a Moisés, le llamó para que liberara al pueblo de Dios de la esclavitud y lo llevara a la Tierra Prometida. Esto lo vimos en el pasaje anterior (Éx. 3:1-10). Ahora llegamos a la vergonzosa respuesta de Moisés: Luchó contra el llamado de Dios. Inventó todas las excusas que pudo para no ir. No quería ir, y se opuso a ir. Como dicen las Escrituras, no tenía intención de ir (Éx. 4:13). Moisés estaba enfrascado en vivir su vida de la manera que quería y no como quería Dios, enfrascado en hacer lo que quería y no lo que quería Dios. Moisés estaba decidido a rechazar el llamado de Dios.

¿Cuántos de nosotros hemos rechazado el llamado de Dios? ¿Cuántos de nosotros hemos sido llamados a predicar o enseñar o servir en algún cargo administrativo en la iglesia? ¿O como misionero o evangelista? ¿Cuántos de nosotros hemos sido llamados a abrir un negocio o dar alguna propiedad con el objetivo de ayudar a llevar el evangelio a todo el mundo? Pero lo hemos rechazado. Hemos hecho uso de excusa tras excusa para no cumplir con el llamado de Dios. Quién entre nosotros no ha inventado:

- ¿Una excusa para no ir?
- ¿Una excusa para no predicar o enseñar?
- ¿Una excusa para no ayudar a enviar el evangelio por todo el mundo?

Con toda honestidad, las Escrituras nos cuentan que Moisés luchó contra el llamado de Dios a su vida. Moisés inventó todas las excusas que pudo. Este es el vergonzoso objeto de nuestro estudio: *Las excusas de Moisés: Un profeta reacio: Argumentos para no servir a Dios,* 3:11—4:17.

1. Argumento 1: Se sintió incapaz y poco calificado (vv. 11-12).
2. Argumento 2: Sintió que las personas desconocerían a Dios y tendrían dudas acerca del poder de Dios para ayudarlos en realidad (vv. 13-22).
3. Argumento 3: Sintió que las personas no le creerían (cp. 4:1-9).
4. Argumento 4: Sintió que no era elocuente, que no era un orador dotado (vv. 10-12).
5. Argumento 5: No quería ir; se opuso, pidió a Dios que enviase a otro (vv. 13-17).

[1] (3:11-12) ***Excusas — Humildad — Insuficiencia — Llamado, de Dios — Servicio — Ministerio***: El primer argumento: Moisés se sintió incapaz y poco calificado para la tarea.

1. Observe la excusa de Moisés: "¿Quién soy yo para ir?" (v. 11). Dios le decía a Moisés:
    - Que debía presentarse ante el rey.
    - Que debía ir a liberar a Israel de Egipto, de la esclavitud.

Sin duda Moisés expresaba tanto humildad como temor a Dios. Él era sencillamente un pastor de ovejas como cualquier otro, sencillamente un hombre común. Había trabajado como pastor en Madián por 40 años, una tierra desértica bien alejada de los centros de gobierno y los asuntos de estado. ¿Quién era él, un simple hombre, un simple pastor, para presentarse ante el rey de Egipto a hacer exigencias? ¿Quién era él para ir con el pueblo de Israel y proclamar que Dios los iba a liberar de la esclavitud, que los llevaría de la tierra de Egipto a la Tierra Prometida? Moisés se sintió incapaz, poco calificado, inepto: "¿Quién soy yo para ir?" (v. 11).

2. Pero fíjese en la respuesta de Dios a este argumento, Dios le hizo dos grandes promesas (v. 12).
    a. Hubo la promesa de la presencia de Dios: "Yo estaré contigo" (v. 12). La presencia de Dios mismo estaría con Moisés. Esto significa que el propio Dios acompañaría a Moisés.
    ⇒ Dios le daría la fuerza interior y la habilidad necesarias.
    ⇒ Dios avivaría la confianza, la seguridad y la fe necesarias para cumplir la tarea.
    ⇒ Dios le serviría de guía, lo solucionaría todo.

Pensamiento 1. Una y otra vez se habla en las Escrituras de la gran promesa de la presencia de Dios. Dios estará con nosotros al tiempo que continuemos sirviéndole y seamos sus testigos.

- Dios prometió estar junto a Isaac.

"He aquí, yo estoy contigo, y te guardaré por dondequiera que fueres, y volveré a traerte a esta tierra; porque no te dejaré hasta que haya hecho lo que te he dicho" (Gn. 28:15).

- Dios prometió estar junto a Josué.

"Nadie te podrá hacer frente en todos los días de tu vida; como estuve con Moisés, estaré contigo; no te dejaré, ni te desampararé" (Jos. 1:5).

"Entonces Jehová dijo a Josué: Desde este día comenzaré a engrandecerte delante de los ojos de todo Israel, para que entiendan que como estuve con Moisés, así estaré contigo" (Jos. 3:7).

"Así ha dicho Jehová de los ejércitos, Dios de Israel: Aún dirán esta palabra en la tierra de Judá y en sus ciudades, cuando yo haga volver sus cautivos: Jehová te bendiga, oh morada de justicia, oh monte santo" (Dt. 31:23).

- Dios prometió estar junto a Jeremías.

"No temas delante de ellos, porque contigo estoy para librarte, dice Jehová" (Jer. 1:8)

- Dios prometió estar junto a Israel.

"Entonces Hageo, enviado de Jehová, habló por mandato de Jehová al pueblo, diciendo: Yo estoy con vosotros, dice Jehová" (Hag. 1:13).

- Dios prometió estar junto a todos los creyentes que son testigos de Cristo.

"Por tanto, id, y haced discípulos a todas las naciones, bautizándolos en el nombre del Padre, y del Hijo, y del Espíritu Santo; enseñándoles que guarden todas las cosas que os he mandado; y he aquí yo estoy con vosotros todos los días, hasta el fin del mundo. Amén" (Mt. 28:19-20).

b. Hubo la promesa de una misión exitosa: el pueblo sería liberado (v. 12). Moisés sacaría a Israel de Egipto, y adorarían a Dios en la misma montaña donde Moisés se arrodilló ante Dios. Fíjese que ello sería una señal para Moisés, una señal de que en verdad Dios lo había llamado y lo había elegido para que fuera el gran libertador de Israel. Pero observe que era una señal futura, una señal en la que Moisés tendría que creer. Dios exigía que Moisés creyera en Él, que creyera:
   - Que Dios lo había llamado.
   - Que Dios estaría junto a él.
   - Que Dios le encargaría una misión exitosa.

Esto debió bastarle a Moisés, pero no fue así. Moisés aún no quería servir a Dios. Quería vivir según su deseo, hacer lo que se le antojara. Por lo tanto, aún le quedaban excusas para objetar el llamado de Dios.

Pensamiento 1. Nadie está calificado para servir a Dios. Nadie es capaz, idóneo, suficiente, no por sí mismo, no para servir a Dios. Cuando Dios nos hace un llamado, a menudo sentimos nuestra incompetencia y nuestra insuficiencia. A menudo nos sentimos incapaces, como si no tuviéramos lo que hace falta, como si no hubiera manera de llevar a cabo la tarea que Dios nos ha llamado a realizar. Pero Dios tiene fe en nosotros, al igual que la tuvo en Moisés. Dios nos promete lo mismo:

1) "Yo estaré contigo" (v. 12). Él nos dará la fuerza interior y la habilidad necesarias. Y Él nos llevará, guiará, nos resolverá los problemas.

"Cuando salgas a la guerra contra tus enemigos, si vieres caballos y carros, y un pueblo más grande que tú, no tengas temor de ellos, porque Jehová tu Dios está contigo, el cual te sacó de tierra de Egipto" (Dt. 20:1).

"Y él dijo: Mi presencia irá contigo, y te daré descanso" (Éx. 33:14).

"Cuando pases por las aguas, yo estaré contigo; y si por los ríos, no te anegarán. Cuando pases por el fuego, no te quemarás, ni la llama arderá en ti" (Is. 43:2).

"Por tanto, id, y haced discípulos a todas las naciones, bautizándolos en el nombre del Padre, y del Hijo, y del Espíritu Santo; enseñándoles que guarden todas las cosas que os he mandado; y he aquí yo estoy con vosotros todos los días, hasta el fin del mundo. Amén" (Mt. 28:19-20).

"Sean vuestras costumbres sin avaricia, contentos con lo que tenéis ahora; porque él dijo: No te desampararé, ni te dejaré" (He. 13:5).

2) Dios nos utilizará para liberar a las personas de Egipto (el mundo) y llevarlos a la Tierra Prometida del cielo. Dios nos promete que le adoraremos y le serviremos en la propia montaña de Dios, el cielo mismo (v. 12).

"Se acordarán, y se volverán a Jehová todos los confines de la tierra, y todas las familias de las naciones adorarán delante de ti" (Sal. 22:27-28).

"Y de mes en mes, y de día de reposo en día de reposo, vendrán todos a adorar delante de mí, dijo Jehová" (Is. 66:23).

"Por lo cual Dios también le exaltó hasta lo sumo, y le dio un nombre que es sobre todo nombre, para que en el nombre de Jesús se doble toda rodilla de los que están en los cielos, y en la tierra, y debajo de la tierra; y toda lengua confiese que Jesucristo es el Señor, para gloria de Dios Padre" (Fil. 2:9-11).

"Y a todo lo creado que está en el cielo, y sobre la tierra, y debajo de la tierra, y en el mar, y a todas las cosas que en ellos hay, oí decir: Al que está sentado en el trono, y al Cordero, sea la alabanza, la honra, la gloria y el poder, por los siglos de los siglos" (Ap. 5:13).

"¿Quién no te temerá, oh Señor, y glorificará tu nombre? pues solo tú eres santo; por lo cual todas las naciones vendrán y te adorarán, porque tus juicios se han manifestado" (Ap. 15:4).

2 (3:13-22) ***Excusa — Llamado, de Dios***: El segundo argumento: Moisés sintió que las personas desconocían a Dios y que eran escépticas y que cuestionarían al poder de Dios para salvarlas y liberarlas.

1. Observe la excusa de Moisés: Cuando Moisés declaró ante el pueblo que Dios lo había enviado a liberarlas, él sabía que las personas le harían ciertas preguntas mordaces:

⇒ ¿Qué dios lo había enviado?
⇒ ¿Qué dios tendría en realidad el poder para salvarlos y liberarlos de aquella terrible situación?
⇒ ¿Cuál era su nombre?

No olvide dos hechos acerca de Israel:

⇒ Primero, muchos israelitas eran iguales a innumerables personas de cada país: Dan la espalda a Dios para practicar las falsas religiones del mundo. Muchos adoraban a los falsos dioses de Egipto, y continuarían adorándolos incluso después de que Dios los había liberado y salvado. Josué nos dice:

"Ahora, pues, temed a Jehová, y servidle con integridad y en verdad; y quitad de entre vosotros los dioses a los cuales sirvieron vuestros padres al

otro lado del río, y en Egipto; y servid a Jehová" (Jos. 24:14). (Vea nota, Éx. 2:23-25.)

⇒ Segundo, el pueblo de Israel había sido esclavizado y torturado por casi 400 años. En la mente de cada uno de ellos, ningún Dios había mostrado jamás ningún interés en ellos, no el suficiente para escucharlos clamar por ayuda, no el suficiente para salvarlos y liberarlos.

Moisés, obviamente, era conocedor de ambos hechos. Sencillamente sintió que no había posibilidad alguna de que el pueblo lo aceptara, no a un hombre que entrara en escena de repente diciendo que Dios lo había enviado a salvarlos y liberarlos. Las personas tendrían dudas, serían inquisitivas, le preguntarían:

- ¿De qué dios hablas, cuál es su nombre?
- ¿Qué dios tiene el poder para salvarnos y liberarnos, cuál es su nombre?

Pensamiento 1. Vivimos en un mundo falto de fe y escéptico. Las personas desconocen a Dios y cuestionan la existencia y el poder de Dios para salvar y liberar al hombre. Este hecho no debe alentarnos a rechazar el llamado de Dios; más bien, debe alentarnos a hablar del poder de Dios para salvar y liberar a las personas. Las personas necesitan de Dios; necesitan ser salvas y libres de la esclavitud y la muerte de este mundo. Por lo tanto, debemos declarar el poder de Dios para salvar y liberar a todas las personas.

"Porque el Hijo del Hombre vino a buscar y a salvar lo que se había perdido" (Lc. 19:10).

"Entonces Jesús les dijo otra vez: Paz a vosotros. Como me envió el Padre, así también yo os envío" (Jn. 20:21).

"Porque la gracia de Dios se ha manifestado para salvación a todos los hombres, enseñándonos que, renunciando a la impiedad y a los deseos mundanos, vivamos en este siglo sobria, justa y piadosamente, aguardando la esperanza bienaventurada y la manifestación gloriosa de nuestro gran Dios y Salvador Jesucristo, quien se dio a sí mismo por nosotros para redimirnos de toda iniquidad y purificar para sí un pueblo propio, celoso de buenas obras. Esto habla, y exhorta y reprende con toda autoridad. Nadie te menosprecie" (Tit. 2:11-15).

2. Ahora, ¿cuál fue la respuesta de Dios a este argumento, el argumento que hace uso del escepticismo y la ignorancia de las personas como excusa para no servir a Dios (vv. 13-22)? Dios dijo a Moisés que dijera diez cosas a Israel. Los puntos del esquema las muestran con claridad.

a. Moisés debía decir el nombre de Dios a las personas: "YO SOY EL QUE SOY", fue Él quien envió a Moisés (v. 14. Vea *Estudio a fondo 1*, Éx. 3:14-15 para mayor análisis.)

Pensamiento 1. Debemos decir el nombre de Dios a nuestra generación. Dios es el gran "YO SOY", el único y verdadero Dios que realmente existe, el único Dios al que debemos adorar y servir.

b. Moisés debía revelar la identidad de Dios al pueblo: Su nombre es Dios nuestro Señor. Él es el mismo Dios que el Dios de Abraham, Isaac y Jacob, fue Él quien envió a Moisés (v. 15). Este punto les recordaría a las personas las grandes promesas que Dios había hecho a sus antepasados:

- La promesa de la Tierra Prometida (vea nota, Gn. 12:1).
- La promesa de la Simiente prometida, que significa tanto una gran nación como la simiente única, el Mesías y Salvador del mundo (vea notas, Gn. 12:2-3; 12:3; *Estudio a fondo 2*, Éx. 1:6-7).

Pensamiento 1. Dios nuestro Señor es el Dios de nuestros antepasados. Él es el mismo Dios que nos prometió el Salvador y el cielo, el mismo Dios que envió al Salvador al mundo y llevó a nuestros antepasados al cielo cuando pasaron de este mundo al cielo. Debemos decir esto a nuestra generación.

c. Moisés debía decir al pueblo cómo recordar a Dios: por su nombre, Dios nuestro Señor, lo recordaremos, el nombre por el cual se le ha de tener presente por siempre (v. 15).

d. Moisés debía reunir a los ancianos de Israel y hablarles de la preocupación y el cuidado de Dios para con su pueblo: Dios vio lo que les estaban haciendo, vio su sufrimiento (v. 16).

Pensamiento 1. Dios se preocupa y nos cuida incluso como lo hizo por Israel. Dios ve con exactitud lo que nos sucede y nuestros padecimientos y sufrimientos.

e. Moisés debía hablarles a los ancianos acerca de la antigua promesa de Dios de liberarlos: Dios había prometido, hacía 400 años, sacar a Israel de Egipto y llevarlo a la Tierra Prometida, una tierra donde fluía la leche y la miel (v. 17, cp. Gn. 15:13-14; 50:24). Observe la cantidad de naciones que ocupaban la Tierra Prometida. Esto indica que la tierra era espaciosa, lo suficientemente extensa para alojar a los israelitas y facilitarles abundancia de provisiones. Dios había hecho esa gran promesa a Abraham, y Josué había repasado la promesa al pueblo de Israel cerca de 300 años antes. Los ancianos, al menos algunos de ellos, habrían recordado la gran promesa de libertad. Por ello, el corazón de cada uno de ellos hubiera experimentado gran alegría y esperanza cuando Moisés les dijo que *el gran día de la liberación* había llegado.

Pensamiento 1. Dios prometió liberarnos de la esclavitud de este mundo, incluyendo las terribles esclavizaciones del pecado y la muerte. Además,

Dios prometió liberarnos y llevarnos a la Tierra Prometida del cielo, la tierra perfecta donde fluyen leche y miel.

f. Moisés debía declarar la promesa que Dios le había hecho, el siervo designado por Dios: La promesa de que los ancianos y las personas lo escucharían y aceptarían su liderazgo (v. 18). Observe cuán positivo debía ser el punto. Sin duda alentaría a los ancianos a escucharlo y a aceptar a Moisés como profeta y mensajero de Dios.

Pensamiento 1. Un vez que hayamos aceptado el llamado de Dios a seguirlo, Dios alentará a la familia de los verdaderos creyentes (al menos a algunos de ellos) a aceptarnos. Juntos, como la familia de Dios, servimos y damos testimonio de Dios. Damos testimonio a un mundo perdido y moribundo.

g. Moisés debía declarar las instrucciones de Dios a los ancianos (los líderes): Moisés y los ancianos debían ir ante Faraón y decirle que Dios se había aparecido ante ellos y les había exigido un sacrificio, al parecer en el Monte Sinaí, aproximadamente a tres días de camino de Egipto (v. 18).

Recuerde, las personas de la antigüedad eran muy religiosas. El derecho de adoración, el derecho de adorar según el deseo de las personas, era a menudo respetado. Por ello, la petición de Moisés y los ancianos, que nos puede parecer ilógica, no era necesariamente una petición ilógica en aquellos tiempos. Incluso hoy, se practican religiones en el mundo en cuyas conmemoraciones religiosas es necesario viajar a ciertos lugares religiosos.

Pensamiento 1. Debemos acercarnos a los líderes del mundo y pedirles el derecho, la libertad, para adorar a "Dios nuestro Señor". Debemos hablarles de la revelación que Dios ha hecho al hombre, que Dios se ha aparecido ante su pueblo y le exige que lo adoren como "Dios nuestro Señor".

h. Moisés debía hablarles a los ancianos acerca de la predicción y la advertencia de Dios: el rey se negaría a su petición (v. 19). Dios dijo a Moisés y los ancianos que no se desalentaran ante la negativa del rey. Dios sabía de antemano todo acerca de las negativas. Todas formaban parte del gran plan de Dios tanto para Israel, como para Egipto.

Pensamiento 1. En ocasiones seremos rechazados y perseguidos por el mundo. Pero nunca debemos permitir que el rechazo y la persecución del mundo nos desalienten. Dios sabe, y lo tiene todo bajo control.

i. Moisés debía declarar el juicio de Dios y su promesa de liberación. Dios iba a enjuiciar e iba a obligar al rey a liberar a Israel (v. 20). La frase "estrecharé mi mano y heriré [atacaré]" es un acto de juicio. Dios iba a juzgar los terribles pecados de Egipto contra su pueblo al tiempo que Él liberaba a Israel. Observe que esto es una predicción de las plagas que caerían sobre Egipto.

Pensamiento 1. Debemos declarar el juicio venidero y la liberación de Dios. Dios juzgará al mundo por sus pecados y liberará a los piadosos por su fe en Él.

j. Moisés debía declarar el poder de Dios: su poder para hacer que los egipcios favorecieran a su pueblo y rectificaran sus injusticias contra su pueblo. Cuando Egipto liberara al pueblo de Dios, ellos debían pedir plata, oro y ropas a los egipcios (vv. 21-22). Los egipcios habían, sin duda, robado la mayoría de los bienes y objetos de valor de los israelitas cuando los esclavizaron. Como esclavos, los israelitas ni siquiera tenían suficiente alimento, mucho menos el derecho a ganarse el pan. No tenían derecho a trabajar por dinero ni a comprar ropas ni bienes con el objetivo de vivir de manera aceptable y con comodidades. Por lo tanto, Dios rectificaría las injusticias de los egipcios. Iba a infundir tanto miedo en los egipcios, que estos darían a su pueblo lo que pidieran y más, les darían lo que fuera necesario para librarse de ellos, no fuera que sobre Egipto cayeran más juicios (Éx. 12:33-36).

Pensamiento 1. Dios tiene el poder de alentar a las personas para que favorezcan a los creyentes, y tiene el poder de rectificar las injusticias del mundo contra su pueblo. Por ello, debemos orar constantemente para que Dios detenga la persecución que sufre su pueblo por todo el mundo. Debemos pedir a Dios que aliente en el mundo el derecho de vivir y adorar en libertad.

ESTUDIO A FONDO 1

(3:14-15) ***Dios — Señor (en hebreo, YAHWEH, y en español, JEHOVÁ) — Cuadro — Dios, nombre — Títulos de***: La palabra Jehová o Yahweh viene del verbo "ser"; por lo tanto, significa sencillamente "YO SOY", "YO SOY el que SOY". Esto significa que Dios es…

- el que existe por sí mismo
- el Dios que existe (quien solo existe y quien nunca podrá dejar de existir)
- el Eterno
- el Perfecto
- el Absoluto
- el que no tuvo causa ni motivo para ser.

The Pulpit Commentary dice: "La idea que expresa el nombre es… de una existencia real, perfecta, incondicional, e independiente".[1] (Vea notas, Gn. 1:1; 14:18-20; 15:2; 17:1; 21:33; 22; 14; Éx. 3:14-15; 4:10-11; 1 S. 1:3.)

Hay dos hechos maravillosos acerca del nombre Jehová. (Vea nota 4, Gn. 2:4; nota 2, pt. 3, Gn. 2:7 para mayor análisis.)

1. Jehová es el Dios que es personal y que se revela a sí mismo. Jehová es el nombre propio de Dios, el nombre que muestra que Dios es el Dios de la revelación.
   a. Es el nombre que Dios escogió para sí cuando se reveló ante Moisés (Éx. 3:14).
   b. Es el nombre por el que Adán y otros de su época conocieron a Dios (Gn. 4:26, cp. Gn. 2:4). Se puede asumir con exactitud que Dios en persona reveló su nombre (Jehová) a Adán.
   c. Es el nombre que Cristo pronunció como suyo cuando se reveló como Dios (Jn. 8:58, cp. 8:24, 28).
2. Jehová es el Dios que establece una relación personal con el hombre, cuida y se ocupa de cada necesidad que pueda tener el hombre. Él es el guardián especial del hombre, completamente confiable y totalmente fidedigno. Se puede confiar completamente en Él.
   a. Jehová es el nombre redentor de Dios. Dios es el Señor (Jehová, Yahweh), el Dios de la redención, de la salvación y de la liberación. Fue Jehová Elohim quien fue en busca del hombre cuando el hombre pecó por primera vez (Gn. 3:9-13). Jehová es el Sagrado, que exige redención (Lv. 11:44-45; 19:1-2; 20:26; Hab. 1:12-13). Jehová juzgará el pecado, exigirá la redención aún más (Gn. 6:5-7; Éx. 34:6-7; Dt. 32:36-42). Jehová es misericordioso e indulgente, y redimirá a muchos (Éx. 34:6-7, cp. Gn. 3:21; 8:20-21).
   b. Jehová es el nombre redentor, del pacto, de Dios (Éx. 19:3; 20:1-2; Jer. 31:34). Jehová es el Dios de la redención, de la salvación y de la liberación.

La palabra Jehová aparece combinada con otras en el Antiguo Testamento. Estas combinaciones de palabras muestran una imagen reveladora del trato redentor de Dios con el hombre.

1 *Exodus*. "The Pulpit Commentary", vol. 1, editado por H. D. M. Spence & Joseph S. Exell. (Grand Rapids, MI: Eerdmans Publishing Co., 1950), p. 57.

Nombres de dios	Referencia a las Escrituras	Significado en español
Jehová-Jireh	Gn. 22:14	"Jehová proveerá" o "El Señor quien ya ha garantizado su provisión" Él provee el sacrificio necesario (Gn. 22:14-15).
Jehová-Ropheka o Rapha	Éx. 15:26	"Jehová tu sanador".
Jehová-Nisi	Éx. 17:15	"Jehová es mi bandera". La victoria sobre los enemigos (física o espiritual) es sagrada porque "el Señor es mi bandera.
Jehová-Meqaaddeshkem	Éx. 31:13	"Jehová el que os santifica".
Jehová-Shalom	Jue. 6:24	"Jehová es paz".
Jehová-Hoseenu	Sal. 99:5, 8, 9	"Jehová, Dios nuestro Señor".
Jehová-Tsabaoth	1 S. 1:3	"Jehová de los ejércitos".
Jehová-Elyon	Sal. 7:17	"Jehová el altísimo".

NOMBRES DE DIOS	REFERENCIA A LAS ESCRITURAS	SIGNIFICADO EN ESPAÑOL
Jehová-Roi	Sal. 23:1	"Jehová, mi pastor".
Jehová-Elohay	Zac. 14:5	"Jehová, mi Dios y Señor"
Jehová-Tsidkenu	Jer. 23:6; 33:16	"Jehová, justicia nuestra".
Jehová-Shammah	Ez. 48:35; cp. Is. 60:14-22; 62:2; Ap. 21:2	"Jehová está". "Él está" tanto en el futuro como ahora, en el presente…
Jehová-Elohim	Gn. 2:4-25	"Jehová, el creador eterno".
Adonai-Jehová	Gn. 15:2, 8	"Jehová el Soberano Señor, nuestro Señor".
Jehová-Hoseenu o Eloheenu	Sal. 99:5, 8, 9	"Jehová, Dios nuestro Señor".
Jehová-Eloheka	Éx. 20:2, 5, 7	"Jehová, tu Dios y Señor".

[3] (4:1-9) ***Excusa — Llamado, de Dios***: El tercer argumento: Moisés sintió que las personas no le creerían.

1. Fíjese en la excusa de Moisés: a lo que le temía era al rechazo de:
   - Que las personas negaran su llamamiento y su misión.
   - Que no creyeran que el Señor se había aparecido ante él.
   - Que el mensaje de emancipación y liberación de la esclavitud no fuera de Dios.

Este argumento presenta un problema: El deber del profeta es obedecer a Dios, no oponerse al llamado de Dios ni cuestionar la reacción de las personas. Ningún profeta debe echarse atrás ante el llamado de Dios, y ciertamente no porque tema a que las personas reaccionen de manera negativa. El atraer personas hacia sí mismo, avivando la fe en el corazón de cada una de ellas, es el trabajo de Dios, no del profeta. El deber del profeta es rendirse ante el llamado de Dios, ir a proclamar el mensaje de Dios.

Pero Moisés no: Él seguía luchando contra el llamado de Dios, seguía oponiéndose, seguía inventando todas las excusas que pudiera. Aún quería vivir de la manera que él quisiera, hacer lo que se le antojara. No quería renunciar a la cómoda vida que llevaba.

> ***Pensamiento 1***. Es Dios quien despierta el evangelio en el corazón y aviva la fe dentro de las personas para que crean y confíen en Jesucristo. El deber de los siervos de Dios es sencillamente salir a proclamar el evangelio.
>
> **"Así que la fe es por el oír, y el oír, por la palabra de Dios" (Ro. 10:17).**
>
> **"Y él os dio vida a vosotros, cuando estabais muertos en vuestros delitos y pecados" (Ef. 2:1).**
>
> **"Pero Dios, que es rico en misericordia, por su gran amor con que nos amó, aun estando nosotros muertos en pecados, nos dio vida juntamente con Cristo (por gracia sois salvos)" (Ef. 2:4-5).**

2. Pero fíjese en la respuesta de Dios: Como siempre, Dios tenía preparada una respuesta a su débil excusa. Dios le daría señales, señales milagrosas, para demostrar que el profeta y el mensaje de liberación eran suyos. Señales que probarían más allá de duda alguna que Moisés y su mensaje pertenecían a Dios. Moisés recibió tres señales en particular.

   a. La primera señal: El bastón de Moisés se convertiría en serpiente cuando fuera lanzado al piso, y se volvería a convertir en vara cuando lo levantaran (v. 2). Dios dio a Moisés una demostración personal de dicha señal.

   Imagínese la escena: Como pastor, Moisés veía serpientes a menudo en el desierto. Pero aquí él se encuentra dando razones a Dios, así que Dios le dice que lance su vara (bastón) al piso. En cuanto toca el suelo, se convierte en una serpiente, sin duda, una serpiente venenosa. Observe que Moisés hizo justo lo que cualquiera de nosotros hubiera hecho: Retroceder y huir.

   La escena fue seguramente cómica, en especial cuando Dios le dijo a Moisés que tomara la serpiente por la cola. Las serpientes se toman por detrás de la cabeza, rara vez por su cola, para que no pueda girar y morder a quien la tiene asida. Pero Dios insistía en que Moisés tomara la serpiente por la cola. Solo podemos imaginar lo que Moisés debe haber pensado, estando parado allí dando razones a Dios. Sin embargo, se inclinó rápidamente, asió a la serpiente y esta inmediatamente se volvió a convertir en una vara.

   Ahora, ¿por qué esta señal? ¿Por qué escogió Dios demostrar su poder con una serpiente y una vara perteneciente a un pastor de ovejas? Para simbolizar su autoridad sobre Faraón y su gobierno.

La serpiente era el animal que había escogido Egipto para demostrar su autoridad y poder al igual que otras naciones hoy día escogen animales como emblemas de su autoridad y poder (por ejemplo: El águila escogida por los Estados Unidos y el oso escogido por Rusia). De hecho, Faraón portaba el emblema de la serpiente en su corona como símbolo de la autoridad del gobierno de Egipto.[2] Dios daba una clara imagen de su soberanía, poder, autoridad y dominio sobre las naciones del mundo, incluso sobre las más grandes naciones, Egipto y su gran gobernante, el propio Faraón. Dios podía tomar varas y transformarlas en temidas serpientes de esta tierra, de igual forma, podía tomar a las temidas serpientes de esta tierra y transformarlas en varas. Egipto y su autoridad existían solo por la voluntad e indulgencia de Dios.

Esta señal, por supuesto, convencería a las personas de que Moisés era en verdad un enviado de Dios. Dios dijo claramente que el propósito de darle las señales a Moisés era el siguiente: Mover a las personas a creer que Moisés y su mensaje de liberación eran verdaderos (vv. 5, 8). Dios era capaz de liberarlos de su esclavitud.

Pensamiento 1. Dios tiene potestad sobre todas las naciones y sobre todas las personas. Por lo tanto, Dios puede liberarnos y puede utilizarnos para liberar personas.

"Las riquezas y la gloria proceden de ti, y tú dominas sobre todo; en tu mano está la fuerza y el poder, y en tu mano el hacer grande y el dar poder a todos" (1 Cr. 29:12).

"y dijo: Jehová Dios de nuestros padres, ¿no eres tú Dios en los cielos, y tienes dominio sobre todos los reinos de las naciones? ¿No está en tu mano tal fuerza y poder, que no hay quien te resista?" (2 Cr. 20:6).

"Nuestro Dios está en los cielos; todo lo que quiso ha hecho" (Sal. 115:3).

"Como los repartimientos de las aguas, así está el corazón del rey en la mano de Jehová; a todo lo que quiere lo inclina" (Pr. 21:1).

"al único y sabio Dios, nuestro Salvador, sea gloria y majestad, imperio y potencia, ahora y por todos los siglos. Amén" (Jud. 1:25).

"Y oí como la voz de una gran multitud, como el estruendo de muchas aguas, y como la voz de grandes truenos, que decía: ¡Aleluya, porque el Señor nuestro Dios Todopoderoso reina!" (Ap. 19:6).

"el cual transformará el cuerpo de la humillación nuestra, para que sea semejante al cuerpo de la gloria suya, por el poder con el cual puede también sujetar a sí mismo todas las cosas" (Fil. 3:21).

[2] Ronald F. Youngblood. *Exodus*. (Chicago, IL: Moody Press, 1983), p. 35.

b. La segunda señal: La mano de Moisés se llenó de lepra cuando este la introdujo en su seno y la sacó, y fue restablecida cuando lo hizo nuevamente. (vv. 6-7). Esta señal fue un símbolo del gran poder de Dios sobre la salud y las enfermedades, la vida y la muerte. La lepra era una de las enfermedades más temidas, si no la más, en el mundo antiguo.

Fíjese cuál era el propósito de Dios con esta segunda señal: Mover a fe al pueblo si no creía en la primera señal (v. 4). Cuando el pueblo vio la mano de Moisés llenarse de lepra, se habrá preguntado: "Si Dios puede atacar a un hombre con lepra (en cuestión de segundos), ¿qué le podrá hacer a la persona que rechace a su mensajero y a su mensaje de liberación?" Una muestra del poder de Dios para controlar la salud y las enfermedades, la vida y la muerte, sería una poderosa señal para mover a fe. (Vea *Estudio a fondo 2*, Éx. 4:6-7 para mayor análisis.)

Pensamiento 1. Dios tiene el poder de controlar la salud y las enfermedades, la vida y la muerte. Esto debe servirnos de advertencia: Tenemos que oír el llamado de Dios; tenemos que servir y obedecer a Dios.

"y dijo: Si oyeres atentamente la voz de Jehová tu Dios, e hicieres lo recto delante de sus ojos, y dieres oído a sus mandamientos, y guardares todos sus estatutos, ninguna enfermedad de las que envié a los egipcios te enviaré a ti; porque yo soy Jehová tu sanador" (Éx. 15:26).

"Y quitará Jehová de ti toda enfermedad; y todas las malas plagas de Egipto, que tú conoces, no las pondrá sobre ti, antes las pondrá sobre todos los que te aborrecieren" (Dt. 7:15).

"Hijo mío, está atento a mis palabras; inclina tu oído a mis razones. No se aparten de tus ojos; guárdalas en medio de tu corazón; porque son vida a los que las hallan, y medicina a todo su cuerpo" (Pr. 4:20-22).

"Por eso yo también te hice enflaquecer hiriéndote, asolándote por tus pecados" (Mi. 6:13).

"Por lo cual hay muchos enfermos y debilitados entre vosotros, y muchos duermen. Si, pues, nos examinásemos a nosotros mismos, no seríamos juzgados" (1 Co. 11:30-31).

c. La tercera señal: Moisés tomaría agua del río Nilo y la derramaría en la tierra. Cuando el agua tocara la tierra, Dios la convertiría en sangre (v. 9).

El Nilo era la vida de Egipto, al proveerle el agua necesaria para beber y para la agricultura. Dicho simplemente, el Nilo era la fuente misma para las necesidades de la vida, de alimento y agua para los egipcios. Convirtiendo las aguas del Nilo en sangre, Dios estaba demostrando:

- Que Él tenía el poder sobre las necesidades básicas de la vida.
- Que Él era la Fuente y la provisión suprema para las necesidades de la vida.

- que Él era el Pan y el Agua de la vida
- Que Dios, no el rey, controlaba los suministros de alimento y agua de la tierra.

"No os afanéis, pues, diciendo: ¿Qué comeremos, o qué beberemos, o qué vestiremos? Mas buscad primeramente el reino de Dios y su justicia, y todas estas cosas os serán añadidas" (Mt. 6:31, 33).

"Mas a Jehová vuestro Dios serviréis, y él bendecirá tu pan y tus aguas; y yo quitaré toda enfermedad de en medio de ti" (Éx. 23:25).

ESTUDIO A FONDO 2

(4:6-7) *Lepra — Plagas — Enfermedades*: Esta enfermedad de resequedad en la piel aparece bien documentada en la Biblia (el término se utiliza 41 veces en la RVR-60). Era una plaga para la que no existía cura humana; una enfermedad que requería del aislamiento social de sus víctimas. A menos que Dios interviniera, una larga e interminable vida de sufrimientos hacía que las víctimas de lepra suplicaran por la muerte. (Vea nota 3, Lc. 5:12 para mayor análisis. Vea también *Estudio a fondo 1*, Éx. 9:10.)

"Cuando el hombre tuviere en la piel de su cuerpo hinchazón, o erupción, o mancha blanca, y hubiere en la piel de su cuerpo como llaga de lepra, será traído a Aarón el sacerdote o a uno de sus hijos los sacerdotes. Y el sacerdote mirará la llaga en la piel del cuerpo; si el pelo en la llaga se ha vuelto blanco, y pareciere la llaga más profunda que la piel de la carne, llaga de lepra es; y el sacerdote le reconocerá, y le declarará inmundo" (Lv. 13:2-3).

"entonces el sacerdote entrará y la examinará; y si pareciere haberse extendido la plaga en la casa, es lepra maligna en la casa; inmunda es" (Lv. 14:44).

"Sucedió que estando él en una de las ciudades, se presentó un hombre lleno de lepra, el cual, viendo a Jesús, se postró con el rostro en tierra y le rogó, diciendo: Señor, si quieres, puedes limpiarme. Entonces, extendiendo él la mano, le tocó, diciendo: Quiero; sé limpio. Y al instante la lepra se fue de él" (Lc. 5:12-13).

Pensamiento 1. La lepra es una imagen, un tipo, un símbolo del pecado en la Biblia. La lepra causaba dolor y vergüenza a quienes vivían en los tiempos bíblicos, y el pecado no perdonado causa dolor y vergüenza a los creyentes de hoy.

- Para el pecado no perdonado no existe cura humana.

"por cuanto todos pecaron, y están destituidos de la gloria de Dios" (Ro. 3:23).

- El pecado no perdonado provoca una ruptura de la comunión entre Dios y su pueblo.

"Por tanto, si tu hermano peca contra ti, ve y repréndele estando tú y él solos; si te oyere, has ganado a tu hermano. Mas si no te oyere, toma aún contigo a uno o dos, para que en boca de dos o tres testigos conste toda palabra. Si no los oyere a ellos, dilo a la iglesia; y si no oyere a la iglesia, tenle por gentil y publicano" (Mt. 18:15-17).

- El pecado no perdonado conduce a una larga y dolorosa muerte que no tendrá fin, que durará eternamente.

"Entonces dirá también a los de la izquierda: Apartaos de mí, malditos, al fuego eterno preparado para el diablo y sus ángeles. . . . E irán éstos al castigo eterno, y los justos a la vida eterna". (Mt. 25:41, 46).

"Además de todo esto, una gran sima está puesta entre nosotros y vosotros, de manera que los que quisieren pasar de aquí a vosotros, no pueden, ni de allá pasar acá" (Lc. 16:26).

"y a vosotros que sois atribulados, daros reposo con nosotros, cuando se manifieste el Señor Jesús desde el cielo con los ángeles de su poder, en llama de fuego, para dar retribución a los que no conocieron a Dios, ni obedecen al evangelio de nuestro Señor Jesucristo" (2 Ts. 1:7-8).

"sabe el Señor librar de tentación a los piadosos, y reservar a los injustos para ser castigados en el día del juicio" (2 P. 2:9).

"pero los cielos y la tierra que existen ahora, están reservados por la misma palabra, guardados para el fuego en el día del juicio y de la perdición de los hombres impíos" (2 P. 3:7).

"De éstos también profetizó Enoc, séptimo desde Adán, diciendo: He aquí, vino el Señor con sus santas decenas de millares, para hacer juicio contra todos, y dejar convictos a todos los impíos de todas sus obras impías que han hecho impíamente, y de todas las cosas duras que los pecadores impíos han hablado contra él" (Jud. 14-15).

"Y vi un gran trono blanco y al que estaba sentado en él, de delante del cual huyeron la tierra y el cielo, y ningún lugar se encontró para ellos. Y vi a los muertos, grandes y pequeños, de pie ante Dios; y los libros fueron abiertos, y otro libro fue abierto, el cual es el libro de la vida; y fueron juzgados los muertos por las cosas que estaban escritas en los libros, según sus obras. Y el mar entregó los muertos que había en él; y la muerte y el Hades entregaron los muertos que había en ellos; y fueron juzgados cada uno según sus obras. Y la muerte y el Hades fueron lanzados al lago de fuego. Esta es la muerte segunda. Y el que no se halló inscrito en el libro de la vida fue lanzado al lago de fuego" (Ap. 20:11-15).

ESTUDIO A FONDO 3

(4:8) ***Señales***: Una señal es un hecho milagroso dado por Dios a los hombres con un propósito específico. Dios utiliza señales para estos propósitos.

1. Dios utiliza señales para demostrar su poder, que Él es verdaderamente Dios, el Supremo Señor y Monarca del universo, soberano y omnipotente, rey y señor sobre todas las cosas.

"Estableceré mi pacto con vosotros, y no exterminaré ya más toda carne con aguas de diluvio, ni habrá más diluvio para destruir la tierra. Y dijo Dios: Esta es la señal del pacto que yo establezco entre mí y vosotros y todo ser viviente que está con vosotros, por siglos perpetuos: Mi arco he puesto en las nubes, el cual será por señal del pacto entre mí y la tierra. Y sucederá que cuando haga venir nubes sobre la tierra, se dejará ver entonces mi arco en las nubes. Y me acordaré del pacto mío, que hay entre mí y vosotros y todo ser viviente de toda carne; y no habrá más diluvio de aguas para destruir toda carne. Estará el arco en las nubes, y lo veré, y me acordaré del pacto perpetuo entre Dios y todo ser viviente, con toda carne que hay sobre la tierra" (Gn. 9:11-16).

2. Dios utiliza señales para dar seguridad y confianza a sus seguidores.

"Y Gedeón dijo a Dios: Si has de salvar a Israel por mi mano, como has dicho, he aquí que yo pondré un vellón de lana en la era; y si el rocío estuviere en el vellón solamente, quedando seca toda la otra tierra, entonces entenderé que salvarás a Israel por mi mano, como lo has dicho. Y aconteció así, pues cuando se levantó de mañana, exprimió el vellón y sacó de él el rocío, un tazón lleno de agua. Mas Gedeón dijo a Dios: No se encienda tu ira contra mí, si aún hablare esta vez; solamente probaré ahora otra vez con el vellón. Te ruego que solamente el vellón quede seco, y el rocío sobre la tierra. Y aquella noche lo hizo Dios así; solo el vellón quedó seco, y en toda la tierra hubo rocío" (Jue. 6:36-40).

3. Dios utiliza señales para mover a arrepentimiento y fe.

"Antes que ellos se durmiesen, ella subió al terrado, y les dijo: Sé que Jehová os ha dado esta tierra; porque el temor de vosotros ha caído sobre nosotros, y todos los moradores del país ya han desmayado por causa de vosotros. Porque hemos oído que Jehová hizo secar las aguas del Mar Rojo delante de vosotros cuando salisteis de Egipto, y lo que habéis hecho a los dos reyes de los amorreos que estaban al otro lado del Jordán, a Sehón y a Og, a los cuales habéis destruido. Oyendo esto, ha desmayado nuestro corazón; ni ha quedado más aliento en hombre alguno por causa de vosotros, porque Jehová vuestro Dios es Dios arriba en los cielos y abajo en la tierra. Os ruego pues, ahora, que me juréis por Jehová, que como he hecho misericordia con vosotros, así la haréis vosotros con la casa de mi padre, de lo cual me daréis una señal segura; y que salvaréis la vida a mi padre y a mi madre, a mis hermanos y hermanas, y a todo lo que es suyo; y que libraréis nuestras vidas de la muerte" (Jos. 2:8-13).

"Por esto creerán que se te ha aparecido Jehová, el Dios de tus padres, el Dios de Abraham, Dios de Isaac y Dios de Jacob. Si aconteciere que no te creyeren ni obedecieren a la voz de la primera señal, creerán a la voz de la postrera" (Éx. 4:5, 8).

"Entonces comenzó a reconvenir a las ciudades en las cuales había hecho muchos de sus milagros, porque no se habían arrepentido, diciendo" (Mt. 11:20).

"Mas si las hago, aunque no me creáis a mí, creed a las obras, para que conozcáis y creáis que el Padre está en mí, y yo en el Padre" (Jn. 10:38).

4. Dios utiliza señales como advertencia.

"Y Jehová dijo a Moisés: Vuelve la vara de Aarón delante del testimonio, para que se guarde por señal a los hijos rebeldes; y harás cesar sus quejas de delante de mí, para que no mueran" (Nm. 17:10).

5. Dios utiliza señales para sellar y fortalecer la fe de su pueblo.

"y les di mis estatutos, y les hice conocer mis decretos, por los cuales el hombre que los cumpliere vivirá. Y les di también mis días de reposo, para que fuesen por señal entre mí y ellos, para que supiesen que yo soy Jehová que los santifico" (Ez. 20:11-12).

6. Dios utiliza señales para señalar el cumplimiento de su palabra y sus promesas.

"Por tanto, el Señor mismo os dará señal: He aquí que la virgen concebirá, y dará a luz un hijo, y llamará su nombre Emanuel" (Is. 7:14).

"Había pastores en la misma región, que velaban y guardaban las vigilias de la noche sobre su rebaño. Y he aquí, se les presentó un ángel del Señor, y la gloria del Señor los rodeó de resplandor; y tuvieron gran temor. Pero el ángel les dijo: No temáis; porque he aquí os doy nuevas de gran gozo, que será para todo el pueblo: que os ha nacido hoy, en la ciudad de David, un Salvador, que es CRISTO el Señor. Esto os servirá de señal: Hallaréis al niño envuelto en pañales, acostado en un pesebre" (Lc. 2:8-12).

"Y estando él sentado en el monte de los Olivos, los discípulos se le acercaron aparte, diciendo: Dinos, ¿cuándo serán estas cosas, y qué señal habrá de tu venida, y del fin del siglo?. . . Entonces aparecerá la señal del Hijo del Hombre en el cielo; y entonces lamentarán todas las tribus de la tierra, y verán al Hijo del Hombre viniendo sobre las nubes del cielo, con poder y gran gloria" (Mt. 24:3, 30).

4 (4:10-12) ***Excusa — Llamado de Dios—El habla***: El cuarto argumento: Moisés sintió que no era elocuente, que no era un orador dotado.

1. ¿Qué quería decir Moisés con esta excusa? Él nos dice que era "tardo en el habla y torpe de lengua". Es decir:
   - Él no era elocuente ni hábil con las palabras ni expresivo ni persuasivo.
   - Él no tenía un hablar o una expresión buena, contundente ni convincente.
   - Él no era persuasivo ni de fácil palabra.
   - Él no hablaba con soltura y se ponía nervioso al hablar. Le era difícil incluso hablar con un solo individuo, y mucho peor si era un grupo de personas. Las palabras no le venían ni fácil ni rápidamente a la boca, sin importar con quién estuviera hablando. (Moisés le dijo a Dios que se fijara en que era torpe para hablar, incluso con Él.)
   - Él tal vez fuera cohibido, o tartamudo o tenía algún otro impedimento del habla (cp. Éx. 6:12, 30).

Ahora fíjese: Esto no fue lo único que dijo Moisés acerca de su torpe y difícil hablar. Él agrega que no era elocuente ni persuasivo ni nunca lo había sido, y que no podía hablar con facilidad ni siquiera estando allí hablando con Dios. La deducción era esta: Si él no podía hablar fácilmente con Dios, ¿cómo podría hacerlo con los demás?

2. ¿Cuál es la respuesta de Dios a la persona que le da esta excusa? Él interroga y hace una gran promesa a su siervo. ¿No es Dios el que da la palabra al hombre y quien hace que pueda ver y oír? La respuesta está clara. Sí. Entonces, ve. Dios le ayudará a hablar, y le enseñará exactamente qué decir.

"porque el Espíritu Santo os enseñará en la misma hora lo que debáis decir" (Lc. 12:12).

"Mas el Consolador, el Espíritu Santo, a quien el Padre enviará en mi nombre, él os enseñará todas las cosas, y os recordará todo lo que yo os he dicho" (Jn. 14:26).

"Pero cuando venga el Espíritu de verdad, él os guiará a toda la verdad; porque no hablará por su propia cuenta, sino que hablará todo lo que oyere, y os hará saber las cosas que habrán de venir" (Jn. 16:13).

"Así que, hermanos, cuando fui a vosotros para anunciaros el testimonio de Dios, no fui con excelencia de palabras o de sabiduría" (1 Co. 2:1).

"lo cual también hablamos, no con palabras enseñadas por sabiduría humana, sino con las que enseña el Espíritu, acomodando lo espiritual a lo espiritual" (1 Co. 2:13).

"El Espíritu de Jehová ha hablado por mí, y su palabra ha estado en mi lengua" (2 S. 23:2).

"Porque este Dios es Dios nuestro eternamente y para siempre; Él nos guiará aun más allá de la muerte" (Sal. 48:14).

"Me has guiado según tu consejo, y después me recibirás en gloria" (Sal. 73:24).

"Jehová el Señor me dio lengua de sabios, para saber hablar palabras al cansado; despertará mañana tras mañana, despertará mi oído para que oiga como los sabios" (Is. 50:4).

"Y en tu boca he puesto mis palabras, y con la sombra de mi mano te cubrí, extendiendo los cielos y echando los cimientos de la tierra, y diciendo a Sion: Pueblo mío eres tú" (Is. 51:16).

"Y extendió Jehová su mano y tocó mi boca, y me dijo Jehová: He aquí he puesto mis palabras en tu boca" (Jer. 1:9).

"Por tanto, así ha dicho Jehová Dios de los ejércitos: Porque dijeron esta palabra, he aquí yo pongo mis palabras en tu boca por fuego, y a este pueblo por leña, y los consumirá" (Jer. 5:14).

"Hijo de hombre, yo te he puesto por atalaya a la casa de Israel; oirás, pues, tú la palabra de mi boca, y los amonestarás de mi parte" (Ez. 3:17).

ESTUDIO A FONDO 4

(4:10-11) ***Dios, Señor Jehová***: Fíjese en dos hechos importantes acerca de los nombres utilizados por Dios en el Antiguo Testamento.

1. Los hombres eran cuidadosos en la manera en que se dirigían y hablaban a Dios en el Antiguo Testamento. Este pasaje ilustra claramente este hecho.

"Entonces dijo Moisés a Jehová: ¡Ay Señor!..." (Éx. 4:10).

Cada nombre daba una diferente imagen de la naturaleza de Dios y expresaba solamente lo que la persona quería o necesitaba decir. Las diferentes imágenes o significados de los nombres aparecen debajo y en varias otras notas.

2. Dios reveló un nuevo nombre para sí mismo cuando se necesitó una experiencia nueva con Dios. Cada nombre fue revelado en el momento necesario. Dios evidentemente sabe qué es necesario en cada experiencia del creyente y cuándo es que es necesario. Por lo tanto, en el momento exacto en que una nueva revelación de su naturaleza era necesaria, Dios revelaba esa parte de su naturaleza. Revelaba más sobre sí mismo (un nuevo rasgo, una nueva característica, una nueva verdad). Y la necesidad del hombre era suplida personal o socialmente.

Otra manera de decir esto es decir que la revelación de los nombres de Dios fue progresiva, es decir, fue una revelación progresiva. Dicho sencillamente: Los creyentes del Antiguo Testamento crecieron en su conocimiento de Dios a medida que trascurría la vida de cada uno de ellos y ganaban en experiencias con Dios. Ellos crecían paso a paso (del mismo modo que han crecido siempre todos los creyentes) y Dios se reveló al hombre verdad a verdad, parte por parte. Él descorrió el velo de su naturaleza doblez por doblez (He. 1:1 [*polumeros*, "en muchas partes"]. Cp. Ef. 3:10. La multiforme sabiduría de Dios, esto es, su profusa, abigarrada o multicolor y diversificada sabiduría, una sabiduría con muchas partes.)

Existen tres nombres básicos para Dios utilizados en la Biblia. En los tres puntos que siguen, aparece solamente una breve reseña acerca de cada uno. Un análisis completo de cada nombre aparece en las notas a las cuáles se remite. (Para una lista completa, vea notas, Gn. 1:1; 14:19; 15:2; 17:1; 21:33; 22:14; Éx. 3:14-15; 4:10-11; 1 S. 1:3.)

1. Está el nombre *El, Elah, Elohim*. Elohim es utilizado principalmente para dirigirse a Dios en general, como el Dios de todos los hombres y el Dios de la creación. Elohim es el Dios omnipotente, de poder absoluto e ilimitado. (Vea nota 6, Gn. 1:1.)
2. Está el nombre *Jehová* o *Yahweh*. Jehová se utiliza casi siempre para dirigirse a Dios como el Dios de su pueblo, el pueblo con el cual Él ha hecho un pacto. (Jehová significa que Él es el Redentor y Salvador, el Sustentador y Provisor, la Fuente, Provisión y Proveedor de todo.) El nombre Jehová señala a Dios como el Dios de la revelación y la redención. Jehová (Yahweh) siempre ha sido considerado el más precioso y sagrado nombre de Dios entre los de su pueblo. (Vea *Estudio a fondo 2*, Éx. 3:14-15).
3. Está el nombre *Adon* o *Adonai*. Adonai significa Amo o Señor. Se utiliza para dirigirse tanto a Dios como a los hombres. (Vea nota, Gn. 15:2.)

5 (4:13-17) ***Excusa—Llamado de Dios***: El quinto argumento: Moisés sencillamente no quería ir; se negó y le pidió a Dios que enviara a otro. La imagen de Moisés ahora es triste y desgarradora.

1. Moisés rechazó el llamado de Dios. Él se había quedado sin excusas, así que ahora tuvo que admitir la verdad: Sencillamente no quería ir. Vean la escena. Él realmente le imploró a Dios que enviara a otro: "te ruego que envíes a alguna otra persona" (NVI). La Biblia hebrea dice literalmente "por favor, envía el mensaje por mano de quien quieras" (v. 3). La hebrea con frecuencia utiliza la palabra "mano" (*yad*) para expresar agencia, canal o medio. Por ejemplo:

> **"Jehová amonestó entonces a Israel y a Judá por medio de todos los profetas y de todos los videntes" (2 R. 17:13, cp. Éx. 9:35).**[3]

El punto es este: Moisés quería que Dios mandara a otro, que enviara su mensaje por mano de otro. Él no quería ir; él quería vivir según su deseo, hacer lo que se le antojara. Él rechazaba el llamado de Dios:

- Negándose a hacer lo que Dios quería.
- Negándose a ser el mensajero de Dios.
- Negándose a seguir adelante.
- Negándose a llevar el glorioso mensaje de salvación y liberación a Israel.

2. ¿Cuál fue la respuesta de Dios? Ira. Ira justa. No se le permitiría a Moisés decir nada más. Dios aún actuaría con misericordia hacia Moisés, pero Dios estaba hablando en serio. Moisés iría y proclamaría la gloriosa liberación que se acercaba. No habría más argumentos ni más excusas. Fíjese que a Moisés no se le permitió decir nada más. Solamente habló Dios. Dios dijo cinco cosas, y esas cinco cosas concluyeron el gran llamado de Dios a Moisés.

a. Dios prometió darle a Moisés un ayudante, su hermano Aarón, para que fuera su portavoz (v. 14). Fíjese que Dios se refiere a Aarón como "*levita*". Moisés, también era de la tribu de Leví, así que es improbable que Dios le estuviera informando a Moisés que Aarón era miembro de la tribu de Leví. ¿Entonces por qué se refirió Dios a Aarón como levita? Él probablemente estaba dándole una pista de las cosas que sucederían. Aarón y sus hijos, todos los hombres de la tribu de Leví, se convertirían en los voceros y mensajeros de Dios (sus sacerdotes) para Israel. Aarón sería el primer mensajero y portavoz de Dios para su pueblo; por lo tanto, Dios comenzó inmediatamente a referirse a Aarón como Aarón el levita. Los levitas se convertirían poco tiempo después en los mediadores de Dios, sus voceros, sus mensajeros, sus sacerdotes y ministros para Israel.
b. Dios también dijo a Moisés que Aarón estaba de camino para visitarlo. Más aún, Aarón aceptó y se alegró de que Moisés hubiese sido llamado por Dios (v. 14).
c. Dios entonces instruyó a Moisés acerca del tipo de relación que tendría con Aarón. Moisés siempre compartiría la Palabra de Dios con Aarón. Dios los ayudaría a ambos a hablar y les enseñaría a ambos qué hacer (v. 15).
d. Aarón sería el portavoz ante su pueblo, la boca misma de Moisés ante su pueblo; y Moisés sería como Dios para Aarón (es decir, como el portavoz de Dios ante Aarón) (v. 16).
e. Moisés también llevaría su vara con él: Para realizar milagrosas señales con ella (v. 17).

Pensamiento 1. Rechazar el llamado de Dios es asunto serio. Fíjese que Dios escogió a Aarón para reemplazar a Moisés en una parte importante, la de ser el portavoz y mensajero de Dios ante el pueblo. Moisés perdió el gran privilegio de ser el portavoz de Dios ante el pueblo, todo por haber rechazado tanto tiempo el llamado de Dios. También perdió el maravilloso privilegio de ser el padre, el primero de los sacerdotes de Dios, el primero de los mensajeros de Dios y su portavoz ante Israel. Todo por haber argumentado en contra del llamado de Dios.

> **"Hijo de hombre, yo te he puesto por atalaya a la casa de Israel; oirás, pues, tú la palabra de mi boca, y los amonestarás de mi parte" (Ez. 3:17).**
>
> **"Pero si el atalaya viere venir la espada y no tocare la trompeta, y el pueblo no se apercibiere, y viniendo la espada, hiriere de él a alguno, éste fue tomado por causa de su pecado, pero demandaré su sangre de mano del atalaya" (Ez. 33:6).**
>
> **"Por tanto, id, y haced discípulos a todas las naciones, bautizándolos en el nombre del Padre, y del**

[3] Frank E. Gaebelein, Editor. *The Expositor's Bible Commentary*, Vol. 2, pp. 329-330.

Hijo, y del Espíritu Santo; enseñándoles que guarden todas las cosas que os he mandado; y he aquí yo estoy con vosotros todos los días, hasta el fin del mundo. Amén" (Mt. 28:19-20).

"Por lo cual te aconsejo que avives el fuego del don de Dios que está en ti por la imposición de mis manos. . . Por tanto, no te avergüences de dar testimonio de nuestro Señor, ni de mí, preso suyo, sino participa de las aflicciones por el evangelio según el poder de Dios" (2 Ti. 1:6, 8).

"Ninguno que milita se enreda en los negocios de la vida, a fin de agradar a aquel que lo tomó por soldado" (2 Ti. 2:4).

"Te encarezco delante de Dios y del Señor Jesucristo, que juzgará a los vivos y a los muertos en su manifestación y en su reino, que prediques la palabra; que instes a tiempo y fuera de tiempo; redarguye, reprende, exhorta con toda paciencia y doctrina" (2 Ti. 4:1-2).

"porque Demas me ha desamparado, amando este mundo, y se ha ido a Tesalónica. Crescente fue a Galacia, y Tito a Dalmacia" (2 Ti. 4:10).

TIPOS, SÍMBOLOS E ILUSTRACIONES
ÉXODO 3:11—4:17

TÉRMINO HISTÓRICO	TIPO O ILUSTRACIÓN (FUNDAMENTO BÍBLICO DE CADA UNO)	APLICACIÓN PARA LA VIDA DEL CREYENTE DE HOY DÍA	APLICACIÓN BÍBLICA
El báculo (o vara) de Moisés (Éx. 4:2-5)	*El poder de Dios:* • *Sobre Faraón: Simboliza a los malos gobernantes de este mundo y a Satanás* • *Sobre Egipto: Simboliza el mundo y sus esclavitudes* **"Y Jehová dijo: ¿Qué es eso que tienes en tu mano? Y él respondió: Una vara. El le dijo: Échala en tierra. Y él la echó en tierra, y se hizo una culebra; y Moisés huía de ella. Entonces dijo Jehová a Moisés: Extiende tu mano, y tómala por la cola. Y él extendió su mano, y la tomó, y se volvió vara en su mano. Por esto creerán que se te ha aparecido Jehová, el Dios de tus padres, el Dios de Abraham, Dios de Isaac y Dios de Jacob" (Éx. 4:2-5; cp. Sal. 2:9).**	⇒ El poder de Dios gobierna tanto sobre el mundo físico como el espiritual: • Todos los principados, potestades y gobernantes de este mundo. • Todas las fuerzas del mal del mundo espiritual.	***"y cuál la supereminente grandeza de su poder para con nosotros los que creemos, según la operación del poder de su fuerza, la cual operó en Cristo, resucitándole de los muertos y sentándole a su diestra en los lugares celestiales, sobre todo principado y autoridad y poder y señorío, y sobre todo nombre que se nombra, no solo en este siglo, sino también en el venidero; y sometió todas las cosas bajo sus pies, y lo dio por cabeza sobre todas las cosas a la iglesia" (Ef. 1:19-22).*** ***"Vestíos de toda la armadura de Dios, para que podáis estar firmes contra las asechanzas del diablo. Porque no tenemos lucha contra sangre y carne, sino contra principados, contra potestades, contra los gobernadores de las tinieblas de este siglo, contra huestes espirituales de maldad en las regiones celestes" (Ef. 6:11-12; cp. Col. 2:15).***

TÉRMINO HISTÓRICO	TIPO O ILUSTRACIÓN (FUNDAMENTO BÍBLICO DE CADA UNO)	APLICACIÓN PARA LA VIDA DEL CREYENTE DE HOY DÍA	APLICACIÓN BÍBLICA
La mano leprosa de Moisés (Éx. 4:6-8)	*El poder de Dios:* • *Sobre la salud* • *Sobre las enfermedades* • *Sobre la vida* • *Sobre el pecado* • *Sobre la muerte* **"Le dijo además Jehová: Mete ahora tu mano en tu seno. Y él metió la mano en su seno; y cuando la sacó, he aquí que su mano estaba leprosa como la nieve. Y dijo: Vuelve a meter tu mano en tu seno. Y él volvió a meter su mano en su seno; y al sacarla de nuevo del seno, he aquí que se había vuelto como la otra carne" (Éx. 4:6-7).**	⇒ Jesucristo tiene completo control sobre nuestro cuerpo y nuestra vida. Su poder: • Sanará o fortalecerá al enfermo. • Confortará a todo el que a Él clame. • Perdonará el pecado de todo el que se lo pida. • Salvará a todo el que a Él clame, lo salvará por toda la eternidad.	***"El Espíritu del Señor está sobre mí, por cuanto me ha ungido para dar buenas nuevas a los pobres; me ha enviado a sanar a los quebrantados de corazón; a pregonar libertad a los cautivos, y vista a los ciegos; a poner en libertad a los oprimidos" (Lc. 4:18).*** ***"Y el Señor me librará de toda obra mala, y me preservará para su reino celestial. A él sea gloria por los siglos de los siglos. Amén" (2 Ti. 4:18).*** ***"Aunque afligido yo y necesitado, Jehová pensará en mí. Mi ayuda y mi libertador eres tú; Dios mío, no te tardes" (Sal. 40:17).*** ***"En él estaba la vida, y la vida era la luz de los hombres. Aquella luz verdadera, que alumbra a todo hombre, venía a este mundo" (Jn. 1:4, 9).*** ***"porque todo aquel que invocare el nombre del Señor, será salvo" (Ro. 10:13).*** *(cp. Éx. 15:26; Dt. 7:15; Sal. 41:4; Sal. 147:3; Is. 46:4; Is. 53:5; Jer. 30:17; Jn. 3:16; 10:10).*
Aarón (Éx. 4:14-16)	*La imagen de un portavoz o embajador* **"Y él hablará por ti al pueblo; él te será a ti en lugar de boca, y tú serás para él en lugar de Dios"(Éx. 4:16).** **"Jehová dijo a Moisés: Mira, yo te he constituido dios para Faraón, y tu hermano Aarón será tu profeta. Tú dirás todas las cosas que yo te mande, y Aarón tu hermano hablará a Faraón, para que deje ir de su tierra a los hijos de Israel" (Éx. 7:1-2).**	⇒ Un fiel embajador lleva con él: • La autoridad del que lo envió (Cristo). • El mensaje del que lo envió (Cristo). • La voluntad del que lo envió (Cristo).	***"Después oí la voz del Señor, que decía: ¿A quién enviaré, y quién irá por nosotros? Entonces respondí yo: Heme aquí, envíame a mí" (Is. 6:8).*** ***"Así que, somos embajadores en nombre de Cristo, como si Dios rogase por medio de nosotros; os rogamos en nombre de Cristo: Reconciliaos con Dios" (2 Co. 5:20).*** ***"No me elegisteis vosotros a mí, sino que yo os elegí a vosotros, y os he puesto para que vayáis y llevéis fruto, y vuestro fruto permanezca; para que todo lo que pidiereis al Padre en mi nombre, él os lo dé" (Jn. 15:16).*** ***"Apacentad la grey de Dios que está entre vosotros, cuidando de ella, no por fuerza, sino voluntariamente; no por ganancia deshonesta, sino con ánimo pronto; no como teniendo señorío sobre los que están a vuestro cuidado, sino siendo ejemplos de la grey" (1 P. 5:2-3).*** *(cp. Hch. 20:28; 1 Ti. 1:12; 1 Co. 2:1-5).*

	E. La rendición de Moisés al llamado de Dios: El fruto de la obediencia, 4:18-31	24 Y aconteció en el camino, que en una posada Jehová le salió al encuentro, y quiso matarlo. 25 Entonces Séfora tomó un pedernal afilado y cortó el prepucio de su hijo, y lo echó a sus pies, diciendo: A la verdad tú me eres un esposo de sangre. 26 Así le dejó luego ir. Y ella dijo: Esposo de sangre, a causa de la circuncisión.	**3 Obediencia, luego fue retirada la mano castigadora de Dios** a. Dios castigó a Moisés: Estaba a punto de matarlo b. El motivo: La esposa de Moisés al parecer se había opuesto a la circuncisión y Moisés había cedido ante su esposa, desobedeciendo a Dios y no circuncidando a su hijo c. La esposa de Moisés circuncidó a su hijo, pero con repugnancia d. Dios retiró su mano de castigo y salvó a Moisés
1 Obediencia, luego la seguridad de Dios a. La obediencia de Moisés: Él pidió permiso para regresar a Egipto, a ver si su familia aún vivía 1) Él no alardeó acerca del llamado de Dios 2) Jetro le concedió permiso b. Seguridad de Dios: El camino estaba preparado; todo el que procuraba su muerte ya había muerto	18 Así se fue Moisés, y volviendo a su suegro Jetro, le dijo: Iré ahora, y volveré a mis hermanos que están en Egipto, para ver si aún viven. Y Jetro dijo a Moisés: Ve en paz. 19 Dijo también Jehová a Moisés en Madián: Ve y vuélvete a Egipto, porque han muerto todos los que procuraban tu muerte.		
2 Obediencia, luego la guía de Dios a. La obediencia de Moisés 1) Él se mudó definitivamente para Egipto: Se mudó con su familia 2) Él tomó la vara de Dios: Tal como Dios le dijo (v. 17) b. La dirección de Dios: Su guía e instrucción 1) Ir ante Faraón: Realizar todos los milagros 2) Pero saber: el corazón de Faraón será endurecido; él no dejará irse al pueblo *EF1* 3) Decir la palabra de Dios • Israel es mi hijo, mi primogénito • Deja ir a mi hijo: Para que me sirva • Si te niegas, Dios matará a tu primogénito	20 Entonces Moisés tomó su mujer y sus hijos, y los puso sobre un asno, y volvió a tierra de Egipto. Tomó también Moisés la vara de Dios en su mano. 21 Y dijo Jehová a Moisés: Cuando hayas vuelto a Egipto, mira que hagas delante de Faraón todas las maravillas que he puesto en tu mano; pero yo endureceré su corazón, de modo que no dejará ir al pueblo. 22 Y dirás a Faraón: Jehová ha dicho así: Israel es mi hijo, mi primogénito. 23 Ya te he dicho que dejes ir a mi hijo, para que me sirva, mas no has querido dejarlo ir; he aquí yo voy a matar a tu hijo, tu primogénito.	27 Y Jehová dijo a Aarón: Ve a recibir a Moisés al desierto. Y él fue, y lo encontró en el monte de Dios, y le besó. 28 Entonces contó Moisés a Aarón todas las palabras de Jehová que le enviaba, y todas las señales que le había dado. 29 Y fueron Moisés y Aarón, y reunieron a todos los ancianos de los hijos de Israel. 30 Y habló Aarón acerca de todas las cosas que Jehová había dicho a Moisés, e hizo las señales delante de los ojos del pueblo. 31 Y el pueblo creyó; y oyendo que Jehová había visitado a los hijos de Israel, y que había visto su aflicción, se inclinaron y adoraron.	**4 Obediencia, luego Dios cumplió su promesa** a. El llamado y la obediencia de Aarón 1) Dios llamó a Aarón: él obedeció a Dios y fue a encontrarse con Moisés 2) Moisés habló con Aarón: Le habló del llamado de Dios y las milagrosas señales que le fueron dadas a hacer b. La obediencia de Moisés y Aarón: ellos reunieron a todos los ancianos de Israel 1) Aarón comunicó lo que Dios le había dicho a Moisés 2) Moisés hizo las señales milagrosas c. Dios cumplió su promesa, tal como había prometido: el pueblo creyó y se inclinó y adoró (cp. vv. 5, 8)

DIVISIÓN II
MOISÉS Y DIOS: DIOS LEVANTA UN LÍDER PARA LIBERAR A SU PUEBLO (ISRAEL), 2:1—7:7

E. La rendición de Moisés al llamado de Dios: El fruto de la obediencia, Éxodo 4:18-31

(4:18-31) ***Introducción***: Dios acababa de encontrarse con Moisés en la zarza en llamas. El gran llamamiento de Moisés acababa de tener lugar. Dios quería que Moisés fuera su mensajero, que fuera a librar a su pueblo de la esclavitud. Pero Moisés no quería ir. No quería llevar una vida de siervo y testigo, una vida ligada a Dios. Quería ser libre para vivir la vida que él entendiera, para hacer lo que se le antojara. Parado allí, ante Dios, Moisés inventó excusa tras excusa, oponiéndose al llamado de Dios. De hecho, se opuso con tanta fuerza y por tanto tiempo, que molestó a Dios. Con justa ira, Dios insistió en que Moisés fuera. Moisés debía ser el mensajero de Dios. Ninguna excusa ni ningún argumento fueron válidos. Moisés cedería ante el llamado de Dios: Él debía ir y proclamar el glorioso mensaje de Dios de liberación y libertad. ¿Qué sucedió? Este pasaje nos lo cuenta: *La rendición de Moisés al llamado de Dios: El fruto de la obediencia, Éxodo 4:18-31.*

1. Obediencia, luego la garantía de Dios (vv. 18-19).
2. Obediencia, luego la guía de Dios (vv. 20-23).
3. Obediencia, luego la mano de Dios fue retirada (vv. 24-26).
4. Obediencia, luego el cumplimento de la promesa de Dios (vv. 27-31).

[1] (4:18-19) ***Obediencia — Cortesía***: Primero, hubo obediencia, luego Dios dio su garantía.

1. Moisés obedeció a Dios, cedió ante el llamado de Dios (v. 18). Dejó el desierto y se fue a casa a ocuparse de su negocio. Comenzó a hacer planes de cómo regresar a Egipto. Llevaba trabajando cuarenta años para su suegro, Jetro, por lo que tenía que encargarse de los arreglos que tuvieran entre ellos. No podía dejar a Jetro sin apoyo, sin hacer los arreglos pertinentes para buscar un sustituto. Además, Jetro era el cabeza de familia: El padre de la esposa de Moisés y el abuelo de los hijos de Moisés.

El punto a analizar es que Moisés era amable y respetuoso con el padre de su esposa; sencillamente no recogió y partió. No ignoró las consecuencias de dejar a la familia de su esposa. Pidió permiso a Jetro e hizo los arreglos pertinentes antes de partir.

> ***Pensamiento 1.*** Lo primero que exige el llamado de Dios es lealtad, incluso más que a la familia. Pero siempre debemos ser amorosos, amables y respetuosos con nuestras familias cuando somos llamados a alejarnos de ellas. Y debemos ayudarles a entender el llamado de Dios lo mejor que podamos.
>
> **"El que ama a padre o madre más que a mí, no es digno de mí; el que ama a hijo o hija más que a mí, no es digno de mí; y el que no toma su cruz y sigue en pos de mí, no es digno de mí" (Mt. 10:37-38).**
>
> **"Y decía a todos: Si alguno quiere venir en pos de mí, niéguese a sí mismo, tome su cruz cada día, y sígame" (Lc. 9:23).**

Fíjese también en este otro hecho: Moisés no hizo alarde del llamado de Dios. No actuó de manera *espiritual.* Analice la grandiosa experiencia que había acabado de tener con Dios. Sin embargo, actuó como siempre, de manera tranquila y humilde con respecto a su experiencia.

> **"Así que, cualquiera que se humille como este niño, ése es el mayor en el reino de los cielos" (Mt. 18:4).**
>
> **"Digo, pues, por la gracia que me es dada, a cada cual que está entre vosotros, que no tenga más alto concepto de sí que el que debe tener, sino que piense de sí con cordura, conforme a la medida de fe que Dios repartió a cada uno" (Ro. 12:3).**
>
> **"Nada hagáis por contienda o por vanagloria; antes bien con humildad, estimando cada uno a los demás como superiores a él mismo; no mirando cada uno por lo suyo propio, sino cada cual también por lo de los otros" (Fil. 2:3-4).**
>
> **"Igualmente, jóvenes, estad sujetos a los ancianos; y todos, sumisos unos a otros, revestíos de humildad; porque: Dios resiste a los soberbios, y da gracia a los humildes" (1 P. 5:5).**

2. Una vez que Moisés hubo obedecido a Dios, después que había comenzado los arreglos para irse a Egipto, Dios le dio a Moisés una gran garantía. Dios le dio a Moisés la garantía de la seguridad, y la protección (v. 19). Dios le dijo a Moisés que los hombres que habían intentado matarlo estaban muertos. No había moros en la costa. No había por qué temer. Recuerde, Moisés había sido un hombre buscado en Egipto. Cuarenta años antes, había matado a un oficial egipcio, y Faraón había enviado la orden: Arrestar y ejecutar a Moisés. Al igual que hubiera sucedido con cualquiera de nosotros, el miedo se apoderó de Moisés mientras realizaba los preparativos para regresar a Egipto.

Pero Dios es fiel: En este momento le daba seguridad a Moisés. Su querido mensajero estaba cediendo ante su llamado, el llamado de Dios. A pesar de la orden de ejecución que pesaba sobre su cabeza, Moisés obedeció a Dios. Cedía ante el llamado de Dios y daba el paso al frente para liberar al pueblo de Dios. Por lo tanto, Dios se encontró con Moisés para darle seguridad: Todos sus enemigos se encontraban muertos. No había por qué temer; estaría seguro a su regreso a Egipto.

> ***Pensamiento 1.*** El primer fruto de la obediencia es la seguridad que nos da Dios. Después que cedemos ante el llamado de Dios, que cedemos a hacer su voluntad, es entonces que la seguridad de Dios nos recorre el alma. Dios nos da seguridad; Él nos asegura que cuidará de

nosotros si lo obedecemos. Él nos bendecirá con su gran seguridad y cuidados.

"Ahora, pues, si diereis oído a mi voz, y guardareis mi pacto, vosotros seréis mi especial tesoro sobre todos los pueblos; porque mía es toda la tierra" (Éx. 19:5).

"Cuando estuvieres en angustia, y te alcanzaren todas estas cosas, si en los postreros días te volvieres a Jehová tu Dios, y oyeres su voz; porque Dios misericordioso es Jehová tu Dios; no te dejará, ni te destruirá, ni se olvidará del pacto que les juró a tus padres" (Dt. 4:30-31).

"¡Quién diera que tuviesen tal corazón, que me temiesen y guardasen todos los días todos mis mandamientos, para que a ellos y a sus hijos les fuese bien para siempre!" (Dt. 5:29).

"Y si anduvieres en mis caminos, guardando mis estatutos y mis mandamientos, como anduvo David tu padre, yo alargaré tus días" (1 R. 3:14).

"Por tanto, id, y haced discípulos a todas las naciones, bautizándolos en el nombre del Padre, y del Hijo, y del Espíritu Santo; enseñándoles que guarden todas las cosas que os he mandado; y he aquí yo estoy con vosotros todos los días, hasta el fin del mundo. Amén" (Mt. 28:19-20).

"El que tiene mis mandamientos, y los guarda, ése es el que me ama; y el que me ama, será amado por mi Padre, y yo le amaré, y me manifestaré a él" (Jn. 14:21).

"No me elegisteis vosotros a mí, sino que yo os elegí a vosotros, y os he puesto para que vayáis y llevéis fruto, y vuestro fruto permanezca; para que todo lo que pidiereis al Padre en mi nombre, él os lo dé" (Jn. 15:16).

"Mas el que mira atentamente en la perfecta ley, la de la libertad, y persevera en ella, no siendo oidor olvidadizo, sino hacedor de la obra, éste será bienaventurado en lo que hace" (Stg. 1:25).

"Bienaventurados los que lavan sus ropas, para tener derecho al árbol de la vida, y para entrar por las puertas en la ciudad" (Ap. 22:14).

[2] (4:20-23) ***Obediencia — Guía***: Segundo, hubo obediencia, entonces Dios dio su guía e instrucciones.

1. Moisés obedecía a Dios, lo obedecía completamente (v. 20). Observe que realizó todos los preparativos para irse a vivir a Egipto: Llevó a su familia con él, es decir, a su esposa y a sus dos hijos. Fíjese también que llevó consigo la vara de Dios, justo como Dios le había indicado (cp. Éx. 4:17).

2. Una vez más, la obediencia rindió frutos. En la medida en que Moisés continuó obedeciendo a Dios, Dios continuó satisfaciendo sus necesidades. Entonces Dios suplió una necesidad muy especial que tenía Moisés: La necesidad de que lo guiaran y le dieran instrucciones (vv. 21-23). Necesitaba saber con exactitud qué hacer cuando llegara a Egipto y se presentara ante Faraón. Y necesitaba saberlo antes de llegar a Egipto para tener tiempo para meditar y planificar el encuentro. Dios suplió dicha necesidad, y el corazón de Dios debe haberse regocijado de alegría. Porque su siervo le obedecía, le obedecía a pesar de todas las excusas que dio antes de ceder y obedecer. Ahora el siervo de Dios era obediente, por lo tanto, ahora Dios podía encontrarse con su querido siervo y proporcionarle guía e instrucciones. Dios dijo a Moisés que hiciera tres cosas cuando llegara a Egipto

a. Moisés debía ir ante Faraón y realizar todos los milagros para los que Dios le había dado poder (v. 21).

b. Aunque Moisés debía saber algo: Dios iba a endurecer el corazón de Faraón para que no dejara ir al pueblo (v. 21). Dios se estaba asegurando de que Moisés no se sorprendiera ni se desalentara cuando Faraón rechazara el mensaje y se rehusara a liberar al pueblo de Dios (vea *Estudio a fondo 1*—Éx. 4:21 para mayor análisis).

c. Moisés debía proclamar la Palabra de Dios. Debía declarar tres puntos a Faraón:

⇒ Primero, Israel era el "Hijo de Dios, su primogénito incluso" (v. 22). Esta es la primera que se refirió a Israel como su primogénito. F. B. Huey dice:

> *"En su declaración, Israel fue llamado a la más cercana, amorosa y honrosa relación que podía tener lugar en el antiguo Cercano Oriente. El mayor de los hijos recibía un lugar de especial honor y respeto.*
>
> - *"Recibió el doble de la herencia que correspondía a su familia (Dt. 21:17).*
> - *"La ley de redención era aplicable a él de manera especial (Éx. 13:11-15).*
> - *"Se le buscaba para que sucediera a su padre como cabeza de familia o clan.*
> - *"Recibió estatus (Gn. 43:33), autoridad (Gn. 27:37), y responsabilidades (Gn. 37:22) preferenciales.*
> - *"Como era su derecho de nacimiento, su familia le reclamaba la bendición (Gn. 27:1-4, 35-37)".*[1]

⇒ Segundo, Faraón debía liberar a Israel para que Israel pudiera servir y vivir para Dios (v. 23).

⇒ Tercero, si Faraón se rehusaba, Dios mataría al primogénito de Faraón (v. 23).

Pensamiento 1. Hay una clara lección para nosotros en este punto: Si no obedecemos y cedemos ante el llamado de Dios, entonces Dios no podrá guiar y encauzar la vida de cada uno de nosotros. ¿Por qué? Porque sería indulgente y daría licencia a la desobediencia, la rebelión y el pecado. Pero cuando obedecemos y cedemos ante el llamado de Dios, entonces Dios puede guiar y encauzar nuestra vida. Esa es su promesa.

[1] F. B. Huey hijo. *Exodus,* pp. 34-35. Los puntos son señalados aparte para mayor claridad.

"Encamíname en tu verdad, y enséñame, porque tú eres el Dios de mi salvación; en ti he esperado todo el día" (Sal. 25:5).

"Encaminará a los humildes por el juicio, y enseñará a los mansos su carrera" (Sal. 25:9).

"Porque este Dios es Dios nuestro eternamente y para siempre; Él nos guiará aun más allá de la muerte" (Sal. 48:14).

"Me has guiado según tu consejo, y después me recibirás en gloria" (Sal. 73:24).

"Enséñame a hacer tu voluntad, porque tú eres mi Dios; tu buen espíritu me guíe a tierra de rectitud" (Sal. 143:10).

"Entonces tus oídos oirán a tus espaldas palabra que diga: Este es el camino, andad por él; y no echéis a la mano derecha, ni tampoco torzáis a la mano izquierda" (Is. 30:21).

"Para dar luz a los que habitan en tinieblas y en sombra de muerte; para encaminar nuestros pies por camino de paz" (Lc. 1:79).

"Pero cuando venga el Espíritu de verdad, él os guiará a toda la verdad; porque no hablará por su propia cuenta, sino que hablará todo lo que oyere, y os hará saber las cosas que habrán de venir" (Jn. 16:13).

ESTUDIO A FONDO 1

(4:21) ***Juicio, judicial — Duro — Dureza — Corazones, endurecer***: Dios endureció el corazón de Faraón. ¿Qué significa esto? Fíjese en los siguientes hechos:

a. Se dice que Dios endureció el corazón de Faraón en diez ocasiones diferentes en Éxodo (Éx. 4:21; 7:3; 9:12; 10:1, 20, 27; 11:10; 14:4, 8, 17).

b. Se dice que Faraón endureció su propio corazón en diez ocasiones diferentes (Éx. 7:13, 14, 22; 8:15, 19, 32; 9:7, 34, 35; 13:15).

c. Tres palabras diferentes se traducen como *endureció* en los pasajes que tratan de Faraón.

⇒ Está la palabra en hebreo *chazaq* que significa ser fuerte, endurecido o apretado. Por lo tanto, da la idea de oponerse a Dios con todas las fuerzas, estar cerrado o empecinado, estar en contra de Dios (Éx. 4:21; 7:13, 22; 8:19; 9:12, 35; 10:20, 27; 11:10; 14:4, 8).

⇒ Está la palabra en hebreo *kabed* que significa ser pesado, de peso, duro. Da la idea de ser sordo e indiferente al Espíritu de Dios (Éx. 7:14; 8:15, 32; 9:7, 34; 10:1. cp. 1 S. 6:6.)

⇒ Está la palabra en hebreo *qashah* que significa ser agudo, severo, cruel, duro. Da la idea de ser obstinado (Éx. 7:3).

d. Faraón endureció su corazón mucho antes de cuando se dice que Dios endureciera el corazón de Faraón.

⇒ Faraón endureció su corazón contra la primera señal milagrosa que Moisés realizó, la de convertir la vara en una serpiente (Éx. 7:10-13, esp. 13).

⇒ Faraón endureció su corazón contra Dios como resultado de las cinco plagas. Las Escrituras dicen que al comienzo de la sexta señal Dios comenzó a endurecer el corazón de Faraón. (Faraón endureció su corazón en Éx. 7:22; 8:15, 19, 32; 9:7. Dios comenzó a endurecer el corazón de Faraón en Éx. 9:12.)

e. Observe que aquí, en el versículo 21, parece que se nos dice el orden del endurecimiento. Dios dijo a Moisés que fuera ante Faraón y realizara las señales milagrosas, entonces Faraón endurecería su corazón. Esto indica que el endurecimiento del corazón tendría lugar después de las señales milagrosas. Por lo tanto, el orden de los acontecimientos sería:

⇒ Las señales milagrosas.

⇒ La reacción de Faraón: endureció su corazón contra las señales.

⇒ La justicia y el juicio de Dios: Él endureció el corazón de Faraón.

Esto es a lo que se le conoce como *el juicio judicial de Dios* o *el juicio justo de Dios*: el juicio que es justo y moral, un juicio que es imparcial, que tiene que ejecutarlo Dios, quien es tanto justo como amoroso. Recuerde:

- Si Dios es amor, tiene que administrar justicia. El amor exige que se trate a una persona con justicia e imparcialidad, que se le trate con honestidad, honor y decencia.
- Si Dios es justo, Él tiene que administrar justicia. La justicia exige que una persona pague por sus transgresiones y violaciones a la ley de Dios, que pague por su falta, por sus actos injustos y abominables.

Por ello, el corazón de Faraón se endureció, porque su corazón merecía ser endurecido. Faraón había:

- Adorado a falsos dioses e ídolos toda su vida.
- Llevado una vida perversa e inicua.
- Tratado a otros de manera injusta y arbitraria: Había tratado a personas de manera brutal y las había esclavizado.
- Rechazado la petición de Dios una y otra vez, y hasta rechazó las plagas y las advertencias de Dios, cuando el mensajero de Dios (Moisés) proclamó el mensaje de Dios.

El corazón de Faraón era duro porque él lo había endurecido a través de los años, lo había endurecido a causa de las decisiones que había tomado. Una y otra vez había tomado decisiones para hacer el mal, tanto así que ahora le parecía fácil hacer el mal. Su conciencia y su conocimiento interior de la justicia se había endurecido, se había encostrado más y más, como una roca.

The Pulpit Commentary dice:

"Se dice que los hombres endurecen su propio corazón contra Dios; Dios no interfiere de manera activa para endurecer el corazón de nadie... No se debe considerar que el corazón de Faraón sufrió un endurecimiento sobrenatural. Sino que entre los castigos que Dios ha impuesto sobre el pecado, parece encontrarse el endurecimiento de toda la naturaleza del hombre que peca.

⇒ *Si los hombres 'no aprobaron tener en cuenta a Dios, Dios los entregó a una mente reprobada' (Ro. 1:28).*

⇒ *Si se resisten al Espíritu, Él 'quita de nosotros su Santo Espíritu' (Sal. 51:11).*

⇒ *Si pecan contra la luz, Él quita la luz.*

⇒ *Si ahogan sus sentimientos naturales de amabilidad, compasión, etcétera, es una ley de su providencia que dichos sentimientos mermarán y se descompondrán.*

Esto parece ser el 'endurecimiento del corazón' del que se habla aquí, no una interferencia anormal y milagrosa en el alma de Faraón, sino un resultado natural sobre su alma... [a causa] de los actos que cometió deliberada y erróneamente".[2]

Alexander Maclaren hace las siguientes declaraciones:

⇒ *"Dios no endurece el corazón de ningún hombre que antes no se lo haya endurecido a sí mismo".*

⇒ *"¿No fue la acumulación de las plagas, cuya intención era ablandar, una causa de endurecimiento?"*

⇒ *"¿No endurece el evangelio, si es rechazado, haciendo que conciencia y voluntades sean menos susceptibles?"*

⇒ *"El mismo fuego que ablanda la cera, endurece la arcilla".*

⇒ *"Quienquiera que no sea acercado, es alejado por las influencias que Dios ejerce sobre nosotros".*[3]

Maxie Dunnam nos da una excelente aplicación para este análisis:

"Este es un asunto muy serio. Es un asunto del alma cuyas consecuencias son eternas... Rechazar el llamado del evangelio a nuestra vida en cualquier instancia es poner otro ladrillo en el muro que nos separa de la gracia de Dios. Esa es la razón por la que las pequeñas decisiones, respuestas a los que aparentan ser llamados sin trascendencia son importantes. Nuestra obediencia a los llamados diarios de Dios es la disciplina que nos ayuda a responder de manera fiel cuando el gran llamado venga a nosotros. ¿Cuáles son esas llamadas diarias?

- *Arrepentirse; tan pronto sientas que hay un pecado en tu vida, arrepiéntete, ven a Cristo, arrepiéntete de corazón, ruega por su perdón.*
- *Dar un vaso de agua fría en nombre de Jesús.*
- *Defender a ese colega o vecino que está siendo víctima del chisme.*
- *Dar el diezmo, como Dios nos ha llamado a todos a hacer.*
- *"Ser testigo de Cristo cada vez que surja una oportunidad.*
- *Seguir una vida santa: Ser diferenciado y apartado, al rechazar formar parte de la inmoralidad endémica de nuestro tiempo, trampas, infidelidad, engaño, fornicación, mentiras.*

El llamado de Dios llega a nosotros cada día de alguna manera. Cada día tenemos la oportunidad de responderle. Aunque puede que no nos demos cuenta, rechazar dichos llamados nos endurece el corazón de manera gradual".[4]

(Vea *Estudio a fondo 1*, Éx. 10:1. Vea esquemas y notas, Mt. 13:13-15; Jn. 12:39-41; Ro. 1:24; 11:7-10 para mayor análisis.)

3 (4:24-26) ***Obediencia — Castigo — Circuncisión***: Tercero, hubo obediencia, luego fue retirada la mano castigadora de Dios. Lo que le sucedió ahora a Moisés es una advertencia para todos los creyentes y siervos de Dios.

1. Moisés estaba obedeciendo a Dios e iba en camino a Egipto cuando la mano castigadora de Dios cayó sobre él (v. 24). ¿Por qué? Porque él estaba deliberadamente desobedeciendo a Dios en un aspecto específico de su vida, un aspecto crítico.

Lo que sucedió fue esto: Moisés y su familia se habían detenido y acampado para pasar la noche. Entonces de repente Moisés se puso muy enfermo y estaba a punto de morir. Fíjese en lo que dicen las Escrituras que estaba pasando: Dios le había salido al encuentro y estaba a punto de matarlo (v. 24). Esto significa que Dios estaba castigando y reprendiendo a Moisés, y el castigo era severo: Moisés estaba a punto de morir. Él ya se había sometido al llamado de Dios para ir y proclamar el glorioso mensaje de liberación, y aún así Dios comenzó a castigarlo severamente. ¿Qué podía estar haciendo Moisés que fuera tan malo? ¿En qué no quería Moisés ceder ante Dios, qué estaba él ocultando y negándose a corregir? ¿Qué estaba

[2] *Exodus*. "The Pulpit Commentary", vol. 1, p. 103. Las afirmaciones son puestas aparte para mayor claridad.

[3] Alexander Maclaren. *Expositions of Holy Scripture*, 11 tomos. (Grand Rapids, MI: Eerdmans Publishing Company, 1952-59), vol. 1, p. 37. Las afirmaciones son puestas aparte para mayor claridad.

[4] Maxie Dunnam. *Mastering the Old Testament, vol. 2, Exodus*. (Dallas, TX: Word Publishing, 1987), pp. 82-83. Las afirmaciones son citadas aparte para mayor claridad.

haciendo Moisés que molestaba tanto a Dios que este dejaría de usar a Moisés y se lo llevaría a su hogar en el cielo?

2. Las Escrituras nos lo dicen: La esposa de Moisés al parecer se había opuesto a la circuncisión, se había opuesto completamente a ella. Ella había provocado tantos conflictos que Moisés había cedido ante su esposa. Él puso a su esposa y a sus objeciones por delante de Dios. Por tal de mantener la paz de su hogar, cedió ante su esposa. Escogió evitar los escándalos y las discusiones antes que obedecer a Dios. Desobedeció a Dios y no circuncidó a su hijo (v. 25). Recuerde tres hechos cruciales acerca de la circuncisión.

Primero, la circuncisión era *la señal* del pacto entre Dios y el hombre. Dios había dado la circuncisión para enseñar a su pueblo a no confiar en la carne. Cortar la carne era una imagen (el símbolo y la señal) de que el verdadero creyente no pondría su confianza en la carne. De que pondría su confianza en Dios (Fil. 3:3; Col. 2:11-12). Recuerde este hecho: Cuando Dios hizo su pacto con Abraham, él era el menos probable de convertirse en padre de muchedumbre de gentes (Gn. 17:4-6). Dada su imposibilidad de tener hijos con Sara, G. E. Farley señala:

> "*La circuncisión [de Abraham] puede haber significado simbólicamente: Estoy cediendo mis poderes de procreación, mi apuesta en el futuro a Yahveh. Me hago totalmente dependiente de Él. Si tengo descendientes suficientes para ser una gran nación será la obra de Yahveh, no la mía. Uno puede imaginarse que este era el sacrificio supremo para un patriarca antiguo*".[5]

Segundo, la circuncisión era la señal de que un hombre confiaba en Dios, de que era un verdadero seguidor de Dios, de que era un verdadero creyente en las grandes promesas de Dios:

⇒ La promesa de la Tierra Prometida (vea nota, Éx. 1:1-22; 1:6-7; 2:23-25. Para un análisis detallado vea nota, Gn. 12:1.)

⇒ La promesa de la Simiente prometida, que incluía tanto la simiente de una gran nación como la de una simiente en particular, la del Salvador y Mesías del mundo. (Vea notas, Éx. 1:1-22; 1:6-7; 2:23-25. Para un análisis detallado vea notas, Gn. 12:2-3; 12:3.)

Estas promesas son de crucial importancia tanto para Dios como para el hombre. Ellas son la base misma del gran pacto de Dios con el hombre: La promesa del cielo y la promesa del Salvador, el propio Hijo de Dios. Es el Hijo de Dios quien hace posible para el hombre la entrada al cielo y vivir eternamente con Dios.

Tercero, Dios mismo enfatizó la crucial importancia de la circuncisión. Fíjese en Génesis 17:10-14 donde Dios manda a Abraham a circuncidar a todo varón de ocho días de nacido. Esta sería la señal de que el padre y su familia eran verdaderos creyentes y seguidores de Dios y sus grandes promesas. La importancia crucial de la circuncisión también se puede ver en el otro mandamiento de Dios para Abraham: Cualquier varón incircunciso sería *cortado* y *separado* del pueblo; él no era un creyente y seguidor de Dios. Él había violado el pacto de Dios (Gn. 17:10-14).

⇒ ¿Cómo entonces podría Moisés guiar al pueblo sin que él mismo obedeciera a Dios?

⇒ ¿Cómo podría Moisés enseñar el pacto a las personas si se negaba a circuncidar a su propio hijo?

⇒ ¿Cómo podría Moisés enseñar a las personas a amar y obedecer a Dios sin que él mismo amara y obedeciera a Dios?

⇒ ¿Cómo podría Moisés enseñar a las personas a poner a Dios por delante si él había puesto a su esposa por delante?

⇒ ¿Cómo podría Moisés ser el siervo y mensajero de Dios si él no quería obedecer a Dios en las propias señales básicas del gran pacto con Dios?

Las preguntas siguen, pero el punto está claro: Dios tenía que corregir a Moisés. Dios tenía que castigar a Moisés para que Moisés hiciera lo que tenía que hacer: Obedecer a Dios y circuncidar a su hijo. El propio hombre a quien Dios había escogido para ser el gran legislador ante el mundo, Moisés mismo, tuvo que ser corregido por Dios, severamente castigado. Él estaba desobedeciendo a Dios en uno de sus mandamientos fundamentales, el de llevar la señal del pacto, la circuncisión.

3. Fíjese que la esposa de Moisés circuncidó a su hijo, pero ella al parecer lo hizo con ira, con repugnancia, y con espíritu de rebeldía (v. 25). Ella evidentemente se oponía tanto a la circuncisión que tomó el prepucio y lo arrojó a los pies de Moisés mientras este yacía en cama moribundo. Airadamente exclamó: "A la verdad tú me eres un esposo de sangre". Ella estaba en rebelión contra Dios, una implacable rebelión.

4. Dios retiró entonces su mano castigadora y salvó a Moisés (v. 26). Moisés recobró su salud y continuó su viaje a Egipto. Fíjese: Moisés al parecer envió a su esposa e hijo de regreso a su casa después de esto, de vuelta con su padre, Jetro.

- Su implacable rebelión contra Dios casi le cuesta la vida a Moisés.
- Su rebelión habría sido un devastador obstáculo a los propósitos de Dios y al ministerio de Moisés. (Vea nota, Éx. 18:1-8 para mayor análisis.)

Pensamiento 1. Debemos obedecer a Dios en todos los aspectos de nuestra vida. No debemos ocultarle nada; debemos renunciar a todo lo que somos y tenemos por Dios. Si no, Dios no tiene alternativa: Él tiene que corregirnos y castigarnos. Dios tiene que disciplinarnos cuando lo desobedecemos y andamos extraviados. Dios tiene que hacer todo lo que pueda por alejarnos del pecado y de las terribles consecuencias del pecado. Dios tiene que guardarnos de lastimarnos y hacernos daño a nosotros mismos, de destruir nuestra vida, nuestro testimonio, y nuestro atestiguamiento ante Él. Dios tiene que castigarnos, hacer que nos sentemos, nos

---

[5] Merrill C. Tenney, editor. *The Zondervan Pictorial Encyclopedia of the Bible*, vol. 1. (Grand Rapids, MI: Zondervan Publishing House, 1982), p. 866.

percatemos y nos corrijamos a nosotros mismos antes que vayamos demasiado lejos.

"Reconoce asimismo en tu corazón, que como castiga el hombre a su hijo, así Jehová tu Dios te castiga" (Dt. 8:5).

"Bienaventurado el hombre a quien tú, JAH, corriges, y en tu ley lo instruyes" (Sal. 94:12).

"No menosprecies, hijo mío, el castigo de Jehová, ni te fatigues de su corrección; porque Jehová al que ama castiga, como el padre al hijo a quien quiere" (Pr. 3:11-12).

"Todo pámpano que en mí no lleva fruto, lo quitará; y todo aquel que lleva fruto, lo limpiará, para que lleve más fruto" (Jn. 15:2).

"y habéis ya olvidado la exhortación que como a hijos se os dirige, diciendo: Hijo mío, no menosprecies la disciplina del Señor, ni desmayes cuando eres reprendido por él; porque el Señor al que ama, disciplina, y azota a todo el que recibe por hijo. Si soportáis la disciplina, Dios os trata como a hijos; porque ¿qué hijo es aquel a quien el padre no disciplina?" (He. 12:5-7).

"Yo reprendo y castigo a todos los que amo; sé, pues, celoso, y arrepiéntete" (Ap. 3:19).

[4] (4:27-31) ***La obediencia***: Cuarto, hubo obediencia, luego Dios cumplió su promesa. Mientras Dios estaba llamando y tratando con Moisés, algo maravilloso estaba sucediendo con su hermano Aarón. Dios estaba trabajando en el corazón de Aarón también, llamándolo y preparándolo para servirlo al lado de Moisés, todo como Dios lo había prometido a Moisés.

1. Fíjese en el llamado y la obediencia de Aarón: Dios lo convocó a ir al desierto y recibir a Moisés (vv. 27-28). Esto hizo él: Se encontró con Moisés en el monte de Dios mismo, el Monte Sinaí. El encuentro debe haber sido glorioso. Se besaron y, sin duda, Aarón contó a Moisés todo lo que le había sucedido a la familia durante sus 40 años de ausencia. Entonces Moisés le contó a Aarón, del llamado de Dios y del poder que Dios le había dado para hacer señales y milagros delante del pueblo. Después del encuentro, Moisés y Aarón viajaron juntos a Egipto.

2. Cuando llegaron a Egipto, obedecieron a Dios: Reunieron a todos los ancianos de Israel (vv. 30-31).

⇒ Aarón les comunicó lo que Dios le había dicho a Moisés. Recuerde: Dios lo había designado para que fuera el vocero de Moisés (cp. vv. 14-16).

⇒ Moisés realizó los milagros (cp. Éx. 4:3-9). Recuerde: Dios había encomendado a Moisés realizar las señales. Por tal motivo el pronombre personal "*él*" debería probablemente ser insertado antes de "hizo las señales" para indicar que estas fueron realizadas por Moisés y no por Aarón.[6]

3. La maravillosa promesa de Dios a Moisés estaba cumplida: El pueblo creyó y se inclinó, adorando a Dios (v. 31). El mensaje de que Dios se preocupaba por ellos y estaba profundamente preocupado por su sufrimiento movió una gran esperanza en el pueblo. Imagínese la escena:

⇒ Allí estaba Moisés, el anterior gran príncipe de Egipto, que había estado en el exilio durante cuarenta años. Y allí estaba Aarón, su hermano, a su lado, uno de sus líderes a quienes ellos respetaban profundamente y conocían de tantos años.

⇒ Estaba el gran mensaje de liberación que acababa de serles anunciado por Aarón, el mensaje de Dios el SEÑOR, el gran YO SOY mismo.

⇒ Estaban los extraordinarios milagros que acababa de realizar Moisés delante de sus propios ojos.

Todo esto provocó en el corazón de cada uno de ellos las más profundas emociones imaginables: Estaban a punto de ser liberados, liberados por el poder del propio Dios. La alegría, la esperanza y la expectación inundaban sus corazones. Una profunda sensación de la atención y el amor de Dios fluían a través del cuerpo de cada uno de ellos. Un espíritu de gratitud y alabanzas a Dios se apoderó del alma de Moisés y de Aarón. Por tanto, cayeron de rodillas y adoraron a Dios. En las palabras de George Bush:

> *"Todo conspiró para producir en sus pechos las más profundas emociones de admiración y regocijo; una fuerte confianza en Dios; y la seguridad de que Él en verdad estaba a punto de mostrar compasión por ellos. En testimonio de esto. . . toda la congregación inclinó las cabezas y adoraron".*[7]

Pensamiento 1. Cuando obedecemos a Dios, Dios cumple sus promesas, siempre. Primero obediencia; luego cumplimiento. La obediencia siempre produce fruto, el fruto de la presencia, el amor y la bendición de Dios.

"Ahora, pues, si diereis oído a mi voz, y guardareis mi pacto, vosotros seréis mi especial tesoro sobre todos los pueblos; porque mía es toda la tierra" (Éx. 19:5).

"Mas a Jehová vuestro Dios serviréis, y él bendecirá tu pan y tus aguas; y yo quitaré toda enfermedad de en medio de ti" (Éx. 23:25).

"¡Quién diera que tuviesen tal corazón, que me temiesen y guardasen todos los días todos mis mandamientos, para que a ellos y a sus hijos les fuese bien para siempre!" (Dt. 5:29).

"Nunca se apartará de tu boca este libro de la ley, sino que de día y de noche meditarás en él, para que guardes y hagas conforme a todo lo que en él está escrito; porque entonces harás prosperar tu camino, y todo te saldrá bien" (Jos. 1:8).

"Y si anduvieres en mis caminos, guardando mis estatutos y mis mandamientos, como anduvo David tu padre, yo alargaré tus días" (1 R. 3:14).

---

[6] George Bush. *Exodus*. (Minneapolis, MN: Klock & Klock Christian Publishers, Inc., 1981), p. 71.

[7] George Bush. *Exodus*, p. 71.

"Mas buscad primeramente el reino de Dios y su justicia, y todas estas cosas os serán añadidas" (Mt. 6:33).

"No todo el que me dice: Señor, Señor, entrará en el reino de los cielos, sino el que hace la voluntad de mi Padre que está en los cielos" (Mt. 7:21).

"El que tiene mis mandamientos, y los guarda, ése es el que me ama; y el que me ama, será amado por mi Padre, y yo le amaré, y me manifestaré a él" (Jn. 14:21).

"Respondió Jesús y le dijo: El que me ama, mi palabra guardará; y mi Padre le amará, y vendremos a él, y haremos morada con él" (Jn. 14:23).

"Si guardareis mis mandamientos, permaneceréis en mi amor; así como yo he guardado los mandamientos de mi Padre, y permanezco en su amor" (Jn. 15:10).

"Vosotros sois mis amigos, si hacéis lo que yo os mando" (Jn. 15:14).

"Bienaventurados los que lavan sus ropas, para tener derecho al árbol de la vida, y para entrar por las puertas en la ciudad" (Ap. 22:14).

TIPOS, SÍMBOLOS E ILUSTRACIONES ÉXODO 4:18-31

TÉRMINO HISTÓRICO	TIPO O ILUSTRACIÓN (FUNDAMENTO BÍBLICO DE CADA UNO)	APLICACIÓN PARA LA VIDA DEL CREYENTE DE HOY DÍA	APLICACIÓN BÍBLICA
La circuncisión (Éx. 4:24-26)	*Una señal del pacto de Dios con el hombre* **"Este es mi pacto, que guardaréis entre mí y vosotros y tu descendencia después de ti: Será circuncidado todo varón de entre vosotros" (Gn. 17:10).** **"Y le dio el pacto de la circuncisión; y así Abraham engendró a Isaac, y le circuncidó al octavo día; e Isaac a Jacob, y Jacob a los doce patriarcas" (Hch. 7:8).** **"Circuncidad, pues, el prepucio de vuestro corazón, y no endurezcáis más vuestra cerviz" (Dt. 10:16).** (cp. Dt. 30:6; Jer. 4:4).	⇒ Desde la venida de Cristo, la circuncisión: • No es ya una señal externa. • No deposita ninguna confianza en la carne. • Tiene lugar en el corazón de los creyentes	***"Porque nosotros somos la circuncisión, los que en espíritu servimos a Dios y nos gloriamos en Cristo Jesús, no teniendo confianza en la carne" (Fil. 3:3).*** ***"En él también fuisteis circuncidados con circuncisión no hecha a mano, al echar de vosotros el cuerpo pecaminoso carnal, en la circuncisión de Cristo" (Col. 2:11).*** ***"Pues en verdad la circuncisión aprovecha, si guardas la ley; pero si eres transgresor de la ley, tu circuncisión viene a ser incircuncisión" (Ro. 2:25)*** ***"sino que es judío el que lo es en lo interior, y la circuncisión es la del corazón, en espíritu, no en letra; la alabanza del cual no viene de los hombres, sino de Dios" (Ro. 2:29).***

CAPÍTULO 5

F. La primera confrontación de Moisés con Faraón: Oponerse a la voluntad de Dios para su pueblo, el derecho del hombre a vivir y adorar a Dios con libertad, 5:1-23

1 La declaración de la voluntad de Dios

a. La voluntad de Dios: Libertad, liberación

b. El propósito de Dios: Que su pueblo pudiera vivir, adorar y servirlo en libertad y liberación

2 El rechazo de la voluntad de Dios

a. Porque Faraón era ignorante de Dios
   1) Él se negó a obedecer a Dios: no liberaría a su pueblo
   2) Los mensajeros de Dios advirtieron a Faraón: Él debe liberar al pueblo, o enfrentará el juicio de Dios, terribles plagas o invasores extranjeros

b. Porque Faraón acusó a los mensajeros de Dios de alterar la paz, de interferir con la trabajo y la vida del pueblo

c. Porque Faraón era de espíritu malvado y cruel: Él dio instrucciones a los cuadrilleros para que oprimieran más y más al pueblo de Dios
   1) Dejando de suministrarles la paja para los ladrillos, y obligándolos a reunir su propia paja
   2) Obligándolos a producir la misma cuota de ladrillos por día, a pesar del trabajo extra que requería reunir la paja
   3) Haciendo tan difícil el trabajo que el pueblo no tendría tiempo de escuchar a los mensajeros de Dios

d. Porque Faraón pensó que los mensajeros de Dios eran unos mentirosos

e. Porque Faraón abusó de su autoridad y poder
   1) Al pueblo de Dios se le hizo recoger su propia paja y mantener su nivel de trabajo y cuota de ladrillos
   2) El pueblo de Dios se dispersó por todo Egipto para recoger rastrojo (estaban desplazados, separados de su familia)
   3) Los cuadrilleros continuamente apremiaban al pueblo de Dios para que cumplieran su cuota diaria
   4) Los capataces israelitas eran azotados porque el pueblo no podía cumplir sus cuotas

3 El rechazo de la apelación a la justicia: El rechazo de la razón, el entendimiento y la compasión

a. La apelación a la justicia: La justicia de la razón, el entendimiento y la compasión

b. La reacción de Faraón
   1) Hizo una falsa acusación: El pueblo de Dios era perezoso y no necesitaba adorar

1 Después Moisés y Aarón entraron a la presencia de Faraón y le dijeron: Jehová el Dios de Israel dice así: Deja ir a mi pueblo a celebrarme fiesta en el desierto.

2 Y Faraón respondió: ¿Quién es Jehová, para que yo oiga su voz y deje ir a Israel? Yo no conozco a Jehová, ni tampoco dejaré ir a Israel.
3 Y ellos dijeron: El Dios de los hebreos nos ha encontrado; iremos, pues, ahora, camino de tres días por el desierto, y ofreceremos sacrificios a Jehová nuestro Dios, para que no venga sobre nosotros con peste o con espada.
4 Entonces el rey de Egipto les dijo: Moisés y Aarón, ¿por qué hacéis cesar al pueblo de su trabajo? Volved a vuestras tareas.
5 Dijo también Faraón: He aquí el pueblo de la tierra es ahora mucho, y vosotros les hacéis cesar de sus tareas.
6 Y mandó Faraón aquel mismo día a los cuadrilleros del pueblo que lo tenían a su cargo, y a sus capataces, diciendo:
7 De aquí en adelante no daréis paja al pueblo para hacer ladrillo, como hasta ahora; vayan ellos y recojan por sí mismos la paja.
8 Y les impondréis la misma tarea de ladrillo que hacían antes, y no les disminuiréis nada; porque están ociosos, por eso levantan la voz diciendo: Vamos y ofrezcamos sacrificios a nuestro Dios.
9 Agrávese la servidumbre sobre ellos, para que se ocupen en ella, y no atiendan a palabras mentirosas.

10 Y saliendo los cuadrilleros del pueblo y sus capataces, hablaron al pueblo, diciendo: Así ha dicho Faraón: Yo no os doy paja.
11 Id vosotros y recoged la paja donde la halléis; pero nada se disminuirá de vuestra tarea.
12 Entonces el pueblo se esparció por toda la tierra de Egipto para recoger rastrojo en lugar de paja.
13 Y los cuadrilleros los apremiaban, diciendo: Acabad vuestra obra, la tarea de cada día en su día, como cuando se os daba paja.
14 Y azotaban a los capataces de los hijos de Israel que los cuadrilleros de Faraón habían puesto sobre ellos, diciendo: ¿Por qué no habéis cumplido vuestra tarea de ladrillo ni ayer ni hoy, como antes?
15 Y los capataces de los hijos de Israel vinieron a Faraón y se quejaron a él, diciendo: ¿Por qué lo haces así con tus siervos?
16 No se da paja a tus siervos, y con todo nos dicen: Haced el ladrillo. Y he aquí tus siervos son azotados, y el pueblo tuyo es el culpable.
17 Y él respondió: Estáis ociosos, sí, ociosos, y por eso decís: Vamos y ofrezcamos sacrificios a Jehová.

2) Mostró un espíritu de injusticia, irracionalidad y falta de compasión: La política de "no paja" y el mantenimiento de la cuota c. El efecto sobre los capataces: Un espíritu de desesperanza e impotencia **4 El clamor del mensajero de Dios: Él clamó a Dios en nombre del pueblo de Dios** a. Moisés recibió a los representantes del pueblo de Dios y escuchó sus quejas y necesidades	18 Id pues, ahora, y trabajad. No se os dará paja, y habéis de entregar la misma tarea de ladrillo. 19 Entonces los capataces de los hijos de Israel se vieron en aflicción, al decírseles: No se disminuirá nada de vuestro ladrillo, de la tarea de cada día. 20 Y encontrando a Moisés y a Aarón, que estaban a la vista de ellos cuando salían de la presencia de Faraón, 21 les dijeron: Mire Jehová sobre vosotros, y juzgue; pues nos habéis hecho abominables delante de Faraón y de sus siervos, poniéndoles la espada en la mano para que nos maten.	22 Entonces Moisés se volvió a Jehová, y dijo: Señor, ¿por qué afliges a este pueblo? ¿Para qué me enviaste? 23 Porque desde que yo vine a Faraón para hablarle en tu nombre, ha afligido a este pueblo; y tú no has librado a tu pueblo.	b. Moisés se quedó solo con Dios y clamó en oración 1) Preguntó por qué Dios había permitido tales problemas 2) Preguntó por qué Dios lo había enviado 3) Se culpó a sí mismo por traer problemas a su pueblo y clamó, "Libéralos, como prometiste"

DIVISIÓN II
MOISÉS Y DIOS: DIOS LEVANTA UN LÍDER PARA LIBERAR A SU PUEBLO (ISRAEL), 2:1—7:7

F. La primera confrontación de Moisés con Faraón: Oponerse a la voluntad de Dios para su pueblo: El derecho del hombre de vivir y adorar a Dios con libertad, 5:1-23

(5:1-23) ***Introducción***: Liberación, libertad y justicia para todos es la voluntad de Dios para los hombres. El corazón de los hombres clama libertad, la libertad de vivir y practicar el culto como desee. Sin embargo, siempre ha habido personas que se oponen a la voluntad de Dios, que buscan dominar la vida de otras personas, que quieren:

- Alimentar su ego imponiendo su voluntad y sus costumbres sobre los demás.
- Aumentar sus riquezas por medio del trabajo forzado y barato de los demás.
- Que sus nombres y fama sean conocidos a través de la conquista de los demás.

Este es el tema que estudiaremos ahora: *La primera confrontación de Moisés con Faraón: Oponerse a la voluntad de Dios para su pueblo: El derecho del hombre de vivir y adorar a Dios con libertad,* 5:1-23.

1. La declaración de la voluntad de Dios (v. 1).
2. El rechazo a la voluntad de Dios (vv. 2-14).
3. El rechazo de la apelación a la justicia: El rechazo de la razón, el entendimiento y la compasión (vv. 15-19).
4. El clamor del mensajero de Dios: Clamó a Dios a favor del pueblo de Dios (vv. 20-23).

[1] (5:1) ***Liberación — Libertad — Voluntad, de Dios***: Estaba la declaración de la voluntad de Dios: Que el pueblo de Dios fuera librado, fuera puesto en libertad para que pudiera adorar y servir a Dios.

Imaginemos la escena del palacio y la corte real de Egipto con el gran rey Faraón sentado en su trono. Y de pie frente a él se hallaba Moisés, un sencillo pastor, y Aarón, un esclavo. Lo más probable es que Faraón fuera el hombre más poderoso sobre la tierra. Es probable que también los ancianos de Israel estuvieran con Moisés y Aarón, pues Dios le había dicho a Moisés que los llevara con él (Éx. 3:18). Sin duda, Faraón le habría concedido una entrevista a los ancianos de la nación, pensando que habría algún asunto oficial que tratar. Cualquiera que haya sido el caso, había allí un grupo de esclavos ante el gran rey de Egipto, ¿y con qué objetivo? Exigir que liberara al pueblo de Dios para que ellos pudieran hacer una peregrinación religiosa para adorar y servir a Dios en el desierto.

> ***Pensamiento 1***. Lo que debemos tener en cuenta es lo siguiente: La voluntad de Dios para con su pueblo, no solo eso, sino para todos los pueblos, es que tenga emancipación, libertad y justicia. Dios quería que Israel fuera libre igual que quiere que todas las personas esclavizadas sean libres. Dios no quiere que ninguna persona sea esclava y ninguna persona sobre la tierra debe ser esclavizada. Dios creó a las personas para vivir en libertad, ser libres para trabajar y jugar, pero principalmente ser libres para adorar y servir a Dios en todas sus acciones. Por lo tanto, Dios quería que Israel fuera libre y Dios quiere que nosotros seamos libres sin importar quiénes somos, como se dijo antes, para poder vivir en libertad, adorando y sirviendo a Dios en todas nuestras acciones.

"El rico y el pobre *se encuentran*: A ambos los hizo Jehová" (Pr. 22:2).

"El Espíritu de Jehová el Señor está sobre mí, porque me ungió Jehová; me ha enviado a predicar buenas nuevas a los abatidos, a vendar a los quebrantados de corazón, a publicar *libertad* a los cautivos, y a los presos apertura de la cárcel" (Is. 61:1).

"Pero vosotros no queráis que os llamen Rabí; porque uno es vuestro Maestro, el Cristo, y todos vosotros sois *hermanos* (Mt. 23:8).

"Y les dijo: Vosotros sabéis cuán abominable es para un varón judío juntarse o acercarse a un extranjero; pero a mí me ha mostrado Dios que a ningún hombre llame común inmundo" (Hch. 10:28).

"Porque no hay diferencia entre judío y griego, pues el mismo que es Señor de todos, es rico para con todos los que le invocan" (Ro. 10:12).

"Ya no hay judío ni griego; no hay esclavo ni libre; no hay varón ni mujer; porque todos vosotros sois uno en Cristo Jesús" (Gá. 3:28).

"Porque vosotros, hermanos, a libertad fuisteis llamados; solamente que no uséis la libertad como ocasión para la carne, sino servíos por amor los unos a los otros" (Gá. 5:13).

"Como libres, pero no como los que tienen la libertad como pretexto para hacer lo malo, sino como siervos de Dios" (1 P. 2:16).

2 (5:2-14) ***Voluntad, de Dios — Liberación — Libertad — Persecución — Opresión***: Hubo el rechazo a la voluntad de Dios. Toda la escena le era ridícula a Faraón, una afrenta a su posición, un malgasto de su tiempo y autoridad. Su respuesta fue cortante, cínica y severa. Su respuesta muestra exactamente lo que pensaba acerca de una solicitud tan ridícula. Sin duda, pensaba más o menos así: "¡Figúrense! Un grupo de esclavos se presenta ante mí exigiendo que los libere para hacer una peregrinación religiosa. ¿Se creen que soy idiota? Y el descaro de tratar de infundirme miedo diciendo que su Dios los envió con una solicitud tan ridícula. Les daré una lección que nunca olvidarán".

Ahora bien, ¿por qué Faraón no tomó la solicitud de Moisés y Aarón en serio? ¿Por qué esclavizó al pueblo de Dios y los maltrató tan injustamente? ¿Por qué no creía en el único Dios vivo y verdadero? ¿Por qué no gobernaba a Egipto con independencia, libertad y justicia para todas las personas, incluyendo al pueblo de Dios? Había cinco razones, y esas cinco razones son las mismas razones por las que tantas personas maltratan y persiguen al pueblo de Dios hoy día.

1. Faraón ignoraba a Dios, al único Dios vivo y verdadero y no temía a Dios (v. 2).

   a. Su respuesta a la solicitud de libertad fue inmediata, seca y cínica. Declaró muy claramente: No conocía al SEÑOR, no dejaría ir a Israel.

   Pensamiento 1. El mundo no conoce a Dios; por lo tanto, el mundo con frecuencia persigue a los creyentes. La persona que realmente conoce a Dios nunca perseguirá a otros creyentes, ni perseguirá a nadie más. Sabe que todos los hombres son linaje de Dios.

"Mas todo esto os harán por causa de mi nombre, porque no conocen al que me ha enviado" (Jn. 15:21).

"Y harán esto porque no conocen al Padre ni a mí' (Jn. 16:3).

"Siendo, pues, *linaje de Dios*, no debemos pensar que la Divinidad sea semejante a oro, o plata, o piedra, escultura de arte y de imaginación de hombres. Pero Dios, habiendo pasado por alto los tiempos de esta ignorancia, ahora manda a todos los hombres en todo lugar, que se arrepientan; por cuanto ha establecido un día en el cual juzgará al mundo con justicia, por aquel varón a quien designó, dando fe a todos con haberle levantado de los muertos" (Hch. 17:29-31).

"teniendo el entendimiento entenebrecido, ajenos de la vida de Dios por la ignorancia que en ellos hay, por la dureza de su corazón" (Ef. 4:18).

"Aun la cigüeña en el cielo conoce su tiempo, y la tórtola y la grulla y la golondrina guardan el tiempo de su venida; pero mi pueblo *no conoce* el juicio de Jehová" (Jer. 8:7).

"No saben hacer lo recto, dice Jehová, atesorando rapiña y despojo en sus palacios" (Am. 3:10).

b. En ese momento, los mensajeros de Dios advirtieron a Faraón: Dios realmente se les había revelado a ellos. Él había exigido que Israel fuera liberado para que lo adoraran y lo sirvieran. Faraón debía librarlos, si no, el juicio de Dios caería sobre él y los egipcios (v. 3). Observe lo que ellos sugirieron: Que Dios podría dejar caer sobre los egipcios algún tipo de enfermedad o algún invasor extranjero por la frontera oriental donde vivía Israel.

Esto enfureció a Faraón inconmensurablemente. Lo que sucedió a continuación lo demuestra.

Pensamiento 1. El juicio de Dios caerá sobre todos los que persiguen y esclavizan al pueblo de Dios.

"Porque es justo delante de Dios pagar con tribulación a los que os atribulan, y a vosotros que sois atribulados, daros reposo con nosotros, cuando se manifieste el Señor Jesús desde el cielo con los ángeles de su poder, en llama de fuego, para dar retribución a los que no conocieron a Dios, ni obedecen al evangelio de nuestro Señor Jesucristo; los cuales sufrirán pena de eterna perdición, excluidos de la presencia del Señor y de la gloria de su poder, cuando venga en aquel día para ser glorificado en sus santos y ser admirado en todos los que creyeron (por cuanto nuestro testimonio ha sido creído entre vosotros)" (2 Ts. 1:6-10).

"No os venguéis vosotros mismos, amados míos, sino dejad lugar a la ira de Dios; porque escrito está: Mía es la venganza, yo pagaré, dice el Señor" (Ro. 12:19).

"Maldito el que pervirtiere el derecho del extranjero, del huérfano y de la viuda. Y dirá todo el pueblo: Amén" (Dt. 27:19).

"¡Ay de los que dictan leyes injustas, y prescriben tiranía" (Is. 10:1).

2. Faraón acusó a los mensajeros de Dios (Moisés y Aarón) de haber alterado el orden, los acusó de interferir en el trabajo de las personas (vv. 4-5). Exigió que regresaran al trabajo pues aquellos mensajeros estaban entorpeciendo el trabajo. Recuerde que el trabajo producido por Israel era enorme, pues la población había aumentado aproximadamente a más de dos millones de personas.

3. Faraón era miserable, insensible, malicioso y despiadado. Reaccionó ordenando a los que esclavizaban que oprimieran al pueblo de Dios aún más (vv. 6-8).

a. Faraón ya no les suministraba la paja para los ladrillos, sino que obligaba a las personas a recolectar su propia paja (v. 7). Esto requería de una enorme cantidad de trabajo y de tiempo, trabajo y tiempo que antes habían usado para hacer ladrillos.

b. Faraón obligó a las personas a hacer la misma cantidad de ladrillos por día a pesar del trabajo adicional necesario para recolectar la paja (v. 8).

4. Faraón descartó el mensaje de los mensajeros de Dios como una mentira (v. 9b).

Pensamiento 1. ¿Cuántas personas hoy día creen que el mensaje de los predicadores y maestros de Dios es una mentira, que el mensaje de la Palabra de Dios. . .

- es falso?
- es hueco?
- carece de sentido?
- es inútil?
- es una pérdida de tiempo?
- no tiene valor alguno en el mundo real?

“Mas ellos hacían escarnio de los mensajeros de Dios, y menospreciaban sus palabras, burlándose de sus profetas, hasta que subió la ira de Jehová contra su pueblo, y no hubo ya remedio” (2 Cr. 36:16).

“El principio de la sabiduría es el temor de Jehová; los insensatos desprecian la sabiduría y la enseñanza” (Pr. 1:7).

“Y digas: ¡Cómo aborrecí el consejo, y mi corazón menospreció la reprensión” (Pr. 5:12).

“Por tanto, el Santo de Israel dice así: Porque desechasteis esta palabra, y confiasteis en violencia y en iniquidad, y en ello os habéis apoyado; por tanto, os será este pecado como grieta que amenaza ruina, extendiéndose en una pared elevada, cuya caída viene súbita y repentinamente” (Is. 30:12-13).

“y pusieron su corazón como diamante, para no oír la ley ni las palabras que Jehová de los ejércitos enviaba por su Espíritu, por medio de los profetas primeros; vino, por tanto, gran enojo de parte de Jehová de los ejércitos” (Zac. 7:12).

“El que a vosotros oye, a mí me oye; y el que a vosotros desecha, a mí me desecha; y el que me desecha a mí, desecha al que me envió” (Lc. 10:16; cp. vv. 10-16).

5. Faraón abusó de su autoridad y poder: Convirtió la opresión del pueblo de Dios en la ley del país: “Así ha dicho Faraón, el rey…” (vv. 10-14). Envió a los que esclavizaban a ejecutar sus órdenes:

⇒ Los que esclavizaban obligaron a las personas a recolectar su propia paja; no obstante, tenían que mantener el mismo nivel de trabajo y la misma cuota de ladrillos (v. 11).

⇒ El pueblo de Dios se esparció por todo Egipto para recoger rastrojo para usar en lugar de paja (v. 11). Esto significa que muchos fueron desplazados y separados de sus familiares.

⇒ Los que esclavizaban continuamente presionaban al pueblo de Dios para que cumplieran la cuota diaria (v. 13).

⇒ Los capataces israelitas eran golpeados porque las personas no cumplían con la cuota fijada (v. 14).

Pensamiento 1. Uno de los grandes problemas dentro de la sociedad es el abuso de la autoridad y el poder. La autoridad puede abarcar desde la autoridad de un rey hasta la autoridad de un supervisor que tiene un solo subordinado. Dios deja bien claro lo concerniente a la autoridad o gobierno que una persona ostenta: La persona no debe abusar de su autoridad o gobierno.

“¿Hasta cuándo juzgaréis injustamente, y aceptaréis las personas de los impíos?” (Sal. 82:2).

“El que oprime al pobre afrenta a su Hacedor; mas el que tiene misericordia del pobre, lo honra” (Pr. 14:31).

“Si opresión de pobres y perversión de derecho y de justicia vieres en la provincia, no te maravilles de ello; porque sobre el alto vigila otro más alto, y uno más alto está sobre ellos” (Ec. 5:8).

“Entonces lo medité, y reprendí a los nobles y a los oficiales, y les dije: ¿Exigís interés cada uno a vuestros hermanos? Y convoqué contra ellos una gran asamblea” (Neh. 5:7).

“¡Ay de los que dictan leyes injustas, y prescriben tiranía” (Is. 10:1).

“Hijo de hombre, di al príncipe de Tiro: Así ha dicho Jehová el Señor: Por cuanto se enalteció tu corazón, y dijiste: Yo soy un dios, en el trono de Dios estoy sentado en medio de los mares corazón de Dios;. . . Por tanto, así ha dicho Jehová el Señor: Por cuanto pusiste tu corazón como corazón de Dios, por tanto, he aquí yo traigo sobre ti extranjeros, los fuertes de las naciones, que desenvainarán sus espadas contra la hermosura de tu sabiduría, y mancharán tu esplendor. Al sepulcro te harán descender, y morirás con la muerte de los que mueren en medio de los mares” (Ez. 28:2, 6-8).

3 (5:15-19) ***Voluntad, de Dios — Libertad — Justicia***: Hubo un rechazo a la apelación a la justicia, un rechazo a la razón, a la comprensión y a la compasión. Lo que sucedió ahora muestra cuán insensible y malicioso era Faraón.

1. Los capataces israelitas apelaron a la justicia ante Faraón: Que fuera razonable y comprensivo, mostrando compasión hacia el pueblo de Dios (vv. 15-16). Evidentemente, había miles de hombres supervisando el trabajo de los esclavos israelitas. Recuerde que a todas las personas, hembras y

varones, los obligaban a trabajar, comenzando entre los diez y doce años, quizás hasta más jóvenes. Esto significaba que había más de un millón de esclavos israelitas trabajando para los egipcios. Por ende, los capataces que solicitaron una audiencia al Faraón eran un grupo representativo designado para actuar en nombre de todos los capataces israelitas.

2. Faraón tuvo una doble reacción.

⇒ Hizo una acusación falsa y sarcástica: El pueblo de Dios era vago y no tenía ninguna necesidad de rendir culto (v. 17).

⇒ Demostró tener un espíritu de injusticia, irracionalidad y falta de compasión (v. 18).

3. El efecto sobre los capataces fue exactamente el que podía esperarse debido a la reacción de Faraón: Un espíritu de desesperanza e impotencia los había dejado abrumados (v. 19). Solo podían esperar opresión, brutalidad y maltrato más severos.

Pensamiento 1. Todos los que ostentan autoridad deberán supervisar y gobernar con justicia: Ser razonables, comprensivos y compasivos al supervisar el trabajo de las personas.

"La justicia, la justicia seguirás, para que vivas y heredes la tierra que Jehová tu Dios te da" (Dt. 16:20).

"El Dios de Israel ha dicho, me habló la Roca de Israel: Habrá un justo que gobierne entre los hombres, que gobierne en el temor de Dios" (2 S. 23:3).

"Y dijo a los jueces: Mirad lo que hacéis; porque no juzgáis en lugar de hombre, sino en lugar de Jehová, el cual está con vosotros cuando juzgáis" (2 Cr. 19:6).

"Ahora, pues, oh reyes, sed prudentes; admitid amonestación, jueces de la tierra. Servid a Jehová con temor, y alegraos con temblor" (Sal. 2:10-11).

"Defended al débil y al huérfano; haced justicia al afligido y al menesteroso" (Sal. 82:3).

"Misericordia y verdad guardan al rey, y con clemencia se sustenta su trono" (Pr. 20:28).

"Hacer justicia y juicio es a Jehová más agradable que sacrificio" (Pr. 21:3).

"Del rey que juzga con verdad a los pobres, el trono será firme para siempre" (Pr. 29:14).

"Así dijo Jehová: Guardad derecho, y haced justicia; porque cercana está mi salvación para venir, y mi justicia para manifestarse" (Is. 56:1).

"El que es fiel en lo muy poco, también en lo más es fiel; y el que en lo muy poco es injusto, también en lo más es injusto" (Lc. 16:10).

"Pagad a todos lo que debéis: al que tributo, tributo; al que impuesto, impuesto; al que respeto, respeto; al que honra, honra" (Ro. 13:7).

"Amos, haced lo que es justo y recto con vuestros siervos, sabiendo que también vosotros tenéis un Amo en los cielos" (Col. 4:1).

4 (5:20-23) ***Oración — Ministrar***: El llamamiento del mensajero de Dios. Clamó a Dios en nombre del pueblo de Dios.

1. Moisés, junto con Aarón, fueron a encontrarse con los representantes de los capataces, esperando con ansiedad recibir una respuesta favorable de Faraón (v. 21). Lo que sucedió estremeció a Moisés. Los capataces culparon a Moisés y Aarón implacablemente por el maltrato brutal y salvaje que les estaba cayendo encima. No obstante, como un verdadero ministro de Dios, Moisés escuchó sus quejas y necesidades.

Sin ambages, los capataces le dijeron a Moisés que él personalmente era el culpable, que él los había hecho abominables ante Faraón y sus funcionarios, de manera que Faraón podría tomar la espada y matarlos en cualquier momento (v. 21).

2. Que su propio pueblo lo atacara ferozmente perturbó a Moisés infinitamente. Estaba claramente abatido, conmocionado. Hizo lo único que podía hacer: Se dirigió a Dios a solas y lo llamó en sus oraciones (v. 22). Le preguntó por qué Dios había permitido que recayeran tantas dificultades sobre el pueblo. Y fíjese, él cuestionó su propio llamamiento al ministerio: ¿Por qué Dios lo había llamado?

Moisés se estaba culpando a sí mismo por haberle traído tantos problemas al pueblo. Estaba desesperado, cuestionándose y preguntándose qué estaba sucediendo, por qué Dios estaba permitiendo tantos problemas cuando había prometido librar al pueblo. Entonces, como siempre sucede con los queridos siervos de Dios, Moisés clamó a Dios: "No has librado a tu pueblo, no como prometiste. Libéralos" (v. 23).

Pensamiento 1. Todos los ministros, más aun, todos los creyentes, deberán hacer lo que hizo Moisés:

1) Atender las quejas y necesidades del pueblo cuando enfrentan dificultades.
2) Reunirse a solas con Dios, clamando a Dios en oración para que Él libere a su pueblo de los problemas.

"Este pobre clamó, y le oyó Jehová, y lo libró de todas sus angustias" (Sal. 34:6).

"Oye, oh Dios, mi clamor; a mi oración atiende. Desde el cabo de la tierra clamaré a ti, cuando mi corazón desmayare. Llévame a la roca que es más alta que yo" (Sal. 61:1-3).

"Cuando estuvieres en angustia, y te alcanzaren todas estas cosas, si en los postreros días te volvieres a Jehová tu Dios, y oyeres su voz; porque Dios misericordioso es Jehová tu Dios; no te dejará, ni te destruirá, ni se olvidará del pacto que les juró a tus padres" (Dt. 4:30-31).

"Me invocará, y yo le responderé; con él estaré yo en la angustia; lo libraré y le glorificaré" (Sal. 91:15).

"Y yo os digo: Pedid, y se os dará; buscad, y hallaréis; llamad, y se os abrirá" (Lc. 11:9).

1 El gran aliento de Dios a su mensajero

a. Dios prometió alzar su poderosa mano contra el rey: Para liberar a su pueblo
b. Dios reveló su nuevo nombre: El SEÑOR (Jehová, Yahweh), el Dios de la redención y la liberación
c. Dios repasó su pacto: Su gran promesa de entregar la Tierra Prometida a su pueblo
d. Dios compartió su preocupación por los sufrimientos de su pueblo: Él escuchó sus lamentos y recordó su pacto

2 El gran aliento de Dios a su pueblo

a. Dios es el SEÑOR (Jehová, Yahweh)
b. Dios liberará a su pueblo: De la esclavitud y el sufrimiento
c. Dios redimirá a su pueblo: Con gran poder, con poderosos actos de juicio
d. Dios adoptará a su pueblo
   1) La promesa de Dios: Yo seré vuestro Dios y vosotros seréis mi pueblo
   2) El objetivo de Dios: Que ellos supieran que Él es el SEÑOR, su gran Libertador

CAPÍTULO 6

G. El gran aliento y el mensaje dado a Moisés: Liberación y libertad, 6:1—7:7

1 Jehová respondió a Moisés: Ahora verás lo que yo haré a Faraón; porque con mano fuerte los dejará ir, y con mano fuerte los echará de su tierra.

2 Habló todavía Dios a Moisés, y le dijo: Yo soy JEHOVÁ.

3 Y aparecí a Abraham, a Isaac y a Jacob como Dios Omnipotente, mas en mi nombre JEHOVÁ no me di a conocer a ellos.

4 También establecí mi pacto con ellos, de darles la tierra de Canaán, la tierra en que fueron forasteros, y en la cual habitaron.

5 Asimismo yo he oído el gemido de los hijos de Israel, a quienes hacen servir los egipcios, y me he acordado de mi pacto.

6 Por tanto, dirás a los hijos de Israel: Yo soy JEHOVÁ; y yo os sacaré de debajo de las tareas pesadas de Egipto, y os libraré de su servidumbre, y os redimiré con brazo extendido, y con juicios grandes;

7 y os tomaré por mi pueblo y seré vuestro Dios; y vosotros sabréis que yo soy Jehová vuestro Dios, que os sacó de debajo de las tareas pesadas de Egipto.

8 Y os meteré en la tierra por la cual alcé mi mano jurando que la daría a Abraham, a Isaac y a Jacob; y yo os la daré por heredad. Yo JEHOVÁ.

9 De esta manera habló Moisés a los hijos de Israel; pero ellos no escuchaban a Moisés a causa de la congoja de espíritu, y de la dura servidumbre.

10 Y habló Jehová a Moisés, diciendo:

11 Entra y habla a Faraón rey de Egipto, que deje ir de su tierra a los hijos de Israel.

12 Y respondió Moisés delante de Jehová: He aquí, los hijos de Israel no me escuchan; ¿cómo, pues, me escuchará Faraón, siendo yo torpe de labios?

13 Entonces Jehová habló a Moisés y a Aarón y les dio mandamiento para los hijos de Israel, y para Faraón rey de Egipto, para que sacasen a los hijos de Israel de la tierra de Egipto.

14 Estos son los jefes de las familias de sus padres: Los hijos de Rubén, el primogénito de Israel: Hanoc, Falú, Hezrón y Carmi; estas son las familias de Rubén.

15 Los hijos de Simeón: Jemuel, Jamín, Ohad, Jaquín, Zohar, y Saúl hijo de una cananea. Estas son las familias de Simeón.

16 Estos son los nombres de los hijos de Leví por sus linajes: Gersón, Coat y Merari. Y los años de la vida de Leví fueron ciento treinta y siete años.

17 Los hijos de Gersón: Libni y Simei, por sus familias.

18 Y los hijos de Coat: Amram, Izhar, Hebrón y Uziel. Y los años de la vida de Coat fueron ciento treinta y tres años.

e. Dios conducirá su pueblo a la Tierra Prometida
f. Dios es el Señor (capaz de hacer todo lo que dice)
g. El mensajero de Dios proclamó el mensaje de Dios, pero el pueblo se negó a escucharlo.

3 El gran mensaje de Dios al rey

a. El mensaje: Liberación y libertad
b. El desasosiego del mensajero de Dios

4 Los grandes mensajeros de Dios y su árbol genealógico: Escogidos por la gracia de Dios[EF1]

a. Las cabezas de los antepasados de Moisés y Aarón: Salvadas por la gracia de Dios
   1) Rubén y sus hijos y clanes
   2) Simeón y sus hijos y clanes
   3) Leví y sus hijos y clanes
b. El árbol genealógico de Leví, la familia de los descendientes de Leví

c. El llamado de Dios fue dado a estos mismos Aarón y Moisés: Ellos fueron los que proclamaron el gran mensaje de Dios de liberación a Faraón.

5 El gran mensaje de Dios será proclamado solo por los hombres llamados por Dios: El llamamiento de Moisés se reafirma

a. El llamado de Dios a Moisés: Ir adonde Faraón con el mensaje de Dios

b. Los argumentos de Moisés contra el llamado de Dios

19 Y los hijos de Merari: Mahli y Musi. Estas son las familias de Leví por sus linajes.

20 Y Amram tomó por mujer a Jocabed su tía, la cual dio a luz a Aarón y a Moisés. Y los años de la vida de Amram fueron ciento treinta y siete años.

21 Los hijos de Izhar: Coré, Nefeg y Zicri.

22 Y los hijos de Uziel: Misael, Elzafán y Sitri.

23 Y tomó Aarón por mujer a Elisabet hija de Aminadab, hermana de Naasón; la cual dio a luz a Nadab, Abiú, Eleazar e Itamar.

24 Los hijos de Coré: Asir, Elcana y Abiasaf. Estas son las familias de los coreítas.

25 Y Eleazar hijo de Aarón tomó para sí mujer de las hijas de Futiel, la cual dio a luz a Finees. Y estos son los jefes de los padres de los levitas por sus familias.

26 Este es aquel Aarón y aquel Moisés, a los cuales Jehová dijo: Sacad a los hijos de Israel de la tierra de Egipto por sus ejércitos.

27 Estos son los que hablaron a Faraón rey de Egipto, para sacar de Egipto a los hijos de Israel. Moisés y Aarón fueron éstos.

28 Cuando Jehová habló a Moisés en la tierra de Egipto,

29 entonces Jehová habló a Moisés, diciendo: Yo soy JEHOVÁ; di a Faraón rey de Egipto todas las cosas que yo te digo a ti.

30 Y Moisés respondió delante de Jehová: He aquí, yo soy torpe de labios; ¿cómo, pues, me ha de oír Faraón?

CAPÍTULO 7

1 Jehová dijo a Moisés: Mira, yo te he constituido dios para Faraón, y tu hermano Aarón será tu profeta.

2 Tú dirás todas las cosas que yo te mande, y Aarón tu hermano hablará a Faraón, para que deje ir de su tierra a los hijos de Israel.

3 Y yo endureceré el corazón de Faraón, y multiplicaré en la tierra de Egipto mis señales y mis maravillas.

4 Y Faraón no os oirá; mas yo pondré mi mano sobre Egipto, y sacaré a mis ejércitos, mi pueblo, los hijos de Israel, de la tierra de Egipto, con grandes juicios.

5 Y sabrán los egipcios que yo soy Jehová, cuando extienda mi mano sobre Egipto, y saque a los hijos de Israel de en medio de ellos.

6 E hizo Moisés y Aarón como Jehová les mandó; así lo hicieron.

7 Era Moisés de edad de ochenta años, y Aarón de edad de ochenta y tres, cuando hablaron a Faraón.

c. La seguridad de Dios
1) Moisés sería el mensajero de Dios
2) Aarón sería el portavoz de Moisés
3) Dios endurecería el corazón de Faraón y multiplicaría sus señales milagrosas en Egipto
4) Dios provocaría poderosos actos de juicio sobre Egipto: Todo esto para liberar a su pueblo
5) El objetivo de Dios: Que los egipcios supieran que Él es el SEÑOR (Jehová, el Gran Redentor y Libertador)[EF2]

6 Moisés y Aarón obedecieron a Dios

a. Moisés tenía 80 años

b. Aarón tenía 83 años

DIVISIÓN II
MOISÉS Y DIOS: DIOS LEVANTA UN LÍDER PARA LIBERAR A SU PUEBLO (ISRAEL), 2:1—7:7

G. El gran aliento y mensaje dado a Moisés: Liberación y libertad, 6:1—7:7

(6:1—7:7) ***Introducción***: Moisés estaba desesperado. El pueblo acababa de repudiarlo pues Faraón había empezado a perseguir a los israelitas esclavizados con más severidad que nunca. La intensificación de la opresión se debía a la reacción de Faraón en contra de Moisés, en contra de su reclamo de que Faraón liberara al pueblo para que sirviera y rindiera culto a Dios. Antes del reclamo de Moisés, su tarea había sido hacer los ladrillos para los proyectos de construcción de los egipcios y los egipcios siempre habían suministrado la paja necesaria para hacer los ladrillos. Pero ahora, desde el reclamo de Moisés, Faraón estaba obligando a los israelitas a recoger su propia paja. Además, insistía en que produjeran la misma cuota diaria de ladrillos. Esto era totalmente imposible. El resultado fue trágico: Los egipcios estaban explotando al pueblo hasta el agotamiento, amenazándolos, insultándolos, golpeándolos, maltratándolos y, sin duda, matando a algunos.

Por ende, el pueblo culpó a Moisés y lo querían fuera de sus vidas. Lo rechazaron y lo repudiaron; no querían tener que ver nada con él nunca más. Para ellos, Moisés no les había traído más que problemas, problemas graves que podían hasta causar un holocausto; el rey estaba tan enojado que era capaz de tomar la espada y masacrarlos (cp. Éx. 5:21).

Moisés estaba abatido, destrozado, desesperado. ¿Qué podía hacer? Podía hacer una sola cosa, lo mismo que tenemos que hacer nosotros cuando nos enfrentamos a problemas apabullantes. Moisés se encontró con Dios a solas y le reveló sus sentimientos. Esto lo vimos en el último pasaje (Éx. 5:22-23). Ahora llegamos a la respuesta de Dios a Moisés. En este gran pasaje, se muestra cómo Dios ayudó a Moisés y satisfizo sus necesidades. Aquí se muestra cómo Dios nos ayudará y satisfará nuestras necesidades. Esto es: *El gran aliento y mensaje dado a Moisés: Liberación y libertad,* 6:1—7:7.

1. El gran aliento de Dios a su mensajero (vv. 1-5).
2. El gran aliento de Dios a su pueblo (vv. 6-9).
3. El gran mensaje de Dios al rey (vv. 10-12).
4. Los grandes mensajeros de Dios y su árbol genealógico: Escogidos por la gracia de Dios (vv. 13-27).
5. El gran mensaje de Dios será proclamado solo por los hombres llamados por Dios: El llamamiento de Moisés se reafirma (vv. 28—7:5).
6. Moisés y Aarón obedecieron a Dios (vv. 6-7).

[1] (6:1-5) ***Aliento — Pacto — Jehová (Yahweh)***: Había el aliento personal de Dios a su mensajero, Moisés. Dios alentó a Moisés haciendo cuatro cosas.

1. Dios prometió levantar su poderosa mano contra Faraón para liberar al pueblo (v. 1). Ya Dios le había hecho esta promesa a su mensajero en la zarza ardiente (Éx. 3:10). Pero igual que nos sucede a todos, Moisés necesitaba que le aseguraran la promesa de Dios una y otra vez. Necesitaba que le recordaran la gran promesa de Dios: Que Él obligaría a los que esclavizaban a liberar al pueblo de Dios.

> ***Pensamiento 1.*** El Señor nos librará por medio de su poderosa mano. Él nos librará de todos nuestros enemigos, perceptibles o no, visibles o invisibles, físicos o espirituales.
>
> **"Y el Señor me librará de toda obra mala, y me preservará para su reino celestial. A él sea gloria por los siglos de los siglos. Amén" (2 Ti. 4:18).**
>
> **"sabe el Señor librar de tentación a los piadosos, y reservar a los injustos para ser castigados en el día del juicio" (2 P. 2:9).**
>
> **"No temas delante de ellos, porque contigo estoy para librarte, dice Jehová" (Jer. 1:8).**
>
> **"Dijo: Jehová es mi roca y mi fortaleza, y mi libertador" (2 S. 22:2).**

2. Dios le aseguró a Moisés: Yo soy el SEÑOR (Jehová, Yahweh). El significado básico de SEÑOR es Salvador, Redentor y Libertador. El SEÑOR pudo redimir y librar al pueblo de Dios (vv. 2-3). Esta fue una revelación muy especial hecha a Moisés, una experiencia muy especial que Dios le daba a su querido mensajero que se sentía tan abatido, destrozado y desesperado.

⇒ Los grandes patriarcas, Abraham, Isaac y Jacob, habían *sentido* a Dios como Dios Todopoderoso (El Shaddai) no como Jehová. (Vea nota, Gn. 17:1 para un mayor análisis.) Habían conocido a Dios como Jehová, habían sabido que Él era el Gran Redentor y Libertador, pero nunca habían sido testigos de la liberación del pueblo de Dios. Tenían las grandes promesas de Dios, pero nunca habían tenido la satisfacción de esas promesas. (Vea nota, *Jehová*, Gn. 2:4 para un mayor análisis.)

Pero ahora, Moisés e Israel verían cumplido el significado del nombre de Dios. Ellos serían los testigos presénciales de la explosión del nombre de Dios a través de la historia de la humanidad; ellos verían al Señor (Jehová, Yahweh) redimir y liberar a su pueblo en el *gran éxodo* de Egipto. El nombre de Dios como el SEÑOR (Jehová, Yahweh), como el Gran Redentor y Libertador, sería cumplido en la redención y LIBERACIÓN de Israel de la esclavitud a la libertad.

Nota: El nombre de Jehová o Yahweh se usa unas 162 veces en Génesis. Las personas se dirigen a Dios como Jehová o Yahweh por lo menos 34 veces de esas 162. Incluso Abraham se dirigió a Dios como *Yahweh Yireh* al ofrecer a Isaac en sacrificio a Dios (Gn. 22:24). De hecho, desde los inicios de la historia de la humanidad, las personas invocaban el nombre de Jehová o Yahweh (Gn. 4:26).[1]

---

[1] Frank E. Gaebelein, Editor. *Expositor's Bible Commentary*, vol. 2, pp. 340-341.

Observe también que Dios declaró su nombre cuatro veces al darle este gran aliento a Moisés: "Yo soy JEHOVÁ" (vv. 2, 6, 7, 8). Él es capaz de hacer cualquier cosa y de todo, hasta redimir y liberar a su pueblo de la esclavitud y darles la libertad.

3. Dios repasó su pacto con Moisés, repasó su gran promesa de entregarle la Tierra Prometida a su pueblo (v. 4. Vea nota, pt. 3, Éx. 2:23-25; vea *Estudio a fondo 1*, Éx. 2:24; vea nota, Gn. 12:1c para un estudio detallado sobre la Tierra Prometida.)

4. Dios compartió su compasión y su preocupación por el sufrimiento de su pueblo: Él oyó sus exclamaciones y recordó su pacto con ellos (v. 5).

Pensamiento 1. Dios se ocupa de su pueblo, de todos nosotros, de la misma manera en que se ocupó de Moisés y de Israel. No importa cuán abatidos, destrozados y desesperados podamos estar, Dios se preocupa. Él siente una gran compasión por nosotros y nos ayudará a satisfacer nuestras necesidades. No importa cuál pueda ser nuestro problema, ya sea pecado o vergüenza, Dios anhela ayudarnos. Él es el Señor, nuestro Gran Redentor y Libertador. Él nos redimirá y librará de todos nuestros problemas y esclavización en este mundo.

"Jehová es mi fortaleza y mi escudo; en él confió mi corazón, y fui ayudado, por lo que se gozó mi corazón, y con mi cántico le alabaré" (Sal. 28:7).

"Aunque afligido yo y necesitado, Jehová pensará en mí. Mi ayuda y mi libertador eres tú; Dios mío, no te tardes" (Sal. 40:17).

"No temas, porque yo estoy contigo; no desmayes, porque yo soy tu Dios que te esfuerzo; siempre te ayudaré, siempre te sustentaré con la diestra de mi justicia" (Is. 41:10).

"No os ha sobrevenido ninguna tentación que no sea humana; pero fiel es Dios, que no os dejará ser tentados más de lo que podéis resistir, sino que dará también juntamente con la tentación la salida, para que podáis soportar" (1 Co. 10:13).

"Y el Señor me librará de toda obra mala, y me preservará para su reino celestial. A él sea gloria por los siglos de los siglos. Amén" (2 Ti. 4:18).

"Espere Israel a Jehová, porque en Jehová hay misericordia, y abundante redención con él; y él redimirá a Israel de todos sus pecados" (Sal. 130:7-8).

"No temas, gusano de Jacob, oh vosotros los pocos de Israel; yo soy tu socorro, dice Jehová; el Santo de Israel es tu Redentor" (Is. 41:14).

"Y hasta la vejez yo mismo, y hasta las canas os soportaré yo; yo hice, yo llevaré, yo soportaré y guardaré" (Is. 46:4).

[2] (6:6-9) ***Aliento — Liberación — Dios, nombre de — Jehová — Yahweh — Adopción*:** Había el aliento personal de Dios a su pueblo. Dios le dio a Moisés el mensaje de aliento que Él quería que se proclamara al pueblo. Observe cuán glorioso y personal, cuán feliz y esperanzador era el mensaje de Dios. Dios declaró cinco hechos maravillosos, hechos que son verdades para nosotros así como para los creyentes de todas las generaciones.

1. Dios es el SEÑOR (Jehová, Yahweh), el Gran Redentor y Libertador de su pueblo, el Dios que cumple el pacto de sus grandes promesas (v. 6). El significado del nombre de Dios, el SEÑOR (Jehová, Yahweh), estaba ya listo para cumplirse. Dios iba a redimir y liberar a su querido pueblo.

Observe ahora cómo Dios declara siete cosas que hará en las tres siguientes proclamas (pts. 2-4).

2. Dios librará a su pueblo (v. 6).

⇒ Yo los sacaré: De debajo de las tareas pesadas.
⇒ Yo los libraré: De su servidumbre.
⇒ Yo los redimiré: Con mi poder y grandes actos de justicia.

"Dijo: Jehová es mi roca y mi fortaleza, y mi libertador" (2 S. 22:2).

"No temas delante de ellos, porque contigo estoy para librarte, dice Jehová" (Jer. 1:8).

"Él salva y libra, y hace señales y maravillas en el cielo y en la tierra; él ha librado a Daniel del poder de los leones" (Dn. 6:27).

"el cual nos libró, y nos libra, y en quien esperamos que aún nos librará, de tan gran muerte" (2 Co. 1:10).

3. Dios adoptará a su pueblo (v. 7).

⇒ Los tomaré por mi pueblo.
⇒ Seré vuestro Dios.
⇒ El propósito de Dios: que su pueblo supiera que él es JEHOVÁ, el Gran Libertador de todos sus problemas.

"Porque eres pueblo santo a Jehová tu Dios, y Jehová te ha escogido para que le seas un pueblo único de entre todos los pueblos que están sobre la tierra" (Dt. 14:2).

"Pero tú eres nuestro padre, si bien Abraham nos ignora, e Israel no nos conoce; tú, oh Jehová, eres nuestro padre; nuestro Redentor perpetuo es tu nombre" (Is. 63:16).

"Mas a todos los que le recibieron, a los que creen en su nombre, les dio potestad de ser hechos hijos de Dios" (Jn. 1:12).

"El Espíritu mismo da testimonio a nuestro espíritu, de que somos hijos de Dios" (Ro. 8:16).

"Por lo cual, salid de en medio de ellos, y apartaos, dice el Señor, y no toquéis lo inmundo; y yo os recibiré, y seré para vosotros por Padre, y vosotros me seréis hijos e hijas, dice el Señor Todopoderoso" (2 Co. 6:17-18).

4. Dios conducirá a su pueblo a la Tierra Prometida (v. 8).

⇒ Los llevaré a la tierra, la Tierra Prometida.
⇒ Les daré la tierra.

Pensamiento 1. Recuerden que la Tierra Prometida de Canaán es un símbolo, un ejemplo, una imagen de la Tierra Prometida del cielo, del nuevo cielo y la nueva tierra (vea nota, Gn. 12:1c para un estudio detallado).

“Por la fe Abraham, siendo llamado, obedeció para salir al lugar que había de recibir como herencia; y salió sin saber a dónde iba. Por la fe habitó como extranjero en la tierra prometida como en tierra ajena, morando en tiendas con Isaac y Jacob, coherederos de la misma promesa; porque *esperaba la ciudad* que tiene fundamentos, *cuyo arquitecto y constructor es Dios*” (He. 11:8-10).

“Pero anhelaban una mejor, esto es, *celestial*; por lo cual Dios no se avergüenza de llamarse Dios de ellos; porque les ha preparado una ciudad” (He. 11:16).

“Pero el día del Señor vendrá como ladrón en la noche; en el cual los cielos pasarán con grande estruendo, y los elementos ardiendo serán deshechos, y la tierra y las obras que en ella hay serán quemadas. Puesto que todas estas cosas han de ser deshechas, ¡cómo no debéis vosotros andar en santa y piadosa manera de vivir, esperando y apresurándoos para la venida del día de Dios, en el cual los cielos, encendiéndose, serán deshechos, y los elementos, siendo quemados, se fundirán! Pero nosotros esperamos, según sus promesas, cielos nuevos y tierra nueva, en los cuales mora la justicia” (2 P. 3:10-13).

“Porque he aquí que yo crearé nuevos cielos y nueva tierra; y de lo primero no habrá memoria, ni más vendrá al pensamiento” (Is. 65:17).

Observe de nuevo los tres puntos de más arriba y note las siete cosas prometidas por Dios. Qué gloriosa promesa y aliento debe constituir esto para todos los creyentes.

5. Dios es el SEÑOR (Jehová, Yahweh) (v. 8c). Este aspecto se vuelve a plantear debido a su importancia: Él es el Gran Redentor y Libertador de su pueblo y ha llegado el momento de que se cumpla el significado de su nombre. Ha llegado la hora de que Él redima y libre a su pueblo de sus sufrimientos.

6. Observe que Moisés le llevó el mensaje de aliento de Dios al pueblo, pero no le hicieron caso. La idea de ser liberados era simplemente demasiado increíble, demasiado remota. Su opresión era tan cruel y brutal, su sufrimiento tan doloroso, que los consumía el desaliento. La mente de cada uno de ellos estaba tan exhausta por la pena del sufrimiento que ya no eran capaces de pensar lo suficiente para escuchar mensaje alguno, no importa cuán esperanzador y alentador pudiera ser. Si iban a ser liberados, no sería por la atención que prestaran a Dios, sino por la misericordia de Dios volcada hacia ellos.

Pensamiento 1. Dios puede y está listo para satisfacer nuestras necesidades desesperadas, no importa cuán abatidos y afligidos podamos estar. No importa cuán exhaustos podamos estar por el sufrimiento y los fracasos, Dios tendrá piedad de nosotros. Él nos librará si simplemente clamamos por Él.

“Muchas son las aflicciones del justo, pero de todas ellas le librará Jehová” (Sal. 34:19-20).

“E invócame en el día de la angustia; te libraré, y tú me honrarás” (Sal. 50:15).

“Si anduviere yo en medio de la angustia, tú me vivificarás; contra la ira de mis enemigos extenderás tu mano, y me salvará tu diestra” (Sal. 138:7).

“Cuando pases por las aguas, yo estaré contigo; y si por los ríos, no te anegarán. Cuando pases por el fuego, no te quemarás, ni la llama arderá en ti” (Is. 43:2).

“Y me ha dicho: Bástate mi gracia; porque mi poder se perfecciona en la debilidad. Por tanto, de buena gana me gloriaré más bien en mis debilidades, para que repose sobre mí el poder de Cristo” (2 Co. 12:9).

“Enjugará Dios toda lágrima de los ojos de ellos; y ya no habrá muerte, ni habrá más llanto, ni clamor, ni dolor; porque las primeras cosas pasaron” (Ap. 21:4).

[3] (6:10-12) ***Mensaje***: Hubo el gran mensaje de Dios al rey. Después que Moisés proclamó el mensaje de Dios de aliento al pueblo, Dios le dijo a Moisés que fuera a entregarle el mensaje de Dios al rey. Recuerde que Moisés ya le había entregado un mensaje a Faraón y el resultado fue una reacción cruel y brutal (cp. Éx. 4:21-23; 5:1-23). Ahora Moisés debía ir a Faraón por segunda vez a declararle el mensaje de Dios otra vez, el mensaje de liberación y libertad (v. 11). El rey libraría al pueblo de Dios, lo dejaría ir a venerar y servir a Dios.

Pero observe la intranquilidad de Moisés (v. 12). Su primer mensaje a Faraón había suscitado la ira del rey e hizo que este reaccionara con una despiadada venganza. Faraón había infligido al pueblo mayor cantidad de trabajo y más pesado, exigiéndoles que trabajaran hasta el cansancio, todo esto bajo la vigilancia de los que esclavizaban a los israelitas. Resultado: Los israelitas se volvieron en contra de Moisés, culpándolo e insistiendo en que se marchara, que se fuera de allí.

Moisés estaba abatido: Estaba desconcertado ante la reacción de los israelitas y del rey. Había esperado que Dios librara a Israel inmediatamente; había esperado que Faraón pusiera al pueblo en libertad después de escuchar el mensaje de Dios. Por consiguiente, Moisés cuestionó a Dios: puesto que Faraón había rechazado el primer mensaje y el pueblo se había negado a escucharlo, ¿por qué Faraón habría de escucharlo ahora? ¿Qué haría que Faraón cambiara de opinión? Él, Moisés, no podía, pues era incapaz. No podía ni siquiera entregar un mensaje clara y convincentemente. Hablaba con voz titubeante. (Vea nota—Éx. 4:10-12 para un mayor análisis.)

Observe que Dios no le respondió a Moisés. La orden había sido dada. El siervo de Dios marcharía a hacer lo que Dios le había ordenado.

Pensamiento 1. El mensajero de Dios deberá obedecer a Dios, no importa su impedimento o falta de aptitudes. Puede que el mensajero no sea elocuente ni tenga una poderosa voz o expresión oral. Puede que no se sienta cómodo predicando o enseñando. Puede que hasta esté discapacitado en cuanto a que tartamudea o tenga algún otro impedimento del habla. No obstante, si Dios ha llamado realmente a la persona, esa persona deberá obedecer a Dios: Deberá ir a proclamar el mensaje de Dios; deberá tender la mano y cuidar de las personas.

“y el que quiera ser el primero entre vosotros será vuestro siervo; como el Hijo del Hombre no vino para ser servido, sino para servir, y para dar su vida en rescate por muchos” (Mt. 20:27-28).

“Entonces Jesús les dijo otra vez: Paz a vosotros. Como me envió el Padre, así también yo os envío” (Jn. 20:21; cp. Mt. 20:27-28).

“sino que lo necio del mundo escogió Dios, para avergonzar a los sabios; y lo débil del mundo escogió Dios, para avergonzar a lo fuerte; y lo vil del mundo y lo menospreciado escogió Dios, y lo que no es, para deshacer lo que es, a fin de que nadie se jacte en su presencia” (1 Co. 1:27-29).

“Así que, hermanos, cuando fui a vosotros para anunciaros el testimonio de Dios, no fui con excelencia de palabras o de sabiduría. Pues me propuse no saber entre vosotros cosa alguna sino a Jesucristo, y a éste crucificado. Y estuve entre vosotros con debilidad, y mucho temor y temblor; y ni mi palabra ni mi predicación fue con palabras persuasivas de humana sabiduría, sino con demostración del Espíritu y de poder, para que vuestra fe no esté fundada en la sabiduría de los hombres, sino en el poder de Dios” (1 Co. 2:1-5).

“Doy gracias al que me fortaleció, a Cristo Jesús nuestro Señor, porque me tuvo por fiel, poniéndome en el ministerio” (1 Ti. 1:12).

4 (6:13-27) ***Moisés, Árbol genealógico—Aarón, Árbol genealógico***: Hubo los grandes mensajeros de Dios y su árbol genealógico: Ellos fueron escogidos por la gracia de Dios. El mensaje de Dios debe ser proclamado solo por aquellos hombres que son verdaderamente del pueblo de Dios y verdaderamente escogidos por la gracia de Dios. Ahora se expone el árbol genealógico (genealogía) de Moisés y de Aarón. Fíjese que se expone el hecho de que Moisés y Aarón fueron los siervos escogidos de Dios (v. 13). Se plantean tres puntos significativos.

1. Se presenta la prueba de que ellos eran verdaderos israelitas, verdaderamente del pueblo de Dios. Se reseña el árbol genealógico de Moisés y de Aarón (vv. 14-16). Pero fíjese que al presentar la historia familiar, solo se relacionan tres hijos de Jacob:

⇒ Rubén
⇒ Simeón
⇒ Leví

¿Por qué detenerse en Leví? Porque Leví era el cabeza de familia, el padre de la tribu de Leví, la tribu donde nacieron Moisés y Aarón (vea *Estudio a fondo 1*, Éx. 6:13-27). Moisés y Aarón fueron los mensajeros escogidos por Dios para conducir el gran éxodo del pueblo de Dios de Egipto. El objetivo de la presente genealogía es el de mostrar que ellos eran mensajeros legítimos, verdaderos mensajeros del pueblo escogido por Dios, Israel. No hacía falta que la genealogía siguiera más allá de Leví.

Observe otro hecho también: Todo lo que se menciona acerca del árbol genealógico de Moisés señala la gracia de Dios, no señala a antepasados de gran carácter moral, ni de capacidades naturales, ni de dotes de liderazgo político.

⇒ *Rubén* cometió incesto con la sierva de su madre (Bilha, la concubina de su padre). (Vea notas, Gn. 35:22; 49:3-4 para un mayor análisis.)
⇒ A *Simeón* y *Leví* los apoderó un espíritu de venganza y masacraron a todos los varones de la pequeña ciudad de Siquem. (Vea notas, Gn. 34:25-29; 49:5-7 para un mayor análisis.)

Estos tres hombres se convirtieron más tarde. De hecho, José mismo los llevó a confesar su pecado y su fe en el Señor y en las grandes promesas pactadas con Israel (la promesa de la Tierra Prometida y la de la Simiente prometida). (Vea nota, Gn. 44:14-17 para un mayor análisis.)

La cuestión es esta: Los antepasados de Moisés no fueron escogidos por Dios debido a su moralidad y rectitud. Ellos eran miembros del pueblo de Dios por la gracia de Dios porque llegó el día en que confesaron su terrible pecado y se arrepintieron, confiando en Dios y en las promesas pactadas. Fueron salvos solo por la gracia de Dios a través de la fe (cp. Ef. 2:8-9).

Y así fue con Moisés. Él no fue salvo y escogido por Dios por sus antepasados o padres devotos: Fue salvo y escogido por Dios por la gracia de Dios. Moisés creía en el Señor y en las promesas pactadas de Dios; por ende, Dios mostró piedad hacia él y lo colmó con su gracia. Moisés fue escogido por la gracia de Dios y solo por la gracia de Dios.

Observe otro hecho sobre el árbol genealógico de Moisés. Recuerde los grandes privilegios y responsabilidades que daba el mundo antiguo al primogénito varón. A la muerte del padre, recibía la primogenitura del padre con todos sus derechos, privilegios y responsabilidades. También recibía las dos terceras partes de la herencia. Esta era la ley del país. Por ende, cuando uno de los hijos menores recibía parte de la primogenitura o alguna herencia adicional, era un regalo, un regalo dado libremente. Era un acto de gracia. (Vea notas—Gn. 25:31; 48:17-18 para un mayor análisis.) Observe ahora estos hechos acerca de Moisés y Aarón:

⇒ Ellos no eran de la tribu del primogénito, Rubén, sino de otra tribu de Leví, el tercer hijo (vv. 14, 16, 20). (Vea *Estudio a fondo 1*, Éx. 6:13-27 para un mayor análisis.)
⇒ Ellos no eran de la tribu del hijo mayor de Leví, sino de Coat, el segundo hijo de Levi. (vv. 16-19).
⇒ Moisés no era ni siquiera el hijo mayor de su padre, Amram, sino el segundo hijo (v. 20).

El planteamiento está claro: Moisés no fue escogido por Dios porque fuera el primogénito varón. Él no mereció el llamado de Dios porque hubiera nacido en la clase privilegiada. Fue escogido por la gracia de Dios y solo por la gracia de Dios. (Vea en *Estudio a fondo 1*—Éx. 6:13-27 los antepasados y el árbol genealógico de Moisés.)

2. Fíjese que el árbol genealógico de Leví se da con bastante detalle. Esto se debe al objetivo expresado anteriormente: Demostrar que el sacerdocio era

verdaderamente del pueblo de Dios. Los sacerdotes (levitas) eran realmente escogidos por la gracia de Dios, escogidos para ser sus mensajeros y ministros ante Israel. Los sacerdotes estaban con Israel desde el principio: ellos ayudaron en la fundación y la creación de la nación.

3. Observe: El hecho de que Moisés y Aarón eran mensajeros de Dios es tan importante que se repite. Moisés y Aarón fueron los siervos escogidos por Dios para proclamar su mensaje de liberación y libertad al Faraón (vv. 26-27).

ESTUDIO A FONDO 1

(6:13-27) ***Gráfico — Tabla — Genealogía — Árbol genealógico — Moisés — Aarón — Leví — Levitas, tribu de*:** En este gráfico aparece el árbol genealógico de Moisés y de Aarón. Aparecen los antepasados de estos dos grandes siervos de Dios. (Debido a la extensión de este Estudio a fondo, este aparece al final del comentario para evitar romper el hilo de estudio del lector. Vea *Estudio a fondo 1* al final del comentario.)

5 (6:28—7:5) ***El llamado, de Dios — Mensaje, de Dios*:** El gran mensaje de Dios debe ser proclamado solo por los hombres llamados por Dios: Dios reafirmó el llamamiento de Moisés, le hizo un segundo llamado. ¿Por qué Dios le hizo un segundo llamado a Moisés? ¿Por qué fue necesario que Dios se enfrentara de nuevo a Moisés y le dijera lo que tenía que hacer? Por la formidable tarea que Dios le había encomendado. Moisés se sentía como todos nosotros nos sentiríamos: abatido, destruido y desesperado. Faraón había reaccionado severamente contra el mensaje de Dios. El rey estaba reaccionando con venganza, oprimiendo al pueblo de Dios inconmensurablemente:

⇒ Obligándolos a realizar cada vez más trabajos pesados.
⇒ Mandando azotarlos y golpearlos cuando no cumplían la asignación diaria de trabajo.
⇒ Mandando matar a los débiles y enfermos para no tener que alimentarlos y mantenerlos.

¿Quién tenía la culpa de la reacción vengativa de Faraón? El pueblo acusó a Moisés. Lo culparon y lo repudiaron. Fue esto lo que abatió y destrozó a Moisés. Temía regresar a Faraón, temía despertar la ira de Faraón aún más. Esta fue la razón por la que Dios tuvo que hacer un segundo llamado a Moisés. Dios tenía que reafirmar, explicar muy claramente, lo que su querido siervo debía hacer. Dios sabía que Moisés necesitaba que lo animaran, que lo alentaran, que necesitaba que le reafirmaran el llamado hecho por Dios. Así, Dios se encontró con su querido siervo, se encontró con él cara a cara, y lo volvió a llamar al ministerio. Observe cuatro hechos.

1. El segundo llamado de Dios a Moisés fue hecho en Egipto (v. 28). Dios le dijo a Moisés que debía ir a ver a Faraón con el mensaje del propio Dios, que debía ir a declarar todo lo que Dios le dijo que dijera.

2. Pero fíjese: Moisés de nuevo dio razones en contra del llamado de Dios, de igual forma que en el primer llamado de Dios (v. 30). Moisés cuestionó a Dios, hablando con voz entrecortada. Como no era elocuente y Faraón ya lo había rechazado una vez, ¿por qué Faraón habría de prestarle atención ahora? (Vea notas—Éx. 4:10-12; 6:10-12 para un mayor análisis.)

3. Dios le respondió a Moisés dándole una gran seguridad (Éx. 7:1-5). Dios le dijo cinco cosas a Moisés.

a. Moisés sería el mensajero de Dios: Él sería como Dios ante Faraón; es decir, él estaría imbuido del poder y la autoridad de Dios mismo (v. 1).
b. Moisés no estaría solo; tendría un compañero siervo: Aarón sería su portavoz (vv. 1-2). De hecho, Aarón sería el que en realidad hablaría. Este hecho habría alentado a Moisés sobremanera. El saber que no estamos solos, que tenemos un compañero en el ministerio, siempre nos alienta.
c. Ahora fíjese: Dios le dijo a Moisés un hecho que necesitaba recordar: Dios iba a endurecer el corazón de Faraón. ¿Por qué? Para que Él pudiera multiplicar sus señales milagrosas en Egipto (v. 3).
d. Dios volvió a plantear el hecho: El rey no escucharía el mensaje, por tanto, Dios pondría su poderosa mano de juicio sobre Egipto, todo para emancipar y librar a su pueblo (v. 4).
e. Dios le dijo a Moisés su objetivo: Que los egipcios supieran que Dios es el SEÑOR (Jehová, Yahweh), el Gran Redentor y Libertador (v. 5).

6 (7:6-7) ***Obediencia — Los ancianos*:** Fíjese que Moisés y Aarón obedecieron a Dios (vv. 6-7). Moisés tenía 80 años y Aarón 83 años cuando fueron llamados a servir a Dios y declarar el mensaje de liberación y libertad a Faraón y el pueblo (vv. 6-7). ¡Imagínese! Dos ancianos llamados a vérselas con la nación más poderosa de la tierra.

Pensamiento 1. ¡Qué lección para nosotros! Nunca somos demasiado viejos para servir a Dios.

“Y hasta la vejez yo mismo, y hasta las canas os soportaré yo; yo hice, yo llevaré, yo soportaré y guardaré” (Is. 46:4).

Pensamiento 2. Dios satisface las necesidades de sus queridos siervos y pueblo, no importa cuáles sean las necesidades. Si necesitamos que nos alienten para servir a Dios, Dios nos alentará. Dios nos llamará para servirlo una y otra vez si fuere necesario. Dios no quiere que estemos abatidos ni destrozados, no quiere que nos neguemos a servirlo ni a ser testigos de Él a diario. Dios quiere que prediquemos el glorioso evangelio de liberación y libertad al mundo, un mundo sumergido en el pecado y la vergüenza y condenado a la muerte.

“Venid y volvamos a Jehová; porque él arrebató, y nos curará; hirió, y nos vendará” (Os. 6:1).

“Cuando pases por las aguas, yo estaré contigo; y si por los ríos, no te anegarán. Cuando pases por el fuego, no te quemarás, ni la llama arderá en ti” (Is. 43:2).

"Después oí la voz del Señor, que decía: ¿A quién enviaré, y quién irá por nosotros? Entonces respondí yo: Heme aquí, envíame a mí" (Is. 6:8).

"Id, pues, a las salidas de los caminos, y llamad a las bodas a cuantos halléis" (Mt. 22:9).

"Pero levántate, y ponte sobre tus pies; porque para esto he aparecido a ti, para ponerte por ministro y testigo de las cosas que has visto, y de aquellas en que me apareceré a ti" (Hch. 26:16).

"Y sabemos que a los que aman a Dios, todas las cosas les ayudan a bien, esto es, a los que conforme a su propósito son llamados" (Ro. 8:28).

"Y me ha dicho: Bástate mi gracia; porque mi poder se perfecciona en la debilidad. Por tanto, de buena gana me gloriaré más bien en mis debilidades, para que repose sobre mí el poder de Cristo" (2 Co. 12:9).

ESTUDIO A FONDO 1

(6:13-27) ***Gráfico — Tabla — Genealogía — Árbol genealógico — Moisés — Aarón — Leví — Los levitas, tribu de***: En este gráfico se presenta el árbol genealógico de Leví, Moisés, y Aarón. Presenta los antepasados de estos dos grandes siervos de Dios.

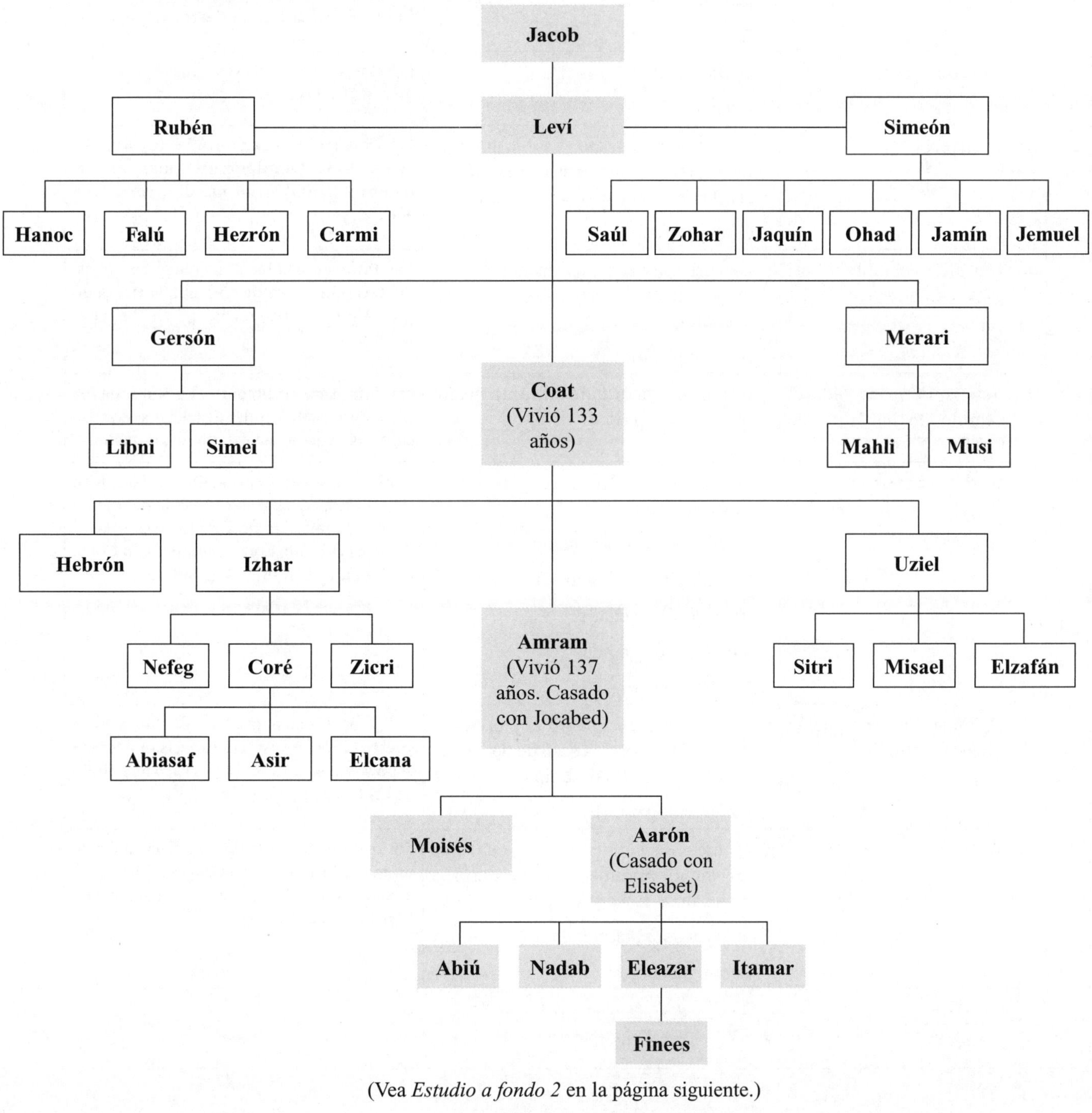

(Vea *Estudio a fondo 2* en la página siguiente.)

ESTUDIO A FONDO 2

(7:5) ***Historia — Dios, soberanía***: A través de la historia, Dios ha optado por participar directamente en los asuntos de este mundo. Dios no gobierna ni reina desde lejos. Es la naturaleza misma de Dios la que lo impulsa a enfrascarse en la vida y los asuntos de los hombres. Dios es bondadoso y justo; Él despliega compasión y justicia, piedad y juicio sobre los hombres y las naciones. El presente pasaje es un ejemplo conmovedor de la pasión de Dios por la participación personal en la historia.

EL DIOS DE LA HISTORIA

La participación de Dios (La causa)	El efecto	El pasaje de Éxodo
⇒ Ahora verás lo que yo haré a Faraón	• Porque con mano fuerte los dejará ir [los israelitas], y con mano fuerte los echará de su tierra (justicia, piedad)	**6:1 Jehová respondió a Moisés: Ahora verás lo que yo haré a Faraón; porque con mano fuerte los dejará ir, y con mano fuerte los echará de su tierra.**
⇒ Yo *soy* el Señor	• Y Dios habló a Moisés. (amor)	**6:2 Habló todavía Dios a Moisés, y le dijo: Yo soy JEHOVÁ.**
⇒ Y aparecí	• A Abraham, a Isaac y a Jacob como Dios Omnipotente, mas en mi nombre JEHOVÁ no me di a conocer a ellos. (amor, piedad)	**6:3 Y aparecí a Abraham, a Isaac y a Jacob como Dios Omnipotente, mas en mi nombre JEHOVÁ no me di a conocer a ellos.**
⇒ También establecí mi pacto con ellos	• De darles la tierra de Canaán, la tierra en que fueron forasteros, y en la cual habitaron. (amor, piedad)	**6:4 También establecí mi pacto con ellos, de darles la tierra de Canaán, la tierra en que fueron forasteros, y en la cual habitaron.**
⇒ Asimismo yo he oído el gemido de los hijos de Israel	• y me he acordado de mi pacto (compasión, piedad)	**6:5 Asimismo yo he oído el gemido de los hijos de Israel, a quienes hacen servir los egipcios, y me he acordado de mi pacto.**
⇒ Yo *soy* el Señor	• Os sacaré de debajo de las tareas pesadas de Egipto • Os libraré de su servidumbre • Os redimiré con brazo extendido (compasión, piedad) • y con juicios grandes (justicia, juicio)	**6:6 Por tanto, dirás a los hijos de Israel: Yo soy JEHOVÁ; y yo os sacaré de debajo de las tareas pesadas de Egipto, y os libraré de su servidumbre, y os redimiré con brazo extendido, y con juicios grandes;**
⇒ Os tomaré por mi pueblo y seré vuestro Dios	• Vosotros sabréis que yo soy el Señor vuestro Dios, que os sacó de debajo de las tareas pesadas de Egipto (amor, compasión)	**6:7 y os tomaré por mi pueblo y seré vuestro Dios; y vosotros sabréis que yo soy Jehová vuestro Dios, que os sacó de debajo de las tareas pesadas de Egipto.**
⇒ Yo *soy* el Señor	• Os meteré en la tierra por la cual alcé mi mano jurando que la daría a Abraham, a Isaac y a Jacob • yo os la daré por heredad (amor, piedad)	**6:8 Y os meteré en la tierra por la cual alcé mi mano jurando que la daría a Abraham, a Isaac y a Jacob; y yo os la daré por heredad. Yo JEHOVÁ.**

La participación de Dios (La causa)	El efecto	El pasaje de Éxodo
⇒ Yo *soy* el Señor	• Di a Faraón rey de Egipto todas las cosas que yo te digo a ti. (justicia, juicio)	**6:29 entonces Jehová habló a Moisés, diciendo: Yo soy JEHOVÁ; di a Faraón rey de Egipto todas las cosas que yo te digo a ti.**
⇒ Yo endureceré el corazón de Faraón	• Multiplicaré en la tierra de Egipto mis señales y mis maravillas (justicia, juicio)	**7:3 Y yo endureceré el corazón de Faraón, y multiplicaré en la tierra de Egipto mis señales y mis maravillas.**
⇒ Pondré mi mano sobre Egipto,	• Faraón no os oirá; mas yo pondré mi mano sobre Egipto, y sacaré a mis ejércitos *y* mi pueblo, los hijos de Israel, de la tierra de Egipto, con grandes juicios (justicia, juicio)	**7:4 Y Faraón no os oirá; mas yo pondré mi mano sobre Egipto, y sacaré a mis ejércitos, mi pueblo, los hijos de Israel, de la tierra de Egipto, con grandes juicios.**
⇒ Yo *soy* el Señor	• sabrán los egipcios que yo *soy* el señor cuando extienda mi mano sobre Egipto, y saque a los hijos de Israel de en medio de ellos (justicia, juicio)	**7:5 Y sabrán los egipcios que yo soy Jehová, cuando extienda mi mano sobre Egipto, y saque a los hijos de Israel de en medio de ellos.**

DIVISIÓN III
LAS DIEZ PLAGAS Y EGIPTO: EL JUICIO DE DIOS SOBRE AQUELLOS QUE LO RECHAZAN Y OPRIMEN A SU PUEBLO, 7:8—11:10

(7:8–11:10) ***PERSPECTIVA GENERAL DE LA DIVISIÓN*** — ***Plagas, las diez*** El llamado de Dios ha sido dado. El siervo de Dios ha proclamado el mensaje de Dios de liberación y libertad al gobernante más poderoso sobre la tierra, el rey de Egipto. "Deja ir al pueblo de Dios... libéralos para que puedan vivir en libertad y puedan servir a Dios".

¿Cuál fue la respuesta? La cólera, la furia, la represalia. El rey acusó a Moisés de alterar el orden público y levantar al pueblo. Pero más que esto, en su locura él aumentó la carga de trabajo del pueblo esclavizado. Aún más que esto, él brutalmente oprimió, maltrató, vapuleó y azotó al pueblo de forma desmedida. Él literalmente los humilló demasiado, negándose a todas las súplicas en busca de entendimiento. Es obvio que al igual que cualquier pueblo esclavizado y salvajemente oprimido, los fuertes se debilitaron, y los enfermos y ancianos murieron por miles. Una atrocidad, un holocausto más allá de la imaginación, estaba siendo lanzado contra el pueblo de Dios. El faraón parecía dispuesto a blandir la espada para matar violentamente la nación entera (Éx. 5:21). El pueblo estaba indefenso y desesperado ante la furia enloquecedora de Faraón. ¿Y por qué? Todo por la maldad escondida dentro de los corazones de los egipcios, la maldad de la esclavitud, la maldad de oprimir al pueblo de Dios, la maldad de la avaricia, de la codicia, de querer mano de obra barata.

Ahora el día de juicio y de redención se acercaba, el juicio de Dios sobre Egipto y la redención del pueblo de Dios. El Señor estaba listo para ejecutar justicia: Listo para juzgar a los egipcios por su terrible pecado, listo para obligar a Faraón a darle libertad a Israel. Dios iba a desatar una serie de *diez plagas* sobre Egipto. Las diez plagas tocarían a cada familia egipcia. Ninguno de los egipcios quedaría ileso. Al fin, el faraón liberaría a Israel. De hecho, él les exigiría que salieran de Egipto.

Ahora, varios puntos necesitan ser destacados acerca de las plagas antes de que las tratemos en detalle.

1. Todas las plagas fueron severas: Plantearon una amenaza seria para la misma supervivencia de Egipto como nación. Si las plagas hubieran continuado sin detenerse, la tierra habría quedado desolada. Toda forma viva habría perecido o se hubiera visto forzada a irse a otro sitio. Fue la misericordia de Dios la que detuvo las plagas y les dio una oportunidad a los egipcios de arrepentirse. Se les dio una y otra vez la oportunidad de apartarse de sus terribles pecados, y volverse al Dios vivo y verdadero.

2. Hubo quizás un incremento severo en la intensidad (sufrimiento) de cada plaga. Algunos comentaristas dicen esto. No obstante, la severidad de cada plaga fue terrible, catastrófica y devastadora. Cualquiera de las plagas, si nunca se hubiera detenido, habría devastado a Egipto hasta lo imposible.

3. Se necesita comprender los propósitos de las plagas. Las mismas Sagradas Escrituras nos dicen que las plagas tuvieron varios propósitos.

a. Dios usó las plagas para enseñarle al mundo una cosa: El Señor (Jehová, *Yahweh*) es el Dios redentor, salvador y liberador. Él es el único Dios vivo y verdadero, el Soberano Señor y Rey del universo, el Dios que controla toda la naturaleza y toda la historia.

> **"Y *sabrán* los egipcios que yo soy Jehová, cuando extienda mi mano sobre Egipto, y saque a los hijos de Israel de en medio de ellos" (Éx. 7:5).**
>
> **"Porque yo enviaré esta vez todas mis plagas a tu corazón, sobre tus siervos y sobre tu pueblo, *para que entiendas* que no hay otro como yo en toda la tierra. Porque ahora yo extenderé mi mano para herirte a ti y a tu pueblo de plaga, y serás quitado de la tierra" (Éx. 9:14-15).**
>
> **"y para que cuentes a tus hijos y a tus nietos las cosas que yo hice en Egipto, y mis señales que hice entre ellos; *para que sepáis* que yo soy Jehová" (Éx. 10:2).**
>
> **"Ahora conozco que Jehová es más grande que todos los dioses; porque en lo que se ensoberbecieron prevaleció contra ellos" (Éx. 18:11).**

b. Dios usó las plagas para demostrar su poder omnipotente, todopoderoso, sobre toda la tierra y para proclamar su nombre.

> **"Y a la verdad yo te he puesto para mostrar en ti mi poder, y para que mi nombre sea anunciado en toda la tierra" (Éx. 9:16).**

"Entonces los hechiceros dijeron a Faraón: Dedo [poder] de Dios es éste. Mas el corazón de Faraón se endureció, y no los escuchó, como Jehová lo había dicho" (Éx. 8:19).

"¿Ha oído pueblo alguno la voz de Dios, hablando de en medio del fuego, como tú la has oído, sin perecer? ¿O ha intentado Dios venir a tomar para sí una nación de en medio de otra nación, con pruebas, con señales, con milagros y con guerra, y mano poderosa y brazo extendido, y hechos aterradores como todo lo que hizo con vosotros Jehová vuestro Dios en Egipto ante tus ojos?" (Dt. 4:33-34).

c. Dios usó las plagas para obligar al faraón y a los egipcios a liberar a Israel.

"Y Faraón no os oirá; mas yo pondré mi mano sobre Egipto, y sacaré a mis ejércitos, mi pueblo, los hijos de Israel, de la tierra de Egipto, con grandes juicios" (Éx. 7:4).

"Y Jetro dijo: Bendito sea Jehová, que os libró de mano de los egipcios, y de la mano de Faraón, y que libró al pueblo de la mano de los egipcios" (Éx. 18:10).

d. Dios usó las plagas para mostrar la gran diferencia que existía entre Israel y Egipto, la gran diferencia entre los que le siguieron a Él y los que no lo hicieron. Los que siguieron a Dios (los creyentes verdaderos) fueron su pueblo escogido y estaban bajo su cuidado protector. Dios realmente protegió la tierra de Gosén de las plagas. (Recuerde que los israelitas vivían en Gosén.)

"Y aquel día yo apartaré la tierra de Gosén, en la cual habita mi pueblo, para que ninguna clase de moscas haya en ella, a fin de que sepas que yo soy Jehová en medio de la tierra. Y yo pondré redención entre mi pueblo y el tuyo. Mañana será esta señal" (Éx. 8:22-23).

"Pero contra todos los hijos de Israel, desde el hombre hasta la bestia, ni un perro moverá su lengua, para que sepáis que Jehová hace diferencia entre los egipcios y los israelitas" (Éx. 11:7).

"vosotros responderéis: Es la víctima de la pascua de Jehová, el cual pasó por encima de las casas de los hijos de Israel en Egipto, cuando hirió a los egipcios, y libró nuestras casas. Entonces el pueblo se inclinó y adoró" (Éx. 12:27).

e. Dios usó las plagas para juzgar a los egipcios por sus pecados terribles, por adorar a dioses falsos, por esclavizar y tratar brutalmente a personas. Desde la antigüedad, los egipcios habían rechazado el único y verdadero Dios viviente y lo habían continuado rechazando a través de los siglos. Ahora lo seguían rechazando aun durante las diez plagas. Eran un pueblo duro de corazón, terco y orgulloso, una nación idólatra que adoraba todo, desde el hombre hasta aves, animales cuadrúpedos y reptiles (Ro. 1:18-34).

Además, los egipcios fueron atrapados...

- por la codicia del placer, la comodidad y la facilidad.
- por la codicia de más y más riquezas y posesiones.

Era esta esclavizante codicia la que produjo que esclavizaran y trataran brutalmente a otros: Todo lo que pudiera proporcionarles alguna ganancia y llevar una vida ostentosa a causa de la mano de obra esclava barata.

Por esta razón Dios juzgó a Egipto, este fue el motivo por el cual Él envió las diez plagas sobre Faraón y su pueblo. El juicio de Dios recayó sobre ellos porque habían rechazado a Dios y se habían entregado a los placeres y a las posesiones de este mundo. Maxie Dunnam tiene una declaración excelente con respecto al juicio de Dios que bien vale la pena citar completamente.

"No se puede encubrir o minimizar la realidad del juicio divino. El hecho se muestra página tras página de la historia de la Biblia. Dios juzgó a Adán y a Eva, sacándolos del huerto y pronunció maldiciones en cuanto a su vida terrenal futura. Dios juzgó al mundo corrupto de la época de Noé enviando un diluvio para que destruyera al género humano. Dios juzgó a Sodoma y a Gomorra, devorándolos en una catástrofe volcánica (Gn. 19:24). Y Dios juzgó a Faraón y a los egipcios tal como había predicho que lo haría (Gn. 15:14), desencadenando contra ellos los terrores de las diez plagas.

"Hay 'juicios grandes' acerca de los cuales todos conocemos. Con la excepción de estos, las páginas de la Biblia están llenas literalmente de juicio. Los que no estudian la Biblia seriamente indican que cuando usted deja el Antiguo Testamento y va al Nuevo, el tema del juicio divino desaparece casi por completo. Esto no es así. Aun una lectura superficial del Nuevo Testamento revela la acción de Dios como juez. De hecho, el Nuevo Testamento entero está marcado por la certeza del día venidero de juicio universal citado por el mismo Jesucristo. No es fácil de olvidar ese cuadro, la imaginería poderosa de esto: Las ovejas que son separadas de las cabras, los justos a la derecha de Dios y los injustos a la izquierda, los justos invitados a entrar en la presencia del Señor, los injustos condenados al castigo eterno donde 'será el lloro y el crujir de dientes' (Mt. 8:12).

"El cuadro en el Nuevo Testamento es que el Salvador del mundo, Jesucristo, es también el juez del mundo. Escuche lo que dice Jesús:

"'Porque el Padre a nadie juzga, sino que todo el juicio dio al Hijo, para que todos honren al Hijo como honran al Padre. El que no honra al Hijo, no honra al Padre que le envió. De cierto, de cierto os digo: El que oye mi palabra, y cree al que me envió, tiene vida eterna; y no vendrá a condenación, mas ha pasado de muerte a vida. De cierto, de cierto os digo: Viene la hora, y ahora es, cuando los muertos oirán la voz del Hijo de Dios; y los que la oyeren

vivirán. Porque como el Padre tiene vida en sí mismo, así también ha dado al Hijo el tener vida en sí mismo; y también le dio autoridad de hacer juicio, por cuanto es el Hijo del Hombre. No os maravilléis de esto; porque vendrá hora cuando todos los que están en los sepulcros oirán su voz; y los que hicieron lo bueno, saldrán a resurrección de vida; mas los que hicieron lo malo, a resurrección de condenación' (Jn. 5:22-29).

"No hay modo de encubrir o disminuir la realidad del juicio divino".[1]

"Y Faraón no os oirá; mas yo pondré mi mano sobre Egipto, y sacaré a mis ejércitos, mi pueblo, los hijos de Israel, de la tierra de Egipto, *con grandes juicios*" (Éx. 7:4).

"y para que cuentes a tus hijos y a tus nietos las cosas que yo hice en Egipto, y mis señales que hice entre ellos; para que sepáis que yo soy Jehová" (Éx. 10:2).

"Entonces Faraón se apresuró a llamar a Moisés y a Aarón, y dijo: He pecado contra Jehová vuestro Dios, y contra vosotros" (Éx. 10:16).

"Pues yo pasaré aquella noche por la tierra de Egipto, y heriré a todo primogénito en la tierra de Egipto, así de los hombres como de las bestias; y ejecutaré mis juicios en todos los dioses de Egipto. Yo Jehová" (Éx. 12:12).

"Ahora conozco que Jehová es más grande que todos los dioses; porque en lo que se ensoberbecieron prevaleció contra ellos" (Éx. 18:11).

4. Dios tuvo un propósito muy específico al enviar cada plaga sobre Egipto.

LAS DIEZ PLAGAS Y EGIPTO: EL JUICIO DE DIOS SOBRE AQUELLOS QUE LO RECHAZAN Y OPRIMEN A SU PUEBLO Éxodo 7:8—11:10		
LA PLAGA	**EL PASAJE**	**APLICACIÓN PRÁCTICA**
La primera plaga: Agua convertida en sangre	**Éxodo 7:14-25**	**Evidencia de que Dios es JEHOVÁ, el Dios de la redención, el único Dios vivo y verdadero**
La segunda plaga: Ranas por doquier	**Éxodo 8:1-15**	**Evidencia de que Dios no tiene igual, que nadie es como JEHOVÁ nuestro Dios**
La tercera plaga: Piojos o mosquitos infestaron la tierra	**Éxodo 8:16-19**	**Evidencia de que el dedo (poder) de Dios controla todas las cosas, incluso el propio polvo de la tierra**
La cuarta plaga: Moscas invaden la tierra	**Éxodo 8:20-32**	**Evidencia de que JEHOVÁ es el Redentor (el Salvador), el único Dios vivo y verdadero, en toda tierra y en todo lugar**
La quinta plaga: Una enfermedad severa azotó y mató a todo el ganado en el campo	**Éxodo 9:1-7**	**Evidencia de que la mano de Dios controla la vida animal del mundo**
La sexta plaga: Sarpullido con úlceras afligieron tanto a hombres como animales	**Éxodo 9:8-12**	**Evidencia de que Dios tiene poder sobre el cuerpo y la salud**
La séptima plaga: Granizo devastador y tormenta eléctrica catastrófica	**Éxodo 9:13-35**	**Evidencia de que la Tierra es del Señor**
La octava plaga: Langostas invadieron la tierra	**Éxodo 10:1-20**	**Evidencia de que JEHOVÁ es el gran Salvador de la humanidad**
La novena plaga: Tinieblas cubrieron la tierra	**Éxodo 10:21-29**	**Evidencia de que Dios tiene poder sobre la luz y las tinieblas de la tierra**
La décima plaga: Anunciada la muerte de los primogénitos	**Éxodo 11:1-10**	**Evidencia de que Dios es el Dios de los creyentes verdaderos**

[1] Maxie Dunnam. *Mastering the Old Testament, Volume 2, Exodus*, pp. 137-138.

5. Las diez plagas claramente demostraron que todas las cosas en el universo están bajo el control de Dios, que Él trasciende sobre todo como el único Dios vivo y verdadero.

LA PLAGA	BAJO EL CONTROL DE DIOS	EL EFECTO DE LAS PLAGAS	LA RESPUESTA DEL REY
1. El río Nilo se volvió sangre (7:14-24)	El abastecimiento de agua (7:17-18)	La contaminación del abastecimiento de agua. La enfermedad	Endureció el corazón (7:22)
2. Las ranas (8:1-15)	La propiedad personal: Las ranas abundaron sobre toda propiedad del hombre (8:3-4)	La propiedad arruinada. La amenaza de enfermedad	Endureció su corazón y no quiso escuchar (8:15)
3. Los piojos, las pulgas o los mosquitos (8:16-19)	La comodidad personal (8:18)	La incomodidad en el cuerpo humano. La amenaza de enfermedad	Endureció el corazón y no escuchó (8:19)
4. Las moscas (8:20-32)	La tierra y todas las posesiones (8:21, 24)	La contaminación del medio ambiente y la suciedad. La amenaza de enfermedad	Endureció su corazón (8:32)
5. La enfermedad del ganado (9:1-7)	La vida animal (9:3, 5)	La muerte del ganado. La amenaza de enfermedad	Su corazón estaba endurecido (9:7)
6. Las úlceras (9:8-12)	La salud y el bienestar (9:9-11)	La incapacidad de aguantar, trabajar o moverse	El Señor endureció el corazón de Faraón (9:12)
7. Granizo y tormentas eléctricas (9:13-35)	Los cielos y la seguridad personal (9:18, 23-25)	La destrucción de propiedad y el ganado expuesto	Endureció su corazón (9:35)
8. Las langostas (10:1-20)	La vegetación, el suministro de alimentos (10:4-6)	La destrucción de suministro de comida	El Señor endureció el corazón de Faraón (10:20)
9. Las tinieblas (10:21-29)	La luz (10:21-22)	La oscuridad. La incapacidad de ver, moverse de un lado a otro o trabajar	El Señor endureció el corazón de Faraón (10:27)
10. La muerte del primogénito de hombre y de animal (11:1-10)	La vida y la muerte (11:5)	La muerte	Libera al pueblo de Dios

6. Al parecer cada plaga se envió contra un dios específico de Egipto. Dios demostró sin duda alguna que Él es el único Dios vivo y verdadero.

LA PLAGA	DIOS EGIPCIO BURLADO
1. El río Nilo se volvió sangre (7:14-24)	*Nilus* u *Hopi*, el dios del río Nilo y del agua que controlaba las aguas de la tierra.
2. Las ranas (8:1-15)	*Ptha*, el dios con cabeza de rana, y *Hekt*, la diosa de reproducción. Se creía que las ranas eran sumamente fructíferas. Por consiguiente, el espíritu que permitía tal reproducción provechosa, que daba o creaba vida, era adorado como un ídolo con cabeza de rana.
3. Los piojos, las pulgas o los mosquitos (8:16-19)	*Seb*, el dios de la tierra: Este ídolo era adorado con la esperanza de que él bendijera la tierra haciéndola productiva y protegiendo al planeta y a la tierra de Egipto de catástrofes naturales (8:16-19).

LA PLAGA	DIOS EGIPCIO BURLADO
4. Las moscas (8:20-32)	*Khephera*, el escarabajo o dios sagrado. Algunos comentaristas dicen que este era el dios de las moscas: Él era adorado con la esperanza de que ayudaría a que las moscas infestadas se fueran.
5. La enfermedad del ganado (9:1-7)	*Hathor* y *Apis*, los toros dioses sagrados en Memfis. Eran adorados como dioses de la reproducción y la fertilidad, como dioses que podrían proteger de plagas, enfermedades y accidentes.
6. Las úlceras (9:8-12)	*Typhon*, el dios de mal de ojo: Adorado con la esperanza de evitar plagas.
7. Granizo y tormentas eléctricas (9:13-35)	*Iris*, la diosa del agua, y *Osiris*, el dios del fuego y del relámpago, y *Shu*, el dios de la atmósfera: Eran adorados con la esperanza de que controlarían la naturaleza y proveerían protección en contra de las tormentas y las catástrofes naturales.
8. Las langostas (10:1-20)	*Seraphis*, el dios insecto: Adorado con la esperanza de ser protegido de las langostas.
9. Las tinieblas (10:21-29)	*Ra*, el dios sol: Adorado para ser protegido contra cualquier desastre natural del sol y proveedor de calor, luz y fertilidad.
10. La muerte del primogénito de hombre y de animal (11:1-10)	*Ptah*, el dios de la vida. Esta plaga pudo haber sido contra todos los dioses de Egipto, demostrando claramente que el Señor (Jehová, Yahwé) es el único Dios redentor y salvador, el único Dios vivo y verdadero.

7. Otros pasajes de las Escrituras se refieren a las plagas.
   a. Moisés declaró a Israel (obviamente una y otra vez) que Dios había causado las plagas sobre Egipto para demostrar que Él es el único Dios y que no hay otro Dios. El Señor y solo Él es el Dios redentor y salvador.

      "¿O ha intentado Dios venir a tomar para sí una nación de en medio de otra nación, con pruebas, con señales, con milagros y con guerra, y mano poderosa y brazo extendido, y hechos aterradores como todo lo que hizo con vosotros Jehová vuestro Dios en Egipto ante tus ojos? A ti te fue mostrado, para que supieses que Jehová es Dios, y no hay otro fuera de él" (Dt. 4:34-35).

   b. El salmista anima a la gente a que aprendan de la historia de Israel, que aprendan de las plagas que Dios envió sobre Egipto. Debemos asegurarnos que nunca olvidemos el poderoso juicio de Dios.

      "No se acordaron de su mano, del día que los redimió de la angustia; cuando puso en Egipto sus señales, y sus maravillas en el campo de Zoán; y volvió sus ríos en sangre, y sus corrientes, para que no bebiesen. Envió entre ellos enjambres de moscas que los devoraban, y ranas que los destruían. Dio también a la oruga sus frutos, y sus labores a la langosta. Sus viñas destruyó con granizo, y sus higuerales con escarcha; entregó al pedrisco sus bestias, y sus ganados a los rayos. Envió sobre ellos el ardor de su ira; enojo, indignación y angustia, un ejército de ángeles destructores. Dispuso camino a su furor; no eximió la vida de ellos de la muerte, sino que entregó su vida a la mortandad. Hizo morir a todo primogénito en Egipto, las primicias de su fuerza en las tiendas de Cam" (Sal. 78:42-51).

   c. El salmista también anima al pueblo a que recuerde las grandes obras de Dios, a recordar los juicios de las plagas.

"Acordaos de las maravillas que él ha hecho, de sus prodigios y de los juicios de su boca... Envió tinieblas que lo oscurecieron todo; no fueron rebeldes a su palabra. Volvió sus aguas en sangre, y mató sus peces. Su tierra produjo ranas hasta en las cámaras de sus reyes. Habló, y vinieron enjambres de moscas, y piojos en todos sus términos. Les dio granizo por lluvia, y llamas de fuego en su tierra. Destrozó sus viñas y sus higueras, y quebró los árboles de su territorio. Habló, y vinieron langostas, y pulgón sin número; y comieron toda la hierba de su país, y devoraron el fruto de su tierra. Hirió de muerte a todos los primogénitos en su tierra, las primicias de toda su fuerza" (Sal. 105:5, 28-36).

d. El salmista dice que Dios demostró su grandeza en la décima plaga, demostró su grandeza en una forma muy especial. Al matar todo primogénito de Egipto, Él probó fuera de toda duda que es Dios por sobre todos los dioses.

"Porque yo sé que Jehová es grande, y el Señor nuestro, mayor que todos los dioses... Él es quien hizo morir a los primogénitos de Egipto, desde el hombre hasta la bestia" (Sal. 135:5, 8).

e. El salmista dice que Dios también demostró su misericordia al derribar todo primogénito de Egipto. Él por consiguiente debería ser alabado por su misericordia. La misericordia de Dios fue demostrada...

- en que Él usó la muerte de los primogénitos para liberar a su pueblo del holocausto de esclavitud y atrocidades egipcias.
- en que Él juzgó de este modo a Egipto para su maldad salvaje y cruel.

"Alabad a Jehová, porque él es bueno, porque para siempre es su misericordia... Al que hirió a Egipto en sus primogénitos, porque para siempre es su misericordia" (Sal. 136:1, 10).

f. El profeta Jeremías declaró que el poder de Dios fue demostrado en las grandes maravillas que obró en Egipto:

"¡Oh Señor Jehová! he aquí que tú hiciste el cielo y la tierra con tu gran poder, y con tu brazo extendido, ni hay nada que sea difícil para ti... Tú hiciste señales y portentos en tierra de Egipto hasta este día, y en Israel, y entre los hombres; y te has hecho nombre, como se ve en el día de hoy" (Jer. 32:17, 20).

g. Las Escrituras dicen que la fe de Moisés guió a Israel a celebrar la Pascua y que la aspersión de la sangre salvó a todo primogénito de Israel de la plaga.

"Por la fe celebró la pascua y la aspersión de la sangre, para que el que destruía a los primogénitos no los tocase a ellos" (He. 11:28).

h. Las Escrituras dicen que en los últimos días de historia universal, Dios va a derramar algunas plagas cósmicas sobre la tierra. Algunas de las plagas se parecen a las plagas que cayeron sobre Egipto. (Vea bosquejos y notas, Ap. caps. 8–9, 15–16, para mayor análisis.)

DIVISIÓN III
LAS DIEZ PLAGAS Y EGIPTO: EL JUICIO DE DIOS SOBRE AQUELLOS QUE LO RECHAZAN Y OPRIMEN A SU PUEBLO, 7:8—11:10

A. Las credenciales del siervo de Dios: Evidencia de que una persona es sierva de Dios, 7:8-13

B. La primera plaga: Agua convertida en sangre: Evidencia de que Él es JEHOVÁ, el Dios de Salvación, el único Dios vivo y verdadero, 7:14-25

C. La segunda plaga: Ranas por doquier: Evidencia de que Dios no tiene igual, que nadie es como JEHOVÁ nuestro Dios, 8:1-15

D. La tercera plaga: Piojos o mosquitos infestaron la tierra: Evidencia de que el dedo (poder) de Dios controla todas las cosas, incluso el propio polvo de la tierra, 8:16-19

E. La cuarta plaga: Moscas invaden la tierra: Evidencia de que JEHOVÁ es el Redentor (el Salvador) en toda la tierra y en todo lugar, 8:20-32

F. La quinta plaga: Una enfermedad severa azotó y mató a todo el ganado en el campo: Evidencia de que la mano de Dios controla la vida animal del mundo, 9:1-7

G. La sexta plaga: Sarpullido con úlceras afligieron tanto a hombres como animales: Evidencia de que Dios tiene poder sobre el cuerpo y la salud, 9:8-12

H. La séptima plaga: Granizo devastador y tormenta eléctrica catastrófica: Evidencia de que la Tierra es del Señor, 9:13-35

I. La octava plaga: Langostas invadieron la tierra: Evidencia de que el Señor es el Salvador de la humanidad, 10:1-20

J. La novena plaga: Tinieblas cubrieron la tierra: Evidencia de que Dios tiene poder sobre la luz y las tinieblas de la Tierra, 10:21-29

K. La décima plaga: Anunciada la muerte de los primogénitos: Evidencia de que Dios es el Dios de los creyentes verdaderos, 11:1-10

III. LAS DIEZ PLAGAS Y EGIPTO: EL JUICIO DE DIOS SOBRE AQUELLOS QUE LO RECHAZAN Y OPRIMEN A SU PUEBLO, 7:8–11:10

A. Las credenciales del siervo de Dios: Evidencia de que una persona es sierva de Dios, 7:8-13

1 Credencial 1: El conocimiento de Dios, de su Palabra y sus instrucciones
- a. Dios le informó a Moisés: El rey lo retaría, reclamando una prueba de que su mensaje provenía de Dios
- b. Dios instruyó a Moisés: A lanzar la vara ante Faraón y se convertiría en una serpiente

8 Habló Jehová a Moisés y a
Aarón, diciendo:
9 Si Faraón os respondiere
diciendo: Mostrad milagro;
dirás a Aarón: Toma tu vara,
y échala delante de Faraón,
para que se haga culebra.
10 Vinieron, pues, Moisés y
Aarón a Faraón, e hicieron
como Jehová lo había man-
dado. Y echó Aarón su vara
delante de Faraón y de sus
siervos, y se hizo culebra.
11 Entonces llamó también
Faraón sabios y hechiceros,
e hicieron también lo mismo
los hechiceros de Egipto con
sus encantamientos;
12 pues echó cada uno su
vara, las cuales se volvieron
culebras; mas la vara de
Aarón devoró las varas de
ellos.
13 Y el corazón de Faraón se
endureció, y no los escuchó,
como Jehová lo había dicho.

2 Credencial 2: Obediencia a Dios
- a. Moisés y Aarón fueron ante Faraón
- b. Hicieron exactamente lo que Dios les había indicado

3 Credencial 3: El poder de Dios, su poder supremo
- a. El poder de Dios: Volvió la vara en una serpiente
- b. El rey contraatacó con su propio despliegue de poder: Sus magos al parecer reprodujeron la señal
- c. El poder supremo de Dios: Él facultó a la vara de Aarón para que se tragara de un golpe las varas de los magos de faraón
- d. La respuesta trágica a las credenciales del siervo de Dios: El corazón del Faraón fue endurecido y no escuchó

DIVISIÓN III
LAS DIEZ PLAGAS Y EGIPTO: EL JUICIO DE DIOS SOBRE AQUELLOS QUE LO RECHAZAN Y OPRIMEN A SU PUEBLO, 7:8—11:10

A. Las credenciales del siervo de Dios: Evidencia de que una persona es sierva de Dios, 7:8-13

(7:8-13) ***Introducción***: Dios ama al mundo, y amó al pueblo egipcio de la época de Moisés. Dios no quiso que ni un solo egipcio pereciera sin conocerlo. Pero Dios conocía el corazón de Faraón y de los egipcios. Él sabía que el corazón de cada uno de ellos estaba en contra de Él, que lo habían rechazado desde hacía siglos y habían comenzado a adorar a dioses de su propia creación. Dios también sabía que ellos habían esclavizado a su pueblo, que eran un pueblo despiadado, brutal, cruel y salvaje, que abusaba de otros para obtener mano de obra gratuita y satisfacer su ambición y deseos personales.

Dios tenía que hacer justicia: los egipcios tenían que ser juzgados por su maldad. Ya este Dios estaba listo para juzgarlos. La mano de su retribución y venganza, del juicio de Dios, estaba lista para caer sobre Faraón y los egipcios. Pero Dios aún amaba a los egipcios y quiso darles todas las oportunidades para que se arrepintieran, para que regresaran junto al único y verdadero Dios viviente.

De esto trata el presente pasaje. Dios quiso dar al rey de Egipto una última oportunidad de arrepentirse y de liberar al pueblo de Dios, una última advertencia antes de que Dios lanzara su juicio, sus plagas contra la nación.

¿Qué hizo Dios para advertir a Faraón? Dios envió a Moisés a presentar sus credenciales ante Faraón, para probar que él y su mensaje eran verdaderamente de Dios. Este pasaje abarca la segunda confrontación de Moisés con Faraón. En el primer encuentro, Moisés solo presentó a Faraón el mensaje de Dios. Ahora, presentó sus credenciales: demostró que Dios lo había enviado. Este es el tema del pasaje: *Las credenciales del siervo de Dios: Evidencia de que una persona es sierva de Dios,* 7:8-13.

1. Credencial 1: El conocimiento de Dios, de su Palabra y sus instrucciones (vv. 8-9).
2. Credencial 2: Obediencia a Dios (v. 10).
3. Credencial 3: El poder de Dios, su poder supremo (vv. 10-13).

1 (7:8-9) ***Siervo, de Dios — Ministro***: La primera credencial del siervo de Dios es básica: Es conocer a Dios, su Palabra y sus instrucciones. Cuando una persona dice ser de Dios, que Dios le ha llamado para predicar y enseñar la Palabra de Dios, tenemos que conocer un hecho fundamental: ¿Conoce la

persona a Dios y a la Palabra de Dios? ¿Es cierto que Dios le ha hablado y le ha encargado proclamar la Palabra de Dios?

Observe que Dios habló a Moisés y a Aarón; les dio su Palabra (v. 8). Dios daba a sus siervos la tarea de ir ante Faraón a proclamar su mensaje de liberación y libertad, que el rey debía dejar ir al pueblo de Dios. Pero al igual que cualquier otro rey hubiera hecho, Faraón puso en tela de juicio a los siervos de Dios, les exigió pruebas de que su mensaje era verdaderamente de Dios. Les pediría que hicieran algún milagro, alguna señal que hiciera válido su reclamo. Al pedirles alguna señal, el tono de Faraón probablemente haya sido escéptico y burlón en alguna medida. Él sencillamente no esperaba que el milagro fuera realizado de veras.

Ahora fíjese que la Palabra de Dios no solo consistía en encargar a sus siervos que ejecutaran la tarea; su Palabra incluía instrucciones, orientaciones claramente definidas. Dios dijo a sus siervos qué hacer exactamente para lidiar con el escepticismo y la burla. Dios dio instrucciones a sus siervos de arrojar la vara delante de Faraón, y esta se convertiría en una serpiente (*tannin*). Algunos eruditos plantean que la palabra en hebreo que aquí se utiliza usualmente hace referencia a reptiles mayores, como son los cocodrilos o algún gran animal marino (cp. Gn. 1:21; Dt. 32:33; Jer. 51:34; Ez. 29:3). Sin embargo, también significa serpiente o sierpe.

Observe: Este acto de Dios no suponía ningún juicio; solo demostraba el poder de Dios. Él le otorgó una última oportunidad a Faraón antes de que el juicio de Dios comenzara a caer sobre Egipto. Faraón, con sarcasmo y burlas, quería conocer las credenciales del siervo de Dios. Dios le mostró sus credenciales: Dios les dio su Palabra e instrucciones. Dios les dijo a sus siervos qué decir y qué hacer exactamente cuando estuvieran frente a Faraón.

Pensamiento 1. La primera credencial del mensajero de Dios es el siguiente hecho fundamental: Conoce a Dios y conoce la Palabra de Dios.

1) Conoce a Dios.

“Vosotros sois mis testigos, dice Jehová, y mi siervo que yo escogí, para que me conozcáis y creáis, y entendáis que yo mismo soy; antes de mí no fue formado dios, ni lo será después de mí” (Is. 43:10).

“Mas alábese en esto el que se hubiere de alabar: en entenderme y conocerme, que yo soy Jehová, que hago misericordia, juicio y justicia en la tierra; porque estas cosas quiero, dice Jehová” (Jer. 9:24).

“Dijo entonces Jesús a los judíos que habían creído en él: Si vosotros permaneciereis en mi palabra, seréis verdaderamente mis discípulos” (Jn. 8:31).

“Por lo cual asimismo padezco esto; pero no me avergüenzo, porque yo sé a quién he creído, y estoy seguro que es poderoso para guardar mi depósito para aquel día” (2 Ti. 1:12).

2) Conoce la Palabra de Dios.

“Pero éstas se han escrito para que creáis que Jesús es el Cristo, el Hijo de Dios, y para que creyendo, tengáis vida en su nombre” (Jn. 20:31).

“Porque no me avergüenzo del evangelio, porque es poder de Dios para salvación a todo aquel que cree; al judío primeramente, y también al griego” (Ro. 1:16).

“sino que según fuimos aprobados por Dios para que se nos confiase el evangelio, así hablamos; no como para agradar a los hombres, sino a Dios, que prueba nuestros corazones” (1 Ts. 2:4).

“según el glorioso evangelio del Dios bendito, que a mí me ha sido encomendado. Doy gracias al que me fortaleció, a Cristo Jesús nuestro Señor, porque me tuvo por fiel, poniéndome en el ministerio” (1 Ti. 1:11-12).

“Procura con diligencia presentarte a Dios aprobado, como obrero que no tiene de qué avergonzarse, que usa bien la palabra de verdad” (2 Ti. 2:15).

“Toda la Escritura es inspirada por Dios, y útil para enseñar, para redargüir, para corregir, para instruir en justicia” (2 Ti. 3:16).

“y a su debido tiempo manifestó su palabra por medio de la predicación que me fue encomendada por mandato de Dios nuestro Salvador” (Tit. 1:3).

“Porque la palabra de Dios es viva y eficaz, y más cortante que toda espada de dos filos; y penetra hasta partir el alma y el espíritu, las coyunturas y los tuétanos, y discierne los pensamientos y las intenciones del corazón” (He. 4:12).

“Del mandamiento de sus labios nunca me separé; guardé las palabras de su boca más que mi comida” (Job 23:12).

“¿Con qué limpiará el joven su camino? Con guardar tu palabra” (Sal. 119:9).

“En mi corazón he guardado tus dichos, para no pecar contra ti” (Sal. 119:11).

“Fueron halladas tus palabras, y yo las comí; y tu palabra me fue por gozo y por alegría de mi corazón; porque tu nombre se invocó sobre mí, oh Jehová Dios de los ejércitos” (Jer. 15:16).

2 (7:10) ***Obediencia***: La segunda credencial del siervo de Dios es crucial: Es la obediencia a Dios. Cuando Dios da su Palabra a una persona, Él espera obediencia. Dios había dado su Palabra a sus mensajeros. Les había dado una tarea e instrucciones, les dijo exactamente qué hacer. Por lo tanto, Él esperaba obediencia; Él esperaba que ellos hicieran exactamente lo que Él les había encargado hacer. Y fíjese: Moisés y Aarón obedecieron a Dios: fueron ante Faraón e hicieron exactamente lo que Dios les había dicho.

Pensamiento 1. Cuando Dios nos dice qué hacer, Él espera obediencia. Él espera que cumplamos exactamente:

- Las instrucciones que Él nos dio.
- Las órdenes que Él nos dio.

1) Dios nos ha encargado y nos ha dado instrucciones de que proclamemos su Palabra a un mundo perdido en el pecado y la oscuridad. Eso fue lo que Dios les encomendó a Moisés y a Aarón, y eso es lo que Él nos ha encomendado a nosotros.

“Por tanto, id, y haced discípulos a todas las naciones, bautizándolos en el nombre del Padre, y del

Hijo, y del Espíritu Santo; enseñándoles que guarden todas las cosas que os he mandado; y he aquí yo estoy con vosotros todos los días, hasta el fin del mundo. Amén" (Mt. 28:19-20).

"Y les dijo: Id por todo el mundo y predicad el evangelio a toda criatura" (Mr. 16:15).

"pero recibiréis poder, cuando haya venido sobre vosotros el Espíritu Santo, y me seréis testigos en Jerusalén, en toda Judea, en Samaria, y hasta lo último de la tierra" (Hch. 1:8).

"sino santificad a Dios el Señor en vuestros corazones, y estad siempre preparados para presentar defensa con mansedumbre y reverencia ante todo el que os demande razón de la esperanza que hay en vosotros" (1 P. 3:15).

"Y él dijo: El Dios de nuestros padres te ha escogido para que conozcas su voluntad, y veas al Justo, y oigas la voz de su boca. Porque serás testigo suyo a todos los hombres, de lo que has visto y oído" (Hch. 22:14-15).

"Esto habla, y exhorta y reprende con toda autoridad. Nadie te menosprecie" (Tit. 2:15).

2) Dios espera que lo obedezcamos, que hagamos exactamente lo que Él nos ordena y nos dice.

"Ahora, pues, si diereis oído a mi voz, y guardareis mi pacto, vosotros seréis mi especial tesoro sobre todos los pueblos; porque mía es toda la tierra" (Éx. 19:5).

⇒ Noé obedeció al Señor.

"Y lo hizo así Noé; hizo conforme a todo lo que Dios le mandó" (Gn. 6:22).

⇒ Josué obedeció al Señor.

"De la manera que Jehová lo había mandado a Moisés su siervo, así Moisés lo mandó a Josué; y así Josué lo hizo, sin quitar palabra de todo lo que Jehová había mandado a Moisés" (Jos. 11:15).

⇒ Ezequías obedeció al Señor.

"Porque siguió a Jehová, y no se apartó de él, sino que guardó los mandamientos que Jehová prescribió a Moisés" (2 R. 18:6).

⇒ Pablo obedeció al Señor.

"Por lo cual, oh rey Agripa, no fui rebelde a la visión celestial" (Hch. 26:19).

⇒ Cristo obedeció al Padre.

"Mas para que el mundo conozca que amo al Padre, y como el Padre me mandó, así hago. Levantaos, vamos de aquí" (Jn. 14:31).

"Y aunque era Hijo, por lo que padeció aprendió la obediencia" (He. 5:8).

⇒ Nosotros debemos obedecer al Señor

"Ahora, pues, si diereis oído a mi voz, y guardareis mi pacto, vosotros seréis mi especial tesoro sobre todos los pueblos; porque mía es toda la tierra" (Éx. 19:5).

"Jehová tu Dios te manda hoy que cumplas estos estatutos y decretos; cuida, pues, de ponerlos por obra con todo tu corazón y con toda tu alma" (Dt. 26:16).

"No todo el que me dice: Señor, Señor, entrará en el reino de los cielos, sino el que hace la voluntad de mi Padre que está en los cielos" (Mt. 7:21).

"Respondió Jesús y le dijo: El que me ama, mi palabra guardará; y mi Padre le amará, y vendremos a él, y haremos morada con él" (Jn. 14:23).

"Respondiendo Pedro y los apóstoles, dijeron: Es necesario obedecer a Dios antes que a los hombres" (Hch. 5:29).

[3] (7:10-13) ***Poder, de Dios — Credenciales, del siervo de Dios — Ministro — Mensajero*:** La tercera credencial del siervo de Dios es absolutamente esencial: Es el poder de Dios, su autoridad suprema. Lo que sucedió después fue interesante.

1. El poder de Dios quedó demostrado justo en frente de Faraón y sus oficiales (v. 10b). Dios convirtió la vara de Moisés en una serpiente.

2. Pero observe: El rey los refutó con una demostración de su poder. Quería probar que Moisés no era, sino un mago, que no existía ningún verdadero Dios viviente que estuviera confiriendo poderes a Moisés para realizar tal hazaña. Por lo tanto, reunió a todos los oficiales de su corte:

⇒ Los *sabios* (*hakamim*): Ellos eran los políticos cultos y calificados de aquella época.

⇒ Los *hechiceros* (*kashshap*): Ellos practicaban la brujería, el ocultismo, y los embrujamientos a las personas.

⇒ Los *magos* (*hartummim*): Ellos utilizaban artimañas y las ciencias ocultas para llevar a cabo sus hazañas. La palabra se utiliza en el Antiguo Testamento solo para referirse a la hechicería.[1]

Al parecer, dichos consejeros repitieron la señal. Pablo nombra a los dos oficiales o magos de la corte de Faraón en el Nuevo Testamento: Eran Janes y Jambres (2 Ti. 3:8). Pablo se refiere a ellos como a dos falsos maestros que se resistieron a la Palabra de Dios.

¿Cómo lograron los magos de Faraón repetir esta hazaña de convertir sus varas en serpientes? ¿Cómo repitieron exactamente lo que Moisés y Aarón hicieron?

⇒ ¿Utilizaron el ilusionismo, el arte de magia o la apariencia engañosa? Es posible inmovilizar serpientes aplicándole presión sobre un nervio en su cuello. Esto se conoce como *catalepsia*. ¿Estaban los magos sosteniendo serpientes rígidas que aparentaban ser varas, serpientes inmóviles que salieron disparadas de su rígido letargo cuando fueron arrojadas al suelo delante de Faraón? Algunos comentaristas lo creen así.

⇒ ¿Realizaron los magos el milagro a través de algún poder demoníaco? Los comentaristas que opinan que estaba tomando lugar un verdadero conflicto entre

---

[1] Frank E. Gaebelein, Editor. *The Expositor's Bible Commentary*, Vol. 2, p. 347.

los poderes de Dios y de Satanás, tienden a sostener esta postura. Satanás y sus espíritus demoníacos aparentemente pueden repetir milagros y señales, obras que pueden prácticamente engañar hasta a los verdaderos seguidores de Dios.

"Porque se levantarán falsos Cristos, y falsos profetas, y harán grandes señales y prodigios, de tal manera que engañarán, si fuere posible, aun a los escogidos" (Mt. 24:24).

3. No obstante, el poder de Dios ha demostrado ser supremo. La vara de Aarón engulló las varas de los magos de Faraón. Dicho acto demostró dos excepcionales hechos a Faraón y sus oficiales.

a. El poder de Dios era supremo: La serpiente era el símbolo del poder en Egipto. De hecho, era el símbolo del poder de Faraón: Portaba el emblema de una serpiente de metal en su corona.[2] Por lo tanto, cuando la vara de Dios se tragó a las serpientes que engendraron los magos, Dios demostró, sin lugar a duda, su poder supremo. El poder de Dios era mayor que el poder del más grande gobernante en la tierra, mucho más fuerte, lo suficientemente fuerte como para engullir el poder de Faraón.

b. Dios había enviado a Moisés realmente. Sin duda, Faraón captó el mensaje: Moisés realmente poseía las credenciales de Dios, las credenciales de un poder mucho más grande que el de los líderes religiosos de Egipto. Faraón tenía, por tanto, que considerar la advertencia de Dios y su mensajero. ¿Pero la consideraría?

4. No, por desgracia. El corazón de Faraón estaba endurecido y no escuchó a los mensajeros de Dios.

Pensamiento 1. Una de las grandes credenciales de los siervos de Dios es el poder de Dios.

1) Dios tiene poder supremo sobre todas las cosas, incluyendo las naciones y los gobernantes de este mundo. Por lo tanto, Él es capaz de liberarnos cuando un hombre, un gobierno, un supervisor, un cónyuge, un compañero de trabajo o cualquier otra persona nos causa problemas.

"Sométase toda persona a las autoridades superiores; porque no hay autoridad sino de parte de Dios, y las que hay, por Dios han sido establecidas" (Ro. 13:1).

"Nuestro Dios está en los cielos; todo lo que quiso ha hecho" (Sal. 115:3).

"Aun antes que hubiera día, yo era; y no hay quien de mi mano libre. Lo que hago yo, ¿quién lo estorbará?" (Is. 43:13).

"Las riquezas y la gloria proceden de ti, y tú dominas sobre todo; en tu mano está la fuerza y el poder, y en tu mano el hacer grande y el dar poder a todos" (1 Cr. 29:12).

"Pero si vas así, si lo haces, y te esfuerzas para pelear, Dios te hará caer delante de los enemigos; porque en Dios está el poder, o para ayudar, o para derribar" (2 Cr. 25:8).

"Él agita el mar con su poder, y con su entendimiento hiere la arrogancia suya" (Job 26:12).

"Una vez habló Dios; dos veces he oído esto: Que de Dios es el poder" (Sal. 62:11).

2) Dios demuestra su poder en la vida de cada uno de sus seguidores, el poder para triunfar sobre todos las terribles pruebas y males de esta tierra. Por lo tanto, cuando el siervo de Dios proclama el mensaje de Dios, no debemos ser iguales a Faraón: De corazón duro. Debemos ser bondadosos, tiernos y receptivos a la Palabra de Dios. Si consideramos el mensaje de Dios, Él nos dará el poder para vencer y triunfar en la vida.

"y cuál la supereminente grandeza de su poder para con nosotros los que creemos, según la operación del poder de su fuerza" (Ef. 1:19).

"para que os dé, conforme a las riquezas de su gloria, el ser fortalecidos con poder en el hombre interior por su Espíritu" (Ef. 3:16).

"Y a Aquel que es poderoso para hacer todas las cosas mucho más abundantemente de lo que pedimos o entendemos, según el poder que actúa en nosotros" (Ef. 3:20).

"fortalecidos con todo poder, conforme a la potencia de su gloria, para toda paciencia y longanimidad" (Col. 1:11).

"y ni mi palabra ni mi predicación fue con palabras persuasivas de humana sabiduría, sino con demostración del Espíritu y de poder, para que vuestra fe no esté fundada en la sabiduría de los hombres, sino en el poder de Dios" (1 Co. 2:4-5).

"No os ha sobrevenido ninguna tentación que no sea humana; pero fiel es Dios, que no os dejará ser tentados más de lo que podéis resistir, sino que dará también juntamente con la tentación la salida, para que podáis soportar" (1 Co. 10:13).

"Porque no nos ha dado Dios espíritu de cobardía, sino de poder, de amor y de dominio propio" (2 Ti. 1:7).

"No temas, porque yo estoy contigo; no desmayes, porque yo soy tu Dios que te esfuerzo; siempre te ayudaré, siempre te sustentaré con la diestra de mi justicia" (Is. 41:10).

[2] Ronald F. Youngblood. *Exodus*. (Chicago, IL: Moody Press, 1983), p. 35.

TIPOS, SÍMBOLOS E ILUSTRACIONES
ÉXODO 7:8-13

TÉRMINO HISTÓRICO	TIPO O ILUSTRACIÓN (FUNDAMENTO BÍBLICO DE CADA UNO)	APLICACIÓN PARA LA VIDA DEL CREYENTE DE HOY DÍA	APLICACIÓN BÍBLICA
Las Diez Plagas (Éx. 7:8—11:10)	*Una imagen del juicio de Dios sobre todos aquellos que le rechazan y oprimen a su pueblo, sobre los impíos y perversos del mundo.* **"Y Faraón no os oirá; mas yo pondré mi mano sobre Egipto, y sacaré a mis ejércitos, mi pueblo, los hijos de Israel, de la tierra de Egipto, con grandes juicios" (Éx. 7:4).**	⇒ El juicio de Dios caerá sobre todos aquellos: • Que se resistan y lo nieguen. • Que adoren a otros dioses. • Que opriman y hagan daño a las personas. • Que sean impíos y perversos. • Que rechacen la verdad.	***"Y de la manera que está establecido para los hombres que mueran una sola vez, y después de esto el juicio" (He. 9:27).*** ***"Y manifiestas son las obras de la carne, que son: adulterio, fornicación, inmundicia, lascivia, idolatría, hechicerías, enemistades, pleitos, celos, iras, contiendas, disensiones, herejías, envidias, homicidios, borracheras, orgías, y cosas semejantes a estas; acerca de las cuales os amonesto, como ya os lo he dicho antes, que los que practican tales cosas no heredarán el reino de Dios" (Gá. 5:19-21).*** ***"Porque el Hijo del Hombre vendrá en la gloria de su Padre con sus ángeles, y entonces pagará a cada uno conforme a sus obras" (Mt. 16:27).*** ***"sabe el Señor librar de tentación a los piadosos, y reservar a los injustos para ser castigados en el día del juicio" (2 P. 2:9).*** *(cp. Mt. 12:36; 25:31-32; Ro. 1:18, 29-32; 2:5; 2 P. 3:7; Jud. 14-15; Ap. 21:8).*
Magos egipcios (Éx. 7:11)	*Una imagen de los falsos mensajeros* **"Entonces llamó también Faraón sabios y hechiceros, e hicieron también lo mismo los hechiceros de Egipto con sus encantamientos; pues echó cada uno su vara, las cuales se volvieron culebras; mas la vara de Aarón devoró las varas de ellos" (Éx. 711-12).** **"Y de la manera que Janes y Jambres resistieron a Moisés, así también éstos resisten a la verdad; hombres corruptos de entendimiento, réprobos en cuanto a la fe" (2 Ti. 38).** Cp. Éx. 7:1; 89:11. (vea Nota 2 Ti. 3:6-9).	⇒ El falso mensajero engaña a las personas: • Diciendo que es el mensajero de Dios (2 Co. 11:13-15). • Pervirtiendo el significado de la Palabra de Dios (Gá. 1:6-10). • Seduciendo a las personas para que rechacen la verdad de Dios (2 Ti. 4:3-4). • Negando al Señor que murió por ellos (2 Sal. 2:1; 1 Jn. 4:1-3).	***"Guardaos de los falsos profetas, que vienen a vosotros con vestidos de ovejas, pero por dentro son lobos rapaces" (Mt. 7:15).*** ***"Porque éstos son falsos apóstoles, obreros fraudulentos, que se disfrazan como apóstoles de Cristo. Y no es maravilla, porque el mismo Satanás se disfraza como ángel de luz. Así que, no es extraño si también sus ministros se disfrazan como ministros de justicia; cuyo fin será conforme a sus obras" (2 Co. 11:13-15).*** ***"Amados, no creáis a todo espíritu, sino probad los espíritus si son de Dios; porque muchos falsos profetas han salido por el mundo. En esto conoced el Espíritu de Dios: Todo espíritu que confiesa que***

TÉRMINO HISTÓRICO	TIPO O ILUSTRACIÓN (FUNDAMENTO BÍBLICO DE CADA UNO)	APLICACIÓN PARA LA VIDA DEL CREYENTE DE HOY DÍA	APLICACIÓN BÍBLICA
Magos egipcios (continuación) (Éx. 7:11)			***Jesucristo ha venido en carne, es de Dios; y todo espíritu que no confiesa que Jesucristo ha venido en carne, no es de Dios; y este es el espíritu del anticristo, el cual vosotros habéis oído que viene, y que ahora ya está en el mundo" (1 Jn. 4:1-3).*** *(cp. Pr. 6:19; 12:17; Mt. 24:11; Gá. 1:6-10; 1 Ti. 6:3-5; 2 Ti. 4:3-4; 2P. 2:1; Is. 56:10-12; Jer. 23:2; 50:6; Ez. 34:2-3).*

B. La primera plaga: Agua convertida en sangre: Evidencia de que él es Jehová, el Dios de salvación, el único vivo y verdadero Dios viviente, 7:14-25

1 **La trágica situación que provocó el juicio: El corazón de Faraón estaba endurecido para con Dios, se negó a liberar al pueblo de Dios**

2 **La declaración de la Palabra de Dios, su voluntad**
   a. Moisés interceptaría a Faraón en la mañana, cuando este fuera a la orilla del río
   b. Moisés llevaría su vara (bastón) con él
   c. Moisés proclamaría la Palabra de Dios, su voluntad: Dejar ir al pueblo de Dios, liberarlos para que sirvieran y adoraran a Dios
   d. Moisés acusaría a Faraón de negarse a escuchar la Palabra y la exigencia de Dios, de rechazo y rebelión contra Dios

3 **El propósito del juicio: Probar que Dios es nuestro Señor, el Dios de la salvación, la redención y la liberación, el único y verdadero Dios viviente**

4 **La advertencia y el pronunciamiento del juicio**
   a. El juicio de Dios: Las aguas del Nilo[EF1] se convertirán en sangre
   b. Las consecuencias: Las aguas se contaminarán, apestarán, no se podrá beber de ellas y los peces morirán
   c. El gran alcance del juicio: Incluiría los arroyos, canales y las lagunas o embalses

5 **El día del juicio llegó**
   a. Moisés y Aarón obedecieron a Dios
      1) Levantaron la vara y golpearon las aguas del Nilo
      2) En presencia del propio Faraón y sus sirvientes
   b. El juicio cayó
      1) El río Nilo se convirtió en sangre
      2) Los peces murieron
      3) El agua apestó
      4) Las personas no podían beber agua
      5) Toda el agua tenía sangre

6 **La respuesta al juicio de Dios**
   a. Los falsos mensajeros (magos) imitaron el milagro: utilizaron sus artes secretas
   b. El corazón de Faraón se endureció aún más. Regresó a su palacio y se negó a considerar el juicio
   c. Las personas cavaron pozos en busca de agua

14 Entonces Jehová dijo a Moisés: El corazón de Faraón está endurecido, y no quiere dejar ir al pueblo.

15 Ve por la mañana a Faraón, he aquí que él sale al río; y tú ponte a la ribera delante de él, y toma en tu mano la vara que se volvió culebra,

16 y dile: Jehová el Dios de los hebreos me ha enviado a ti, diciendo: Deja ir a mi pueblo, para que me sirva en el desierto; y he aquí que hasta ahora no has querido oír.

17 Así ha dicho Jehová: En esto conocerás que yo soy Jehová: he aquí, yo golpearé con la vara que tengo en mi mano el agua que está en el río, y se convertirá en sangre.

18 Y los peces que hay en el río morirán, y hederá el río, y los egipcios tendrán asco de beber el agua del río.

19 Y Jehová dijo a Moisés: Di a Aarón: Toma tu vara, y extiende tu mano sobre las aguas de Egipto, sobre sus ríos, sobre sus arroyos y sobre sus estanques, y sobre todos sus depósitos de aguas, para que se conviertan en sangre, y haya sangre por toda la región de Egipto, así en los vasos de madera como en los de piedra.

20 Y Moisés y Aarón hicieron como Jehová lo mandó; y alzando la vara golpeó las aguas que había en el río, en presencia de Faraón y de sus siervos; y todas las aguas que había en el río se convirtieron en sangre.

21 Asimismo los peces que había en el río murieron; y el río se corrompió, tanto que los egipcios no podían beber de él. Y hubo sangre por toda la tierra de Egipto.

22 Y los hechiceros de Egipto hicieron lo mismo con sus encantamientos; y el corazón de Faraón se endureció, y no los escuchó; como Jehová lo había dicho.

23 Y Faraón se volvió y fue a su casa, y no dio atención tampoco a esto.

24 Y en todo Egipto hicieron pozos alrededor del río para beber, porque no podían beber de las aguas del río.

25 Y se cumplieron siete días después que Jehová hirió el río.

DIVISIÓN III
LAS DIEZ PLAGAS Y EGIPTO: EL JUICIO DE DIOS SOBRE AQUELLOS QUE LO RECHAZAN Y OPRIMEN A SU PUEBLO, 7:8—11:10

B. La primera plaga: Agua convertida en sangre: Evidencia de que Él es Jehová, el Dios de salvación, el único Dios vivo y verdadero, 7:14-25

(7:14-25) ***Introducción — Dioses, falsos***: Existen muchos dioses, pero solo un verdadero Dios viviente. A través de los siglos, la imaginación del hombre ha volado creando imágenes de Dios. Como consecuencia, el hombre ha creado dioses dentro de su propia mente y a menudo formado ídolos hechos de madera, metal y piedra. Las personas incluso adoran al sol, la luna y las estrellas del firmamento, al estudiar lo que llaman el zodíaco, con la esperanza de determinar qué futuro le tienen reservado las estrellas. Algunos hombres se adoran incluso a sí mismos, a pesar de sus imperfectas, depravadas y de sus agonizantes carne y mente. ¡Solo imagínelo! Cuán terriblemente irreflexivos, deshonestos y engañosos, podemos ser; y con demasiada frecuencia lo somos.

Así eran Faraón y los egipcios. Ellos adoraban a dioses falsos, muchos dioses. Pero también eran culpables de otra terrible maldad, la de esclavizar y maltratar a las personas, incluso a razas enteras de personas. Por lo tanto, la mano del juicio de Dios estaba lista para caer sobre Egipto y sus habitantes. Dios había sido paciente por generaciones, le había dado al pueblo de Egipto tiempo para arrepentirse y reconocerlo como el verdadero Dios viviente. Pero ni los gobernantes ni el pueblo se arrepintieron jamás. Continuaron con su religión falsa e idólatra, y con sus costumbres malvadas. Habían incluso esclavizado al único pueblo sobre la tierra que seguía al verdadero Dios viviente: Habían esclavizado a Israel, el pueblo mismo creado por Dios para llevar la Simiente prometida, el Salvador del mundo, el Señor Jesucristo.

Dios no tuvo otra opción. A través de Moisés, Él advirtió al gobernante de Egipto, a Faraón mismo: "Deja ir a mi pueblo, libéralos". Pero el rey se había negado. Por ello, Dios tuvo que juzgar y castigar a Egipto con el objetivo de liberar a su pueblo para que pudieran cumplir las grandes promesas de Dios en la tierra: Las promesas de la Tierra Prometida y de la Simiente prometida. (Vea *Estudio a fondo 2*, Éx. 1:6-7; *Estudio a fondo 1*, Éx. 2:24; esquema y notas, Gn. 12:1-3 para mayor análisis.)

La mano del juicio de Dios ya se encontraba lista para caer. Dios estaba listo para lanzar las plagas del juicio sobre Egipto. Este pasaje abarca, *La primera plaga: Agua convertida en sangre: Evidencia de que Él es Jehová, el Dios de salvación, el único Dios vivo y verdadero,* 7:14-25.

1. La trágica situación que originó el juicio: El corazón de Faraón se había endurecido contra Dios, se negó a liberar al pueblo de Dios (v. 14).
2. La declaración de la Palabra de Dios, su voluntad (vv. 15-16).
3. El propósito del juicio: Demostrar que Dios es nuestro Señor, el Dios de la salvación, la redención y la liberación, el único Dios viviente y verdadero (v. 17).
4. La advertencia y la declaración del juicio (vv. 17-19).
5. El día del juicio llegó (vv. 20-21).
6. La respuesta al juicio de Dios (vv. 22-25).

[1] (7:14) ***Corazón, duro — Faraón***: Hubo una trágica situación que ocasionó el juicio: El corazón de Faraón se había endurecido contra Dios, se negó a liberar al pueblo de Dios. Dios ya había enviado a su mensajero ante Faraón en dos ocasiones diferentes, una vez para apelar a él y la segunda vez para advertirle. Pero Faraón había endurecido su corazón y se negó a escucharlo. Se negó rotundamente a arrepentirse, se negó a liberar al pueblo de Dios para que sirvieran y adoraran a Dios. Era terco, obstinado, duro, duro como una piedra, inflexible. Fue ello, el endurecimiento de su corazón contra Dios, su corazón inflexible, el que llevó el juicio de las plagas sobre Faraón y su pueblo.

> ***Pensamiento 1.*** Lo que lanza el juicio y el escarmiento de Dios sobre nosotros es el endurecimiento de nuestro corazón, el tener un corazón inflexible contra Dios.
>
> **"Bienaventurado el hombre que siempre teme a Dios; mas el que endurece su corazón caerá en el mal" (Pr. 28:14).**
>
> **"El hombre que reprendido endurece la cerviz, de repente será quebrantado, y no habrá para él medicina" (Pr. 29:1).**
>
> **"Si no oyereis, y si no decidís de corazón dar gloria a mi nombre, ha dicho Jehová de los ejércitos, enviaré maldición sobre vosotros, y maldeciré vuestras bendiciones; y aun las he maldecido, porque no os habéis decidido de corazón" (Mal. 2:2).**
>
> **"¿O menosprecias las riquezas de su benignidad, paciencia y longanimidad, ignorando que su benignidad te guía al arrepentimiento? Pero por tu dureza y por tu corazón no arrepentido, atesoras para ti mismo ira para el día de la ira y de la revelación del justo juicio de Dios, el cual pagará a cada uno conforme a sus obras" (Ro. 2:4-6).**

[2] (7:15-16) ***Libertad — Liberación***: Hubo una declaración de la Palabra de Dios, su voluntad.

1. Dios dijo a Moisés que interceptara a Faraón en la mañana, cuando este fuera a la orilla del río Nilo (v. 15). ¿Por qué iría Faraón a la orilla del río Nilo en la mañana?

⇒ ¿A bañarse?
⇒ ¿A realizar un paseo matutino?
⇒ ¿A ver si el río Nilo había aumentado su caudal, indicando así que la temporada de las inundaciones estaba por comenzar?
⇒ ¿A rezar en la mañana para adorar al río Nilo, al dios Hapi o Nilus? (Recuerde que se adoraba al río Nilo y se pensaba que era sagrado, igual que los hindúes adoran al Ganges y piensan que es sagrado.) (Vea

PERSPECTIVA GENERAL DE LA DIVISIÓN, nota 6, Éx. 7:8—11:10 para un mayor análisis.)

2. Moisés llevaría su vara (bastón) con él (v. 15). Recuerde, la vara era el símbolo del poder y la autoridad de Dios.

3. Moisés proclamaría la Palabra de Dios, su voluntad: "Deja ir al pueblo de Dios, libéralos para que sirvan y adoren a Dios" (v. 16). No olvide la terrible opresión al pueblo de Dios. Estaban siendo victimas de una brutalidad y un salvajismo increíbles: Los egipcios los habían esclavizado. La voluntad de Dios es que ningún pueblo sea oprimido, que no haya esclavitud en la tierra. Pero en particular, Dios se opone a la opresión de su pueblo, de aquellos que en verdad creen en Él y lo siguen. Ese era el objetivo de Dios en los días de Moisés, la liberación y la libertad de su pueblo (Israel). El mensaje que Moisés proclamaría era el siguiente: Faraón y Egipto dejarían ir al pueblo de Dios, los liberarían, los pondrían en libertad, para que pudieran vivir en libertad y adorarle y servirle.

4. Moisés acusaría a Faraón de negarse a escuchar la Palabra y la exigencia de Dios, de rechazo y rebelión en contra de Dios (v. 16).

Pensamiento 1. La esclavitud ni la opresión a ningún pueblo o raza deberían existir, ni siquiera tratándose de una sola persona. La opresión y la esclavitud son malvadas: Se oponen diametralmente a la sagrada Palabra y voluntad de Dios. Los gobiernos, los gobernantes, los legisladores y los opresores del pueblo de Dios deben escuchar y prestar atención. La Palabra de Dios es clara: Dios la proclama en voz alta para que todos la escuchen: "¡Dejen ir a mi pueblo! Libérenlos para que vivan, me sirvan y me adoren". La voluntad de Dios es que las personas se amen y que no se opriman las unas a las otras y que tratemos a nuestros vecinos de la manera en que queremos que nos traten.

"Y santificaréis el año cincuenta, y pregonaréis libertad en la tierra a todos sus moradores; ese año os será de jubileo, y volveréis cada uno a vuestra posesión, y cada cual volverá a su familia" (Lv. 25:10).

"Amaréis, pues, al extranjero; porque extranjeros fuisteis en la tierra de Egipto" (Dt. 10:19).

"Y el segundo es semejante: Amarás a tu prójimo como a ti mismo" (Mt. 22:39).

"Este es mi mandamiento: Que os améis unos a otros, como yo os he amado" (Jn. 15:12).

"El amor sea sin fingimiento. Aborreced lo malo, seguid lo bueno" (Ro. 12:9).

"Y el segundo es semejante: Amarás a tu prójimo como a ti mismo. No hay otro mandamiento mayor que éstos" (Mr. 12:31).

"El amor no hace mal al prójimo; así que el cumplimiento de la ley es el amor" (Ro. 13:10).

"Porque toda la ley en esta sola palabra se cumple: Amarás a tu prójimo como a ti mismo" (Gá. 5:14).

"Si en verdad cumplís la ley real, conforme a la Escritura: Amarás a tu prójimo como a ti mismo, bien hacéis" (Stg. 2:8).

"Pero yo os digo: Amad a vuestros enemigos, bendecid a los que os maldicen, haced bien a los que os aborrecen, y orad por los que os ultrajan y os persiguen" (Mt. 5:44).

"Así que, si tu enemigo tuviere hambre, dale de comer; si tuviere sed, dale de beber; pues haciendo esto, ascuas de fuego amontonarás sobre su cabeza" (Ro. 12:20).

"Como a un natural de vosotros tendréis al extranjero que more entre vosotros, y lo amarás como a ti mismo; porque extranjeros fuisteis en la tierra de Egipto. Yo Jehová vuestro Dios" (Lv. 19:34).

3 (7:17) ***Faraón — Juicio:*** El propósito del juicio era demostrar que Dios es nuestro Señor, el Dios de la salvación, de la redención y la liberación, el único y verdadero Dios viviente. Faraón adoraba a dioses falsos, pero lo que es aún peor, Faraón mismo era considerado dios en Egipto. Ejercía poder supremo sobre la tierra y las personas. Faraón mismo creía que él era un dios, quien había modelado y creado a Egipto y a su pueblo. Sin duda, creyó de sí mismo lo que muchas personas creen de sí mismos hoy día, que él determinaba su propio destino y el destino de su pueblo: Sus vidas, confort, bienestar y destino.

Faraón había dicho anteriormente: "Yo no conozco a Jehová" (Éx. 5:2). Ahora Dios ayudaría a Faraón a conocer *al Señor*, sencillamente a Dios. Faraón debía aprender que ni él ni ningún otro ídolo eran verdaderos dioses, que no eran nada ante el propio Dios, nada sino simples creaciones de la imaginación de los hombres. Dios demostraría:

- Que Él y solo Él es nuestro Señor, el Dios de la redención, el único Dios que verdaderamente puede salvar y liberar al hombre.
- Que Él y solo Él es el único y verdadero Dios viviente.

"Como el ciervo brama por las corrientes de las aguas, así clama por ti, oh Dios, el alma mía" (Sal. 42:1-2).

"Anhela mi alma y aun ardientemente desea los atrios de Jehová; mi corazón y mi carne cantan al Dios vivo" (Sal. 84:2).

"De parte mía es puesta esta ordenanza: Que en todo el dominio de mi reino todos teman y tiemblen ante la presencia del Dios de Daniel; porque él es el Dios viviente y permanece por todos los siglos, y su reino no será jamás destruido, y su dominio perdurará hasta el fin" (Dn. 6:26).

"y diciendo: Varones, ¿por qué hacéis esto? Nosotros también somos hombres semejantes a vosotros, que os anunciamos que de estas vanidades os convirtáis al Dios vivo, que hizo el cielo y la tierra, el mar, y todo lo que en ellos hay" (Hch. 14:15).

"porque ellos mismos cuentan de nosotros la manera en que nos recibisteis, y cómo os convertisteis de los ídolos a Dios, para servir al Dios vivo y verdadero" (1 Ts. 1:9).

"¡Horrenda cosa es caer en manos del Dios vivo!" (He. 10:31).

Pensamiento 1. La tierra está llena de remanentes de los hombres que pensaron que podrían:

- Desempeñar el papel que Dios juega en la vida de cada uno de ellos.
- Moldear y crear la propia vida de cada uno de ellos.
- Forjarse su propio camino.
- Determinar su propio destino y suerte.
- Determinar su propio futuro y éxito.

Con los términos más duros, la historia nos revela su fracaso, la total inutilidad de sus esfuerzos para dominar la vida. A continuación figuran en una lista parcial algunos hombres que intentaron ser Dios y que fracasaron.

⇒ Adán	• Comió del árbol del fruto prohibido en un intento de ser como Dios.	**“sino que sabe Dios que el día que comáis de él, serán abiertos vuestros ojos, y seréis como Dios, sabiendo el bien y el mal” (Gn. 35).**
⇒ Faraón	• No conocía al Dios de Moisés: no estaba interesado en conocer al único y verdadero Dios viviente.	**“Y Faraón respondió: ¿Quién es Jehová, para que yo oiga su voz y deje ir a Israel? Yo no conozco a Jehová, ni tampoco dejaré ir a Israel” (Éx. 5:2).**
⇒ Nabucodonosor	• Exigió que su propia imagen fuera adorada por los tres esclavos hebreos: Sadrac, Mesac y Abed-nego.	**“Ahora, pues, ¿estáis dispuestos para que al oír el son de la bocina, de la flauta, del tamboril, del arpa, del salterio, de la zampoña y de todo instrumento de música, os postréis y adoréis la estatua que he hecho? Porque si no la adorareis, en la misma hora seréis echados en medio de un horno de fuego ardiendo; ¿y qué dios será aquel que os libre de mis manos?” (Dn. 3:15).**
⇒ Herodes	• Buscó la adoración y el honor de los hombres, la adoración y el honor que pertenecen solo a Dios.	**“Y un día señalado, Herodes, vestido de ropas reales, se sentó en el tribunal y les arengó. Y el pueblo aclamaba gritando: ¡Voz de Dios, y no de hombre! Al momento un ángel del Señor le hirió, por cuanto no dio la gloria a Dios; y expiró comido de gusanos” (Hch. 12:21-23).**

¿Le ha ido mejor a los hombres que no aparecen registrados en las Escrituras que a estos personajes bíblicos? ¡No!

1) *Alejandro Magno*, el gobernante griego que conquistó al gran imperio persa, se situó a sí mismo en el noble puesto de Dios. Justo antes de su muerte en 323 a.C., Alejandro ordenó a todas las ciudades griegas que lo adoraran como a un dios. Después de su muerte a causa de una fiebre, la mayoría de las personas desobedecieron su orden y continuaron con sus vidas, obedeciendo los dictados de otros dioses.

2) *Nerón*, el quinto emperador de Roma, observó a Roma quemarse en 64 d.C. Muchos eruditos creen que Nerón culpó a la comunidad cristiana de Roma por el incendio. Celosos de su adoración, intentó destruirlos, perseguirlos cruelmente. Cuatro años después, Nerón huyó de Roma como enemigo del Senado Romano. Nerón murió en 68 d.C. al suicidarse.

3) *Adolfo Hitler*, el malvado líder del Tercer Reich alemán, ordenó que tuvieran devoción ciega a su persona y su causa. Formó una sociedad que no dejaba espacio a los cristianos, judíos o minorías. Hitler dijo vanagloriándose:

> *“Nada evitará que haga pedazos la cristiandad, desde su raíz hasta sus ramas… Nosotros no estamos en contra de las miles de diferentes clases de cristiandad, sino contra la cristiandad misma. Todos aquellos*

(continuación)

que profesen creencias... traicionan al pueblo. Incluso aquellos cristianos que de veras quieren servir al pueblo... deben ser eliminados. Yo mismo soy un pagano hasta la médula".[1]

Muchos arios, la "súper raza" de hombres, vendieron su alma a Hitler. La svástica nazi sustituía la cruz de Cristo al tiempo que millones juraban lealtad a Hitler, incluso hasta la muerte, después de que más millones de aquellos que rehusaron adorarlo fueron masacrados. Hitler se quitó la vida antes que de que las tropas aliadas pudieran capturarlo en 1945. A su suicidio, el reino de Hitler murió junto con él.

4) *Voltaire* (Francois Marie Arouet de Voltaire, 1694-1778), escritor y pensador francés, fue uno de los líderes del período histórico de la Ilustración. Era un abierto opositor del pensamiento cristiano. Sus escritos denunciaban lo sobrenatural, la religión y el poder del clero. Lleno de una arrogante carencia de miedo a Dios, dedicó su vida a destruir la cristiandad. Obviamente no tuvo éxito, como indica Walter B. Knight:

"Un día Voltaire le dijo a un amigo: 'Hizo falta doce pescadores ignorantes para establecer la cristiandad; yo le mostraré al mundo cómo un solo pescador puede destruirla'. Puso manos a la obra, abiertamente puso en ridículo a Sir Isaac Newton. Un día, Newton dio una profecía basándose en Daniel 12:4 y en Nahum 2:4 al decir: 'Algún día el hombre será capaz de viajar a la increíble velocidad de 40 millas por hora'. Voltaire le respondió diciendo: '¡Vean en que tremendo tonto ha convertido la cristiandad a un hombre como Sir Isaac Newton, que de otro modo sería brillante! ¿Es que acaso no sabe que si un hombre viajara a 40 millas por hora se sofocaría y su corazón se detendría?'

"Veinticinco años después de la muerte de Voltaire, la Geneva Bible Society adquirió su casa y la convirtió un almacén de biblias, y sus imprentas su utilizaron para imprimir una edición completa de la Biblia".[2]

Cuando Voltaire murió, la enfermera que estaba a su lado dijo: *"Nunca más quiero ver morir a otro infiel"*.[3]

5) *Thomas Hobbes* (1588-1679), un conocido infiel y filósofo inglés, era humorista. Decía que el hombre era su propio Dios. En su lecho de muerte gritó: *"Estoy dando un salto a la oscuridad"*.[4]

6) *Robert Ingersoll* (1833-1899) era un acérrimo infiel y agnóstico. Sentía un profundo desagrado por el Señor y por la creencia de un Dios personal. Creía que lo más probable fuera que el propio hombre era único y verdadero dios, el único que determina la suerte y el destino del mundo. Dijo de pie frente a la sepultura de su hermano: *"El telón cae, ¿volverá a alzarse alguna vez?"*.[5]

1 Walter B. Knight. *3,000 Illustrations for Christian Service* (Grand Rapids, MI: Eerdmans Publishing Co., 1971), p. 23.
2 *Ibíd.* , p. 24.
3 Grady Wilson. Folleto con el sermón predicado en "The Hour of Decision", no. 192. (The Billy Graham Evangelistic Association, 1970), p. 2.
4 *Ibíd.* , p. 2.
5 Grady Wilson. Folleto con el sermón predicado en "The Hour of Decision", no. 192. (The Billy Graham Evangelistic Association, 1970), p. 2.

"Yo soy Jehová tu Dios, que te saqué de la tierra de Egipto, de casa de servidumbre. No tendrás dioses ajenos delante de mí. No te harás imagen, ni ninguna semejanza de lo que esté arriba en el cielo, ni abajo en la tierra, ni en las aguas debajo de la tierra. No te inclinarás a ellas, ni las honrarás; porque yo soy Jehová tu Dios, fuerte, celoso, que visito la maldad de los padres sobre los hijos hasta la tercera y cuarta generación de los que me aborrecen" (Éx. 20:2-5).

"Mas si llegares a olvidarte de Jehová tu Dios y anduvieres en pos de dioses ajenos, y les sirvieres y a ellos te inclinares, yo lo afirmo hoy contra vosotros, que de cierto pereceréis" (Dt. 8:19).

"¡Oh Jehová, cuánto se han multiplicado mis adversarios! Muchos son los que se levantan contra mí" (Sal. 3:1-2).

"Dice el necio en su corazón: No hay Dios. Se han corrompido, hacen obras abominables; no hay quien haga el bien" (Sal. 14:1).

"El temor de Jehová es el principio de la sabiduría, y el conocimiento del Santísimo es la inteligencia" (Pr. 9:10).

"Hay camino que parece derecho al hombre, pero su fin es camino de muerte" (Pr. 16:25).

"Entonces Pablo, puesto en pie en medio del Areópago, dijo: Varones atenienses, en todo observo

que sois muy religiosos; porque pasando y mirando vuestros santuarios, hallé también un altar en el cual estaba esta inscripción: AL DIOS NO CONOCIDO. Al que vosotros adoráis, pues, sin conocerle, es a quien yo os anuncio" (Hch. 17:22-23).

4 (7:17-19) ***Juicio — Río Nilo***: Hubo advertencia y pronunciamiento del juicio. Fíjese en la descripción del juicio venidero, el que estaba a punto de caer sobre la naturaleza impía y perversa del pueblo que rechazó a Dios y oprimió a las personas:

⇒ Las aguas del Nilo se convertirían en sangre.
⇒ El agua se contaminaría y quedaría inservible.
⇒ Los peces morirían y el agua apestaría.
⇒ El agua no sería potable.
⇒ El gran alcance del juicio incluiría a todas las aguas de Egipto: Arroyos, canales y los lagos o embalses.

¿Se convirtió el agua en sangre de verdad? Algunos comentaristas dicen que no, que Dios ocasionó un desastre natural que hizo que el agua luciera como la sangre. Se piensa que algún sedimento rojo fluyó río abajo desde Etiopía hacia el Nilo, lo que tornó el agua roja, que Dios ocasionó lluvias tan fuertes e inundaciones que una gran cantidad de ese sedimento fluyó hacia el Nilo. Además, la inundación arrastró consigo un tipo de alga que hacía que los peces murieran, suficiente cantidad de alga como para disminuir a nulo el nivel de oxígeno del río, lo que ocasionó la muerte a los peces.

Otros comentaristas creen que Dios convirtió el agua en sangre de verdad. Ellos creen que esa es la única explicación adecuada que abarca los acontecimientos que siguieron a la inundación.

Cualquiera que sea el caso, el convertir el Nilo en sangre se hizo a voluntad de Dios y cuando Él quiso. Cualesquiera que hayan sido los cambios ocurridos en el agua del Nilo, dichos cambios ocasionaron la muerte a los peces, hicieron que el agua apestara y que no fuera potable. Dios hizo que el agua se contaminara, y cualquiera que haya sido la contaminación, la tornó roja, roja como la sangre, si es que no era sangre. Esto ocasionó la muerte a los peces e hizo que el río apestara y se volviera no potable.

Pensamiento 1. Dios nos ha advertido una y otra vez: Seremos juzgados por los pecados que hayamos cometido. Cada uno de nosotros debe rendir cuentas a Dios. Nos pararemos delante de Dios y seremos juzgados por las cosas que hemos hecho en esta tierra. Un hecho es incuestionable, absolutamente cierto: Según estadísticas, el cien por ciento de nosotros morirá. Moriremos y enfrentaremos el juicio de Dios.

"Y de la manera que está establecido para los hombres que mueran una sola vez, y después de esto el juicio" (He. 9:27).

"Porque ¿qué aprovechará al hombre, si ganare todo el mundo, y perdiere su alma? ¿O qué recompensa dará el hombre por su alma?" (Mt. 16:26).

"Porque es necesario que todos nosotros comparezcamos ante el tribunal de Cristo, para que cada uno reciba según lo que haya hecho mientras estaba en el cuerpo, sea bueno o sea malo" (2 Co. 5:10).

"Y si invocáis por Padre a aquel que sin acepción de personas juzga según la obra de cada uno, conducíos en temor todo el tiempo de vuestra peregrinación" (1 P. 1:17).

"Y vi a los muertos, grandes y pequeños, de pie ante Dios; y los libros fueron abiertos, y otro libro fue abierto, el cual es el libro de la vida; y fueron juzgados los muertos por las cosas que estaban escritas en los libros, según sus obras" (Ap. 20:12).

"He aquí yo vengo pronto, y mi galardón conmigo, para recompensar a cada uno según sea su obra" (Ap. 22:12).

"Yo Jehová, que escudriño la mente, que pruebo el corazón, para dar a cada uno según su camino, según el fruto de sus obras" (Jer. 17:10).

ESTUDIO A FONDO 1

(7:17-19) ***Río, Nilo***: Este poderoso río tiene una célebre y bien conocida historia que ha afectado la vida de los egipcios por cientos de años. Este poderoso río nace sobre el lago Victoria, en medio del continente africano en un punto cercano al Ecuador. Se extiende hasta el Mediterráneo por un total de 4,000 millas. El Nilo fluye a través de majestuosas montañas, a través del árido desierto de Egipto y a través de los pantanos tropicales del delta. Fíjese en estos hechos acerca del río Nilo:

⇒ Es el río el más largo del mundo.
⇒ El afluente del río es el río Kagera en la nación de Tanzania. El Kagera vierte sus aguas en el lago Victoria.
⇒ El río fluye *hacia el norte*.
⇒ En Éxodo, el río no es llamado "el Nilo", sino "el río".
⇒ El río se desborda a menudo, y sus crecidas han llegado hasta el delta, en el norte de Egipto, una de las regiones más fértiles del mundo.
⇒ Ese río fue donde la madre de Moisés lo puso en una arquilla y donde la hija de Faraón lo encontró.
⇒ En la ribera del río es donde crece el papiro en abundancia y fructíferamente. El papiro era la fuente de papel de los antiguos escritores.
⇒ La RVR-60 se refiere al río como "Nilo" en Isaías 23:3.
⇒ Ese era el río donde Faraón quería ahogar a los bebés hebreos varones (Éx. 1:22).
⇒ El río estaba directamente relacionado a dos de las plagas de Éxodo:
  - El agua se convirtió en sangre (cp. 7:14-25).
  - Las ranas inundaron Egipto (cp. 8:1-15).

EL NILO[6]

5 (7:20-21) ***Juicio — Río Nilo*:** Hubo el día del juicio, que cayó sobre los egipcios.

1. Moisés y Aarón obedecieron a Dios: Hicieron exactamente lo que Dios les había dicho que hicieran (v. 20). Levantaron la vara y golpearon las aguas del Nilo, y lo hicieron en la presencia misma de Faraón y todos sus sirvientes.

2. El juicio de Dios cayó de inmediato sobre el río Nilo (vv. 20-21).

⇒ El río Nilo se convirtió en sangre.
⇒ Los peces murieron.
⇒ El agua apestó.
⇒ Las personas no podían beber el agua.
⇒ La sangre estaba presente en toda el agua a lo largo y ancho de Egipto.

El juicio era una plaga temible. Grandes chorros de sangre o alguna sustancia parecida comenzaron a fluir río abajo en plena vista de los presentes. La noticia de la catástrofe debe haberse esparcido como pólvora por todo Egipto. La economía de Egipto se vio amenazada. Piense en las consecuencias sobre:

- La industria pesquera, sin peces que pescar ni vender.
- La industria agrícola, sin agua para la irrigación ni las cosechas.
- El suministro de agua y comida para el pueblo.
- El gran trastorno ocasionado a la vida diaria.

Primero, fíjese que este era un juicio justo e imparcial. Los egipcios eran personas brutales, salvajes y de corazón duro. Además, habían rechazado al Creador del universo, el único y verdadero Dios viviente. Habían llevado una vida de indulgencia, lujuria, plenitud, de confort y ligereza. Pero ahora aprenderían lo que era disciplina y castigo. La justicia y el juicio de Dios caían sobre ellos por todo el mal que habían hecho. Habían llevado una vida de placeres mundanos y religión mundana; ahora vivirían según el juicio de Dios. Dios les imponía la justa medida por sus pecados y maldad.

Segundo, es obvio que Dios alcanzó su propósito para este juicio. Recuerde que los egipcios adoraban al río Nilo como a un dios, un dios llamado *Hapi* o *Nilus*. Se creía que el espíritu de algún dios era el que controlaba las aguas del Nilo. Como consecuencia, los egipcios le rezaban al Nilo, le rezaban por un buen suministro de agua para beber, para la irrigación y para las cosechas. Piense qué impacto habrá tenido el que el Dios de Moisés haya llevado gran destrucción al dios del Nilo: Los egipcios pensaron que su dios no era tan poderoso como el Dios de Moisés. El paisaje de los grandes chorros de sangre fluyendo Nilo abajo debe haber horrorizado a las personas. Muchos egipcios comenzaron enseguida a desviar su atención hacia el único y verdadero Dios viviente. Comenzaban a pensar más y más en el Dios de Moisés, el Dios que tenía tales poderes.

> ***Pensamiento 1.*** El día del juicio está por llegar: La mano de la justicia caerá sobre el mundo. Dios nos juzgará a cada uno de nosotros.
>
> **"Cuando el Hijo del Hombre venga en su gloria, y todos los santos ángeles con él, entonces se sentará en su trono de gloria, y serán reunidas delante de él todas las naciones; y apartará los unos de los otros, como aparta el pastor las ovejas de los cabritos. Y pondrá las ovejas a su derecha, y los cabritos a su izquierda" (Mt. 25:31-33).**
>
> **"sabe el Señor librar de tentación a los piadosos, y reservar a los injustos para ser castigados en el día del juicio" (2 P. 2:9).**
>
> **"pero los cielos y la tierra que existen ahora, están reservados por la misma palabra, guardados para el fuego en el día del juicio y de la perdición de los hombres impíos" (2 P. 3:7).**
>
> **"De éstos también profetizó Enoc, séptimo desde Adán, diciendo: He aquí, vino el Señor con sus santas decenas de millares, para hacer juicio contra todos, y dejar convictos a todos los impíos de todas sus obras impías que han hecho impíamente, y de todas las cosas duras que los pecadores impíos han hablado contra él" (Jud. 14-15).**

6 (7:22-25) ***Juicio — Corazón, duro — Milagros, demoníacos*:** Hubo una respuesta al juicio de Dios.

1. Los falsos mensajeros (magos) imitaron el milagro. Utilizaron sus artes secretas para convertir una pequeña cantidad de agua en algo que parecía ser sangre (v. 22). ¿Dónde consiguieron agua limpia? De los pozos que el pueblo cavaba (cp. v. 24). ¿Cómo fueron capaces los magos de volver agua limpia en lo que parecía ser sangre?

⇒ ¿Utilizaron algún tipo de encantamiento, algún canto o danza y mientras bailaban arrojaron alguna sustancia química dentro de una pequeña cantidad de agua que la hizo tornarse de color rojo sangre?

⇒ ¿Permitió Dios que Satanás imitara el mismo milagro a través de aquellos falsos mensajeros y magos?

Las Escrituras no nos dicen cómo los magos repitieron el milagro. Pero las Escrituras nos dicen que Satanás y sus falsos mensajeros son muy hábiles especialmente en el arte del engaño. Recuerde: Desde Adán y Eva, Satanás ha engañado a toda la raza humana y la ha alejado de Dios, excepto a unos pocos creyentes. Los falsos mensajeros son astutos y habilidosos. Lo planifican todo con mucho cuidado y a menudo tienen éxito al poner en marcha sus planes engañosos. La reputación de los magos y los sacerdotes de Faraón estaba en juego en aquella confrontación con el mensajero de Dios: Moisés. Hubieran recurrido a cualquier cosa con el objetivo de engrandecer y mantener sus puestos de oficiales imprescindibles en la corte de Faraón. Por ello, cuando "el padre de las mentiras", Satanás, les sugirió alguna forma ingeniosa de imitar el milagro realizado por Moisés, se adueñaron de la idea y engañaron a los ojos de Faraón y al resto de los espectadores presentes.

¿Cómo sabemos que el acto de magia realizado por los magos era un engaño? Por esto: Si los magos hubieran sido poseedores de un poder verdaderamente digno de dioses, hubieran convertido toda el agua ensangrentada nuevamente en agua limpia. Este acto hubiera sido un verdadero milagro, hubiera sido de mucha más ayuda y hubiera beneficiado mucho más al pueblo de Egipto.

"Porque éstos son falsos apóstoles, obreros fraudulentos, que se disfrazan como apóstoles de Cristo. Y no es maravilla, porque el mismo Satanás se disfraza como ángel de luz. Así que, no es extraño si también sus ministros se disfrazan como ministros de justicia; cuyo fin será conforme a sus obras" (2 Co. 11:13-15).

"Vestíos de toda la armadura de Dios, para que podáis estar firmes contra las asechanzas del diablo. Porque no tenemos lucha contra sangre y carne, sino contra principados, contra potestades, contra los gobernadores de las tinieblas de este siglo, contra huestes espirituales de maldad en las regiones celestes" (Ef. 6:11-12).

"Pero si nuestro evangelio está aún encubierto, entre los que se pierden está encubierto; en los cuales el dios de este siglo cegó el entendimiento de los incrédulos, para que no les resplandezca la luz del evangelio de la gloria de Cristo, el cual es la imagen de Dios" (2 Co. 4:3-4).

"Jesús les respondió: De cierto, de cierto os digo, que todo aquel que hace pecado, esclavo es del pecado" (Jn. 8:34).

"Sed sobrios, y velad; porque vuestro adversario el diablo, como león rugiente, anda alrededor buscando a quien devorar" (1 P. 5:8).

2. El corazón de Faraón se endureció más: Regresó a palacio y rehusó considerar el juicio (vv. 22-23). La magia o artes ocultas de los magos le dieron a Faraón una excusa para no considerar el juicio de Dios. Faraón era muy obstinado y había tomado la decisión de no escuchar a los mensajeros de Dios. Desgraciadamente, no iba a dejar ir al pueblo de Dios, no los iba a liberar para que vivieran, adoraran y sirvieran a Dios. Faraón se volvió y regresó a su palacio, negándose a aprender la lección de este juicio.

3. Las personas cavaron pozos en busca de agua (v. 24). Los obligaron a cavar en busca de agua limpia porque toda el agua en la tierra de Egipto estaba contaminada. Estaban recogiendo el resultado de su pecado y su maldad, el pecado de la idolatría y la maldad de esclavizar y maltratar a otras personas.

Pensamiento 1. Debemos precavernos totalmente contra el endurecimiento del corazón. Debemos aprender de este juicio que cayó sobre los antiguos egipcios. Debemos arrepentirnos y alejarnos de nuestras costumbres malvadas, no sea que nosotros también hagamos que el juicio de Dios caiga sobre nuestra cabeza.

"Arrepiéntete, pues, de esta tu maldad, y ruega a Dios, si quizá te sea perdonado el pensamiento de tu corazón" (Hch. 8:22).

"Os digo: No; antes si no os arrepentís, todos pereceréis igualmente" (Lc. 13:3).

"Echad de vosotros todas vuestras transgresiones con que habéis pecado, y haceos un corazón nuevo y un espíritu nuevo. ¿Por qué moriréis, casa de Israel?" (Ez. 18:31).

"Deje el impío su camino, y el hombre inicuo sus pensamientos, y vuélvase a Jehová, el cual tendrá de él misericordia, y al Dios nuestro, el cual será amplio en perdonar" (Is. 55:7).

1 La declaración de la Palabra de Dios (dada siete días después de la primera plaga, 7:25): Deja ir al pueblo de Dios, libéralos para que sirvan y adoren a Dios

2 La advertencia y el pronunciamiento del juicio

a. La causa del juicio: El rechazo a Dios, opresión a las personas

b. El juicio: El Nilo se inundará de ranas

1) Un gran número estará en los hogares, los dormitorios y las camas

2) Un gran número caerá sobre las personas, en los hornos y en las artesas

3) Un gran número caerá sobre todo el mundo: Nadie escapará

3 El día del juicio llegó

a. El Señor dio el mandamiento a Moisés: Dio instrucciones a Aarón para que ejecutara el juicio

b. Aarón obedeció: Extendió sus brazos sobre las aguas

c. El juicio cayó: Ranas cubrieron la tierra

4 La respuesta al juicio: Clamor por la liberación

a. Los falsos mensajeros (magos) imitaron el milagro

b. Faraón clamó por la liberación

CAPÍTULO 8

C. La segunda plaga: Ranas por doquier: Evidencia de que Dios no tiene Igual, que nadie es como Jehová nuestro Dios, 8:1-15

1 Entonces Jehová dijo a Moisés: Entra a la presencia de Faraón y dile: Jehová ha dicho así: Deja ir a mi pueblo, para que me sirva.

2 Y si no lo quisieres dejar ir, he aquí yo castigaré con ranas todos tus territorios.

3 Y el río criará ranas, las cuales subirán y entrarán en tu casa, en la cámara donde duermes, y sobre tu cama, y en las casas de tus siervos, en tu pueblo, en tus hornos y en tus artesas.

4 Y las ranas subirán sobre ti, sobre tu pueblo, y sobre todos tus siervos.

5 Y Jehová dijo a Moisés: Di a Aarón: Extiende tu mano con tu vara sobre los ríos, arroyos y estanques, para que haga subir ranas sobre la tierra de Egipto.

6 Entonces Aarón extendió su mano sobre las aguas de Egipto, y subieron ranas que cubrieron la tierra de Egipto.

7 Y los hechiceros hicieron lo mismo con sus encantamientos, e hicieron venir ranas sobre la tierra de Egipto.

8 Entonces Faraón llamó a Moisés y a Aarón, y les dijo: Orad a Jehová para que quite las ranas de mí y de mi pueblo, y dejaré ir a tu pueblo para que ofrezca sacrificios a Jehová.

9 Y dijo Moisés a Faraón: Dígnate indicarme cuándo debo orar por ti, por tus siervos y por tu pueblo, para que las ranas sean quitadas de ti y de tus casas, y que solamente queden en el río.

10 Y él dijo: Mañana. Y Moisés respondió: Se hará conforme a tu palabra, para que conozcas que no hay como Jehová nuestro Dios.

11 Y las ranas se irán de ti, y de tus casas, de tus siervos y de tu pueblo, y solamente quedarán en el río.

12 Entonces salieron Moisés y Aarón de la presencia de Faraón. Y clamó Moisés a Jehová tocante a las ranas que había mandado a Faraón.

13 E hizo Jehová conforme a la palabra de Moisés, y murieron las ranas de las casas, de los cortijos y de los campos.

14 Y las juntaron en montones, y apestaba la tierra.

15 Pero viendo Faraón que le habían dado reposo, endureció su corazón y no los escuchó, como Jehová lo había dicho.

1) Faraón llamó a los mensajeros de Dios: Les pidió ayuda, que Dios se llevara las ranas

2) Prometió liberar al pueblo de Dios: Dejarlos ir y ofrecer sacrificios a Dios

5 El propósito del juicio

a. Desafiar a Faraón a que pusiera a prueba el poder de Dios

1) Moisés dijo a Faraón que fijara la hora a la que las ranas serían extraídas (al él escoger el momento, se daría cuenta de que la extracción no sería fortuita)

2) Repuesta rápida de Faraón: Mañana

b. Probar que Dios no tiene igual, nadie es como Dios nuestro Señor

1) Él es el Señor de todo el poder, el Señor que ejerce justicia

2) Él es el Señor de la piedad, la liberación y la salvación, así como el Señor de la justicia

6 La liberación del juicio

a. El mensajero de Dios intercedió, clamó por la liberación

b. Dios escuchó a su mensajero, detuvo el juicio

1) Las ranas cayeron muertas en el lugar

2) Las personas amontonaron las ranas en pilas

3) La tierra apestaba debido al mal olor

7 El pecado de dar la espalda: Una vez que el juicio fue retirado, Faraón endureció su corazón y rehusó considerar la advertencia

DIVISIÓN III
LA DIEZ PLAGAS Y EGIPTO: EL JUICIO DE DIOS SOBRE AQUELLOS QUE LO RECHAZAN Y OPRIMEN A SU PUEBLO, 7:8—11:10

C. La segunda plaga: Ranas por doquier: Evidencia de que Dios no tiene igual, de que nadie es como Jehová nuestro Dios, 8:1-15

(8:1-15) ***Introducción***: Nadie es como Dios nuestro Señor. Él no tiene igual; Él y solo Él es el único Dios verdadero y vivo. Recuerde, Faraón era considerado un dios por los egipcios. Hasta él mismo se creyó un dios. Él era como muchas personas pertenecientes a cada generación, confían tanto en las habilidades y el poder del hombre que lo exaltan a ser un dios. Demasiado, demasiado a menudo, el hombre se exalta a sí mismo a ser dios.

⇒ Algunos exaltan el espíritu del hombre (el espíritu de todas las personas juntas) a ser dios. Algunos sugieren que el espíritu de todas las personas juntas es todo lo que necesitamos para desarrollar la sociedad y suplir las necesidades de las personas. Una pregunta directa a formular en contra de dicha posición es la siguiente: ¿Qué generación experimentará el desarrollo de una sociedad que supla por completo las necesidades del hombre?¿Qué generación no conocerá el salvajismo, el desorden, la inmoralidad, y conocerá la paz, la seguridad y la abundancia de un "cielo en la tierra"?

⇒ Otros sugieren que cada uno de nosotros posee un espíritu que reencarnará en alguna otra forma de vida a nuestra muerte. De esta manera vivimos eternamente, de generación en generación, siempre desarrollándonos y progresando en personas más y más perfectas. Una pregunta directa a formular en contra de esta posición en particular es la siguiente: ¿Y qué hay del deseo de cada persona de conocer lo completo, el cumplimiento y la seguridad mientras vive en esta tierra? ¿Y qué hay de nuestra necesidad de tener la seguridad del perdón a los pecados y de vivir por siempre en un mundo perfecto? Si el hombre reencarna en alguna otra forma de vida, ¿qué sucederá en el futuro cuando la tierra y el universo se agoten, como nos dicen los científicos que está sucediendo con el universo?

Así sigue y sigue la lista de filosofías humanistas hechas por el hombre, pero la cuestión es clara y dramática: No hay persona, ni hombre ni espíritu, como Dios nuestro Señor.

⇒ Nadie excepto el Señor puede perdonar nuestros pecados realmente.

⇒ Nadie excepto el Señor puede asegurarnos vivir por siempre en la Tierra Prometida del cielo.

⇒ Nadie excepto el Señor puede satisfacer plenamente las añoranzas y las necesidades del corazón y la mente humanos.

⇒ Nadie excepto el Señor puede enseñarnos "la profundidad de las riquezas tanto de la sabiduría como del conocimiento de Dios" (Ro. 11:33).

⇒ Nadie excepto el Señor podría jamás morir por nuestros pecados, podría pagar el precio perfecto que cubriera el castigo por nuestros pecados.

⇒ Nadie excepto el Señor podría levantarse jamás de los muertos, conquistando la muerte.

⇒ Nadie excepto el Señor podría jamás darnos la victoria día tras día sobre todos los padecimientos y las tentaciones de esta vida.

Una infinidad de hechos podrían declararse acerca de Dios nuestro Señor, todos proclamando su persona y obra, que Él no tiene igual. El Señor es el único Dios verdadero y vivo. No existe nadie como Dios.

Pero fíjese, los egipcios habían rechazado a Dios y habían acogido las costumbres malignas de este mundo pecador, se habían vuelto hacia la idolatría y al maltrato y la esclavitud de las personas. Debido a su maldad, el juicio de Dios había comenzado a caer sobre su nación en forma de una serie de plagas. La primera ya había sido lanzada, pero los egipcios continuaron rehusando considerar el llamado de Dios de arrepentimiento y piedad. Aún se oponían a dejar que el pueblo de Dios se fuera, aún se negaban a liberar al pueblo de Dios para que vivieran, le adoraran y le sirvieran a Dios en libertad y con justicia para todos. En ese momento, ya Dios estaba preparado para lanzar la segunda plaga. Es decir: *La segunda plaga: Ranas por doquier: Evidencia de que Dios no tiene igual, de que nadie es como Jehová nuestro Dios,* 8:1-15.

1. La declaración de la Palabra de Dios (dada siete días después de la primera plaga, 7:25): Deja ir al pueblo de Dios, libéralos para que sirvan y adoren a Dios (v. 1).
2. La advertencia y el pronunciamiento del juicio: Ranas por doquier (vv. 2-4).
3. El día del juicio llegó (vv. 5-6).
4. La respuesta al juicio: Clamor por la liberación (vv. 7-8).
5. El propósito del juicio (vv. 9-11).
6. La liberación del juicio (vv. 12-14).
7. El pecado de dar la espalda: Una vez que el juicio fue retirado, Faraón endureció su corazón y se negó a considerar la advertencia (v. 15).

[1] (8:1) ***Liberación — Libertad***: La declaración de la Palabra de Dios (dada siete días después de la plaga, 7:25). Ello nos sugiere que probablemente las diez plagas tuvieron lugar en un corto período de tiempo, una justo después de la otra. Al llegar las plagas en grandes cantidades, una seguida de la otra, el efecto sobre Faraón y su pueblo debió ser contundente. Deben haberse horrorizado y haber conocido un hecho más allá de cualquier duda: El SEÑOR Dios que Moisés proclamó era el único Dios verdadero y vivo, el SEÑOR, el verdadero Salvador del hombre.

Ahora fíjese en el mensaje que Moisés proclamó: Deja ir al pueblo de Dios, libéralos para que sirvan a Dios. La voluntad de Dios es que las personas vivan en libertad. El derecho a la libertad es un regalo de Dios…

- libertad de vida
- libertad de trabajo
- libertad de adoración

Pensamiento 1. Ninguna persona, nación, gobierno o fuerza armada negará a las personas este derecho otorgado por Dios. A las personas no se les esclavizará; no se les oprimirá. Dios no creó a las personas para que las maltrataran, las trataran de manera brutal ni las persiguieran. Dios creó al hombre para que llevara una vida de amor, trabajo, servicio y adoración, todo bajo su cuidado y provisión.

Este era el mensaje que Moisés declararía a Faraón y los egipcios. Ellos debían dejar ir al pueblo de Dios, liberarlos para que sirvieran y vivieran para Él.

"El rico y el pobre *se encuentran*; a ambos los hizo Jehová" (Pr. 22:2).

"El Espíritu de Jehová el Señor está sobre mí, porque me ungió Jehová; me ha enviado a predicar buenas nuevas a los abatidos, a vendar a los quebrantados de corazón, a publicar *libertad* a los cautivos, y a los presos apertura de la cárcel" (Is. 61:1).

"Pero vosotros no queráis que os llamen Rabí; porque uno es vuestro Maestro, el Cristo, y todos vosotros sois *hermanos*" (Mt. 23:8).

"Y les dijo: Vosotros sabéis cuán abominable es para un varón judío juntarse o acercarse a un extranjero; pero a mí me ha mostrado Dios que a ningún hombre llame común o inmundo" (Hch. 10:28).

"Porque no hay diferencia entre judío y griego, pues el mismo que es Señor de todos, es rico para con todos los que le invocan" (Ro. 10:12).

"Ya no hay judío ni griego; no hay esclavo ni libre; no hay varón ni mujer; porque todos vosotros sois uno en Cristo Jesús" (Gá. 3:28).

"Porque vosotros, hermanos, a libertad fuisteis llamados; solamente que no uséis la libertad como ocasión para la carne, sino servíos por amor los unos a los otros" (Gá. 5:13).

"como libres, pero no como los que tienen la libertad como pretexto para hacer lo malo, sino como siervos de Dios" (1 P. 2:16).

2 (8:2-4) ***Juicio — Plagas — Egipto*:** La advertencia y el pronunciamiento del juicio: Ranas por doquier. Fíjese que esta era solo la advertencia del juicio que estaba por venir. Faraón estaba recibiendo tiempo para arrepentirse y obedecer a Dios: Estaba recibiendo tiempo para que liberara al pueblo de Dios.

1. Había una razón de gran peso para el juicio: Faraón rechazó a Dios y se rehusó a detener la opresión contra el pueblo de Dios. Bajo ninguna circunstancia iba a renunciar al flujo de riquezas que Egipto recibía de la mano de obra barata israelita. La liberación de los israelitas hubiera hecho colapsar la economía de Egipto. La mayoría, si no todos, de los proyectos de construcción se hubieran detenido y las industrias agrícolas de la nación se hubieran arruinado. Egipto hubiera quedado devastado, y el pueblo de Egipto se hubiera visto obligado a llevar una vida de sacrificios hasta que ellos mismos pudieran reestructurar su nación gracias a su propia mano de obra. No había manera de que Faraón liberara a más de 2 millones de esclavos israelitas. Los derechos humanos, la moral de la esclavitud y la opresión, no tenían nada que ver con la situación: Era un asunto económico y financiero, un asunto de codicia y poder y confort y tranquilidad para los que se encontraban en el poder.

Esta fue la causa del juicio: Los egipcios no iban a liberar al pueblo de Dios haciendo caso omiso a lo que Dios dijera, sin importarles cuántos fueran oprimidos, sin importarles en qué medida fueran violados los derechos humanos de los israelitas. Los egipcios rechazaron la voluntad de Dios, su exigencia de que liberaran a su pueblo. Los egipcios continuaron oprimiendo al pueblo de Dios.

Pensamiento 1. Las personas son mucho más importantes que las cosas. Las personas son mucho más importantes incluso que la economía de un país. El dinero y la economía nunca deben basarse en la violación de los derechos humanos, nunca deben estructurarse sobre la opresión y la esclavitud de las personas. Pero por desgracia, las personas resultan oprimidas a menudo con el objetivo de llenar los bolsillos de otros. Demasiado seguido las personas resultan oprimidas a través de…

- bajos salarios
- salarios injustos (estafa)
- trabajo ilegítimo
- trabajo en exceso
- prostitución
- juegos de azar
- robo
- mentira
- maltrato
- esclavitud
- leyes injustas
- abuso de autoridad

Todo con el propósito de ganar dinero. Esta no es la voluntad de Dios. Dios condena la opresión a las personas. Rechazar la Palabra y la voluntad de Dios hace que el juicio de Dios caiga sobre nosotros.

"Y no angustiarás al extranjero; porque vosotros sabéis cómo es el alma del extranjero, ya que extranjeros fuisteis en la tierra de Egipto" (Éx. 23:9).

"No oprimirás al jornalero pobre y menesteroso, ya sea de tus hermanos o de los extranjeros que habitan en tu tierra dentro de tus ciudades" (Dt. 24:14).

"Jehová destruirá todos los labios lisonjeros, y la lengua que habla jactanciosamente; a los que han dicho: Por nuestra lengua prevaleceremos; nuestros labios son nuestros; ¿quién es señor de nosotros? Por la opresión de los pobres, por el gemido de los menesterosos, ahora me levantaré, dice Jehová; pondré en salvo al que por ello suspira" (Sal. 12:3-5).

"No confiéis en la violencia, ni en la rapiña; no os envanezcáis; si se aumentan las riquezas, no pongáis el corazón en ellas" (Sal. 62:10).

"No envidies al hombre injusto, ni escojas ninguno de sus caminos. Porque Jehová abomina al perverso; mas su comunión íntima es con los justos" (Pr. 3:31-32).

"El que oprime al pobre afrenta a su Hacedor; mas el que tiene misericordia del pobre, lo honra" (Pr. 14:31).

"El que oprime al pobre para aumentar sus ganancias, o que da al rico, ciertamente se empobrecerá" (Pr. 22:16).

"Si opresión de pobres y perversión de derecho y de justicia vieres en la provincia, no te maravilles de ello; porque sobre el alto vigila otro más alto, y uno más alto está sobre ellos" (Ec. 5:8).

Y vino palabra de Jehová a Zacarías, diciendo: Así habló Jehová de los ejércitos, diciendo: Juzgad conforme a la verdad, y haced misericordia y piedad cada cual con su hermano; no oprimáis a la viuda, al huérfano, al extranjero ni al pobre; ni ninguno piense mal en su corazón contra su hermano. Pero no quisieron escuchar, antes volvieron la espalda, y taparon sus oídos para no oír; y pusieron su corazón como diamante, para no oír la ley ni las palabras que Jehová de los ejércitos enviaba por su Espíritu, por medio de los profetas primeros; vino, por tanto, gran enojo de parte de Jehová de los ejércitos. Y aconteció que así como él clamó, y no escucharon, también ellos clamaron, y yo no escuché, dice Jehová de los ejércitos; sino que los esparcí con torbellino por todas las naciones que ellos no conocían, y la tierra fue desolada tras ellos, sin quedar quien fuese ni viniese; pues convirtieron en desierto la tierra deseable" (Zac. 7:8-14).

2. Fíjese que el juicio caería sobre Egipto: El río Nilo se llenaría de ranas (vv. 2-4). Un gran número de ranas iban a:

- Irrumpir en los hogares, las alcobas e incluso las camas de las personas.
- Caer sobre las personas mismas, y en sus hornos y sus tazones de amasar.
- Caer sobre todas las personas; ni una sola persona escaparía a las ranas.

¿Qué causaría que tantas ranas aparecieran y se alejaran de su habitat natural, se alejaran del Nilo y de sus canales?

⇒ ¿Se debió el irrumpir de las ranas a la contaminación de las aguas del Nilo? Recuerde que dicho juicio cayó justo siete días después de que las aguas del Nilo fueran convertidas en sangre (7:25).

⇒ ¿Se debió el irrumpir de las ranas a la crecida del Nilo durante la temporada de lluvia? ¿Se debió el irrumpir de las ranas a que se vieron obligadas a ir a tierras más altas debido a las inundaciones?

⇒ ¿Se debió el irrumpir de las ranas a una reproducción inmediata y milagrosa por parte de Dios?

Las Escrituras no nos dicen de dónde salieron tantas ranas, pero cualquiera que haya sido su origen, fue Dios quien causó el irrumpir de las ranas. Fíjese que esto fue una predicción, una advertencia del juicio venidero, un acontecimiento que no había sucedido aún. Pero el juicio tendría lugar si Faraón no se arrepentía y obedecía a Dios. Por lo tanto, no importa el origen de las ranas, no importa de dónde vendrían, Dios mismo haría que la inundación de ranas ocurriera. El juicio de las ranas sería lanzado por Dios, por la milagrosa mano del propio Dios.

Pensamiento 1. Dios nos advierte, el juicio caerá si lo rechazamos y oprimimos a su pueblo. El rechazo a Dios, a su Palabra, hará que el juicio de Dios caiga sobre nosotros:

"Por cuanto llamé, y no quisisteis oír, extendí mi mano, y no hubo quien atendiese, sino que desechasteis todo consejo mío y mi reprensión no quisisteis, también yo me reiré en vuestra calamidad, y me burlaré cuando os viniere lo que teméis; cuando viniere como una destrucción lo que teméis, y vuestra calamidad llegare como un torbellino; cuando sobre vosotros viniere tribulación y angustia" (Pr. 1:24-27).

"Así que, el que desecha esto, no desecha a hombre, sino a Dios, que también nos dio su Espíritu Santo" (1 Ts. 4:8).

"Porque tuve vergüenza de pedir al rey tropa y gente de a caballo que nos defendiesen del enemigo en el camino; porque habíamos hablado al rey, diciendo: La mano de nuestro Dios es para bien sobre todos los que le buscan; mas su poder y su furor contra todos los que le abandonan" (Esd. 8:22).

"Y a causa de toda su maldad, proferiré mis juicios contra los que me dejaron, e incensaron a dioses extraños, y la obra de sus manos adoraron" (Jer. 1:16).

"recibiendo el galardón de su injusticia, ya que tienen por delicia el gozar de deleites cada día. Estos son inmundicias y manchas, quienes aun mientras comen con vosotros, se recrean en sus errores. Tienen los ojos llenos de adulterio, no se sacian de pecar, seducen a las almas inconstantes, tienen el corazón habituado a la codicia, y son hijos de maldición. Han dejado el camino recto, y se han extraviado siguiendo el camino de Balaam hijo de Beor, el cual amó el premio de la maldad" (2 P. 2:13-15).

[3] (8:5-6) ***Juicio***: El día del juicio llegó. El Señor dio la orden a Moisés: dio instrucciones a Aarón para ejecutar el juicio. Aarón obedeció; Estiró sus brazos sobre el agua y el juicio cayó. La tierra de Egipto se cubrió de ranas.

El juicio era una plaga horrible. Para muchas personas, las ranas son repulsivas, desagradables, repugnantes, sucias, incluso desdeñables. Imagínese un vasto número de ranas: millones de ranas, ranas dentro de los hogares, saltando encima de los muebles, sobre el horno, sobre los platos y demás utensilios, tantas ranas que hasta saltaban sobre las personas. El panorama era tan repulsivo y grotescamente ofensivo que algunas personas, sin duda, casi perdieron la razón.

Pensamiento 1. El día del juicio está por llegar. Toda persona que haya rechazado a Dios y haya oprimido a otros enfrentará la horrible plaga de la ira eterna de Dios.

"pero los cielos y la tierra que existen ahora, están reservados por la misma palabra, guardados para el fuego en el día del juicio y de la perdición de los *hombres impíos*" (2 P. 3:7).

"De éstos también profetizó Enoc, séptimo desde Adán, diciendo: He aquí, vino el Señor con sus santas decenas de millares, para hacer juicio contra todos, y dejar convictos a todos los impíos de todas sus obras impías que han hecho impíamente, y de todas las cosas

duras que los pecadores impíos han hablado contra él" (Jud. 14-15).

"Y vi un gran trono blanco y al que estaba sentado en él, de delante del cual huyeron la tierra y el cielo, y ningún lugar se encontró para ellos. Y vi a los muertos, grandes y pequeños, de pie ante Dios; y los libros fueron abiertos, y otro libro fue abierto, el cual es el libro de la vida; y fueron juzgados los muertos por las cosas que estaban escritas en los libros, según sus obras. Y el mar entregó los muertos que había en él; y la muerte y el Hades entregaron los muertos que había en ellos; y fueron juzgados cada uno según sus obras. Y la muerte y el Hades fueron lanzados al lago de fuego. Esta es la muerte segunda. Y el que no se halló inscrito en el libro de la vida fue lanzado al lago de fuego" (Ap. 20:11-15).

"Pero los cobardes e incrédulos, los abominables y homicidas, los fornicarios y hechiceros, los idólatras y todos los mentirosos tendrán su parte en el lago que arde con fuego y azufre, que es la muerte segunda" (Ap. 21:8).

"Porque la ira de Dios se revela desde el cielo contra toda impiedad e injusticia de los hombres que detienen con injusticia la verdad;... Y como ellos no aprobaron tener en cuenta a Dios, Dios los entregó a una mente reprobada, para hacer cosas que no convienen; estando atestados de toda injusticia, fornicación, perversidad, avaricia, maldad; llenos de envidia, homicidios, contiendas, engaños y malignidades; murmuradores, detractores, aborrecedores de Dios, injuriosos, soberbios, altivos, inventores de males, desobedientes a los padres, necios, desleales, sin afecto natural, implacables, sin misericordia; quienes habiendo entendido el juicio de Dios, que los que practican tales cosas son dignos de muerte, no solo las hacen, sino que también se complacen con los que las practican" (Ro. 1:18, 28-32).

4 (8:7-8) ***Hipocresía — Magos***: Hubo respuesta al juicio: Clamor por la liberación.

1. Los falsos mensajeros (magos) imitaron el milagro (v. 7). Utilizaron sus artes secretas aparentemente con el objetivo de hacer que algunas ranas huyeran a tierras más altas. Pero como ya había sucedido antes, la hazaña mágica era obviamente un engaño. ¿Cómo lo sabemos? Si los magos hubieran sido poseedores de un poder verdaderamente digno de dioses, hubieran hecho desaparecer las ranas del juicio de Dios. Eso era lo que Faraón y su pueblo necesitaban en realidad, no más ranas. (Vea nota, Éx. 7:22-25 para un mayor análisis.)

2. Faraón clamó por la liberación (v. 8). La proeza de los magos aparentemente no asombró a Faraón. Él quería que ellos hicieran desaparecer las ranas del juicio de Dios de la tierra de Egipto, no que hicieran que más ranas invadieran la tierra.

Faraón llamó inmediatamente a los mensajeros de Dios y les pidió auxilio, que Dios se llevara las ranas. Fíjese que él prometió liberar al pueblo de Dios, dejarles libres y que ofrendaran sacrificios a su Señor. Primero fue desafiante; ahora clamaba por la misericordia de Dios. Había rechazado la Palabra de Dios; ahora se encontraba listo para obedecer la Palabra de Dios.

Pensamiento 1. A lo largo de la vida caen sobre nosotros pruebas severas y terribles. Todos pasamos por pruebas tan terribles como son...

- los accidentes
- las enfermedades
- las penas
- las crisis financieras
- los corazones rotos
- la soledad
- el vacío
- la pérdida del empleo
- la muerte

Hay momentos en nuestra vida en los que la mayoría de nosotros clamamos a Dios por liberación y piedad. Nos damos cuenta en realidad de nuestros fracasos, deficiencias y pecados. Nos damos cuenta de que ningún hombre puede ayudarnos, que solo Dios puede ayudarnos. Por consiguiente, clamamos a Dios por piedad y ayuda, por su liberación. Tal fue la experiencia de Faraón, y es, en ocasiones, nuestra experiencia. Lo que debemos hacer es estar seguros de que cuando nos volvamos a Dios, estemos realizando una verdadera profesión y no una falsa profesión. Una profesión falsa nos condenará al juicio eterno de Dios.

"No todo el que me dice: Señor, Señor, entrará en el reino de los cielos, sino el que hace la voluntad de mi Padre que está en los cielos. Muchos me dirán en aquel día: Señor, Señor, ¿no profetizamos en tu nombre, y en tu nombre echamos fuera demonios, y en tu nombre hicimos muchos milagros? Y entonces les declararé: Nunca os conocí; apartaos de mí, hacedores de maldad" (Mt. 7:21-23).

"Y se acordaban de que Dios era su refugio, y el Dios Altísimo su redentor. Pero le lisonjeaban con su boca, y con su lengua le mentían" (Sal. 78:35-36).

"Oíd esto, casa de Jacob, que os llamáis del nombre de Israel, los que salieron de las aguas de Judá, los que juran en el nombre de Jehová, y hacen memoria del Dios de Israel, *mas no en verdad* ni en justicia" (Is. 48:1).

"Y vendrán a ti como viene el pueblo, y estarán delante de ti como pueblo mío, y oirán tus palabras, y no las pondrán por obra; antes hacen halagos con sus bocas, y el corazón de ellos anda en pos de su avaricia" (Ez. 33:31).

"Respondiendo él, les dijo: Hipócritas, bien profetizó de vosotros Isaías, como está escrito: Este pueblo de labios me honra, mas su corazón está lejos de mí" (Mr. 7:6).

"Profesan conocer a Dios, pero con los hechos lo niegan, siendo abominables y rebeldes, reprobados en cuanto a toda buena obra" (Tit. 1:16).

5 (8:9-11) ***Juicio, propósito de — Prueba — Comprobación — Dios, persona***: El que este juicio en particular cayera sobre Egipto tuvo al menos dos propósitos.

1. Retar a Faraón a poner a prueba los poderes de Dios fue un propósito (vv. 9-10). Moisés dijo a Faraón que fijara la hora en la que las ranas serían retiradas. Al fijar la hora, Faraón sabría que su eliminación no sería fortuita, sino producto de la mano de Dios mismo. Fíjese en la rápida

respuesta de Faraón: Él quería que las ranas fueran eliminadas el día siguiente.

2. El juicio tuvo como propósito: Demostrar que Dios no tiene igual, que nadie es como Dios nuestro Señor (v. 10). Esta gran verdad se demostró de dos maneras:

a. Dios había demostrado que Él era el SEÑOR Todopoderoso, quien hace justicia. Él había hecho justicia con Egipto. Él y solo Él es Omnipotente, poseedor del derecho y el poder para juzgar al hombre. Dios había demostrado que ejercía su poder sobre la reproducción de la vida. Recuerde que los egipcios creían que el espíritu de la reproducción vivía en las ranas y tenía poder poco común; por consiguiente, los egipcios adoraban a dioses con cabezas de rana (*Ptha* y *Hekt*), y les pedían su bendición para poder reproducirse y tener hijos. Por ello, cuando Dios llevó a Egipto la plaga de las ranas, asestó un golpe devastador a las falsas adoraciones de los egipcios. Él demostró, más allá de toda duda, quién en realidad tenía el poder para bendecir y controlar el proceso reproductivo del hombre y los animales: Dios nuestro SEÑOR.

b. Dios estaba a punto de demostrar que Él era en verdad Dios nuestro SEÑOR (Jehová, Yahveh), el Dios de la misericordia, la libertad y la salvación. Él salvará a todos aquellos que claman por la libertad y la salvación. Dios tiene el poder de retirar, así como de poner sobre alguien la mano castigadora y enjuiciadora. Faraón tenía que aprender ambas lecciones: Que Dios es misericordioso, así como justo; Dios es el Dios de la misericordia, así como del juicio. Por medio de Moisés, Dios proclamó que Él tenía el poder para retirar, así como para enviar un juicio. Él era misericordioso; por lo tanto, Dios detendría el mando del juicio si tan solo una persona clamara por misericordia y libertad.

"Por la misericordia de Jehová no hemos sido consumidos, porque nunca decayeron sus misericordias" (Lm. 3:22).

"nos salvó, no por obras de justicia que nosotros hubiéramos hecho, sino por su misericordia, por el lavamiento de la regeneración y por la renovación en el Espíritu Santo" (Tit. 3:5).

"Pero él, misericordioso, perdonaba la maldad, y no los destruía; y apartó muchas veces su ira, y no despertó todo su enojo" (Sal. 78:38).

Pensamiento 1. Dios nuestro SEÑOR no tiene igual. Nadie es como Dios nuestro SEÑOR. Él es tanto justo como misericordioso. Él manda castigos y juicios sobre los pecadores, pero también tendrá misericordia del pecador que clama por libertad y salvación.

"¿Quién como tú, oh Jehová, entre los dioses? ¿Quién como tú, magnífico en santidad, terrible en maravillosas hazañas, hacedor de prodigios?" (Éx. 15:11).

"Por tanto, tú te has engrandecido, Jehová Dios; por cuanto no hay como tú, ni hay Dios fuera de ti, conforme a todo lo que hemos oído con nuestros oídos" (2 S. 7:22).

"dijo: Jehová Dios de Israel, no hay Dios como tú, ni arriba en los cielos ni abajo en la tierra, que guardas el pacto y la misericordia a tus siervos, los que andan delante de ti con todo su corazón" (1 R. 8:23).

"Jehová, no hay semejante a ti, ni hay Dios sino tú, según todas las cosas que hemos oído con nuestros oídos" (1 Cr. 17:20).

"Porque ¿quién en los cielos se igualará a Jehová? ¿Quién será semejante a Jehová entre los hijos de los potentados?" (Sal. 89:6).

"¿A qué, pues, haréis semejante a Dios, o qué imagen le compondréis? El artífice prepara la imagen de talla, el platero le extiende el oro y le funde cadenas de plata. El pobre escoge, para ofrecerle, madera que no se apolille; se busca un maestro sabio, que le haga una imagen de talla que no se mueva. ¿No sabéis? ¿No habéis oído? ¿Nunca os lo han dicho desde el principio? ¿No habéis sido enseñados desde que la tierra se fundó? Él está sentado sobre el círculo de la tierra, cuyos moradores son como langostas; él extiende los cielos como una cortina, los despliega como una tienda para morar. Él convierte en nada a los poderosos, y a los que gobiernan la tierra hace como cosa vana" (Is. 40:18-23).

"Entonces el escriba le dijo: Bien, Maestro, verdad has dicho, que uno es Dios, y no hay otro fuera de él" (Mr. 12:32).

6 (8:12-14) ***Liberación — Oración — Intercesión*:** La liberación del juicio fue asombrosa. El mensajero de Dios, Moisés, hizo justo lo que cualquier mensajero haría cuando el castigo de Dios cae sobre un pueblo. Cuando estuvo solo, buscó el rostro de Dios. Intercedió por el pueblo. Se convirtió en intercesor de los perdidos del mundo, de los egipcios impíos que clamaban a su Dios por misericordia y liberación.

Fíjese: Dios escuchó a su mensajero e inmediatamente detuvo el juicio. Su mano castigadora se retiró:

⇒ Las ranas cayeron muertas justo en donde estaban: En los hogares, en las aldeas, en los campos.

⇒ Las personas apilaron las ranas.

⇒ La tierra apestó; hedía a muerte.

¿Qué mató a las ranas exactamente? ¿Utilizó Dios algún medio natural, como bacterias de aguas contaminadas de los canales y los manantiales que habían sido contaminados por el río Nilo siete días antes? ¿O, milagrosamente, Dios habló y las ranas murieron? Las Escrituras no lo dicen: Sencillamente nos cuentan que Dios respondió a las plegarias de Moisés y las ranas murieron.

Pensamiento 1. Intercesión, clamar por las almas perdidas del mundo, es una de las necesidades más apremiantes del mundo de hoy. Se necesitan creyentes que se conviertan en guerreros de la oración, que se comprometan a clamar por las almas perdidas.

Los mensajeros de Dios, aquellos a quienes realmente Dios haya llamado, deben llevar la delantera en la intercesión. Deben predicar y enseñar, pero lo más urgente es que practiquen la intercesión. Ellos, antes que todos los demás, deben ir ante Dios y clamar por las almas perdidas de este mundo.

"Me postré, pues, delante de Jehová; cuarenta días y cuarenta noches estuve postrado, porque Jehová dijo que os había de destruir" (Dt. 9:25).

"Y se acercó Abraham y dijo: ¿Destruirás también al justo con el impío? Quizá haya cincuenta justos dentro de la ciudad: ¿destruirás también y no perdonarás al lugar por amor a los cincuenta justos que estén dentro de él? Lejos de ti el hacer tal, que hagas morir al justo con el impío, y que sea el justo tratado como el impío; nunca tal hagas. El Juez de toda la tierra, ¿no ha de hacer lo que es justo? Entonces respondió Jehová: Si hallare en Sodoma cincuenta justos dentro de la ciudad, perdonaré a todo este lugar por amor a ellos. Y Abraham replicó y dijo: He aquí ahora que he comenzado a hablar a mi Señor, aunque soy polvo y ceniza. Quizá faltarán de cincuenta justos cinco; ¿destruirás por aquellos cinco toda la ciudad? Y dijo: No la destruiré, si hallare allí cuarenta y cinco. Y volvió a hablarle, y dijo: Quizá se hallarán allí cuarenta. Y respondió: No lo haré por amor a los cuarenta. Y dijo: No se enoje ahora mi Señor, si hablare: quizá se hallarán allí treinta. Y respondió: No lo haré si hallare allí treinta. Y dijo: He aquí ahora que he emprendido el hablar a mi Señor: quizá se hallarán allí veinte. No la destruiré, respondió, por amor a los veinte. Y volvió a decir: No se enoje ahora mi Señor, si hablare solamente una vez: quizá se hallarán allí diez. No la destruiré, respondió, por amor a los diez" (Gn. 18:23-32).

"Buscad a Jehová y su poder; buscad su rostro continuamente" (1 Cr. 16:11).

"Porque todo aquel que pide, recibe; y el que busca, halla; y al que llama, se le abrirá" (Lc. 11:10).

"Pedid, y se os dará; buscad, y hallaréis; llamad, y se os abrirá" (Mt. 7:7).

"orando en todo tiempo con toda oración y súplica en el Espíritu, y velando en ello con toda perseverancia y súplica por todos los santos" (Ef. 6:18).

"Perseverad en la oración, velando en ella con acción de gracias; orando también al mismo tiempo por nosotros, para que el Señor nos abra puerta para la palabra, a fin de dar a conocer el misterio de Cristo, por el cual también estoy preso" (Col. 4:2-3).

"Orad sin cesar" (1 Ts. 5:17).

7 (8:15) ***Vuelta atrás — Olvidar a Dios — Duro — Endurecido — Corazón, duro*:** Hubo el pecado de volverse atrás. Una vez que se retiró este juicio, Faraón endureció su corazón y rehusó escuchar la advertencia. Dicha escena es la más trágica. Dios fue misericordioso y libró a Faraón y su pueblo de la mano castigadora y enjuiciadora. Pero lamentablemente Faraón abusó de la misericordia de Dios.

⇒ El castigo de Dios fue olvidado.
⇒ Las condenas se terminaron.
⇒ Las promesas hechas no fueron cumplidas.
⇒ El dolor del sufrimiento se desvaneció.
⇒ El miedo al juicio pasó.
⇒ El corazón se endureció.

Faraón, de manera vergonzosa, dio la espalda a Dios y la promesa que había hecho. El precio de seguir a Dios era demasiado grande para pagarlo: No podía darse el lujo de dejar ir al pueblo de Dios. Obedecer a Dios significaba la pérdida de la riqueza, de la mano de obra barata y las ganancias financieras, un precio demasiado alto por obedecer a Dios.

Pensamiento 1. ¡Cuán a menudo clamamos a Dios para que nos libere de alguna prueba terrible! Y prometemos cosas a Dios, prometemos obedecerlo y hacer exactamente lo que Él nos ordene.

¿Pero cuántos de nosotros cumplimos nuestras promesas? ¿Cuántos de nosotros, vergonzosamente, abusamos de la misericordia y la paciencia de Dios? ¿Cuántos de nosotros nos arrepentimos realmente y retomamos nuestro compromiso con Dios con renovado vigor?

⇒ ¿El dolor del sufrimiento se desvaneció de nuestros recuerdos?
⇒ ¿Las condenas se terminaron?
⇒ ¿Se olvidaron las promesas que se hicieron?
⇒ ¿No volverá nunca más lo qué sentimos en aquel momento?
⇒ ¿Tanto se han endurecido nuestros corazones?

"Hizo él lo recto ante los ojos de Jehová, aunque no de perfecto corazón" (2 Cr. 25:2).

"Los de sobre la piedra son los que habiendo oído, reciben la palabra con gozo; pero éstos no tienen raíces; creen por algún tiempo, y en el tiempo de la prueba se apartan" (Lc. 8:13).

"Cuando el espíritu inmundo sale del hombre, anda por lugares secos, buscando reposo; y no hallándolo, dice: Volveré a mi casa de donde salí. Y cuando llega, la halla barrida y adornada. Entonces va, y toma otros siete espíritus peores que él; y entrados, moran allí; y el postrer estado de aquel hombre viene a ser peor que el primero" (Lc. 11:24-26).

"El espíritu es el que da vida; la carne para nada aprovecha; las palabras que yo os he hablado son espíritu y son vida. Pero hay algunos de vosotros que no creen. Porque Jesús sabía desde el principio quiénes eran los que no creían, y quién le había de entregar" (Jn. 6:63-64).

"porque Demas me ha desamparado, amando este mundo, y se ha ido a Tesalónica. Crescente fue a Galacia, y Tito a Dalmacia" (2 Ti. 4:10).

"Salieron de nosotros, pero no eran de nosotros; porque si hubiesen sido de nosotros, habrían permanecido con nosotros; pero salieron para que se manifestase que no todos son de nosotros" (1 Jn. 2:19).

	D. La tercera plaga: Piojos o mosquitos infestaron la tierra: Evidencia de que el dedo (poder) de Dios controla todas las cosas, incluso el propio polvo de la tierra, 8:16-19	la tierra, el cual se volvió piojos, así en los hombres como en las bestias; todo el polvo de la tierra se volvió piojos en todo el país de Egipto. 18 Y los hechiceros hicieron así también, para sacar piojos con sus encantamientos; pero no pudieron. Y hubo piojos tanto en los hombres como en las bestias.	1) El polvo se convirtió en piojos o mosquitos 2) Los mosquitos cubrieron tanto a los hombres como a las bestias 3) Todo el polvo se convirtió en piojos o mosquitos d. Los falsos mensajeros intentaron imitar el milagro: Utilizaron sus artes secretas, pero fracasaron
1 El día del juicio llegó a. El Señor ordenó a Moisés 1) Dio instrucciones a Aarón para que ejecutara el juicio, para que tomara su vara y tocara el polvo del suelo 2) El resultado: El polvo se convertiría en piojos o mosquitos b. La obediencia: Eso hicieron c. El juicio cayó sin ninguna advertencia a Faraón	16 Entonces Jehová dijo a Moisés: Di a Aarón: Extiende tu vara y golpea el polvo de la tierra, para que se vuelva piojos por todo el país de Egipto. 17 Y ellos lo hicieron así; y Aarón extendió su mano con su vara, y golpeó el polvo de	19 Entonces los hechiceros dijeron a Faraón: Dedo de Dios es éste. Mas el corazón de Faraón se endureció, y no los escuchó, como Jehová lo había dicho.	**2 El propósito del juicio: Demostrar que el dedo de Dios controla todas las cosas, incluso el diminuto polvo de la tierra** **3 La respuesta al juicio: El corazón de Faraón estaba endurecido, no escuchaba**

DIVISIÓN III
LA DIEZ PLAGAS Y EGIPTO: EL JUICIO DE DIOS SOBRE AQUELLOS QUE LO RECHAZAN Y OPRIMEN A SU PUEBLO, 7:8—11:10

D. La tercera plaga: Piojos o mosquitos infestaron la tierra: Evidencia de que el dedo (poder) de Dios controla todas las cosas, incluso el propio polvo de la tierra, 8:16-19

(8:16-19) ***Introducción*:** El dedo de Dios controla el polvo de la tierra. El polvo es la cosa más diminuta visible a simple vista. El punto es este: El dedo de Dios controla todas las cosas dentro del universo, incluso las más diminutas, los propios elementos constitutivos de la materia y la energía. El dedo de Dios controla. . .

- todas las partículas
- todas las fuerzas
- toda la materia
- todos los átomos
- todos los protones
- todos los neutrones
- todas las células
- toda la energía
- todos los impulsos eléctricos
- todos los electrones
- todos los químicos
- todo el gas
- todo ADN
- toda la vida, tanto animal como vegetal

Cualquiera que sea la más diminuta partícula o energía que forme el propio primer elemento constitutivo de la existencia o el ser, es controlada por el dedo de Dios. Fue creada por Dios, y se halla controlada por el dedo de Dios. El dedo de Dios controla hasta el polvo de la tierra, y si controla la partícula más diminuta, entonces su dedo controla todas las cosas.

Esta era una lección que Faraón y los egipcios necesitaban aprender. No hay muchos dioses:

- Ni un dios que controle el tiempo atmosférico.
- Ni otro dios que controle el agua ni los alimentos en la tierra.
- Ni tampoco otro dios que proteja y cuide de nuestro bienestar.

No hay muchos dioses. Solo hay un Dios, SEÑOR del universo que nos salva, redime y libera, solo un único Dios vivo y verdadero. Y es su dedo (poder) y su dedo únicamente el que controla todas las cosas, hasta el polvo de la tierra, y las cosas más diminutas sobre el planeta. Únicamente su dedo:

- Puede salvar, redimir y liberar al hombre.
- Puede cuidar aún hasta de los cabellos de una persona (como dijo Jesucristo, Mt. 10:30).

Esta era la lección que Dios le iba a enseñar ahora a los egipcios. Y esta es la lección que nosotros, también, necesitamos aprender: *La tercera plaga: Piojos o mosquitos infestaron la tierra: Evidencia de que el dedo (poder) de Dios controla todas la cosas, incluso el propio polvo de la tierra,* 8:16-19.

1. El día del juicio llegó (vv. 16-18).
2. El propósito del juicio: Probar que el dedo de Dios controla todas las cosas, incluso el minúsculo polvo de la tierra (v. 19).
3. La respuesta al juicio: El corazón de Faraón era duro: Él no escuchó (v. 19).

[1] (8:16-18) ***Juicio — Milagros, demoníaco — Hechicería***: El día del juicio llegó. Y fíjese, no hubo aviso de esta plaga en particular. Faraón debía haber esperado este juicio. El Dios que tenía el poder de convertir el agua en sangre y provocar que toda clase de ranas invadieran la tierra podía lanzar cualquier otro juicio que quisiera sobre Egipto. Y el SEÑOR no iba a dejar que Egipto escapara a su juicio, no a menos que Faraón y su pueblo hicieran lo que Él demandaba: Arrepentimiento. Ellos tenían que volverse hacia Dios y renunciar a sus pecados, en particular a la falsa idolatría y a la esclavitud. Egipto sufriría otro juicio de Dios a menos que liberaran a su pueblo. Esto Faraón debía saberlo; por lo tanto, Dios no advirtió acerca del juicio a punto de ejecutarse sobre Egipto.

1. El SEÑOR lo encargó a Moisés (v. 10). Moisés tendría que darle instrucciones a Aarón para ejecutar el juicio, de que tomara su vara y tocara el polvo de la tierra. El resultado sería asombroso: El polvo se convertiría en un enjambre de insectos, millones y millones de insectos (v. 16). El país entero de Egipto sería infestado por los insectos. ¿Cuál insecto? En hebreo es *kinnim,* y se utiliza solo aquí en Éxodo y en Salmo 105:31 (quizás en Isaías 51:6). Se traduce la palabra aquí en Éxodo como "piojo", pero la mayoría de los expertos en el tema parecen sostener que los insectos eran en realidad *mosquitos*. La palabra hebrea ha sido traducida como mosquitos, pulgas, jejenes, gusanos y tábanos.[1]

Cualquiera que haya sido el insecto, fue enviado por Dios. Dios provocó que millones y millones de piojos o mosquitos abundaran sobre la tierra. ¿De dónde salieron? ¿Creó Dios milagrosamente los mosquitos de la nada? ¿O había hecho Dios que un número enorme de mosquitos proliferaran en los campos inundados de Egipto, que proliferaran para este momento y juicio en particular?

2. Fíjese que los mensajeros de Dios hicieron simplemente lo que Dios les ordenó (v. 17). Aarón extendió su mano con su vara y golpeó el polvo de la tierra.

3. Inmediatamente el juicio ocurrió (v. 17).
   ⇒ El polvo se convirtió en piojos o mosquitos.
   ⇒ Los piojos o mosquitos pulularon sobre las personas y los animales.
   ⇒ Todo el polvo se convirtió en piojos o mosquitos. Obviamente era tal cantidad que nadie pudo escapar de ser atacado, picado e infectado por ellos.

4. Los falsos mensajeros (los hechiceros) intentaron imitar el milagro (v. 18). Ellos usaron sus artes secretas, pero en vano: No pudieron. Y fíjese: Las Escrituras dicen que después de su fracaso, los piojos o mosquitos cubrieron tanto a los hombres como a las bestias. ¿Significa esto que los hechiceros también habían intentado quitar la plaga de insectos de la tierra? Eso parece. Pero en cualquier caso, los falsos mensajeros fueron trágicamente incapaces de ayudar a las personas. Ellos eran un enemigo derrotado a los ojos de Faraón y de los egipcios. Los falsos mensajeros no pudieron detener el juicio de Dios, ni pudieron liberar a las personas del juicio de Dios.

Pensamiento 1. Al menos dos significativas lecciones se pueden aprender de este punto.

1) Nadie sabe cuándo el juicio de Dios va a caer sobre la tierra. Cuando llegue el día del juicio final, será sin ser anunciado.

"El cielo y la tierra pasarán, pero mis palabras no pasarán. Pero del día y la hora nadie sabe, ni aun los ángeles de los cielos, sino solo mi Padre" (Mt. 24:35-36).

"El respondió: Anda, Daniel, pues estas palabras están cerradas y selladas hasta el tiempo del fin" (Dn. 12:9).

"Y ninguno, ni en el cielo ni en la tierra ni debajo de la tierra, podía abrir el libro, ni aun mirarlo" (Ap. 5:3).

"Cuando los siete truenos hubieron emitido sus voces, yo iba a escribir; pero oí una voz del cielo que me decía: Sella las cosas que los siete truenos han dicho, y no las escribas" (Ap. 10:4).

2) Los falsos mensajeros de esta tierra no pueden detener el juicio de Dios, ni podrán liberar a las personas del juicio de Dios.

"Aunque tú sabes que no soy impío, y que no hay quien de tu mano me libre?" (Job 10:7).

"sabe el Señor librar de tentación a los piadosos, y reservar a los injustos para ser castigados en el día del juicio" (2 P. 2:9).

"pero los cielos y la tierra que existen ahora, están reservados por la misma palabra, guardados para el fuego en el día del juicio y de la perdición de los hombres impíos" (2 P. 3:7).

"De éstos también profetizó Enoc, séptimo desde Adán, diciendo: He aquí, vino el Señor con sus santas decenas de millares, para hacer juicio contra todos, y dejar convictos a todos los impíos de todas sus obras impías que han hecho impíamente, y de todas las cosas duras que los pecadores impíos han hablado contra él" (Jud. 14-15).

"Y vi a los muertos, grandes y pequeños, de pie ante Dios; y los libros fueron abiertos, y otro libro fue abierto, el cual es el libro de la vida; y fueron juzgados los muertos por las cosas que estaban escritas en los libros, según sus obras" (Ap. 20:12).

[1] F. B. Huey, *Exodus*, p. 45.

2 (8:19) ***Dios, poder de — Dedo de Dios — Mano de Dios***: El propósito específico de este juicio fue levantar al pueblo, darles a conocer que el dedo de Dios controla todas las cosas, incluso el minúsculo polvo de la tierra.

La escena era dramática: Los hechiceros habían sido humillados por el poder de Dios. Ellos habían fracasado en su intento de ayudar al rey y al pueblo. Su única esperanza de salvar su posición ante Faraón era darle a conocer a Faraón de la existencia y el poder del SEÑOR, el Dios de redención que tenía el poder de liberar a su pueblo. Esto hicieron; y fíjese: Ellos declararon que Dios era todopoderoso. Todo lo que Dios tuvo que hacer para enviar una plaga sobre la tierra fue mover su dedo. Ni la fuerza de su brazo ni la de su mano fue necesaria. Otra vez, Él era tan poderoso que lo único que necesitaba era su dedo. Fue el dedo de Dios el que obró este milagro. (Fíjese: El dedo de Dios hacer referencia al poder de Dios.)

Fíjese en este hecho también: Uno de los dioses protectores de los egipcios era el dios de la tierra (*Leb* o *Set*). Las personas evidentemente rezaban a este dios por protección contra los desastres naturales y para que bendijera la tierra para que las cosechas fueran buenas. Por tanto, cuando Moisés lanzó un puñado de polvo al aire y Dios envió una tempestad de piojos o mosquitos, la verdad quedó clara ante los egipcios. El verdadero Dios de la tierra era el Dios de Moisés. Fue su dedo (poder), el dedo del SEÑOR mismo (Jehová, Yahveh), que era soberano sobre la tierra, no el dios egipcio (*Set*), ni ningún otro dios mundano adorado por el hombre.

Pensamiento 1. El dedo, el poder mismo, del propio Dios, controla todas las cosas, incluso el polvo de la tierra, incluso la más diminuta de las cosas del universo. El dedo de Dios controla los elementos básicos y elementos constitutivos de la existencia. . .

- todas las partículas
- todas las fuerzas
- toda la materia
- todos los átomos
- todos los protones
- todos los neutrones
- todas las células
- toda la energía
- todos los impulsos eléctricos
- todos los electrones
- todos los químicos
- todo el gas
- todo ADN
- toda la vida, tanto animal como vegetal

1) Cualquiera que sea el más diminuto elemento o elemento constitutivo de la existencia, el dedo de Dios lo creó y lo controla. Eso es exactamente lo que afirman las Escrituras.

"En el principio creó Dios los cielos y la tierra" (Gn 1:1).

"Tú solo eres Jehová; tú hiciste los cielos, y los cielos de los cielos, con todo su ejército, la tierra y todo lo que está en ella, los mares y todo lo que hay en ellos; y tú vivificas todas estas cosas, y los ejércitos de los cielos te adoran" (Neh. 9:6).

"Cuando veo tus cielos, obra de tus dedos, la luna y las estrellas que tú formaste digo: ¿Qué es el hombre, para que tengas de él memoria, y el hijo del hombre, para que lo visites? (Sal. 8:3-4).

"Desde el principio tú fundaste la tierra, y los cielos son obra de tus manos" (Sal. 102:25).

"Todas las cosas por él fueron hechas, y sin él nada de lo que ha sido hecho, fue hecho (Jn. 1:3).

"y diciendo: Varones, ¿por qué hacéis esto? Nosotros también somos hombres semejantes a vosotros, que os anunciamos que de estas vanidades os convirtáis al Dios vivo, que hizo el cielo y la tierra, el mar, y todo lo que en ellos hay" (Hch. 14:15).

"para nosotros, sin embargo, solo hay un Dios, el Padre, del cual proceden todas las cosas, y nosotros somos para él; y un Señor, Jesucristo, por medio del cual son todas las cosas, y nosotros por medio de él" (1 Co. 8:6).

"y de aclarar a todos cuál sea la dispensación del misterio escondido desde los siglos en Dios, que creó todas las cosas" (Ef. 3:9).

"Porque en él fueron creadas todas las cosas, las que hay en los cielos y las que hay en la tierra, visibles e invisibles; sean tronos, sean dominios, sean principados, sean potestades; todo fue creado por medio de él y para él. Y él es antes de todas las cosas, y todas las cosas en él subsisten" (Col. 1:16-17).

"Dios, habiendo hablado muchas veces y de muchas maneras en otro tiempo a los padres por los profetas, en estos postreros días nos ha hablado por el Hijo, a quien constituyó heredero de todo, y por quien asimismo hizo el universo" (He. 1:1-2).

"Por la fe entendemos haber sido constituido el universo por la palabra de Dios, de modo que lo que se ve fue hecho de lo que no se veía" (He. 11:3).

2) Esto significa algo maravilloso: El SEÑOR tiene el poder para redimirnos y salvarnos, el poder para cuidar hasta de los más diminutos detalles y sucesos de la vida.

"Amad a Jehová, todos vosotros sus santos; a los fieles guarda Jehová, y paga abundantemente al que procede con soberbia" (Sal. 31:23).

"Porque Jehová ama la rectitud, y no desampara a sus santos. Para siempre serán guardados; mas la descendencia de los impíos será destruida" (Sal. 37:28).

"Aunque afligido yo y necesitado, Jehová pensará en mí. Mi ayuda y mi libertador eres tú; Dios mío, no te tardes" (Sal. 40:17).

"No temas, porque yo estoy contigo; no desmayes, porque yo soy tu Dios que te esfuerzo; siempre te ayudaré, siempre te sustentaré con la diestra de mi justicia" (Is. 41:10).

"Y hasta la vejez yo mismo, y hasta las canas os soportaré yo; yo hice, yo llevaré, yo soportaré y guardaré" (Is. 46:4).

"Mirad las aves del cielo, que no siembran, ni siegan, ni recogen en graneros; y vuestro Padre celestial las alimenta. ¿No valéis vosotros mucho más que ellas?" (Mt. 6:26).

"Mas buscad primeramente el reino de Dios y su justicia, y todas estas cosas os serán añadidas" (Mt. 6:33).

"Mas si por el dedo de Dios echo yo fuera los demonios, ciertamente el reino de Dios ha llegado a vosotros" (Lc. 11:20).

"Pues aun los cabellos de vuestra cabeza están todos contados. No temáis, pues; más valéis vosotros que muchos pajarillos" (Lc. 12:7).

"Y el Señor me librará de toda obra mala, y me preservará para su reino celestial. A él sea gloria por los siglos de los siglos. Amén" (2 Ti. 4:18).

"echando toda vuestra ansiedad sobre él, porque él tiene cuidado de vosotros" (1 P. 5:7).

3 (8:19) ***Corazón, duro — Endurecido — Rechazo — Obstinado — Testarudo***: La respuesta al juicio fue trágica: El corazón de Faraón era duro; él no escuchó. Esto fue algo trágico, porque Faraón acababa de oír un fuerte testimonio con respecto a Dios y su poder. Sus propios consejeros acababan de declarar que el juicio se debía al dedo de Dios mismo. Pero Faraón se negó a arrepentirse de su incredulidad y dureza de corazón. Él hizo oídos sordos: No escuchó ni hizo caso a la evidencia de Dios.

Pensamiento 1. ¿Cuántos de nosotros tenemos un corazón duro? ¿Cuántos de nosotros…

- hemos oído el mensaje de Dios una y otra vez?
- hemos recibido evidencias una y otra vez?
- hemos visto obrar el dedo de Dios una y otra vez?
- hemos sentido el castigo de Dios una y otra vez?
- hemos hecho oídos sordos una y otra vez?
- hemos sido advertidos una y otra vez?
- hemos sido aconsejados una y otra vez?
- hemos rehusado escuchar y hacer caso una y otra vez?
- hemos rechazado a Dios una y otra vez?

"Y dijo Jehová a Samuel: Oye la voz del pueblo en todo lo que te digan; porque no te han desechado a ti, sino a mí me han desechado, para que no reine sobre ellos" (1 S. 8:7).

"Mas ellos hacían escarnio de los mensajeros de Dios, y menospreciaban sus palabras, burlándose de sus profetas, hasta que subió la ira de Jehová contra su pueblo, y no hubo ya remedio" (2 Cr. 36:16).

"Pero mi pueblo no oyó mi voz, e Israel no me quiso a mí. Los dejé, por tanto, a la dureza de su corazón; caminaron en sus propios consejos" (Sal. 81:11-13).

"Por cuanto llamé, y no quisisteis oír, extendí mi mano, y no hubo quien atendiese, sino que desechasteis todo consejo mío y mi reprensión no quisisteis, también yo me reiré en vuestra calamidad, y me burlaré cuando os viniere lo que teméis; cuando viniere como una destrucción lo que teméis, y vuestra calamidad llegare como un torbellino; cuando sobre vosotros viniere tribulación y angustia. Entonces me llamarán, y no responderé; me buscarán de mañana, y no me hallarán. Por cuanto aborrecieron la sabiduría, y no escogieron el temor de Jehová, ni quisieron mi consejo, y menospreciaron toda reprensión mía, comerán del fruto de su camino, y serán hastiados de sus propios consejos" (Pr. 1:24-31).

"El principio de la sabiduría es el temor de Jehová; los insensatos desprecian la sabiduría y la enseñanza" (Pr. 1:7).

"¿A quién hablaré y amonestaré, para que oigan? He aquí que sus oídos son incircuncisos, y no pueden escuchar; he aquí que la palabra de Jehová les es cosa vergonzosa, no la aman" (Jer. 6:10).

"y pusieron su corazón como diamante, para no oír la ley ni las palabras que Jehová de los ejércitos enviaba por su Espíritu, por medio de los profetas primeros; vino, por tanto, gran enojo de parte de Jehová de los ejércitos" (Zac. 7:12).

"Pues no nos ha llamado Dios a inmundicia, sino a santificación. Así que, el que desecha esto, no desecha a hombre, sino a Dios, que también nos dio su Espíritu Santo" (1 Ts. 4:7-8).

E. La cuarta plaga: Moscas invaden la tierra: Evidencia de que Jehová es el Redentor (el Salvador) en toda la tierra y en todo lugar, 8:20-32

1 La declaración de la Palabra de Dios, su voluntad
- a. Moisés tenía que ir, salirle al paso a Faraón en la mañana en el río Nilo
- b. Moisés proclamaría la Palabra de Dios y su voluntad: Dejar ir al pueblo de Dios, liberarlos para servir y adorar a Dios

2 La advertencia y el pronunciamiento del juicio
- a. El motivo del juicio: Rechazo de Dios, opresión del pueblo
- b. El juicio: Las moscas llenarán la tierra, cubriendo a todos
  - 1) Llenando las casas
  - 2) Inundando la tierra

3 El propósito del juicio
- a. Probar que el SEÑOR es el Salvador, el único Dios vivo y verdadero en cada tierra
- b. La evidencia: Dios protegió a su pueblo
  - 1) Dios mantuvo las moscas fuera de Gosén, donde vivían los israelitas
  - 2) Dios hizo distinción entre su pueblo y el pueblo de Faraón

4 El día del juicio llegó: Densas nubes de moscas llenaron las casas y tierras, la tierra se oscureció y quedó en ruinas a causa de las moscas

20 Jehová dijo a Moisés: Levántate de mañana y ponte delante de Faraón, he aquí él sale al río; y dile: Jehová ha dicho así: Deja ir a mi pueblo, para que me sirva.

21 Porque si no dejas ir a mi pueblo, he aquí yo enviaré sobre ti, sobre tus siervos, sobre tu pueblo y sobre tus casas toda clase de moscas; y las casas de los egipcios se llenarán de toda clase de moscas, y asimismo la tierra donde ellos estén.

22 Y aquel día yo apartaré la tierra de Gosén, en la cual habita mi pueblo, para que ninguna clase de moscas haya en ella, a fin de que sepas que yo soy Jehová en medio de la tierra.
23 Y yo pondré redención entre mi pueblo y el tuyo. Mañana será esta señal.

24 Y Jehová lo hizo así, y vino toda clase de moscas molestísimas sobre la casa de Faraón, sobre las casas de sus siervos, y sobre todo el país de Egipto; y la tierra fue corrompida a causa de ellas.
25 Entonces Faraón llamó a Moisés y a Aarón, y les dijo: Andad, ofreced sacrificio a vuestro Dios en la tierra.
26 Y Moisés respondió: No conviene que hagamos así, porque ofreceríamos a Jehová nuestro Dios la abominación de los egipcios. He aquí, si sacrificáramos la abominación de los egipcios delante de ellos, ¿no nos apedrearían?
27 Camino de tres días iremos por el desierto, y ofreceremos sacrificios a Jehová nuestro Dios, como él nos dirá.
28 Dijo Faraón: Yo os dejaré ir para que ofrezcáis sacrificios a Jehová vuestro Dios en el desierto, con tal que no vayáis más lejos; orad por mí.
29 Y respondió Moisés: He aquí, al salir yo de tu presencia, rogaré a Jehová que las diversas clases de moscas se vayan de Faraón, y de sus siervos, y de su pueblo mañana; con tal que Faraón no falte más, no dejando ir al pueblo a dar sacrificio a Jehová.

30 Entonces Moisés salió de la presencia de Faraón, y oró a Jehová.
31 Y Jehová hizo conforme a la palabra de Moisés, y quitó todas aquellas moscas de Faraón, de sus siervos y de su pueblo, sin que quedara una.
32 Mas Faraón endureció aun esta vez su corazón, y no dejó ir al pueblo.

5 La respuesta al juicio: Un clamor por la liberación
- a. Faraón mandó llamar a Moisés y le ofreció comprometerse a: Dejar que Israel hiciera sacrificios a Dios, pero solo en Egipto
- b. Moisés rechazó el compromiso
  - 1) Porque el sacrificio de animales era ofensivo para los egipcios: podría provocar un levantamiento contra los israelitas
  - 2) Porque los israelitas tenían que obedecer a Dios: Tenían que caminar tres días en el desierto
- c. Faraón cedió, pero insistió en que los israelitas no intentaran escapar
- d. Faraón rogó por oración y liberación (mientras las moscas llenaban la habitación y volaban sobre su cabeza)
- e. Moisés prometió liberación: Le aseguró a Faraón que oraría y que Dios lo liberaría
- f. Moisés le advirtió a Faraón que no actuara engañosamente, que no hiciera otra falsa promesa

6 La liberación del juicio
- a. Moisés oró
- b. Dios liberó Egipto, retiró su mano del juicio: Las moscas se fueron; no quedó ni una

7 El pecado de volver atrás: Faraón endureció su corazón: No dejó ir al pueblo

DIVISIÓN III
LA DIEZ PLAGAS Y EGIPTO: EL JUICIO DE DIOS SOBRE AQUELLOS QUE LO RECHAZAN Y OPRIMEN A SU PUEBLO, 7:8—11:10

E. La cuarta plaga: Moscas invaden la tierra: Evidencia de que JEHOVÁ es el Redentor (el Salvador) en toda tierra y en todo lugar, 8:20-32

(8:20-32) ***Introducción — Idolatría — Falsos dioses***: Solo hay un SEÑOR, un Salvador en todo el universo que puede redimirnos y liberarnos. ¿Quién es? ¿Quién puede librarnos del cuerpo mortal?, ¿de las pruebas, sufrimientos, tentaciones, maldad y muerte de este mundo?

"Gracias doy a Dios, por Jesucristo Señor nuestro" (Ro. 7:25).

"Porque hay un solo Dios, y *un solo mediador* entre Dios y los hombres, Jesucristo hombre" (1 Ti. 2:5).

"Jesús le dijo: Yo soy el camino, y la verdad, y la vida; nadie viene al Padre, sino por mí" (Jn. 14:6).

Los egipcios hacía ya mucho que habían rechazado a Dios y habían comenzado a adorar al mundo y a ellos mismos, a adorar al hombre y a la naturaleza. Los egipcios adoraban a las creaciones creadas por sus propias mentes. Ellos y el resto de los demás pueblos del mundo tenían sus propios dioses. Las personas en muchos países pensaban que existían muchos dioses:

⇒ Había dioses que favorecían a una nación y dioses que favorecían a otras.

⇒ Había dioses que podían librarnos de un problema y otros dioses que nos podían librar de un segundo problema.

Por todo el mundo había, justo igual que hoy, adoración a muchos dioses. La imaginación de los hombres volaba libremente creando las imágenes de Dios, imágenes que iban desde que el hombre era su propio dios, hasta las de bestias de cuatro patas y los reptiles que eran los dioses que controlaban la vida de los humanos (cp. Ro. 1:18-32).

La idea de que solo existía un SEÑOR, solo un Salvador y Redentor que pudiera liberar a las personas, había sido rechazada desde hacía ya mucho tiempo por los egipcios. Esa era la gran lección que los egipcios tendrían que aprender, la misma lección que muchas personas hoy día necesitan aprender: Solo existe un SEÑOR, solo un Salvador, y Él es nuestro SEÑOR en todas las partes de este mundo. Solo el SEÑOR es el verdadero Dios vivo, *por doquier*, en cada tribu y en cada nación y en cada tierra de este mundo. El presente pasaje abarca el siguiente gran tema: *La cuarta plaga: Moscas invaden la tierra: Evidencia de que JEHOVÁ es el Redentor (el Salvador) en toda la tierra y en todo lugar, 8:20-32.*

1. La declaración de la Palabra de Dios, su voluntad (v. 20).
2. La advertencia y el pronunciamiento del juicio (v. 21).
3. El propósito del juicio (vv. 22-23).
4. El día del juicio llegó: Densas nubes de moscas llenaron las casas y las tierras, la tierra se ennegreció y quedó arruinada por las moscas (v. 24).
5. La respuesta al juicio: Clamor por la liberación (vv. 25-29).
6. La liberación (vv. 30-31).
7. El pecado de volverse atrás: Faraón endureció su corazón, no dejaría libre al pueblo (v. 32).

[1] (8:20) ***Libertad — Liberación***: Hubo la declaración de la Palabra de Dios, de su voluntad. Moisés debía levantarse temprano en la mañana e interceptar a Faraón cuando este fuera a la orilla del Nilo. Imagínese la escena: Estaba Faraón, el rey más poderoso sobre la faz de la tierra, poseedor del poder de la vida y la muerte sobre los hombres, parado cerca del río Nilo rodeado de sus consejeros gubernamentales. Entonces, de repente, el mensajero de Dios apareció. Inmediatamente, comenzó a proclamar la voluntad de Dios: "Deja ir al pueblo de Dios, libéralos para que vivan y sirvan a Dios".

Dios odia la esclavitud. Él odia la opresión, el maltrato, la brutalidad y el salvajismo. Nadie debe maltratar a otra persona. Ningún líder, ya sea de un gobierno, una empresa, una organización o una familia, debe abusar de la libertad de una persona. Ningún líder debe abusar de la libertad de una persona para vivir, trabajar o servir a Dios. La voluntad de Dios es vida, libertad y justicia para todos. Dios no tiene preferidos y muestra imparcialidad. Tampoco debemos nosotros mostrar favoritismo o parcialidad en favor de otra persona: No debemos mostrar prejuicios contra otra persona por su raza, color, habilidad, discapacidad o cualquier otra razón.

Esa es la voluntad de Dios que debe proclamarse al mundo, a los líderes y a los ciudadanos de cada nación. El SEÑOR es el Salvador en todo el mundo. Él es el único Dios vivo y verdadero, y Él exige que todas las personas oprimidas y esclavizadas sean puestas en libertad, que sean liberadas para vivir y servir a JEHOVÁ, Dios del universo.

"Y santificaréis el año cincuenta, y pregonaréis libertad en la tierra a todos sus moradores" (Lv. 25:10).

"Y el segundo es semejante: Amarás a tu prójimo como a ti mismo. No hay otro mandamiento mayor que éstos" (Mr. 12:31).

"Y les dijo: Vosotros sabéis cuán abominable es para un varón judío juntarse o acercarse a un extranjero; pero a mí me ha mostrado Dios que a ningún hombre llame común o inmundo" (Hch. 10:28).

"Porque no hay diferencia entre judío y griego, pues el mismo que es Señor de todos, es rico para con todos los que le invocan" (Ro. 10:12).

"Ya no hay judío ni griego; no hay esclavo ni libre; no hay varón ni mujer; porque todos vosotros sois uno en Cristo Jesús" (Gá. 3:28).

"El amor no hace mal al prójimo; así que el cumplimiento de la ley es el amor" (Ro. 13:10).

"Porque toda la ley en esta sola palabra se cumple: Amarás a tu prójimo como a ti mismo" (Gá. 5:14).

"Si en verdad cumplís la ley real, conforme a la Escritura: Amarás a tu prójimo como a ti mismo, bien hacéis" (Stg. 2:8).

2 (8:21) ***Juicio:*** Hubo advertencia y pronunciamiento del juicio.

1. La causa del juicio queda claramente expuesta: Faraón rechazó a Dios. Se negó a obedecer a Dios, rehusó liberar al pueblo de Dios. Fíjese que la presente es una advertencia. Faraón recibe tiempo para arrepentirse, tiene la oportunidad de aceptar Dios y de renunciar a su terrible pecado de ambición y orgullo que condujo al la esclavización del pueblo de Dios. Faraón recibió tiempo para demostrar que estaba realmente arrepentido, tiempo para liberar al pueblo de Dios.
2. El juicio sería una plaga repulsiva: Una plaga de moscas inundaría la tierra, tantos millones de moscas que todo quedaría cubierto, hasta los espacios en los que una persona intentara pararse, sentarse o acostarse. Habría tantas moscas que literalmente…

- cubrirían a todos
- llenarían las casas
- ennegrecerían la tierra
- ennegrecerían la atmósfera que rodea a las personas

¿Qué haría que tantas moscas inundaran Egipto? Dios. Sin duda Él ocasionó que las moscas se multiplicaran en el estiércol de los animales y en los charcos que habían quedado de la inundación del Nilo.

Pensamiento 1. Dios nos advierte del juicio por venir. Pero en estos momentos, su Palabra es solamente una advertencia, el juicio no ha caído aún sobre nosotros, no ha caído toda la fuerza de la santa y eterna ira de Dios. Aún tenemos tiempo de arrepentirnos, tiempo para apartarnos de nuestra vida de pecado y recurrir a Dios. Eso es lo que debemos hacer mientras nos quede tiempo.

"Mi pecado te declaré, y no encubrí mi iniquidad. Dije: Confesaré mis transgresiones a Jehová; y tú perdonaste la maldad de mi pecado. Por esto orará a ti todo santo en el tiempo en que puedas ser hallado; ciertamente en la inundación de muchas aguas no llegarán éstas a él" (Sal. 32:5-6).

"Pero yo a ti oraba, oh Jehová, al tiempo de tu buena voluntad; oh Dios, por la abundancia de tu misericordia, por la verdad de tu salvación, escúchame" (Sal. 69:13).

"Porque él es nuestro Dios; nosotros el pueblo de su prado, y ovejas de su mano. Si oyereis hoy su voz, no endurezcáis vuestro corazón, como en Meriba, como en el día de Masah en el desierto, donde me tentaron vuestros padres, me probaron, y vieron mis obras. Cuarenta años estuve disgustado con la nación, y dije: Pueblo es que divaga de corazón, y no han conocido mis caminos. Por tanto, juré en mi furor que no entrarían en mi reposo" (Sal. 95:7-11).

"Así dijo Jehová: En tiempo aceptable te oí, y en el día de salvación te ayudé; y te guardaré, y te daré por pacto al pueblo, para que restaures la tierra, para que heredes asoladas heredades" (Is. 49:8).

"Ahora, pues, por cuanto vosotros habéis hecho todas estas obras, dice Jehová, y aunque os hablé desde temprano y sin cesar, no oísteis, y os llamé, y no respondisteis;. . . Os echaré de mi presencia, como eché a todos vuestros hermanos, a toda la generación de Efraín" (Jer. 7:13, 15).

"Mas el impío, si se apartare de todos sus pecados que hizo, y guardare todos mis estatutos e hiciere según el derecho y la justicia, de cierto vivirá; no morirá" (Ez. 18:21).

"Echad de vosotros todas vuestras transgresiones con que habéis pecado, y haceos un corazón nuevo y un espíritu nuevo. ¿Por qué moriréis, casa de Israel?" (Ez. 18:31).

"Por eso pues, ahora, dice Jehová, convertíos a mí con todo vuestro corazón, con ayuno y lloro y lamento" (Jl. 2:12).

"y diciendo: Arrepentíos, porque el reino de los cielos se ha acercado" (Mt. 3:2).

"Entonces comenzó a reconvenir a las ciudades en las cuales había hecho muchos de sus milagros, porque no se habían arrepentido, diciendo" (Mt. 11:20).

"Os digo: No; antes si no os arrepentís, todos pereceréis igualmente" (Lc. 13:3).

3 (8:22-23) ***Dios, prueba de — Moscas — Separación, espiritual:*** El juicio tuvo un propósito. El propósito de Dios para enviar dicho juicio era demostrar que Él es nuestro SEÑOR, el Salvador *de cada tierra*. El Dios vivo y verdadero que realmente puede liberar a las personas *de cada tierra*.

El SEÑOR estaba en la tierra de Egipto y Él se encuentra *en cada tierra*. Él es el único Dios vivo y verdadero de cada tierra. Por lo tanto, Él es el único Redentor, el único Salvador verdadero de cada tierra. No importa dónde se encuentre el lugar, el SEÑOR (Jehová, Yahveh) está allí: El Salvador y Liberador de cada persona y de cada ser a lo largo y ancho del universo está allí.

Fíjese en la manera en que Dios demostró esto a los egipcios. Él protegió a su pueblo:

⇒ Dios no permitió que las moscas entraran a Gosén, donde estaba Israel.
⇒ Dios diferenció a su pueblo del pueblo de Faraón.

La evidencia era irrefutable, indiscutible, innegable. El SEÑOR, el Salvador vivo y verdadero, estaba en Egipto. ¿Cómo lo supieron Faraón y los egipcios? ¿Cómo saberlo nosotros? Porque el juicio de Dios cayó solamente en la tierra de Egipto, solo sobre los egipcios. El juicio no cayó en la tierra de los creyentes, en la tierra de Gosén. Los malvados esclavistas fueron castigados y los creyentes de Dios fueron liberados. Las moscas cayeron sobre los pecadores, los cubrieron literalmente, pero ni una mosca tocó a los seguidores de Dios. El SEÑOR demostró que Él es el Salvador de cada tierra. Él es el único Salvador vivo y verdadero que vive en todas partes, en cada tierra. Fíjese cómo este hecho asestó un golpe mortal a los artificiosos dioses de Egipto. Había solo un Dios con poder y que podía proteger a las personas de las moscas: El SEÑOR, el único Salvador vivo y verdadero. El dios de las moscas de Egipto (*Beelzebub* o *Khephera*) no era más que un ídolo sin vida.

"Aprende pues, hoy, y reflexiona en tu corazón que Jehová es Dios arriba en el cielo y abajo en la tierra, y no hay otro" (Dt. 4:39).

"¿A dónde me iré de tu Espíritu? ¿Y a dónde huiré de tu presencia? Si subiere a los cielos, allí estás tú; y si en el Seol hiciere mi estrado, he aquí, allí tú estás. Si tomare las alas del alba y habitare en el extremo del mar, aun allí me guiará tu mano, y me asirá tu diestra" (Sal. 139:7-10).

"Los ojos de Jehová están en todo lugar, mirando a los malos y a los buenos" (Pr. 15:3).

"Jehová dijo así: El cielo es mi trono, y la tierra estrado de mis pies; ¿dónde está la casa que me habréis de edificar, y dónde el lugar de mi reposo?" (Is. 66:1).

"¿Se ocultará alguno, dice Jehová, en escondrijos que yo no lo vea? ¿No lleno yo, dice Jehová, el cielo y la tierra?" (Jer. 23:24).

"El Dios que hizo el mundo y todas las cosas que en él hay, siendo Señor del cielo y de la tierra, no habita en templos hechos por manos humanas, ni es honrado por manos de hombres, como si necesitase de algo; pues él es quien da a todos vida y aliento y todas las cosas. Y de una sangre ha hecho todo el linaje de los hombres, para que habiten sobre toda la faz de la tierra; y les ha prefijado el orden de los tiempos, y los límites de su habitación; para que busquen a Dios, si en alguna manera, palpando, puedan hallarle, aunque ciertamente no está lejos de cada uno de nosotros. Porque en él vivimos, y nos movemos, y somos; como algunos de vuestros propios poetas también han dicho: Porque linaje suyo somos. Siendo, pues, linaje de Dios, no debemos pensar que la Divinidad sea semejante a oro, o plata, o piedra, escultura de arte y de imaginación de hombres. Pero Dios, habiendo pasado por alto los tiempos de esta ignorancia, ahora manda a todos los hombres en todo lugar, que se arrepientan; por cuanto ha establecido un día en el cual juzgará al mundo con justicia, por aquel varón a quien designó, dando fe a todos con haberle levantado de los muertos" (Hch. 17:24-31).

ESTUDIO A FONDO 1

(8:22) ***Gosén, tierra de***: Dicha área de Egipto es el lugar donde se asentó la familia de José durante la gran hambruna. Gosén demostró ser una bendición para Israel: Era un lugar excelente para tener familias, granjas y establecer fincas. Israel prosperó en su hogar temporal. Fíjese cómo Dios suministró a su pueblo un buen lugar mientras los preparaba para vivir en la Tierra Prometida. (Vea nota, Gn. 46:31-34 para un mayor análisis.)

"Habitarás en la tierra de Gosén, y estarás cerca de mí, tú y tus hijos, y los hijos de tus hijos, tus ganados y tus vacas, y todo lo que tienes" (Gn. 45:10).

"Y envió Jacob a Judá delante de sí a José, para que le viniese a ver en Gosén; y llegaron a la tierra de Gosén. Y José unció su carro y vino a recibir a Israel su padre en Gosén; y se manifestó a él, y se echó sobre su cuello, y lloró sobre su cuello largamente" (Gn. 46:28-29).

"entonces diréis: Hombres de ganadería han sido tus siervos desde nuestra juventud hasta ahora, nosotros y nuestros padres; a fin de que moréis en la tierra de Gosén, porque para los egipcios es abominación todo pastor de ovejas. Vino José y lo hizo saber a Faraón, y dijo: Mi padre y mis hermanos, y sus ovejas y sus vacas, con todo lo que tienen, han venido de la tierra de Canaán, y he aquí están en la tierra de Gosén" (Gn. 46:34—47:1).

"Dijeron además a Faraón: Para morar en esta tierra hemos venido; porque no hay pasto para las ovejas de tus siervos, pues el hambre es grave en la tierra de Canaán; por tanto, te rogamos ahora que permitas que habiten tus siervos en la tierra de Gosén" (Gn. 47:4).

"La tierra de Egipto delante de ti está; en lo mejor de la tierra haz habitar a tu padre y a tus hermanos; habiten en la tierra de Gosén; y si entiendes que hay entre ellos hombres capaces, ponlos por mayorales del ganado mío" (Gn. 47:6).

"Así habitó Israel en la tierra de Egipto, en la tierra de Gosén; y tomaron posesión de ella, y se aumentaron, y se multiplicaron en gran manera" (Gn. 47:27).

"y toda la casa de José, y sus hermanos, y la casa de su padre; solamente dejaron en la tierra de Gosén sus niños, y sus ovejas y sus vacas" (Gn. 50:8).

"Y aquel día yo apartaré la tierra de Gosén, en la cual habita mi pueblo, para que ninguna clase de moscas haya en ella, a fin de que sepas que yo soy Jehová en medio de la tierra" (Éx. 8:22).

"Solamente en la tierra de Gosén, donde estaban los hijos de Israel, no hubo granizo" (Éx. 9:26).

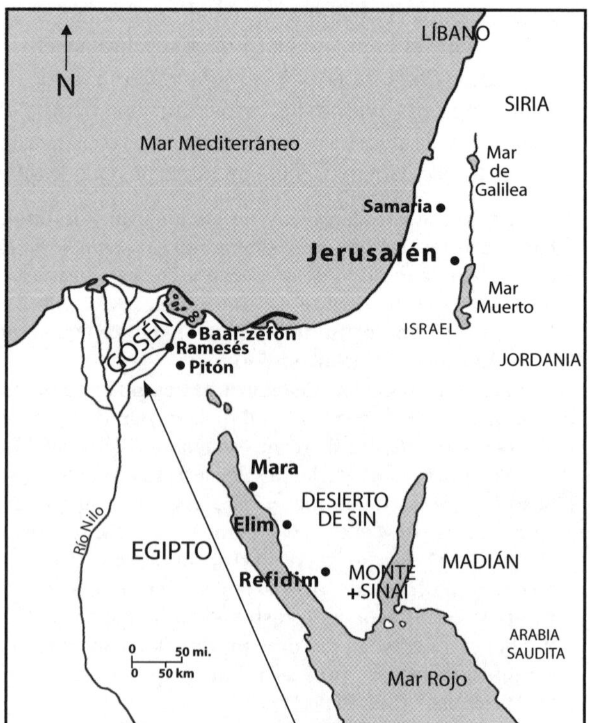

GOSÉN[1]

4 (8:24) ***Juicio — Moscas — Plagas, las diez*:** El día del juicio llegó. Densas nubes de moscas llenaron las casas y las tierras. Las moscas dejaron la tierra literalmente oscurecida y en ruinas.

Pensamiento 1. La advertencia del juicio fue predicada a Faraón, pero él la ignoró. A nosotros también nos han advertido del juicio, pero demasiados de nosotros hacemos justo lo que hizo Faraón: Ignorar la advertencia. La mano justiciera de Dios cayó sobre los egipcios: El día del juicio llegó, y llegará para nosotros. La mano justiciera de Dios caerá sobre nosotros justo como cayó sobre Faraón.

"Cuando el Hijo del Hombre venga en su gloria, y todos los santos ángeles con él, entonces se sentará en su trono de gloria, y serán reunidas delante de él todas las naciones; y apartará los unos de los otros, como aparta el pastor las ovejas de los cabritos. Y pondrá las ovejas a su derecha, y los cabritos a su izquierda. . . Entonces dirá también a los de la izquierda: Apartaos de mí, malditos, al fuego eterno preparado para el diablo y sus ángeles" (Mt. 25:31-33, 41).

"por cuanto ha establecido un día en el cual juzgará al mundo con justicia, por aquel varón a quien designó, dando fe a todos con haberle levantado de los muertos" (Hch. 17:31).

"en el día en que Dios juzgará por Jesucristo los secretos de los hombres, conforme a mi evangelio" (Ro. 2:16).

"De manera que cada uno de nosotros dará a Dios cuenta de sí" (Ro. 14:12).

"Porque es necesario que todos nosotros comparezcamos ante el tribunal de Cristo, para que cada uno reciba según lo que haya hecho mientras estaba en el cuerpo, sea bueno o sea malo" (2 Co. 5:10).

"Y vi a los muertos, grandes y pequeños, de pie ante Dios; y los libros fueron abiertos, y otro libro fue abierto, el cual es el libro de la vida; y fueron juzgados los muertos por las cosas que estaban escritas en los libros, según sus obras" (Ap. 20:12).

5 (8:25-29) ***Juicio — Liberación — Profesión, falsa*:** Hubo respuesta al juicio: Un clamor de libertad. El juicio de Dios puso a Faraón de rodillas nuevamente. Los puntos del esquema nos ofrecen una clara idea de lo que sucedió entonces.

⇒ Faraón mandó buscar a Moisés y se le propuso un acuerdo: Dejar que Israel hiciera sacrificios a Dios, pero solo en Egipto (v. 25).

⇒ Pero Moisés rechazó el acuerdo, porque el sacrificio de animales resultaba una ofensa a los egipcios (vv. 26-27). Sacrificar animales delante de los egipcios podría ocasionar un levantamiento contra los israelitas. Recuerde que los egipcios detestaban a los israelitas y a los pastores (Gn. 43:32; 46:34). Además, los israelitas tenían que obedecer a Dios. Tenían que ir al desierto y caminar por tres días para adorar a Dios en el Monte Sinaí.

⇒ Faraón cedió ante la propuesta de Moisés, pero insistió en que Israel no intentara escapar de Egipto (v. 28).

⇒ Faraón rogó porque orara y lo librara del juicio (v. 28). Y fíjese: Mientras rogaba, las moscas llenaron la habitación y revolotearon alrededor de su cabeza.

⇒ Moisés prometió la liberación: Él le aseguró a Faraón que rezaría y que Dios lo libraría (v. 29).

⇒ Pero fíjese: Moisés advirtió a Faraón que no actuara con falsedad, que no realizara ninguna otra profesión ni promesa falsas. (v. 29).

Pensamiento 1. El castigo de Dios cae sobre nosotros cuando pecamos contra Él y hacemos mal a otras personas. En ocasiones el castigo es suave, en otras es fuerte. Sea cual sea la severidad del castigo, no importa cuánto suframos, si clamamos a Dios por ayuda, Él nos librará. Dios detendrá el castigo y nos devolverá la alegría de la vida y la salvación.

"Mas si desde allí buscares a Jehová tu Dios, lo hallarás, si lo buscares de todo tu corazón y de toda tu alma. Cuando estuvieres en angustia, y te alcanzaren todas estas cosas, si en los postreros días te volvieres a Jehová tu Dios, y oyeres su voz; porque Dios misericordioso es Jehová tu Dios; no te dejará, ni te destruirá, ni se olvidará del pacto que les juró a tus padres" (Dt. 4:29-31).

"Este pobre clamó, y le oyó Jehová, y lo libró de todas sus angustias" (Sal. 34:6).

"Oye, oh Dios, mi clamor; a mi oración atiende. Desde el cabo de la tierra clamaré a ti, cuando mi corazón desmayare. Llévame a la roca que es más alta que yo, porque tú has sido mi refugio, y torre fuerte delante del enemigo" (Sal. 61:1-3).

"Me invocará, y yo le responderé; con él estaré yo en la angustia; lo libraré y le glorificaré" (Sal. 91:15).

"Entonces invocarás, y te oirá Jehová; clamarás, y dirá él: Heme aquí. Si quitares de en medio de ti el yugo, el dedo amenazador, y el hablar vanidad" (Is. 58:9).

"Y antes que clamen, responderé yo; mientras aún hablan, yo habré oído" (Is. 65:24).

"Clama a mí, y yo te responderé, y te enseñaré cosas grandes y ocultas que tú no conoces". (Jer. 33:3).

"Y yo os digo: Pedid, y se os dará; buscad, y hallaréis; llamad, y se os abrirá" (Lc. 11:9).

6 (8:30-31) ***Oración — Liberación, del juicio*:** Hubo liberación. Moisés inmediatamente se fue adonde estuviera solo y clamó a Dios. Él se convirtió en intercesor de Egipto. Oró y oró para que Dios quitara su mano de juicio del pueblo egipcio. Y Dios escuchó su plegaria. Dios libró a Egipto, retiró su mano de juicio: Las moscas se fueron; ni una sola quedó para molestar a las personas.

Pensamiento 1. Dios respondió a la oración. Si nosotros clamamos sinceramente por que Él nos libere, Él escuchará nuestro clamor.

1) Ana clamó a Dios y Dios escuchó su plegaria.

"Por este niño oraba, y Jehová me dio lo que le pedí" (1 S. 1:27).

2) Samuel clamó a Dios y Dios escuchó su plegaria.

"Y Samuel tomó un cordero de leche y lo sacrificó entero en holocausto a Jehová; y clamó Samuel a Jehová por Israel, y Jehová le oyó. Y aconteció que mientras Samuel sacrificaba el holocausto, los filisteos llegaron para pelear con los hijos de Israel. Mas Jehová tronó aquel día con gran estruendo sobre los filisteos, y los atemorizó, y fueron vencidos delante de Israel" (1 S. 7:9-10).

3) Salomón clamó a Dios y Dios escuchó su plegaria.

"Y le dijo Jehová: Yo he oído tu oración y tu ruego que has hecho en mi presencia. Yo he santificado esta casa que tú has edificado, para poner mi nombre en ella para siempre; y en ella estarán mis ojos y mi corazón todos los días" (1 R. 9:3).

4) Elías clamó a Dios y Dios escuchó su plegaria.

"Respóndeme, Jehová, respóndeme, para que conozca este pueblo que tú, oh Jehová, eres el Dios, y que tú vuelves a ti el corazón de ellos. Entonces cayó fuego de Jehová, y consumió el holocausto, la leña, las piedras y el polvo, y aun lamió el agua que estaba en la zanja" (1 R. 18:37-38).

5) Ezequías clamó a Dios y Dios escuchó su plegaria.

"Ahora, pues, oh Jehová Dios nuestro, sálvanos, te ruego, de su mano, para que sepan todos los reinos de la tierra que solo tú, Jehová, eres Dios. Entonces Isaías hijo de Amoz envió a decir a Ezequías: Así ha dicho Jehová, Dios de Israel: Lo que me pediste acerca de Senaquerib rey de Asiria, he oído" (2 R. 19:19-20).

6) Josafat clamó a Dios y Dios escuchó su plegaria.

"Cuando los capitanes de los carros vieron a Josafat, dijeron: Este es el rey de Israel. Y lo rodearon para pelear; mas Josafat clamó, y Jehová lo ayudó, y los apartó Dios de él" (2 Cr. 18:31).

7) Esdras clamó a Dios y Dios escuchó su plegaria.

"Ayunamos, pues, y pedimos a nuestro Dios sobre esto, y él nos fue propicio" (Esd. 8:23).

8) Zacarías clamó a Dios y Dios escuchó su plegaria.

"Pero el ángel le dijo: Zacarías, no temas; porque tu oración ha sido oída, y tu mujer Elisabet te dará a luz un hijo, y llamarás su nombre Juan" (Lc. 1:13).

9) La primera iglesia clamó a Dios y Dios escuchó su plegaria.

"Cuando hubieron orado, el lugar en que estaban congregados tembló; y todos fueron llenos del Espíritu Santo, y hablaban con denuedo la palabra de Dios" (Hch. 4:31).

[7] (8:32) ***Reincidencia — Vuelta atrás — Olvido — Dios — Apostasía***: Hubo el pecado de la vuelta atrás. Faraón endureció su corazón, no liberó al pueblo. Él había hecho una *promesa* a Dios y había hecho una *profesión* al mensajero de Dios. Además, Moisés incluso le había advertido que se asegurara absolutamente, de que estaba diciendo la verdad, de que su profesión era genuina. La implicación era clara: Si había hecho una profesión falsa, si había actuado de manera engañosa, un juicio mucho peor caería sobre él.

Pensamiento 1. Debemos ser sinceros cuando tratemos con Dios. A Dios no se le puede engañar. Si hacemos una profesión falsa, Dios sabe que nuestra profesión es falsa. Dios sabe cuando nosotros...
- reincidimos
- damos vuelta atrás
- pecamos
- lo olvidamos
- elegimos al mundo por encima de Él

Preferir al mundo, a sus posesiones y placeres, es peligroso. Ponemos nuestra alma en peligro y ponemos en riesgo nuestra eternidad. Debemos, por tanto, guardarnos siempre de alejarnos y olvidarnos de Dios.

"y salió al encuentro de Asa, y le dijo: Oídme, Asa y todo Judá y Benjamín: Jehová estará con vosotros, si vosotros estuviereis con él; y si le buscareis, será hallado de vosotros; mas si le dejareis, él también os dejará" (2 Cr. 15:2).

"Porque tuve vergüenza de pedir al rey tropa y gente de a caballo que nos defendiesen del enemigo en el camino; porque habíamos hablado al rey, diciendo: La mano de nuestro Dios es para bien sobre todos los que le buscan; mas su poder y su furor contra todos los que le abandonan" (Esd. 8:22).

"Y a causa de toda su maldad, proferiré mis juicios contra los que me dejaron, e incensaron a dioses extraños, y la obra de sus manos adoraron" (Jer. 1:16).

"Porque dos males ha hecho mi pueblo: me dejaron a mí, fuente de agua viva, y cavaron para sí cisternas, cisternas rotas que no retienen agua" (Jer. 2:13).

"Y cuando dijeren: ¿Por qué Jehová el Dios nuestro hizo con nosotros todas estas cosas?, entonces les dirás: De la manera que me dejasteis a mí, y servisteis a dioses ajenos en vuestra tierra, así serviréis a extraños en tierra ajena" (Jer. 5:19).

"Tú me dejaste, dice Jehová; te volviste atrás; por tanto, yo extenderé sobre ti mi mano y te destruiré; estoy cansado de arrepentirme" (Jer. 15:6).

"Han dejado el camino recto, y se han extraviado siguiendo el camino de Balaam hijo de Beor, el cual amó el premio de la maldad,... Estos son fuentes sin agua, y nubes empujadas por la tormenta; para los cuales la más densa oscuridad está reservada para siempre" (2 P. 2:15, 17).

"Ciertamente, si habiéndose ellos escapado de las contaminaciones del mundo, por el conocimiento del Señor y Salvador Jesucristo, enredándose otra vez en ellas son vencidos, su postrer estado viene a ser peor que el primero. Porque mejor les hubiera sido no haber conocido el camino de la justicia, que después de haberlo conocido, volverse atrás del santo mandamiento que les fue dado" (2 P. 2:20-21).

"Por tanto, juré en mi ira: No entrarán en mi reposo. Mirad, hermanos, que no haya en ninguno de vosotros corazón malo de incredulidad para apartarse del Dios vivo; . . . ¿Y a quiénes juró que no entrarían en su reposo, sino a aquellos que desobedecieron? Y vemos que no pudieron entrar a causa de incredulidad" (He. 3:11-12, 18-19).

	CAPÍTULO 9 **F. La quinta plaga: Una enfermedad severa azotó y mató a todo el ganado en el campo: Evidencia de que la mano de Dios controla la vida animal del mundo, 9:1-7**	3 he aquí la mano de Jehová estará sobre tus ganados que están en el campo, caballos, asnos, camellos, vacas y ovejas, con plaga gravísima. 4 Y Jehová hará separación entre los ganados de Israel y los de Egipto, de modo que nada muera de todo lo de los hijos de Israel. 5 Y Jehová fijó plazo, diciendo: Mañana hará Jehová esta cosa en la tierra.	atacaría al ganado en el campo **3 El propósito del juicio** a. Demostrar que “la mano del SEÑOR” controla la vida animal del mundo b. La evidencia: Dios protegió al ganado de su pueblo 1) Ni un solo animal de los de su pueblo murió 2) Dios fijó un tiempo definido para el juicio: Justo al otro día
1 La declaración de la Palabra de Dios, su voluntad a. Moisés debía ir ante Faraón b. Moisés proclamaría la Palabra del SEÑOR: Deja ir a mi pueblo, libéralos para que me sirvan y me adoren	1 Entonces Jehová dijo a Moisés: Entra a la presencia de Faraón, y dile: Jehová, el Dios de los hebreos, dice así: Deja ir a mi pueblo, para que me sirva.	6 Al día siguiente Jehová hizo aquello, y murió todo el ganado de Egipto; mas del ganado de los hijos de Israel no murió uno.	**4 El día del juicio llegó** a. Todo el ganado de los egipcios murió, todo el que estaba en el campo b. Ningún ganado de los de Israel murió
2 La advertencia del juicio a. La causa del juicio: Negarse a obedecer a Dios b. El juicio: Una severa enfermedad (carbunclo)	2 Porque si no lo quieres dejar ir, y lo detienes aún,	7 Entonces Faraón envió, y he aquí que del ganado de los hijos de Israel no había muerto uno. Mas el corazón de Faraón se endureció, y no dejó ir al pueblo.	**5 La respuesta al juicio** a. Faraón envió hombres a investigar b. El corazón de Faraón estaba endurecido: No liberaría al pueblo

DIVISIÓN III
LA DIEZ PLAGAS Y EGIPTO: EL JUICIO DE DIOS SOBRE AQUELLOS QUE LO RECHAZAN Y OPRIMEN A SU PUEBLO, 7:8—11:10

F. La quinta plaga: Una enfermedad severa azotó y mató a todo el ganado en el campo: Evidencia de que la mano de Dios controla la vida animal del mundo, 9:1-7

(9:1-7) ***Introducción*:** Los antiguos egipcios eran un pueblo idólatra. Ellos negaron y rechazaron al único Dios vivo y verdadero. Al parecer, ellos creían que el espíritu de algún dios vivía en cada cosa y en cada una de las áreas de la vida. Por consiguiente, había egipcios que adoraban todo, desde el propio hombre (humanismo) hasta animales de cuatro patas y criaturas que se arrastraban. Pero, además de ser idólatras, los egipcios se habían convertido en un pueblo salvaje y brutal. Maltrataban y esclavizaban o tras razas de personas, incluyendo a los únicos habitantes de esta tierra que daban testimonio del único Dios vivo y verdadero (Jehová, Yahveh).

Dios ya había sido paciente con los egipcios por suficiente tiempo. Ahora exigía arrepentimiento, y cuando los egipcios rehusaron arrepentirse, Él hizo justicia con ellos y los castigó. Dios no intentaba eliminarlos, como ellos mismos habían hecho con tantas otras personas, sino que los estaba castigando por medio de mandar sobre ellos y su nación plagas catastróficas.

Ahora bien, una vez más, Dios se encontraba preparado para ofrecer a los egipcios una oportunidad para arrepentirse. Pero por desgracia, ellos volverían a rechazar a Dios: Aún se negarían a arrepentirse de su terrible pecado de la idolatría, de maltratar y esclavizar a las personas. Aún rehusarían liberar al pueblo de Dios, los israelitas, el único pueblo sobre esta tierra que aún seguían al Dios vivo y verdadero. El presente pasaje abarca: *La quinta plaga: Una enfermedad severa azotó y mató a todo el ganado en el campo: Evidencia de que la mano de Dios controla la vida animal del mundo,* 9:1-7.

1. La declaración de la Palabra de Dios, su voluntad (v. 1).
2. La advertencia del juicio (vv. 2-3).
3. El propósito del juicio (vv. 3-5).
4. El día del juicio llegó (v. 6).
5. La respuesta al juicio (v. 7).

[1] (9:1) ***Hebreos, los — Israel — Liberación — Libertad*:** Hubo la declaración de la a Palabra de Dios, su voluntad. Nuevamente, Moisés iría donde Faraón y le proclamaría la

Palabra de Dios. Recuerde: Faraón había clamado por que lo libraran de la última plaga enviada por Dios. Pero después que Dios había retirado la plaga, Faraón se había vuelto atrás y había rehusado ser consecuente con su decisión. Se había negado a liberar al pueblo de Dios, se había negado a arrepentirse del terrible pecado de la esclavitud, de maltratar y esclavizar a las personas, todo por mano de obra barata y codicia. (Vea notas, Éx. 8:2-4; 9:34-35 para un mayor análisis.) Pero Dios es paciente y no está dispuesto a que ninguna persona ni ningún pueblo perezca, ni siquiera el peor de los pecadores o el ser más malvado de la tierra. Por ello, Dios envió a su mensajero de vuelta junto a Faraón para que le proclamara la Palabra de Dios, su voluntad. Dios quería dar a Faraón y a los egipcios otra oportunidad de arrepentirse. Moisés declaró el gran mensaje de Dios contra el maltrato y la esclavitud de las personas.

Observe que el SEÑOR se llamó a sí mismo "JEHOVÁ el Dios de los hebreos". Recuerde que cerca de 700 años antes prácticamente cada una de las personas de la tierra habían olvidado y negado a Dios. Pero Dios, siendo Dios, no podía dejar que su propósito para el hombre resultara un fracaso. Por consiguiente, Él escogió a un hombre, Abraham, y a partir de él creó una raza completamente nueva de personas que serían las que cumplirían con el propósito de Dios sobre la tierra. La nueva raza de personas eran los hebreos, la nación de Israel. Los hebreos serían:

- Los testigos de Dios en la tierra.
- Los testigos de Dios de que Él es el único Dios vivo y verdadero.
- Los testigos de Dios de la Tierra Prometida del cielo.
- Los testigos de Dios de una gran nación, un gran cuerpo de creyentes a lo largo de las generaciones.
- Los testigos de Dios de la Simiente prometida, de la venida del Salvador del mundo, el SEÑOR Jesucristo.

Como con cualquier cuerpo de creyentes, no todos los hebreos que vivían bajo el dominio egipcio creyeron en Dios y lo siguieron. Pero suficientes de ellos hicieron que Dios continuara considerándolos su pueblo y se refiriera a sí mismo como JEHOVÁ el Dios de los hebreos. El punto es el siguiente: Faraón y los egipcios se encontraban esclavizando a los creyentes de aquella época, al pueblo mismo que seguía a Dios. Dios detesta la esclavitud, detesta la opresión a cualquier persona, detesta el maltrato a cualquier persona; pero Dios detesta en especial la opresión a cualquiera que crea en Él y lo siga. Por lo tanto, Dios exige: "Deja ir a mi pueblo, libéralos para que vivan y me sirvan" (v. 1).

"Jehová Dios mío, en ti he confiado; sálvame de todos los que me persiguen, y líbrame, no sea que desgarren mi alma cual león, y me destrocen sin que haya quien me libre" (Sal. 7:1-2).

"En tu mano están mis tiempos; líbrame de la mano de mis enemigos y de mis perseguidores" (Sal. 31:15-16).

"¿Cuántos son los días de tu siervo? ¿Cuándo harás juicio contra los que me persiguen? Los soberbios me han cavado hoyos; mas no proceden según tu ley. Todos tus mandamientos son verdad; sin causa me persiguen; ayúdame. Casi me han echado por tierra, pero no he dejado tus mandamientos" (Sal. 119:84-87).

"Príncipes me han perseguido sin causa, pero mi corazón tuvo temor de tus palabras" (Sal. 119:161).

"Porque ha perseguido el enemigo mi alma; ha postrado en tierra mi vida; me ha hecho habitar en tinieblas como los ya muertos. Y mi espíritu se angustió dentro de mí; está desolado mi corazón" (Sal. 143:3-4).

"Tú lo sabes, oh Jehová; acuérdate de mí, y visítame, y véngame de mis enemigos. No me reproches en la prolongación de tu enojo; sabes que por amor de ti sufro afrenta" (Jer. 15:15).

"Acuérdate, oh Jehová, de lo que nos ha sucedido; mira, y ve nuestro oprobio. Nuestra heredad ha pasado a extraños, nuestras casas a forasteros. Huérfanos somos sin padre; nuestras madres son como viudas. Nuestra agua bebemos por dinero; compramos nuestra leña por precio. Padecemos persecución sobre nosotros; nos fatigamos, y no hay para nosotros reposo. Al egipcio y al asirio extendimos la mano, para saciarnos de pan" (Lm. 5:1-6).

2 (9:2-3) *Juicio — Animales — Ganado — Advertencia*: Hubo la advertencia del juicio.

1. La causa de este juicio en particular fue la misma que la causa de los otros cuatro juicios: Faraón se negó a obedecer a Dios. Pero fíjese que esta fue la única advertencia del juicio venidero. El juicio no había caído aún sobre Faraón y su pueblo. Aún estaban a tiempo de arrepentirse, aún estaban a tiempo de considerar la Palabra de Dios. Como muestra de lo que parece ser su paciencia eterna, Dios daba a Faraón otra oportunidad.

2. Pero fíjese que el juicio caería si Faraón rehusaba reconocer a Dios y hacer lo que Dios le había dicho: Una enfermedad severa azotaría al ganado. ¿Qué enfermedad era esa? La palabra en hebreo es *deber,* una palabra utilizada para plagas y enfermedades en general.

La mayoría de los expertos en el tema piensa que dicha enfermedad era alguna variante del *ántrax*. El *ántrax* es una enfermedad infecciosa que ataca a los animales de sangre caliente. Es provocada por un estafilococo, y puede infectar a las personas si estas tocan algo que haya estado en contacto con algún animal infectado. Las moscas que habían infestado la tierra pudieron haber infectado al ganado con la bacteria del ántrax. El ántrax ocasiona úlceras en el cuerpo y lesiones en los pulmones. Por consiguiente, dicha plaga iba a ser una plaga catastrófica en Egipto. El juicio atacaría a todo el ganado en el campo...

- caballos
- burros
- camellos
- ganado
- ovejas
- cabras

Es obvio que el presente juicio arruinó la economía egipcia y afectó en gran medida la vida diaria del pueblo. Los caballos, los burros y los camellos que utilizaban para la transportación y el trabajo; el ganado menor lo tenían para vestimentas hechas con la lana y las pieles; y, sin lugar a dudas, el ganado y otros animales se utilizaban para la alimentación. Esto significa que la mayoría de las industrias y cada una de las familias de Egipto resultaron afectadas severamente.

Faraón y su pueblo necesitaban prestar atención a la advertencia de Dios. No había necesidad alguna, no tenía sentido en absoluto, que intencionalmente hicieran que el juicio de Dios cayera sobre su nación y sobre ellos mismos, no tiene sentido que sufrieran tanto.

Pensamiento 1. Debemos prestar atención a la advertencia del juicio: El juicio de Dios ya viene en camino. Cada uno de nosotros tendrá que rendir cuentas a Dios por las cosas que ha hecho. No tiene sentido que ignoremos, neguemos y descuidemos la advertencia de Dios. No tiene sentido que hagamos que el juicio de Dios caiga sobre nuestra cabeza, no tiene sentido que tengamos que pasar por el sufrimiento del venidero juicio eterno.

"Y tuya, oh Señor, es la misericordia; porque tú pagas a cada uno conforme a su obra" (Sal. 62:12).

"Y si tú avisares al impío de su camino para que se aparte de él, y él no se apartare de su camino, él morirá por su pecado, pero tú libraste tu vida" (Ez. 33:9).

"Por tanto os digo que en el día del juicio, será más tolerable el castigo para Tiro y para Sidón, que para vosotras" (Mt. 11:22).

"¡Ay del mundo por los tropiezos! porque es necesario que vengan tropiezos, pero ¡ay de aquel hombre por quien viene el tropiezo! Por tanto, si tu mano o tu pie te es ocasión de caer, córtalo y échalo de ti; mejor te es entrar en la vida cojo o manco, que teniendo dos manos o dos pies ser echado en el fuego eterno. Y si tu ojo te es ocasión de caer, sácalo y échalo de ti; mejor te es entrar con un solo ojo en la vida, que teniendo dos ojos ser echado en el infierno de fuego" (Mt. 18:7-9).

"Y si en algún lugar no os recibieren ni os oyeren, salid de allí, y sacudid el polvo que está debajo de vuestros pies, para testimonio a ellos. De cierto os digo que en el día del juicio, será más tolerable el castigo para los de Sodoma y Gomorra, que para aquella ciudad" (Mr. 6:11).

"Y si invocáis por Padre a aquel que sin acepción de personas juzga según la obra de cada uno, conducíos en temor todo el tiempo de vuestra peregrinación" (1 P. 1:17).

"He aquí yo vengo pronto, y mi galardón conmigo, para recompensar a cada uno según sea su obra" (Ap. 22:12).

3 (9:3-5) ***Idolatría — Juicio — Adoración, falsa — Animales — Ganado — Plaga***: El juicio tuvo un propósito.

¿Por qué envió Dios esta plaga en particular sobre los egipcios? Porque ellos adoraban a los animales de la tierra. Es obvio que ellos creían que el espíritu de algún dios habitaba en cada uno de los seres vivientes de la tierra. Por lo tanto, habían tomado algunos animales y habían esculpido sus imágenes en madera, piedra y metal. Habían creado ídolos como símbolos de los dioses cuyos espíritus habitaban supuestamente dentro de los animales. Y adoraban a los dioses, oraban para que cuidaran de su ganado: Para que la carne y los productos de esos animales fueran de calidad y para que se reprodujeran mucho. Algunos de los dioses de esos animales eran:

- Los dioses bueyes: *Apis, Mnevis, Ptah,* y *Bakis.*
- El dios vaca: *Hathor.*
- El dios carnero: *Khnum.*
- El dios carnero: *Ra.*
- El dios con cabeza de chacal: *Anubis.*

Dios utilizó el juicio de esta plaga para reprender y ridiculizar la falsa adoración a los animales. No existe animal ni dios de animales que controle la vida animal del mundo. No existen dioses de este animal ni dioses de aquel animal. Solo existe un Dios vivo y verdadero, el *SEÑOR mismo* (Jehová, Yahveh). Y es la mano del SEÑOR la que controla a los animales y al ganado del mundo.

¿Cómo saberlo? ¿Cuál es la evidencia de que Dios controla a los animales del mundo? Fíjese en lo que hizo: Dios protegió el ganado de su pueblo.

⇒ Ni un animal de los de su pueblo murió.

⇒ Dios fijó un momento definitivo para el juicio: Justo al día siguiente.

Dios destruyó el ganado de los malvados pecadores y salvó al ganado de los creyentes. Él controlaba qué ganado vivía y qué ganado moría. La mano del SEÑOR:

- Es soberana sobre la vida animal de este mundo.
- Controla la vida animal de este mundo.

Pensamiento 1. La idolatría es un pecado, un terrible mal que nos condenará al terrible juicio de Dios. Es absurdo, completamente descabellado, adorar a animales de la tierra. Cualquier persona honrada y con raciocinio debe saber que cualquier cosa que muera y permanezca muerta está muerta, no viva. Y nosotros necesitamos a un Dios vivo, no a cualquier dios muerto que supuestamente habita en un animal muerto. Solo hay un SEÑOR vivo y verdadero, solo un SEÑOR que controla la vida animal del mundo, el propio Dios, nuestro SEÑOR (Jehová, Yahveh). De ninguna manera debemos adorar a los ídolos de este mundo, a los ídolos de animales creados en la imaginación del hombre.

"No te harás imagen, ni ninguna semejanza de lo que esté arriba en el cielo, ni abajo en la tierra, ni en las aguas debajo de la tierra" (Éx. 20:4).

"No haréis para vosotros ídolos, ni escultura, ni os levantaréis estatua, ni pondréis en vuestra tierra piedra pintada para inclinaros a ella; porque yo soy Jehová vuestro Dios" (Lv. 26:1).

"Yo Jehová; este es mi nombre; y a otro no daré mi gloria, ni mi alabanza a esculturas" (Is. 42:8).

"Hijitos, guardaos de los ídolos. Amén" (1 Jn. 5:21).

4 (9:6) ***Juicio — Ganado — Animales***: El día del juicio llegó. Todo el ganado de los egipcios murió, todo el que

estaba en el campo. Pero fíjese, ni un solo animal de los israelitas murió, ni uno solo.

Pensamiento 1. El juicio de Dios es seguro, indudable. La mano del juicio de Dios caerá sobre nosotros si no prestamos atención a su advertencia: Arrepentirnos y obedecerlo.

"Profecía sobre Egipto. He aquí que Jehová monta sobre una ligera nube, y entrará en Egipto; y los ídolos de Egipto temblarán delante de él, y desfallecerá el corazón de los egipcios dentro de ellos" (Is. 19:1).

"Porque el Hijo del Hombre vendrá en la gloria de su Padre con sus ángeles, y entonces pagará a cada uno conforme a sus obras" (Mt. 16:27).

"Entonces aparecerá la señal del Hijo del Hombre en el cielo; y entonces lamentarán todas las tribus de la tierra, y verán al Hijo del Hombre viniendo sobre las nubes del cielo, con poder y gran gloria" (Mt. 24:30).

"Por tanto, también vosotros estad preparados; porque el Hijo del Hombre vendrá a la hora que no pensáis" (Mt. 24:44).

"Y de la manera que está establecido para los hombres que mueran una sola vez, y después de esto el juicio" (He. 9:27).

"De éstos también profetizó Enoc, séptimo desde Adán, diciendo: He aquí, vino el Señor con sus santas decenas de millares, para hacer juicio contra todos, y dejar convictos a todos los impíos de todas sus obras impías que han hecho impíamente, y de todas las cosas duras que los pecadores impíos han hablado contra él" (Jud. 14-15).

"He aquí que viene con las nubes, y todo ojo le verá, y los que le traspasaron; y todos los linajes de la tierra harán lamentación por él. Sí, amén" (Ap. 1:7).

[5] (9:7) ***Juicio — Corazón, duro — Duro — Endurecimiento — Rechazo, de Dios — Falta de fe***: El juicio tuvo respuesta.

1. Fíjese que Faraón envió a algunos oficiales a investigar el ganado de los israelitas, para ver si se habían infectado y habían muerto. Sin duda, su intención era reabastecer su propio ganado y el de los egipcios al confiscar la mayoría, si no todo, el ganado de los israelitas que había sobrevivido. Faraón descubrió justo lo que se le había dicho: Dios había protegido a los israelitas de su mano de juicio.

2. ¿Cuál fue la respuesta de Faraón a la mano de juicio de Dios? Pudo darse cuenta con facilidad de que el SEÑOR tiene poder sobre la vida animal del mundo. Los animales y la vida del pueblo egipcio no estaban controlados por los dioses animales que él y su pueblo adoraban. Ellos y su ganado estaban a merced del SEÑOR, Dios de Moisés. Esto debió ablandar a Faraón y llevarlo a arrepentirse. Pero fíjese: El corazón de Faraón estaba endurecido. Él no dejaría ir al pueblo de Dios. No quería obedecer a Dios. Él sencillamente no se arrepentía de sus terribles pecados de idolatría y codicia, la codicia que hace que una persona se aproveche de la mano de obra barata y oprima a las personas.

Pensamiento 1. Dios nos advierte a que no tengamos un corazón duro. El endurecimiento del corazón hará que la mano de juicio del SEÑOR caiga sobre nosotros.

"No endurezcáis vuestro corazón, como en Meriba, como en el día de Masah en el desierto, Donde me tentaron vuestros padres, me probaron, y vieron mis obras. Cuarenta años estuve disgustado con la nación, y dije: Pueblo es que divaga de corazón, y no han conocido mis caminos. Por tanto, juré en mi furor que no entrarían en mi reposo" (Sal. 95:8-11).

"Bienaventurado el hombre que siempre teme a Dios; mas el que endurece su corazón caerá en el mal" (Pr. 28:14).

"El hombre que reprendido endurece la cerviz, de repente será quebrantado, y no habrá para él medicina" (Pr. 29:1).

"¿Quién de vosotros oirá esto? ¿Quién atenderá y escuchará respecto al porvenir? ¿Quién dio a Jacob en botín, y entregó a Israel a saqueadores? ¿No fue Jehová, contra quien pecamos? No quisieron andar en sus caminos, ni oyeron su ley. Por tanto, derramó sobre él el ardor de su ira, y fuerza de guerra; le puso fuego por todas partes, pero no entendió; y le consumió, mas no hizo caso" (Is. 42:23-25).

"Pero por tu dureza y por tu corazón no arrepentido, atesoras para ti mismo ira para el día de la ira y de la revelación del justo juicio de Dios" (Ro. 2:5).

"antes exhortaos los unos a los otros cada día, entre tanto que se dice: Hoy; para que ninguno de vosotros se endurezca por el engaño del pecado" (He. 3:13).

	G. La sexta plaga: Sarpullido con úlceras afligieron tanto a hombres como animales: Evidencia de que Dios tiene poder sobre el cuerpo y la salud, 9:8-12	10 Y tomaron ceniza del horno, y se pusieron delante de Faraón, y la esparció Moisés hacia el cielo; y hubo sarpullido que produjo úlceras tanto en los hombres como en las bestias. 11 Y los hechiceros no podían estar delante de Moisés a causa del sarpullido, porque hubo sarpullido en los hechiceros y en todos los egipcios.	c. Los mensajeros de Dios lo obedecieron d. Dios envió una plaga de sarpullido con úlceras sobre los hombres y los animales[EF1] **2 Los propósitos del juicio** a. Demostrar que Dios tiene poder sobre el cuerpo y la salud b. Demostrar que Dios puede hacer que los hombres dejen de oponérsele
1 El día del juicio llegó a. El SEÑOR encomendó a Moisés & Aarón una tarea: Arrojar puñados de cenizas al aire a la vista de Faraón b. El resultado: Las cenizas se convertirían en un fino polvo que ocasionaría que sarpullido con úlceras afligieran tanto a hombres como animales	8 Y Jehová dijo a Moisés y a Aarón: Tomad puñados de ceniza de un horno, y la esparcirá Moisés hacia el cielo delante de Faraón; 9 y vendrá a ser polvo sobre toda la tierra de Egipto, y producirá sarpullido con úlceras en los hombres y en las bestias, por todo el país de Egipto.	12 Pero Jehová endureció el corazón de Faraón, y no los oyó, como Jehová lo había dicho a Moisés.	**3 La respuesta al juicio** a. Dios endureció el corazón de Faraón b. Faraón no escuchó a los mensajeros de Dios

DIVISIÓN III
LA DIEZ PLAGAS Y EGIPTO: EL JUICIO DE DIOS SOBRE AQUELLOS QUE LO RECHAZAN Y OPRIMEN A SU PUEBLO, 7:8—11:10

G. La sexta plaga: Sarpullido con úlceras afligieron tanto a hombres como animales: Evidencia de que Dios tiene poder sobre el cuerpo y la salud, 9:8-12

(9:8-12) ***Introducción***: Solamente Dios tiene control sobre el cuerpo y la salud, no los dioses creados por la imaginación de los hombres. Podemos hacer mucho por acrecentar la fortaleza de nuestra salud, pero al final:

- El pensamiento positivo no controla el cuerpo ni la salud.
- Los dioses de las religiones y los hombres no controlan el cuerpo ni la salud.
- La ciencia y la tecnología del hombre no controlan el cuerpo ni la salud.
- Las manos de los médicos y enfermeras no controlan el cuerpo ni la salud.

Como se ha dicho, mucho podemos hacer para cuidar nuestro cuerpo y nuestra salud. Pero hay solo una persona que tiene el control supremo sobre el cuerpo y la salud, el SEÑOR mismo (Jehová, Yahveh).

Los egipcios no creían esto. Ellos creían que los destinos del cuerpo y la salud estaban controlados por la ciencia y la tecnología de aquella época y por los sumos sacerdotes de la religión o por lo oculto. Fíjese cómo Faraón tenía tanto a hechiceros como magos sirviendo en su gabinete de gobierno. Ellos trabajaban a la par de los políticos profesionales, los hombres sabios de aquella época. (Vea nota, Ex. 7:10-13 para un mayor análisis.)

Tanto el cuerpo y la salud sobre esta tierra como en el mundo futuro lo ponían en las manos de simples hombres y de los dioses artificiales que seguían. Y, trágicamente, a través de los siglos, las personas han puesto el destino de su salud y su cuerpo en las manos de los profetas de este mundo, los profetas de la religión, la ciencia, la tecnología, el gobierno, los hechiceros, las brujas y un montón de otros supuestos liberadores del cuerpo y de la salud.

Pero esto Dios lo detesta: Él aborrece la idolatría, aborrece a las personas que se condenan a sí mismas a una eternidad en el infierno a causa de alguna falsa y terrible mentira. Hay un solo Dios verdadero y vivo, un solo SEÑOR que tiene el poder de controlar el cuerpo y la salud: El propio Dios nuestro SEÑOR (Jehová, Yahveh). Esto el SEÑOR se lo iba a probar a los egipcios. Esta es la gran lección que los egipcios necesitaban aprender y la misma lección que nosotros necesitamos aprender: *La sexta plaga: Sarpullido con úlceras afligieron tanto a hombres como animales: Evidencia de que Dios tiene poder sobre el cuerpo y la salud,* 9:8-12.

1. El día del juicio llegó (vv. 8-10).
2. Los propósitos del juicio (v. 11).
3. La respuesta al juicio (v. 12).

[1] (9:8-10) ***Juicio — Enfermedad — Plaga — Úlceras***: El día del juicio llegó. Por segunda vez, no hubo advertencia de

este juicio. Pero Faraón debía de saber que sobrevendría. Debía de tener pensamientos como estos:

> *"¿Es posible que el SEÑOR no deje a Egipto en paz, no hasta que yo y mi pueblo nos arrepintamos y hagamos exactamente lo que el Dios de Moisés demanda: Volverse hacia Él y renunciar a nuestros pecados, a la idolatría y la esclavitud? ¿Podría el SEÑOR de Moisés continuar enviando juicio tras juicio sobre Egipto a menos que liberemos al pueblo de Dios?"*

Como se dijo, la mente de Faraón probablemente estaba llena de pensamientos como estos. Por consiguiente, no había necesidad de que Dios advirtiera al rey de este juicio. Él sabía que vendría y tuvo tiempo de sobra para arrepentirse y guiar a su pueblo al arrepentimiento.

1. El SEÑOR dio un encargo a Moisés y Aarón: Lanzar puñados de cenizas u hollín al aire en presencia de Faraón (v. 8). La palabra hebrea para cenizas (*piah*) realmente significa *hollín*. Fíjese que este acto simbólico se iba a hacer ante la propia vista de Faraón.

2. El resultado sería dramático: El hollín simbolizaba polvo fino esparcido sobre toda la tierra de Egipto. Dios provocaría entonces que el polvo esparcido causara salpullido y úlceras en los hombres y los animales (v. 9).

Fíjese que el polvo debía ser tomado de un horno. Los egipcios habían oprimido a los israelitas obligándolos a cocer ladrillos en los hornos de Egipto. Ahora el hollín del horno sería convertido en una maldición para ellos, una maldición de terrible dolor y sufrimiento.

3. Los mensajeros de Dios obedecieron a Dios. Moisés y Aarón inmediatamente fueron a un horno, tomaron un poco de hollín, y al parecer se dirigieron directamente a ver al rey (v. 10). Moisés mismo esparció el hollín en el aire.

4. Y justo como Dios había dicho, salpullido y úlceras inmediatamente comenzaron a salir tanto en los hombres como en los animales.

Pensamiento 1. Lo que Dios dice pasará. Su Palabra no tiene marcha atrás: Una vez que Él ha hablado, el hecho tendrá lugar. Dios declara dos hechos críticos que deben importarnos.

1) Tenemos que arrepentirnos, renunciar al mal en nuestros actos y volvernos a Dios.

"Deje el impío su camino, y el hombre inicuo sus pensamientos, y vuélvase a Jehová, el cual tendrá de él misericordia, y al Dios nuestro, el cual será amplio en perdonar" (Is. 55:7).

"Mas el impío, si se apartare de todos sus pecados que hizo, y guardare todos mis estatutos e hiciere según el derecho y la justicia, de cierto vivirá; no morirá" (Ez. 18:21).

"Os digo: No; antes si no os arrepentís, todos pereceréis igualmente" (Lc. 13:3).

"Arrepiéntete, pues, de esta tu maldad, y ruega a Dios, si quizá te sea perdonado el pensamiento de tu corazón" (Hch. 8:22).

"Pero Dios, habiendo pasado por alto los tiempos de esta ignorancia, ahora manda a todos los hombres en todo lugar, que se arrepientan" (Hch. 17:30).

2) Si rechazamos a Dios, si rehusamos arrepentirnos y obedecerlo, entonces la plaga del juicio de Dios caerá sobre nosotros.

"Yo Jehová, que escudriño la mente, que pruebo el corazón, para dar a cada uno según su camino, según el fruto de sus obras" (Jer. 17:10).

"Cuando el Hijo del Hombre venga en su gloria, y todos los santos ángeles con él, entonces se sentará en su trono de gloria, y serán reunidas delante de él todas las naciones; y apartará los unos de los otros, como aparta el pastor las ovejas de los cabritos. Y pondrá las ovejas a su derecha, y los cabritos a su izquierda" (Mt. 25:31-33).

"Porque es necesario que todos nosotros comparezcamos ante el tribunal de Cristo, para que cada uno reciba según lo que haya hecho mientras estaba en el cuerpo, sea bueno o sea malo" (2 Co. 5:10).

"Y si invocáis por Padre a aquel que sin acepción de personas juzga según la obra de cada uno, conducíos en temor todo el tiempo de vuestra peregrinación" (1 P. 1:17).

"sabe el Señor librar de tentación a los piadosos, y reservar a los injustos para ser castigados en el día del juicio" (2 P. 2:9).

ESTUDIO A FONDO 1

(9:10) ***Cuadro — Enfermedad — Salud***: Debido a la extensión de este cuadro, ha sido colocado al final del presente estudio sinóptico y comentario.

[2] (9:11) ***Juicio — Salud — El cuerpo humano — Enfermedad — Poder de Dios***: El juicio tenía un doble propósito.

1. El propósito de Dios era probar que el SEÑOR y solo el SEÑOR tenía el poder sobre el cuerpo y la salud (v. 11). Lo que dijimos en la *Introducción* (9:8-12) lo volvemos a repetir, puesto que es muy importante para los hombres de la era de la tecnología y la ciencia. El cuerpo y la salud pueden ser ayudados y a veces (solo a veces) fortalecidos por el hombre, pero:

- El pensamiento positivo no controla el cuerpo ni la salud.
- La religión y los sacerdotes de la religión no controlan el cuerpo ni la salud.
- La hechicería y lo oculto no controlan el cuerpo ni la salud.
- Los médicos y las enfermeras no controlan el cuerpo ni la salud.

El SEÑOR mismo (Jehová, Yahveh) es soberano sobre el cuerpo y la salud. Él y solo Él tiene el poder y controla el destino del cuerpo y la salud tanto de los hombres como de los animales.

2. El segundo propósito de Dios al lanzar a los egipcios una plaga de sarpullidos y úlceras era este: Probar que el SEÑOR puede detener a los hombres que se alzan en contra de Él, detenerlos en cualquier momento que Él desee. Fíjese cómo comienza el versículo 11: "los hechiceros [falsos mensajeros] no podían estar delante de Moisés". Ellos habían estado haciéndole frente a Dios. Pero ahora no, y fíjense por qué. Porque la plaga del juicio de Dios, los salpullidos y las úlceras, los habían afectado también. El propósito de Dios está claro: Dios estaba claramente demostrando que Él tenía el poder de detener a los falsos mensajeros que le hicieran frente. Él tenía el poder de detenerlos en cualquier momento que Él deseara. Ellos decían ser los sacerdotes de dioses que tenían autoridad sobre el cuerpo y la salud. Pero ellos estaban engañados, cegados por su propio razonamiento humano y la tecnología científica y los avances de su tiempo. Ellos confiaron en las habilidades y los sueños de los hombres y rechazaron al único Dios verdadero y vivo.

> ***Pensamiento 1.*** Nuestro cuerpo está a merced de accidentes, afecciones, enfermedades, y finalmente la muerte. No hay dioses imaginarios controlando nuestra salud ni lo que le sucede a nuestro cuerpo. No tenemos que aplacar a este dios y a aquel dios y a otro más así hasta lo infinito. No tenemos que satisfacer a todos los dioses de la imaginación de las personas, con la esperanza de encontrar uno que nos ayude. Tampoco quedamos desamparados cuando la ciencia, la tecnología y la medicina ya no pueden ayudarnos.
>
> La salud está en las manos del SEÑOR. Lo que nos sucede está en las manos del Dios de la salvación, el Dios que nos ama tanto que nos liberará. Una persona es tonta si sigue a cualquier otro supuesto dios, los dioses inermes imaginados por los hombres. Cuando el SEÑOR (Jehová, Yahveh) nos ama como Él lo hace y añora liberarnos como Él lo hace, somos tontos si continuamos rechazándolo, negándolo e ignorándolo. Nuestro cuerpo descansa en sus manos. Debemos, por tanto, clamar a Él y confiar en Él para que cuide de nosotros y proteja a nuestro cuerpo. Y debemos confiar en Él para que finalmente nos lleve a la Tierra Prometida del cielo mismo. En el cielo, ese glorioso mundo de perfección, no hay dolor, sufrimiento, sed, hambre o muerte.
>
> **"y dijo: Si oyeres atentamente la voz de Jehová tu Dios, e hicieres lo recto delante de sus ojos, y dieres oído a sus mandamientos, y guardares todos sus estatutos, ninguna enfermedad de las que envié a los egipcios te enviaré a ti; porque yo soy Jehová tu sanador" (Éx. 15:26).**
>
> **"Y quitará Jehová de ti toda enfermedad; y todas las malas plagas de Egipto, que tú conoces, no las pondrá sobre ti, antes las pondrá sobre todos los que te aborrecieren" (Dt. 7:15).**
>
> **"Yo dije: Jehová, ten misericordia de mí; sana mi alma, porque contra ti he pecado" (Sal. 41:4).**
>
> **"Mas él herido fue por nuestras rebeliones, molido por nuestros pecados; el castigo de nuestra paz fue sobre él, y *por su llaga fuimos nosotros curados*" (Is. 53:5).**
>
> **"Convertíos, hijos rebeldes, y sanaré vuestras rebeliones. He aquí nosotros venimos a ti, porque tú eres Jehová nuestro Dios" (Jer. 3:22).**
>
> **"Mas yo haré venir sanidad para ti, y sanaré tus heridas, dice Jehová; porque desechada te llamaron, diciendo: Esta es Sion, de la que nadie se acuerda" (Jer. 30:17).**
>
> **"Venid y volvamos a Jehová; porque él arrebató, y nos curará; hirió, y nos vendará" (Os. 6:1).**
>
> **"El Espíritu del Señor está sobre mí, por cuanto me ha ungido para dar buenas nuevas a los pobres; me ha enviado a sanar a los quebrantados de corazón; a pregonar libertad a los cautivos, y vista a los ciegos; a poner en libertad a los oprimidos" (Lc. 4:18).**
>
> **"En medio de la calle de la ciudad, y a uno y otro lado del río, estaba el árbol de la vida, que produce doce frutos, dando cada mes su fruto; y las hojas del árbol eran para la sanidad de las naciones" (Ap. 22:2).**
>
> **"¿Está alguno entre vosotros afligido? Haga oración. ¿Está alguno alegre? Cante alabanzas. ¿Está alguno enfermo entre vosotros? Llame a los ancianos de la iglesia, y oren por él, ungiéndole con aceite en el nombre del Señor" (Stg. 5:13-14).**
>
> **"Porque son vida a los que las hallan, y medicina a todo su cuerpo" (Pr. 4:22).**

[3] (9:12) ***Corazón duro — Duro — Endurecido — Incredulidad — Rechazo de Dios***: La respuesta al juicio fue increíblemente trágica. Increíble porque Dios había dado a Faraón posibilidad tras posibilidad, oportunidad tras oportunidad. Faraón debía haber guiado a su pueblo al arrepentimiento de la maldad de su idolatría y codicia. Y los egipcios eran codiciosos, tan codiciosos que buscaron mano de obra barata para llenarse los bolsillos e incrementar su propia comodidad, incluso al punto de oprimir y esclavizar a las personas.

El punto es este: Faraón no deseaba arrepentirse ni deseaba que su pueblo obedeciera a Dios. A pesar de todo su sufrimiento, aún seguía reticente a ceder ante Dios. Él todavía era reacio a:

- Creer que Dios es soberano, y controla todas las cosas.
- Creer que solo hay un Dios vivo y verdadero.
- Creer que hay un solo Dios, un solo Salvador y Redentor de los hombres (Jehová, Yahveh).

El corazón de Faraón era duro, muy duro. Él simplemente no escuchaba al mensajero de Dios. Y ninguna cantidad de problemas, sin importar qué tan serios fueran estos, iba a hacerlo creer y obedecer a Dios.

> ***Pensamiento 1.*** Muchos de nosotros somos igual que era Faraón: Duros, tercos, como rocas. Terribles cosas nos han sucedido, y estas debieron habernos hecho ir hacia Dios y clamar a Él. Pero muchos de nosotros se niegan a rendirse ante Dios. Rechazamos, negamos e

ignoramos a Dios. Y muchos de nosotros incluso *maldecimos a Dios*, usando su santo y justo nombre en vano. ¡Qué terrible maldad brota de un corazón duro! Maldad que condena al alma no arrepentida a un perpetuo infierno.

"Y os hablé, y no disteis oído; antes fuisteis rebeldes al mandato de Jehová, y persistiendo con altivez subisteis al monte" (Dt. 1:43).

"Muchos dolores habrá para el impío; mas al que espera en Jehová, le rodea la misericordia" (Sal. 32:10).

"Y no sean como sus padres, generación contumaz y rebelde; generación que no dispuso su corazón, ni fue fiel para con Dios su espíritu" (Sal. 78:8).

"a los cuales él dijo: Este es el reposo; dad reposo al cansado; y este es el refrigerio; mas no quisieron oír" (Is. 28:12).

"Porque así dijo Jehová el Señor, el Santo de Israel: En descanso y en reposo seréis salvos; en quietud y en confianza será vuestra fortaleza. Y no quisisteis" (Is. 30:15).

"Oídme, duros de corazón, que estáis lejos de la justicia" (Is. 46:12).

"Por cuanto conozco que eres duro, y barra de hierro tu cerviz, y tu frente de bronce" (Is. 48:4).

"Si no oyereis, y si no decidís de corazón dar gloria a mi nombre, ha dicho Jehová de los ejércitos, enviaré maldición sobre vosotros, y maldeciré vuestras bendiciones; y aun las he maldecido, porque no os habéis decidido de corazón" (Mal. 2:2).

"y mayormente a aquellos que, siguiendo la carne, andan en concupiscencia e inmundicia, y desprecian el señorío. Atrevidos y contumaces, no temen decir mal de las potestades superiores" (2 P. 2:10).

ESTUDIO A FONDO 1

(9:10) ***Cuadro — Enfermedad — Salud***: Dios tiene mucho que decir sobre el cuerpo humano y su salud. Las Escrituras están llenas de referencias sobre este importante tema. Este cuadro es solo una muestra del gran interés de Dios por nuestro cuerpo y salud.

EL PODER DE DIOS SOBRE EL CUERPO Y LA SALUD

Enfermedad	Síntomas	Referencia en las Escrituras
Alcoholismo	Adicto al alcohol. El alcohólico tiene una necesidad psicológica por el alcohol, una necesidad que lo hace seguir anhelándolo incluso cuando la familia, los amigos y el trabajo resultan afectados.	**"No os embriaguéis con vino, en lo cual hay disolución; antes bien sed llenos del Espíritu" (Ef. 5:18).**
Atrofia	Músculos que se debilitan debido a enfermedades o falta de uso. El control de la extremidad se dificulta debido al intenso dolor y la rigidez.	**"Aconteció también en otro día de reposo, que él entró en la sinagoga y enseñaba; y estaba allí un hombre que tenía seca la mano derecha" (Lc. 6:6).**
Calor abrasador (Insolación)	Las víctimas de la insolación con frecuencia padecen . . . • una fiebre de 40ºC • ritmo cardiaco acelerado • dificultad para respirar • presión sanguínea extremadamente baja o alta • confusión • ataques, coma, y a veces la muerte	**"Jehová te herirá de tisis, de fiebre, de inflamación y de ardor, con sequía, con calamidad repentina y con añublo; y te perseguirán hasta que perezcas" (Dt. 28:22).**
Calvicie	La pérdida del cabello puede ser provocada por. . . • la edad • peinados tirantes • excesivo uso de tratamiento para el cabello • enfermedades de la piel o infecciones • estrés • altas fiebres • pobres hábitos alimenticios (nutrición pobre)	**"Y el hombre, cuando se le cayere el cabello, es calvo, pero limpio. Y si hacia su frente se le cayere el cabello, es calvo por delante, pero limpio" (Lv. 13:40-41).**

[1] *Illustrated Stedman's Medical Dictionary*, 24ª edición. (Baltimore MD: Williams & Wilkins, 1982), p. 315).

EL PODER DE DIOS SOBRE EL CUERPO Y LA SALUD

ENFERMEDAD	SÍNTOMAS	REFERENCIA EN LAS ESCRITURAS
Comezón	Una irritación de la piel provocada por un pequeño ácaro	**"Jehová te herirá con la úlcera de Egipto, con tumores, con sarna, y con comezón de que no puedas ser curado" (Dt. 28:27).**
Consunción	Probablemente una enfermedad consuntiva como la disentería. (Otras fuentes médicas indican tuberculosis.)[1]	**"yo también haré con vosotros esto: enviaré sobre vosotros terror, extenuación y calentura, que consuman los ojos y atormenten el alma; y sembraréis en vano vuestra semilla, porque vuestros enemigos la comerán" (Lv. 26:16).**
Demencia	Un serio defecto del cerebro que provoca que la persona actúe irracionalmente. El proceso de razonamiento deja de ser lógico, razonable o racional.	**"Señor, ten misericordia de mi hijo, que es lunático, y padece muchísimo; porque muchas veces cae en el fuego, y muchas en el agua" (Mt. 17:15).**
Disentería	Severos ataques de diarrea que resultan en pérdida de fluidos y minerales. Sus síntomas pueden incluir. . . • deposiciones muy líquidas • intenso dolor en el abdomen • fiebre no muy alta • náuseas y vómitos • dolores de cabeza	**"Después de todo esto, Jehová lo hirió con una enfermedad incurable en los intestinos. Y aconteció que al pasar muchos días, al fin, al cabo de dos años, los intestinos se le salieron por la enfermedad, muriendo así de enfermedad muy penosa. Y no encendieron fuego en su honor, como lo habían hecho con sus padres" (2 Cr. 21:18-19).**
Divieso	Una dolorosa enfermedad de la piel provocada por bacterias. El divieso se pone de manifiesto . . . • con inflamación de partes de la piel • con protuberancias rojas o color de rosa • con fiebre y socave de la fuerza	**"Entonces salió Satanás de la presencia de Jehová, e hirió a Job con una sarna maligna desde la planta del pie hasta la coronilla de la cabeza" (Job 2:7).**
Dolencia	Un término amplio, pero probablemente polio en este caso. La polio es una infección viral que ataca el cerebro y la médula espinal. Los síntomas agudos son. . . • dolor de cabeza y fiebre • rigidez en la espalda y el cuello • músculos debilitados • dificultad para tragar • parálisis • insuficiencia respiratoria	**"Y había allí un hombre que hacía treinta y ocho años que estaba enfermo" (Jn. 5:5).**
Dolor de cabeza	Fuerte dolor localizado en la cabeza. Distintos tipos de dolores de cabeza provocan distintos tipos de dolor: ⇒ sordo, dolor de cabeza debido a la tensión ⇒ punzante, dolor de cabeza de origen vascular ⇒ náusea, dolor de cabeza por migraña ⇒ agudo, dolor de cabeza por neuralgia (dolor provocado por un nervio en específico)	**"y dijo a su padre: ¡Ay, mi cabeza, mi cabeza! Y el padre dijo a un criado: Llévalo a su madre" (2 R. 4:19).**
Enanismo	Un retardo grave del crecimiento en la longitud de las extremidades (brazos y piernas) y en el tronco.	**"o jorobado, o enano, o que tenga nube en el ojo, o que tenga sarna, o empeine, o testículo magullado" (Lv. 21:20).**
Enfermedades de la piel	Una amplia variedad: Calvicie, Sarpullido, Inflamación, Comezón, Lepra, Sarna, Costras, Llagas, Escorbuto, Herpes, y Úlceras	**"Te herirá Jehová con maligna pústula en las rodillas y en las piernas, desde la planta de tu pie hasta tu coronilla, sin que puedas ser curado" (Dt. 28:35).**

EL PODER DE DIOS SOBRE EL CUERPO Y LA SALUD

ENFERMEDAD	SÍNTOMAS	REFERENCIA EN LAS ESCRITURAS
Epilepsia	Un ataque tiene lugar cuando las descargas eléctricas del cerebro se hacen irregulares. Esta enfermedad es acompañada entonces por una pérdida de la conciencia con convulsiones.	**"Señor, ten misericordia de mi hijo, que es lunático, y padece muchísimo; porque muchas veces cae en el fuego, y muchas en el agua" (Mt. 17:15).**
Escorbuto	Una forma extrema de enfermedad de la piel provocada por una gran falta de vitamina C. Los síntomas que aparecen son. . . • progresiva debilidad • encías irritadas • dientes flojos • articulaciones hinchadas y dolorosas • anemia	**"Ciego, perniquebrado, mutilado, verrugoso, sarnoso o roñoso, no ofreceréis éstos a Jehová, ni de ellos pondréis ofrenda encendida sobre el altar de Jehová" (Lv. 22:22).**
Fiebre	Una temperatura corporal más alta que la normal (37 grados C.)	**"Vino Jesús a casa de Pedro, y vio a la suegra de éste postrada en cama, con fiebre. Y tocó su mano, y la fiebre la dejó; y ella se levantó, y les servía" (Mt. 8:14-15).**
Hemorragia	Pérdida de sangre descontrolada de los órganos internos, especialmente en la cabeza, el pecho o el abdomen. Las hemorragias son serias y amenazan la vida. Si no son tratadas, pueden conducir a. . . • choque circulatorio • pérdida del conocimiento • muerte	**"Pero una mujer que padecía de flujo de sangre desde hacía doce años, y que había gastado en médicos todo cuanto tenía, y por ninguno había podido ser curada, se le acercó por detrás y tocó el borde de su manto; y al instante se detuvo el flujo de su sangre" (Lc. 8:43-44).**
Herpes	Vitíligo (área de la piel sin pigmento). Los síntomas son parches de piel blancos o carmelita oscuro de lento crecimiento.	**"el sacerdote mirará, y si en la piel de su cuerpo aparecieren manchas blancas algo oscurecidas, es empeine que brotó en la piel; está limpia la persona" (Lv. 13:39).**
Hidropesía	Cantidad anormal de fluidos que llena tejidos corporales, haciendo difícil la respiración.	**"Y he aquí estaba delante de él un hombre hidrópico" (Lc. 14:2).**
Impedimento del habla	Incapacidad para hablar claramente, con expresividad. Una obstrucción orgánica del habla. Los síntomas típicos incluyen. . . • omitir el comienzo de las palabras • omitir el final de las palabras • cambiar una letra por otra	**"Y le trajeron un sordo y tartamudo, y le rogaron que le pusiera la mano encima" (Mr. 7:32).**
Inanición	Una falta total de los alimentos necesarios para vivir. La inanición ocurre cuando el cuerpo destruye tejido proteico con el fin de utilizar los aminoácidos para mantener la energía. Cuando el cuerpo ya ha utilizado entre el 25% y el 33% de su estructura proteica, la muerte está cerca.	**"Y comerás el fruto de tu vientre, la carne de tus hijos y de tus hijas que Jehová tu Dios te dio, en el sitio y en el apuro con que te angustiará tu enemigo" (Dt. 28:53).**
Indigestión	Incapacidad para digerir los alimentos apropiadamente. Pueden aparecer los siguientes síntomas: ⇒ sensación de abultamiento en la parte superior del abdomen ⇒ acidez por los jugos gástricos del estómago al esófago ⇒ náusea	**"Ya no bebas agua, sino usa de un poco de vino por causa de tu estómago y de tus frecuentes enfermedades" (1 Ti. 5:23).**

EL PODER DE DIOS SOBRE EL CUERPO Y LA SALUD

Enfermedad	Síntomas	Referencia en las Escrituras
Inflamación	Provocada por la infección de un microorganismo, la piel se hincha. Otros síntomas son dolor punzante, calor y enrojecimiento.	**"Jehová te herirá con la úlcera de Egipto, con tumores, con sarna, y con comezón de que no puedas ser curado" (Dt. 28:27).**
Lepra	Una total destrucción de la piel que no tenía cura natural o tratamiento durante los tiempos bíblicos. Sus síntomas son. . . • la perdida de la sensibilidad en una porción de piel • daños en el sistema nervioso • parálisis potencial • pérdida de las extremidades	**"Sucedió que estando él en una de las ciudades, se presentó un hombre lleno de lepra, el cual, viendo a Jesús, se postró con el rostro en tierra y le rogó, diciendo: Señor, si quieres, puedes limpiarme. Entonces, extendiendo él la mano, le tocó, diciendo: Quiero; sé limpio. Y al instante la lepra se fue de él" (Lc. 5:12-13).**
Mudez	La incapacidad de hablar, ya sea claramente o en lo absoluto.	**"Y le trajeron un sordo y tartamudo, y le rogaron que le pusiera la mano encima" (Mr. 7:32).**
Obesidad	Una afección por sobrepeso provocado por. . . • herencia • excesiva comida • falta de ejercicio • cantidad de células grasas por encima del promedio Una persona se considera obesa cuando excede en 20% o más del peso normal del cuerpo	**"Y entregó el presente a Eglón rey de Moab; y era Eglón hombre muy grueso" (Jue. 3:17).**
Parálisis	La parálisis ocurre cuando hay daños en las áreas de función motora del sistema nervioso central.	**"y diciendo: Señor, mi criado está postrado en casa, paralítico, gravemente atormentado" (Mt. 8:6).**
Parásitos	Digeridos ya sea con alimentos o agua infestados, los parásitos viven dentro del cuerpo, comiendo lo que este les proporciona.	**"Al momento un ángel del Señor le hirió, por cuanto no dio la gloria a Dios; y expiró comido de gusanos" (Hch. 12:23).**
Posesión demoníaca	Un demonio puede causar afección física. Las Escrituras registran ocasiones de. . . • conducta violenta • mutismo (incapacidad para hablar) • ceguera • gran sufrimiento • convulsiones • locura delirante (demencia)	**"Y se difundió su fama por toda Siria; y le trajeron todos los que tenían dolencias, los afligidos por diversas enfermedades y tormentos, los endemoniados, lunáticos y paralíticos; y los sanó" (Mt. 4:24).**
Sordera	La pérdida parcial o completa de la audición provocada por motivos de. . . • herencia • trauma • enfermedad	**"Y respondiendo Jesús, les dijo: Id, haced saber a Juan lo que habéis visto y oído: los ciegos ven, los cojos andan, los leprosos son limpiados, los sordos oyen, los muertos son resucitados, y a los pobres es anunciado el evangelio" (Lc. 7:22).**
Tumor	Un agrandamiento anormal sobre o dentro de alguna parte del cuerpo. Similares al tejido normal, un tumor carece de propósito útil. Los tumores no siempre son cancerosos.	**"Y se agravó la mano de Jehová sobre los de Asdod, y los destruyó y los hirió con tumores en Asdod y en todo su territorio" (1 S. 5:6).**

EL PODER DE DIOS SOBRE EL CUERPO Y LA SALUD

Enfermedad	Síntomas	Referencia en las Escrituras
Úlceras	Una destrucción de la piel sobre o dentro del cuerpo que finalmente destruye la carne subyacente.	**"Jehová te herirá con la úlcera de Egipto, con tumores, con sarna, y con comezón de que no puedas ser curado" (Dt. 28:27).**

Nota: Nos ayudó en gran medida a diseñar este cuadro *The Zondervan Pictorial Encyclopedia of the Bible* [La enciclopedia en cuadros de la Biblia de Zondervan].[2]

[2] *The Zondervan Pictorial Encyclopedia of the Bible,* vol. 2. Merrill C. Tenney, redactor general. (Grand Rapids, MI: Zondervan Corporation), pp. 132-141.

1 **La declaración de la Palabra de Dios, su voluntad**
   a. Moisés se levantaría temprano, e iría a ver a Faraón
   b. Moisés proclamaría la Palabra de Dios
      1) Deja ir al pueblo de Dios, déjalos libres para vivir y servir a Dios
      2) Si Faraón rechazaba la Palabra de Dios, el juicio caería con toda su fuerza

2 **Propósitos generales de los juicios**
   a. Probar que el SEÑOR no tiene igual
      1) Él solamente es Dios
      2) Él es Soberano y Omnipotente: Él ya habría podido barrer a los egipcios de la faz de la tierra
   b. Probar que Dios controla a todos los pueblos, naciones y gobernantes
      1) Él levantó a Faraón
      2) El propósito de Dios: Demostrar su poder y declarar su nombre en toda la tierra

3 **La advertencia del juicio**
   a. Los motivos del juicio: Exaltación contra el pueblo de Dios
   b. El juicio: La peor tormenta de granizo que jamás les azotara caería sobre Egipto
   c. La demostración de la misericordia de Dios: Instruyó a Faraón para que ordenara a su pueblo poner su ganado y todo lo demás en lugares seguros, para que no fueran destruidos
   d. Las personas que temían a la Palabra de Dios obedecieron
   e. Las personas que ignoraron la Palabra de Dios desobedecieron

H. La séptima plaga: Granizo devastador y tormenta eléctrica catastrófica: Evidencia de que la tierra es del Señor, 9:13-35

13 Entonces Jehová dijo a Moisés: Levántate de mañana, y ponte delante de Faraón, y dile: Jehová, el Dios de los hebreos, dice así: Deja ir a mi pueblo, para que me sirva.

14 Porque yo enviaré esta vez todas mis plagas a tu corazón, sobre tus siervos y sobre tu pueblo, para que entiendas que no hay otro como yo en toda la tierra.

15 Porque ahora yo extenderé mi mano para herirte a ti y a tu pueblo de plaga, y serás quitado de la tierra.

16 Y a la verdad yo te he puesto para mostrar en ti mi poder, y para que mi nombre sea anunciado en toda la tierra.

17 ¿Todavía te ensoberbeces contra mi pueblo, para no dejarlos ir?

18 He aquí que mañana a estas horas yo haré llover granizo muy pesado, cual nunca hubo en Egipto, desde el día que se fundó hasta ahora.

19 Envía, pues, a recoger tu ganado, y todo lo que tienes en el campo; porque todo hombre o animal que se halle en el campo, y no sea recogido a casa, el granizo caerá sobre él, y morirá.

20 De los siervos de Faraón, el que tuvo temor de la palabra de Jehová hizo huir sus criados y su ganado a casa;

21 mas el que no puso en su corazón la palabra de Jehová, dejó sus criados y sus ganados en el campo.

22 Y Jehová dijo a Moisés: Extiende tu mano hacia el cielo, para que venga granizo en toda la tierra de Egipto sobre los hombres, y sobre las bestias, y sobre toda la hierba del campo en el país de Egipto.

23 Y Moisés extendió su vara hacia el cielo, y Jehová hizo tronar y granizar, y el fuego se descargó sobre la tierra; y Jehová hizo llover granizo sobre la tierra de Egipto.

24 Hubo, pues, granizo, y fuego mezclado con el granizo, tan grande, cual nunca hubo en toda la tierra de Egipto desde que fue habitada.

25 Y aquel granizo hirió en toda la tierra de Egipto todo lo que estaba en el campo, así hombres como bestias; asimismo destrozó el granizo toda la hierba del campo, y desgajó todos los árboles del país.

26 Solamente en la tierra de Gosén, donde estaban los hijos de Israel, no hubo granizo.

27 Entonces Faraón envió a llamar a Moisés y a Aarón, y les dijo: He pecado esta vez; Jehová es justo, y yo y mi pueblo impíos.

4 **El día del juicio llegó**
   a. Las instrucciones de Dios a Moisés: Extender sus manos hacia el cielo para que cayera el granizo
   b. Obediencia de Moisés
   c. El juicio cayó: Dios envió truenos y granizo, y relámpagos por todas partes sobre la tierra
      1) Dios hizo llover granizo sobre la tierra
      2) El granizo cayó
      3) Los relámpagos centellearon
      4) La peor tormenta que jamás azotara a la nación de Egipto cayó sobre el pueblo
      5) El granizo destruyó todo en los campos: Todas las personas, todos los animales, toda la vegetación, cada cosecha y cada árbol
   d. La protección de la tierra de Gosén, donde vivía Israel

5 **La respuesta al juicio: Un clamor por la liberación**
   a. Faraón mandó a buscar a Moisés: Confesó su pecado, que el Señor estaba en lo cierto y él y su pueblo equivocados

b. Faraón suplicó por oración: Que el granizo y los truenos cesaran c. Faraón prometió liberar al pueblo de Dios, dejar irse a Israel	28 Orad a Jehová para que cesen los truenos de Dios y el granizo, y yo os dejaré ir, y no os detendréis más.	33 Y salido Moisés de la presencia de Faraón, fuera de la ciudad, extendió sus manos a Jehová, y cesaron los truenos y el granizo, y la lluvia no cayó más sobre la tierra.	**7 La liberación del juicio** a. Moisés dejó a Faraón y salió de la ciudad b. Moisés oró a Dios: Extendió sus manos hacia el Señor c. El resultado: Los truenos, el granizo y la lluvia cesaron
6 El propósito del juicio y la liberación a. Probar que la tierra es del Señor b. Probar que el Señor es misericordioso 1) Misericordioso a pesar del duro corazón del hombre 2) Misericordioso incluso en medio del juicio: La plaga cayó sobre los suministros de alimentos, pero Dios misericordiosamente permitió que algunas cosechas escaparan a la destrucción	29 Y le respondió Moisés: Tan pronto salga yo de la ciudad, extenderé mis manos a Jehová, y los truenos cesarán, y no habrá más granizo; para que sepas que de Jehová es la tierra. 30 Pero yo sé que ni tú ni tus siervos temeréis todavía la presencia de Jehová Dios. 31 El lino, pues, y la cebada fueron destrozados, porque la cebada estaba ya espigada, y el lino en caña. 32 Mas el trigo y el centeno no fueron destrozados, porque eran tardíos.	34 Y viendo Faraón que la lluvia había cesado, y el granizo y los truenos, se obstinó en pecar, y endurecieron su corazón él y sus siervos. 35 Y el corazón de Faraón se endureció, y no dejó ir a los hijos de Israel, como Jehová lo había dicho por medio de Moisés.	**8 El pecado de volver atrás: Faraón y sus funcionarios pecaron otra vez. Ellos endurecieron sus corazones** a. Cuándo: Después que la tormenta había cesado b. El resultado: 1) Faraón endureció su corazón y se negó a liberar a Israel 2) Faraón rechazó a Dios: Se negó a obedecer a Dios

DIVISIÓN III
LA DIEZ PLAGAS Y EGIPTO: EL JUICIO DE DIOS SOBRE AQUELLOS QUE LO RECHAZAN Y OPRIMEN A SU PUEBLO, 7:8—11:10

H. La séptima plaga: Granizo devastador y tormenta eléctrica catastrófica: Evidencia de que la tierra es del Señor, 9:13-35

(9:13-35) ***Introducción***: ¿Quién gobierna sobre la tierra? ¿Hay un dios que controla la fertilidad de la tierra, otro que controla el agua de la tierra y aún otro más que controla la lluvia y el sol y así? ¿Hay muchos dioses que controlan la tierra y los acontecimientos en la historia y los hombres? ¿Realmente importa a quién adoran los hombres mientras el hombre llame a *ese ser dios*? ¿No existe, honestamente, ninguna diferencia entre las religiones? ¿Ninguna diferencia entre los distintos dioses que adoran los hombres?

Las Escrituras declaran una gloriosa verdad: Hay un solo Dios verdadero y vivo, un solo SEÑOR de toda la tierra, el propio SEÑOR *Jehová-Yahveh*. Las Escrituras declaran que no hay ningún otro Dios, que todos los dioses adorados por los hombres no son sino la creación de la audaz y depravada imaginación del hombre: Ídolos hechos de las ideas de los hombres y de madera, piedra y metal. Las Escrituras declaran que el propio hombre no está a la par de Dios; no importa cuán grande o cuán poderoso se haga, el hombre no es Dios, ni siquiera un dios para sí mismo.

Hay un solo Dios verdadero y vivo. Hay solo un Dios de la tierra. Esta es una gran lección que enseña este pasaje: *La séptima plaga: Granizo devastador y tormenta eléctrica catastrófica: Evidencia de que la tierra es del Señor,* 9:13-35.

1. La declaración de la Palabra de Dios, su voluntad (vv. 13-14).
2. Propósitos generales de los juicios (vv. 14-16).
3. La advertencia del juicio (vv. 17-21).
4. El día del juicio llegó (vv. 22-26).
5. La respuesta al juicio: Un clamor por la liberación (vv. 27-28).
6. El propósito del juicio y la liberación (vv. 29-32).
7. La liberación del juicio (v. 33).
8. El pecado de volverse atrás: Faraón y sus funcionarios pecaron otra vez. Ellos endurecieron sus corazones (vv. 34-35).

1 (9:13-14) ***Paciencia de Dios — Juicio — Libertad — Liberación***: Estaba la declaración de la Palabra de Dios, su voluntad. Seis veces le había dicho Dios a Moisés que fuera y proclamara su Palabra a Faraón. Seis veces Faraón se había negado a escuchar la Palabra de Dios. Ahora, por séptima vez, Dios dio instrucciones a Moisés de ir a ver a Faraón. Fíjese cuán paciente es Dios: Dios aún no había renunciado a Faraón

y a su pueblo. Dios aún quería que ellos desistieran de su terrible pecado de idolatría y opresión del pueblo de Dios. Por lo tanto, Dios dio instrucciones a Moisés de levantarse temprano e ir y ponerse delante de Faraón. Moisés proclamaría la Palabra de Dios:

- Faraón dejaría irse al pueblo de Dios, libres para vivir y servir a Dios. Pero fíjese: Esta vez Moisés añadiría un segundo punto, un punto aterrador, a su mensaje.
- Faraón estaba marcado para una terrible destrucción. Si Faraón rechazaba la Palabra de Dios, toda la fuerza del juicio de Dios caería sobre él y sobre su pueblo. Nada podría evitar la total destrucción de cualquiera que rehusara arrepentirse de su terrible idolatría y de la opresión del pueblo de Dios.

Pensamiento 1. La voluntad de Dios es que las personas vivan y le sirvan en libertad. Cualquier persona, gobernante o nación que rechace a Dios y oprima al pueblo, está condenada a sufrir el juicio de Dios. El rechazo a Dios (a su Palabra, a su voluntad) y la opresión del pueblo marcan a una persona para la ira de Dios.

"Y dijo Jehová a Samuel: Oye la voz del pueblo en todo lo que te digan; porque no te han desechado a ti, sino a mí me han desechado, para que no reine sobre ellos" (1 S. 8:7).

"Honrad al Hijo, para que no se enoje, y perezcáis en el camino; pues se inflama de pronto su ira. Bienaventurados todos los que en él confían" (Sal. 2:12).

"Pero mi pueblo no oyó mi voz, e Israel no me quiso a mí. Los dejé, por tanto, a la dureza de su corazón; caminaron en sus propios consejos" (Sal. 81:11-13).

"Por cuanto llamé, y no quisisteis oír, extendí mi mano, y no hubo quien atendiese, sino que desechasteis todo consejo mío y mi reprensión no quisisteis, también yo me reiré en vuestra calamidad, y me burlaré cuando os viniere lo que teméis; cuando viniere como una destrucción lo que teméis, y vuestra calamidad llegare como un torbellino; cuando sobre vosotros viniere tribulación y angustia" (Pr. 1:24-27).

"Por cuanto aborrecieron la sabiduría, y no escogieron el temor de Jehová, ni quisieron mi consejo, y menospreciaron toda reprensión mía, comerán del fruto de su camino, y serán hastiados de sus propios consejos. Porque el desvío de los ignorantes los matará, y la prosperidad de los necios los echará a perder" (Pr. 1:29-32).

"El que oprime al pobre afrenta a su Hacedor; mas el que tiene misericordia del pobre, lo honra" (Pr. 14:31).

"El que cree en el Hijo tiene vida eterna; pero el que rehúsa creer en el Hijo no verá la vida, sino que la ira de Dios está sobre él" (Jn. 3:36).

"Porque la ira de Dios se revela desde el cielo contra toda impiedad e injusticia de los hombres que detienen con injusticia la verdad" (Ro. 1:18).

"pero ira y enojo a los que son contenciosos y no obedecen a la verdad, sino que obedecen a la injusticia" (Ro. 2:8).

"Nadie os engañe con palabras vanas, porque por estas cosas viene la ira de Dios sobre los hijos de desobediencia" (Ef. 5:6).

[2] (9:14-16). ***Poder de Dios — Soberanía de Dios — Naturaleza del Dios*:** Estaban los propósitos generales del juicio.

1. El primer propósito general era probar que el SEÑOR no tiene igual (vv. 14-15). Fíjense en los dos hechos que se dan para probar este punto.

a. No hay otro como el SEÑOR en toda la tierra. Él y solo Él es el único Dios vivo y verdadero. Recuerde, Dios ya había probado este hecho en las plagas. Él había lanzado cada una de las plagas contra un dios en particular adorado por los egipcios. Dios tomó cada plaga y trató de mostrar que:
- Hay un solo Dios, un solo Dios vivo y verdadero.
- Los dioses imaginados y soñados por los hombres son falsos dioses: Nada más que ídolos hechos de ideas, madera, piedra y metal.
- El propio hombre no es igual a Dios: Incluso si fuera el más poderoso gobernante sobre la tierra, no es más que un hombre, pasajero y sujeto a las debilidades de la carne humana.

Dios había tomado cada una de las plagas y demostrado claramente que Él no tiene igual, que no hay nadie igual que Dios en toda la tierra. El SEÑOR (Jehová, Yahveh) es el único Dios vivo y verdadero en todo el universo.

b. Solo Dios es omnipotente y soberano. Dios podía haber borrado ya a los egipcios de la faz de la tierra. Otra vez, las plagas prueban este hecho. Dios es soberano y omnipotente, todopoderoso. Dios tiene control:
- Sobre los cielos y la tierra.
- Sobre los animales de la tierra.
- Sobre el hombre.
- Sobre la vida y la muerte.
- Sobre todo el universo.

El SEÑOR es el único Dios vivo y verdadero, soberano y omnipotente. El SEÑOR no tiene igual. No hay nadie como el SEÑOR en toda la tierra.

2. El segundo propósito general de los juicios era probar que Dios controla a los pueblos, a las naciones, a los gobernantes y a los gobiernos de este mundo (v. 16). Dios levantó a Faraón y lo puso en el trono de Egipto con un propósito muy específico: Demostrar el poder del SEÑOR y proclamar su nombre en toda la tierra. (Pablo usaba este versículo para declarar la soberanía de Dios [Ro. 9:17].)

Dios quería que Faraón y el mundo conocieran su poder, que Él es incuestionablemente Soberano y Omnipotente sobre todo el mundo. Fíjese en lo que dicen las Escrituras: Dios tomó a Faraón, un hombre de increíble brutalidad y maldad, e hizo de él un ejemplo ante el mundo entero (v. 16). Dios mostró al mundo:

- Que Él es Omnipotente, el SEÑOR soberano y Majestad del universo.
- Que Él lleva las riendas de los acontecimientos, incluso las riendas de los malos gobernantes.
- Que Él juzga y castiga a los malos gobernantes y a los pueblos pecadores.
- Que los pueblos en las más horribles circunstancias imaginables, incluso los pueblos que son tratados brutalmente y esclavizados, pueden clamar a Dios por liberación y Dios los liberará.

Dios tomó a este hombre Faraón, cuyo corazón era tan duro y malvado, y proclamó al mundo: El poder de Dios es real. El poder soberano y omnipotente de Dios gobierna este mundo.

Fíjese el resultado del poder de Dios demostrado en Faraón: El nombre de Dios sería proclamado a través de toda la tierra a través de todos los tiempos. Y los creyentes han hecho esto mismo.

⇒ Jetro proclamó el poder de Dios sobre todos los dioses.

"Ahora conozco que Jehová es más grande que todos los dioses; porque en lo que se ensoberbecieron prevaleció contra ellos" (Éx. 18:11).

⇒ Pablo el apóstol declaró que el que Dios levantara a Faraón es prueba de la soberanía de Dios sobre el universo.

"Porque la Escritura dice a Faraón: Para esto mismo te he levantado, para mostrar en ti mi poder, y para que mi nombre sea anunciado por toda la tierra" (Ro. 9:17).

⇒ Predicadores y creyentes a través de los siglos han proclamado el nombre del SEÑOR a causa de los juicios de Dios sobre Faraón y su pueblo. Este estudio es prueba de este hecho.

Pensamiento 1. El SEÑOR no tiene igual. No hay nadie como el SEÑOR en toda la tierra. Él y solo Él es Soberano y Omnipotente en el universo. Solo el SEÑOR tiene poder sobre los pueblos, las naciones, los gobernantes y gobiernos del mundo. Solo Él es el SEÑOR soberano y Majestad del universo.

"Y conozcan que tu nombre es Jehová; Tú solo Altísimo sobre toda la tierra" (Sal. 83:18).

"Aprende pues, hoy, y reflexiona en tu corazón que Jehová es Dios arriba en el cielo y abajo en la tierra, y no hay otro" (Dt. 4:39).

"Las riquezas y la gloria proceden de ti, y tú dominas sobre todo; en tu mano está la fuerza y el poder, y en tu mano el hacer grande y el dar poder a todos" (1 Cr. 29:12).

"Él lleva despojados a los príncipes, y trastorna a los poderosos" (Job 12:19).

"Jehová preside en el diluvio, y se sienta Jehová como rey para siempre" (Sal. 29:10).

"Porque Jehová el Altísimo es temible; Rey grande sobre toda la tierra" (Sal. 47:2).

"Jehová reina; se vistió de magnificencia; Jehová se vistió, se ciñó de poder. Afirmó también el mundo, y no se moverá" (Sal. 93:1).

"Porque yo sé que Jehová es grande, y el Señor nuestro, mayor que todos los dioses. Todo lo que Jehová quiere, lo hace, en los cielos y en la tierra, en los mares y en todos los abismos" (Sal. 135:5-6).

"Como los repartimientos de las aguas, así está el corazón del rey en la mano de Jehová; a todo lo que quiere lo inclina" (Pr. 21:1).

"Así dice Jehová, tu Redentor, que te formó desde el vientre: Yo Jehová, que lo hago todo, que extiendo solo los cielos, que extiendo la tierra por mí mismo; que deshago las señales de los adivinos, y enloquezco a los agoreros; que hago volver atrás a los sabios, y desvanezco su sabiduría" (Is. 44:24-25).

"Y Daniel habló y dijo: Sea bendito el nombre de Dios de siglos en siglos, porque suyos son el poder y la sabiduría. Él muda los tiempos y las edades; quita reyes, y pone reyes; da la sabiduría a los sabios, y la ciencia a los entendidos. Él revela lo profundo y lo escondido; conoce lo que está en tinieblas, y con él mora la luz" (Dn. 2:20-22).

"Mas al fin del tiempo yo Nabucodonosor alcé mis ojos al cielo, y mi razón me fue devuelta; y bendije al Altísimo, y alabé y glorifiqué al que vive para siempre, cuyo dominio es sempiterno, y su reino por todas las edades" (Dn. 4:34).

"Y no nos metas en tentación, mas líbranos del mal; porque tuyo es el reino, y el poder, y la gloria, por todos los siglos. Amén" (Mt. 6:13).

"El Dios que hizo el mundo y todas las cosas que en él hay, siendo Señor del cielo y de la tierra, no habita en templos hechos por manos humanas" (Hch. 17:24).

"Pero me dirás: ¿Por qué, pues, inculpa? porque ¿quién ha resistido a su voluntad? Mas antes, oh hombre, ¿quién eres tú, para que alterques con Dios? ¿Dirá el vaso de barro al que lo formó: ¿Por qué me has hecho así? ¿O no tiene potestad el alfarero sobre el barro, para hacer de la misma masa un vaso para honra y otro para deshonra?" (Ro. 9:19-21).

3 (9:17-21) ***Juicio — Advertencia*:** Estaba la advertencia y la proclamación del juicio.

1. La causa del juicio se encontraba en los corazones de Faraón y su pueblo (v. 17). Los corazones de Faraón y su pueblo estaban puestos en contra del pueblo de Dios. Ellos se enaltecían contra el pueblo de Dios. Faraón fue un gran rey y el pueblo egipcio fue un gran pueblo a los ojos del mundo. En comparación, el pueblo de Dios en el mejor de los casos habían sido pobres pastores. Y ahora eran esclavos, un pueblo oprimido y brutalmente tratado. No obstante, era el pueblo que seguía el Dios verdadero y vivo; por lo tanto, eran muy especiales para Dios. Fíjese que Dios los llama "Mi pueblo".

⇒ Cualquier hombre que se exalta a sí mismo contra el pueblo de Dios se considera exaltado contra Dios.

⇒ Cualquier hombre o nación que oprime al pueblo de Dios se considera que oprime a Dios.

⇒ Cualquier hombre o nación que abusa del pueblo de Dios se considera que abusa de Dios.

Por lo tanto, el juicio de Dios tenía que caer sobre Faraón y su pueblo. Dios no permitiría que pisotearan, insultaran y abusaran de su pueblo.

2. El juicio amenazaría a la vida: La peor tormenta de granizo que jamás azotara Egipto caería sobre ellos (v. 18).

3. Pero fíjese en la demostración de la misericordia de Dios. Dios dio instrucciones a Faraón de que ordenara a su pueblo poner a sus sirvientes, ganado y bienes en un lugar de refugio, para que no fueran todos destruidos. Fíjese que cada persona, animal y bien dejado afuera en el exterior sería muerto o destruido. Este es un fuerte ejemplo de la paciencia y la misericordia de Dios. Solo imagínese el holocausto lanzado por Faraón y su pueblo contra el pueblo de Dios, qué salvaje y brutal tratamiento había recibido el pueblo de Dios. Sin duda habían muerto miles en el holocausto de la esclavitud y la brutalidad. Y sin embargo, aquí está Dios demostrando su misericordia y paciencia, no deseando que un solo egipcio pereciera. Él va a juzgarlos, pero en el mismo medio del juicio, les da una vía de escape. Y los previene y les dice exactamente cómo escapar. Todo lo que ellos tienen que hacer es creer, aceptar su Palabra y obedecer. Hacer exactamente lo que Él dice.

4. Hubo algunas personas que temieron a la Palabra de Dios y obedecieron; por tanto, escaparon al juicio de Dios (v. 20). El *Expositor's Bible Commentary* dice esto:

"Hubo algunos que 'temieron a la palabra del SEÑOR' (v. 20) y actuaron en consecuencia. Esto es creer como debe ser, resultando en. . .

- *"acción basada en la confianza en la Palabra del SEÑOR.*

"Algunos egipcios deben haber recibido la palabra de Moisés como si fueran las de Dios mismo; ya que se convirtieron en parte de esa compañía heterogénea de gentiles creyentes que dejaron Egipto con Israel (vea 12:38)".[1]

Matthew Henry dice esto:

"Incluso entre los siervos de Faraón hubieron algunos que temblaron ante la Palabra de Dios".[2]

5. Hubo, por supuesto, personas que ignoraron la Palabra de Dios y sufrieron las consecuencias: Dejaron a sus criados y animales en el campo, y estos murieron todos (v. 21).

Pensamiento 1. Dios nos advierte del juicio. Y Él nos provee de refugio en el Señor Jesucristo. Depende de nosotros buscar refugio en Cristo, renunciar a nuestra vida y confiar en Él. Él es nuestro refugio en tiempo de tormenta.

"Yo soy la puerta; el que por mí entrare, será salvo; y entrará, y saldrá, y hallará pastos" (Jn. 10:9).

"Y en ningún otro hay salvación; porque no hay otro nombre bajo el cielo, dado a los hombres, en que podamos ser salvos" (Hch. 4:12).

"Antes creemos que por la gracia del Señor Jesús seremos salvos, de igual modo que ellos" (Hch. 15:11).

"Mas Dios muestra su amor para con nosotros, en que siendo aún pecadores, Cristo murió por nosotros. Pues mucho más, estando ya justificados en su sangre, por él seremos salvos de la ira" (Ro. 5:8-9).

"Porque no nos ha puesto Dios para ira, sino para alcanzar salvación por medio de nuestro Señor Jesucristo" (1 Ts. 5:9).

"y habiendo sido perfeccionado, vino a ser autor de eterna salvación para todos los que le obedecen" (He. 5:9).

4 (9:22-26) ***Juicio — Granizo — Tormenta — Protección de Dios***: El día del juicio llegó.

1. Dios dio sus instrucciones a Moisés. Moisés extendería su mano hacia el cielo, y Dios enviaría su juicio aterrador sobre la tierra.

2. Moisés obedeció a Dios: Él hizo exactamente lo que Dios le había ordenado hacer (v. 23).

3. El juicio de Dios cayó: Dios envió truenos y granizo, y relámpagos centellearon por todas partes sobre la tierra (vv. 23-25). Fíjese cómo se describe el juicio:

⇒ Dios hizo llover granizo sobre la tierra (v. 23).

⇒ El granizo cayó (v. 24).

⇒ Los relámpagos centellearon (v. 24).

⇒ La peor tormenta que jamás azotara a la nación de Egipto cayó sobre el pueblo (v. 24).

⇒ El granizo destruyó todo en los campos: Personas, animales, y vegetación (v. 25). Fíjese cuán devastadora fue la destrucción. Fue catastrófica. Todo lo que estaba fuera al aire libre fue completamente destruido: Todas las personas, todos los animales, cada cosecha, y cada árbol.

4. Pero fíjese que Dios protegió tanto a su pueblo como a su tierra, la tierra de Gosén.

Pensamiento 1. El juicio de Dios caerá sobre la tierra. Pero la persona que verdaderamente cree y sigue a Dios no enfrentará la condenación del juicio de Dios. El SEÑOR (Jehová, Yahveh) es el único Redentor verdadero y vivo; Él es el único Salvador del hombre. Él y solo Él juzga al incrédulo y salva al creyente.

"El solamente es mi roca y mi salvación; es mi refugio, no resbalaré mucho" (Sal. 62:2).

"Yo Jehová, que escudriño la mente, que pruebo el corazón, para dar a cada uno según su camino, según el fruto de sus obras" (Jer. 17:10).

---

[1] Frank E. Gaebelein, editor. *Expositor's Bible Commentary*, vol. 2, p. 362. (La afirmación aparece aparte para hacer énfasis.)

[2] Matthew Henry, *Matthew Henry's Commentary.* (Old Tappan, NJ: Fleming H. Revell Co.), p. 308.

"Porque el Hijo del Hombre vendrá en la gloria de su Padre con sus ángeles, y entonces pagará a cada uno conforme a sus obras" (Mt. 16:27).

"Cuando el Hijo del Hombre venga en su gloria, y todos los santos ángeles con él, entonces se sentará en su trono de gloria, y serán reunidas delante de él todas las naciones; y apartará los unos de los otros, como aparta el pastor las ovejas de los cabritos. Y pondrá las ovejas a su derecha, y los cabritos a su izquierda" (Mt. 25:31-33).

"sabe el Señor librar de tentación a los piadosos, y reservar a los injustos para ser castigados en el día del juicio" (2 P. 2:9).

"pero los cielos y la tierra que existen ahora, están reservados por la misma palabra, guardados para el fuego en el día del juicio y de la perdición de los hombres impíos" (2 P. 3:7).

"De éstos también profetizó Enoc, séptimo desde Adán, diciendo: He aquí, vino el Señor con sus santas decenas de millares, para hacer juicio contra todos, y dejar convictos a todos los impíos de todas sus obras impías que han hecho impíamente, y de todas las cosas duras que los pecadores impíos han hablado contra él" (Jud. 14-15).

"He aquí yo vengo pronto, y mi galardón conmigo, para recompensar a cada uno según sea su obra" (Ap. 22:12).

5 (9:27-28) ***Juicio — Liberación*:** Estaba la respuesta al juicio: Un clamor por la liberación.

1. Faraón mandó a buscar a Moisés y confesó su pecado: Que el SEÑOR estaba en lo cierto y que él y su pueblo estaban equivocados (v. 27). Fíjese que Faraón utilizó exactamente las mismas palabras que nosotros usamos cuando nos arrepentimos del pecado: "He pecado". Fíjese que él también confesó que su pueblo era pecador y que tanto ellos como él se merecían el juicio de Dios.
2. Faraón suplica por oración: Él pidió a Moisés que orara para que el granizo y los truenos cesaran (v. 28).
3. Faraón prometió liberar al pueblo de Dios, dejar ir a Israel (v. 28). Él prometió renunciar a sus pecados, liberar a las personas que había esclavizado y tratado tan salvajemente.
4. Moisés aseguró a Faraón la liberación de Dios (v. 29).

Pensamiento 1. ¿Fueron la confesión y el arrepentimiento de Faraón sinceros? No todo el que confiesa y se arrepiente de un pecado es sincero. No todo el que hace promesas a Dios durante momentos de crisis es franco. Por tanto, cuando confesamos y nos arrepentimos del pecado, debemos ser sinceros y seguir hasta el fin. Debemos hacer exactamente lo que le hemos prometido a Dios.

"Y vendrán a ti como viene el pueblo, y estarán delante de ti como pueblo mío, y oirán tus palabras, y no las pondrán por obra; antes hacen halagos con sus bocas, y el corazón de ellos anda en pos de su avaricia" (Ez. 33:31).

"No todo el que me dice: Señor, Señor, entrará en el reino de los cielos, sino el que hace la voluntad de mi Padre que está en los cielos" (Mt. 7:21).

"Respondiendo él, les dijo: Hipócritas, bien profetizó de vosotros Isaías, como está escrito: Este pueblo de labios me honra, mas su corazón está lejos de mí" (Mr. 7:6).

"Profesan conocer a Dios, pero con los hechos lo niegan, siendo abominables y rebeldes, reprobados en cuanto a toda buena obra" (Tit. 1:16).

6 (9:29-32) ***Juicio — Liberación — Misericordia de Dios — Paciencia*:** El juicio y la liberación tenían un doble propósito.

1. El primer propósito era probar que la tierra entera es del SEÑOR (v. 29). La tierra no está bajo el control de los dioses creados por los egipcios ni por ningún otro pueblo. Ningún dios creado por la mente o las manos del hombre controla la tierra ni lo que sucede:

⇒ Ni el dios egipcio del agua, *Iris.*
⇒ Ni el dios egipcio del fuego y los relámpagos, *Siris.*
⇒ Ni el dios egipcio de la atmósfera, *Shu.*

Ninguno de estos pudo controlar la naturaleza ni ofrecer protección contra las devastadoras fuerzas de la naturaleza. Tampoco pueden los dioses adorados por los hombres hoy. Tampoco puede el hombre mismo. Nadie puede controlar a la naturaleza y a las devastadoras fuerzas de la naturaleza, nadie excepto el SEÑOR mismo. El SEÑOR y solo el SEÑOR es soberano sobre la tierra. La tierra es del SEÑOR: Está únicamente bajo su control.

"Ahora, pues, si diereis oído a mi voz, y guardareis mi pacto, vosotros seréis mi especial tesoro sobre todos los pueblos; porque mía es toda la tierra" (Éx. 19:5).

"Tú solo eres Jehová; tú hiciste los cielos, y los cielos de los cielos, con todo su ejército, la tierra y todo lo que está en ella, los mares y todo lo que hay en ellos; y tú vivificas todas estas cosas, y los ejércitos de los cielos te adoran" (Neh. 9:6).

"De Jehová es la tierra y su plenitud; el mundo, y los que en él habitan" (Sal. 24:1).

"Porque mía es toda bestia del bosque, y los millares de animales en los collados" (Sal. 50:10).

"Tuyos son los cielos, tuya también la tierra; el mundo y su plenitud, tú lo fundaste" (Sal. 89:11).

"Mía es la plata, y mío es el oro, dice Jehová de los ejércitos" (Hag. 2:8).

2. El segundo propósito de este juicio y liberación era probar que el SEÑOR es misericordioso.

a. El SEÑOR es misericordioso a pesar del duro corazón del hombre. Fíjese lo que dijo Moisés: Dios sabía que el rey y sus funcionarios todavía no temían al SEÑOR (v. 30). Ellos aún no estaban listos para arrepentirse de sus terribles pecados de adorar falsos dioses y esclavizar personas. Pero Dios aún tendría misericordia y detendría el juicio. Él aún quería que

Faraón y su pueblo se arrepintieran, creyeran y obedecieran a Dios.

b. Fíjese también que el SEÑOR fue misericordioso incluso en medio del juicio. El juicio de Dios de granizo sobre los suministros de alimentos cayó, pero Dios misericordiosamente permitió que algunas cosechas escaparan a la destrucción (vv. 31-32).

Pensamiento 1. Dios es misericordioso. Él no desea que ninguna persona perezca. Él quiere que todos nosotros nos arrepintamos, renunciemos a la falsa idolatría y a cualquier clase de maltrato con las personas.

"Pero él, misericordioso, perdonaba la maldad, y no los destruía; y apartó muchas veces su ira, y no despertó todo su enojo" (Sal. 78:38).

"Mas tú, Señor, Dios misericordioso y clemente, lento para la ira, y grande en misericordia y verdad" (Sal. 86:15).

"Y después que los haya arrancado, volveré y tendré misericordia de ellos, y los haré volver cada uno a su heredad y cada cual a su tierra" (Jer. 12:15).

"Por la misericordia de Jehová no hemos sido consumidos, porque nunca decayeron sus misericordias" (Lm. 3:22).

"Antes si aflige, también se compadece según la multitud de sus misericordias" (Lm. 3:32).

"Rasgad vuestro corazón, y no vuestros vestidos, y convertíos a Jehová vuestro Dios; porque misericordioso es y clemente, tardo para la ira y grande en misericordia, y que se duele del castigo" (Jl. 2:13).

"El volverá a tener misericordia de nosotros; sepultará nuestras iniquidades, y echará en lo profundo del mar todos nuestros pecados" (Mi. 7:19).

[7] (9:33) ***Liberación — Oración — Intercesión***: Estaba la liberación del juicio. Moisés dejó a Faraón y salió de la ciudad. Él se quedó solo con Dios, y fíjense lo que hizo: Él extendió sus manos hacia el SEÑOR. Esta es una imagen del clamor a Dios. Moisés estaba intercediendo por el pueblo perdido de Egipto. ¿Cuál fue el resultado de su intercesión? Dios escuchó su clamor. Dios detuvo el juicio, detuvo los truenos, el granizo y la lluvia.

Pensamiento 1. Las personas están perdidas y muertas sin conocer a Dios, sin conocerlo verdaderamente. Hay gran necesidad de intercesores, de que los verdaderos creyentes se queden solos con Dios y busquen el rostro de Dios para los perdidos. Una de las apremiantes necesidades de estos momentos es la de intercesores, verdaderos intercesores.

"Me postré, pues, delante de Jehová; cuarenta días y cuarenta noches estuve postrado, porque Jehová dijo que os había de destruir" (Dt. 9:25).

"Y se acercó Abraham y dijo: ¿Destruirás también al justo con el impío? Quizá haya cincuenta justos dentro de la ciudad: ¿destruirás también y no perdonarás al lugar por amor a los cincuenta justos que estén dentro de él? Lejos de ti el hacer tal, que hagas morir al justo con el impío, y que sea el justo tratado como el impío; nunca tal hagas. El Juez de toda la tierra, ¿no ha de hacer lo que es justo? Entonces respondió Jehová: Si hallare en Sodoma cincuenta justos dentro de la ciudad, perdonaré a todo este lugar por amor a ellos. Y Abraham replicó y dijo: He aquí ahora que he comenzado a hablar a mi Señor, aunque soy polvo y ceniza. Quizá faltarán de cincuenta justos cinco; ¿destruirás por aquellos cinco toda la ciudad? Y dijo: No la destruiré, si hallare allí cuarenta y cinco. Y volvió a hablarle, y dijo: Quizá se hallarán allí cuarenta. Y respondió: No lo haré por amor a los cuarenta. Y dijo: No se enoje ahora mi Señor, si hablare: quizá se hallarán allí treinta. Y respondió: No lo haré si hallare allí treinta. Y dijo: He aquí ahora que he emprendido el hablar a mi Señor: quizá se hallarán allí veinte. No la destruiré, respondió, por amor a los veinte. Y volvió a decir: No se enoje ahora mi Señor, si hablare solamente una vez: quizá se hallarán allí diez. No la destruiré, respondió, por amor a los diez" (Gn. 18:23-32).

[8] (9:34-35) ***Volver atrás — Rechazo de Dios — Corazón duro — Duro — Endurecimiento***: Estaba el pecado de volver atrás. Faraón y sus funcionarios pecaron otra vez: Ellos endurecieron sus corazones. ¿Cuándo? Después que la tormenta había cesado. Después que Dios detuvo el juicio, ellos pronto ignoraron la promesa que le habían hecho a Dios. El costo de liberar más de dos millones de esclavos era un precio demasiado alto a pagar. Toda la economía de Egipto estaba ya devastada por las plagas. Y la pérdida de mano de obra esclava gratis podía ser tan catastrófica que la economía nunca podría recuperarse. Aún más, los esclavos podrían ayudar a reconstruir la nación, y su ayuda para reconstruir la economía se necesitaba desesperadamente.

Una vez que el juicio había pasado, Faraón y sus funcionarios por lo visto se aferraron a una esperanza. Se engañaron a sí mismos pensando que los juicios fueron tal vez solamente catástrofes naturales. Evidentemente, sus pensamientos eran algo parecido a esto:

> *"Quizás no suceda nada más. Quizás, solo quizás, no haya un SEÑOR soberano del universo, ningún Dios verdadero y vivo, sino solo los dioses creados por las mentes y manos de los hombres. Quizás las catástrofes fueron solamente fenómenos naturales de la naturaleza que ocurren a veces".*

El resultado de un pensar tan engañoso, deshonesto y erróneo tenía un doble propósito.

⇒ Faraón endureció su corazón y se negó a liberar a Israel.

⇒ Faraón rechazó a Dios: Se negó a obedecer a Dios.

Pensamiento 1. Un corazón duro es algo terrible. Un corazón duro hace que una persona se aparte de Dios, renuncie a Dios. Un corazón duro condena a una persona al juicio eterno de Dios.

"y salió al encuentro de Asa, y le dijo: Oídme, Asa y todo Judá y Benjamín: Jehová estará con vosotros, si vosotros estuviereis con él; y si le buscareis, será hallado de vosotros; mas si le dejareis, él también os dejará" (2 Cr. 15:2).

"Porque tuve vergüenza de pedir al rey tropa y gente de a caballo que nos defendiesen del enemigo en el camino; porque habíamos hablado al rey, diciendo: La mano de nuestro Dios es para bien sobre todos los que le buscan; mas su poder y su furor contra todos los que le abandonan" (Esd. 8:22).

"Y a causa de toda su maldad, proferiré mis juicios contra los que me dejaron, e incensaron a dioses extraños, y la obra de sus manos adoraron" (Jer. 1:16).

"Tú me dejaste, dice Jehová; te volviste atrás; por tanto, yo extenderé sobre ti mi mano y te destruiré; estoy cansado de arrepentirme" (Jer. 15:6).

"Porque dos males ha hecho mi pueblo: me dejaron a mí, fuente de agua viva, y cavaron para sí cisternas, cisternas rotas que no retienen agua" (Jer. 2:13).

"Y cuando dijeren: ¿Por qué Jehová el Dios nuestro hizo con nosotros todas estas cosas?, entonces les dirás: De la manera que me dejasteis a mí, y servisteis a dioses ajenos en vuestra tierra, así serviréis a extraños en tierra ajena" (Jer. 5:19).

"Pero a pesar de que había hecho tantas señales delante de ellos, no creían en él" (Jn. 12:37).

"Mirad, hermanos, que no haya en ninguno de vosotros corazón malo de incredulidad para apartarse del Dios vivo" (He. 3:12).

CAPÍTULO 10

I. La octava plaga: Langostas invadieron la tierra: Evidencia de que el SEÑOR es el Salvador de la humanidad, 10:1-20

1 El propósito de los juicios de Dios
- a. Que Dios pudiera demostrar un claro hecho: Él juzga el pecado y el mal de los duros de corazón [EF1]
- b. Que los creyentes pudieran enseñar el juicio de Dios a las siguientes generaciones: Dios claramente tiene el poder para juzgar
- c. Que los creyentes pudieran conocer esta verdad: Dios es el SEÑOR, el Salvador (Jehová, Yahveh)

2 La declaración de la Palabra de Dios, su voluntad
- a. Moisés y Aarón hicieron la pregunta clave: ¿Cuánto tiempo te vas a negar a humillarte delante de Dios?
- b. Moisés y Aarón presentaron la demanda de Dios: libera al pueblo de Dios

3 La advertencia y proclamación del juicio
- a. La oportunidad de arrepentirse y obedecer a Dios
- b. El juicio: Langostas inundarían Egipto
  1) Cubrirían la tierra
  2) Devorarían la vegetación que no fue destruida por la tormenta de granizo
- c. Llenarían las casas de los egipcios: Incluso las casas de los funcionarios de Egipto
- d. Sería la más grande plaga de langostas en la historia de Egipto

1 Jehová dijo a Moisés:
Entra a la presencia de
Faraón; porque yo he
endurecido su corazón, y el
corazón de sus siervos, para
mostrar entre ellos estas mis
señales,
2 y para que cuentes a tus
hijos y a tus nietos las cosas
que yo hice en Egipto, y mis
señales que hice entre ellos;
para que sepáis que yo soy
Jehová.

3 Entonces vinieron Moisés
y Aarón a Faraón, y le
dijeron: Jehová el Dios de
los hebreos ha dicho así:
¿Hasta cuándo no querrás
humillarte delante de mí?
Deja ir a mi pueblo, para que
me sirva.

4 Y si aún rehúsas dejarlo ir,
he aquí que mañana yo
traeré sobre tu territorio la
langosta,
5 la cual cubrirá la faz de la
tierra, de modo que no pueda
verse la tierra; y ella comerá
lo que escapó, lo que os
quedó del granizo; comerá
asimismo todo árbol que os
fructifica en el campo.
6 Y llenará tus casas, y las
casas de todos tus siervos, y
las casas de todos los
egipcios, cual nunca vieron
tus padres ni tus abuelos,
desde que ellos fueron sobre
la tierra hasta hoy. Y se volvió
y salió de delante de Faraón.
7 Entonces los siervos de
Faraón le dijeron: ¿Hasta
cuándo será este hombre un
lazo para nosotros?
Deja ir a estos hombres,
para que sirvan a Jehová su
Dios. ¿Acaso no sabes
todavía que Egipto está ya
destruido?
8 Y Moisés y Aarón
volvieron a ser llamados
ante Faraón, el cual les dijo:
Andad, servid a Jehová
vuestro Dios. ¿Quiénes son
los que han de ir?
9 Moisés respondió: Hemos
de ir con nuestros niños y
con nuestros viejos, con
nuestros hijos y con nuestras
hijas; con nuestras ovejas y
con nuestras vacas hemos de
ir; porque es nuestra fiesta
solemne para Jehová.
10 Y él les dijo: ¡Así sea
Jehová con vosotros! ¿Cómo
os voy a dejar ir a vosotros y
a vuestros niños? ¡Mirad
cómo el mal está delante de
vuestro rostro!
11 No será así; id ahora
vosotros los varones, y
servid a Jehová, pues esto es
lo que vosotros pedisteis. Y
los echaron de la presencia
de Faraón.

12 Entonces Jehová dijo a
Moisés: Extiende tu mano
sobre la tierra de Egipto
para traer la langosta, a fin
de que suba sobre el país de
Egipto, y consuma todo lo
que el granizo dejó.
13 Y extendió Moisés su
vara sobre la tierra de
Egipto, y Jehová trajo un
viento oriental sobre el país
todo aquel día y toda aquella
noche; y al venir la mañana
el viento oriental trajo la
langosta.

4 El intento de comprometerse con Dios
- a. Los consejeros del rey le sugirieron que se comprometiera: deja ir al pueblo y que adoren a su Dios
  1) Porque Moisés era un lazo
  2) Porque Egipto estaba arruinado
- b. El rey ofreció un compromiso: Él liberaría al pueblo para que fuera, pero él quería saber quiénes irían
  1) Respuesta de Moisés: Todos (todo el pueblo) y todo el ganado
  2) La reacción y amenaza del rey: "¡Nunca! Que Dios los ayude si alguna vez les dejo llevar a las mujeres y los niños con ustedes. Están decididos a la maldad (escapar)"
  3) El compromiso del rey: Solo los hombres podían ir
  4) Los mensajeros de Dios fueron conducidos (furiosamente) fuera de la presencia del rey

5 El día del juicio llegó
- a. Dios le dijo a su siervo: Extiende tu mano sobre Egipto y las langostas pulularán sobre la tierra y devorarán todo lo que quedó de la tormenta de granizo
- b. El siervo de Dios obedeció: Extendió su vara sobre la tierra
- c. El juicio de Dios cayó:
  1) Las señales del juicio aparecieron: Un viento oriental sopló

todo el día y la noche (dando tiempo aún al arrepentimiento) 2) A la mañana siguiente llegaron las langostas • Invadieron todo Egipto • Se asentaron en todas partes • En increíblemente grandes cantidades • La peor plaga jamás vista • Cubrieron toda la tierra • Tan numerosas, que la oscuridad cubrió todo Egipto • Devoraron toda la vegetación y los suministros de alimentos • Nada verde quedó, nada en los árboles y nada en las plantas	14 Y subió la langosta sobre toda la tierra de Egipto, y se asentó en todo el país de Egipto en tan gran cantidad como no la hubo antes ni la habrá después; 15 y cubrió la faz de todo el país, y oscureció la tierra; y consumió toda la hierba de la tierra, y todo el fruto de los árboles que había dejado el granizo; no quedó cosa verde en árboles ni en hierba del campo, en toda la tierra de Egipto.	16 Entonces Faraón se apresuró a llamar a Moisés y a Aarón, y dijo: He pecado contra Jehová vuestro Dios, y contra vosotros. 17 Mas os ruego ahora que perdonéis mi pecado solamente esta vez, y que oréis a Jehová vuestro Dios que quite de mí al menos esta plaga mortal. 18 Y salió Moisés de delante de Faraón, y oró a Jehová. 19 Entonces Jehová trajo un fortísimo viento occidental, y quitó la langosta y la arrojó en el Mar Rojo; ni una langosta quedó en todo el país de Egipto. 20 Pero Jehová endureció el corazón de Faraón, y éste no dejó ir a los hijos de Israel.	**6 La respuesta al juicio: Un clamor por la liberación** a. Faraón confesó su pecado b. Faraón pidió perdón c. Faraón pidió oración: que Dios quitara la mortal plaga **7 La liberación del juicio** a. El mensajero de Dios intercedió, oró b. Dios escuchó a su mensajero y detuvo el juicio: Cambió el viento oriental por un viento occidental que se llevó las langostas al Mar de las Cañas (Mar Rojo) **8 El pecado de volver atrás** a. Dios endureció el corazón de Faraón b. Faraón no liberó al pueblo de Dios

DIVISIÓN III
LA DIEZ PLAGAS Y EGIPTO: EL JUICIO DE DIOS SOBRE AQUELLOS QUE LO RECHAZAN Y OPRIMEN A SU PUEBLO, 7:8—11:10

I. La octava plaga: Langostas invadieron la tierra: Evidencia de que el Señor es el Salvador de la humanidad, 10:1-20

(10:1-20) ***Introducción — Naturaleza de Dios***: Dios es el SEÑOR, el gran Salvador de los creyentes. El hombre es culpable de toda clase de pecado y maldad, y Dios juzgará a todas las personas de todas las generaciones por sus pecados y su maldad. Esto es lo representado en las diez plagas del juicio de Dios que cayeron sobre Egipto. Faraón y su pueblo eran culpables de las peores clases de pecado y maldad, los pecados de. . .

- injusticia
- idolatría
- esclavitud
- brutalidad
- salvajismo
- asesinato
- codicia
- mundanalidad
- inmoralidad
- incredulidad
- agnosticismo
- rebelión contra Dios
- rechazo de Dios
- dureza de corazón

Faraón y su pueblo merecían ser juzgados, así que Dios estaba ejecutando su justicia sobre ellos. Dios estaba rectificando todas las ofensas que ellos habían cometido contra Él y tantos pueblos de la tierra, y en particular el pueblo de Dios. Pero fíjese en el punto crucial: Dios no es solo justo, Dios es misericordioso. El SEÑOR Dios es el gran Dios de la salvación y la redención. El SEÑOR nos salva y nos libera. Esta es la gran lección de este pasaje: Dios nos juzga, sí, pero Dios también nos redime. Él nos salva y nos libera. Esto es: *La octava plaga: Langostas invadieron la tierra: Evidencia de que el Señor es el Salvador de la humanidad,* 10:1-20.

1. El propósito del juicio de Dios (vv. 1-2).
2. La declaración de la Palabra de Dios, su voluntad (v. 3).
3. La advertencia y proclamación del juicio (vv. 4-6).
4. El intento de comprometerse con Dios (vv. 7-11).
5. El día del juicio llegó (vv. 12-15).
6. La respuesta al juicio: Un clamor por la liberación (vv. 16-17).
7. La liberación del juicio (vv. 18-19).
8. El pecado de volver atrás (v. 20).

[1] (10:1-2) ***Juicio — Corazón duro — Enseñar — Enseñanza***: Estaba el propósito de los juicios de Dios. ¿Por qué estaba Dios castigando y juzgando a Egipto? ¿Lanzando plaga tras plaga sobre el pueblo? Dios mismo nos lo dice en estos dos versículos.

1. Dios quería demostrar su juicio, que Él juzga claramente el pecado y la maldad de los duros de corazón (v. 1. Vea *Estudio a fondo 1*, Éx. 10:1 para un mayor análisis). El hombre necesitaba conocer esta verdad, tenerla escrita para siempre

en su mente. Dios juzga el pecado y la maldad. Los antiguos egipcios eran terribles pecadores:

⇒ Un pueblo salvaje y despiadado que trataba brutalmente y esclavizaba a otros.
⇒ Un pueblo brutal y sin compasión que abusaba y mataba a otros a voluntad.
⇒ Un pueblo orgulloso y autosuficiente que rechazaba y negaba al único Dios verdadero y vivo.
⇒ Un pueblo escéptico, idólatra que adoraba todo desde un hombre mismo hasta aves, bestias de cuatro patas y reptiles.
⇒ Un pueblo lleno de prejuicios, intolerante, que oprimía al pueblo de Dios, el mismo pueblo que enseñaba la verdad de Dios y le dio al hombre la esperanza de la vida eterna.
⇒ Un pueblo mundano, carnal, entregado a la codicia, a las luces brillantes, a los placeres y a los deseos de la carne.

Dios no tenía opción: Tenía que castigar y juzgar al rey y a su pueblo. Tenía que corregirlos. Pero fíjese: Dios tenía un propósito mayor que solamente juzgar a los egipcios por sus pecados y su mundanalidad. Dios mostraría su juicio al mundo entero, que Él claramente juzga el pecado y la maldad.

Pensamiento 1. Las personas pueden negar este hecho, la negación no detiene a la verdad. Dios juzgará al mundo, al pecado y la maldad de las personas. Esta realidad fue claramente demostrada en el juicio de Dios sobre los egipcios. Este fue uno de los propósitos de Dios cuando mandó las diez plagas sobre Egipto.

"Dice el necio en su corazón: No hay Dios. Se han corrompido, hacen obras abominables; no hay quien haga el bien. Jehová miró desde los cielos sobre los hijos de los hombres, para ver si había algún entendido, que buscara a Dios. Todos se desviaron, a una se han corrompido; no hay quien haga lo bueno, no hay ni siquiera uno. ¿No tienen discernimiento todos los que hacen iniquidad, que devoran a mi pueblo como si comiesen pan, y a Jehová no invocan?" (Sal. 14:1-4).

"Y a causa de toda su maldad, proferiré mis juicios contra los que me dejaron, e incensaron a dioses extraños, y la obra de sus manos adoraron" (Jer. 1:16).

"El que cree en el Hijo tiene vida eterna; pero el que rehúsa creer en el Hijo no verá la vida, sino que la ira de Dios está sobre él" (Jn. 3:36).

"Porque la ira de Dios se revela desde el cielo contra toda impiedad e injusticia de los hombres que detienen con injusticia la verdad" (Ro. 1:18).

"pero ira y enojo a los que son contenciosos y no obedecen a la verdad, sino que obedecen a la injusticia" (Ro. 2:8).

"Pero fornicación y toda inmundicia, o avaricia, ni aun se nombre entre vosotros, como conviene a santos; ni palabras deshonestas, ni necedades, ni truhanerías, que no convienen, sino antes bien acciones de gracias. Porque sabéis esto, que ningún fornicario, o inmundo, o avaro, que es idólatra, tiene herencia en el reino de Cristo y de Dios. Nadie os engañe con palabras vanas, porque por estas cosas viene la ira de Dios sobre los hijos de desobediencia" (Ef. 5:3-6).

"Mirad, hermanos, que no haya en ninguno de vosotros corazón malo de incredulidad para apartarse del Dios vivo" (He. 3:12).

2. Dios quería que los creyentes enseñaran el juicio de Dios también: Él quería que ellos enseñaran el juicio de Dios a las siguientes generaciones, que Dios juzgará al mundo. Él claramente tiene el poder para ejecutar el juicio (v. 2).

El juicio de Dios debe ser enseñado así como la misericordia de Dios. Nuestros propios hijos, así como los incrédulos del mundo, deben saber del juicio de Dios. Dios es justo, perfectamente justo, y Él desea que todos seamos tratados con justicia:

- Que toda injusticia que se haya cometido contra nosotros sea corregida.
- Que toda injusticia que hayamos cometido contra otros sea corregida.
- Que toda injusticia que hayamos cometido contra Dios sea corregida.

Por lo tanto, Dios debe ejecutar la justicia; Él tiene que juzgar al mundo con *rectitud.* Por lo tanto, Dios quiere que todos los creyentes enseñen la verdad de su juicio a sus hijos, así como a los no creyentes del mundo. Esta fue una de las razones por las que Dios envió sus plagas, su juicio, sobre Egipto. Las diez plagas se alzan ante el mundo como un símbolo, un símbolo que declara que Dios juzga el pecado y la maldad, un símbolo de que el terrible día del juicio de Dios se acerca. El día se acerca en el que Dios juzgará al mundo con rectitud, y las diez plagas nos muestran esta realidad. El día del juicio, el día que cada persona deberá rendirle cuentas a Dios, se acerca.

Pensamiento 1. Dios no quiere que nuestros hijos sufran la llegada del juicio sobre el pecado y la maldad. Dios quiere que nuestros hijos escapen al juicio. Por lo tanto, es nuestro deber enseñar el juicio de Dios: Nuestro deber contarles sobre las terribles plagas del juicio de Dios lanzadas sobre la maldad y el pecado de los egipcios.

"Por tanto, guárdate, y guarda tu alma con diligencia, para que no te olvides de las cosas que tus ojos han visto, ni se aparten de tu corazón todos los días de tu vida; antes bien, las enseñarás a tus hijos, y a los hijos de tus hijos" (Dt. 4:9).

"y las repetirás a tus hijos, y hablarás de ellas estando en tu casa, y andando por el camino, y al acostarte, y cuando te levantes" (Dt. 6:7).

"y los hijos de ellos que no supieron, oigan, y aprendan a temer a Jehová vuestro Dios todos los días que viviereis sobre la tierra adonde vais, pasando el Jordán, para tomar posesión de ella" (Dt. 31:13).

"Instruye al niño en su camino, y aun cuando fuere viejo no se apartará de él" (Pr. 22:6).

"¿A quién se enseñará ciencia, o a quién se hará entender doctrina? ¿A los destetados? ¿a los arrancados de los pechos?" (Is. 28:9).

"Cuando hubieron comido, Jesús dijo a Simón Pedro: Simón, hijo de Jonás, ¿me amas más que éstos? Le respondió: Sí, Señor; tú sabes que te amo. El le dijo: Apacienta mis corderos" (Jn. 21:15).

3. Dios también quiso que los creyentes aprendieran otra verdad de su juicio sobre Egipto: Que Dios es el SEÑOR, el gran Salvador y Redentor (Jehová, Yahveh). Dios había liberado a su pueblo de los terribles juicios que cayeron sobre Egipto (Éx. 8:22-23; 9:4), y Él liberaría a su pueblo de la esclavitud egipcia, los liberaría para la Tierra Prometida. Él es el SEÑOR, el Gran Salvador, Redentor, y Libertador del mundo. Recuerde, el nombre SEÑOR significa exactamente esto: Dios es el Dios de salvación, redención y liberación, el Dios que establece el pacto de redención y salvación con el hombre; el Dios que se revela a sí mismo como el SEÑOR. Él es el Redentor de la humanidad.

Pensamiento 1. La salvación se encuentra en el SEÑOR y solo en el SEÑOR. Nadie más, ninguna persona ni dios creado por el hombre:

- Puede salvarnos de las ataduras de este mundo que conducen a la muerte.
- Puede llevarnos a la Tierra Prometida del cielo y darnos vida eterna.

Solamente el SEÑOR puede hacer esto. Solo Él puede salvarnos. Esta es una de las razones por las que Dios lanzó su juicio sobre Egipto, para que supiéramos que Dios es el SEÑOR, el Salvador de la humanidad. Él es nuestro Salvador, Redentor y Libertador.

"Jehová es mi luz y mi salvación; ¿de quién temeré? Jehová es la fortaleza de mi vida; ¿de quién he de atemorizarme?" (Sal. 27:1).

"Pero la salvación de los justos es de Jehová, y él es su fortaleza en el tiempo de la angustia" (Sal. 37:39).

"He aquí Dios es salvación mía; me aseguraré y no temeré; porque mi fortaleza y mi canción es JAH Jehová, quien ha sido salvación para mí" (Is. 12:2).

"Y se dirá en aquel día: He aquí, éste es nuestro Dios, le hemos esperado, y nos salvará; éste es Jehová a quien hemos esperado, nos gozaremos y nos alegraremos en su salvación" (Is. 25:9).

"Jehová está en medio de ti, poderoso, él salvará; se gozará sobre ti con alegría, callará de amor, se regocijará sobre ti con cánticos" (Sof. 3:17).

"que os ha nacido hoy, en la ciudad de David, un Salvador, que es CRISTO el Señor" (Lc. 2:11).

"Porque el Hijo del Hombre vino a buscar y a salvar lo que se había perdido" (Lc. 19:10).

"Porque no envió Dios a su Hijo al mundo para condenar al mundo, sino para que el mundo sea salvo por él" (Jn. 3:17).

"Y en ningún otro hay salvación; porque no hay otro nombre bajo el cielo, dado a los hombres, en que podamos ser salvos" (Hch. 4:12).

"A éste, Dios ha exaltado con su diestra por Príncipe y Salvador, para dar a Israel arrepentimiento y perdón de pecados" (Hch. 5:31).

"Palabra fiel y digna de ser recibida por todos: que Cristo Jesús vino al mundo para salvar a los pecadores, de los cuales yo soy el primero" (1 Ti. 1:15).

"por lo cual puede también salvar perpetuamente a los que por él se acercan a Dios, viviendo siempre para interceder por ellos" (He. 7:25).

ESTUDIO A FONDO 1

(10:1) ***Juicio, judicial — Duro — Dureza — Corazones endurecidos***: Las Escrituras dicen que Dios endureció el corazón de Faraón y el de sus siervos. ¿Qué significa esto? No significa:

- Que Dios condenó a Faraón al infierno.
- Que Dio intervino en el alma de Faraón.
- Que Dios destruyó la voluntad de Faraón, su facultad para escoger a Dios.
- Que Dios impidió que Faraón viviera una vida recta.

El corazón de Faraón estaba duro porque él lo había endurecido a través de los años, endureciéndolo con las decisiones que había tomado. Una y otra vez él había tomado malas decisiones, una detrás de otra, y al hacer esto la naturaleza humana, la ley misma de acondicionamiento entró en efecto. Mientras más Faraón escogía el mal, más fácil le resultaba seguirlo escogiendo. Y escogió hacer más y más el mal. Así su corazón se volvió incrustado y como de piedra. Él encontraba cada vez más fácil rechazar a Dios y ceder a los deseos de la carne humana. Así que puede decirse que Dios endureció el corazón de Faraón; esto es, la ley establecida por Dios desde el principio de la creación, la ley de la naturaleza humana, la ley de acondicionamiento, endureció el corazón de Faraón.

Faraón endureció su propio corazón escogiendo hacer el mal una y otra vez. Él se habituó a sí mismo, a su propia carne y mente, a hacer más y más mal y a rechazar a Dios una y otra vez. Su conciencia y conocimiento interno de lo correcto sencillamente se había endurecido, más y más incrustado y como piedra.

Así que las Escrituras declaran que Dios endureció el corazón de Faraón. Pero recuerde: Dios endureció el corazón de Faraón porque su corazón merecía ser endurecido. Faraón había:

- Escogido adorar falsos dioses e ídolos toda su vida.
- Escogido vivir una vida impía e inmoral.
- Amenazado a otros injusta e inmerecidamente.
- Tratado brutalmente y esclavizado personas.
- Rechazado las peticiones de Dios una y otra vez.
- Rechazado las plagas y advertencias de Dios.
- Rechazado al mensajero de Dios (Moisés), el cual proclamaba el mensaje de Dios. (Vea *Estudio a fondo 1*, Éx. 4:21 para un mayor análisis.)

[2] (10:3) ***Liberación — Libertad — Orgullo***: Estaba la declaración de la Palabra de Dios, su voluntad. Moisés y Aarón fueron al palacio de Faraón.

1. Ellos hicieron la pregunta clave: ¿Por cuánto tiempo te vas a negar a humillarte ante Dios? Recuerde, Faraón había confesado su pecado y prometido obedecer a Dios; había prometido arrepentirse de su dureza contra Dios y liberar al pueblo de Dios (Éx. 9:27). Pero una vez que el último juicio pasó, él olvidó su confesión y sus promesas: rechazó a Dios, más endurecido que nunca. Se volvió obstinado, terco, porfiado e inconmovible ante Dios.

2. Ellos presentaron la demanda de Dios: Liberar al pueblo de Dios (vea nota, Éx. 9:1 para análisis).

Pensamiento 1. ¿Por qué el hombre se niega a humillarse ante Dios? Porque Dios exige nuestra vida, todo lo que somos y tenemos, el verdadero sacrificio de todas las cosas. ¿Por qué? Para llevar al mundo la Palabra de Dios, el evangelio de la salvación. El corazón de Faraón es una trágica imagen del corazón del hombre: Lleno de. . .

- orgullo
- autosuficiencia
- egocentrismo
- egoísmo
- codicia
- ansias de dinero
- ansias de poder
- carnalidad
- idolatría
- falsa adoración

El propio pensamiento de que el corazón de cada uno de nosotros está lleno de tales cosas es repulsivo para algunas personas. No importa lo que las Escrituras digan sobre el pecado y el juicio, nosotros erguimos nuestra cabeza en contra de la verdad: nos volvemos obstinados, tercos, porfiados e inconmovibles ante Dios. Dios quiere saber algo de nuestro duro corazón: ¿Cuánto tiempo nos vamos a negar a humillarnos ante Él?

"*Con arrogancia* el malo persigue al pobre; será atrapado en los artificios que ha ideado" (Sal. 10:2).

"Por tanto, la soberbia los corona; se cubren de vestido de violencia" (Sal. 73:6).

"Reprendiste a los soberbios, los malditos, que se desvían de tus mandamientos" (Sal. 119:21).

"Seis cosas aborrece Jehová, y aun siete abomina su alma: *Los ojos altivos*, la lengua mentirosa, las manos derramadoras de sangre inocente, el corazón que maquina pensamientos inicuos, los pies presurosos para correr al mal, el testigo falso que habla mentiras, y el que siembra discordia entre hermanos" (Pr. 6:16-19).

"Cuando viene la soberbia, viene también la deshonra; mas con los humildes está la sabiduría" (Pr. 11:2).

"Antes del quebrantamiento es la soberbia, y antes de la caída la altivez de espíritu" (Pr. 16:18).

"El que ama la disputa, ama la transgresión; y el que *abre demasiado la puerta* busca su ruina" (Pr. 17:19).

"Altivez de ojos, y orgullo de corazón, y pensamiento de impíos, son pecado" (Pr. 21:4).

"Tú que decías en tu corazón: Subiré al cielo; en lo alto, junto a las estrellas de Dios, levantaré mi trono, y en el monte del testimonio me sentaré, a los lados del norte; sobre las alturas de las nubes subiré, y seré semejante al Altísimo. Mas tú derribado eres hasta el Seol, a los lados del abismo" (Is. 14:13-15).

"Si te remontares como águila, y aunque entre las estrellas pusieres tu nido, de ahí te derribaré, dice Jehová" (Abd. 4).

"No améis al mundo, ni las cosas que están en el mundo. Si alguno ama al mundo, el amor del Padre no está en él. Porque todo lo que hay en el mundo, los deseos de la carne, los deseos de los ojos, y la vanagloria de la vida, no proviene del Padre, sino del mundo" (1 Jn. 2:15-16).

[3] (10:4-6) ***Advertencia — Juicio — Posibilidad — Segunda oportunidad***: Estaba la advertencia y proclamación del juicio.

1. Dios dio a Faraón y a su pueblo una oportunidad de arrepentirse y obedecerlo (v. 4). Fíjese que esto es una advertencia de que el juicio está próximo. El juicio no caería hasta el siguiente día. Faraón tenía tiempo para pensar y arrepentirse, tiempo de sobra (cp. Éx. 9:5).

2. Dios describe el juicio devastador que caería sobre Egipto (vv. 4-6). El juicio sería catastrófico, devastador: Langostas que inundarían todo Egipto.

⇒ Las langostas cubrirían toda la faz de la tierra (v. 5).
⇒ Las langostas devorarían toda la vegetación que no fue destruida por la tormenta de granizo (v. 5).
⇒ Las langostas llenarían todas las casas de los egipcios, incluso las de los funcionarios de Faraón (v. 6).
⇒ Las langostas serían la más terrible plaga de langostas en la historia de Egipto (v. 6).

Pensamiento 1. La plaga de langostas siempre ha provocado el terror en las personas, tanto que se ha convertido en un símbolo aterrador del juicio de Dios. Dios nos advierte que el juicio, el terrible juicio, está próximo. Las estadísticas son absolutas y exactas: no existe siquiera un uno por ciento de error en estas estadísticas: Todos moriremos. Ni uno solo de nosotros escapará a la muerte. Tras la muerte, el juicio. Esto es exactamente lo que dicen las Escrituras.

"Y de la manera que está establecido para los hombres que mueran una sola vez, y después de esto el juicio" (He. 9:27).

"Tarde o temprano, el malo será castigado; mas la descendencia de los justos será librada" (Pr. 11:21).

"Por tanto, así ha dicho Jehová: He aquí yo traigo sobre ellos mal del que no podrán salir; y clamarán a mí, y no los oiré" (Jer. 11:11).

"que cuando digan: Paz y seguridad, entonces vendrá sobre ellos destrucción repentina, como los dolores a la mujer encinta, y no escaparán" (1 Ts. 5:3).

"¿cómo escaparemos nosotros, si descuidamos una salvación tan grande? La cual, habiendo sido anunciada primeramente por el Señor, nos fue confirmada por los que oyeron" (He. 2:3).

[4] (10:7-11) ***Compromiso — Medio corazón***: Hubo un intento de hacer un compromiso con Dios. Lo que entonces sucedió es interesante y está lleno de drama.

1. Los consejeros del rey le sugirieron que se comprometiera a dejar ir a los israelitas a adorar a su Dios (v. 7). Hasta ese momento, los consejeros habían permanecido callados, pero la situación ahora era desesperada. Le dieron dos razones para su consejo de comprometerse:

⇒ Porque Moisés era un peligroso lazo. Ellos culpaban a Moisés de los terribles juicios que estaban cayendo sobre Egipto. Ellos insinuaron que Moisés les estaba tendiendo un lazo, una peligrosa trampa para destruirlos.

⇒ Porque Egipto estaba casi arruinado. Los consejeros evidentemente se estaban impacientando con la obstinación y la ceguera de Faraón ante la destrucción de la nación.

2. El rey mandó a buscar a Moisés y Aarón y les ofreció un compromiso. Él liberaría al pueblo para ir y adorar al SEÑOR, pero él quería saber quiénes irían (v. 8).

⇒ Moisés respondió que todos ellos (todo el pueblo) y todo el ganado iría (v. 9).

⇒ Al escucharlo, el rey reaccionó y amenazó a los mensajeros de Dios: "¡Nunca! Así sea Jehová con ustedes, no les dejaré llevarse a las mujeres y los niños. Ustedes están decididos, planeando una maldad [escapar]".

⇒ Después de amenazarlos, el rey ofreció un compromiso: Solo los hombres podrían ir (v. 11).

⇒ Los mensajeros de Dios fueron entonces conducidos furiosamente fuera de la presencia del rey (v. 11).

Pensamiento 1. Dios no hace compromisos con el pecado y el mal. Faraón estaba dispuesto a conceder al pueblo de Dios el derecho a adorar, pero no a vivir en libertad y liberación. Él estaba dispuesto a seguir a Dios la mitad del camino, pero no el camino entero. Sin embargo, Dios no acepta compromisos de un corazón a medias. Dios no hace compromisos. Dios demanda total obediencia: Que nosotros hagamos todo lo que Él dice, que nosotros creamos y lo sigamos a Él con todo nuestro corazón.

"Y amarás a Jehová tu Dios de todo tu corazón, y de toda tu alma, y con todas tus fuerzas" (Dt. 6:5).

"Bienaventurados los que guardan sus testimonios, y con todo el corazón le buscan" (Sal. 119:2).

"Fíate de Jehová de todo tu corazón, y no te apoyes en tu propia prudencia" (Pr. 3:5).

"Dame, hijo mío, tu corazón, y miren tus ojos por mis caminos" (Pr. 23:26).

"y me buscaréis y me hallaréis, porque me buscaréis de todo vuestro corazón" (Jer. 29:13).

"Por eso pues, ahora, dice Jehová, convertíos a mí con todo vuestro corazón, con ayuno y lloro y lamento" (Jl. 2:12).

"Así que, hermanos, os ruego por las misericordias de Dios, que presentéis vuestros cuerpos en sacrificio vivo, santo, agradable a Dios, que es vuestro culto racional. No os conforméis a este siglo, sino transformaos por medio de la renovación de vuestro entendimiento, para que comprobéis cuál sea la buena voluntad de Dios, agradable y perfecta" (Ro. 12:1-2).

5 (10:12-15) ***Juicio — Langostas — Las diez plagas***: El día del juicio llegó.

1. Dios dijo a su siervo: Extiende tu mano sobre Egipto y las langostas inundarán la tierra y devorarán todo lo que quedó de la tormenta de granizo (v. 12).

2. El siervo de Dios obedeció: Él extendió su vara sobre la tierra (v. 13).

3. Inmediatamente, cayó el juicio de Dios (vv. 13-15). Fíjese exactamente lo que sucedió: La misericordia de Dios se ve claramente una vez más.

a. Las señales del juicio aparecieron, pero el juicio no cayó realmente, aún no. Un viento oriental sopló todo el día y la noche: Los egipcios aún tenían tiempo de arrepentirse. Dios estaba aún extendiendo su misericordia al mismo pueblo que había cometido tantas terribles atrocidades contra su pueblo durante tanto tiempo. Pero esta sería la última noche que tenían para arrepentirse. Si se negaban a arrepentirse de sus malvadas atrocidades y volverse a Dios, el juicio caería la misma mañana siguiente. Fíjese qué sucedió.

b. A la mañana siguiente llegaron las langostas. Ellas:
- Invadieron todo Egipto (v. 14).
- Se asentaron en todas partes (v. 14).
- Eran increíblemente numerosas (v. 14).
- Trajeron la peor plaga jamás vista (v. 14).
- Cubrieron toda la tierra (v. 15).
- Eran tan numerosas que la oscuridad cubrió todo Egipto (v. 15).
- Devoraron y destruyeron toda la vegetación y los suministros de alimentos (v. 15).
- No quedó nada verde, absolutamente nada en los árboles y nada en las plantas (v. 15).

Pensamiento 1. El día del juicio llegará; está cerca.

⇒ Rechazar a Dios no detendrá el juicio de Dios.

⇒ Negar a Dios no detendrá el juicio de Dios.

⇒ Ignorar a Dios no detendrá el juicio de Dios.

⇒ El escepticismo no detendrá el juicio de Dios.

⇒ El ateísmo no detendrá el juicio de Dios.

⇒ Pensar que el juicio de Dios no vendrá no detendrá el juicio de Dios.

⇒ Creer que no existe tal cosa, el juicio de Dios, no detendrá el juicio de Dios.

Negar y rehusar creer algo no evitará que suceda, no si es la verdad. El SEÑOR *es.* Él *sí existe*; él es el Dios vivo y verdadero y Él es gratificador con aquellos que diligentemente buscan de Él.

"Pero sin fe es imposible agradar a Dios; porque es necesario que el que se acerca a Dios crea que le hay, y que es galardonador de los que le buscan" (He. 11:6).

Pero si rehusamos creer a Dios, rechazándolo a Él y a sus advertencias, entonces el juicio eterno de Dios caerá sobre nosotros. No podemos escapar a su juicio.

"Porque la ira de Dios se revela desde el cielo contra toda impiedad e injusticia de los hombres que detienen con injusticia la verdad;. . . Y como ellos no aprobaron tener en cuenta a Dios, Dios los entregó a una mente reprobada, para hacer cosas que no convienen; estando atestados de toda injusticia, fornicación, perversidad, avaricia, maldad; llenos de envidia, homicidios, contiendas, engaños y malignidades; murmuradores, detractores, aborrecedores de Dios, injuriosos, soberbios, altivos, inventores de males, desobedientes a los padres, necios, desleales, sin afecto natural, implacables, sin misericordia; quienes habiendo entendido el juicio de Dios, que los que practican tales cosas son dignos de muerte, no solo las hacen, sino que también se complacen con los que las practican" (Ro. 1:18, 28-32).

"Y manifiestas son las obras de la carne, que son: adulterio, fornicación, inmundicia, lascivia, idolatría, hechicerías, enemistades, pleitos, celos, iras, contiendas, disensiones, herejías, envidias, homicidios, borracheras, orgías, y cosas semejantes a estas; acerca de las cuales os amonesto, como ya os lo he dicho antes, que los que practican tales cosas no heredarán el reino de Dios" (Gá. 5:19-21).

"pero los cielos y la tierra que existen ahora, están reservados por la misma palabra, guardados para el fuego en el día del juicio y de la perdición de los hombres impíos" (2 P. 3:7).

"Y vi un gran trono blanco y al que estaba sentado en él, de delante del cual huyeron la tierra y el cielo, y ningún lugar se encontró para ellos. Y vi a los muertos, grandes y pequeños, de pie ante Dios; y los libros fueron abiertos, y otro libro fue abierto, el cual es el libro de la vida; y fueron juzgados los muertos por las cosas que estaban escritas en los libros, según sus obras. Y el mar entregó los muertos que había en él; y la muerte y el Hades entregaron los muertos que había en ellos; y fueron juzgados cada uno según sus obras. Y la muerte y el Hades fueron lanzados al lago de fuego. Esta es la muerte segunda. Y el que no se halló inscrito en el libro de la vida fue lanzado al lago de fuego" (Ap. 20:11-15).

"Y escribe al ángel de la iglesia en Tiatira: El Hijo de Dios, el que tiene ojos como llama de fuego, y pies semejantes al bronce bruñido, dice esto" (Ap. 21:8).

6 (10:16-17) ***Falsa declaración — Intercesión — Perdón***: Estaba la respuesta al juicio: Una confesión de pecado. Desesperado, Faraón mandó a llamar a Moisés y a Aarón rápidamente. Fíjese exactamente lo que hizo: Él hizo lo que parecía ser una auténtica confesión. Él confesó que había pecado contra el SEÑOR y contra su mensajero, Moisés.

1. Faraón pidió ser perdonado. Fíjese como él lo expresa: Solamente esta vez. Él estaba diciendo: "Se acabó. Aceptaré a Dios y su Palabra, lo obedeceré y cumpliré con mi promesa" (v. 17).

2. Faraón pidió entonces una oración, para que Dios retirara la plaga mortal (v. 17).

Pensamiento 1. Una confesión sincera hecha a Dios no es suficiente. La sinceridad del corazón no nos llevará al cielo. Por ejemplo, podemos tomar un viaje a Nueva York, Tokio o cualquier otro lugar y ser tan sincero como queramos sobre alcanzar nuestro destino. Pero si estamos en el camino equivocado, no llegaremos a la ciudad. Nuestra sinceridad y viajar hacia un determinado destino no nos ayudan a menos que estemos en el camino correcto. Tenemos que estar seguros, absolutamente seguros, de que hemos tomado el camino correcto para llegar a nuestro destino. El único camino a Dios es a través de su Hijo, Jesucristo.

"Porque de tal manera amó Dios al mundo, que ha dado a su Hijo unigénito, para que todo aquel que en él cree, no se pierda, mas tenga vida eterna" (Jn. 3:16).

"Le respondió Simón Pedro: Señor, ¿a quién iremos? Tú tienes palabras de vida eterna" (Jn. 6:68).

"Por eso os dije que moriréis en vuestros pecados; porque si no creéis que yo soy, en vuestros pecados moriréis" (Jn. 8:24).

"Jesús le dijo: Yo soy el camino, y la verdad, y la vida; nadie viene al Padre, sino por mí" (Jn. 14:6).

"Y en ningún otro hay salvación; porque no hay otro nombre bajo el cielo, dado a los hombres, en que podamos ser salvos" (Hch. 4:12).

"Porque nadie puede poner otro fundamento que el que está puesto, el cual es Jesucristo" (1 Co. 3:11).

"Porque hay un solo Dios, y *un solo mediador* entre Dios y los hombres, Jesucristo hombre, el cual se dio a sí mismo en rescate por todos, de lo cual se dio testimonio a su debido tiempo" (1 Ti. 2:5-6).

7 (10:18-19) ***Liberación — Juicio***: Estaba la liberación del juicio. Moisés dejó el palacio y la presencia de Faraón y se quedó a solas con Dios. Él oró y oró al SEÑOR, el gran Liberador y Salvador. El SEÑOR y solo el SEÑOR podía detener el juicio de langostas. Y fíjese, el SEÑOR lo hizo. Él cambió el viento oriental por un viento occidental que llevó a las langostas hasta el Mar de las Cañas. (En hebreo es *Yam Suph* que significa Mar de las Cañas. Vea *Estudio a fondo 1*, Éx. 14:16-18 para mayor análisis.)

Fíjese en la soberanía de Dios, su poder sobre el viento. Una realidad puede verse claramente a través de las diez plagas: Dios es soberano. Él gobierna sobre todo el universo, sobre toda la naturaleza y los acontecimientos.

Pensamiento 1. El SEÑOR es nuestro Redentor. Él y solo Él puede liberarnos del castigo y el juicio que nos merecemos. Y lo hará, si nosotros oramos y se lo pedimos.

"Mas si desde allí buscares a Jehová tu Dios, lo hallarás, si lo buscares de todo tu corazón y de toda tu alma. Cuando estuvieres en angustia, y te alcanzaren todas estas cosas, si en los postreros días te volvieres a Jehová tu Dios, y oyeres su voz; porque Dios misericordioso es Jehová tu Dios; no te dejará, ni te destruirá, ni se olvidará del pacto que les juró a tus padres" (Dt. 4:29-31).

"Este pobre clamó, y le oyó Jehová, y lo libró de todas sus angustias" (Sal. 34:6).

"Desde el cabo de la tierra clamaré a ti, cuando mi corazón desmayare. Llévame a la roca que es más alta que yo" (Sal. 61:2).

"Me invocará, y yo le responderé; con él estaré yo en la angustia; lo libraré y le glorificaré" (Sal. 91:15).

"Entonces invocarás, y te oirá Jehová; clamarás, y dirá él: Heme aquí. Si quitares de en medio de ti el yugo, el dedo amenazador, y el hablar vanidad" (Is. 58:9).

"Y antes que clamen, responderé yo; mientras aún hablan, yo habré oído" (Is. 65:24).

"Y yo os digo: Pedid, y se os dará; buscad, y hallaréis; llamad, y se os abrirá" (Lc. 11:9).

8 (10:20) ***Volver atrás — Corazón duro — Duro — Endurecido — Apostasía — Rechazo*:** Estaba el pecado de volver atrás. Esta fue una terrible tragedia. Faraón una vez más endureció su corazón, y Dios una vez más tuvo que actuar sobre su corazón. Dios endureció el corazón de Faraón; esto es, Dios dejó que su corazón siguiera el curso de la naturaleza humana. Dios dejó que la ley de la naturaleza humana, *la ley de acondicionamiento*, se llevara a efecto. Dios permitió que el rechazo de Faraón endureciera su propio corazón más y más. El resultado: Su corazón se endureció, más duro como la roca que nunca, y no se arrepentiría de su idolatría y su opresión del pueblo. Él no obedecería a Dios ni liberaría al pueblo de Dios.

Pensamiento 1. Darle la espalda a Dios es algo peligroso. Darle la espalda y no cumplir la promesa de uno de seguir a Dios lo condenará al terrible juicio que se acerca.

"Y se acordaban de que Dios era su refugio, y el Dios Altísimo su redentor. Pero le lisonjeaban con su boca, y con su lengua le mentían" (Sal. 78:35-36).

"Oíd esto, casa de Jacob, que os llamáis del nombre de Israel, los que salieron de las aguas de Judá, los que juran en el nombre de Jehová, y hacen memoria del Dios de Israel, *mas no en verdad ni en justicia*" (Is. 48:1).

"No todo el que me dice: Señor, Señor, entrará en el reino de los cielos, sino el que hace la voluntad de mi Padre que está en los cielos. Muchos me dirán en aquel día: Señor, Señor, ¿no profetizamos en tu nombre, y en tu nombre echamos fuera demonios, y en tu nombre hicimos muchos milagros? Y entonces les declararé: Nunca os conocí; apartaos de mí, hacedores de maldad" (Mt. 7:21-23).

"Respondiendo él, les dijo: Hipócritas, bien profetizó de vosotros Isaías, como está escrito: Este pueblo de labios me honra, mas su corazón está lejos de mí" (Mr. 7:6).

"Profesan conocer a Dios, pero con los hechos lo niegan, siendo abominables y rebeldes, reprobados en cuanto a toda buena obra" (Tit. 1:16).

	J. La novena plaga: Tinieblas cubrieron la tierra: Evidencia de que Dios tiene poder sobre la luz y las tinieblas de la Tierra, 10:21-29	24 Entonces Faraón hizo llamar a Moisés, y dijo: Id, servid a Jehová; solamente queden vuestras ovejas y vuestras vacas; vayan también vuestros niños con vosotros. 25 Y Moisés respondió: Tú también nos darás sacrificios y holocaustos que sacrifiquemos para Jehová nuestro Dios.	**3 El intento de hacer un compromiso con Dios** a. Faraón ofreció liberar a todos pero sin los animales para ir y adorar al SEÑOR b. Moisés rechazó el compromiso 1) Los animales se necesitarían para hacer sacrificios a Dios 2) Qué animales eran no se sabría hasta que llegaran a su destino 3) Por tanto, Israel tenía que llevarse todos los animales
1 El día del juicio llegó a. Dios encargó a su siervo: Extiende tu mano hacia el cielo y densas tinieblas se esparcirán sobre Egipto, unas tinieblas tan densas que podrán ser palpadas b. El siervo de Dios obedeció c. El juicio: Hubo densas tinieblas, unas tinieblas que duraron tres días 1) Tan densas, que no se veía 2) Tan densas, que nadie se levantó **2 El propósito del juicio: Probar que Dios tiene poder sobre la luz y las tinieblas**	21 Jehová dijo a Moisés: Extiende tu mano hacia el cielo, para que haya tinieblas sobre la tierra de Egipto, tanto que cualquiera las palpe. 22 Y extendió Moisés su mano hacia el cielo, y hubo densas tinieblas sobre toda la tierra de Egipto, por tres días. 23 Ninguno vio a su prójimo, ni nadie se levantó de su lugar en tres días; mas todos los hijos de Israel tenían luz en sus habitaciones.	26 Nuestros ganados irán también con nosotros; no quedará ni una pezuña; porque de ellos hemos de tomar para servir a Jehová nuestro Dios, y no sabemos con qué hemos de servir a Jehová hasta que lleguemos allá. 27 Pero Jehová endureció el corazón de Faraón, y no quiso dejarlos ir. 28 Y le dijo Faraón: Retírate de mí; guárdate que no veas más mi rostro, porque en cualquier día que vieres mi rostro, morirás. 29 Y Moisés respondió: Bien has dicho; no veré más tu rostro.	**4 La locura de un corazón duro: Dios endureció el corazón de Faraón** a. Faraón se negó a liberar a Israel b. Faraón reaccionó con ira 1) Le dijo a Moisés que saliera de su presencia 2) Amenazó con matar a Moisés si lo veía otra vez c. Rechazo final de Dios: Su siervo no aparecería otra vez ante Faraón

DIVISIÓN III
LA DIEZ PLAGAS Y EGIPTO: EL JUICIO DE DIOS SOBRE AQUELLOS QUE LO RECHAZAN Y OPRIMEN A SU PUEBLO, 7:8—11:10

J. La novena plaga: Tinieblas cubrieron la tierra: Evidencia de que Dios tiene poder sobre la luz y las tinieblas de la Tierra, 10:21-29

(10:21-29) ***Introducción* — *Egipto***: La mano del juicio de Dios estaba cayendo sobre la injusticia y la impiedad de los egipcios (cp. Ro. 1:18-32). A través de los tiempos los egipcios se habían convertido en:

- Un desaguadero de inmoralidad: Adulterio, fornicación, y homosexualidad.
- Una potencia despiadada y salvaje que trataba brutalmente y esclavizaba a naciones enteras.
- Un centro industrial basado en la codicia y la mano de obra barata.
- Una sociedad depravada obsesionada con las luces brillantes y los placeres carnales de este mundo.
- Un pueblo tolerante y no comprometido, un pueblo cuya voluntad de avanzar como sociedad se había hecho débil y floja.

La lista podría seguir. Los egipcios habían abandonado a Dios y decidido construir su propia sociedad y nación apartada de Dios. En realidad, ellos se habían inventado sus propios dioses. Ellos adoraban cualquier cosa desde la utópica adoración del propio hombre (humanismo) hasta la adoración de ídolos, ídolos hechos de madera, piedra y metal. Millones, incluido el propio Faraón, se habían vuelto hacia la hechicería y lo oculto.

Además los egipcios se habían convertido en un pueblo brutal y salvaje: Oprimían y esclavizaban a millones de personas, incluso al propio pueblo que aún seguía al Dios vivo y verdadero.

Dios había sido paciente con los egipcios durante siglos, así como las Escrituras enseñan que Él ha sido paciente con todos los pueblos del mundo. Dios no desea que ninguna persona o nación perezca, sino que todos procedan al arrepentimiento (2 P. 3:9). Pero llegó el día en que debió llevarse a cabo la justicia, cuando el mal de los egipcios tuvo que ser juzgado. Pero incluso entonces como hemos visto, Dios fue misericordioso y paciente. Antes de lanzar las plagas del juicio sobre Egipto, Él los llamó al arrepentimiento. Él les advirtió del juicio próximo, y luego les dio un día y una noche enteros para arrepentirse antes de que Él lanzara su juicio. Esto fue cierto en todos menos en dos casos, e incluso entonces Faraón esperaba la mano del juicio de Dios. (Vea nota, Éx. 8:16-18; 9:8-10.) Él sabía que Dios no dejaría a Egipto en paz, no hasta que él y su pueblo se arrepintieran de sus malas acciones, en particular del pecado de idolatría y de esclavizar y tratar brutalmente a las personas.

El punto es este: Dios ya había llamado a los egipcios a arrepentirse en *ocho* ocasiones diferentes. Pero Faraón había rechazado en cada ocasión la petición de Dios. Ellos habían escogido vivir con su espíritu en tinieblas, unas tinieblas que los habían cegado tanto que casi no podían ver la verdad. La paciencia de Dios estaba a punto de agotarse: El rey y su pueblo casi habían endurecido tanto su corazón que apenas quedaba oportunidad para algún arrepentimiento. Dios lo sabía, pero Él aún esperaba que los egipcios no perecieran, que lo conocieran a Él y que vivieran una vida pura y justa. Así que Dios decidió dar a los egipcios otra posibilidad, una novena oportunidad de arrepentirse.

Fíjese en la enorme paciencia y misericordia de Dios. No solo había sido paciente y misericordioso con los egipcios durante siglos, sino que estaba mostrando paciencia y misericordia incluso durante el juicio de los egipcios. Esto es: *La novena plaga—Tinieblas cubrieron la tierra: Evidencia de que Dios tiene poder sobre la luz y las tinieblas de la tierra,* 10:21-29.

1. El día del juicio llegó (vv. 21-23).
2. La demostración del poder de Dios: Él protegió a su pueblo (v. 23).
3. El intento de comprometerse con Dios (vv. 24-26).
4. La locura de un corazón duro: Dios endureció el corazón de Faraón (vv. 27-29).

1 (10:21-23) ***Juicio — Tinieblas*:** El día del juicio llegó. Fíjese de nuevo, que no se hizo advertencia alguna sobre este juicio. Sin embargo, Faraón sabía que vendría. El Dios que pudo mandar tantas plagas sobre Egipto no se rendiría hasta que Faraón obedeciera a Dios. Estos tenían que ser los pensamientos de Faraón. Era una cuestión de si Faraón podía sobrevivir al Dios de Moisés, una cuestión de si él iba a arrepentirse y hacer lo que Dios reclamaba: Arrepentirse del pecado de idolatría y del terrible pecado de oprimir y tratar brutalmente a las personas. Faraón estaba en contra de Dios: Él iba a resistir a Dios tanto como pudiera, por siempre si era posible. Dios sabía que Faraón estaba esperando otro juicio: La cuestión era solamente cuándo. Por lo tanto, Dios lanzó su juicio sin advertencia.

1. Dios encargó a su siervo, Moisés: Extiende tu mano hacia el cielo, y densas tinieblas se esparcirán sobre Egipto, unas tinieblas tan densas que podrán ser palpadas (v. 21). Imagínese unas tinieblas negras como el azabache durante tres días y tres noches. Así es cómo es descrito el juicio, como unas tinieblas que pueden literalmente ser palpadas:

- Una oscuridad aterradora, espantosa.
- Una oscuridad espeluznante, escalofriante.
- Una oscuridad fantasmal, temible.
- Una oscuridad extraña, insólita.
- Una oscuridad misteriosa, sobrenatural.

2. El siervo de Dios obedeció. Moisés extendió su mano hacia el cielo (v. 22).

3. El juicio: Densas tinieblas cayeron sobre Egipto, tinieblas que duraron tres días. Imagínese vivir en la más absoluta oscuridad durante tres días. Las Escrituras dicen que las personas fueron literalmente aprisionadas por las *cadenas de la oscuridad*. La oscuridad era:

- Tan densa que las personas no se veían unas a otras.
- Tan densa que las personas tenían miedo hasta de levantarse.

Las personas estaban confinadas a sus casas; el terror las embargaba. Pocas personas tuvieron el coraje de levantarse de la cama, y las pocas que lo hicieron tropezaron tanto que probablemente regresaran a sus camas. Matthew Henry dice lo siguiente:

> *"Sin duda [las tinieblas]. . . les aterrorizaron. La nube de langostas, que había oscurecido la tierra (v. 15), no fue nada [comparado] con esto. La tradición de los judíos es [esta]: en estas tinieblas ellos fueron aterrorizados por la [inusual visión]. . . de espíritus malignos, o. . . por los sonidos atroces y murmuraciones que hicieron, o [lo cual no es menos aterrador] por los horrores de sus propias conciencias; y esta es la plaga a la cual . . Salmo 78:49 [puede estarse refiriendo].*
>
> *"'Él lanzó sobre ellos el ardor de su ira, enojo, indignación y angustia. Un ejército de ángeles destructores. . .'*
>
> *". . . para aquellos a quienes el diablo ha engañado, será Él, a la larga, un terror".*[1]

Pensamiento 1. El hombre ha escogido vivir con su espíritu en tinieblas, unas tinieblas tan densas que pocas personas llegan a ver alguna vez la verdad. Esta es una oscuridad intencionada, una decisión deliberada del hombre de vivir en la oscuridad espiritual. En

[1] Matthew Henry. *Matthew Henry's Commentary*, p. 313.

consecuencia, el juicio de Dios se acerca. Y cuando Dios lance su juicio, no habrá escape, para ninguno de nosotros. Así como los egipcios fueron sujetados por las cadenas de la oscuridad, nosotros seremos sujetados por las cadenas de la mano de Dios para enfrentar la ejecución de la justicia. Seremos juzgados por lo que hemos hecho sobre esta tierra, cada uno de nosotros.

"Y tuya, oh Señor, es la misericordia; porque tú pagas a cada uno conforme a su obra" (Sal. 62:12).

"Yo Jehová, que escudriño la mente, que pruebo el corazón, para dar a cada uno según su camino, según el fruto de sus obras" (Jer. 17:10).

"Porque el Hijo del Hombre vendrá en la gloria de su Padre con sus ángeles, y entonces pagará a cada uno conforme a sus obras" (Mt. 16:27).

"Cuando el Hijo del Hombre venga en su gloria, y todos los santos ángeles con él, entonces se sentará en su trono de gloria, y serán reunidas delante de él todas las naciones; y apartará los unos de los otros, como aparta el pastor las ovejas de los cabritos. Y pondrá las ovejas a su derecha, y los cabritos a su izquierda" (Mt. 25:31-33).

"Porque es necesario que todos nosotros comparezcamos ante el tribunal de Cristo, para que cada uno reciba según lo que haya hecho mientras estaba en el cuerpo, sea bueno o sea malo" (2 Co. 5:10).

"Y si invocáis por Padre a aquel que sin acepción de personas juzga según la obra de cada uno, conducíos en temor todo el tiempo de vuestra peregrinación" (1 P. 1:17).

"Y vi a los muertos, grandes y pequeños, de pie ante Dios; y los libros fueron abiertos, y otro libro fue abierto, el cual es el libro de la vida; y fueron juzgados los muertos por las cosas que estaban escritas en los libros, según sus obras" (Ap. 20:12).

"He aquí yo vengo pronto, y mi galardón conmigo, para recompensar a cada uno según sea su obra" (Ap. 22:12).

[2] (10:23) ***Propósito de las plagas — Poder de Dios — Protección del pueblo de Dios — Israel***: Estaba el propósito y la demostración del poder de Dios: Él protegió a su pueblo. Fíjese que el pueblo de Dios tenía luz en sus casas. Esto demostraba una gran verdad: Hay un solo Dios que tiene poder sobre la luz y las tinieblas, el SEÑOR mismo. El SEÑOR lanzó tinieblas sobre aquellos que lo rechazaron, y dio luz a quienes lo siguieron.

Los egipcios adoraban un dios del sol llamado *Ra*. Era una de sus principales deidades; por lo tanto, cuando Dios lanzó las tinieblas sobre Egipto, demostró:

- Que solo hay un Dios verdadero y vivo que controla la luz y las tinieblas, el SEÑOR mismo.
- Que el SEÑOR (Jehová, Yahveh) es el Dios de salvación y redención, que Él verdaderamente libera a su pueblo del juicio.

Faraón no pudo haberlo pasado por alto. El pueblo de Dios había sido protegido por el SEÑOR, mientras que *Ra* no había hecho absolutamente nada por proteger a los egipcios. El Dios de Moisés tenía el poder tanto para juzgar como para liberar. Su poder era supremo, muy superior que el del dios sol *Ra*. Fíjese: Una vez más, Dios había demostrado su poder. Dios había demostrado las más maravillosas verdades a los egipcios:

⇒ Que Él es el único Dios verdadero y vivo.
⇒ Que Él es Omnipotente, con el poder para controlar tanto la luz como las tinieblas.
⇒ Que Él tiene el poder tanto para juzgar como para liberar a las personas.
⇒ Que todos los dioses son impotentes e incompetentes ante el SEÑOR Dios.
⇒ Que todos los demás dioses son, en realidad, solo invenciones de la imaginación del hombre.

Pensamiento 1. Solo Dios tiene poder sobre la luz y las tinieblas. Pero más que ello, Dios tiene poder sobre todas las cosas, tanto sobre el cielo como sobre la tierra y todo lo que incluyen. Dios es soberano sobre todo, y es omnipotente, todopoderoso.

"Aprende pues, hoy, y reflexiona en tu corazón que Jehová es Dios arriba en el cielo y abajo en la tierra, y no hay otro" (Dt. 4:39).

"Las riquezas y la gloria proceden de ti, y tú dominas sobre todo; en tu mano está la fuerza y el poder, y en tu mano el hacer grande y el dar poder a todos" (1 Cr. 29:12).

"Jehová preside en el diluvio, y se sienta Jehová como rey para siempre" (Sal. 29:10).

"Porque Jehová el Altísimo es temible; Rey grande sobre toda la tierra" (Sal. 47:2).

"Y conozcan que tu nombre es Jehová; tú solo Altísimo sobre toda la tierra" (Sal. 83:18).

"Todo lo que Jehová quiere, lo hace, en los cielos y en la tierra, en los mares y en todos los abismos" (Sal. 135:6).

"Jehová reina; se vistió de magnificencia; Jehová se vistió, se ciñó de poder. Afirmó también el mundo, y no se moverá" (Sal. 93:1).

"Y Daniel habló y dijo: Sea bendito el nombre de Dios de siglos en siglos, porque suyos son el poder y la sabiduría" (Dn. 2:20-22).

"Mas al fin del tiempo yo Nabucodonosor alcé mis ojos al cielo, y mi razón me fue devuelta; y bendije al Altísimo, y alabé y glorifiqué al que vive para siempre, cuyo dominio es sempiterno, y su reino por todas las edades" (Dn. 4:34).

"El Dios que hizo el mundo y todas las cosas que en él hay, siendo Señor del cielo y de la tierra, no habita en templos hechos por manos humanas" (Hch. 17:24).

"Pero me dirás: ¿Por qué, pues, inculpa? porque ¿quién ha resistido a su voluntad? Mas antes, oh hombre, ¿quién eres tú, para que alterques con Dios? ¿Dirá el vaso de barro al que lo formó: ¿Por qué me has hecho así? ¿O no tiene potestad el alfarero sobre el barro, para hacer de la misma masa un vaso para honra y otro para deshonra?" (Ro. 9:19-21).

3 (10:24-26) ***Compromiso — Negociar***: Estaba el intento de hacer un compromiso con Dios. En algún momento, Faraón se dio cuenta de que las tinieblas habían paralizado completamente la nación de Egipto. La residencia del gobierno, la economía, el ejército, y todas las demás áreas de la vida habían dejado de funcionar. La nación entera, todos y todo, estaba envuelta en tinieblas. Nada, absolutamente nada, podía hacerse. Ni negocios, ni trabajo, ni construcciones, ni compra y venta, ni siquiera asegurar los alimentos. Incluso las necesidades básicas esenciales de la vida no podían ser manejadas. En medio de la total oscuridad, la vida y la supervivencia no podían durar, no por mucho tiempo. Faraón no tenía alternativa: Mandó a llamar a Moisés. Tropezando en medio de la oscuridad, sus funcionarios finalmente llegaron hasta Moisés y lo trajeron ante Faraón.

1. Faraón ofreció liberar a todo el pueblo de Dios para ir y adorar al SEÑOR. Pero fíjese: Él no quería que se llevaran los animales (v. 24). Él se quedaría con los animales como rehenes para garantizar que los israelitas regresaran a Egipto.
2. Moisés rechazó el compromiso:
   ⇒ Los animales serían necesarios para ofrecer sacrificios a Dios (v. 25).
   ⇒ Qué animales serían necesarios no se sabría hasta que no llegaran a su destino (v. 26).
   ⇒ Por tanto, Israel tenía que llevarse todos los animales.

Pensamiento 1. Dios no puede comprometerse con el hombre. Bajar sus niveles haría a Dios menos que perfecto, menos que Dios. Dios nunca podría estar de acuerdo con que el hombre abusara, tratara brutalmente o esclavizara a otras personas, no por codicia, ni por dinero, ni para que una raza de personas pueda vivir de la servidumbre de otra raza. La voluntad de Dios es que el hombre viva en paz y reconciliación, que vivan juntos como iguales, que practiquen el amor fraternal. Por esta razón, Dios nunca podría hacer un compromiso con el hombre sobre el tema del pecado y el mal.

"Dios no es hombre, para que mienta, ni hijo de hombre para que se arrepienta. Él dijo, ¿y no hará? Habló, ¿y no lo ejecutará? He aquí, he recibido orden de bendecir; él dio bendición, y no podré revocarla" (Nm. 23:19-20).

"Además, el que es la Gloria de Israel no mentirá, ni se arrepentirá, porque no es hombre para que se arrepienta" (1 S. 15:29).

"El consejo de Jehová permanecerá para siempre; los pensamientos de su corazón por todas las generaciones" (Sal. 33:11).

"Para siempre, oh Jehová, permanece tu palabra en los cielos. De generación en generación es tu fidelidad; tú afirmaste la tierra, y subsiste. Por tu ordenación subsisten todas las cosas hasta hoy, pues todas ellas te sirven" (Sal. 119:89-91).

"He entendido que todo lo que Dios hace será perpetuo; sobre aquello no se añadirá, ni de ello se disminuirá; y lo hace Dios, para que delante de él teman los hombres" (Ec. 3:14).

"Porque irrevocables son los dones y el llamamiento de Dios" (Ro. 11:29).

"Por lo cual, queriendo Dios mostrar más abundantemente a los herederos de la promesa la inmutabilidad de su consejo, interpuso juramento; para que por dos cosas inmutables, en las cuales es imposible que Dios mienta, tengamos un fortísimo consuelo los que hemos acudido para asirnos de la esperanza puesta delante de nosotros" (He. 6:17-18).

"Toda buena dádiva y todo don perfecto desciende de lo alto, del Padre de las luces, en el cual no hay mudanza, ni sombra de variación" (Stg. 1:17).

4 (10:27-29) ***Corazón duro — Duro — Endurecido — Rechazo de Dios***: Estaba la locura de un corazón duro: Dios endureció el corazón de Faraón.

1. Faraón rehusó liberar a Israel: Él no los dejaría irse (v. 27).
2. Faraón reaccionó con ira (v. 28). Faraón estaba molesto, enojado, furioso a más no poder. Se enfureció:
   ⇒ Le dijo a Moisés que saliera de su presencia.
   ⇒ Amenazó con matar a Moisés si lo volvía a ver.
3. Esto conllevó al rechazo final de Dios: Su siervo puso fin a las conversaciones. No volvería a ver otra vez el rostro de Faraón (v. 29).

Pensamiento 1. Las personas pueden hacer cosas irrazonables, cosas que se acercan a la locura. Pero nada es mayor locura que. . .

- Un corazón duro
- El rechazo de Dios
- Negar a Dios
- La ira contra el mensaje de Dios

"Y dijo Jehová a Samuel: Oye la voz del pueblo en todo lo que te digan; porque no te han desechado a ti, sino a mí me han desechado, para que no reine sobre ellos" (1 S. 8:7).

"Pero mi pueblo no oyó mi voz, e Israel no me quiso a mí. Los dejé, por tanto, a la dureza de su corazón; caminaron en sus propios consejos" (Sal. 81:11-13).

"Por cuanto llamé, y no quisisteis oír, extendí mi mano, y no hubo quien atendiese, sino que desechasteis todo consejo mío y mi reprensión no quisisteis, también yo me reiré en vuestra calamidad, y me burlaré cuando os viniere lo que teméis; cuando viniere como una destrucción lo que teméis, y vuestra calamidad llegare como un torbellino; cuando sobre vosotros viniere tribulación y angustia. Entonces me llamarán, y no responderé; me buscarán de mañana, y no me hallarán" (Pr. 1:24-28).

"Pues no nos ha llamado Dios a inmundicia, sino a santificación. Así que, el que desecha esto, no desecha a hombre, sino a Dios, que también nos dio su Espíritu Santo" (1 Ts. 4:7-8).

1 El encargo dado al siervo de Dios
- a. Anunciar una plaga más, una plaga que haría que Faraón liberara al pueblo
- b. Dar instrucciones al pueblo de Dios de pedirles a los egipcios plata y oro (paga merecida por décadas de trabajo esclavo)
    - 1) Los egipcios dieron porque Dios los movió en favor de su pueblo
    - 2) Los egipcios dieron porque tenían alta estima por Moisés

2 La advertencia y proclamación del juicio
- a. Dios mismo ejecutaría el juicio, justo a la medianoche
- b. El juicio:
    - 1) Todos los primogénitos entre los hombres y los animales morirían
    - 2) Todo Egipto clamará de angustia, clamará tan alto como nunca antes ni nunca después lo hará

3 El propósito del juicio
- a. Demostrar que Dios es el Dios de los verdaderos creyentes: Él protegió a su pueblo
- b. Hacer que Egipto (el mundo) conociera una simple verdad: Hay una diferencia entre los no creyentes y los creyentes
- c. Obligar a Egipto a liberar al pueblo de Dios

4 La conclusión: Verdades a tener en mente acerca de las plagas
- a. Por qué cayó el juicio: Porque Faraón no escuchaba
- b. El propósito de Dios: Dar a conocer su poder
- c. Los siervos de Dios fueron leales
- d. El juicio de Dios fue justo: El corazón de Faraón era duro y malvado
    - 1) Él rechazó la advertencia y la misericordia de Dios una y otra vez
    - 2) Él esclavizó al pueblo de Dios

CAPÍTULO 11

K. La décima plaga: Anunciada la muerte de los primogénitos: Evidencia de que Dios es el Dios de los creyentes verdaderos, 11:1-10

1 Jehová dijo a Moisés: Una plaga traeré aún sobre Faraón y sobre Egipto, después de la cual él os dejará ir de aquí; y seguramente os echará de aquí del todo.

2 Habla ahora al pueblo, y que cada uno pida a su vecino, y cada una a su vecina, alhajas de plata y de oro.

3 Y Jehová dio gracia al pueblo en los ojos de los egipcios. También Moisés era tenido por gran varón en la tierra de Egipto, a los ojos de los siervos de Faraón, y a los ojos del pueblo.

4 Dijo, pues, Moisés: Jehová ha dicho así: A la medianoche yo saldré por en medio de Egipto,

5 y morirá todo primogénito en tierra de Egipto, desde el primogénito de Faraón que se sienta en su trono, hasta el primogénito de la sierva que está tras el molino, y todo primogénito de las bestias.

6 Y habrá gran clamor por toda la tierra de Egipto, cual nunca hubo, ni jamás habrá.

7 Pero contra todos los hijos de Israel, desde el hombre hasta la bestia, ni un perro moverá su lengua, para que sepáis que Jehová hace diferencia entre los egipcios y los israelitas.

8 Y descenderán a mí todos estos tus siervos, e inclinados delante de mí dirán: Vete, tú y todo el pueblo que está debajo de ti; y después de esto yo saldré. Y salió muy enojado de la presencia de Faraón.

9 Y Jehová dijo a Moisés: Faraón no os oirá, para que mis maravillas se multipliquen en la tierra de Egipto.

10 Y Moisés y Aarón hicieron todos estos prodigios delante de Faraón; pues Jehová había endurecido el corazón de Faraón, y no envió a los hijos de Israel fuera de su país.

DIVISIÓN III
LAS DIEZ PLAGAS Y EGIPTO: EL JUICIO DE DIOS SOBRE AQUELLOS QUE LO RECHAZAN Y OPRIMEN A SU PUEBLO, 7:8—11:10

K. La décima plaga: Anunciada la muerte de los primogénitos: Evidencia de que Dios es el Dios de los creyentes verdaderos, 11:1-10

(11:1-10) ***Introducción* — *Codicia* — *Discriminación*:** No debe olvidar, cuando estudie las plagas del juicio de Dios sobre el antiguo Egipto, que Faraón y sus oficiales se enfrentaban a dos crisis de la vida real.

La primera gran crisis era la crisis económica creada por las plagas, en particular la crisis ocasionada por:
- La enfermedad del ganado (Éx. 9:7).
- La tormenta de granizo (Éx. 9:13-35).
- Las langostas (Éx. 10:1-20).

Quedó muy poco ganado en la nación y muy poco o nada de las cosechas y la vegetación. Egipto y su economía quedaron catastróficamente desvastados. Sin duda el gobierno confiscó la mayoría del ganado de Israel y comerció para conseguir alimentos de las naciones vecinas, así como se sustentaron de la comida que tenía almacenada para alguna situación de emergencia. Pero a pesar de todo, aún eran víctimas de la escasez de lo básico para la supervivencia de una nación y su economía. Además, podemos imaginarnos el miedo constante a la amenaza de que algún enemigo cercano estuviera al acecho, esperando el momento en que Egipto se debilitara.

La segunda gran crisis fue la exigencia de liberar a los esclavos israelitas. Israel contaba con más de dos millones de personas en aquella época (Éx. 12:37). Recuerde que los niños de todas las sociedades eran obligados a trabajar hasta hace relativamente poco tiempo. El número de trabajadores israelitas sería entonces de más de un millón, casi seguro que fueran más de dos millones. La situación se reducía a una sola decisión económica y política:

⇒ Si los líderes del gobierno liberaban a los israelitas, ¿cómo reconstruiría Egipto su economía? Un hecho es seguro: Reconstruirían su economía mucho más rápido con la ayuda de dos millones de esclavos trabajadores que lo que lo haría sin los dos millones de trabajadores, si las plagas se detenían. Por consiguiente, en el consejo de oficiales tomaron, sin duda, la decisión de no liberar a los esclavos:
- Esperando en contra de todo pronóstico.
- Haciendo promesas (que fue lo que Faraón hizo).
- Confiando en que las plagas se detendrían en algún momento.

Esto nos brinda una idea de la crisis que enfrentaban el rey y sus oficiales. Las reuniones en el gabinete ministerial debieron haber llevado varios días hasta bien entrada la noche durante las crisis ocasionadas por las plagas.

Sin embargo, repare en el siguiente hecho: Las personas, no importa quiénes sean, son más importantes que la economía y el bienestar de una raza o una nación. Todos somos creación del SEÑOR, del propio Dios. Por lo tanto, como miembros de la raza humana, todos somos hermanos y hermanas ante Él. Debemos sentir el uno por el otro, lo que las Escrituras llaman *amor fraternal.* Debemos amarnos los unos a los otros como vecinos. En eso fue en lo que Egipto, de forma tan miserable, falló, y nada en la tierra iba a hacer que la nación más poderosa sobre la tierra tratara a otro pueblo como sus iguales, como hermanos ante los ojos del SEÑOR. ¿Por qué? Porque rechazaron al único Dios vivo y verdadero y adoraban a falsos dioses y a religiones creadas por la imaginación de los hombres. Por eso, la verdad de Dios y de su sagrada voluntad les eran extrañas, la verdad:

- De haber sido creados iguales a personas de diferentes razas.
- De ser vecinos.
- De coexistir en igualdad.
- Del amor fraternal.

La verdad del Dios vivo era sencillamente ajena a los antiguos egipcios. Por consiguiente, lo que con frecuencia les sucede a las personas que no conocen realmente al SEÑOR, les sucedió a ellos: Pensaron que eran una raza superior. Ellos se consideraban a sí mismos más poderosos, más intelectuales y pertenecientes a una raza superior. En sus mentes, los egipcios eran, genéticamente, una raza superior. Eran, sin duda, más ricos y poderosos. Por consiguiente, ellos esclavizaron y maltrataron a personas. Violentamente, los esclavistas obligaban a los esclavos a realizar trabajos degradantes y de baja categoría, alguien tenía que realizar el trabajo degradante, abyecto y digno de bestias. En ocasiones se utilizaban esclavos, no animales, para hacer girar las piedras de los molinos para moler los granos. Dicho trabajo, así como el trabajo de esclavos, es inhumano y brutal. Además, va en contra de la Palabra de Dios y niega a Dios, que existe un Creador que nos creó iguales a todos, nos creó a todos para que seamos su pueblo.

Por lo tanto, la paciencia de Dios se agotó. Todos debemos recordar el siguiente hecho: La paciencia de Dios tiene un límite. Llega el momento en que Dios se ve obligado a intervenir, a castigar y a juzgar a las personas. Podemos endurecer nuestro corazón, hacernos de piedra y ser testarudos oponiéndonos a Dios, de manera que lleguemos al punto de nunca arrepentirnos. ¿Cuándo alcanza una persona dicho punto? Solo Dios lo sabe. Nadie podrá conocer jamás el corazón de otra persona, no lo suficiente como para saber si esa persona se arrepentirá algún día de sus pecados. Como ya se dijo, solo Dios puede conocer la dureza espiritual del corazón humano.

Dios conocía los corazones de los egipcios, tanto el corazón de Faraón como el de los egipcios. Dios sabía que Faraón y su pueblo habían llegado a ese punto y jamás se arrepentirían. Recuerde que los antiguos egipcios eran culpables de un terrible, un horrible mal.

⇒ Eran culpables de cometer atrocidad tras atrocidad, de maltratar y esclavizar a otras personas.

⇒ Eran culpables de oprimir y maltratar al mismo pueblo que intentaba vivir para servir a Dios en la tierra.

⇒ Eran culpables de rechazar a Dios y de adorar a los falsos ídolos y a las religiones creadas por la imaginación de los hombres.

Dios lo había visto y se sentía demasiado dolido. Su corazón había sido herido hasta el mismo fondo por las malvadas y pecaminosas prácticas de los egipcios. Faraón y su pueblo no se iban a arrepentir de su idolatría y de la malvada esclavización de las personas. No iban a liberar al pueblo de Dios, no por voluntad propia. Dios no tuvo más opción; tuvo que obligar a los egipcios a liberar a Israel. Por ello, Él lo preparó todo para lanzar una última plaga de juicio. Dicha última plaga haría que el rey de Egipto y sus oficiales imploraran al pueblo de Dios que se marchara de Egipto. Tal es el análisis de este importante pasaje de las Escrituras: *La décima plaga: Anunciada la muerte de los primogénitos: Evidencia de que Dios es el Dios de los creyentes verdaderos,* 11:1-10.

1. El encargo dado al siervo de Dios (vv. 1-3).
2. La advertencia y la proclamación del juicio (vv. 4-6).
3. El propósito del juicio (vv. 7-8).
4. La conclusión: Verdades a tener en mente con relación a las plagas (vv. 9-10).

1 (11:1-3) ***Justicia — Retribución*:** El siervo de Dios recibió una encomienda.

1. Moisés anunciaría una plaga más, una plaga que haría que Faraón liberara al pueblo (v. 1). La palabra en hebreo que se utiliza para el término plaga (*nega*) significa mucho más que un acontecimiento triste, de gravedad. La palabra significa *golpe*.[1] Por lo tanto, la décima plaga llevaría mucho más que tristeza a los egipcios. La plaga sería enviada por el golpe de la mano misma de Dios, el golpe de su *poder todopoderoso*. De hecho, el golpe de la mano de Dios causaría una confusión tal que Faraón, literalmente, *expulsaría* a los israelitas de Egipto.

2. Fíjese en lo que Dios encomendó a Moisés esta vez: Que dijera a los israelitas que les pidieran oro y plata a los egipcios. Los egipcios les debían una gran cantidad de dinero a los israelitas por concepto de salarios por décadas de trabajo forzado como esclavos. Además, los egipcios probablemente habrían confiscado o robado la mayoría de las posesiones de valor de los israelitas cuando los esclavizaron. Los egipcios le debían tanto al pueblo de Dios, que nunca podrían pagarle. Sin embargo, Dios quería que se hiciera justicia. Quería que Israel recibiera una gran suma por las injusticias cometidas contra ellos en el pasado. ¿Qué hizo que los egipcios dieran gratis plata y oro a los israelitas?

   a. Los egipcios lo dieron porque Dios los movió a favor de su pueblo (v. 3).
      ⇒ Es obvio que Dios sembró miedo en lo egipcios. El Dios de los hebreos había lanzado plaga tras plaga sobre Egipto, y todo el tiempo los israelitas estuvieron protegidos. Sin duda los egipcios temían a los israelitas, les temían debido al poder de su Dios.
      ⇒ Al parecer Dios hizo que los egipcios se sintieran culpables. Ellos habían maltratado y oprimido al pueblo de Dios, habían abusado de ellos y los habían tratado de manera brutal, les mintieron y les robaron. Era obvio que los egipcios los estaban indemnizando ya fuera para tener la conciencia limpia o para complacer al Dios de los hebreos.
   b. Los egipcios lo dieron porque tenían a Moisés en gran estima (v. 3). Imagínese cuánto apreciaba el pueblo a Moisés, aquel hombre por medio de quien el dedo de Dios obró extraordinariamente.
      ⇒ Los magos no pudieron ponerse frente a él (Éx. 8:18-19).
      ⇒ Los oficiales del gobierno conocían de su poder, y algunos creyeron incluso en su mensaje (Éx. 9:20; 10:7).

Pensamiento 1. En las tareas que Dios dio a Moisés se observan claramente dos lecciones.

1) Hay un día en que la justicia ha de hacerse, un día en que la puerta de la misericordia y la salvación se encuentra cerrada. Ese día había llegado para Faraón y su pueblo. También llegará el día en que la puerta de la misericordia y la salvación también se encuentra cerrada para nosotros.

"Por tanto, así ha dicho Jehová: He aquí yo traigo sobre ellos mal del que no podrán salir; y clamarán a mí, y no los oiré" (Jer. 11:11).

"Aunque cavasen hasta el Seol, de allá los tomará mi mano; y aunque subieren hasta el cielo, de allá los haré descender" (Am. 9:2).

"que cuando digan: Paz y seguridad, entonces vendrá sobre ellos destrucción repentina, como los dolores a la mujer encinta, y no escaparán" (1 Ts. 5:3).

"¿cómo escaparemos nosotros, si descuidamos una salvación tan grande? La cual, habiendo sido anunciada primeramente por el Señor, nos fue confirmada por los que oyeron" (He. 2:3).

"He aquí, yo estoy a la puerta y llamo; si alguno oye mi voz y abre la puerta, entraré a él, y cenaré con él, y él conmigo" (Ap. 3:20).

2) Llegará el día en que Dios impartirá justicia a favor de los creyentes, un día en que los creyentes serán recompensados por sus servicios aquí en la tierra.

"Su señor le dijo: Bien, buen siervo y fiel; sobre poco has sido fiel, sobre mucho te pondré; entra en el gozo de tu señor" (Mt. 25:23).

"Bienaventurados aquellos siervos a los cuales su señor, cuando venga, halle velando; de cierto os digo que se ceñirá, y hará que se sienten a la mesa, y vendrá a servirles" (Lc. 12:37).

"En la casa de mi Padre muchas moradas hay; si así no fuera, yo os lo hubiera dicho; voy, pues, a preparar lugar para vosotros. Y si me fuere y os preparare lugar, vendré otra vez, y os tomaré a mí mismo, para que donde yo estoy, vosotros también estéis" (Jn. 14:2-3).

"pero gloria y honra y paz a todo el que hace lo bueno, al judío primeramente y también al griego" (Ro. 2:10).

"Pues tengo por cierto que las aflicciones del tiempo presente no son comparables con la gloria venidera que en nosotros ha de manifestarse" (Ro. 8:18).

"Porque esta leve tribulación momentánea produce en nosotros un cada vez más excelente y eterno peso de gloria" (2 Co. 4:17).

"sabiendo que el bien que cada uno hiciere, ése recibirá del Señor, sea siervo o sea libre" (Ef. 6:8).

"Mas nuestra ciudadanía está en los cielos, de donde también esperamos al Salvador, al Señor Jesucristo; el cual transformará el cuerpo de la humillación nuestra, para que sea semejante al cuerpo de la gloria suya, por el poder con el cual puede también sujetar a sí mismo todas las cosas" (Fil. 3:20-21).

"Cuando Cristo, vuestra vida, se manifieste, entonces vosotros también seréis manifestados con él en gloria" (Col. 3:4).

---

1 F. B. Huey, *Exodus*, p. 50.

"Y cuando aparezca el Príncipe de los pastores, vosotros recibiréis la corona incorruptible de gloria" (1 P. 5:4).

"Amados, ahora somos hijos de Dios, y aún no se ha manifestado lo que hemos de ser; pero sabemos que cuando él se manifieste, seremos semejantes a él, porque le veremos tal como él es" (1 Jn. 3:2).

"Oí una voz que desde el cielo me decía: Escribe: Bienaventurados de aquí en adelante los muertos que mueren en el Señor. Sí, dice el Espíritu, descansarán de sus trabajos, porque sus obras con ellos siguen" (Ap. 14:13).

"Enjugará Dios toda lágrima de los ojos de ellos; y ya no habrá muerte, ni habrá más llanto, ni clamor, ni dolor; porque las primeras cosas pasaron" (Ap. 21:4).

2 (11:4-6) ***Juicio — Muerte — Advertencia***: Hubo advertencia y proclamación del juicio. Dicha advertencia tuvo lugar realmente durante la novena plaga cuando Faraón hizo que Moisés se personara ante él (Éx. 10:24-29). Es obvio que Dios le había dado a Moisés instrucciones antes de que fuera llevado ante Faraón para su última confrontación. Ello significa que Dios había preparado a Moisés para el abrupto final que tendría su reunión, al comunicarle que Faraón iba a reaccionar con furia y amenazaría a Moisés con la muerte. Lo que no podemos olvidar es que lo que Moisés le dijo a Faraón ocurrió realmente durante su encuentro en la noche de la novena plaga. Fíjese en la advertencia que recibió Faraón.

1. Dios mismo ejecutaría el juicio en hora cercana a la medianoche (v. 4). El idioma hebreo es enfático y dramático: "Yo, Yo [el SEÑOR] saldré" [*ani yose*], es decir, *marcharé* a través de Egipto. Y fíjese cuándo: Justo después de medianoche.

2. El juicio acarrearía una noche de horror y terror (vv. 5-6). Todos los primogénitos de los hombres y los animales morirían: Todos en esa única noche; todos en algún momento entre la medianoche y el amanecer. El juicio caería también sobre el primogénito de Faraón, así como el primogénito de una esclava, incluso sobre los primogénitos de los animales. Nadie resultaba muy poderoso ni nadie demasiado débil para escapar a la plaga del juicio final de Dios.

Todos los egipcios llorarían de angustia, llorarían como nunca antes lo habían hecho y como nunca lo volverán a hacer (v. 6).

Existen algunas evidencias históricas aparte de la Biblia que sirven de prueba de la muerte de los primogénitos de los egipcios. *The Expositor's Bible Commentary* [El comentario bíblico del expositor] plantea lo siguiente:

> *"Mordechai Gilula ('The Smiting of the Firstborn; An Egyptian Myth?' Tel Aviv, 4 [1977]: 94-95) ha descubierto un posible remanente histórico de dicho acontecimiento.*
>
> ⇒ *En los textos de las pirámides premosaicas (par. 339 a-b), se hace referencia a 'aquel día de la matanza de los primogénitos' que en egipcio se escribe* smsw.
>
> ⇒ *De la misma manera, los textos de los ataúdes premosaicos (VI:178) hacen referencia a 'aquella noche de la matanza de los primogénitos,' mientras que en otro ataúd aparecen ambos 'aquella noche... aquel día de la matanza de los primogénitos' (II:163 b-c).*
>
> ⇒ *En los textos de los ataúdes egipcios la palabra que se utiliza para 'primogénito' es wr o wrw, que significa 'grande' o 'más viejo'. Resulta interesante que los primogénitos resulten ser dioses en los textos de los ataúdes, mientras que en los de las pirámides no se diga".*[2]

Pensamiento 1. Dios nos advierte: El juicio está en camino y no habrá escape.

"Y si tú avisares al impío de su camino para que se aparte de él, y él no se apartare de su camino, él morirá por su pecado, pero tú libraste tu vida" (Ez. 33:9).

"Porque la ira de Dios se revela desde el cielo contra toda impiedad e injusticia de los hombres que detienen con injusticia la verdad; porque lo que de Dios se conoce les es manifiesto, pues Dios se lo manifestó. Porque las cosas invisibles de él, su eterno poder y deidad, se hacen claramente visibles desde la creación del mundo, siendo entendidas por medio de las cosas hechas, de modo que no tienen excusa. . . Y como ellos no aprobaron tener en cuenta a Dios, Dios los entregó a una mente reprobada, para hacer cosas que no convienen; estando atestados de toda injusticia, fornicación, perversidad, avaricia, maldad; llenos de envidia, homicidios, contiendas, engaños y malignidades; murmuradores, detractores, aborrecedores de Dios, injuriosos, soberbios, altivos, inventores de males, desobedientes a los padres, necios, desleales, sin afecto natural, implacables, sin misericordia; quienes habiendo entendido el juicio de Dios, que los que practican tales cosas son dignos de muerte, no solo las hacen, sino que también se complacen con los que las practican" (Ro. 1:18-20, 28-32).

"¿No sabéis que los injustos no heredarán el reino de Dios? No erréis; ni los fornicarios, ni los idólatras, ni los adúlteros, ni los afeminados, ni los que se echan con varones, ni los ladrones, ni los avaros, ni los borrachos, ni los maldicientes, ni los estafadores, heredarán el reino de Dios" (1 Co. 6:9-10).

"El que es enseñado en la palabra, haga partícipe de toda cosa buena al que lo instruye. No os engañéis; Dios no puede ser burlado: pues todo lo que el hombre sembrare, eso también segará. Porque el que siembra para su carne, de la carne segará corrupción; mas el que siembra para el Espíritu, del Espíritu segará vida eterna" (Gá. 6:6-8).

"Porque sabéis esto, que ningún fornicario, o inmundo, o avaro, que es idólatra, tiene herencia en el reino de Cristo y de Dios. Nadie os engañe con palabras vanas, porque por estas cosas viene la ira de Dios sobre los hijos de desobediencia" (Ef. 5:5-6).

---

[2] Frank E. Gaebelein, Editor. *The Expositor's Bible Commentary*, Vol. 2, pp. 369-370.

3 (11:7-8) ***Protección, del pueblo de Dios—Los creyentes, Carácter distintivo de***: Estaba el propósito para el juicio. Se dan tres propósitos para esta plaga en particular.

1. Propósito 1: Demostrar que Dios es el Dios de los verdaderos creyentes: Él protegió a su pueblo (v. 7). La protección de Dios sería tan fuerte que los perros ni ladrarían, mucho menos gruñirían, a un creyente durante la noche del juicio. El pueblo de Dios sentiría la paz y tranquilidad del Dios mismo durante el juicio.

2. Propósito 2: Incitar a Egipto (el mundo) a conocer un simple hecho: Existe una diferencia entre los no creyentes y los creyentes (v. 7). Dios mismo hizo la distinción entre Egipto e Israel, entre no creyentes y creyentes. Los no creyentes no siguen a Dios. Se apartan de Dios, lo rechazan, lo niegan y hasta lo maldicen. Los no creyentes simplemente no quieren tener nada que ver con Dios. Por lo tanto, Dios no puede cuidarlos, ni en la tierra ni el día del juicio. Tienen que permanecer solos y enfrentar el juicio de Dios solos.

Pero esto no es así con los creyentes. Los creyentes siguen a Dios y se entregan a la misericordia de Dios, confiando en Él para que los cuide. Y debido a que se entregan a Él, Él puede cuidar de ellos.

3. Propósito 3: Obligar a Egipto a darle la libertad al pueblo de Dios. El pueblo de Dios sería puesto en libertad. Dios iba a cerciorarse que serían puestos en libertad. Este juicio haría que los gobernantes de Egipto se inclinaran ante Moisés y le pidieran que él y el pueblo de Dios abandonaran Egipto.

Fíjese que Moisés estaba "muy enojado" cuando dejó a Faraón (v. 8). ¿Por qué?

> *"La estupidez y el desperdicio de todas esas vidas solo debido a una obstinada pecaminosidad enfureció en extremo a Moisés. Estar en presencia de la perversidad y no enfurecerse es una terrible enfermedad espiritual y moral".*[3]

Pensamiento 1. Existe una diferencia entre Egipto e Israel, entre los no creyentes y los creyentes de este mundo.

⇒ La diferencia radica en la presencia y el cuidado de Dios, la protección y la seguridad de Dios, la promesa de Dios del cielo y la eternidad.

⇒ La diferencia también radica en la lucha del creyente por vivir una vida justa y devota, servir y ser testigo de Dios y tener piedad de los necesitados y los extraviados de este mundo.

"Compañero soy yo de todos los que te temen y guardan tus mandamientos" (Sal. 119:63).

"El que anda con sabios, sabio será; mas el que se junta con necios será quebrantado" (Pr. 13:20).

"Porque os digo que si vuestra justicia no fuere mayor que la de los escribas y fariseos, no entraréis en el reino de los cielos" (Mt. 5:20).

"Velad debidamente, y no pequéis; porque algunos no conocen a Dios; para vergüenza vuestra lo digo" (1 Co. 15:34).

"Por lo cual, salid de en medio de ellos, y apartaos, dice el Señor, y no toquéis lo inmundo; y yo os recibiré, y seré para vosotros por Padre, y vosotros me seréis hijos e hijas, dice el Señor Todopoderoso" (2 Co. 6:17-18).

"llenos de frutos de justicia que son por medio de Jesucristo, para gloria y alabanza de Dios" (Fil. 1:11).

"enseñándonos que, renunciando a la impiedad y a los deseos mundanos, vivamos en este siglo sobria, justa y piadosamente, aguardando la esperanza bienaventurada y la manifestación gloriosa de nuestro gran Dios y Salvador Jesucristo" (Tit. 2:12-13).

"Pero el día del Señor vendrá como ladrón en la noche; en el cual los cielos pasarán con grande estruendo, y los elementos ardiendo serán deshechos, y la tierra y las obras que en ella hay serán quemadas. Puesto que todas estas cosas han de ser deshechas, ¡cómo no debéis vosotros andar en santa y piadosa manera de vivir, esperando y apresurándoos para la venida del día de Dios, en el cual los cielos, encendiéndose, serán deshechos, y los elementos, siendo quemados, se fundirán! Pero nosotros esperamos, según sus promesas, cielos nuevos y tierra nueva, en los cuales mora la justicia. Por lo cual, oh amados, estando en espera de estas cosas, procurad con diligencia ser hallados por él sin mancha e irreprensibles, en paz" (2 P. 3:10-14).

4 (11:9-10) ***Plagas, Las diez — El juicio***: Esta es la conclusión de las diez plagas; hay varios hechos que debemos recordar acerca de las plagas.

1. Hecho 1: ¿Por qué el juicio de Dios cayó sobre Egipto? ¿Por qué fue necesario que Faraón y los egipcios padecieran el juicio de Dios? Porque Faraón y los egipcios no quisieron escuchar el llamado de Dios a arrepentirse (v. 9). Recuerde siempre que los egipcios eran culpables de un terrible mal: Habían rechazado a Dios siglos atrás y empezaron a adorar falsos dioses y religiones. Igual de trágico, cometieron atrocidades una detrás de la otra contra muchos de los pueblos del mundo conocido de aquella época. Los esclavizaron y trataron brutalmente bajo la carga pesada de esclavistas salvajes.

Pensamiento 1. Muchas personas oyen la Palabra de Dios igual que Faraón y aun así no escuchan. Se niegan a escuchar. El resultado: Rechazan a Dios, lo niegan y hasta lo maldicen.

"Y dijo Jehová a Samuel: Oye la voz del pueblo en todo lo que te digan; porque no te han desechado a ti, sino a mí me han desechado, para que no reine sobre ellos" (1 S. 8:7).

"Mas ellos hacían escarnio de los mensajeros de Dios, y menospreciaban sus palabras, burlándose de

---

[3] Frank E. Gaebelein, Editor. *The Expositor's Bible Commentary*, Vol. 2, p. 370.

sus profetas, hasta que subió la ira de Jehová contra su pueblo, y no hubo ya remedio" (2 Cr. 36:16).

"Pero mi pueblo no oyó mi voz, e Israel no me quiso a mí. Los dejé, por tanto, a la dureza de su corazón; caminaron en sus propios consejos" (Sal. 81:11-13).

"Por cuanto llamé, y no quisisteis oír, extendí mi mano, y no hubo quien atendiese" (Pr. 1:24).

"¿A quién hablaré y amonestaré, para que oigan? He aquí que sus oídos son incircuncisos, y no pueden escuchar; he aquí que la palabra de Jehová les es cosa vergonzosa, no la aman" (Jer. 6:10).

"y pusieron su corazón como diamante, para no oír la ley ni las palabras que Jehová de los ejércitos enviaba por su Espíritu, por medio de los profetas primeros; vino, por tanto, gran enojo de parte de Jehová de los ejércitos" (Zac. 7:12).

"El que me rechaza, y no recibe mis palabras, tiene quien le juzgue; la palabra que he hablado, ella le juzgará en el día postrero" (Jn. 12:48).

2. Hecho 2: El propósito de Dios con las plagas del juicio era dar a conocer su poder (v. 9). Como ya señalamos, los egipcios eran un pueblo pecador y malvado: Adoraban falsos dioses y esclavizaban a los pueblos. Sin embargo, Dios no quería que muriera ni un solo egipcio, sino que todos se arrepintieran. Esta fue la razón por la que hizo los prodigios de las plagas: para probar:

- Que todos los dioses y las religiones adorados por los egipcios eran falsos.
- Que había un solo único y verdadero Dios viviente, el SEÑOR mismo (Jehová, Yahveh).
- Que el SEÑOR era el único Dios de la salvación, la redención y la liberación.

"He aquí Dios es salvación mía; me aseguraré y no temeré; porque mi fortaleza y mi canción es JAH Jehová, quien ha sido salvación para mí" (Is. 12:2).

"Jehová es mi luz y mi salvación; ¿de quién temeré? Jehová es la fortaleza de mi vida; ¿de quién he de atemorizarme?" (Sal. 27:1).

"Pero la salvación de los justos es de Jehová, y él es su fortaleza en el tiempo de la angustia" (Sal. 37:39).

"Y se dirá en aquel día: He aquí, éste es nuestro Dios, le hemos esperado, y nos salvará; éste es Jehová a quien hemos esperado, nos gozaremos y nos alegraremos en su salvación" (Is. 25:9).

"Jehová está en medio de ti, poderoso, él salvará; se gozará sobre ti con alegría, callará de amor, se regocijará sobre ti con cánticos" (Sof. 3:17).

"Porque no envió Dios a su Hijo al mundo para condenar al mundo, sino para que el mundo sea salvo por él" (Jn. 3:17).

"Y en ningún otro hay salvación; porque no hay otro nombre bajo el cielo, dado a los hombres, en que podamos ser salvos" (Hch. 4:12).

"A éste, Dios ha exaltado con su diestra por Príncipe y Salvador, para dar a Israel arrepentimiento y perdón de pecados" (Hch. 5:31).

"por lo cual puede también salvar perpetuamente a los que por él se acercan a Dios, viviendo siempre para interceder por ellos" (He. 7:25).

3. Hecho 3: Los siervos de Dios fueron fieles (v. 10). Moisés y Aarón hicieron exactamente lo que Dios les ordenó. Proclamaron el mensaje de Dios a Faraón e hicieron los prodigios que Dios les había dado el poder de ejecutar. Predicaron la Palabra de Dios y llamaron a los egipcios al arrepentimiento, a arrepentirse del terrible mal de la idolatría y de la esclavitud de las personas.

"Y Moisés a la verdad fue fiel en toda la casa de Dios, como siervo, para testimonio de lo que se iba a decir" (He. 3:5).

"Por lo cual, oh rey Agripa, no fui rebelde a la visión celestial" (Hch. 26:19).

"Nos fatigamos trabajando con nuestras propias manos; nos maldicen, y bendecimos; padecemos persecución, y la soportamos" (1 Co. 4:12).

"Bienaventurados los que lavan sus ropas, para tener derecho al árbol de la vida, y para entrar por las puertas en la ciudad" (Ap. 22:14).

"Ahora, pues, si diereis oído a mi voz, y guardareis mi pacto, vosotros seréis mi especial tesoro sobre todos los pueblos; porque mía es toda la tierra" (Éx. 19:5).

"De la manera que Jehová lo había mandado a Moisés su siervo, así Moisés lo mandó a Josué; y así Josué lo hizo, sin quitar palabra de todo lo que Jehová había mandado a Moisés" (Jos. 11:15).

"Porque siguió a Jehová, y no se apartó de él, sino que guardó los mandamientos que Jehová prescribió a Moisés" (2 R. 18:6).

4. Hecho 4: El juicio de Dios fue justo. El corazón de Faraón era duro y perverso (v. 10). Como gobernante de Egipto, lideró el rechazo a Dios, el rechazo a la advertencia y la misericordia de Dios una y otra vez. Guió al pueblo en la adoración de falsas religiones y falsos dioses creados por la imaginación de los hombres. Se puso a la cabeza en esclavizar y tratar brutalmente a las personas, incluso las mismas personas que intentaban seguir a Dios en su época y día.

Pensamiento 1. Dios tiene el poder de juzgar y el poder de salvar a lo hombres. Ambos poderes se demostrarán ante toda persona que haya vivido.

1) Dios juzgará al mundo.

"Cuando el Hijo del Hombre venga en su gloria, y todos los santos ángeles con él, entonces se sentará en su trono de gloria, y serán reunidas delante de él todas las naciones; y apartará los unos de los otros, como aparta el pastor las ovejas de los cabritos. Y pondrá las ovejas a su derecha, y los cabritos a su izquierda" (Mt. 25:31-33).

"Y de la manera que está establecido para los hombres que mueran una sola vez, y después de esto el juicio" (He. 9:27).

"pero los cielos y la tierra que existen ahora, están reservados por la misma palabra, guardados para el fuego en el día del juicio y de la perdición de los hombres impíos" (2 P. 3:7).

"De éstos también profetizó Enoc, séptimo desde Adán, diciendo: He aquí, vino el Señor con sus santas decenas de millares, para hacer juicio contra todos, y dejar convictos a todos los impíos de todas

sus obras impías que han hecho impíamente, y de todas las cosas duras que los pecadores impíos han hablado contra él" (Jud. 14-15).

"Y vi a los muertos, grandes y pequeños, de pie ante Dios; y los libros fueron abiertos, y otro libro fue abierto, el cual es el libro de la vida; y fueron juzgados los muertos por las cosas que estaban escritas en los libros, según sus obras" (Ap. 20:12).

2) Dios salvará a todos los que apelen a Él.

"Porque de tal manera amó Dios al mundo, que ha dado a su Hijo unigénito, para que todo aquel que en él cree, no se pierda, mas tenga vida eterna" (Jn. 3:16).

"Pero me dijo: Ve, porque yo te enviaré lejos a los gentiles" (Hch. 2:21).

"Porque la paga del pecado es muerte, mas la dádiva de Dios es vida eterna en Cristo Jesús Señor nuestro" (Ro. 6:23).

"que si confesares con tu boca que Jesús es el Señor, y creyeres en tu corazón que Dios le levantó de los muertos, serás salvo. Porque con el corazón se cree para justicia, pero con la boca se confiesa para salvación" (Ro. 10:9-10).

"porque todo aquel que invocare el nombre del Señor, será salvo" (Ro. 10:13).

"Porque por gracia sois salvos por medio de la fe; y esto no de vosotros, pues es don de Dios" (Ef. 2:8).

"el cual quiere que todos los hombres sean salvos y vengan al conocimiento de la verdad" (1 Ti. 2:4).

DIVISIÓN IV
LA PASCUA Y LA DÉCIMA PLAGA: LIBERACIÓN DEL JUICIO DE DIOS: LIBERADO, PUESTO EN LIBERTAD,
ÉXODO 12:1—13:16

(12:1–13:16) ***PERSPECTIVA GENERAL DE LA DIVISIÓN — Israel — Liberación***: Esta división de Éxodo abarca la gran liberación de Israel de la esclavitud egipcia y cómo los israelitas celebraron su liberación. Dicho de forma simple, la Pascua es la celebración de...

- La primera gran emancipación de Israel
- El primer día de independencia de Israel[1]

Suponga, si lo desea, una noche oscura como cualquier otra noche egipcia. Pero esta noche particular era extrañamente diferente. Un sentido ominoso y aprensivo llenaba el aire mientras Israel esperaba a ver si su preparación cuidadosa del cordero de Pascua les permitiría sobrevivir a esa noche.

Los gritos de inmenso dolor surcaban la noche cuando madres y padres egipcios sujetaban los cuerpos sin vida de sus hijos primogénitos. Para los israelitas, la Pascua era una noche donde *la obediencia a Dios* hizo posible la diferencia literal entre la vida y la muerte. Agarrando firmemente a sus hijos primogénitos, cada madre y padre hebreo musitaron una oración de gratitud a Dios, una oración de descanso. El ángel de la muerte reconoció la sangre del cordero en sus puertas y pasó de largo. Esta institución sagrada, la Pascua, se convertiría para Israel en uno de los momentos decisivos en la historia por la libertad de sus amos egipcios. Sería una noche que cada niño en cada generación escucharía una y otra vez narrar la historia de cómo Dios salvó a su pueblo del juicio mediante la sangre del cordero de la Pascua. Advierta los siguientes asuntos importantes antes de que comencemos nuestro estudio:

1. El más grande acontecimiento en la historia del antiguo Israel fue el acontecimiento que ahora las Sagradas Escrituras consideran: La liberación de Israel de la esclavitud egipcia. ¿Cómo Dios iba a librar a su pueblo?

⇒ En primer lugar, mediante la sangre, la sangre del cordero de la Pascua. Dios iba a enviar la décima y plaga final de su juicio contra Egipto, la plaga de muerte, la muerte del primogénito. Pero había una salida: La sangre del cordero. Si una persona sacrificaba un cordero y embarraba con su sangre los postes de la puerta de la casa, Dios pasaría por encima de la casa y no mataría al primogénito. La muerte del cordero se convirtió en un sustituto para el creyente. La persona que le creyó a Dios, que creyó que la sangre del cordero sacrificado le salvaría, escapaba de la plaga de muerte.

⇒ En segundo lugar, mediante el poder, el poder de Dios para hacer pasar a su pueblo por el Mar Rojo y destruir al ejército egipcio.

Note que la liberación de Israel es un cuadro (símbolo, tipo) de cómo Dios salva a una persona de los pecados y las esclavitudes de este mundo (Egipto) y de la plaga venidera de muerte que debe recaer sobre todos nosotros. Dios nos libera por la sangre de su Hijo, el Señor Jesucristo, el Cordero de Dios quita el pecado del mundo. Dios también nos libera mediante su poder, el poder de su Espíritu para guiarnos y darnos victoria sobre todas las tentaciones y las pruebas de esta vida.

2. La misma Palabra nos dice lo que la Pascua es, exactamente lo que la Pascua significa. Dios le dijo a Moisés que declarara esta verdad maravillosa: Dios pasaría de largo y no lanzaría su juicio a cualquier persona que creyera en la sangre del cordero, cualquier persona que creyera lo suficiente como para esconderse detrás de la sangre del cordero.

"Pues yo pasaré aquella noche por la tierra de Egipto, y heriré a todo primogénito en la tierra de Egipto, así de los hombres como de las bestias; y ejecutaré mis juicios en todos los dioses de Egipto. Yo Jehová. Y la sangre os será por señal en las casas donde vosotros estéis; y veré la sangre y *pasaré* de vosotros, y no habrá en vosotros plaga de mortandad cuando hiera la tierra de Egipto" (Éx. 12:12-13).

"Porque Jehová pasará hiriendo a los egipcios; y cuando vea la sangre en el dintel y en los dos postes, *pasará* Jehová aquella puerta, y no dejará entrar al heridor en vuestras casas para herir" (Éx. 12:23).

"vosotros responderéis: Es la víctima de la pascua de Jehová, el cual *pasó* por encima de las casas de los hijos de Israel en Egipto, cuando hirió a los egipcios, y libró nuestras casas. Entonces el pueblo se inclinó y adoró" (Éx. 12:27).

3. La Pascua significó para Israel lo mismo que la cruz significa para el creyente cristiano: La liberación de la esclavitud por el poder del extraordinario Dios nuestro.

⇒ La sangre del cordero de la Pascua hizo que el juicio de muerte de Dios *pasara por alto* el creyente

[1] F. B. Huey, *Exodus*, p. 55.

israelita. La sangre del cordero de Pascua condujo a una vida nueva y gloriosa de libertad para el creyente israelita.

⇒ La sangre de Cristo, el Cordero de Dios mismo, salva de la muerte al creyente genuino de cualquier raza. La sangre de Cristo libera al creyente genuino del pecado, la muerte y el infierno. La sangre de nuestro Señor nos da una vida nueva de libertad que sigue por la eternidad.

4. Hay una estrecha relación entre la Pascua y la crucifixión de Cristo. Toda la Biblia declara esta relación íntima.

a) Isaías profetizó que el Cordero de Dios debía morir por el pueblo.

"Ciertamente llevó él nuestras enfermedades, y sufrió nuestros dolores; y nosotros le tuvimos por azotado, por herido de Dios y abatido. Mas él herido fue por nuestras rebeliones, molido por nuestros pecados; el castigo de nuestra paz fue sobre él, y por su llaga fuimos nosotros curados. Todos nosotros nos descarriamos como ovejas, cada cual se apartó por su camino; mas Jehová cargó en él el pecado de todos nosotros. Angustiado él, y afligido, no abrió su boca; *como cordero fue llevado al matadero*; y como oveja delante de sus trasquiladores, enmudeció, y no abrió su boca" (Is. 53:4-7).

b) Jesucristo *celebraba la Pascua* con sus discípulos cuando hizo la revelación fenomenal: Él mismo era el; Cordero de la Pascua que moriría por los pecados del mundo.

"porque esto es mi sangre del nuevo pacto, que por muchos es derramada para remisión de los pecados" (Mt. 26:28).

c) Juan el Bautista proclamó que Jesucristo era el Cordero de Dios que quita el pecado del mundo.

"El siguiente día vio Juan a Jesús que venía a él, y dijo: He aquí el Cordero de Dios, que quita el pecado del mundo" (Jn. 1:29).

"Y mirando a Jesús que andaba por allí, dijo: He aquí el Cordero de Dios" (Jn. 1:36).

d) El apóstol Pablo afirmó que Jesucristo era *nuestra Pascua* sacrificada para nosotros. Por consiguiente, debemos sacar el mal de nuestra vida y llevar una vida recta, de sinceridad y verdad.

"Limpiaos, pues, de la vieja levadura, para que seáis nueva masa, sin levadura como sois; porque *nuestra pascua, que es Cristo, ya fue sacrificada por nosotros*. Así que celebremos la fiesta, no con la vieja levadura, ni con la levadura de malicia y de maldad, sino con panes sin levadura, de sinceridad y de verdad" (1 Co. 5:7-8).

e) Pedro afirmó que Jesucristo era el Cordero cuya sangre nos limpia de pecado.

"sabiendo que fuisteis rescatados de vuestra vana manera de vivir, la cual recibisteis de vuestros padres, no con cosas corruptibles, como oro o plata, sino con la sangre preciosa de Cristo, como de un cordero sin mancha y sin contaminación" (1 P. 1:18-19).

f) La carta a los hebreos señala que Jesucristo es el sacrificio que carga con nuestros pecados y nos asegura redención eterna.

"y no por sangre de machos cabríos ni de becerros, sino por su propia sangre, entró una vez para siempre en el Lugar Santísimo, habiendo obtenido eterna redención" (He. 9:12).

"así también Cristo fue ofrecido una sola vez para llevar los pecados de muchos; y aparecerá por segunda vez, sin relación con el pecado, para salvar a los que le esperan" (He. 9:28).

g) El gran libro de Apocalipsis declara una y otra vez que Jesucristo es el Cordero de Dios.

"Y cuando hubo tomado el libro, los cuatro seres vivientes y los veinticuatro ancianos se postraron delante del *Cordero*; todos tenían arpas, y copas de oro llenas de incienso, que son las oraciones de los santos; y cantaban un nuevo cántico, diciendo: Digno eres de tomar el libro y de abrir sus sellos; porque tú fuiste inmolado, y con tu sangre nos has redimido para Dios, de todo linaje y lengua y pueblo y nación; y nos has hecho para nuestro Dios reyes y sacerdotes, y reinaremos sobre la tierra" (Ap. 5:8-10).

"Y cantan el cántico de Moisés siervo de Dios, y el cántico del Cordero, diciendo: Grandes y maravillosas son tus obras, Señor Dios Todopoderoso; justos y verdaderos son tus caminos, Rey de los santos" (Ap.15:3. Cp. Ap.7:9; 12:11; 13:8; 14:1; 15:3; 17:14; 19:9; 21:22).

5. La Pascua es a la vez una historia de juicio y de liberación. El juicio no es algo agradable, pero Dios nunca hace la vista gorda al pecado ni gira su cabeza, ignorando la injusticia. Después de retener su ira por años, Egipto había ido demasiado lejos. El faraón y su pueblo habían rechazado a Dios y habían cruelmente maltratado a multitud de personas en la tierra, incluso al propio pueblo que creía y testificaba del único Dios vivo y verdadero. Por consiguiente, a Dios no le quedó nada más que ejecutar justicia sobre los malvados egipcios y salvar a todos los que verdaderamente creían en Él y le seguían. Dios no escatimará fuerzas cuando su amor es menospreciado y su pueblo es maltratado.

"Y el Señor me librará de toda obra mala, y me preservará para su reino celestial. A él sea gloria por los siglos de los siglos. Amén" (2 Ti. 4:18).

"sabe el Señor librar de tentación a los piadosos, y reservar a los injustos para ser castigados en el día del juicio" (2 P. 2:9).

"Porque Jehová ama la rectitud, y no desampara a sus santos. Para siempre serán guardados; mas la descendencia de los impíos será destruida" (Sal. 37:28).

"Aunque afligido yo y necesitado, Jehová pensará en mí. Mi ayuda y mi libertador eres tú; Dios mío, no te tardes" (Sal. 40:17).

"Ninguna arma forjada contra ti prosperará, y condenarás toda lengua que se levante contra ti en juicio. Esta es la herencia de los siervos de Jehová, y su salvación de mí vendrá, dijo Jehová" (Is. 54:17).

"Yo Jehová, que escudriño la mente, que pruebo el corazón, para dar a cada uno según su camino, según el fruto de sus obras" (Jer. 17:10).

6. La Pascua se instituyó para celebrar la liberación de Israel de la esclavitud egipcia. La celebración de la Pascua festejó la gran emancipación de Israel. Fue el gran día de la independencia de Israel.[2]

7. La Pascua está estrechamente ligada a la Fiesta de los panes sin levadura. La sangre del cordero había salvado a los israelitas que habían creído a Dios y lo habían obedecido. Pero Dios tuvo la intención de hacer más que simplemente liberar a su pueblo de la esclavitud de Egipto (el mundo). Por consiguiente, al preparar la comida de la Pascua, Dios les dio a los israelitas instrucciones de expulsar toda levadura y todo pan leudado de sus casas. Que comieran solo pan ácimo y tomaran solo pan sin levadura con ellos cuando salieron de Egipto (el mundo) y marcharon hacia la Tierra Prometida de Dios (el cielo). ¿Por qué les dio Dios esta instrucción inusual a los israelitas?

- Porque su salvación y su liberación serían inmediatas: Tuvieron que dejar Egipto (el mundo) y su esclavitud rápidamente.
- Porque la levadura simboliza el mal a todo lo largo de las Sagradas Escrituras.

Dicho simplemente, Dios quiso que la Fiesta de los panes sin levadura le recuerde a su pueblo su liberación milagrosa, del momento cuando tuvieron que salir precipitadamente de Egipto, fuera de los malvados de Egipto y sus esclavitudes. Dios quiso recordarle a su pueblo que se les había dado una vida nueva, una vida que marchaba hacia la Tierra Prometida de Dios. Espiritualmente, esto simboliza la necesidad absoluta que el creyente cristiano tiene de *apartarse* del mundo con toda su levadura (maldad) y caminar en *novedad de vida* al marchar hacia la Tierra Prometida de Dios.

2 F. B. Huey, *Exodus*, p. 55.

"¿O no sabéis que todos los que hemos sido bautizados en Cristo Jesús, hemos sido bautizados en su muerte? Porque somos sepultados juntamente con él para muerte por el bautismo, a fin de que como Cristo resucitó de los muertos por la gloria del Padre, así también nosotros andemos en vida nueva" (Ro. 6:3-4).

"De modo que si alguno está en Cristo, nueva criatura es; las cosas viejas pasaron; he aquí todas son hechas nuevas" (2 Co. 5:17).

"El que dice que permanece en él, debe andar como él anduvo" (1 Jn. 2:6).

"Por tanto, de la manera que habéis recibido al Señor Jesucristo, andad en él" (Col. 2:6).

8. La Pascua en realidad incluyó tres celebraciones principales. Al vincular estos tres acontecimientos, Dios recalca esta verdad importante: Fue Dios y solo Él quien libró a Israel de la esclavitud egipcia. Cuando empezaron su marcha a la Tierra Prometida, cada una de las celebraciones enfocó los corazones del pueblo de Dios en la gran liberación de Dios:

⇒ La Pascua en sí misma *se enfocó* en la gran redención de Dios, su salvación y su liberación del creyente que se escondió detrás de la sangre del cordero de sacrificio.

⇒ La Fiesta de los panes sin levadura *se enfocó* en la necesidad de huir, rápidamente, de la esclavitud de Egipto (el mundo), de inmediatamente marchar hacia la Tierra Prometida.

⇒ La dedicación del primogénito *se enfocó* en la necesidad absoluta de dedicarle el primogénito a Dios. Dios fue el Salvador del primogénito, por consiguiente, el primogénito le pertenecía y debía estarle dedicado. Y advierta: Al darle el primogénito a Dios, los padres establecían el precedente de darle todos sus hijos a Dios, de enseñarles que Dios es el gran Salvador y el Libertador de todos nosotros.

9. La Pascua es uno de los tipos más evidentes y descriptivos en todo el Antiguo Testamento. Los tipos se tratan como los temas diversos considerados por las Sagradas Escrituras.

10. La Pascua es un punto de interés maravilloso en el libro de Éxodo. Los temas considerados en los dos capítulos destacan la importancia de la Pascua en la vida del antiguo Israel y en la vida del creyente.

DIVISIÓN IV
LA PASCUA Y LA DÉCIMA PLAGA: LIBERACIÓN DEL JUICIO DE DIOS: LIBERADO, PUESTO EN LIBERTAD, 12:1—13:16

A. La Pascua: El primer elemento esencial y básico para la redención: Un cordero sin manchas, 12:1-13

B. La fiesta de los panes sin levadura: El segundo elemento esencial y básico para la redención: Sacar toda la levadura, todo el mal, de nuestra vida, 12:14-20

C. La décima plaga: La muerte de los primogénitos y la Pascua: Liberación del juicio de Dios: Liberado, puesto en libertad, 12:21-51

D. La consagración del primogénito: Recordar la gran liberación de Dios, 13:1-16

IV. LA PASCUA Y LA DÉCIMA PLAGA: LIBERACIÓN DEL JUICIO DE DIOS: LIBERADO, PUESTO EN LIBERTAD, 12:1—13:16

A. La Pascua: El primer elemento esencial y básico para la redención: Un cordero sin manchas, 12:1-13

1 El significado de la fiesta de Pascua: Se cambió el calendario, el mes de la Pascua sería el primero en el año de Israel[EF1]

2 Las personas que guardarían la fiesta
a. Toda la congregación de Israel
b. Cada familia, cada casa debía asegurar un cordero: en el décimo día
c. Las familias pequeñas compartirían su cordero con sus vecinos

3 Los requisitos del cordero
a. De un año
b. Sin manchas
c. Ser una oveja o una cabra

4 El sacrificio del cordero
a. Matarlo a una hora fija y específica: En la noche del día catorce del mes
b. Untar con sangre los lados y el dintel de las puertas
c. Asar y comerse la carne, comer también algo de pan ázimo y hierbas amargas
d. Asar el animal entero al fuego, cabeza, patas y entrañas: No comerse el cordero crudo ni cocido en agua
e. No debe quedar vestigio alguno de comida a la mañana siguiente: Quemar las sobras
f. Comer de prisa y encontrarse vestido y listo para salir del lugar con rapidez

5 El propósito del cordero: Sustituir a los creyentes en la muerte
a. El propósito concerniente al juicio: Dios ejecutaría el juicio sobre Egipto (el mundo), incluyendo a hombres, animales y todos los falsos dioses
b. El propósito concerniente a la creencia en Dios: La sangre era una señal de que la persona creía en Dios: La sangre hizo que Dios pasara por alto y no condenara al creyente

1 Habló Jehová a Moisés y a Aarón en la tierra de Egipto, diciendo:
2 Este mes os será principio de los meses; para vosotros será éste el primero en los meses del año.
3 Hablad a toda la congregación de Israel, diciendo: En el diez de este mes tómese cada uno un cordero según las familias de los padres, un cordero por familia.
4 Mas si la familia fuere tan pequeña que no baste para comer el cordero, entonces él y su vecino inmediato a su casa tomarán uno según el número de las personas; conforme al comer de cada hombre, haréis la cuenta sobre el cordero.
5 El animal será sin defecto, macho de un año; lo tomaréis de las ovejas o de las cabras.
6 Y lo guardaréis hasta el día catorce de este mes, y lo inmolará toda la congregación del pueblo de Israel entre las dos tardes.
7 Y tomarán de la sangre, y la pondrán en los dos postes y en el dintel de las casas en que lo han de comer.
8 Y aquella noche comerán la carne asada al fuego, y panes sin levadura; con hierbas amargas lo comerán.
9 Ninguna cosa comeréis de él cruda, ni cocida en agua, sino asada al fuego; su cabeza con sus pies y sus entrañas.
10 Ninguna cosa dejaréis de él hasta la mañana; y lo que quedare hasta la mañana, lo quemaréis en el fuego.
11 Y lo comeréis así: ceñidos vuestros lomos, vuestro calzado en vuestros pies, y vuestro bordón en vuestra mano; y lo comeréis apresuradamente; es la Pascua de Jehová.
12 Pues yo pasaré aquella noche por la tierra de Egipto, y heriré a todo primogénito en la tierra de Egipto, así de los hombres como de las bestias; y ejecutaré mis juicios en todos los dioses de Egipto. Yo Jehová.
13 Y la sangre os será por señal en las casas donde vosotros estéis; y veré la sangre y pasaré de vosotros, y no habrá en vosotros plaga de mortandad cuando hiera la tierra de Egipto.

DIVISIÓN IV
LA PASCUA Y LA DÉCIMA PLAGA: JUICIO DE DIOS, LIBERADO, PUESTO EN LIBERTAD, 12:1—13:16

A. La Pascua: El primer elemento esencial y básico para la redención: Un cordero sin manchas, 12:1-13

(12:1-13) ***Introducción***: La Pascua trata del juicio de Dios y la salvación de Dios.

⇒ La Pascua trata del juicio de Dios sobre los no creyentes de este mundo, sobre los malvados opresores, y los impíos e injustos de este mundo.

⇒ La Pascua trata de la liberación de Dios, la liberación de todos los que creen en Él y lo siguen diligentemente.

Nunca se podrá insistir lo suficiente en la importancia de la Pascua. Fue, sin duda, el día más trascendental en la historia de Israel. Capte la envergadura de lo que Dios estaba haciendo en la Pascua:

⇒ Dios tenía un plan para salvar y liberar a su pueblo, a todo su pueblo.

⇒ Dios tenía un plan para juzgar a los malvados y crueles egipcios mientras protegía a su pueblo, a todos y cada uno de ellos.

⇒ Dios tenía un plan para mostrarles a todos los futuros creyentes la importancia de la sangre del cordero de la Pascua.

⇒ Dios tenía un plan para el perdón de pecados, de todos los pecados que Jesucristo asumiría Él mismo voluntariamente.

El tema de este gran pasaje es: *La Pascua: El primer elemento esencial y básico para la redención: Un cordero sin manchas,* 12:1-13.

1. El significado de la fiesta de la Pascua: Se cambió el calendario, el mes de la Pascua sería el primero del año de Israel (vv. 1-2).
2. Las personas que guardarían la fiesta (vv. 3-4).
3. Los requisitos del cordero (v. 5).
4. El sacrificio del cordero (vv. 6-11).
5. El propósito del cordero: Sustituir a los creyentes en la muerte (vv. 12-13).

1 (12:1-2) ***Cordero — Creencia — Sacrificio — Pascua***: La Pascua fue el hecho más trascendental en la historia de Israel, tanto así que Dios usó la Pascua para cambiar el calendario mismo de Israel. La Pascua fue un hecho diferente de todos los demás en la historia de Israel: Marcó la noche en que Dios liberó a su pueblo:

- De la esclavitud de los egipcios (el mundo).
- De la plaga de mortandad.

El éxodo de Egipto marcó una vida completamente nueva para el pueblo de Dios. De este modo quería Dios que su nuevo estilo de vida estuviera marcado por un hecho trascendental, un hecho que siempre los incitaría a recordar la Pascua, la gran noche de su liberación. ¿Cómo pudo Dios hacer esto? Dándoles un nuevo calendario. El nuevo año debía comenzar el mismo mes de la Pascua. A partir de ese momento, el primer mes del año de Israel sería el mes llamado *Abib*, que corresponde a los actuales meses de marzo a abril. En Palestina, estos eran los meses en que comenzaba la primavera. La palabra *Abib* significa "espiga de grano tierno" que representa la nueva "naturaleza vivificante de la primavera".[1]

Nota: Israel cambió de calendario después del exilio babilónico (586 a.C.). Pasaron a usar el calendario babilónico que celebraba el año nuevo en primavera, en el mes de *Nisán* (Est. 3:7; Neh. 2:1).

> ***Pensamiento 1***. La Pascua marcó un *nuevo comienzo*. El año viejo finalizó abruptamente, comenzó un nuevo año. Lo mismo sucede con la conversión: La vieja vida de la persona finaliza abruptamente; comienza una nueva vida en Cristo. La persona que cree en Jesucristo, en su muerte y sacrificio por ellos:
>
> - Pasa de la muerte a la vida.
> - Pasa del juicio de Dios a la aceptación de Dios.
>
> La conversión de la persona se convierte en el día más grandioso de su vida. Se aleja de su *vida* vieja y comienza a vivir una *vida nueva*, en marcha hacia la *Tierra Prometida* de Dios.
>
> **"Os daré corazón nuevo, y pondré espíritu nuevo dentro de vosotros; y quitaré de vuestra carne el corazón de piedra, y os daré un corazón de carne" (Ez. 36:26).**
>
> **"y dijo: De cierto os digo, que si no os volvéis y os hacéis como niños, no entraréis en el reino de los cielos" (Mt. 18:3).**
>
> **"Respondió Jesús y le dijo: De cierto, de cierto te digo, que el que no naciere de nuevo, no puede ver el reino de Dios" (Jn. 3:3).**
>
> **"Así que, arrepentíos y convertíos, para que sean borrados vuestros pecados; para que vengan de la presencia del Señor tiempos de refrigerio" (Hch. 3:19).**
>
> **"De modo que si alguno está en Cristo, nueva criatura es; las cosas viejas pasaron; he aquí todas son hechas nuevas" (2 Co. 5:17).**
>
> **"Porque en Cristo Jesús ni la circuncisión vale nada, ni la incircuncisión, sino una nueva creación" (Gá. 6:15).**
>
> **"En cuanto a la pasada manera de vivir, despojaos del viejo hombre, que está viciado conforme a los deseos engañosos, y renovaos en el espíritu de vuestra mente, y vestíos del nuevo hombre, creado según Dios en la justicia y santidad de la verdad" (Ef. 4:22-24).**
>
> **"No mintáis los unos a los otros, habiéndoos despojado del viejo hombre con sus hechos, y revestido del nuevo, el cual conforme a la imagen del que lo creó se va renovando hasta el conocimiento pleno" (Col. 3:9-10).**

[1] Ronald F. Youngblood. *Exodus*, pp. 58-59.

Pensamiento 2. El comienzo de una vida nueva para los israelitas estuvo marcado por un nuevo calendario. Asimismo, la vida de Cristo está marcada por un nuevo calendario. El punto culminante de su vida fue su resurrección de la muerte. Cuando Él resucitó, resucitó a una *vida nueva*, una vida que viviría eternamente en la gloria del cielo. Este hecho asombra al mundo de tal manera que el mundo mide las estaciones y la historia a partir de la fecha de su nacimiento.

ESTUDIO A FONDO 1

(12:1-2) ***Calendario, hebreo — Símbolo — Tipo***: Debido a la extensión de este Estudio a Fondo, este aparece al final de esta sección para evitar romper el hilo de estudio de la persona. (Vea *Estudio a fondo 1* al final de esta sección.)

2 (12:3-4) ***Pascua — Fiestas — Familia***: ¿Quién celebraría la fiesta de la Pascua?

1. Toda la congregación de Israel. Fíjese que a Israel se le llamaba una "congregación" (*edah*). Esta es la primera vez que este término se utiliza en las Escrituras. El término se usa más de cien veces para referirse al pueblo de Dios que se congregaba ya fuera para adorar al SEÑOR o para escuchar la palabra del SEÑOR.

Observe el siguiente hecho también: Existe además otra palabra hebrea que significa congregación (*qahal*). Esta palabra se usa a menudo en Deuteronomio así como en los libros proféticos y se dice que significa lo mismo que la palabra griega que aparece en el Nuevo Testamento que se refiere a *asamblea* o *iglesia* (*ekklesia*)[2]. Obviamente, cuando Dios contempló a Israel, Él vio a las personas que realmente creían en Él, a los verdaderos creyentes diseminados por toda la nación, y los llamó su *congregación* de personas.

2. Cada familia, cada casa, celebraría la fiesta de la Pascua. Cada casa debía buscar un cordero el décimo día del mes. Observe que la Pascua estaba *orientada a la familia*. J. Vernon McGee dice lo siguiente:

> *"Cuando Israel entró a Egipto, fue como una familia. Cuando salieron de Egipto, fue como una nación. El aspecto interesante es que Dios pone aquí el énfasis en la familia porque esta constituye el elemento fundamental a partir del cual se creó la nación...Un viejo cliché dice: 'Ninguna nación es más fuerte que las familias de esa nación'.*
>
> *"Los israelitas se han convertido en una nación y Dios los librará, pero lo hará por familias y por los individuos de la familia. Debía haber un cordero en todas las casas".*[3]

3. Las familias pequeñas compartirían el cordero con los vecinos (v. 4). J. Vernon McGee tiene una explicación excelente de este aspecto en particular:

> *"Este versículo no dice nada en particular de que el cordero fuera demasiado pequeño para la familia. Eso no sucedería; el cordero era suficiente. Sin embargo, sí es posible que la familia fuera demasiado pequeña para el cordero. A Dios le interesa cada miembro individual de la familia. Cada familia debía tener un cordero, pero ¿qué sucedía si un hombre y una mujer no tenían hijos o tenían hijos casados que no vivían con ellos? Se suponía entonces que esta pareja se uniera a los vecinos que tenían su misma situación y dividieran el cordero. Cada individuo de cada familia deberá recibir una parte del cordero. La celebración de la fiesta de la Pascua deberá ser un asunto personal y privado. Es la redención para la nación, pero se centra en la familia. Debe ser recibida y aceptada por cada miembro individual de la familia. La Pascua es un asunto de familia.*
>
> *"Dios presenta el procedimiento por medio del cual salvará a los individuos. Nadie es salvo porque sea miembro de una nación o una familia... cada miembro de una familia realizó una transacción con el cordero; cada uno de ellos tenía que compartir el cordero... Todos los miembros debían mostrar su fe de esta manera.*
>
> *"...Cada uno [debía] participar y compartir [el cordero] para caer bajo la protección y la redención de la sangre que está afuera en el dintel de la casa".*[4]

Pensamiento 1. Nunca se podrá insistir lo suficiente en la importancia de la familia centrando la atención en el *Cordero de Dios*. Los padres deben de ir a la cabeza a la hora de atraer a los hijos en torno al Cordero de Dios, Cristo mismo. Estas han sido las instrucciones de Dios desde el comienzo mismo de la historia de la humanidad.

"Por tanto, guárdate, y guarda tu alma con diligencia, para que no te olvides de las cosas que tus ojos han visto, ni se aparten de tu corazón todos los días de tu vida; antes bien, las enseñarás a tus hijos, y a los hijos de tus hijos" (Dt. 4:9).

"Y estas palabras que yo te mando hoy, estarán sobre tu corazón; y las repetirás a tus hijos, y hablarás de ellas estando en tu casa, y andando por el camino, y al acostarte, y cuando te levantes" (Dt. 6:6-7).

"Harás congregar al pueblo, varones y mujeres y niños, y tus extranjeros que estuvieren en tus ciudades, para que oigan y aprendan, y teman a Jehová vuestro Dios, y cuiden de cumplir todas las palabras de esta ley; y los hijos de ellos que no supieron, oigan, y aprendan a temer a Jehová vuestro Dios todos los días que viviereis sobre la tierra adonde vais, pasando el Jordán, para tomar posesión de ella" (Dt. 31:12-13).

"No hubo palabra alguna de todo cuanto mandó Moisés, que Josué no hiciese leer delante de toda la

[2] Frank E. Gaebelein, Editor. *The Expositor's Bible Commentary*, Vol. 2, p. 372.

[3] J. Vernon McGee. *Thru the Bible,* vol. 1. (Nashville, TN: Thomas Nelson Publishers, 1981), p. 236.

[4] *Ibíd.*, pp. 236-237.

congregación de Israel, y de las mujeres, de los niños, y de los extranjeros que moraban entre ellos" (Jos. 8:35).

"Y Joás hizo lo recto ante los ojos de Jehová todo el tiempo que le dirigió el sacerdote Joiada" (2 R. 12:2).

"Venid, hijos, oídme; el temor de Jehová os enseñaré" (Sal. 34:11).

"Hijo mío, no te olvides de mi ley, y tu corazón guarde mis mandamientos" (Pr. 3:1).

"Instruye al niño en su camino, y aun cuando fuere viejo no se apartará de él" (Pr. 22:6).

"¿A quién se enseñará ciencia, o a quién se hará entender doctrina? ¿A los destetados? ¿a los arrancados de los pechos?" (Is. 28:9).

"Cuando hubieron comido, Jesús dijo a Simón Pedro: Simón, hijo de Jonás, ¿me amas más que éstos? Le respondió: Sí, Señor; tú sabes que te amo. Él le dijo: Apacienta mis corderos" (Jn. 21:15).

"trayendo a la memoria la fe no fingida que hay en ti, la cual habitó primero en tu abuela Loida, y en tu madre Eunice, y estoy seguro que en ti también" (2 Ti. 1:5).

"y que desde la niñez has sabido las Sagradas Escrituras, las cuales te pueden hacer sabio para la salvación por la fe que es en Cristo Jesús" (2 Ti. 3:15).

3 (12:5) ***Cordero — Pascua***: ¿Qué cualidades debía tener el cordero de la Pascua? Dios estableció cualidades muy específicas que debía tener el cordero escogido como cordero de la Pascua (v. 5). El cordero:

- Debía tener un año, es decir, en la flor de la vida.
- Debía ser sin imperfecciones ni defectos, es decir, perfecto.
- Debía ser o una oveja o una cabra.

El cordero debía ser como se indica: De un año, en la flor de la vida y *sin imperfecciones ni defectos de ningún tipo*. Esta fue la ley establecida por Dios en las Escrituras. Lo que se planteaba era lo siguiente: Dios es perfecto, perfecto en su santidad y su justicia. Por lo tanto, cualquier cosa que se ofrezca a Dios, debe ser perfecto para que le resulte acepto ante Él.

Pero fíjese en el problema con las ofrendas presentadas por los israelitas. El mismo problema existe con las ofrendas y sacrificios que nosotros le ofrecemos a Dios.

"...ofrendas y sacrificios que no pueden hacer perfecto, en cuanto a la conciencia, al que practica ese culto" (He. 9:9).

Toda persona honrada e inteligente sabe que no podemos ser perfectos, no completamente perfectos. ¿Cómo podemos entonces ser aceptos ante Dios? A través de la fe en el *Cordero perfecto de Dios*, el Hijo de Dios mismo, el Señor Jesucristo. Dios acepta y considera nuestra fe en su Hijo como *perfección*. No somos perfectos ni nunca lo seremos, pero si creemos, realmente creemos, en el Cordero perfecto de Dios, el Señor Jesucristo, Dios considera nuestra fe como perfección. Él nos justifica, nos considera como si fuéramos sin pecado. Esta es la maravillosa misericordia de Dios.

⇒ Los antiguos creyentes creían en la promesa de Dios, que la sangre del cordero sin defecto los salvaría. Por tanto, Dios aceptó la fe que tenían los creyentes en su promesa y los consideró aceptos ante Él.

⇒ El creyente de hoy cree en la promesa del Hijo de Dios, que su sangre nos deja libres de pecado y nos hace aceptos ante Dios. Por tanto, Dios acepta nuestra fe en Cristo y nos considera perfectos y aceptos en Cristo, el Cordero de Dios que elimina los pecados del mundo.

Pensamiento 1. El cordero de la Pascua era un tipo del Señor Jesucristo.

1) El sacrificio de la Pascua debía ser un cordero o una cabra joven. El cordero era la imagen del Señor Jesucristo, el Cordero de Dios mismo. Fíjese en lo siguiente: Jesucristo no era solo la Simiente prometida y el Salvador que fuera prometido a Abraham y sus descendientes, no era solo la Simiente prometida y el Salvador que debía bajar a salvar el mundo, Jesucristo era el Cordero de Dios mismo, el Cordero de Dios al que se le daría muerte por los pecados del mundo. Jesucristo era el Cordero de Dios simbolizado en el cordero de la Pascua. Esto es exactamente lo que proclaman las Escrituras.

"El siguiente día vio Juan a Jesús que venía a él, y dijo: He aquí el Cordero de Dios, que quita el pecado del mundo" (Jn. 1:29).

"Y mirando a Jesús que andaba por allí, dijo: He aquí el Cordero de Dios" (Jn. 1:36).

"en quien tenemos redención por su sangre, el perdón de pecados según las riquezas de su gracia" (Ef. 1:7).

"sabiendo que fuisteis rescatados de vuestra vana manera de vivir, la cual recibisteis de vuestros padres, no con cosas corruptibles, como oro o plata, sino con la sangre preciosa de Cristo, como de un cordero sin mancha y sin contaminación" (1 P. 1:18-19).

"Después de esto miré, y he aquí una gran multitud, la cual nadie podía contar, de todas naciones y tribus y pueblos y lenguas, que estaban delante del trono y en la presencia del Cordero, vestidos de ropas blancas, y con palmas en las manos" (Ap. 7:9).

"Y ellos le han vencido por medio de la sangre del Cordero y de la palabra del testimonio de ellos, y menospreciaron sus vidas hasta la muerte" (Ap. 12:11).

"Y la adoraron todos los moradores de la tierra cuyos nombres no estaban escritos en el libro de la vida del Cordero que fue inmolado desde el principio del mundo" (Ap. 13:8).

"Después miré, y he aquí el Cordero estaba en pie sobre el monte de Sion, y con él ciento cuarenta y cuatro mil, que tenían el nombre de él y el de su Padre escrito en la frente" (Ap. 14:1).

"Y cantan el cántico de Moisés siervo de Dios, y el cántico del Cordero, diciendo: Grandes y maravillosas son tus obras, Señor Dios Todopoderoso; justos y verdaderos son tus caminos, Rey de los santos" (Ap. 15:3).

"Y el ángel me dijo: Escribe: Bienaventurados los que son llamados a la cena de las bodas del

Cordero. Y me dijo: Estas son palabras verdaderas de Dios" (Ap. 19:9).

"Y no vi en ella templo; porque el Señor Dios Todopoderoso es el templo de ella, y el Cordero" (Ap. 21:22).

2) El cordero de la Pascua debía tener un año, debía estar en la flor de la vida. Jesucristo se ofreció a sí mismo en la fortaleza y el vigor de la vida, no de niño ni de anciano.
3) El cordero de la Pascua no debía tener ni imperfecciones ni defectos. Jesucristo no tenía imperfecciones ni defectos. No conocía pecado alguno; Él era el Hijo *perfecto* de Dios.

"Y se dispuso con los impíos su sepultura, mas con los ricos fue en su muerte; aunque nunca hizo maldad, ni hubo engaño en su boca" (Is. 53:9).

"¿Quién de vosotros me redarguye de pecado? Pues si digo la verdad, ¿por qué vosotros no me creéis?" (Jn. 8:46).

"Al que no conoció pecado, por nosotros lo hizo pecado, para que nosotros fuésemos hechos justicia de Dios en él" (2 Co. 5:21).

"Porque no tenemos un sumo sacerdote que no pueda compadecerse de nuestras debilidades, sino uno que fue tentado en todo según nuestra semejanza, pero sin pecado" (He. 4:15).

"Porque tal sumo sacerdote nos convenía: santo, inocente, sin mancha, apartado de los pecadores, y hecho más sublime que los cielos" (He. 7:26).

"¿cuánto más la sangre de Cristo, el cual mediante el Espíritu eterno se ofreció a sí mismo sin mancha a Dios, limpiará vuestras conciencias de obras muertas para que sirváis al Dios vivo?" (He. 9:14).

"sino con la sangre preciosa de Cristo, como de un cordero sin mancha y sin contaminación" (1 P. 1:19).

"el cual no hizo pecado, ni se halló engaño en su boca" (1 P. 2:22).

"Y sabéis que él apareció para quitar nuestros pecados, y no hay pecado en él" (1 Jn. 3:5).

4 (12:6-11) ***Cordero — Pascua — Sacrificios — Sistema del sacrificio*:** Las instrucciones en cuanto al sacrificio del cordero también eran muy específicas (v. 6).

1. El cordero debía ser inmolado, pero inmolado en un momento muy específico: En la noche del día 14 del mes (v. 6).

Pensamiento 1. Observe dos símbolos definidos.

1) Símbolo 1: El cordero tenía que morir, tenía que ser inmolado. Esto simboliza que Jesucristo tenía que morir: Era necesario que Él muriera. ¿Por qué?
   a) Porque el pecado se castiga con la muerte; nuestra rebelión e insurrección contra Dios se castiga con la muerte.

"por cuanto todos pecaron, y están destituidos de la gloria de Dios" (Ro. 3:23).

"Porque la paga del pecado es muerte, mas la dádiva de Dios es vida eterna en Cristo Jesús Señor nuestro" (Ro. 6:23).

"Porque el ocuparse de la carne es muerte, pero el ocuparse del Espíritu es vida y paz" (Ro. 8:6).

"Entonces la concupiscencia, después que ha concebido, da a luz el pecado; y el pecado, siendo consumado, da a luz la muerte" (Stg. 1:15).

"Pero los cobardes e incrédulos, los abominables y homicidas, los fornicarios y hechiceros, los idólatras y todos los mentirosos tendrán su parte en el lago que arde con fuego y azufre, que es la muerte segunda" (Ap. 21:8).

"El hombre que reprendido endurece la cerviz, de repente será quebrantado, y no habrá para él medicina" (Pr. 29:1).

"Porque no quiero la muerte del que muere, dice Jehová el Señor; convertíos, pues, y viviréis" (Ez. 18:40).

   b) Porque solo puede existir una forma de escapar del castigo por el pecado y de la muerte. Alguien, una persona perfecta y libre de pecado que sea acepto ante Dios, tiene que dar un paso adelante y hacer dos cosas por nosotros:
   ⇒ Asumir Él el castigo de nuestros pecados.
   ⇒ Pagar por nuestros pecados.

"Mas él herido fue por nuestras rebeliones, molido por nuestros pecados; el castigo de nuestra paz fue sobre él, y por su llaga fuimos nosotros curados" (Is. 53:5).

"Angustiado él, y afligido, no abrió su boca; como cordero fue llevado al matadero; y como oveja delante de sus trasquiladores, enmudeció, y no abrió su boca" (Is. 53:7).

"Cristo nos redimió de la maldición de la ley, hecho por nosotros maldición (porque está escrito: Maldito todo el que es colgado en un madero)" (Gá. 3:13).

"Pero vemos a aquel que fue hecho un poco menor que los ángeles, a Jesús, coronado de gloria y de honra, a causa del padecimiento de la muerte, para que por la gracia de Dios gustase la muerte por todos" (He. 2:9).

"así también Cristo *fue ofrecido una sola vez* para llevar los pecados de muchos; y aparecerá por segunda vez, sin relación con el pecado, para salvar a los que le esperan" (He. 9:28).

   c) Porque Dios el Padre predestinó la muerte de su Hijo, predestinó que la forma de salvación y redención sería a través de la sangre derramada en la cruz.

"Varones israelitas, oíd estas palabras: Jesús nazareno, varón aprobado por Dios entre vosotros con las maravillas, prodigios y señales que Dios hizo entre vosotros por medio de él, como vosotros mismos sabéis; a éste, *entregado* por el determinado consejo y anticipado conocimiento de Dios, prendisteis y matasteis por manos de inicuos, crucificándole" (Hch. 2:22-23).

“Pero cuando vino el cumplimiento del tiempo, *Dios envió* a su Hijo, nacido de mujer y nacido bajo la ley, para que redimiese a los que estaban bajo la ley, a fin de que recibiésemos la adopción de hijos” (Gá. 4:4-5).

“Pero vemos a aquel que *fue hecho* un poco menor que los ángeles, a Jesús, coronado de gloria y de honra, a causa del padecimiento de la muerte, para que por la gracia de Dios gustase la muerte por todos” (He. 2:9).

“Y casi todo es purificado, según la ley, con sangre; y *sin derramamiento de sangre* no se hace remisión” (He. 9:22).

2) Símbolo 2: El cordero tenía que ser inmolado en un momento muy específico. Esto simbolizaba que Jesucristo tenía que bajar a la tierra y morir en un momento determinado, que su muerte y el momento de su muerte eran fijados por Dios. Dios envió a su Hijo a la tierra en un momento preciso.

“Pero cuando vino el cumplimiento del tiempo, Dios envió a su Hijo, nacido de mujer y nacido bajo la ley, para que redimiese a los que estaban bajo la ley, a fin de que recibiésemos la adopción de hijos” (Gá. 4:4-5).

“diciendo: El tiempo se ha cumplido, y el reino de Dios se ha acercado; arrepentíos, y creed en el evangelio” (Mr. 1:15).

“Porque hay un solo Dios, y un solo mediador entre Dios y los hombres, Jesucristo hombre, el cual se dio a sí mismo en rescate por todos, de lo cual se dio testimonio a su debido tiempo” (1 Ti. 2:5-6).

“De otra manera le hubiera sido necesario padecer muchas veces desde el principio del mundo; pero ahora, en la consumación de los siglos, se presentó una vez para siempre por el sacrificio de sí mismo para quitar de en medio el pecado. Y de la manera que está establecido para los hombres que mueran una sola vez, y después de esto el juicio, así también Cristo fue ofrecido una sola vez para llevar los pecados de muchos; y aparecerá por segunda vez, sin relación con el pecado, para salvar a los que le esperan” (He. 9:26-28).

“a éste, entregado por *el determinado consejo* y anticipado conocimiento de Dios, prendisteis y matasteis por manos de inicuos, crucificándole” (Hch. 2:23).

2. La sangre del cordero debía de colocarse a los lados y en el dintel de la puerta (v. 7). Si una persona creía en Dios, creía que Dios salvaría a la persona que se hallaba detrás de la sangre, dicha persona colocaría la sangre en el marco de la puerta. Si la persona no creía en Dios, no colocaría la sangre. La fe que tenía una persona en Dios, en su Palabra, en la sangre, lo salvaba. Esto es lo que dicen las Escrituras exactamente:

“Por la fe celebró la pascua y la aspersión de la sangre, para que el que destruía a los primogénitos no los tocase a ellos” (He. 11:28).

Las Escrituras exponen la gloriosa verdad de la *muerte sustituta*: El sacrificio y su sangre simbolizan la sustitución de una vida por otra. El cordero y su sangre fueron ofrecidos en sustitución del creyente.

“Porque la vida de la carne en la sangre está, y yo os la he dado para hacer expiación sobre el altar por vuestras almas; y *la misma sangre* hará expiación de la persona” (Lv. 17:11).

Pensamiento 1. Esto simbolizó la cubierta de la sangre de Cristo. Nosotros debemos asegurar que nosotros mismos estamos cubiertos y que nuestros hogares, toda nuestra familia, están cubiertos con la sangre de Jesucristo. Jesucristo murió por nosotros. Él es nuestro *Sustituto* en la muerte: Él murió *por* nosotros; él sacrificó su vida *por* nosotros.

“porque esto es mi sangre del nuevo pacto, que por muchos es derramada para remisión de los pecados” (Mt. 26:28).

“Pues mucho más, estando ya justificados en su sangre, por él seremos salvos de la ira” (Ro. 5:9).

“Limpiaos, pues, de la vieja levadura, para que seáis nueva masa, sin levadura como sois; porque nuestra pascua, que es Cristo, ya fue sacrificada por nosotros” (1 Co. 5:7).

“el cual se dio a sí mismo por nuestros pecados para librarnos del presente siglo malo, conforme a la voluntad de nuestro Dios y Padre” (Gá. 1:4).

“en quien tenemos redención por su sangre, el perdón de pecados según las riquezas de su gracia” (Ef. 1:7).

“Porque habéis muerto, y vuestra vida está escondida con Cristo en Dios” (Col. 3:3).

“quien se dio a sí mismo por nosotros para redimirnos de toda iniquidad y purificar para sí un pueblo propio, celoso de buenas obras” (Tit. 2:14).

“Y casi todo es purificado, según la ley, con sangre; y sin derramamiento de sangre no se hace remisión” (He. 9:22).

“así también Cristo fue ofrecido una sola vez para llevar los pecados de muchos; y aparecerá por segunda vez, sin relación con el pecado, para salvar a los que le esperan” (He. 9:28).

“sabiendo que fuisteis rescatados de vuestra vana manera de vivir, la cual recibisteis de vuestros padres, no con cosas corruptibles, como oro o plata, sino con la sangre preciosa de Cristo, como de un cordero sin mancha y sin contaminación” (1 P. 1:18-19).

“quien llevó él mismo nuestros pecados en su cuerpo sobre el madero, para que nosotros, estando muertos a los pecados, vivamos a la justicia; y por cuya herida fuisteis sanados” (1 P. 2:24).

“Porque también Cristo padeció una sola vez por los pecados, el justo por los injustos, para llevarnos a Dios, siendo a la verdad muerto en la carne, pero vivificado en espíritu” (1 P. 3:18).

“pero si andamos en luz, como él está en luz, tenemos comunión unos con otros, y la sangre de Jesucristo su Hijo nos limpia de todo pecado” (1 Jn. 1:7).

Pensamiento 2. La sangre embadurnada en el marco de la puerta fue una ocupación pública. Los vecinos, los amigos y la familia, todos vieron claramente que la persona creía en Dios y creía en la Palabra de Dios, en sus promesas y en su próximo juicio. Esto constituye un fuerte reto para nosotros: Que seamos testigos de Cristo, que proclamemos abiertamente y sin ningún tipo de vergüenza que creemos en las promesas de Dios y en su próximo juicio.

"De las misericordias de Jehová haré memoria, de las alabanzas de Jehová, conforme a todo lo que Jehová nos ha dado, y de la grandeza de sus beneficios hacia la casa de Israel, que les ha hecho según sus misericordias, y según la multitud de sus piedades" (Is. 63:7).

"Por tanto, id, y haced discípulos a todas las naciones, bautizándolos en el nombre del Padre, y del Hijo, y del Espíritu Santo; enseñándoles que guarden todas las cosas que os he mandado; y he aquí yo estoy con vosotros todos los días, hasta el fin del mundo. Amén" (Mt. 28:19-20).

"Y les dijo: Id por todo el mundo y predicad el evangelio a toda criatura" (Mr. 16:15).

"pero recibiréis poder, cuando haya venido sobre vosotros el Espíritu Santo, y me seréis testigos en Jerusalén, en toda Judea, en Samaria, y hasta lo último de la tierra" (Hch. 1:8).

"porque no podemos dejar de decir lo que hemos visto y oído" (Hch. 4:20).

"Id, y puestos en pie en el templo, anunciad al pueblo todas las palabras de esta vida" (Hch. 5:20).

"Esto habla, y exhorta y reprende con toda autoridad. Nadie te menosprecie" (Tit. 2:15).

"sino santificad a Dios el Señor en vuestros corazones, y estad siempre preparados para presentar defensa con mansedumbre y reverencia ante todo el que os demande razón de la esperanza que hay en vosotros" (1 P. 3:15).

3. Los creyentes debían asar y comer la carne. También debían comer pan sin levadura y hierbas amargas (v. 8). Observe de nuevo que la Pascua estaba orientada a la familia: La familia debía comer la Pascua junta, adorar y celebrar la fiesta todos *juntos*.

Pensamiento 1. Este aspecto en particular simboliza tres cosas:

1) Comer el cordero de la Pascua simboliza que decididamente *comeremos* (participaremos de, asimilaremos) los méritos de la muerte de Cristo, que participaremos de la muerte de Cristo.
2) El pan sin levadura simboliza la *justicia*: Debemos *comer*, participar de la justicia del Señor Jesucristo.

"Este es el pan que desciende del cielo, para que el que de él come, no muera. Yo soy el pan vivo que descendió del cielo; si alguno comiere de este pan, vivirá para siempre; y el pan que yo daré es mi carne, la cual yo daré por la vida del mundo. Entonces los judíos contendían entre sí, diciendo: ¿Cómo puede éste darnos a comer su carne? Jesús les dijo: De cierto, de cierto os digo: Si no coméis la carne del Hijo del Hombre, y bebéis su sangre, no tenéis vida en vosotros. El que come mi carne y bebe mi sangre, tiene vida eterna; y yo le resucitaré en el día postrero. Porque mi carne es verdadera comida, y mi sangre es verdadera bebida. El que come mi carne y bebe mi sangre, en mí permanece, y yo en él. Como me envió el Padre viviente, y yo vivo por el Padre, asimismo el que me come, él también vivirá por mí. Este es el pan que descendió del cielo; no como vuestros padres comieron el maná, y murieron; el que come de este pan, vivirá eternamente" (Jn. 6:50-58).

3) Las hierbas amargas simbolizaban los días amargos de la esclavitud de Israel (cp. Éx. 1:14). Esta es una representación de nuestra esclavitud al pecado. Los días terribles de nuestra esclavitud al pecado nunca deberán olvidarse. El corazón de cada uno de nosotros debe estar constantemente desecho por el pecado.

"Jesús les respondió: De cierto, de cierto os digo, que todo aquel que hace pecado, esclavo es del pecado" (Jn. 8:34).

"¿No sabéis que si os sometéis a alguien como esclavos para obedecerle, sois esclavos de aquel a quien obedecéis, sea del pecado para muerte, o sea de la obediencia para justicia? Pero gracias a Dios, que aunque erais esclavos del pecado, habéis obedecido de corazón a aquella forma de doctrina a la cual fuisteis entregados; y libertados del pecado, vinisteis a ser siervos de la justicia" (Ro. 6:16-18).

"Porque la paga del pecado es muerte, mas la dádiva de Dios es vida eterna en Cristo Jesús Señor nuestro" (Ro. 6:23).

Pensamiento 2. ¡Qué lección para la iglesia: Estar orientado a la familia! Pero, ¿cuántas iglesias realmente están orientadas a la familia? ¿Cuántos programas y actividades de la iglesia reúnen a la familia? ¿En qué medida la iglesia está organizada y planificada para separar y dividir la familia? ¿En qué medida se centra en la *unión* de la familia? ¿Existen iglesias que contribuyen a la división de la familia?

4. El creyente debía asar el animal entero al fuego: La cabeza, las patas y las entrañas. El animal no debía ser comido crudo ni cocido en agua (v. 9). Fíjese que el cordero se preparaba de una manera muy específica, con instrucciones muy específicas. Ninguna otra forma era aceptable.

Pensamiento 1. Esto simboliza que la muerte de Cristo estaba explicada en detalle. Por consiguiente, debemos aceptar a Cristo exactamente como fue preparado y ofrecido por Dios. No hay otra forma de salvarse, ninguna otra forma en absoluto. Algunas personas pueden considerar que la sangre de Cristo es repulsiva, repugnante u ofensiva. Puede que hasta rechacen la muerte de Cristo como la forma por medio de la cual el hombre se hace acepto ante Dios. No obstante, Dios es muy específico: No existe otra forma de llegar a Dios, ninguna otra forma excepto a través de la sangre de Jesucristo.

"porque esto es mi sangre del nuevo pacto, que por muchos es derramada para remisión de los pecados" (Mt. 26:28).

"Por eso os dije que moriréis en vuestros pecados; porque si no creéis que yo soy, en vuestros pecados moriréis" (Jn. 8:24).

"Yo soy el buen pastor; el buen pastor *su vida da* por las ovejas" (Jn. 10:11).

"Pues mucho más, estando ya *justificados en su sangre*, por él seremos salvos de la ira" (Ro. 5:9).

"Y en ningún otro hay salvación; porque no hay otro nombre bajo el cielo, dado a los hombres, en que podamos ser salvos" (Hch. 4:12).

"Por tanto, mirad por vosotros, y por todo el rebaño en que el Espíritu Santo os ha puesto por obispos, para apacentar la iglesia del Señor, la cual él ganó por su propia sangre" (Hch. 20:28).

"Pues mucho más, estando ya justificados en su sangre, por él seremos salvos de la ira" (Ro. 5:9).

"en quien tenemos redención por su sangre, el perdón de pecados según las riquezas de su gracia" (Ef. 1:7).

"¿cuánto más la sangre de Cristo, el cual mediante el Espíritu eterno se ofreció a sí mismo sin mancha a Dios, limpiará vuestras conciencias de obras muertas para que sirváis al Dios vivo?" (He. 9:14).

"Y casi todo es purificado, según la ley, con sangre; y sin derramamiento de sangre no se hace remisión" (He. 9:22).

"pero si andamos en luz, como él está en luz, tenemos comunión unos con otros, y la sangre de Jesucristo su Hijo nos limpia de todo pecado" (1 Jn. 1:7).

"Con todo eso, Jehová *quiso* quebrantarlo, *sujetándole* a padecimiento. Cuando haya puesto su vida *en expiación por el pecado*, verá linaje, vivirá por largos días, y la voluntad de Jehová será en su mano prosperada" (Is. 53:10).

5. El creyente no debía dejar comida hasta la mañana. Debía quemar lo que quedara (v. 10).

Pensamiento 1. Esto simboliza que Cristo debe ser *comido* (asimilado, absorbido, digerido) totalmente. No debe dejarse nada de Cristo: Ni su cruz, ni su exigencia de abnegación, ni su justicia. Debemos asimilar a Cristo totalmente en nuestra vida, toda su justicia y sus enseñanzas. Debemos seguir a Cristo en todo.

"Porque somos sepultados juntamente con él para muerte por el bautismo, a fin de que como Cristo resucitó de los muertos por la gloria del Padre, así también nosotros *andemos en vida nueva*" (Ro. 6:4).

"Limpiaos, pues, de la vieja levadura, para que seáis nueva masa, sin levadura como sois; porque nuestra pascua, que es Cristo, ya fue sacrificada por nosotros. Así que celebremos la fiesta, no con la vieja levadura, ni con la levadura de malicia y de maldad, sino con panes sin levadura, de sinceridad y de verdad" (1 Co. 5:7-8).

"Por tanto, de la manera que habéis recibido al Señor Jesucristo, andad en él" (Col. 2:6).

"por lo cual puede también salvar *perpetuamente* a los que por él se acercan a Dios, viviendo siempre para interceder por ellos" (He. 7:25).

"pero si andamos en luz, como él está en luz, tenemos comunión unos con otros, y la sangre de Jesucristo su Hijo nos limpia de todo pecado" (1 Jn. 1:7).

"El que dice que permanece en él, debe andar como él anduvo" (1 Jn. 2:6).

6. El creyente debía comer apresuradamente y estar vestido, listo para salir y marchar hacia la Tierra Prometida (v. 11). El creyente no debía perder tiempo en apartarse de Egipto y comenzar una nueva vida de libertad.

Pensamiento 1. Esto simboliza que debemos *comer*, participar de Cristo rápidamente. Debemos asir la muerte de Dios inmediatamente. La hora es urgente: Es el día de la salvación. Debemos aceptar a Cristo inmediatamente, alejarnos rápidamente del mundo y comenzar una nueva vida en camino hacia la Tierra Prometida del cielo. Debemos vivir como si Cristo fuera a regresar hoy.

"y diciendo: Arrepentíos, porque el reino de los cielos se ha acercado" (Mt. 3:2).

"Por tanto, también vosotros estad preparados; porque el Hijo del Hombre vendrá a la hora que no pensáis" (Mt. 24:44).

"Velad, pues, porque no sabéis el día ni la hora en que el Hijo del Hombre ha de venir" (Mt. 25:13).

"Velad, pues, porque no sabéis cuándo vendrá el señor de la casa; si al anochecer, o a la medianoche, o al canto del gallo, o a la mañana" (Mr. 13:35).

"Porque dice: En tiempo aceptable te he oído, y en día de salvación te he socorrido. He aquí ahora el tiempo aceptable; he aquí ahora el día de salvación" (2 Co. 6:2).

"Pero Dios, habiendo pasado por alto los tiempos de esta ignorancia, ahora manda a todos los hombres en todo lugar, que se arrepientan" (Hch. 17:30).

"He aquí, yo vengo como ladrón. Bienaventurado el que vela, y guarda sus ropas, para que no ande desnudo, y vean su vergüenza" (Ap. 16:15).

"He aquí yo vengo pronto, y mi galardón conmigo, para recompensar a cada uno según sea su obra" (Ap. 22:12).

"Mira, yo he puesto delante de ti hoy la vida y el bien, la muerte y el mal" (Dt. 30:15).

"A los cielos y a la tierra llamo por testigos hoy contra vosotros, que os he puesto delante la vida y la muerte, la bendición y la maldición; escoge, pues, la vida, para que vivas tú y tu descendencia" (Dt. 30:19).

"Y acercándose Elías a todo el pueblo, dijo: ¿Hasta cuándo claudicaréis vosotros entre dos pensamientos? Si Jehová es Dios, seguidle; y si Baal, id en pos de él. Y el pueblo no respondió palabra" (1 R. 18:21).

"Y si mal os parece servir a Jehová, escogeos hoy a quién sirváis; si a los dioses a quienes sirvieron vuestros padres, cuando estuvieron al otro lado del río, o a los dioses de los amorreos en cuya tierra habitáis; pero yo y mi casa serviremos a Jehová" (Jos. 24:15).

5 (12:12-13) ***Cordero — Sacrificios — Sistema del sacrificio — Pascua***: ¿Cuál fue el propósito de Dios con el cordero de la Pascua? ¿Sustituir el primogénito de Israel por la muerte del cordero? Simplemente fue esto: Dios estaba simbolizando que tenía que existir un sustituto en la muerte para los creyentes. El propósito del cordero de la Pascua comprendía dos cosas (vv. 12-13).

a. El primer propósito comprende el *juicio*. Dios ejecutaría juicios contra Egipto (el mundo), incluso hombres y animales, así como contra todos los dioses falsos de Egipto (v. 12). Recuerde que los egipcios eran un pueblo idólatra que había rechazado a Dios siglos atrás. Querían vivir a su antojo y hacer lo que les pareciera. Por lo tanto, no querían tener nada que ver con la justicia exigida por Dios. Se pusieron a adorar a falsos dioses, los falsos dioses de la imaginación de los hombres. El resultado fue terrible: Crearon dioses a su imagen y semejanza, dioses que les permitía vivir como querían: Vidas egoístas, inmorales, avaras, codiciosas, pecaminosas. Los egipcios se convirtieron en lo que todos nosotros nos convertimos cuando rechazamos al único y verdadero Dios de la justicia, Dios el Señor (Jehová, Yahveh): Se convirtieron en un pueblo perverso. Era un pueblo que pisoteaba a otros pueblos, esclavizándolos y tratándolos brutalmente. Ellos hasta esclavizaron y lanzaron un holocausto contra el pueblo que creía en el único y verdadero Dios viviente, los antiguos israelitas. Los egipcios habían llegado al punto crítico en el que ya no podían echarse atrás, ya no podían arrepentirse. Por tanto, Dios estaba a punto de ejecutar juicio contra Egipto, un juicio que caería sobre Egipto, incluyendo a todas las personas, animales y falsos dioses adorados por el pueblo.

"mientras enterraban los egipcios a los que Jehová había herido de muerte de entre ellos, a todo primogénito; también había hecho Jehová juicios contra sus dioses" (Nm. 33:4).

Observe lo siguiente: Al juzgar al primogénito de los *animales*, Dios estaba infligiendo un golpe contra los dioses mismos de los egipcios. Recuerde que ellos imaginaron y crearon dioses que estaban estrechamente vinculados a diversos animales de la tierra. De este modo, Dios estaba asestando un golpe mortal contra los presuntos dioses al matar al primogénito de todos los animales. Los dioses de los egipcios no podían hacer nada para detener el juicio de Dios. El juicio demostró que los dioses imaginarios de Egipto eran dioses falsos, que el pueblo estaba en realidad tributando una adoración falsa, sin valor y vacua (vea pt. 6, Éx. 7:8-11:10). Así, la Pascua trataba acerca del juicio. ¿Cómo podía una persona librarse del juicio de Dios? ¿Cómo podía una persona conmover a Dios para que Él *pasara por alto* y no condenara al creyente? A través de la fe. Fíjese en el punto siguiente.

b. El segundo propósito del cordero de la Pascua tenía que ver con la fe en Dios, con creer en Dios: La sangre del cordero de la Pascua sobre los postes de la puerta era señal de que la persona creía en Dios. La sangre hacía que Dios *pasara por alto* y no condenara al creyente (v. 13).

Dicho sencillamente: Si una persona creía en Dios, realmente creía, pondría la sangre sobre los postes de la puerta de su casa. Si no creía en Dios, no pondría la sangre. Como en todas las situaciones, algunas personas creían en Dios y otras no. Algunas personas se libraron del juicio de Dios y otras no. Las Escrituras incluso nos dicen que algunos egipcios y quizás otras nacionalidades creían en Dios y se unieron a los israelitas (Éx. 12:38).

Pensamiento 1. Mucho se puede aprender de este aspecto.

1) La persona que no confía en Jesucristo tendrá que afrontar el juicio de Dios.

"Y esta es la condenación: que la luz vino al mundo, y los hombres amaron más las tinieblas que la luz, porque sus obras eran malas" (Jn. 3:19).

"Por eso os dije que moriréis en vuestros pecados; porque si no creéis que yo soy, en vuestros pecados moriréis" (Jn. 8:24).

"por cuanto ha establecido un día en el cual juzgará al mundo con justicia, por aquel varón a quien designó, dando fe a todos con haberle levantado de los muertos" (Hch. 17:31).

"en el día en que Dios juzgará por Jesucristo los secretos de los hombres, conforme a mi evangelio" (Ro. 2:16).

2) La fe de las personas en la sangre los salvó. Nuestra fe en la sangre de Jesucristo nos salva. Fíjese que los israelitas no se salvaron porque tuvieran padres devotos ni porque llevaran una vida buena, honrada y moral. Tampoco nosotros. Todos somos salvos por la sangre del Cordero, salvos porque creemos que la sangre del Cordero cubre nuestros pecados.

"Por tanto, mirad por vosotros, y por todo el rebaño en que el Espíritu Santo os ha puesto por obispos, para apacentar la iglesia del Señor, la cual él ganó por su propia sangre" (Hch. 20:28).

"Mas Dios muestra su amor para con nosotros, en que siendo aún pecadores, Cristo murió por nosotros. 9 Pues mucho más, estando ya justificados en su sangre, por él seremos salvos de la ira" (Ro. 5:8-9).

"¿cuánto más la sangre de Cristo, el cual mediante el Espíritu eterno se ofreció a sí mismo sin mancha a Dios, limpiará vuestras conciencias de obras muertas para que sirváis al Dios vivo?" (He. 9:14).

"Por la fe celebró la pascua y la aspersión de la sangre, para que el que destruía a los primogénitos no los tocase a ellos" (He. 11:28).

"y de Jesucristo el testigo fiel, el primogénito de los muertos, y el soberano de los reyes de la tierra. Al que nos amó, y nos lavó de nuestros pecados con su sangre" (Ap. 1:5).

3) La sangre del cordero sacrificado simbolizaba la sustitución de una vida por otra. La sangre de Jesucristo simboliza nuestra muerte si realmente confiamos que su sangre nos cubra. Somos redimidos cuando confiamos en la sangre de Jesucristo.

"Limpiaos, pues, de la vieja levadura, para que seáis nueva masa, sin levadura como sois; porque nuestra pascua, que es Cristo, ya fue sacrificada por nosotros" (1 Co. 5:7).

"y no por sangre de machos cabríos ni de becerros, sino por su propia sangre, entró una vez para siempre en el Lugar Santísimo, habiendo obtenido eterna redención. Porque si la sangre de los toros y de los machos cabríos, y las cenizas de la becerra rociadas a los inmundos, santifican para la purificación de la carne, ¿cuánto más la sangre de Cristo, el cual mediante el Espíritu eterno se ofreció a sí mismo sin mancha a Dios, limpiará vuestras conciencias de obras muertas para que sirváis al Dios vivo?" (He. 9:12-14).

"Y casi todo es purificado, según la ley, con sangre; y sin derramamiento de sangre no se hace remisión" (He. 9:22).

"sabiendo que fuisteis rescatados de vuestra vana manera de vivir, la cual recibisteis de vuestros padres, no con cosas corruptibles, como oro o plata, sino con la sangre preciosa de Cristo, como de un cordero sin mancha y sin contaminación" (1 P. 1:18-19).

"y cantaban un nuevo cántico, diciendo: Digno eres de tomar el libro y de abrir sus sellos; porque tú fuiste inmolado, y con tu sangre nos has redimido para Dios, de todo linaje y lengua y pueblo y nación; y nos has hecho para nuestro Dios reyes y sacerdotes, y reinaremos sobre la tierra" (Ap. 5:9-10).

4) Solo el Cordero de Dios elimina los pecados del mundo.

"en quien tenemos redención por su sangre, el perdón de pecados según las riquezas de su gracia" (Ef. 1:7).

"pero si andamos en luz, como él está en luz, tenemos comunión unos con otros, y la sangre de Jesucristo su Hijo nos limpia de todo pecado" (1 Jn. 1:7).

"El siguiente día vio Juan a Jesús que venía a él, y dijo: He aquí el Cordero de Dios, que quita el pecado del mundo" (Jn. 1:29).

"El siguiente día otra vez estaba Juan, y dos de sus discípulos. Y mirando a Jesús que andaba por allí, dijo: He aquí el Cordero de Dios" (Jn. 1:35-36).

"Angustiado él, y afligido, no abrió su boca; como cordero fue llevado al matadero; y como oveja delante de sus trasquiladores, enmudeció, y no abrió su boca" (Is. 53:7).

Pensamiento 2. J. Vernon McGee tiene una excelente aplicación para este aspecto:

"Dios dijo que cuando viera la sangre, pasaría por alto esa casa. La sangre no era una señal mística o supersticiosa. Un gran principio está presente a través de toda la Palabra de Dios en el sentido de que si no se derrama sangre, no existe la remisión de los pecados. En otras palabras, Dios no puede cerrar los ojos arbitraria ni generosamente ante el pecado ni hacer nada al respecto, tanto como un juez hoy día cuando los culpables son llevados ante él. El juez deberá aplicar la ley a los acusados y se deberán pagar las consecuencias. Parte del problema que tenemos en los Estados Unidos hoy día es la falta de rigor en hacer cumplir la ley. Pero la ley de Dios es inexorable en el universo: 'El alma que pecare, esa morirá'. La sentencia de muerte pende sobre todos nosotros. Pero Dios es misericordioso y una vida inocente puede ser sustituida por una culpable. Hasta la llegada de Cristo, era un cordero. Luego Jesús fue '. . . el Cordero de Dios, que quita el pecado del mundo' (Jn. 1:29). Si recibimos a Cristo, somos salvos del juicio que merecemos como pecadores".[5]

[5] J. Vernon McGee. *Thru the Bible,* vol. 1, p. 239.

ESTUDIO A FONDO 1

(12:1-2) ***Calendario, hebreo***:

ACONTECIMIENTOS SIGNIFICATIVOS DEL CALENDARIO HEBREO

Mes sagrado	Mes secular	Nombre hebreo	Nombre moderno	Fiesta o suceso	Épocas de cultivo**	Referencia bíblica	Significado en el Antiguo Testamento	Significado en el Nuevo Testamento
1	7	Abib; Nisán	marzo-abril	Pascua	Cosecha de cebada y lino; después lluvias de primavera	Éx. 12:2; 13:4; 23:15; 34:18; Dt. 16:1; Neh. 2:1; Est. 3:7	Redención de la esclavitud de Egipto	Crucifixión de Cristo
				Pan sin levadura;			Purificación de toda levadura (símbolo de pecado)	Justificación/ Santificación
				Primeros frutos		Lv. 23:10-12		Resurrección de Cristo
2	8	Ziv o Zif; Iyyar +	abril-mayo	Segunda Pascua	Cosecha de cebada; comienza la estación seca	1 R. 6:1, 37	Día 33 del Omer (sábado), una fiesta menor	
3	9	Siván	mayo-junio	Pentecostés (Semanas)	Cosecha de trigo	Est. 8:9	Acción de gracias por la primera cosecha	La venida del Espíritu Santo y el nacimiento de la iglesia
4	10	Tamuz +	junio-julio	Ayuno para recordar la brecha en los muros de Jerusalén	Atención a las vides (uvas, olivos, higos, granadas, etc.)	Jer. 52:5-6		
5	11	Ab +	julio-agosto	Ayuno por la destrucción del Templo (por Babilonia-AT y Roma-NT) (Mt. 24:1-3)	Maduración de las vides			
6	12	Elul	agosto-septiembre		Cosecha de las vides	Neh. 6:15		

Hubo otros dos sucesos importantes en el calendario hebreo: *El año sabático* y *El año del jubileo*. *El año sabático* se celebraba cada siete años. Durante el séptimo año, la tierra guardaba reposo de la labranza y se perdonaban las deudas. (cp. Éx. 23:10-11; Lev. 25:1-7; Dt. 15:1 para más información). *El año del jubileo* se celebraba al final de cada año 49 en el día de la Expiación. En este día especial, la trompeta tocaba un mensaje de libertad a todos los habitantes de la tierra que habían sido esclavos. Asimismo, todas las propiedades debían devolverse a sus primeros dueños que habían sido obligados a entregarlas a causa de la pobreza. Esto significaba que todos los precios en la economía durante los cuarenta y nueve años se ajustaban según la cercanía al año del jubileo (cp. Lev. 25:8-17).

Mes sagrado	Mes secular	Nombre hebreo	Nombre moderno	Fiesta o suceso	Épocas de cultivo**	Referencia bíblica	Significado en el Antiguo Testamento	Significado en el Nuevo Testamento
7	1 (Comienzo del año civil)	Etanim Tishri +	septiembre-octubre	Trompetas	Se aran los campos: primeras lluvias de otoño	1 R. 8:2; Jl. 2:23	Asamblea Solemne Preparativos para el día de la Expiación	El rapto de la Iglesia y el regreso corporal de Cristo
				Expiación (Yom Kippur)			Día nacional de arrepentimiento (anual)	Perdón de los pecados
				Tabernáculos (Cabañas)			Celebración por la cosecha	El reino de Dios en el cielo
				Ramas o palmas				
8	2	Bul Mar-cheshvan +	octubre-noviembre		Siembra de cultivos: Trigo y cebada, especialmente	1 R. 6:38		
9	3	Kislev o Quisleu	noviembre-diciembre	Hanukkah fiesta de la consagración	Comienza el invierno	Neh. 1:1; Zac. 7:1 (Fuente extra-bíblica: 2 Mac. 1:9)		
10	4	Tebet	diciembre-enero	Ayuno en recordación al sitio de Jerusalén por Nabucodonosor		Est. 2:16 2 R. 25:1		
11	5	Sebat	enero-febrero		Florecen los árboles	Zac. 1:7		
12	6	Adar *	febrero-marzo	Ayuno de Ester	Florecen los almendros; Cosecha de los cítricos	Esd. 6:15; Est. 3:7,13 8:12;9:1, 15,17,19, 21,26-28		
				Purim			Israel fue liberado de sus enemigos: Época de compartir unos con otros y con los pobres	

* Nota: Un mes adicional (segundo Adar o Adar Sheni o Veadar) se añadía al calendario hebreo alrededor de cada tres años. Así era como el calendario lunar se correspondía con el año solar.

\+ Los nombres hebreos de los meses que no están en la Biblia están marcados con un signo de más (+). A estos se les conoce como nombres "post-destierro" del período en la historia conocido como "El exilio babilónico".

** La idea de relacionar las épocas de cultivo fue inducido por la *NIV Study Bible* [La Biblia de estudio NVI], Grand Rapids, MI: Zondervan Publishers, 1985, pp. 102-103.

TIPOS, SÍMBOLOS E ILUSTRACIONES (ÉX. 12:1-13)

TÉRMINO HISTÓRICO	TIPO O ILUSTRACIÓN (FUNDAMENTO BÍBLICO DE CADA UNO)	APLICACIÓN PARA LA VIDA DEL CREYENTE DE HOY DÍA	APLICACIÓN BÍBLICA
La fiesta de la Pascua (Éx. 12:1-13; 12:21-27)	*Salvación: Liberación del juicio de Dios. El juicio de Dios pasa por alto a todos los que se ocultan detrás de la sangre del Cordero de la Pascua.* **"Y cuando os dijeren vuestros hijos: ¿Qué es este rito vuestro?, vosotros responderéis: Es la víctima de la pascua de Jehová, el cual pasó por encima de las casas de los hijos de Israel en Egipto, cuando hirió a los egipcios, y libró nuestras casas. Entonces el pueblo se inclinó y adoró" (Éx. 12:26-27).**	⇒ El juicio de Dios pasa por alto a todos los que se ocultan detrás de la sangre de Jesucristo, el Cordero de Dios. El Hijo de Dios mismo, el Señor Jesucristo, ha librado al creyente del juicio eterno.	***"Por la fe celebró la pascua y la aspersión de la sangre, para que el que destruía a los primogénitos no los tocase a ellos" (He. 11:28).*** ***"El siguiente día vio Juan a Jesús que venía a él, y dijo: He aquí el Cordero de Dios, que quita el pecado del mundo" (Jn. 1:29).*** ***"Limpiaos, pues, de la vieja levadura, para que seáis nueva masa, sin levadura como sois; porque* nuestra pascua, que es Cristo, *ya fue sacrificada por nosotros" (1 Co. 5:7).*** ***"El que cree en el Hijo tiene vida eterna; pero el que rehúsa creer en el Hijo no verá la vida, sino que* la ira de Dios *está sobre él" (Jn. 3:36).*** ***"Mas Dios muestra su amor para con nosotros, en que siendo aún pecadores, Cristo murió por nosotros. Pues mucho más, estando ya justificados en su sangre, por él seremos* salvos de la ira*" (Ro. 5:8-9).***
El Cordero de la Pascua "sin mancha [defecto o imperfección]" (Éx. 12:5)	*Pureza y perfección* **"El animal será *sin defecto*, macho de un año; lo tomaréis de las ovejas o de las cabras" (Éx. 12:5).**	⇒ Jesucristo es el Cordero de la Pascua que llevó una vida pura, impecable, y perfecta	***"Al que* no conoció pecado, *por nosotros lo hizo pecado, para que nosotros fuésemos hechos justicia de Dios en él" (2 Co. 5:21).*** ***"El siguiente día vio Juan a Jesús que venía a él, y dijo: He aquí el Cordero de Dios, que quita el pecado del mundo" (Jn. 1:29).*** ***"y habiendo sido* perfeccionado, *vino a ser autor de eterna salvación para todos los que le obedecen" (He. 5:9).*** ***(cp. He. 4:15; 7:26; 9:14; 1 P. 1:18-19; 2:22).***

Término histórico	Tipo o ilustración (Fundamento bíblico de cada uno)	Aplicación para la vida del creyente de hoy día	Aplicación bíblica
La matanza del cordero (Éx. 12:7, 13; 12:21-23)	*Expiación sustitutiva: El cordero tenía que morir por el creyente: su sangre debía ponerse en los postes de la puerta para salvar al creyente.* **"Y tomarán de la sangre, y la pondrán en los dos postes y en el dintel de las casas en que lo han de comer. Y la sangre os será por señal en las casas donde vosotros estéis; y veré la sangre y pasaré de vosotros, y no habrá en vosotros plaga de mortandad cuando hiera la tierra de Egipto" (Éx. 12:7, 13).**	⇒ Jesucristo, el Cordero de Dios, murió por el hombre. Él dio su vida por el hombre. La vida, la propia muerte y sangre, de Jesucristo se ofreció en la cruz como un sustituto para el creyente. Las Escrituras declaran esta verdad gloriosa, la verdad de la *muerte sustitutiva* de Jesucristo.	***"Mas él herido fue* por nuestras *rebeliones, molido* por nuestros *pecados; el castigo de nuestra paz fue sobre él, y por su llaga fuimos nosotros curados. . . Angustiado él, y afligido, no abrió su boca;* como cordero fue llevado al matadero*; y como oveja delante de sus trasquiladores, enmudeció, y no abrió su boca" (Is. 53:5, 7).*** ***"Mas Dios muestra su amor para con nosotros, en que siendo aún pecadores, Cristo murió* por nosotros*" (Ro. 5:8).*** ***"Porque también Cristo padeció una sola vez por los pecados, el justo por los injustos, para llevarnos a Dios, siendo a la verdad muerto en la carne, pero vivificado en espíritu" (1 P. 3:18).*** ***"quien llevó él mismo nuestros pecados en su cuerpo sobre el madero, para que nosotros, estando muertos a los pecados, vivamos a la justicia; y por cuya herida fuisteis sanados" (1 P. 2:24).*** ***(cp. Ro. 3:25; 1Co. 5:7; Gá. 3:13; He. 2:9; 10:4; 13:11-12; 1Jn. 2:2).***
La sangre del cordero (Éx. 12:7, 13; 12:21-23)	*El perdón del pecado: La sangre del cordero en los postes de la puerta:* • Ocultaba al creyente con todas sus debilidades y pecados detrás de la sangre. • Hacía al creyente acepto ante Dios. **"Y tomarán de la sangre, y la pondrán en los dos postes y en el dintel de las casas en que lo han de comer.... Y la sangre os será por señal en las casas donde vosotros estéis; y veré la sangre y pasaré de vosotros, y no habrá en vosotros plaga de mortandad cuando hiera la tierra de Egipto" (Éx. 12:7, 13; cp. Éx. 12:21-23).**	⇒ La sangre derramada de Jesucristo: • Proporciona el perdón del pecado. • Hace al creyente acepto ante Dios. • Libera al creyente de la ira de Dios, el juicio venidero.	***"El siguiente día vio Juan a Jesús que venía a él, y dijo: He aquí el Cordero de Dios, que quita el pecado del mundo" (Jn. 1:29).*** ***"en quien tenemos redención por su sangre, el perdón de pecados según las riquezas de su gracia" (Ef. 1:7).*** ***"porque esto es mi sangre del nuevo pacto, que por muchos es derramada para remisión de los pecados" (Mt. 26:28).*** ***"Y sabéis que él apareció para quitar nuestros pecados, y no hay pecado en él" (1 Jn. 3:5).*** ***"y de Jesucristo el testigo fiel, el primogénito de los muertos, y el soberano de los reyes de la tierra. Al que nos amó, y nos lavó de nuestros pecados con su sangre" (Ap. 1:5).*** ***(cp. Jn. 3:16; Jn. 3:17-18; Hch. 5:31; Ro. 5:9; Gá. 1:4; 3:13; He. 9:22; 9:26-28; 1 P. 3:18; Ap. 1:5; Is. 53:5).***

Término histórico	Tipo o ilustración (Fundamento bíblico de cada uno)	Aplicación para la vida del creyente de hoy día	Aplicación bíblica
Las hierbas amargas (Éx. 12:8)	*Los días amargos de la esclavitud de Israel [al pecado]* **"Y aquella noche comerán la carne asada al fuego, y panes sin levadura; con hierbas amargas lo comerán" (Éx. 12:8).**	⇒ La esclavitud es el pecado, la máxima expresión de la maldad. Sufrir la cruel servidumbre de la esclavitud es sufrir la perversidad más brutal que se pueda imaginar. No hay gozo alguno, solo amargura, en ser esclavo de tal perversidad. Esta es una ilustración clara de la esclavitud del hombre al pecado. El pecado es un amo cruel: esclaviza a las personas a servidumbres tales como. . . • el deseo de la carne • el deseo de los ojos • el orgullo de la vida Pero hay una buena nueva gloriosa. Jesucristo ha destruido el poder del pecado. Jesucristo puede tomar a una persona y liberarla de la servidumbre letal del pecado.	***"Jesús les respondió: De cierto, de cierto os digo, que todo aquel que hace pecado,* esclavo es del pecado*" (Jn. 8:34).*** ***"Y yo sé que en mí, esto es, en mi carne, no mora el bien; porque el querer el bien está en mí, pero no el hacerlo. Porque no hago el bien que quiero, sino el mal que no quiero, eso hago. Y si hago lo que no quiero, ya no lo hago yo, sino el pecado que mora en mí" (Ro. 7:18-20).*** ***"el cual se dio a sí mismo por nuestros pecados para librarnos del presente siglo malo, conforme a la voluntad de nuestro Dios y Padre" (Gá. 1:4).*** ***"Estad, pues, firmes en la libertad con que Cristo nos hizo libres, y no estéis otra vez sujetos* al yugo de esclavitud*" (Gá 5:1).*** ***"Pues no habéis recibido el* espíritu de esclavitud *para estar otra vez en temor, sino que habéis recibido el espíritu de adopción, por el cual clamamos: ¡Abba, Padre!" (Ro. 8:15).*** ***(cp. Ro. 7:14-25; 8:1-2).***
El asado y comida del cordero de la Pascua (Éx. 12:9-11)	*Identificarse con la muerte del cordero* **"Ninguna cosa comeréis de él cruda, ni cocida en agua, sino *asada al fuego*; su cabeza con sus pies y sus entrañas. Ninguna cosa dejaréis de él hasta la mañana; y lo que quedare hasta la mañana, lo quemaréis en el fuego. *Y lo comeréis así*: ceñidos vuestros lomos, vuestro calzado en vuestros pies, y vuestro bordón en vuestra mano; y *lo comeréis apresuradamente*; es la Pascua de Jehová" (Éx. 12:9-11).**	⇒ El creyente no puede participar de la muerte de Cristo de lejos, es una decisión personal: • Participar de Cristo creyendo en Cristo. • Participar de Cristo llevando una vida que muere para sí mismo y vive para Cristo.	***"Porque de tal manera amó Dios al mundo, que ha dado a su Hijo unigénito, para que todo aquel que en él* cree*, no se pierda, mas tenga vida eterna" (Jn. 3:16).*** ***"Además os declaro, hermanos, el evangelio que os he predicado, el cual también recibisteis, en el cual también perseveráis; por el cual asimismo,* si retenéis la palabra *que os he predicado, sois salvos, si no creísteis en vano. Porque primeramente os he enseñado lo que asimismo recibí: Que Cristo murió por nuestros pecados, conforme a las Escrituras" (1 Co. 15:1-3).*** ***"Y decía a todos: Si alguno quiere venir en pos de mí, niéguese a sí mismo, tome su cruz cada día, y sígame" (Lc. 9:23).*** ***"y por todos murió, para que los que viven, ya no vivan para sí, sino para aquel que murió y resucitó por ellos" (2 Co. 5:15).*** ***(cp. Jn. 5:25; Ro. 10:9-10; Gá. 2:20; Tit. 2:14).***

	B. La fiesta de los panes sin levadura: El segundo elemento esencial y básico para la redención: Sacar toda la levadura, todo el mal, de nuestra vida, 12:14-20		• El primer día, que era la celebración de la Pascua • El séptimo día, que daba fin a la fiesta de los panes sin levadura • No debía trabajarse durante esos dos días, solo cocinar y comer.
1 Significado de la fiesta: A celebrarse anualmente, perpetuamente, como ordenanza permanente **2 Las instrucciones que regían la fiesta** a. Comer durante siete días b. Sacar toda la levadura (que simboliza el mal) de las casas, fuera de la presencia de las personas c. La importancia: Cortar a todo el que desobedeciera d. Celebrar dos días santos de adoración:	14 Y este día os será en memoria, y lo celebraréis como fiesta solemne para Jehová durante vuestras generaciones; por estatuto perpetuo lo celebraréis. 15 Siete días comeréis panes sin levadura; y así el primer día haréis que no haya levadura en vuestras casas; porque cualquiera que comiere leudado desde el primer día hasta el séptimo, será cortado de Israel. 16 El primer día habrá santa convocación, y asimismo en el séptimo día tendréis una santa convocación; ninguna obra se hará en ellos, excepto solamente que preparéis lo que cada cual haya de comer.	17 Y guardaréis la fiesta de los panes sin levadura, porque en este mismo día saqué vuestras huestes de la tierra de Egipto; por tanto, guardaréis este mandamiento en vuestras generaciones por costumbre perpetua. 18 En el mes primero comeréis los panes sin levadura, desde el día catorce del mes por la tarde hasta el veintiuno del mes por la tarde. 19 Por siete días no se hallará levadura en vuestras casas; porque cualquiera que comiere leudado, así extranjero como natural del país, será cortado de la congregación de Israel. 20 Ninguna cosa leudada comeréis; en todas vuestras habitaciones comeréis panes sin levadura.	**3 El propósito de la fiesta** a. Que fuera la celebración de la gran liberación de Dios b. Que fuera la gran celebración de comer solo pan sin levadura, lo que simboliza: • La rápida huida hacia una nueva vida en marcha hacia la Tierra Prometida • Sacar la levadura (el mal) de las casas de las personas **4 La importancia fundamental de la fiesta** a. Si la persona comía pan con levadura (el mal), independientemente de quien fuera, sería cortada, excomulgada o ejecutada, de la congregación b. La persona debía comer pan sin levadura (que simbolizaba la justicia) independientemente de donde viviera.

DIVISIÓN IV
LA PASCUA Y LA DÉCIMA PLAGA: JUICIO DE DIOS: LIBERADO, PUESTO EN LIBERTAD, 12:1—13:16

B. La fiesta de los panes sin levadura: El segundo elemento esencial y básico para la redención: Sacar toda la levadura, todo el mal, de nuestra vida, 12:14-20

(12:14-20) ***Introducción***: Una vez que una persona es salva, surge una cuestión de importancia crítica:

⇒ Debe huir inmediatamente del mal de su vida pasada.
⇒ Debe darse prisa en vivir una vida de justicia en su marcha a la Tierra Prometida del cielo.

Esta era la ilustración, el símbolo, que Dios quería que vieran en la fiesta de los panes sin levadura. Imagínese la escena: Una familia israelita de pie alrededor de la mesa en horas de la madrugada. Habían sido esclavos toda su vida: Maltratados, atropellados y tratados brutalmente. Pero ahí estaban ellos…

- totalmente vestidos
- con sandalias en los pies
- con los bordones en las manos
- listos para partir.

Gracias a Dios, serían libres al fin. Cuando llegó la orden de partir, estaban listos, listos en el acto. Se les había dado muy poco tiempo para prepararse. Debían llevar pan ázimo, pan sin levadura. No había tiempo para que la levadura trabajara, no había tiempo para que impregnara el pan.

Esta era la ilustración presentada por el pan sin levadura. Fíjese que la levadura se menciona ocho veces en este pasaje. La levadura hace que la masa fermente. Debido al efecto de fermentación, la levadura se usaba para representar la corrupción y el mal en el mundo, para mostrar cómo el pecado impregna y se extiende por el mundo entero y los corazones de los hombres. En todas las Escrituras, la levadura simboliza el mal. Esto significa que el pan sin levadura simboliza la *justicia*: Debemos comer el pan de la justicia.

⇒ Históricamente, la fiesta de los panes sin levadura era para recordarle al pueblo de Dios el momento en que debían salir rápidamente de Egipto, alejándose de los males de Egipto (el mundo) y de la esclavitud.

⇒ Espiritualmente, la fiesta simboliza la total necesidad del creyente cristiano de alejarse del mundo con todos sus males (la levadura) y dirigirse rápidamente a la Tierra Prometida del cielo.

La fiesta de los panes sin levadura era para recordarle al pueblo de Dios el momento en que debían dirigirse rápidamente a la *nueva vida* en la Tierra Prometida de Canaán. Debían ir rápidamente hacia la libertad con los panes sin levadura solamente. Espiritualmente, esto simboliza la total necesidad del creyente cristiano de salir rápidamente con el pan sin levadura de la justicia. El creyente cristiano deberá marchar hacia la Tierra Prometida, digeriendo solo pan sin levadura, solo el pan de la vida, el pan de la justicia.

Este es el tema interesante de este pasaje: *La fiesta de los panes sin levadura: El segundo elemento esencial y básico para la redención: Sacar toda la levadura, todo el mal, de nuestra vida, 12:14-20*

1. El significado de la fiesta: A celebrarse anualmente, perpetuamente, como ordenanza permanente (v. 14).
2. Las instrucciones que regían la fiesta (vv. 15-16).
3. El propósito de la fiesta (vv. 17-19).
4. La importancia fundamental de la fiesta (vv. 19-20).

1 (12:14) ***Fiestas — Panes sin levadura — Justicia — Pascua***: Estaba el significado de la fiesta de los panes sin levadura. Su significado se hallaba en tres hechos:

1. La fiesta fue instituida por Dios. Dios les dio instrucciones a Moisés y a Aarón de que establecieran la fiesta. La fiesta era tan importante que Dios mismo se sintió obligado a establecer su celebración. Fíjese que la fiesta debía celebrarse todos los años y sería una ordenanza eterna de Israel.

2. La fiesta de los panes sin levadura era parte de la Pascua, pero también se consideraba una fiesta aparte y distinta. Ambas se celebraban al mismo tiempo y eran parte una de la otra. No obstante, eran dos fiestas distintas que simbolizaban dos verdades diferentes. La Pascua se celebraba el primer día de la fiesta de los panes sin levadura. *The Expositor's Bible Commentary* plantea lo siguiente.

a. Ambos nombres se usan para referirse a la misma fiesta:
   ⇒ Las dos fiestas se llaman la Pascua (Éx. 34:25; Ez. 45:21).
   ⇒ Las dos fiestas se llaman la fiesta de los panes sin levadura (Dt. 16:16; 2 Cr. 30:13, 21; Esd. 6:22).
b. Ambas fiestas se tratan por separado (Lv. 23:5-6; Nm. 28:16-17; 2 Cr. 35:1, 17; Esd. 6:19-22; Ez. 45:21).
c. El Nuevo Testamento también usa cada uno de los nombres para referirse a las mismas fiestas:
   ⇒ La Pascua (pascha, Jn. 2:13, 23; 6:4; 11:55).
   ⇒ El pan sin levadura (ázimos, Mt. 26:17; Lc. 22:1, 7).[1]

3. La levadura simboliza el mal y la no levadura simboliza la justicia. Como se expresó más arriba, esta fiesta era para recordarles a los israelitas la gran liberación de Dios, con cuánta rapidez Dios los había liberado. Las personas se vieron obligadas a salir apresuradamente de Egipto, dejar rápidamente el mal de la esclavitud. Debieron comenzar su marcha hacia la libertad con tanta premura que solo tuvieron tiempo de preparar pan sin levadura. La levadura simbolizaría por siempre el mal de la esclavitud egipcia. Y el pan sin levadura simbolizaría por siempre la total necesidad de dirigirse rápidamente a la *vida nueva* en la Tierra Prometida, una *vida nueva* de justicia bajo la guía y el gobierno de Dios.

Pensamiento 1. La persona que es realmente salva por Jesucristo nace de nuevo: Tiene una vida nueva. En su marcha hacia la Tierra Prometida, deberá vivir para Cristo:

1) Deberá vivir una vida recta y piadosa.

"¿O no sabéis que todos los que hemos sido bautizados en Cristo Jesús, hemos sido bautizados en su muerte? Porque somos sepultados juntamente con él para muerte por el bautismo, a fin de que como Cristo resucitó de los muertos por la gloria del Padre, así también nosotros andemos en vida nueva" (Ro. 6:3-4).

"sabiendo esto, que nuestro viejo hombre fue crucificado juntamente con él, para que el cuerpo del pecado sea destruido, a fin de que no sirvamos más al pecado" (Ro. 6:6).

"No reine, pues, el pecado en vuestro cuerpo mortal, de modo que lo obedezcáis en sus concupiscencias; ni tampoco presentéis vuestros miembros al pecado como instrumentos de iniquidad, sino presentaos vosotros mismos a Dios como vivos de entre los muertos, y vuestros miembros a Dios como instrumentos de justicia" (Ro. 6:12-13).

"Así que, hermanos, os ruego por las misericordias de Dios, que presentéis vuestros cuerpos en sacrificio vivo, santo, agradable a Dios, que es vuestro culto racional. No os conforméis a este siglo, sino transformaos por medio de la renovación de vuestro entendimiento, para que comprobéis cuál sea la buena voluntad de Dios, agradable y perfecta" (Ro. 12:1-2).

---

[1] Frank E. Gaebelein. *The Expositor's Bible Commentary*, vol. 2, p. 374.

"De modo que si alguno está en Cristo, nueva criatura es; las cosas viejas pasaron; he aquí todas son hechas nuevas" (2 Co. 5:17).

"y vestíos del *nuevo hombre*, creado según Dios en la justicia y santidad de la verdad" (Ef. 4:24).

"enseñándonos que, renunciando a la impiedad y a los deseos mundanos, vivamos en este siglo sobria, justa y piadosamente, aguardando la esperanza bienaventurada y la manifestación gloriosa de nuestro gran Dios y Salvador Jesucristo" (Tit. 2:12-13).

"Pero el día del Señor vendrá como ladrón en la noche; en el cual los cielos pasarán con grande estruendo, y los elementos ardiendo serán deshechos, y la tierra y las obras que en ella hay serán quemadas. Puesto que todas estas cosas han de ser deshechas, ¡cómo no debéis vosotros andar *en santa y piadosa manera de vivir*, esperando y apresurándoos para la venida del día de Dios, en el cual los cielos, encendiéndose, serán deshechos, y los elementos, siendo quemados, se fundirán! Pero nosotros esperamos, según sus promesas, cielos nuevos y tierra nueva, en los cuales mora la justicia. Por lo cual, oh amados, estando en espera de estas cosas, procurad con diligencia ser hallados por él *sin mancha e irreprensibles*, en paz" (2 P. 3:10-14).

"No améis al mundo, ni las cosas que están en el mundo. Si alguno ama al mundo, el amor del Padre no está en él. Porque todo lo que hay en el mundo, los deseos de la carne, los deseos de los ojos, y la vanagloria de la vida, no proviene del Padre, sino del mundo" (1 Jn. 2:15-16).

2) Deberá vivir una vida estudiando la Palabra de Dios, pura y sin levadura.

"Escudriñad las Escrituras; porque a vosotros os parece que en ellas tenéis la vida eterna; y ellas son las que dan testimonio de mí" (Jn. 5:39).

"Y éstos eran más nobles que los que estaban en Tesalónica, pues recibieron la palabra con toda solicitud, escudriñando cada día las Escrituras para ver si estas cosas eran así" (Hch. 17:11).

"Y ahora, hermanos, os encomiendo a Dios, y a la palabra de su gracia, que tiene poder para sobreedificaros y daros herencia con todos los santificados" (Hch. 20:32).

"Porque las cosas que se escribieron antes, para nuestra enseñanza se escribieron, a fin de que por la paciencia y la consolación de las Escrituras, tengamos esperanza" (Ro. 15:4).

"Procura con diligencia presentarte a Dios aprobado, como obrero que no tiene de qué avergonzarse, que usa bien la palabra de verdad" (2 Ti. 2:15).

"Toda la Escritura es inspirada por Dios, y útil para enseñar, para redargüir, para corregir, para instruir en justicia" (2 Ti. 3:16).

"desead, como niños recién nacidos, la leche espiritual no adulterada, para que por ella crezcáis para salvación, si es que habéis gustado la benignidad del Señor" (1 P. 2:2-3).

"¿Con qué limpiará el joven su camino? Con guardar tu palabra. . . En mi corazón he guardado tus dichos, para no pecar contra ti" (Sal. 119:9, 11).

"Inquirid en el libro de Jehová, y leed si faltó alguno de ellos; ninguno faltó con su compañera; porque su boca mandó, y los reunió su mismo Espíritu" (Is. 34:16).

[2] (12:15-16) ***Fiesta — Panes sin levadura — Mal — Justicia***: Estaban las instrucciones de Dios que regían la fiesta de los panes sin levadura.

1. La fiesta debía celebrarse durante siete días (v. 15). Únicamente se debía comer pan sin levadura durante esos siete días. Esto muestra lo importante que era esta fiesta para Dios. Él quería que su pueblo pasara una semana entera, siete días completos:

- Concentrándose en su desesperada huida de los males de Egipto (símbolo del mundo).
- Concentrándose en su feliz marcha hacia la libertad y la Tierra Prometida (símbolo del cielo).

2. La persona debía sacar toda la levadura (el mal) de su casa, fuera de su presencia (v. 15).

Pensamiento 1. La levadura simboliza el mal en las Escrituras. Debemos sacar todo el mal de nuestra vida y de nuestra casa.

"Y Jesús les dijo: Mirad, guardaos de la levadura de los fariseos y de los saduceos" (Mt. 16:6).

"Un poco de levadura leuda toda la masa" (Gá. 5:9).

"En cuanto a la pasada manera de vivir, despojaos del viejo hombre, que está viciado conforme a los deseos engañosos" (Ef. 4:22).

"No mintáis los unos a los otros, habiéndoos despojado del viejo hombre con sus hechos" (Col. 3:9).

"Por tanto, nosotros también, teniendo en derredor nuestro tan grande nube de testigos, despojémonos de todo peso y del pecado que nos asedia, y corramos con paciencia la carrera que tenemos por delante" (He. 12:1).

"Amados, yo os ruego como a extranjeros y peregrinos, que os abstengáis de los deseos carnales que batallan contra el alma" (1 P. 2:11).

"Si alguna iniquidad hubiere en tu mano, y la echares de ti, y no consintieres que more en tu casa la injusticia" (Job 11:14).

3. La importancia de la fiesta puede verse en el castigo impuesto a las personas desobedientes. La persona que desobedeciera, que comiera pan con levadura, debía ser cortada (v. 15). ¿Qué significa cortada? Algunos intérpretes dicen que la persona debía ser desterrada y excomulgada de la comunidad de creyentes. Otros dicen que la persona debía ser ejecutada (cp. Éx. 31:14; Lv. 20:2-3).

Pensamiento 1. Esto ilustra la formidable importancia del arrepentimiento, de aceptar a Cristo y sacar todo el mal de nuestra vida. Si no lo hacemos, entonces seremos cortados de Dios. Deberemos enfrentar el terrible juicio del infierno, de existir eternamente sin Dios.

“Como la justicia conduce a la vida, así el que sigue el mal lo hace para su muerte” (Pr. 11:19).

“He aquí que todas las almas son mías; como el alma del padre, así el alma del hijo es mía; el alma que pecare, esa morirá” (Ez. 18:4).

“Cuando el Hijo del Hombre venga en su gloria, y todos los santos ángeles con él, entonces se sentará en su trono de gloria, y serán reunidas delante de él todas las naciones; y apartará los unos de los otros, como aparta el pastor las ovejas de los cabritos. Y pondrá las ovejas a su derecha, y los cabritos a su izquierda. . . Entonces dirá también a los de la izquierda: Apartaos de mí, malditos, al fuego eterno preparado para el diablo y sus ángeles” (Mt. 25:31-33, 41).

“Porque la paga del pecado es muerte, mas la dádiva de Dios es vida eterna en Cristo Jesús Señor nuestro” (Ro. 6:23).

“y a vosotros que sois atribulados, daros reposo con nosotros, cuando se manifieste el Señor Jesús desde el cielo con los ángeles de su poder, en llama de fuego, para dar retribución a los que no conocieron a Dios, ni obedecen al evangelio de nuestro Señor Jesucristo” (2 Ts. 1:7-8).

“De éstos también profetizó Enoc, séptimo desde Adán, diciendo: He aquí, vino el Señor con sus santas decenas de millares, para hacer juicio contra todos, y dejar convictos a todos los impíos de todas sus obras impías que han hecho impíamente, y de todas las cosas duras que los pecadores impíos han hablado contra él” (Jud. 14-15).

4. El pueblo de Dios debía guardar dos días santos de adoración especiales (v. 16):

⇒ El *primer día*, que era la celebración de la Pascua. La Pascua realmente daba comienzo a la fiesta de los panes sin levadura, que debía durar siete días.

⇒ El *séptimo día*, que daba fin a la fiesta de los panes sin levadura.

Fíjese en un hecho significativo: No se debía realizar ningún tipo de trabajo durante los dos días especiales de adoración, solo cocinar y comer. La única actividad permitida era la preparación de los alimentos para comer.

Pensamiento 1. Esto recalca la importancia de guardar las ordenanzas y los días festivos religiosos. Dios puso énfasis en ellos. Él le dio instrucciones precisas a Israel: Debían celebrar dos días santos a siete días de diferencia uno de otro. ¿Qué otros días santos debemos recordar, los días que celebran el gran trabajo de salvación del SEÑOR?

1) Debemos celebrar el nacimiento de nuestro Señor.

“Cuando Jesús nació en Belén de Judea en días del rey Herodes, vinieron del oriente a Jerusalén unos magos, diciendo: ¿Dónde está el rey de los judíos, que ha nacido? Porque su estrella hemos visto en el oriente, y venimos a adorarle” (Mt. 2:1-2).

“Había pastores en la misma región, que velaban y guardaban las vigilias de la noche sobre su rebaño. Y he aquí, se les presentó un ángel del Señor, y la gloria del Señor los rodeó de resplandor; y tuvieron gran temor. Pero el ángel les dijo: No temáis; porque he aquí os doy nuevas de gran gozo, que será para todo el pueblo: que os ha nacido hoy, en la ciudad de David, un Salvador, que es CRISTO el Señor. Esto os servirá de señal: Hallaréis al niño envuelto en pañales, acostado en un pesebre. Y repentinamente apareció con el ángel una multitud de las huestes celestiales, que alababan a Dios, y decían: ¡Gloria a Dios en las alturas, y en la tierra paz, buena voluntad para con los hombres!” (Lc. 2:8-14).

2) Debemos celebrar la muerte y la resurrección de nuestro Señor.

“¿O no sabéis que todos los que hemos sido bautizados en Cristo Jesús, hemos sido bautizados en su muerte? Porque somos sepultados juntamente con él para muerte por el bautismo, a fin de que como Cristo resucitó de los muertos por la gloria del Padre, así también nosotros andemos en vida nueva. Porque si fuimos plantados juntamente con él en la semejanza de su muerte, así también lo seremos en la de su resurrección” (Ro. 6:3-5).

3) Debemos celebrar la conversión y el bautismo de los nuevos creyentes.

“Por tanto, id, y haced discípulos a todas las naciones, bautizándolos en el nombre del Padre, y del Hijo, y del Espíritu Santo; enseñándoles que guarden todas las cosas que os he mandado; y he aquí yo estoy con vosotros todos los días, hasta el fin del mundo. Amén” (Mt. 28:19-20).

“Pedro les dijo: Arrepentíos, y bautícese cada uno de vosotros en el nombre de Jesucristo para perdón de los pecados; y recibiréis el don del Espíritu Santo” (Hch. 2:38).

4) Debemos celebrar la muerte de nuestro Señor en la Cena del Señor.

“Y tomó el pan y dio gracias, y lo partió y les dio, diciendo: Esto es mi cuerpo, que por vosotros es dado; haced esto en memoria de mí. De igual manera, después que hubo cenado, tomó la copa, diciendo: Esta copa es el nuevo pacto en mi sangre, que por vosotros se derrama” (Lc. 22:19-20).

“Porque yo recibí del Señor lo que también os he enseñado: Que el Señor Jesús, la noche que fue entregado, tomó pan; y habiendo dado gracias, lo partió, y dijo: Tomad, comed; esto es mi cuerpo que por vosotros es partido; haced esto en memoria de mí. Asimismo tomó también la copa, después de haber cenado, diciendo: Esta copa es el nuevo pacto en mi sangre; haced esto todas las veces que la bebiereis, en memoria de mí” (1 Co. 11:23-25).

3 (12:17-19) ***Panes sin levadura — Fiesta — Levadura — Mal:*** La celebración de la fiesta tenía dos propósitos.

1. La fiesta celebraba la gran liberación de Dios sacándolos de Egipto (v. 17).

Pensamiento 1. Egipto representaba el mundo y el mal de la esclavitud. El creyente ha sido salvo y librado de ser esclavizado al mundo y sus males. El hombre observa al mundo y se vuelve esclavo de las manifestaciones del mundo, las manifestaciones de. . .

- luces brillantes
- placeres
- posesiones
- poder
- posición
- reconocimiento
- honor
- fama
- avaricia
- riqueza
- confort
- comodidades
- bebida
- comida (gula)

El mundo tiene una semilla de corrupción en su corazón, una semilla de corrupción que causa deterioro, desgaste y, finalmente, la muerte. Pero fíjese: El hombre no solo se esclaviza por las manifestaciones del mundo, sino que se esclaviza por la semilla de corrupción que lo lleva a la vejez y a la muerte, que lo lleva a la tumba. (Vea notas, 2 P. 1:4. También vea notas Mt. 6:19; 8:17; 1 Co. 15:50 para un mayor análisis.)

Pero este es el glorioso mensaje del poder de Dios para librar a las personas. Dios nos puede librar como libró a los israelitas sacándolos de Egipto y de sus males. A través de Cristo, podemos ser librados de la esclavitud y de los males de este mundo.

"Porque el Hijo del Hombre vino a buscar y a salvar lo que se había perdido" (Lc. 19:10).

"El siguiente día vio Juan a Jesús que venía a él, y dijo: He aquí el Cordero de Dios, que quita el pecado del mundo" (Jn. 1:29).

"Porque de tal manera amó Dios al mundo, que ha dado a su Hijo unigénito, para que todo aquel que en él cree, no se pierda, mas tenga vida eterna. Porque no envió Dios a su Hijo al mundo para condenar al mundo, sino para que el mundo sea salvo por él" (Jn. 3:16-17).

"el cual se dio a sí mismo por nuestros pecados para *librarnos* del presente siglo malo, conforme a la voluntad de nuestro Dios y Padre" (Gá. 1:4).

"quien llevó él mismo nuestros pecados en su cuerpo sobre el madero, para que nosotros, estando muertos a los pecados, vivamos a la justicia; y por cuya herida fuisteis sanados" (1 P. 2:24).

"Y él es la propiciación por nuestros pecados; y no solamente por los nuestros, sino también por los de todo el mundo" (1 Jn. 2:2).

2. La fiesta era la gran celebración de comer solo pan sin levadura. Al comer pan sin levadura, se celebraban dos grandes hechos (vv. 18-19).

a. La rápida huida a una *vida nueva*, una *vida nueva* que escapaba de Egipto (el mundo) y marchaba a la Tierra Prometida de Dios (v. 18). Recuerde la ilustración que aparece en la Introducción (Éx. 12:14-20). Los israelitas tenían poco tiempo para prepararse antes de que el juicio de Dios cayera sobre Egipto (el mundo). Debían preparase inmediatamente, prepararse para huir de Egipto y comenzar la marcha hacia la Tierra Prometida. Había poco tiempo, tan poco que tuvieron que llevar solo pan sin levadura. No había tiempo para dejar que la levadura fermentara el pan.

Pensamiento 1. El pan sin levadura simboliza la total necesidad de que el creyente se prepare ya, que huya de los males del mundo y comience la marcha hacia la Tierra Prometida del cielo. Queda muy poco tiempo para que el juicio de Dios caiga sobre el mundo.

"Por tanto, también vosotros estad preparados; porque el Hijo del Hombre vendrá a la hora que no pensáis" (Mt. 24:44).

"Pero mientras ellas iban a comprar, vino el esposo; y las que estaban preparadas entraron con él a las bodas; y se cerró la puerta" (Mt. 25:10).

"Velad, pues, porque no sabéis el día ni la hora en que el Hijo del Hombre ha de venir" (Mt. 25:13).

"Velad, pues, porque no sabéis cuándo vendrá el señor de la casa; si al anochecer, o a la medianoche, o al canto del gallo, o a la mañana" (Mr. 13:35).

"Vuelto el siervo, hizo saber estas cosas a su señor. Entonces enojado el padre de familia, dijo a su siervo: *Ve pronto* por las plazas y las calles de la ciudad, y trae acá a los pobres, los mancos, los cojos y los ciegos" (Lc. 14:21).

"Porque dice: En tiempo aceptable te he oído, y en día de salvación te he socorrido. He aquí ahora el tiempo aceptable; he aquí ahora el día de salvación" (2 Co. 6:2).

"que cuando digan: Paz y seguridad, entonces vendrá sobre ellos destrucción repentina, como los dolores a la mujer encinta, y no escaparán" (1 Ts. 5:3).

"¿cómo escaparemos nosotros, si descuidamos una salvación tan grande? La cual, habiendo sido anunciada primeramente por el Señor, nos fue confirmada por los que oyeron" (He. 2:3).

b. El pan sin levadura celebraba el hecho de sacar la levadura, toda la levadura, de las casas (v. 19). Recuerde que la levadura simboliza el mal y la no levadura simboliza la justicia.

Pensamiento 1. La persona deberá actuar rápidamente y sacar el mal, todo el mal, de su vida.

1) Deberá quedar limpio, libre de todo pecado: Limpio por la sangre de Cristo.

"Lavaos y limpiaos; quitad la iniquidad de vuestras obras de delante de mis ojos; dejad de hacer lo malo" (Is. 1:16).

"Lava tu corazón de maldad, oh Jerusalén, para que seas salva. ¿Hasta cuándo permitirás en medio de ti los pensamientos de iniquidad?" (Jer. 4:14).

"Y Jesús les dijo: Mirad, guardaos de la levadura de los fariseos y de los saduceos. . . Entonces entendieron que no les había dicho que se guardasen de la levadura del pan, sino de la *doctrina* de los fariseos y de los saduceos" (Mt. 16:6, 12).

"Ahora, pues, ¿por qué te detienes? Levántate y bautízate, y lava tus pecados, invocando su nombre" (Hch. 22:16).

"Mas Dios muestra su amor para con nosotros, en que siendo aún pecadores, Cristo murió por nosotros. Pues mucho más, estando ya justificados en su sangre, por él seremos salvos de la ira" (Ro. 5:8-9).

"No es buena vuestra jactancia. ¿No sabéis que un poco de levadura leuda toda la masa? Limpiaos, pues, de la vieja levadura, para que seáis nueva masa, sin levadura como sois; porque nuestra pascua, que es Cristo, ya fue sacrificada por nosotros. Así que celebremos la fiesta, no con la vieja levadura, ni con la levadura de malicia y de maldad, sino con panes sin levadura, de sinceridad y de verdad" (1 Co. 5:6-8).

"Así que, amados, puesto que tenemos tales promesas, limpiémonos de toda contaminación de carne y de espíritu, perfeccionando la santidad en el temor de Dios" (2 Co. 7:1).

"Vosotros corríais bien; ¿quién os estorbó para no obedecer a la verdad? Esta persuasión no procede de aquel que os llama. Un poco de levadura leuda toda la masa" (Gá. 5:7-9).

"Así que, si alguno se limpia de estas cosas, será instrumento para honra, santificado, útil al Señor, y dispuesto para toda buena obra" (2 Ti. 2:21).

"Acercaos a Dios, y él se acercará a vosotros. Pecadores, limpiad las manos; y vosotros los de doble ánimo, purificad vuestros corazones" (Stg. 4:8).

"pero si andamos en luz, como él está en luz, tenemos comunión unos con otros, y la sangre de Jesucristo su Hijo nos limpia de todo pecado" (1 Jn. 1:7).

"y de Jesucristo el testigo fiel, el primogénito de los muertos, y el soberano de los reyes de la tierra. Al que nos amó, y nos lavó de nuestros pecados con su sangre" (Ap. 1:5).

2) La persona que ha sacado el mal de su vida, que ha sido limpio por la sangre de Cristo, de inmediato deberá empezar a comer el pan sin levadura de la justicia, el *pan de vida* mismo. Deberá comenzar a andar en una *vida nueva*.

"Porque somos sepultados juntamente con él para muerte por el bautismo, a fin de que como Cristo resucitó de los muertos por la gloria del Padre, así también nosotros andemos en vida nueva" (Ro. 6:4).

"Y Jesús les dijo: De cierto, de cierto os digo: No os dio Moisés el pan del cielo, mas mi Padre os da el verdadero pan del cielo. Porque el pan de Dios es aquel que descendió del cielo y da vida al mundo. Le dijeron: Señor, danos siempre este pan. Jesús les dijo: Yo soy el pan de vida; el que a mí viene, nunca tendrá hambre; y el que en mí cree, no tendrá sed jamás" (Jn. 6:32-35).

"Yo soy el pan de vida. Vuestros padres comieron el maná en el desierto, y murieron. Este es el pan que desciende del cielo, para que el que de él come, no muera. Yo soy el pan vivo que descendió del cielo; si alguno comiere de este pan, vivirá para siempre; y el pan que yo daré es mi carne, la cual yo daré por la vida del mundo" (Jn. 6:48-51).

"Este es el pan que descendió del cielo; no como vuestros padres comieron el maná, y murieron; el que come de este pan, vivirá eternamente" (Jn. 6:58).

"Velad *debidamente*, y no pequéis; porque algunos no conocen a Dios; para vergüenza vuestra lo digo" (1 Co. 15:34).

"Estad, pues, firmes, ceñidos vuestros lomos con la verdad, y vestidos con la coraza de justicia" (Ef. 6:14).

"Por lo cual, animaos unos a otros, y edificaos unos a otros, así como lo hacéis. Os rogamos, hermanos, que reconozcáis a los que trabajan entre vosotros, y os presiden en el Señor, y os amonestan" (1 Ti. 6:11-12).

"Porque la gracia de Dios se ha manifestado para salvación a todos los hombres" (Tit. 2:11-12).

"Sembrad para vosotros en justicia, segad para vosotros en misericordia; haced para vosotros barbecho; porque es el tiempo de buscar a Jehová, hasta que venga y os enseñe justicia" (Os. 10:12).

4 (12:19-20) ***Fiesta — Pan sin levadura — Juicio — Justicia — Creyente, vida del***: Estaba la importancia crítica de guardar la fiesta. La importancia se mostraba en una instrucción muy específica dada por Dios.

La persona, independientemente de quien fuera, sería cortada, ejecutada, o excomulgada de la congregación si comía el pan con levadura (el mal) (v. 19). Recuerde que algunos intérpretes difieren en cuanto al significado de "cortar". Unos opinan que significa desterrado o excomulgado; otros, que significa ejecución (cp. Éx. 31:14; Lv. 20:2-3).

Fíjese que el castigo era aplicable a los extranjeros o foráneos entre los hijos de Israel. Había una gran cantidad de egipcios y personas de otras nacionalidades que al parecer habían aceptado al Señor durante las plagas de juicio y marcharon con los israelitas hacia la Tierra Prometida (Éx. 12:38). Los nacidos en el país se refiere a israelitas, los verdaderos descendientes de Abraham.

La cuestión es esta: La fiesta de los panes sin levadura era tan importante que la persona no tenía otra opción. Tenía que comer solo pan sin levadura; si comía pan con levadura, sería cortada. Sería desterrada de la congregación o ejecutada.

Pensamiento 1. No debemos comer con levadura, no debemos tener nada que ver con el mal. Nunca debemos...

- participar del mal.
- asimilar el mal.
- digerir el mal.
- introducir el mal en nuestras vidas.

"Apártate del mal, y haz el bien; busca la paz, y síguela" (Sal. 34:14).

"Los que amáis a Jehová, aborreced el mal; el guarda las almas de sus santos; de mano de los impíos los libra" (Sal. 97:10).

"No te desvíes a la derecha ni a la izquierda; aparta tu pie del mal" (Pr. 4:27).

"El sabio teme y se aparta del mal; mas el insensato se muestra insolente y confiado" (Pr. 14:16).

"no oprimáis a la viuda, al huérfano, al extranjero ni al pobre; ni ninguno piense mal en su corazón contra su hermano" (Zac. 7:10).

"El amor sea sin fingimiento. Aborreced lo malo, seguid lo bueno" (Ro. 12:9).

"Mas estas cosas sucedieron como ejemplos para nosotros, para que no codiciemos cosas malas, como ellos codiciaron" (1 Co. 10:6).

"Absteneos de toda especie de mal" (1 Ts. 5:22).

"Apártese del mal, y haga el bien; busque la paz, y sígala" (1 P. 3:11).

TIPOS, SÍMBOLOS E ILUSTRACIONES
Éxodo 12:14-20

Término histórico	Tipo o ilustración (Fundamento bíblico de cada uno)	Aplicación para la vida del creyente de hoy día	Aplicación bíblica
Levadura (Éx. 12:14-20)	*El mal* **"Siete días comeréis panes sin levadura; y así el primer día haréis que no haya levadura en vuestras casas; porque cualquiera que comiere leudado desde el primer día hasta el séptimo, será cortado de Israel" (Éx. 12:15; cp. Éx. 12:19-20; Éx. 12:39).**	⇒ El creyente debe asumir la responsabilidad personal de purgar de su vida la perversidad. . . • Eliminando todo el pecado (Col. 3:8-9). • Eliminando todo el pecado que con tanta facilidad lo asedia (He. 12:1). • Absteniéndose incluso de la apariencia del mal (1 Ts. 5:22). • Escudriñando constantemente su corazón en busca del pecado no confesado (Sal. 139; 23-24). • No haciendo las paces nunca con el pecado, convirtiéndolo en un hábito despreciado, un enemigo odiado, un enemigo derrotado.	***"Y Jesús les dijo: Mirad, guardaos de la levadura de los fariseos y de los saduceos" (Mt. 16:6).*** ***"No es buena vuestra jactancia. ¿No sabéis que un poco de levadura leuda toda la masa?* Limpiaos, pues, de la vieja levadura, *para que seáis nueva masa, sin levadura como sois; porque nuestra pascua, que es Cristo, ya fue sacrificada por nosotros. Así que celebremos la fiesta, no con la vieja levadura, ni con la levadura de malicia y de maldad, sino con panes sin levadura, de sinceridad y de verdad" (1 Co. 5:6-8).*** ***"Absteneos de toda especie de mal" (1 Ts. 5:22).*** ***"Mas estas cosas sucedieron como ejemplos para nosotros, para que no codiciemos cosas malas, como ellos codiciaron" (1 Co. 10:6).*** ***(cp. Ro. 12:9; Gá. 5:9; Col. 3:8-10; He. 12:1; 1 P. 3:11; 1 Jn. 1:9; Sal. 51:1-13; 139:23-24).***

TIPOS, SÍMBOLOS E ILUSTRACIONES
Éxodo 12:14-20

Término histórico	Tipo o ilustración (Fundamento bíblico de cada uno)	Aplicación para la vida del creyente de hoy día	Aplicación bíblica
Panes sin levadura (Éx. 12:14-20)	Al huir de Egipto, los israelitas no tuvieron tiempo de permitir que la levadura fermentara en el pan. Tuvieron que tomar pan sin levadura. (1) Esto es una ilustración de urgencia, apuro, disposición: el creyente debe estar listo de inmediato para abandonar Egipto (el mundo) y comenzar rápidamente la marcha hacia la Tierra Prometida. (2) Esto es una ilustración de la *vida nueva de justicia*: el creyente debe abandonar su *vida vieja* en Egipto y comenzar su marcha hacia la Tierra Prometida. **"Y guardaréis la fiesta de los panes sin levadura, porque en este mismo día saqué vuestras huestes de la tierra de Egipto; por tanto, guardaréis este mandamiento en vuestras generaciones por costumbre perpetua" (Éx. 12:17).**	⇒ Está la necesidad urgente de la persona: • De alejarse del mundo, de convertirse de inmediato y de comenzar rápidamente su marcha hacia la Tierra Prometida del cielo • De dejar atrás su *vida vieja* y de comenzar su *vida nueva de justicia.*	***"Porque dice: En tiempo aceptable te he oído, y en día de salvación te he socorrido. He aquí ahora el tiempo aceptable; he aquí ahora el día de salvación" (2 Co. 6:2).*** ***"Porque somos sepultados juntamente con él para muerte por el bautismo, a fin de que como Cristo resucitó de los muertos por la gloria del Padre, así también nosotros andemos en vida nueva" (Ro. 6:4).*** ***"De modo que si alguno está en Cristo, nueva criatura es; las cosas viejas pasaron; he aquí todas son hechas nuevas" (2 Co. 5:17).*** ***"Pero ahora dejad también vosotros todas estas cosas: ira, enojo, malicia, blasfemia, palabras deshonestas de vuestra boca. No mintáis los unos a los otros, habiéndoos despojado del* viejo hombre *con sus hechos, y revestido* del nuevo, *el cual conforme a la imagen del que lo creó se va renovando hasta el conocimiento pleno" (Col. 3:8-10).*** ***(cp. 2 Co. 6:17-18; Mt. 24:44; 25:13; He. 2:3; Ef. 4:24; Col. 3:8-10).***

C. La décima plaga: La muerte de los primogénitos y la Pascua: Liberación del juicio de Dios: Liberado, puesto en libertad, 12:21-51

1 La advertencia de huir del juicio que se avecinaba: Declarado por Moisés a los ancianos de Israel

a. Seleccionar y sacrificar el cordero de la Pascua, familia a familia
   1) Tomar hisopo y untar sangre en el marco de la puerta
   2) No salir de noche, quedarse dentro de la casa toda la noche: Bajo la protección de la sangre

b. Aceptar, creer en el mensaje de juicio y liberación
   1) El Señor juzgará, matará a los egipcios (el mundo)
   2) El Señor pasará por alto, no destruirá a los creyentes protegidos por la sangre

c. Celebrar la ceremonia como ordenanza eterna: aun en la Tierra Prometida

d. Proclamar el significado de la Pascua a los hijos
   1) Explicar el sacrificio de la Pascua (el cordero)
   2) Explicar cómo el SEÑOR juzgó a los egipcios mas pasó por alto, protegió y no destruyó, a los israelitas que creían

e. Los dos elementos esenciales
   1) El pueblo se inclinó y adoró a Dios
   2) El pueblo obedeció a Dios

21 Y Moisés convocó a todos los ancianos de Israel, y les dijo: Sacad y tomaos corderos por vuestras familias, y sacrificad la pascua.
22 Y tomad un manojo de hisopo, y mojadlo en la sangre que estará en un lebrillo, y untad el dintel y los dos postes con la sangre que estará en el lebrillo; y ninguno de vosotros salga de las puertas de su casa hasta la mañana.
23 Porque Jehová pasará hiriendo a los egipcios; y cuando vea la sangre en el dintel y en los dos postes, pasará Jehová aquella puerta, y no dejará entrar al heridor en vuestras casas para herir.
24 Guardaréis esto por estatuto para vosotros y para vuestros hijos para siempre.
25 Y cuando entréis en la tierra que Jehová os dará, como prometió, guardaréis este rito.
26 Y cuando os dijeren vuestros hijos: ¿Qué es este rito vuestro?,
27 vosotros responderéis: Es la víctima de la pascua de Jehová, el cual pasó por encima de las casas de los hijos de Israel en Egipto, cuando hirió a los egipcios, y libró nuestras casas. Entonces el pueblo se inclinó y adoró.
28 Y los hijos de Israel fueron e hicieron puntualmente así, como Jehová había mandado a Moisés y a Aarón.

29 Y aconteció que a la medianoche Jehová hirió a todo primogénito en la tierra de Egipto, desde el primogénito de Faraón que se sentaba sobre su trono hasta el primogénito del cautivo que estaba en la cárcel, y todo primogénito de los animales.
30 Y se levantó aquella noche Faraón, él y todos sus siervos, y todos los egipcios; y hubo un gran clamor en Egipto, porque no había casa donde no hubiese un muerto.
31 E hizo llamar a Moisés y a Aarón de noche, y les dijo: Salid de en medio de mi pueblo vosotros y los hijos de Israel, e id, servid a Jehová, como habéis dicho.
32 Tomad también vuestras ovejas y vuestras vacas, como habéis dicho, e idos; y bendecidme también a mí.
33 Y los egipcios apremiaban al pueblo, dándose prisa a echarlos de la tierra; porque decían: Todos somos muertos.
34 Y llevó el pueblo su masa antes que se leudase, sus masas envueltas en sus sábanas sobre sus hombros.
35 E hicieron los hijos de Israel conforme al mandamiento de Moisés, pidiendo de los egipcios alhajas de plata, y de oro, y vestidos.
36 Y Jehová dio gracia al pueblo delante de los egipcios, y les dieron cuanto pedían; así despojaron a los egipcios.

2 El juicio de Dios cayó sobre Egipto (un tipo del mundo)

a. El juicio: Muerte del primogénito

b. El juicio fue universal
   1) Cayó sobre todas las familias desde el palacio hasta las cárceles
   2) Cayó sobre todos los animales

3 El juicio cumplió su propósito

a. Propósito 1: Faraón y su pueblo gritaban angustiados y lloraban a sus muertos: se había ejecutado justicia sobre su terrible mal

b. Propósito 2: Faraón mandó a llamar a Moisés y Aarón y puso en libertad al pueblo de Dios; las personas arrogantes y de corazón duro, aquellas que habían rechazado a Dios, fueron humilladas
   1) Les dio la libertad a todos incluyendo a los animales
   2) Pidió que Dios lo bendijera

c. Propósito 3: Faraón y su pueblo pidieron al pueblo de Dios que se marchara de inmediato; temían que el juicio de Dios los matara a todos

4 Israel se libró del juicio (el pueblo de Dios, los creyentes): El gran éxodo, libres al fin

a. Obedecieron las instrucciones de Dios

b. Llevaron solo pan sin levadura

c. Les pidieron regalos a los egipcios: Simbolizaba la restitución, la devolución de lo que les había sido robado y lo que les debían debido a la esclavitud y

<table>
<tr>
<td>las décadas de trabajo no retribuido
d. Comenzaron la marcha de la libertad
1) Una multitud de israelitas comenzaron la marcha, solo 600.000 eran hombres (un total de más de 2 millones)
2) Viajaron con ellos una gran multitud de toda clase de egipcios, otros esclavos y animales
3) También cocieron y llevaron pan sin levadura (simbólicamente dejaron atrás toda la levadura, el mal, en Egipto [el mundo])
e. Se apresuraron y se fueron, apartándose de Egipto inmediatamente, sin tiempo siquiera para preparar comida
f. Cortaron todas las relaciones y el patrimonio de 430 años[EF1]
g. El hecho maravilloso: Dios libró gloriosamente a su pueblo de Egipto (simbólicamente, el mundo)
5 La liberación del juicio y de la Pascua sería siempre celebrada por las personas que creen, estrictamente celebrada
a. La separación era un elemento esencial durante la celebración
1) Ningún extranjero comería de ella</td>
<td>37 Partieron los hijos de Israel de Ramesés a Sucot, como seiscientos mil hombres de a pie, sin contar los niños.
38 También subió con ellos grande multitud de toda clase de gentes, y ovejas, y muchísimo ganado.
39 Y cocieron tortas sin levadura de la masa que habían sacado de Egipto, pues no había leudado, porque al echarlos fuera los egipcios, no habían tenido tiempo ni para prepararse comida.
40 El tiempo que los hijos de Israel habitaron en Egipto fue cuatrocientos treinta años.
41 Y pasados los cuatrocientos treinta años, en el mismo día todas las huestes de Jehová salieron de la tierra de Egipto.
42 Es noche de guardar para Jehová, por haberlos sacado en ella de la tierra de Egipto. Esta noche deben guardarla para Jehová todos los hijos de Israel en sus generaciones.</td>
<td>43 Y Jehová dijo a Moisés y a Aarón: Esta es la ordenanza de la pascua; ningún extraño comerá de ella.
44 Mas todo siervo humano comprado por dinero comerá de ella, después que lo hubieres circuncidado.
45 El extranjero y el jornalero no comerán de ella.
46 Se comerá en una casa, y no llevarás de aquella carne fuera de ella, ni quebraréis hueso suyo.
47 Toda la congregación de Israel lo hará.
48 Mas si algún extranjero morare contigo, y quisiere celebrar la pascua para Jehová, séale circuncidado todo varón, y entonces la celebrará, y será como uno de vuestra nación; pero ningún incircunciso comerá de ella.
49 La misma ley será para el natural, y para el extranjero que habitare entre vosotros.
50 Así lo hicieron todos los hijos de Israel; como mandó Jehová a Moisés y a Aarón, así lo hicieron.
51 Y en aquel mismo día sacó Jehová a los hijos de Israel de la tierra de Egipto por sus ejércitos.</td>
<td>2) El esclavo circuncidado podía comer de ella
3) El jornalero o trabajador temporal no debía comer de ella
4) Podía comerse solo dentro de la casa de fe: No debía sacarse la carne fuera de la casa y no debía quebrarse ningún hueso del cordero
5) Debía celebrarse por toda la congregación
6) Personas de otras nacionalidades podían comer de ella (prosélitos) si estaban circuncidados
7) No debía comerse por varones incircuncisos
8) La misma ley era aplicable tanto a los nacidos en el país como a los extranjeros
b. La obediencia era un elemento esencial: Todo Israel obedeció
c. El maravilloso resultado repetido: El Señor liberó gloriosamente a los israelitas</td>
</tr>
</table>

DIVISIÓN IV
LA PASCUA Y LA DÉCIMA PLAGA: JUICIO DE DIOS: LIBERADO, PUESTO EN LIBERTAD, 12:1—13:16

C. La décima plaga: La muerte de los primogénitos y la Pascua: Liberación del juicio de Dios: Liberado, puesto en libertad, 12:21-51

(12:21-51) ***Introducción***: "¡Libre! ¡Libre al fin! Gracias a Dios Todopoderoso, al fin soy libre". Estas palabras, dichas por Martin Luther King en el siglo XX, deben haber resonado en el corazón de cada uno de los israelitas al salir de Egipto. Durante siglos, los israelitas habían sido esclavizados y tratados brutalmente por los egipcios; ahora los estaban poniendo en libertad:

- Poniendo en libertad para luchar por la vida, la libertad y la justicia para todos.
- Poniendo en libertad para adorar y servir a Dios con toda su alma.
- Poniendo en libertad para comenzar la gran marcha hacia la Tierra Prometida de Canaán.

El antiguo Egipto era culpable de los males más horrendos que se puedan imaginar y habían hecho alarde de su maldad ante Dios mismo. Ellos eran:

- Culpables de idolatría, adorando a los falsos dioses creados por la mente de los hombres.
- Culpables de rechazar a Dios, cometiendo rebelión e insurrección contra Él y hasta negándolo y maldiciéndolo.
- Culpables de inmoralidad crasa, convirtiéndose en una cloaca de afecto antinatural e inhumano, todos desenfrenados en una llama encendida de lujuria: Adulterio, fornicación, libertinaje, homosexualidad.
- Culpables de avaricia y codicia, de llenarse los bolsillos y buscar riquezas a través de la mano de obra barata y la esclavización de otras personas.
- Culpables de satisfacer la carne, de vivir una vida de libertinaje, desahogada, cómoda, culpables de construir una sociedad basada en el trabajo de los esclavos.
- Culpables de tratar brutalmente y esclavizar a las personas, de esclavizar a las mismas personas que creían y seguían al único y verdadero Dios viviente.

A pesar de los grandes logros del antiguo Egipto, los males del pueblo egipcio eran horribles. Ellos rechazaban al único y verdadero Dios viviente y cometían atrocidad tras atrocidad contra otras razas de personas. Trataban brutalmente y esclavizaban salvajemente a otros pueblos. Como hemos visto, Dios había visto bastante maldad y perversidad en la sociedad egipcia. Había llegado el día de ejecutar justicia contra los antiguos egipcios. Dios había lanzado nueve juicios contra los malvados y brutales egipcios. A través de todo el período de las plagas, el rey debía conducir a su pueblo al arrepentimiento, pero se negó. Ya él y su pueblo habían ido demasiado lejos, ya no podían arrepentirse. Dios sabía que ellos nunca se arrepentirían, nunca se volverían a Él y nunca pondrían en libertad al pueblo de Dios. En consecuencia, Dios estaba listo para lanzar la décima plaga del juicio, un juicio que obligaría a los egipcios a poner al pueblo de Dios en libertad. Este fue el gran día de la *liberación de la esclavitud* de Israel, el comienzo de su *marcha de libertad* a la Tierra Prometida de Dios. Esto es: *La décima plaga, la muerte de los primogénitos y la Pascua: Liberación del juicio de Dios, liberado, puesto en libertad,* 12:21-51.

1. La advertencia de huir del juicio que se avecinaba: Declarado por Moisés a los ancianos de Israel (vv. 21-28).
2. El juicio de Dios cayó sobre Egipto (un tipo del mundo) (v. 29).
3. El juicio de Dios cumplió su propósito (vv. 30-33).
4. Israel se libró del juicio (el pueblo de Dios, los creyentes): El gran éxodo, libres al fin (vv. 34-41).
5. La liberación del juicio y de la Pascua sería siempre celebrada por las personas que creen, estrictamente celebrada (vv. 42-51).

[1] (12:21-28) ***Pascua, la — Cordero — Juicio — Animales, sacrificio de — Fe***: Estaba la advertencia de huir del juicio que se avecinaba. La mano del juicio de Dios estaba lista para caer: La décima plaga ocurriría inmediatamente. Por lo tanto, Moisés reunió a todos los ancianos y les dio instrucciones acerca de la Pascua. Les explicó detalladamente lo que Dios le había dicho. Los ancianos debían trasladar las instrucciones de Dios al pueblo que ellos representaban. Era preciso salvar al pueblo de Dios: La mano del juicio de Dios debía pasar por alto a todos aquellos que verdaderamente creían en Él. Fíjese en estos cinco hechos.

1. El pueblo debía seleccionar y sacrificar el cordero de la Pascua, familia a familia (vv. 21-22). Aquí se dan dos nuevas instrucciones que regulan la Pascua. (Vea esquema y notas, Éx. 12:1-13 para las instrucciones dadas más arriba.)

a. Se debía usar un manojo de hisopo para untar sangre en el marco de la puerta de la casa (v. 22). Al parecer, el hisopo (ezob) era una pequeña y espesa planta con hojas que absorbían los líquidos fácilmente. Fue la planta que se usó para acercar la humedad del vinagre a los labios de Jesús cuando colgaba de la cruz. Las Escrituras hacen referencia a la planta 12 veces diferentes:

⇒ Diez veces en el Antiguo Testamento (Lv. 14:4, 6, 49, 51, 52; Nm. 19:6, 18; Éx. 12:22; 1 R. 4:33; Sal. 51:7).

⇒ Dos veces en el Nuevo Testamento (Jn. 19:29; He. 9:19-20).

b. La segunda nueva instrucción acerca de la Pascua se refería a la seguridad y la protección. Nadie debía salir de la casa de noche. Todos debían permanecer dentro de la casa toda la noche, permanecer dentro, protegidos por la sangre (v. 22). Los creyentes no debían salir de la casa hasta la mañana, no dejar la seguridad de la sangre hasta que fueran llamados a salir de Egipto hacia la Tierra Prometida. ¿Por qué? ¿Qué tenía de malo salir afuera durante la noche? Dos cosas:

⇒ Primero, la persona que saliera al mundo de Egipto se habría quitado la seguridad de la sangre. Si Dios hubiera permitido que las personas deambularan por las calles del mundo, se habría perdido el significado de la sangre del cordero. El propósito de Dios era enseñar al pueblo que su salvación residía en la seguridad de la sangre del cordero.

⇒ Segundo, si alguien estaba deambulando y ocupado en asuntos mundanos o de placer, perdería el llamado de salir de Egipto. Perdería el llamado de ir a su casa a la Tierra Prometida.

Pensamiento 1. La aplicación está clara.

1) Debemos ocultarnos detrás de la sangre de Cristo. No se puede hallar protección de la mano del juicio de Dios en el mundo. Se encuentra en la sangre de Cristo.

"Anda, pueblo mío, entra en tus aposentos, cierra tras ti tus puertas; escóndete un poquito, por un momento, en tanto que pasa la indignación. Porque he aquí que Jehová sale de su lugar para castigar al morador de la tierra por su maldad contra él; y la tierra descubrirá la sangre derramada sobre ella, y no encubrirá ya más a sus muertos" (Is. 26:20-21).

"en quien tenemos redención por su sangre, el perdón de pecados" (Col. 1:14).

"quien llevó él mismo nuestros pecados en su cuerpo sobre el madero, para que nosotros, estando muertos a los pecados, vivamos a la justicia; y por cuya herida fuisteis sanados" (1 P. 2:24).

"Porque también Cristo padeció una sola vez por los pecados, el justo por los injustos, para llevarnos a Dios, siendo a la verdad muerto en la carne, pero vivificado en espíritu" (1 P. 3:18).

"pero si andamos en luz, como él está en luz, tenemos comunión unos con otros, y la sangre de Jesucristo su Hijo nos limpia de todo pecado" (1 Jn. 1:7).

2) Debemos permanecer detrás de la sangre de Cristo. No debemos deambular por el mundo de pecado y placeres impíos. Debemos apartarnos del mundo y negarnos a vivir una vida mundana. Debemos vivir por Dios y estar listos cuando Él nos llame a casa a la Tierra Prometida del cielo.

"Mirad también por vosotros mismos, que vuestros corazones no se carguen de glotonería y embriaguez y de los afanes de esta vida, y venga de repente sobre vosotros aquel día. Porque como un lazo vendrá sobre todos los que habitan sobre la faz de toda la tierra. Velad, pues, en todo tiempo orando que seáis tenidos por dignos de escapar de todas estas cosas que vendrán, y de estar en pie delante del Hijo del Hombre" (Lc. 21:34-36).

"No os unáis en yugo desigual con los incrédulos; porque ¿qué compañerismo tiene la justicia con la injusticia? ¿Y qué comunión la luz con las tinieblas?" (2 Co. 6:14).

"Por lo cual, salid de en medio de ellos, y apartaos, dice el Señor, y no toquéis lo inmundo; y yo os recibiré, y seré para vosotros por Padre, y vosotros me seréis hijos e hijas, dice el Señor Todopoderoso" (2 Co. 6:17-18).

"Porque sabéis esto, que ningún fornicario, o inmundo, o avaro, que es idólatra, tiene herencia en el reino de Cristo y de Dios. Nadie os engañe con palabras vanas, porque por estas cosas viene la ira de Dios sobre los hijos de desobediencia" (Ef. 5:5-6).

"No améis al mundo, ni las cosas que están en el mundo. Si alguno ama al mundo, el amor del Padre no está en él. Porque todo lo que hay en el mundo, los deseos de la carne, los deseos de los ojos, y la vanagloria de la vida, no proviene del Padre, sino del mundo" (1 Jn. 2:15-16).

2. El pueblo debía aceptar, creer en el mensaje de juicio y liberación (v. 23).

a. Dios iba a juzgar, aplastar a los antiguos egipcios (v. 23). Todas las personas sufrirían por la mano del juicio de Dios. El primogénito de cada familia estaba condenado a morir, todo a causa de los males de los antiguos egipcios a través de los siglos de su historia. Asimismo, los antiguos egipcios esclavizaron, trataron brutalmente, maltrataron salvajemente y asesinaron al pueblo de Dios, el mismo pueblo que quería servir al único y verdadero Dios viviente.

b. Dios pasaría por alto, no destruiría, a los creyentes que estaban protegidos por la sangre (v. 23).

Fíjese en esto: La única manera de ser salvado y liberado del juicio de Dios era por medio de la sangre del cordero sacrificado. El cordero sacrificado moría *en lugar* del primogénito que se refugiaba detrás de la sangre. Por ende, el cordero sacrificado:

- Era el *sustituto* del creyente.
- Era la *forma de redención y liberación* para el creyente.

No había otra forma en que la persona podía salvarse, redimido y liberado, ninguna otra forma excepto por medio de la sangre del cordero sacrificado. Si la persona creía en el mensaje de Dios, entonces creería en la Palabra de Dios y se ocultaría detrás de la sangre. Si la persona no creía en el mensaje de Dios, no se ocultaría detrás de la sangre.

La promesa de Dios estaba clara: Él *pasaría por alto* y no destruiría a los creyentes que estaban protegidos por la sangre del cordero. En el siguiente punto, veremos exactamente lo que les sucedió a los creyentes y a los no creyentes (vea nota, Éx. 12:29).

Pensamiento 1. Recuerde dos hechos, dos claras enseñanzas de las Escrituras:

1) El cordero de la Pascua era solo un tipo del *Cordero de Dios* que vendría a salvar al mundo. Jesucristo es el Cordero de Dios que quita el pecado del mundo. Jesucristo es *el Cordero* escogido y proporcionado por el propio Dios, no por los hombres. Dios ha actuado con perfección y ha proporcionado el Cordero de la Pascua perfecto, el único Cordero cuya sangre puede realmente limpiarnos de pecado y librarnos de la mano del juicio de Dios.
2) En el aterrador día del juicio, Dios no va a preguntar:
   - A qué Iglesia pertenecíamos.
   - Cuán moral y justos hemos sido.
   - Cuántas buenas obras hemos hecho.
   - Con qué frecuencia asistíamos a la iglesia.

Dios va a preguntar una cosa, una sola cosa: ¿Confiamos en que la sangre de Jesucristo nos limpie del pecado? ¿Vamos a Él, nos acercamos a Dios, por medio de la sangre del Cordero de Dios, el Señor Jesucristo? Él es nuestro Cordero de la Pascua; Él fue sacrificado "de una vez por todas" por nosotros.

"porque nuestra pascua, que es Cristo, ya fue sacrificada por nosotros" (1 Co. 5:7).

"que no tiene necesidad cada día, como aquellos sumos sacerdotes, de ofrecer primero sacrificios por sus propios pecados, y luego por los del pueblo; porque esto lo hizo una vez para siempre, ofreciéndose a sí mismo" (He. 7:27).

"El siguiente día vio Juan a Jesús que venía a él, y dijo: He aquí el Cordero de Dios, que quita el pecado del mundo" (Jn. 1:29).

"porque esto es mi sangre del nuevo pacto, que por muchos es derramada para remisión de los pecados" (Mt. 26:28).

"Pues mucho más, estando ya justificados en su sangre, por él seremos salvos de la ira" (Ro. 5:9).

"en quien tenemos redención por su sangre, el perdón de pecados según las riquezas de su gracia" (Ef. 1:7).

"y no por sangre de machos cabríos ni de becerros, sino por su propia sangre, entró una vez para siempre en el Lugar Santísimo, habiendo obtenido eterna redención. Porque si la sangre de los toros y de los machos cabríos, y las cenizas de la becerra rociadas a los inmundos, santifican para la purificación de la carne, ¿cuánto más la sangre de Cristo, el cual mediante el Espíritu eterno se ofreció a sí mismo sin mancha a Dios, limpiará vuestras conciencias de obras muertas para que sirváis al Dios vivo?" (He. 9:12-14).

"sabiendo que fuisteis rescatados de vuestra vana manera de vivir, la cual recibisteis de vuestros padres, no con cosas corruptibles, como oro o plata, sino con la sangre preciosa de Cristo, como de un cordero sin mancha y sin contaminación" (1 P. 1:18-19).

"y de Jesucristo el testigo fiel, el primogénito de los muertos, y el soberano de los reyes de la tierra. Al que nos amó, y nos lavó de nuestros pecados con su sangre" (Ap. 1:5).

3. La Pascua debía celebrarse como una ordenanza eterna. El pueblo de Dios debía celebrar la Pascua aun cuando llegaran y entraran a la Tierra Prometida (vv. 24-25).

4. El pueblo de Dios debía proclamar el significado de la Pascua a sus hijos (vv. 26-27).
   ⇒ Debían explicar el sacrificio del cordero de la Pascua (v. 27).
   ⇒ Debían explicar cómo el Señor juzgó a los egipcios pero *pasó por alto*, protegió y no destruyó, a los israelitas que creían en la Palabra de Dios (v. 27).

Pensamiento 1. A los niños se les debe enseñar la historia del cordero de la Pascua, cómo Jesucristo es *el Cordero de Dios* que quita el pecado del mundo. Se les debe enseñar el significado de la cruz, el significado de la sangre del Señor Jesucristo.

"Por tanto, guárdate, y guarda tu alma con diligencia, para que no te olvides de las cosas que tus ojos han visto, ni se aparten de tu corazón todos los días de tu vida; antes bien, las enseñarás a tus hijos, y a los hijos de tus hijos" (Dt. 4:9).

"Y estas palabras que yo te mando hoy, estarán sobre tu corazón; y las repetirás a tus hijos, y hablarás de ellas estando en tu casa, y andando por el camino, y al acostarte, y cuando te levantes" (Dt. 6:6-7).

"E hizo lo recto ante los ojos de Jehová, conforme a todas las cosas que había hecho Amasías su padre" (2 Cr. 26:4).

"Instruye al niño en su camino, y aun cuando fuere viejo no se apartará de él" (Pr. 22:6).

"Cuando hubieron comido, Jesús dijo a Simón Pedro: Simón, hijo de Jonás, ¿me amas más que éstos? Le respondió: Sí, Señor; tú sabes que te amo. Él le dijo: Apacienta mis corderos" (Jn. 21:15).

"trayendo a la memoria la fe no fingida que hay en ti, la cual habitó primero en tu abuela Loida, y en tu madre Eunice, y estoy seguro que en ti también" (2 Ti. 1:5).

5. Había dos elementos esenciales que el pueblo hizo (vv. 27-28).
   a. El pueblo se inclinó y adoró a Dios (v. 27). Oyó el mensaje de Dios y aceptó la Palabra de Dios. Reconoció a Dios: Se inclinó en reverencia y lo adoró. Estaba agradecido, sumamente agradecido, de que Dios había concebido una forma:
      - Para que fueran salvos.
      - Para que pudieran huir del juicio de Dios que se avecinaba.
      - Para que fueran liberados de la esclavitud de Egipto.
   b. El pueblo obedeció a Dios, hizo exactamente lo que Dios ordenó (v. 28).

Pensamiento 1. Dios nos dice cómo podemos salvarnos del juicio que se avecina: Debemos buscar la seguridad detrás de la sangre de su Hijo, Jesucristo. Debemos creer en Dios: Aceptar su Palabra y reconocerlo.

⇒ Debemos venerarlo, inclinarnos y adorarlo.

⇒ Debemos obedecerlo y ocultarnos detrás de la sangre de su Hijo, el Señor Jesucristo.

"Porque Cristo, cuando aún éramos débiles, a su tiempo murió por los impíos" (Ro. 5:6).

"Mas Dios muestra su amor para con nosotros, en que siendo aún pecadores, Cristo murió por nosotros" (Ro. 5:8).

"Limpiaos, pues, de la vieja levadura, para que seáis nueva masa, sin levadura como sois; porque nuestra pascua, que es Cristo, ya fue sacrificada por nosotros" (1 Co. 5:7).

"Porque primeramente os he enseñado lo que asimismo recibí: Que Cristo murió por nuestros pecados, conforme a las Escrituras" (1 Co. 15:3).

"el cual se dio a sí mismo por nuestros pecados para librarnos del presente siglo malo, conforme a la voluntad de nuestro Dios y Padre" (Gá. 1:4).

"quien llevó él mismo nuestros pecados en su cuerpo sobre el madero, para que nosotros, estando muertos a los pecados, vivamos a la justicia; y por cuya herida fuisteis sanados" (1 P. 2:24).

"Porque también Cristo padeció una sola vez por los pecados, el justo por los injustos, para llevarnos a Dios, siendo a la verdad muerto en la carne, pero vivificado en espíritu" (1 P. 3:18).

[2] (12:29) ***Juicio — Egipto — Primogénito — Plagas, las diez***: El juicio de Dios cayó sobre Egipto. Dios había advertido a los egipcios, pero ellos habían rechazado su advertencia. Se habían negado a arrepentirse de sus horribles males: Habían llegado tan lejos en su rebelión contra Dios que ya no podían arrepentirse.

⇒ Habían continuado rechazando a Dios y su advertencia, negando que existía un Dios soberano y omnipotente.

⇒ Habían continuado cometiendo atrocidad tras atrocidad contra el pueblo, en particular, el pueblo de Dios.

⇒ Habían continuado en su obstinada falta de fe, adorando ídolos y negándose a darle la libertad al pueblo de Dios.

Dios no tenía opción: El juicio tenía que caer. Y cayó. A medianoche, el horror y el terror cayó sobre todo Egipto: Todos los primogénitos de Egipto fueron muertos. El primogénito de todas las familias, desde el palacio hasta las cárceles, enfermó y murió. El juicio de Dios cayó por igual sobre todos, sobre los ricos y los poderosos así como los pobres y débiles. Hasta el primogénito de los animales murió. ¿Por qué? ¿Por qué Dios hirió de muerte al primogénito de los animales? Por una poderosa razón: Al juzgar al primogénito de los animales, Dios estaba asestando un golpe a los dioses de los egipcios. Recuerde que ellos habían imaginado y creado dioses que estaban estrechamente relacionados con varios animales de la tierra. Así, Dios estaba asestando un golpe de muerte a los presuntos dioses al matar al primogénito de todos los animales.

Nota: Fue el propio Dios el que ejecutó justicia sobre los egipcios. Recuerde que además de su idolatría y rechazo a Dios así como su malvada esclavitud sobre el pueblo, los egipcios habían lanzado un holocausto contra todos los niños varones hebreos, matándolos todos al nacer (Éx. 1:15-22). Ahora, Dios estaba ejecutando igual justicia sobre ellos: el hijo primogénito estaba muriendo por miles.

Pensamiento 1. En las Escrituras, Egipto es un tipo del mundo. Lo que le sucedió a Egipto constituye una advertencia crítica para nosotros. Se avecina el día del juicio, un día del juicio mundial, universal. Todas las almas que se nieguen a ocultarse detrás de la sangre del Cordero de Dios se enfrentarán al terrible juicio del Señor mismo. Esta es la clara declaración de la Palabra de Dios.

"y serán reunidas delante de él todas las naciones; y apartará los unos de los otros, como aparta el pastor las ovejas de los cabritos. Y pondrá las ovejas a su derecha, y los cabritos a su izquierda. . . Entonces dirá también a los de la izquierda: Apartaos de mí, malditos, al fuego eterno preparado para el diablo y sus ángeles" (Mt. 25:32-33, 41).

"por cuanto ha establecido un día en el cual juzgará al mundo con justicia, por aquel varón a quien designó, dando fe a todos con haberle levantado de los muertos" (Hch. 17:31).

"en el día en que Dios juzgará por Jesucristo los secretos de los hombres, conforme a mi evangelio" (Ro. 2:16).

"De manera que cada uno de nosotros dará a Dios cuenta de sí" (Ro. 14:12).

"Y vi un gran trono blanco y al que estaba sentado en él, de delante del cual huyeron la tierra y el cielo, y ningún lugar se encontró para ellos. Y vi a los muertos, grandes y pequeños, de pie ante Dios; y los libros fueron abiertos, y otro libro fue abierto, el cual es el libro de la vida; y fueron juzgados los muertos por las cosas que estaban escritas en los libros, según sus obras. Y el mar entregó los muertos que había en él; y la muerte y el Hades entregaron los muertos que había en ellos; y fueron juzgados cada uno según sus obras. Y la muerte y el Hades fueron lanzados al lago de fuego. Esta es la muerte segunda. Y el que no se halló inscrito en el libro de la vida fue lanzado al lago de fuego" (Ap. 20:11-15).

[3] (12:30-33) ***Juicio — Justicia***: El juicio logró su propósito.

1. Propósito uno: Faraón y su pueblo gritaban angustiados y lloraban a sus muertos. Se había ejecutado justicia sobre su terrible mal. Nadie podía ayudar a los egipcios, nadie podía consolarlos. Nadie podía librarlos de la mano del juicio de Dios. Ya era demasiado tarde. El juicio de Dios había caído. Se había ejecutado justicia. No quedaba nada excepto. . .

- sufrimiento
- dolor
- pena
- aflicción

Los no creyentes habían rechazado a Dios demasiado tiempo. Ya no podían arrepentirse, ya no podían rechazar su mal. Y Dios se vio obligado a actuar con justicia y enjuiciarlos.

2. Propósito dos: Esa misma noche, Faraón mandó a llamar a Moisés y Aarón y puso en libertad al pueblo de Dios (vv. 31-32). Las personas arrogantes y de corazón duro, aquellas que habían rechazado a Dios, fueron humilladas.

⇒ Faraón le dio la libertad a todo el pueblo de Dios, incluyendo sus manadas y rebaños (v. 32).

⇒ Faraón le pidió a Moisés que buscara al SEÑOR para que lo bendijera a él y a Egipto. (v. 32).

Recuerde que Faraón (la autoridad del gobierno que él representaba) era considerado un dios. El pueblo adoraba al rey y al estado: Su primera lealtad y adhesión eran para el rey y el estado. Sin embargo, aquí el rey no podía hacer nada para protegerse a sí mismo y a su pueblo de la mano del juicio de Dios. El hombre y el pueblo más poderosos del mundo no podían hacer nada contra el único y verdadero Dios viviente Dios, contra el día que Dios había fijado para ejecutar justicia sobre los perversos no creyentes de Egipto.

3. Propósito tres: Faraón y su pueblo pidió al pueblo de Dios que se marchara de inmediato. Temían que Dios ejecutara justicia sobre todos ellos inmediatamente y los matara a todos.

Pensamiento 1. Maxie Dunnam tiene una excelente explicación acerca del juicio de Dios que merece citarse totalmente.

"No se puede encubrir ni menoscabar la realidad del juicio divino. El hecho se expone en página tras página de la historia de la Biblia. Dios juzgó a Adán y a Eva expulsándolos del jardín y pronunciando maldiciones sobre su futura vida terrenal. Dios juzgó al mundo corrupto en la época de Noé enviando un diluvio para destruir a la humanidad. Dios juzgó a Sodoma y Gomorra, sepultándolas en una catástrofe volcánica (Gn. 19:24). Y Dios juzgó a Faraón y a los egipcios tal y como lo había pronosticado (Gn. 15:14), desatando contra ellos los horrores de las diez plagas.

"Hay 'grandes juicios' sobre los que todos conocemos. Además de estos, las páginas de la Biblia están literalmente llenas de juicios. Aquellas personas que no estudian la Biblia con seriedad, con toda tranquilidad dicen que cuando se pasa del Antiguo al Nuevo Testamento, el tema del juicio divino casi desaparece. Eso no es verdad. Hasta una lectura somera del Nuevo Testamento revela la acción de Dios como juez. De hecho, todo el Nuevo Testamento está eclipsado por la certeza del día venidero del juicio universal expuesto por el propio Jesús. No es fácil olvidar esa imagen, su poderosa imagen—las ovejas separadas de las cabras, los justos a la derecha de Dios y los impíos a su izquierda, los justos invitados a la presencia del Señor, los impíos condenados al castigo eterno donde hay 'lloro y el crujir de dientes' (Mt. 8:12).

"La ilustración en el Nuevo Testamento es que el Salvador del mundo, Jesucristo, es también el juez del mundo. Oigan las palabras del propio Jesús:

"Porque el Padre a nadie juzga, sino que todo el juicio dio al Hijo, para que todos honren al Hijo como honran al Padre. El que no honra al Hijo, no honra al Padre que le envió. De cierto, de cierto os digo: El que oye mi palabra, y cree al que me envió, tiene vida eterna; y no vendrá a condenación, mas ha pasado de muerte a vida. De cierto, de cierto os digo: Viene la hora, y ahora es, cuando los muertos oirán la voz del Hijo de Dios; y los que la oyeren vivirán. Porque como el Padre tiene vida en sí mismo, así también ha dado al Hijo el tener vida en sí mismo; y también le dio autoridad de hacer juicio, por cuanto es el Hijo del Hombre. No os maravilléis de esto; porque vendrá hora cuando todos los que están en los sepulcros oirán su voz; y los que hicieron lo bueno, saldrán a resurrección de vida; mas los que hicieron lo malo, a resurrección de condenación" (Jn. 5:22-29).

'No hay forma de encubrir ni menoscabar la realidad del juicio divino' ".[1]

"Entonces aparecerá la señal del Hijo del Hombre en el cielo; y entonces lamentarán todas las tribus de la tierra, y verán al Hijo del Hombre viniendo sobre las nubes del cielo, con poder y gran gloria" (Mt. 24:30).

"Y si en algún lugar no os recibieren ni os oyeren, salid de allí, y sacudid el polvo que está debajo de vuestros pies, para testimonio a ellos. De cierto os digo que en el día del juicio, será más tolerable el castigo para los de Sodoma y Gomorra, que para aquella ciudad" (Mr. 6:11).

"Porque el que se avergonzare de mí y de mis palabras en esta generación adúltera y pecadora, el Hijo del Hombre se avergonzará también de él, cuando venga en la gloria de su Padre con los santos ángeles" (Mr. 8:38).

"Y esta es la condenación: que la luz vino al mundo, y los hombres amaron más las tinieblas que la luz, porque sus obras eran malas" (Jn. 3:19).

"Mas sabemos que el juicio de Dios contra los que practican tales cosas es según verdad" (Ro. 2:2).

"y a vosotros que sois atribulados, daros reposo con nosotros, cuando se manifieste el Señor Jesús desde el cielo con los ángeles de su poder, en llama de fuego, para dar retribución a los que no conocieron a Dios, ni obedecen al evangelio de nuestro Señor Jesucristo; los cuales sufrirán pena de eterna perdición, excluidos de la presencia del Señor y de la gloria de su poder" (2 Ts. 1:7-9).

"He aquí que viene con las nubes, y todo ojo le verá, y los que le traspasaron; y todos los linajes de la tierra harán lamentación por él. Sí, amén" (Ap. 1:7).

---

[1] Maxie Dunnam. *Mastering the Old Testament, Exodus*, pp. 137-138.

4 (12:34-41) ***Juicio — Seguridad — Protección — Israel***: Israel, el pueblo de Dios, los creyentes de entonces, se libró del juicio. Tuvo lugar entonces el gran éxodo. El pueblo de Dios era libre, libre al fin. Las Escrituras y los puntos esquemáticos describen la escena tan bien como se pueda imaginar.

1. El pueblo de Dios obedeció sus instrucciones exactamente como había ordenado (v. 34).

2. El pueblo de Dios llevó solo pan sin levadura, cargándolo sobre los hombros con las artesas envueltas en sábanas.

3. De acuerdo con las instrucciones, el pueblo de Dios pidió plata, oro y ropas a los egipcios (v. 35). Sin duda, los egipcios les habían robado todos los objetos de valor a los israelitas cuando los esclavizaron. Además, como esclavos, recibían muy poco salario, si es que recibían alguno, a cambio de su trabajo durante las décadas de esclavitud. Los egipcios les debían a los israelitas más salarios atrasados que lo que pudieran pagar. Fíjese que el SEÑOR mismo actuó sobre los corazones de los egipcios y los incitó a favorecer a su pueblo con regalos que probablemente equivalían a una gran fortuna.

4. El pueblo de Dios comenzó su gran *marcha de la libertad* (vv. 37-39).

⇒ Más de seiscientos mil hombres solamente, de más de veinte años, partieron de Egipto y marcharon hacia la Tierra Prometida (Nm. 1:3). Esto significa que incluyendo mujeres y niños, más de dos millones, quizás tres o cuatro millones de israelitas emprendieron la gran marcha.

⇒ Asimismo, una multitud de toda clase de personas marchó con los israelitas. Esta multitud incluía lógicamente algunas personas de razas diferentes como resultado del matrimonio mixto entre israelitas y egipcios. También había algunos egipcios y otros esclavos y algunos animales que viajaron con el pueblo de Dios (vv. 38-39). Esta multitud variada causaría más tarde serios problemas al pueblo de Dios. El libro de Números nos mostrará que ellos eran los cabecillas de los agitadores y alborotadores entre el verdadero pueblo de Dios.

⇒ Fíjese que ellos cocieron y llevaron pan sin levadura. No tenían tiempo para dejar que la levadura fermentara el pan. (Recuerde que en las Escrituras, la levadura simboliza el mal. La ilustración simbólica es la siguiente: El pueblo de Dios marchó hacia la Tierra Prometida, dejaba atrás toda levadura, todos los males, en Egipto [el mundo].) Dejaba atrás la *vida vieja* y comenzaba una *vida nueva* en su marcha hacia la Tierra Prometida de Dios.

5. El pueblo de Dios se apresuró y se fue, apartándose de Egipto inmediatamente. No había tiempo siquiera de preparar comida (v. 39).

6. El pueblo de Dios cortó todas las relaciones con Egipto (simbólicamente, el mundo). Ellos cortaron todas las relaciones con el lugar que los había mantenido bajo su poder y dominio durante cuatrocientos treinta años (v. 40).

7. Estaba el hecho maravilloso: Dios libró gloriosamente a su pueblo de Egipto (simbólicamente, el mundo) (v. 41).

Pensamiento 1. Las personas deben ser libres, libres de buscar la Tierra Prometida de Dios. La voluntad de Dios es libertad y liberación para todas las personas. Ningún gobierno ni ningún individuo podrá impedirnos seguir a Dios ni de buscar la Tierra Prometida de Dios. Debemos ser libres de adorar y servir a Dios el SEÑOR.

"El Espíritu de Jehová el Señor está sobre mí, porque me ungió Jehová; me ha enviado a predicar buenas nuevas a los abatidos, a vendar a los quebrantados de corazón, a publicar libertad a los cautivos, y a los presos apertura de la cárcel" (Is. 61:1).

"Porque *no hay diferencia* entre judío y griego, pues el mismo que es Señor de todos, es rico para con todos los que le invocan" (Ro. 10:12).

"Ya no hay judío ni griego; no hay esclavo ni libre; no hay varón ni mujer; porque todos vosotros sois uno en Cristo Jesús" (Gá. 3:28).

"Porque vosotros, hermanos, *a libertad* fuisteis llamados; solamente que no uséis la libertad como ocasión para la carne, sino servíos por amor los unos a los otros" (Gá. 5:13).

"como libres, pero no como los que tienen la libertad como pretexto para hacer lo malo, sino como siervos de Dios" (1 P. 2:16).

Pensamiento 2. Dios nos librará de las servidumbres de este mundo. No importa cuál sea la servidumbre y no importa cuán fuertes sean las ataduras, Dios tiene el poder de romper esas ataduras, el poder de salvar y librarnos.

"sabiendo esto, que nuestro viejo hombre fue crucificado juntamente con él, para que el cuerpo del pecado sea destruido, a fin de que no sirvamos más al pecado. Porque el que ha muerto, ha sido justificado del pecado" (Ro. 6:6-7).

"el cual se dio a sí mismo por nuestros pecados para *librarnos* del presente siglo malo, conforme a la voluntad de nuestro Dios y Padre" (Gá. 1:4).

"Y a Aquel que es poderoso para hacer todas las cosas mucho más abundantemente de lo que pedimos o entendemos, según el poder que actúa en nosotros" (Ef. 3:20).

"Y el Señor me librará de toda obra mala, y me preservará para su reino celestial. A él sea gloria por los siglos de los siglos. Amén" (2 Ti. 4:18).

"Así que, por cuanto los hijos participaron de carne y sangre, él también participó de lo mismo, para destruir por medio de la muerte al que tenía el imperio de la muerte, esto es, al diablo, y librar a todos los que por el temor de la muerte estaban durante toda la vida sujetos a servidumbre" (He. 2:14-15).

"por lo cual puede también *salvar perpetuamente a los que por él se acercan a Dios*, viviendo siempre para interceder por ellos" (He. 7:25).

"sabe el Señor librar de tentación a los piadosos, y reservar a los injustos para ser castigados en el día del juicio" (2 P. 2:9).

"Dijo: Jehová es mi roca y mi fortaleza, y mi libertador" (2 S. 22:2).

"Aunque afligido yo y necesitado, Jehová pensará en mí. Mi ayuda y mi libertador eres tú; Dios mío, no te tardes" (Sal. 40:17).

"Él te librará del lazo del cazador, de la peste destructora" (Sal. 91:3).

"No temas, porque yo estoy contigo; no desmayes, porque yo soy tu Dios que te esfuerzo; siempre te ayudaré, siempre te sustentaré con la diestra de mi justicia" (Is. 41:10).

ESTUDIO A FONDO 1

(12:40-41) ***Generación — Historia***: Israel estuvo en Egipto durante cuatrocientos treinta años. Imagínese: Cuatrocientos treinta largos años. Trate de darse cuenta de la magnitud de todos esos años y recuerde que la mayoría de esos años fueron de esclavitud. Luego, deje que su mente explore lo que puede suceder en cuatrocientos treinta años:

⇒ Si cuarenta años constituyen una generación, entonces casi once generaciones vivieron en Egipto.
⇒ Cuatrocientas treinta veces se sembraron los cultivos.
⇒ Cuatrocientas treinta veces se cosecharon los cultivos.
⇒ Millones de israelitas nacieron.
⇒ Millones de israelitas murieron.
⇒ Cuatrocientos treinta años se emplearon en la construcción de edificios, carreteras, pirámides y otros proyectos.
⇒ Cuatrocientos treinta años de liderazgo político cambiaron.
⇒ Cuatrocientos treinta años pasaron esperando para ser libres, libres de vivir en la Tierra Prometida de Canaán.

Y durante esos cuatrocientos treinta años, Dios recordó a su pueblo y las promesas que le había hecho. Dios recordó su promesa de darles la Tierra Prometida (el cielo) y la Simiente prometida (el Salvador) a los creyentes, a todos aquellos que creían en Él y lo seguían sinceramente. Fíjese en las cosas que hicieron que Dios recordara su pacto:

1. Dios recordó su pacto porque amaba y quería a su pueblo. Dios veía el sufrimiento y el dolor de su esclavitud.

"Y oyó Dios el gemido de ellos, y se acordó de su pacto con Abraham, Isaac y Jacob" (Éx. 2:24).

"También establecí mi pacto con ellos, de darles la tierra de Canaán, la tierra en que fueron forasteros, y en la cual habitaron. Asimismo yo he oído el gemido de los hijos de Israel, a quienes hacen servir los egipcios, y me he acordado de mi pacto" (Éx. 6:4-5).

2. Dios recordó su pacto porque Él es fiel. Él cumple su Palabra.

"Conoce, pues, que Jehová tu Dios es Dios, Dios fiel, que guarda el pacto y la misericordia a los que le aman y guardan sus mandamientos, hasta mil generaciones" (Dt. 7:9).

"No olvidaré mi pacto, ni mudaré lo que ha salido de mis labios" (Sal. 89:34).

"Se acordó para siempre de su pacto; de la palabra que mandó para mil generaciones, la cual concertó con Abraham, y de su juramento a Isaac. La estableció a Jacob por decreto, a Israel por pacto sempiterno" (Sal. 105:8-10).

"porque todas las promesas de Dios son en él Sí, y en él Amén, por medio de nosotros, para la gloria de Dios" (2 Co. 1:20).

3. Dios recordó su pacto porque Él quiere que todas las personas sean salvas.

"En aquel tiempo estabais sin Cristo, alejados de la ciudadanía de Israel y ajenos a los pactos de la promesa, sin esperanza y sin Dios en el mundo" (Ef. 2:12).

"Pero ahora tanto mejor ministerio es el suyo, cuanto es mediador de un mejor pacto, establecido sobre mejores promesas. Porque si aquel primero hubiera sido sin defecto, ciertamente no se hubiera procurado lugar para el segundo. Porque reprendiéndolos dice: He aquí vienen días, dice el Señor, en que estableceré con la casa de Israel y la casa de Judá un nuevo pacto; no como el pacto que hice con sus padres el día que los tomé de la mano para sacarlos de la tierra de Egipto; porque ellos no permanecieron en mi pacto, y yo me desentendí de ellos, dice el Señor. Por lo cual, este es el pacto que haré con la casa de Israel después de aquellos días, dice el Señor: Pondré mis leyes en la mente de ellos, y sobre su corazón las escribiré; y seré a ellos por Dios, y ellos me serán a mí por pueblo" (He. 8:6-10).

"El Señor no retarda su promesa, según algunos la tienen por tardanza, sino que es paciente para con nosotros, no queriendo que ninguno perezca, sino que todos procedan al arrepentimiento" (2 P. 3:9).

"Y estableceré mi pacto entre mí y ti, y tu descendencia después de ti en sus generaciones, por pacto perpetuo, para ser tu Dios, y el de tu descendencia después de ti" (Gn. 17:7).

[5] (12:42-51) ***Juicio—La Pascua***: Siempre se recordaría y se celebraría la liberación del juicio y de la Pascua. Recuerde que la Pascua celebraba la gran liberación de Dios del creyente israelita. La Pascua se celebraría estrictamente por aquellas personas que creían. De nuevo, Dios estableció la Pascua como ordenanza permanente para su pueblo. Observe tres hechos significativos.

1. La separación era un elemento esencial durante la celebración de la Pascua (vv. 43-49). Solo la persona que se identificaba con el pueblo de Dios podía participar en la Pascua.

⇒ Ningún extranjero comería de la Pascua (v. 43).
⇒ Los esclavos podían comer de la Pascua solo si habían sido circundados (v. 44).
⇒ Ni el jornalero ni el residente temporal podían comer de la Pascua (v. 45).
⇒ La Pascua podía comerse solo dentro de la casa de fe. No debía sacarse la carne fuera de la casa y no debía quebrarse ningún hueso del cordero (v. 46). Observe: Esto era una profecía acerca de

los huesos de Cristo: No debía quebrarse ningún hueso de Cristo (Jn. 19:36).

⇒ La Pascua debía celebrarse por toda la congregación (v. 47).

⇒ Personas de otras nacionalidades o prosélitos podían comer de la Pascua solo si estaban circundados (v. 48).

⇒ Los varones incircuncisos no debían comer de la Pascua (v. 48b).

⇒ Las mismas leyes que regían la Pascua eran aplicables tanto a los nacidos en el país como a los extranjeros (v. 49)

2. La obediencia era un elemento esencial (v. 50). Fíjese que todo Israel obedeció a Dios, hizo exactamente lo que Dios había ordenado a través de sus mensajeros, Moisés y Aarón.

3. Fíjese que se repite el maravilloso resultado: El SEÑOR libró gloriosamente a su pueblo de la esclavitud egipcia (v. 51). Los israelitas que creyeron en Dios y lo obedecieron fueron salvos por la poderosa mano de Dios y comenzaron su gran marcha hacia la Tierra Prometida.

Pensamiento 1. Si nos hemos puesto detrás de la sangre de Cristo, Dios nos ha salvado gloriosamente. No importa quiénes seamos, no importa cuán terribles pecadores hemos sido, Dios nos salva si confiamos en la sangre de Cristo. Pero fíjese: Una vez que somos salvos y librados de las servidumbres de este mundo, dos cosas se hacen totalmente esenciales.

1) La separación del mundo es absolutamente esencial.

"Apartaos de mí, malignos, pues yo guardaré los mandamientos de mi Dios" (Sal. 119:115).

"Apartaos, apartaos, salid de ahí, no toquéis cosa inmunda; salid de en medio de ella; purificaos los que lleváis los utensilios de Jehová" (Is. 52:11).

"No os conforméis a este siglo, sino transformaos por medio de la renovación de vuestro entendimiento, para que comprobéis cuál sea la buena voluntad de Dios, agradable y perfecta" (Ro. 12:2).

"Por lo cual, salid de en medio de ellos, y apartaos, dice el Señor, y no toquéis lo inmundo; y yo os recibiré, y seré para vosotros por Padre, y vosotros me seréis hijos e hijas, dice el Señor Todopoderoso" (2 Co. 6:17-18).

"Y no participéis en las obras infructuosas de las tinieblas, sino más bien reprendedlas" (Ef. 5:11).

"No améis al mundo, ni las cosas que están en el mundo. Si alguno ama al mundo, el amor del Padre no está en él. Porque todo lo que hay en el mundo, los deseos de la carne, los deseos de los ojos, y la vanagloria de la vida, no proviene del Padre, sino del mundo" (1 Jn. 2:15-16).

2) La obediencia se convierte en un elemento esencial.

"Ahora, pues, si diereis oído a mi voz, y guardareis mi pacto, vosotros seréis mi especial tesoro sobre todos los pueblos; porque mía es toda la tierra" (Éx. 19:5).

"No hurtarás" (Dt. 5:29).

"Nunca se apartará de tu boca este libro de la ley, sino que de día y de noche meditarás en él, para que guardes y hagas conforme a todo lo que en él está escrito; porque entonces harás prosperar tu camino, y todo te saldrá bien" (Jos. 1:8).

"No todo el que me dice: Señor, Señor, entrará en el reino de los cielos, sino el que hace la voluntad de mi Padre que está en los cielos" (Mt. 7:21).

"Cualquiera, pues, que me oye estas palabras, y las hace, le compararé a un hombre prudente, que edificó su casa sobre la roca. Descendió lluvia, y vinieron ríos, y soplaron vientos, y golpearon contra aquella casa; y no cayó, porque estaba fundada sobre la roca. Pero cualquiera que me oye estas palabras y no las hace, le compararé a un hombre insensato, que edificó su casa sobre la arena; y descendió lluvia, y vinieron ríos, y soplaron vientos, y dieron con ímpetu contra aquella casa; y cayó, y fue grande su ruina" (Mt. 7:24-27).

"El que tiene mis mandamientos, y los guarda, ése es el que me ama; y el que me ama, será amado por mi Padre, y yo le amaré, y me manifestaré a él" (Jn. 14:21).

"Respondió Jesús y le dijo: El que me ama, mi palabra guardará; y mi Padre le amará, y vendremos a él, y haremos morada con él" (Jn. 14:23).

"Si guardareis mis mandamientos, permaneceréis en mi amor; así como yo he guardado los mandamientos de mi Padre, y permanezco en su amor" (Jn. 15:10).

"Vosotros sois mis amigos, si hacéis lo que yo os mando" (Jn. 15:14).

"Bienaventurados los que lavan sus ropas, para tener derecho al árbol de la vida, y para entrar por las puertas en la ciudad" (Ap. 22:14).

Pensamiento 2. Observe dos hechos significativos acerca de las estrictas regulaciones de la Pascua.

1) La separación, pureza ritual, era un elemento esencial en la participación de *la Pascua* (Vea punto 1 más arriba). Lo mismo sucede con la Cena del Señor. La pureza espiritual, arrepentimiento y pedir a Dios que perdone nuestros pecados, es un elemento esencial antes de participar de la Cena del Señor.

"Por tanto, pruébese cada uno a sí mismo, y coma así del pan, y beba de la copa" (1 Co. 11:28).

"Mas si algún extranjero morare contigo, y quisiere celebrar la pascua para Jehová, séale circuncidado todo varón, y entonces la celebrará, y será como uno de vuestra nación; pero ningún incircunciso comerá de ella" (Éx. 12:48).

2) Ningún hueso del cordero de la Pascua debía quebrarse (v. 46). Esto era una ilustración de lo que le sucedería a Cristo. Ningún hueso de Cristo, el Cordero de Dios, fue quebrado.

Esta es una ilustración de *unidad*. Las partes del cordero no debían dividirse: El cordero debía permanecer como un *cuerpo unificado*. Los miembros de la familia no debían dividirse: La familia debía permanecer *junta*, ocultada detrás de la sangre del cordero como *un solo cuerpo*, como una familia *unificada*.

Jesucristo murió sin un solo hueso quebrado. Ninguna parte fue desmembrada. Todas las partes de su cuerpo permanecieron unificadas. Jesucristo es la Cabeza de un cuerpo (la Iglesia), un cuerpo:

- Que tiene muchos miembros.
- Que tiene muchos dones.
- Que ha sido llamado para servir al Cordero de Dios con unidad, sin división.

"Entonces los judíos, por cuanto era la preparación de la pascua, a fin de que los cuerpos no quedasen en la cruz en el día de reposo (pues aquel día de reposo era de gran solemnidad), rogaron a Pilato que se les quebrasen las piernas, y fuesen quitados de allí. Vinieron, pues, los soldados, y quebraron las piernas al primero, y asimismo al otro que había sido crucificado con él. Mas cuando llegaron a Jesús, como le vieron ya muerto, no le quebraron las piernas... Porque estas cosas sucedieron para que se cumpliese la Escritura: No será quebrado hueso suyo" (Jn. 19:31-33, 36).

TIPOS, SÍMBOLOS E ILUSTRACIONES
Éxodo 12:21-51

TÉRMINO HISTÓRICO	TIPO O ILUSTRACIÓN (FUNDAMENTO BÍBLICO DE CADA UNO)	APLICACIÓN PARA LA VIDA DEL CREYENTE DE HOY DÍA	APLICACIÓN BÍBLICA
Ningún hueso quebrado en el Cordero (Éx. 12:46)	*Una ilustración de unidad: Las partes del cordero no se debían dividir: El cordero debía permanecer como un cuerpo unificado. Los miembros de la familia no debían dividirse: La familia debía ocultarse detrás de la sangre del cordero como un solo cuerpo, como una familia unificada.* **"Se comerá en una casa, y no llevarás de aquella carne fuera de ella, ni quebraréis hueso suyo" (Éx. 12:46).**	⇒ Jesucristo murió sin un solo hueso quebrado. No se le desmembró ninguna parte. Todas las partes de su cuerpo permanecieron unificadas. Jesucristo es la Cabeza de un cuerpo (la Iglesia), un cuerpo: • Que tiene muchos miembros. • Que tiene muchos dones. • Que ha sido llamado a servir al Cordero de Dios con unidad, sin división.	***"Porque estas cosas sucedieron para que se cumpliese la Escritura: No será quebrado hueso suyo" (Jn. 19:36).*** ***"Vosotros, pues, sois el cuerpo de Cristo, y miembros cada uno en particular. Y a unos puso Dios en la iglesia, primeramente apóstoles, luego profetas, lo tercero maestros, luego los que hacen milagros, después los que sanan, los que ayudan, los que administran, los que tienen don de lenguas" (1 Co. 12:27-28).*** ***"Mas ahora Dios ha colocado los miembros cada uno de ellos en el cuerpo, como él quiso... para que no haya desavenencia en el cuerpo, sino que los miembros***

TIPOS, SÍMBOLOS E ILUSTRACIONES
Éxodo 12:21-51

Término histórico	Tipo o ilustración (Fundamento bíblico de cada uno)	Aplicación para la vida del creyente de hoy día	Aplicación bíblica
Ningún hueso quebrado en el Cordero (continuación) (Éx. 12:46)			***todos se preocupen los unos por los otros". (1 Co. 12:18, 25).*** ***"Yo en ellos, y tú en mí, para que sean perfectos en unidad, para que el mundo conozca que tú me enviaste, y que los has amado a ellos como también a mí me has amado" (Jn. 17:23).*** ***(cp. Ro. 12:4-5; 1 Co. 12:12-13; Ef. 1:23; 4:11-12; Col. 1:24; Hch. 2:1; 1:14; 2:42-47).***

D. La consagración del primogénito: Recordar la gran liberación de Dios, 13:1-16

1 Jehová habló a Moisés, diciendo:
2 Conságrame todo primogénito. Cualquiera que abre matriz entre los hijos de Israel, así de los hombres como de los animales, mío es.

3 Y Moisés dijo al pueblo: Tened memoria de este día, en el cual habéis salido de Egipto, de la casa de servidumbre, pues Jehová os ha sacado de aquí con mano fuerte; por tanto, no comeréis leudado.
4 Vosotros salís hoy en el mes de Abib.
5 Y cuando Jehová te hubiere metido en la tierra del cananeo, del heteo, del amorreo, del heveo y del jebuseo, la cual juró a tus padres que te daría, tierra que destila leche y miel, harás esta celebración en este mes.
6 Siete días comerás pan sin leudar, y el séptimo día será fiesta para Jehová.
7 Por los siete días se comerán los panes sin levadura, y no se verá contigo nada leudado, ni levadura, en todo tu territorio.
8 Y lo contarás en aquel día a tu hijo, diciendo: Se hace esto con motivo de lo que Jehová hizo conmigo cuando me sacó de Egipto.
9 Y te será como una señal sobre tu mano, y como un memorial delante de tus ojos, para que la ley de Jehová esté en tu boca; por cuanto con mano fuerte te sacó Jehová de Egipto.
10 Por tanto, tú guardarás este rito en su tiempo de año en año.

11 Y cuando Jehová te haya metido en la tierra del cananeo, como te ha jurado a ti y a tus padres, y cuando te la hubiere dado,
12 dedicarás a Jehová todo aquel que abriere matriz, y asimismo todo primer nacido de tus animales; los machos serán de Jehová.
13 Mas todo primogénito de asno redimirás con un cordero; y si no lo redimieres, quebrarás su cerviz. También redimirás al primogénito de tus hijos.
14 Y cuando mañana te pregunte tu hijo, diciendo: ¿Qué es esto?, le dirás: Jehová nos sacó con mano fuerte de Egipto, de casa de servidumbre;
15 y endureciéndose Faraón para no dejarnos ir, Jehová hizo morir en la tierra de Egipto a todo primogénito, desde el primogénito humano hasta el primogénito de la bestia; y por esta causa yo sacrifico para Jehová

1 Consagrar (santificar, apartar) al primogénito de los hombres y de los animales a Dios
   a. Es el mandamiento de Dios (v. 1)
   b. Deberá incluir tanto a los hombres como a los animales

2 Seguir estas instrucciones en la consagración del primogénito
   a. Recordar la liberación de Dios de Egipto y la esclavitud: Simboliza la liberación del mundo y de la esclavitud al pecado
   b. No comer pan con levadura: Simboliza que la persona no deberá permitir que entre mal alguno en su vida
   c. Recordar el día y mes de la liberación de Dios
   d. Celebrar siempre esta gran consagración de liberación una vez al año, aun después de la liberación de Dios a la Tierra Prometida (simboliza el cielo): Aun después de alcanzar un estado de abundancia y plenitud, de victoria, paz y reposo espiritual
   e. Comer pan sin levadura durante 7 días: Simboliza que se deberá asimilar solo justicia
   f. Adorar en el día séptimo
   g. No permitir que vean pan con levadura ni levadura con uno ni en nuestras casas: Simboliza que no hay mal en nuestras vidas ni en nuestras casas
   h. Compartir el testimonio de liberación con el hijo
   i. Hacer de la consagración una señal
      1) Un recordatorio de que las manos, los ojos y la boca deberán cumplir la ley de Dios
      2) La razón: Porque Dios nos libró
   j. Celebrar la consagración en el momento designado año por año

3 Honrar a Dios cuando nos libre y lleve a Canaán: Simboliza la Tierra Prometida de salvación, libertad, victoria, paz y reposo
   a. Al entregar el primogénito al SEÑOR. Tanto hombres como animales
   b. Al redimir el primogénito de los asnos y de los hombres: Es decir, al comprarlos a cambio de un precio[EF1]
      1) El precio de un asno: Un cordero
      2) El precio de un hijo: Cinco ciclos (Nm. 18:16)
   c. Al compartir la gran consagración con los hijos
      1) Compartir la gran liberación de Dios
      2) Compartir el juicio de Dios sobre Egipto
      3) Compartir, pues el hijo pertenece al

	todo primogénito macho, y redimo al primogénito de mis hijos. 16 Te será, pues, como una señal sobre tu mano, y por un memorial delante de tus ojos, por cuanto Jehová nos sacó de Egipto con mano fuerte.		SEÑOR, su vida, sus manos y sus ojos: Porque el SEÑOR libró a su pueblo

DIVISIÓN IV
LA PASCUA Y LA DÉCIMA PLAGA: JUICIO DE DIOS: LIBERADO, PUESTO EN LIBERTAD, 12:1—13:16

D. La consagración del primogénito: Recordar la gran liberación de Dios, 13:1-16

(13:1-16) ***Introducción*:** Dentro de la familia, hay una cosa de importancia primordial para Dios: Los niños. Dios quiere que los niños sean salvos, que sepan que Dios es el Dios de la salvación, la redención y la liberación.

De esto es lo que trata la consagración del primogénito: Recordar y enseñar a los hijos del pueblo de Dios que Él había liberado a su pueblo de Egipto, del país de la esclavitud. A través de las generaciones, Dios ha querido que todos los hijos de su pueblo sepan esta gran verdad: Él es el Dios de la salvación, la redención y la liberación.

¿Cómo podía Dios hacer esto de la mejor manera? ¿Cómo podía garantizar que su pueblo nunca olvidara…

- que Él es el Dios de la salvación y la redención?
- que ellos debían enseñar esta gran verdad a sus hijos?

Estableciendo un día de consagración, un día cuando su pueblo consagraría sus hijos primogénitos a Él. Esto Dios lo hizo al fundar el gran día llamado “La consagración del primogénito”. Pero Dios hizo algo más que eso: Vinculó el día a la Pascua y la fiesta de los panes sin levadura. Recuerde que:

⇒ La Pascua era el gran día cuando el juicio de Dios había caído sobre los primogénitos de Egipto, pero había *pasado por alto* a todos los que se habían situado detrás de la sangre del cordero del sacrificio. La Pascua fue el día más grandioso en la historia de Israel, el día cuando Dios libró a su pueblo de la esclavitud egipcia (símbolo del mundo y de la esclavitud de los hombres a los males del mundo). (Vea esquema y notas—Éx. 12:21-51 para un mayor análisis.)

⇒ La fiesta de los panes sin levadura era una celebración de la Pascua de siete días de duración. Comer el cordero de la Pascua se celebraba el primer día de la fiesta. El pan sin levadura les recordaba a los israelitas la urgencia de huir del mal de la esclavitud, que debían comenzar inmediatamente la marcha hacia la Tierra Prometida.

⇒ La consagración del primogénito era para recordarles a los israelitas:

- Que Dios había liberado a Israel de la esclavitud egipcia, que Dios había en realidad adoptado a Israel como su hijo primogénito (Éx. 4:22).
- Que todas las familias debían enseñarles a sus hijos acerca de la gran redención de Dios. Al consagrar el primogénito a Dios, los padres sentarían el precedente, el patrón de consagrar todos sus hijos a Dios.

La cuestión a tener en cuenta es el siguiente: La Pascua, la fiesta de los panes sin levadura y la consagración del primogénito estaban todas vinculadas. Las tres celebraciones giran en torno al día más grandioso en la vida de Israel, el día de la gran liberación de Dios de la esclavitud egipcia. Fue el día en que el pueblo de Dios comenzó su gran marcha a la Tierra Prometida. Pero cada una de las celebraciones se refería a un aspecto diferente de la gran liberación de Dios; cada una de ellas debía hacerle recordar al creyente una verdad especial de la gran liberación de Dios:

⇒ La Pascua *centraba la atención* en la gran redención de Dios, su salvación y liberación del creyente que se ocultó detrás de la sangre del cordero del sacrificio.

⇒ La fiesta de los panes sin levadura *centraba la atención* en la necesidad de huir de la esclavitud de Egipto (el mundo), de marchar inmediatamente a la Tierra Prometida.

⇒ La consagración del primogénito *centraba la atención* en la necesidad absoluta de consagrar el primogénito a Dios. Y fíjese: Al darle a Dios el primogénito, los padres sentarían el precedente de dar todos sus hijos a Dios, de enseñarles que Dios es el gran Salvador y Liberador de los hombres.

Este es el tema importante de este pasaje: *La consagración del primogénito: Recordar la gran liberación de Dios*, 13:1-16.

1. Consagrar (santificar, apartar) al primogénito a Dios (vv. 1-2).
2. Seguir estas instrucciones en la consagración del primogénito (vv. 3-10).

3. Honrar a Dios cuando nos libre y nos lleve a Canaán: Simboliza la Tierra Prometida de salvación, victoria, paz y reposo (vv. 11-16).

1 (13:1-2) ***Hijo — Primogénito — Consagración — Santificación*:** Consagrar, santificar, apartar, al primogénito a Dios.

1. Este fue el mandamiento de Dios (v. 1). La *consagración del primogénito* no fue una ceremonia de consagración establecida por el hombre, no fue una celebración que el hombre pensó que necesitaba, que él haya fundado. La consagración del primogénito era tan importante que el propio Dios fundó y estableció la celebración. Era una celebración, un día que debía de celebrarse porque el propio Dios ordenó que se celebrara.

2. Observe este hecho también: El primogénito, tanto de los hombres como de los animales, sería consagrado a Dios. La redención de Dios era tan importante que Él no quería que se olvidara jamás, tan importante que quiso que el primogénito de los animales fuera consagrado a Él, así como el hijo primogénito. La cuestión era esta: Todo lo que tenía una persona *provenía de Dios*, todo. Todo había sido dado por Dios o redimido, salvo y liberado por Dios. Solo Él era el verdadero SEÑOR viviente, el Creador y Redentor de la humanidad. Él probó esta verdad en la gran Pascua y liberación de su pueblo. Esto nunca debía olvidarse. Era una verdad que debía guardarse en el pueblo de Dios. ¿Cómo? Estableciendo una ceremonia permanente de consagración. Cada vez que naciera un niño o animal primogénito, este se consagraría a Dios.

3. Fíjese en la bien definida declaración de Dios: "El primogénito... mío es" (RVR-60); "Míos son todos los primogénitos" (NVI).

Pensamiento 1. La aplicación para nosotros tiene dos aspectos:

1) Debemos recordar el día de la redención de Dios, el día de nuestra salvación. Debemos recordar el día que nos salvó y libró de Egipto, del mundo y de la esclavitud del pecado y del mal. ¿Cómo recordaremos el gran día de liberación? Consagrando nuestro hijo primogénito a Dios. Debemos tomar el primogénito y darle el niño a Dios. Debemos apartar al niño para Dios, y al hacer esto sentamos el precedente de dar todos nuestros hijos a Dios.

"Por tanto, guárdate, y guarda tu alma con diligencia, para que no te olvides de las cosas que tus ojos han visto, ni se aparten de tu corazón todos los días de tu vida; antes bien, las enseñarás a tus hijos, y a los hijos de tus hijos" (Dt. 4:9).

"Y todo Judá estaba en pie delante de Jehová, con sus niños y sus mujeres y sus hijos" (2 Cr. 20:13).

"Y sacrificaron aquel día numerosas víctimas, y se regocijaron, porque Dios los había recreado con grande contentamiento; se alegraron también las mujeres y los niños; y el alborozo de Jerusalén fue oído desde lejos" (Neh. 12:43).

"Venid, hijos, oídme; el temor de Jehová os enseñaré" (Sal. 34:11).

"He aquí, herencia de Jehová son los hijos; cosa de estima el fruto del vientre" (Sal. 127:3).

"Acuérdate de tu Creador en los días de tu juventud, antes que vengan los días malos, y lleguen los años de los cuales digas: No tengo en ellos contentamiento" (Ec. 12:1).

2) Debemos dar a Dios lo primero de todas las cosas, no solo nuestros hijos, sino lo primero de todas nuestras pertenencias.

"y bendito sea el Dios Altísimo, que entregó tus enemigos en tu mano. Y le dio Abram los diezmos de todo" (Gn. 14:20).

"Y esta piedra que he puesto por señal, será casa de Dios; y de todo lo que me dieres, el diezmo apartaré para ti" (Gn. 28:22).

"para que sea aceptado, ofreceréis macho sin defecto de entre el ganado vacuno, de entre los corderos, o de entre las cabras. Ninguna cosa en que haya defecto ofreceréis, porque no será acepto por vosotros. Asimismo, cuando alguno ofreciere sacrificio en ofrenda de paz a Jehová para cumplir un voto, o como ofrenda voluntaria, sea de vacas o de ovejas, para que sea aceptado será sin defecto. Ciego, perniquebrado, mutilado, verrugoso, sarnoso o roñoso, no ofreceréis éstos a Jehová, ni de ellos pondréis ofrenda encendida sobre el altar de Jehová. Buey o carnero que tenga de más o de menos, podrás ofrecer por ofrenda voluntaria; pero en pago de voto no será acepto. No ofreceréis a Jehová animal con testículos heridos o magullados, rasgados o cortados, ni en vuestra tierra lo ofreceréis. Ni de mano de extranjeros tomarás estos animales para ofrecerlos como el pan de vuestro Dios, porque su corrupción está en ellos; hay en ellos defecto, no se os aceptarán" (Lv. 22:19-25).

"Y el diezmo de la tierra, así de la simiente de la tierra como del fruto de los árboles, de Jehová es; es cosa dedicada a Jehová" (Lv. 27:30).

"Porque mío es todo primogénito; desde el día en que yo hice morir a todos los primogénitos en la tierra de Egipto, santifiqué para mí a todos los primogénitos en Israel, así de hombres como de animales; míos serán. Yo Jehová" (Nm. 3:13).

"entonces tomarás de las primicias de todos los frutos que sacares de la tierra que Jehová tu Dios te da, y las pondrás en una canasta, e irás al lugar que Jehová tu Dios escogiere para hacer habitar allí su nombre. Y te presentarás al sacerdote que hubiere en aquellos días, y le dirás: Declaro hoy a Jehová tu Dios, que he entrado en la tierra que juró Jehová a nuestros padres que nos daría. Y el sacerdote tomará la canasta de tu mano, y la pondrá delante del altar de Jehová tu Dios" (Dt. 26:2-4).

"Delante de la casa hizo dos columnas de treinta y cinco codos de altura cada una, con sus capiteles encima, de cinco codos" (2 Cr. 31:5).

"Honra a Jehová con tus bienes, y con las primicias de todos tus frutos; y serán llenos tus

graneros con abundancia, y tus lagares rebosarán de mosto" (Pr. 3:9-10).

"El hijo honra al padre, y el siervo a su señor. Si, pues, soy yo padre, ¿dónde está mi honra? y si soy señor, ¿dónde está mi temor? dice Jehová de los ejércitos a vosotros, oh sacerdotes, que menospreciáis mi nombre. Y decís: ¿En qué hemos menospreciado tu nombre? En que ofrecéis sobre mi altar pan inmundo. Y dijisteis: ¿En qué te hemos deshonrado? En que pensáis que la mesa de Jehová es despreciable. Y cuando ofrecéis el animal ciego para el sacrificio, ¿no es malo? Asimismo cuando ofrecéis el cojo o el enfermo, ¿no es malo? Preséntalo, pues, a tu príncipe; ¿acaso se agradará de ti, o le serás acepto? dice Jehová de los ejércitos" (Mal. 1:6-8).

"Traed todos los diezmos al alfolí y haya alimento en mi casa; y probadme ahora en esto, dice Jehová de los ejércitos, si no os abriré las ventanas de los cielos, y derramaré sobre vosotros bendición hasta que sobreabunde" (Mal. 3:10).

"Mas buscad primeramente el reino de Dios y su justicia, y todas estas cosas os serán añadidas" (Mt. 6:33).

2 (13:3-10) ***Primogénito — Consagración — Hijos***: Seguir estas instrucciones en la consagración del primogénito.

1. Recordar la liberación de Dios de la esclavitud y de Egipto (v. 3). Recuerde que Egipto simboliza el mundo. Por tanto, esto significa nuestra liberación del mundo y de ser esclavos de los pecados del mundo.

2. No comer pan con levadura (v. 3). Recuerde que la levadura simboliza el mal en el mundo. Por tanto, esto simboliza que no debemos permitir que entre el mal en nuestra vida. No debemos comer, digerir ni consumir ningún tipo de mal en absoluto.

3. Recordar el día y mes de la gran liberación de Dios (v. 4). Ningún creyente deberá olvidar nunca el gran día de la liberación de Dios, de su conversión. Siempre debemos recordar el día que Dios nos redimió y nos salvó.

4. Celebrar siempre esta gran consagración de liberación una vez al año, aun después de la liberación de Dios a la Tierra Prometida (v. 5). Recuerde que la Tierra Prometida simboliza tanto el cielo como un estado de victoria, paz y reposo espiritual (vea *Estudio a fondo 1*—Éx. 2:24; también vea nota—Gn. 12:1). La cuestión está clara para nosotros: no importa cuán maduros desde el punto espiritual lleguemos a ser, no importa el estado y la experiencia de paz y reposo que logremos en Cristo, nunca debemos olvidar nuestra experiencia de conversión. Siempre debemos recordar el gran día que Dios nos libró del pecado, el día que Él nos puso en marcha hacia la Tierra Prometida del cielo.

5. Comer pan sin levadura durante siete días (v. 6). Recuerde que el pan sin levadura simboliza la justicia. En nuestra marcha hacia la Tierra Prometida, simboliza la urgencia de comenzar de inmediato a vivir una vida de justicia. Debemos comer, digerir y participar solo de la justicia y debemos apurarnos en hacerlo.

6. Adorar en el séptimo día (v. 6). La ilustración para nosotros es descriptiva: Mientras caminamos recordando la gran liberación de Dios, sacando todo el mal de nuestra vida y participando solo de la justicia, debemos apartar un día de cada semana para Dios, un día que se dedicará enteramente a adorar y descansar. (Vea esquema y notas—Gn 2:1-3; Éx. 20:8-11 para un mayor análisis.)

7. Obedecer un punto crítico, no permitir que vean pan con levadura ni levadura con uno ni en nuestra casa (v. 7). Observe cuán estricta era la prohibición respecto a la levadura y cuán frecuentemente Dios enfatizó sobre este hecho en todos los capítulos que tratan acerca de la Pascua.

⇒ La persona no debía comer ninguna levadura, absolutamente ninguna.

⇒ La persona no debía ni siquiera mirar la levadura: Absolutamente ninguna levadura debía verse.

⇒ La persona no debía ni siquiera permitir que hubiera levadura en su casa durante los siete días de la fiesta de los panes sin levadura. Los judíos fueron tan meticulosos al respecto que tomaron velas y buscaron en las grietas y las rendijas de sus casas y debajo y detrás de los muebles procurando estar completamente seguros de que no hubiera levadura en la casa.

Pensamiento 1. ¡Qué lección para nosotros el tratar de descubrir el mal en nuestro corazón y nuestra vida! Debemos de buscar diligentemente y asegurarnos, asegurarnos completamente, de que no hay mal en nuestra vida. Cuando la luz de la Palabra y del Espíritu de Dios descubre pecado dentro de nosotros, debemos confesarlo y expulsarlo. Debemos de sacar todo el pecado de nuestra vida y de nuestro hogar. No debemos ni siquiera mirar nada que cause pecado.

"Y Jesús les dijo: Mirad, guardaos de la levadura de los fariseos y de los saduceos. . . . Entonces entendieron que no les había dicho que se guardasen de la levadura del pan, sino de *la doctrina de los fariseos* y de los saduceos" (Mt. 16:6, 12).

"Limpiaos, pues, de la vieja levadura, para que seáis nueva masa, sin levadura como sois; porque nuestra pascua, que es Cristo, ya fue sacrificada por nosotros. Así que celebremos la fiesta, no con la vieja levadura, ni con la levadura de malicia y de maldad, sino con panes sin levadura, de sinceridad y de verdad" (1 Co. 5:7-8).

"Un poco de levadura leuda toda la masa". (Gá. 5:9).

"En cuanto a la pasada manera de vivir, *despojaos* del viejo hombre, que está viciado conforme a los deseos engañosos" (Ef. 4:22).

"Por tanto, nosotros también, teniendo en derredor nuestro tan grande nube de testigos, *despojémonos* de todo peso y del pecado que nos asedia, y corramos con paciencia la carrera que tenemos por delante" (He. 12:1).

"Amados, yo os ruego como a extranjeros y peregrinos, que os abstengáis de los deseos carnales que batallan contra el alma" (1 P. 2:11).

"Si alguna iniquidad hubiere en tu mano, y la echares de ti, y no consintieres que more en tu casa la injusticia" (Job 11:14).

"Deje el impío su camino, y el hombre inicuo sus pensamientos, y vuélvase a Jehová, el cual tendrá de él misericordia, y al Dios nuestro, el cual será amplio en perdonar" (Is. 55:7).

8. Compartir el testimonio de liberación con el hijo (v. 8). Debemos decirles a nuestros hijos lo que el SEÑOR ha hecho por nosotros en su gran liberación del mundo y sus males.

9. Hacer de la consagración una señal, un testimonio visible y fuerte, de lo que Dios ha hecho por nosotros (v. 9). Fíjese que el cuerpo entero de una persona, sus manos, sus ojos y su boca, sería consagrado totalmente a cumplir la ley de Dios. Dios había hecho una cosa maravillosa para los creyentes entre los israelitas: Él los había liberado con su poderosa mano. Por tanto, entregarían todo su ser a Dios. F. B. Huey dice lo siguiente:

> *"Otras personas a menudo tenían una marca estampada o tatuada en la mano u otra parte del cuerpo con el nombre o símbolo de la deidad que ellos adoraban y cuya protección ellos encarecían para alejar los espíritus malignos. A veces usaban una insignia sagrada u ornamento adornado con joyas sobre la frente como símbolo de devoción a su dios. Para los israelitas, la Pascua con la fiesta de los panes sin levadura, no los tatuajes ni otros símbolos externos, serían su identificación con su deidad*".[1]

The Expositor's Bible Commentary plantea lo siguiente:

> *"La práctica judía de escribir Éxodo 13:1-16 en dos tiras de pergamino (conjuntamente con Dt. 6:4-9 y 11:13-21 en otras dos) y colocarlas en dos cajas cúbicas de piel (tepillin; cp. 'filacterias', Mt. 23:5) que iban atadas a la frente y al brazo izquierdo parece haberse originado durante el cautiverio babilónico. Se usaban especialmente durante las plegarias matutinas. Sin embargo, esto cambiaría la intención de realidad interior por un ritualismo externo. La palabra era para activar los labios, los corazones y las manos, no para estar atrapadas en una caja*".[2]

Pensamiento 1. El cuerpo entero del creyente, sus manos, sus ojos y su boca, serán consagrados totalmente a Dios. El creyente:

- Deberá usar sus manos solo para la justicia, nunca la injusticia.
- Deberá mantener sus ojos solo sobre lo moral y justo, nunca lo inmoral e injusto.
- Deberá usar su boca solo para la justicia y la verdad, nunca la injusticia y la falsedad.

"Oísteis que fue dicho: No cometerás adulterio. Pero yo os digo que cualquiera que mira a una mujer para codiciarla, ya adulteró con ella en su corazón. Por tanto, si tu ojo derecho te es ocasión de caer, sácalo, y échalo de ti; pues mejor te es que se pierda uno de tus miembros, y no que todo tu cuerpo sea echado al infierno. Y si tu mano derecha te es ocasión de caer, córtala, y échala de ti; pues mejor te es que se pierda uno de tus miembros, y no que todo tu cuerpo sea echado al infierno" (Mt. 5:27-30).

"Quítense de vosotros toda amargura, enojo, ira, gritería y maledicencia, y toda malicia" (Ef. 4:31).

"Y la lengua es un fuego, un mundo de maldad. La lengua está puesta entre nuestros miembros, y contamina todo el cuerpo, e inflama la rueda de la creación, y ella misma es inflamada por el infierno" (Stg. 3:6).

"Desechando, pues, toda malicia, todo engaño, hipocresía, envidias, y todas las detracciones" (1 P. 2:1).

"Porque: El que quiere amar la vida y ver días buenos, refrene su lengua de mal, y sus labios no hablen engaño" (1 P. 3:10).

"Guarda tu lengua del mal, y tus labios de hablar engaño" (Sal. 34:13).

"Tus ojos miren lo recto, y diríjanse tus párpados hacia lo que tienes delante" (Pr. 4:25).

"El que guarda su boca guarda su alma; mas el que mucho abre sus labios tendrá calamidad" (Pr. 13:3).

"El que camina en justicia y habla lo recto; el que aborrece la ganancia de violencias, el que sacude sus manos para no recibir cohecho, el que tapa sus oídos para no oír propuestas sanguinarias; el que cierra sus ojos para no ver cosa mala; éste habitará en las alturas; fortaleza de rocas será su lugar de refugio; se le dará su pan, y sus aguas serán seguras" (Is. 33:15-16).

10. Celebrar la consagración en el momento designado año tras año (v. 10). La consagración del primogénito, de los hijos del creyente a Dios, sería celebrada fielmente.

Pensamiento 1. De las instrucciones que regulan la consagración del primogénito se desprenden tres lecciones muy importantes.

1) Debemos consagrar nuestro hijo primogénito a Dios. Al entregarle nuestro hijo primogénito a Dios, sentamos el precedente y fijamos las pautas de consagrar todos nuestros hijos al SEÑOR.
2) Debemos tomar la levadura del mal y sacarla de nuestra vida y hogar. Y debemos ser estrictos en cuanto a ello, sumamente diligentes en descubrir cualquier mal y expulsarlo (arrepentimiento).
3) Debemos comer solo pan sin levadura, esto es, comer y digerir solo justicia, solo la vida de Cristo: Solo la pureza, la bondad y la justicia de su Ser.

"Bienaventurados los que tienen hambre y sed de justicia, porque ellos serán saciados" (Mt. 5:6).

"Limpiaos, pues, de la vieja levadura, para que seáis nueva masa, sin levadura como sois; porque

[1] F. B. Huey, *Exodus,* p. 61.

[2] Frank E. Gaebelein, editor. *The Expositor's Bible Commentary*, vol. 2, pp. 382-383.

nuestra pascua, que es Cristo, ya fue sacrificada por nosotros. Así que celebremos la fiesta, no con la vieja levadura, ni con la levadura de malicia y de maldad, sino con panes sin levadura, de sinceridad y de verdad" (1 Co. 5:7-8).

"Estad, pues, firmes, ceñidos vuestros lomos con la verdad, y vestidos con la coraza de justicia" (Ef. 6:14).

"llenos de frutos de justicia que son por medio de Jesucristo, para gloria y alabanza de Dios" (Fil. 1:11).

"Por tanto, de la manera que habéis recibido al Señor Jesucristo, andad en él; arraigados y sobreedificados en él, y confirmados en la fe, así como habéis sido enseñados, abundando en acciones de gracias" (Col. 2:6-7).

"Por lo cual, animaos unos a otros, y edificaos unos a otros, así como lo hacéis. Os rogamos, hermanos, que reconozcáis a los que trabajan entre vosotros, y os presiden en el Señor, y os amonestan" (1 Ti. 6:11-12).

"Procura con diligencia presentarte a Dios aprobado, como obrero que no tiene de qué avergonzarse, que usa bien la palabra de verdad" (2 Ti. 2:15).

"enseñándonos que, renunciando a la impiedad y a los deseos mundanos, vivamos en este siglo sobria, justa y piadosamente, aguardando la esperanza bienaventurada y la manifestación gloriosa de nuestro gran Dios y Salvador Jesucristo" (Tit. 2:12-13).

"Desechando, pues, toda malicia, todo engaño, hipocresía, envidias, y todas las detracciones, desead, como niños recién nacidos, la leche espiritual no adulterada, para que por ella crezcáis para salvación, si es que habéis gustado la benignidad del Señor" (1 P. 2:1-3).

[3] (13:11-16) ***Consagración — Primogénito — Hijos***: Honrar a Dios cuando nos libere y lleve a Canaán. Recuerde que Canaán simboliza la Tierra Prometida del cielo y de la salvación, la victoria, la paz y el reposo. (Vea *Estudio a fondo 1*, Éx. 2:24 para un mayor análisis.) Los israelitas honrarían a Dios haciendo tres cosas muy importantes.

1. El primogénito debía consagrarse a Dios (v. 12). El primogénito sería ofrecido a Dios en sacrificio. ¿Por qué? Para recordarles a los israelitas que Dios fue la fuente de la vida de cada uno de ellos:

- El único y verdadero Dios viviente.
- El Redentor, el único Salvador y Liberador, el que los había liberado de la esclavitud de Egipto y entregado la Tierra Prometida.

2. Había dos excepciones en cuanto al sacrificio y muerte del primogénito, el de los asnos y el de los hombres (v. 12).

⇒ Los asnos serían redimidos con un cordero. Se sacrificaría el cordero en vez del asno. Esto se debe bien porque el asno se consideraba un animal inmundo o porque era útil para el trabajo (cp. Éx. 34:20; Nm. 18:15). Cualquiera que fuera la razón, se sustituiría el asno por un cordero. Fíjese también en este hecho: Dios quiso que la consagración del primogénito fuera guardada por todos. Si una persona empezaba a dejar de guardar el ofrecimiento del primogénito a Dios, entonces las autoridades legales le quitarían el asno y le fracturarían la cerviz. El asno era del SEÑOR, no del hombre; por tanto, ningún hombre se negaría a redimir su asno.

⇒ El hijo primogénito de una familia era redimido con cinco ciclos (Éx. 13:13; 34:20). En este pasaje no se da la cantidad; los cinco ciclos se explican en detalle más adelante (Nm. 18:16).

F. B. Huey plantea un aspecto importante que todas las generaciones de hombres deberán observar:

> *"El primogénito macho de los animales sería sacrificado al Señor, pero el hijo primogénito sería redimido (Éx. 13:13; 34:20). Esta disposición es un importante recordatorio de que el sacrificio humano nunca fue aprobado por Dios (Dt. 18:10; Lv. 18:21; 20:2-5), aunque los propios israelitas entregaban sus hijos en sacrificio igual que sus vecinos paganos (cp. 2 R. 3:27; 16:3; 17:31; 21:6; 2 Cr. 33:6; Ez. 16:20, 21). Los profetas constantemente alzaban su voz en contra de esta práctica abominable (cp. Is. 57:4, 5; Jer. 7:30-34; 19:4-9; 44:6-10; Ez. 16:20)"*[3]

3. Los padres debían compartir la gran consagración con sus hijos (vv. 14-16).

a. Los padres debían compartir que el SEÑOR mismo, su mano poderosa, los había liberado de Egipto, de la tierra de la esclavitud.
b. Los padres debían compartir el juicio de Dios sobre Egipto (v. 15). Fue el propio Dios el que abatió a todos los primogénitos de Egipto, tanto hombres como animales.
c. Los padres debían compartir, pues los hijos pertenecían al SEÑOR, la vida, las manos y los ojos de los hijos, todo pertenecía al SEÑOR (v. 16). Los padres y los hijos todos pertenecían al SEÑOR porque el SEÑOR había liberado a su pueblo por su poderosa mano fuera de Egipto.

Pensamiento 1. La lección para nosotros está claramente ilustrada. Debemos enseñarles a nuestros hijos tres grandes lecciones.

1) Solo Dios es el gran Liberador; ellos deben ser redimidos por la mano poderosa de Dios a través de su Hijo, el Señor Jesucristo.

"por cuanto todos pecaron, y están destituidos de la gloria de Dios, siendo justificados gratuitamente por su gracia, mediante la redención que es en Cristo Jesús" (Ro. 3:23-24).

"Cristo nos redimió de la maldición de la ley, hecho por nosotros maldición (porque está escrito:

[3] F. B. Huey, *Exodus*, p. 62.

Maldito todo el que es colgado en un madero)" (Gá. 3:13).

"el cual nos ha librado de la potestad de las tinieblas, y trasladado al reino de su amado Hijo, en quien tenemos redención por su sangre, el perdón de pecados" (Col. 1:13-14).

"quien se dio a sí mismo por nosotros para redimirnos de toda iniquidad y purificar para sí un pueblo propio, celoso de buenas obras" (Tit. 2:14).

"y no por sangre de machos cabríos ni de becerros, sino por su propia sangre, entró una vez para siempre en el Lugar Santísimo, habiendo obtenido eterna redención" (He. 9:12).

"sabiendo que fuisteis rescatados de vuestra vana manera de vivir, la cual recibisteis de vuestros padres, no con cosas corruptibles, como oro o plata, sino con la sangre preciosa de Cristo, como de un cordero sin mancha y sin contaminación" (1 P. 1:18-19).

2) El juicio de Dios cayó sobre Egipto y caerá sobre los no creyentes.

"Cuando el Hijo del Hombre venga en su gloria, y todos los santos ángeles con él, entonces se sentará en su trono de gloria, y serán reunidas delante de él todas las naciones; y apartará los unos de los otros, como aparta el pastor las ovejas de los cabritos. Y pondrá las ovejas a su derecha, y los cabritos a su izquierda. . . Entonces dirá también a los de la izquierda: Apartaos de mí, malditos, al fuego eterno preparado para el diablo y sus ángeles" (Mt. 25:31-33, 41).

"por cuanto ha establecido un día en el cual juzgará al mundo con justicia, por aquel varón a quien designó, dando fe a todos con haberle levantado de los muertos" (Hch. 17:31).

"en el día en que Dios juzgará por Jesucristo los secretos de los hombres, conforme a mi evangelio" (Ro. 2:16).

"Y de la manera que está establecido para los hombres que mueran una sola vez, y después de esto el juicio" (He. 9:27).

"sabe el Señor librar de tentación a los piadosos, y reservar a los injustos para ser castigados en el día del juicio" (2 P. 2:9).

"De éstos también profetizó Enoc, séptimo desde Adán, diciendo: He aquí, vino el Señor con sus santas decenas de millares, para hacer juicio contra todos, y dejar convictos a todos los impíos de todas sus obras impías que han hecho impíamente, y de todas las cosas duras que los pecadores impíos han hablado contra él" (Jud. 14-15).

"Y vi un gran trono blanco y al que estaba sentado en él, de delante del cual huyeron la tierra y el cielo, y ningún lugar se encontró para ellos. Y vi a los muertos, grandes y pequeños, de pie ante Dios; y los libros fueron abiertos, y otro libro fue abierto, el cual es el libro de la vida; y fueron juzgados los muertos por las cosas que estaban escritas en los libros, según sus obras. Y el mar entregó los muertos que había en él; y la muerte y el Hades entregaron los muertos que había en ellos; y fueron juzgados cada uno según sus obras. Y la muerte y el Hades fueron lanzados al lago de fuego. Esta es la muerte segunda. Y el que no se halló inscrito en el libro de la vida fue lanzado al lago de fuego" (Ap. 20:11-15).

3) Nuestro hijo pertenece a Dios; lo consagramos al SEÑOR cuando nació.

"Y alzó sus ojos y vio a las mujeres y los niños, y dijo: ¿Quiénes son éstos? Y él respondió: Son los niños que Dios ha dado a tu siervo" (Gn. 33:5).

"Y respondió José a su padre: Son mis hijos, que Dios me ha dado aquí. Y él dijo: Acércalos ahora a mí, y los bendeciré" (Gn. 48:9).

"Y yo tomé a vuestro padre Abraham del otro lado del río, y lo traje por toda la tierra de Canaán, y aumenté su descendencia, y le di Isaac" (Jos. 24:3).

"Él hace habitar en familia a la estéril, que se goza en ser madre de hijos. Aleluya" (Sal. 113:9).

"He aquí, herencia de Jehová son los hijos; cosa de estima el fruto del vientre" (Sal. 127:3).

"He aquí, yo y los hijos que me dio Jehová somos por señales y presagios en Israel, de parte de Jehová de los ejércitos, que mora en el monte de Sion" (Is. 8:18).

Pensamiento 2. Una pregunta que a menudo ha preocupado a algunas personas quizás esté respondida aquí: ¿Qué les sucede a los niños pequeños que mueren y eran demasiado jóvenes para diferenciar el bien del mal? J. Vernon McGee dice lo siguiente al respecto:

"Los hijos de Israel pondrían la sangre del cordero afuera en la puerta. Al ver la sangre, el ángel de la muerte pasaría por alto la casa. Pienso que aquí se ofrece una ilustración que da respuesta a una pregunta que se hace muchas veces: ¿Qué será de los hijos pequeños de los creyentes en el momento del rapto? Si los niños pequeños están dentro de la casa cuando el Señor viene a buscar lo suyo, ¿se llevará a mamá y papá y dejará atrás a los pequeños? Este capítulo nos muestra que Dios no dejará atrás a los pequeños.

"Dentro de la casa, la familia está comiendo cordero, y por la fe, están participando de Cristo. Los niños pequeños no saben lo que está pasando. ¿Los dejarán en Egipto cuando Israel salga del país? Si el pequeño aún no han llegado a la edad de la responsabilidad, ¿será muerto? Ay no, amigo, la sangre cubre a todos los miembros de la familia. Dios no dejará atrás a los niños pequeños en el momento del rapto de la misma manera que no los dejó atrás cuando los israelitas fueron redimidos y abandonaron el país de Egipto".[4]

---

[4] J. Vernon McGee. *Thru the Bible*, vol. 1, p. 237.

ESTUDIO A FONDO 1

(13:13) ***Redimir — Redención — Rescate***: En el sentido más básico, la palabra redimir (hebreo, *padah*) significa comprar por un precio, rescatar, liberar. F. B. Huey dice que:

> *"La palabra que aparece en 13:13 para 'redimir' (hebreo, padah) siempre se utiliza para personas y seres vivos en el Antiguo Testamento; es un término de derecho mercantil y pone énfasis en el pago (su equivalente en el Nuevo Testamento es agorazo, que proviene de una palabra que significa 'comprar en el mercado,' Gá. 3:13; Ap. 5:9). En su uso laico, redención era la recuperación, por medio del pago, de algo para el primer dueño que había sido despojado de él. A veces, en vez de redimir un hijo, los padres israelitas dedicaban su hijo al Señor para servir de sacerdote, como es el caso de Samuel (1 S. 1:11, 22)".*[5]

Es importante señalar dos cosas: Él es el Señor soberano y la Majestad del universo. Por tanto, Dios tiene el derecho de redimir (liberar) a las personas.

1. Fíjese cómo se utiliza la palabra *redimir* (*padah*) en relación con la personas.
   ⇒ El salmista le pidió a Dios que lo redimiera.

   "Mas yo andaré en mi integridad; redímeme, y ten misericordia de mí" (Sal. 26:11).

   "Levántate para ayudarnos, y redímenos por causa de tu misericordia" (Sal. 44:26).

   ⇒ Dios redimió el alma del salmista.

   "Mis labios se alegrarán cuando cante a ti, y mi alma, la cual redimiste" (Sal. 71:23).

   ⇒ Dios redimió el alma de David de la angustia.

   "Y el rey juró diciendo: Vive Jehová, que ha redimido mi alma de toda angustia" (1 R. 1:29).

2. Fíjese cómo se utiliza la palabra *redimir* (*padah*) en relación con Israel.
   ⇒ El salmista pidió a Dios que redimiera a Israel.

   "Redime, oh Dios, a Israel de todas sus angustias" (Sal. 25:22).

   ⇒ El salmista declaró que Dios redimiría a Israel del pecado.

   "Y él redimirá a Israel de todos sus pecados" (Sal. 130:8).

   ⇒ Dios redimió a Israel para que fuera su pueblo y para glorificarse a Sí mismo a través de él.

   "¿Y quién como tu pueblo, como Israel, nación singular en la tierra? Porque fue Dios para rescatarlo por pueblo suyo, y para ponerle nombre, y para hacer grandezas a su favor, y obras terribles a tu tierra, por amor de tu pueblo que rescataste para ti de Egipto, de las naciones y de sus dioses" (2 S. 7:23).

   ⇒ Dios acusó a Israel de faltar y mentir a pesar del hecho de que Él los había redimido.

   "¡Ay de ellos! porque se apartaron de mí; destrucción vendrá sobre ellos, porque contra mí se rebelaron; yo los redimí, y ellos hablaron mentiras contra mí" (Os. 7:13).

5. F. B. Huey, *Exodus*, p. 62.

TIPOS, SÍMBOLOS E ILUSTRACIONES
ÉXODO 13:1-16

TÉRMINO HISTÓRICO	TIPO O ILUSTRACIÓN (FUNDAMENTO BÍBLICO DE CADA UNO)	APLICACIÓN PARA LA VIDA DEL CREYENTE DE HOY DÍA	APLICACIÓN BÍBLICA
La consagración del primogénito (Éx. 13:2)	*La santificación: Apartar una vida para Dios* **"Conságrame todo *primogénito.* Cualquiera que abre matriz entre los hijos de Israel, así de los hombres como de los animales, mío es" (Éx. 13:2).**	⇒ Dios exige que seamos santificados (santos) que nos apartemos completa y totalmente para Dios. Se nos debe recordar constantemente: • Que Jesucristo es nuestra santificación (1 Co. 1:30). • Que Jesucristo nos santifica por medio de su sangre (He. 13:12). • Que somos escogidos por Dios por medio de la obra santificadora del Espíritu Santo (1 P. 1:2). • Que Jesucristo se entregó a Sí mismo por la iglesia, para que Él la pudiera santificar (Ef. 5:26). • Que somos santificados por medio de la verdad, por medio de la Palabra de Dios (Jn. 17:17). • Que debemos ser utensilios santificados [santos], aptos para el uso de Dios (2 Ti. 2:21). • Que la voluntad de Dios es que llevemos vidas santificadas, puras, y santas (Lc. 1:74; 2 Co. 7:10; 1 Ts. 4:3).	***"Mas por él estáis vosotros en Cristo Jesús, el cual nos ha sido hecho por Dios sabiduría, justificación,* santificación *y redención" (1 Co. 1:30).*** ***"Por lo cual también Jesús, para santificar al pueblo mediante su propia sangre, padeció fuera de la puerta" (He. 13:12).*** ***"Santifícalos en tu verdad; tu palabra es verdad" (Jn. 17:17).*** ***"Así que, si alguno se limpia de estas cosas, será instrumento para honra, santificado, útil al Señor, y dispuesto para toda buena obra" (2 Ti. 2:21).*** ***"pues la voluntad de Dios es* vuestra santificación; *que os apartéis de fornicación" (1 Ts. 4:3).*** ***(cp. Pr. 3:9-10; Mt. 6:33; 1 P. 1:2; Ef. 5:26).***

DIVISIÓN V

EL MAR ROJO Y LA PEREGRINACIÓN EN EL DESIERTO: LAS PRUEBAS DEL CREYENTE EN SU VIAJE A LA TIERRA PROMETIDA, 13:17—18:27

(13:17–18:27) ***PERSPECTIVA GENERAL DE LA DIVISIÓN—Errantes por el desierto—Israel—Mundo, descrito:*** Después de siglos de sueños hechos pedazos, Israel es libre por fin. Dios ha liberado a Israel de Egipto y de su esclavitud. Ahora el pueblo está en marcha hacia la Tierra Prometida. Pero entre Egipto y la Tierra Prometida de Canaán se encuentra una *vasta tierra inhóspita*, un desierto, un desierto atroz y espantoso, una tierra salvaje que era...

• seca	• yerma	• desolada
• reseca	• baldía	• vacía
• sin agua	• estéril	• inhabitada

El desierto era una tierra peligrosa con sus animales salvajes y feroces, y escorpiones y serpientes venenosas. No obstante, los israelitas tenían que marchar a través de la tierra salvaje si querían alcanzar la Tierra Prometida. La ruta más directa les habría tomado varias semanas a lo sumo para alcanzar su destino. Pero, sorprendentemente, Dios no guió a Israel directamente hacia la Tierra Prometida. Dios guardó a Israel en el desierto por *cuarenta años, cuarenta largos años* (Nm. 14:33; Dt. 29:5). Dios condujo a Israel a *vagar* por todo lo ancho y lo largo de la tierra desértica, a dar vueltas y a vagar aquí y allá, una y otra vez. Por *cuarenta largos años* Dios protegió a Israel en la tierra salvaje donde vagaba. De hecho, este período de la historia de Israel se conoce como *El peregrinaje por el desierto.* ¡Imagínese! Un viaje que tomaría solo algunas semanas llevó cuarenta años, cuarenta años largos y agotadores (Nm. 32:13).

Ahora, ¿por qué Dios mantuvo a los israelitas en la tierra salvaje y desértica por *cuarenta largos años* antes de que les condujera a la Tierra Prometida? ¿Por qué guió Dios a su pueblo en una ruta serpenteante antes de entrar en la Tierra Prometida? Hay varios pasajes de las Escrituras que nos lo dicen, que con claridad muestran por qué Dios condujo a Israel por el *peregrinaje en el desierto.*

A. LOS PROPÓSITOS DE LA PEREGRINACIÓN POR EL DESIERTO INDICADO EN EL ANTIGUO TESTAMENTO

1. Dios condujo a los israelitas por el *peregrinaje por el desierto* para humillarlos: Dios hizo esto para revelarles la naturaleza pecadora del corazón humano.

"Y te acordarás de todo el camino por donde te ha traído Jehová tu Dios estos cuarenta años en el desierto, para afligirte, para probarte, para saber lo que había en tu corazón, si habías de guardar o no sus mandamientos" (Dt. 8:2).

La peregrinación por el desierto revela el corazón verdadero del hombre, la naturaleza verdadera del corazón humano. El peregrinaje por el desierto muestra que el corazón humano es...

- Un corazón duro y lleno de incredulidad.

"No endurezcáis vuestros corazones, como en la provocación, en el día de la tentación en el desierto, donde me tentaron vuestros padres; me probaron, y vieron mis obras cuarenta años. A causa de lo cual me disgusté contra esa generación, y dije: Siempre andan vagando en su corazón, y no han conocido mis caminos. Por tanto, juré en mi ira: No entrarán en mi reposo. Mirad, hermanos, que no haya en ninguno de vosotros corazón malo de incredulidad para apartarse del Dios vivo; antes exhortaos los unos a los otros cada día, entre tanto que se dice: Hoy; para que ninguno de vosotros se endurezca por el engaño del pecado" (He. 3:8-13).

"¿Y con quiénes estuvo él disgustado cuarenta años? ¿No fue con los que pecaron, cuyos cuerpos cayeron en el desierto? ¿Y a quiénes juró que no entrarían en su reposo, sino a aquellos que desobedecieron? Y vemos que no pudieron entrar a causa de incredulidad" (He. 3:17-19).

"Procuremos, pues, entrar en aquel reposo, para que ninguno caiga en semejante ejemplo de desobediencia" (He. 4:11).

- Un corazón que desobedece a Dios, intencionalmente y a sabiendas que le desobedece.

"Y aconteció que algunos del pueblo salieron en el *séptimo día* a recoger, y no hallaron. Y Jehová dijo a Moisés: ¿Hasta cuándo no querréis guardar mis mandamientos y mis leyes [mantener santo el día de reposo]?" (Éx. 16:27-28).

- Un corazón que se queja, se lamenta y murmura.

"Entonces el pueblo murmuró contra Moisés, y dijo: ¿Qué hemos de beber?" (Éx. 15:24).

"Y toda la congregación de los hijos de Israel murmuró contra Moisés y Aarón en el desierto" (Éx. 16:2).

- Un corazón que siempre está encontrando defectos en otros y culpando a otros.

"Y altercó el pueblo con Moisés, y dijeron: Danos agua para que bebamos. Y Moisés les dijo: ¿Por qué altercáis conmigo? ¿Por qué tentáis a Jehová?" (Éx. 17:2).

- Un corazón que contiende y discute con otros.

"Cuando tienen asuntos, vienen a mí; y yo juzgo entre el uno y el otro, y declaro las ordenanzas de Dios y sus leyes" (Éx. 18:16).

2. Dios condujo a los israelitas a la *peregrinación por el desierto* para probarlos, para ver si le obedecerían o no. El *peregrinaje en el desierto* nos muestra lo muy desobedientes que en realidad somos, cuánto debemos orar y cuánto debemos buscar a Dios...

- Debemos acercarnos y tener comunión con Él, vivir y andar en la presencia de Dios.
- Debemos aprender a confiar y depender de Él.

"Y te acordarás de todo el camino por donde te ha traído Jehová tu Dios estos cuarenta años en el desierto, para afligirte, para probarte, para saber lo que había en tu corazón, *si habías de guardar o no sus mandamientos*" (Dt. 8:2).

"Le halló en tierra de desierto, y en yermo de horrible soledad; lo trajo alrededor, lo instruyó, lo guardó como a la niña de su ojo" (Dt. 32:10).

"Fíate de Jehová de todo tu corazón, y no te apoyes en tu propia prudencia. Reconócelo en todos tus caminos, y él enderezará tus veredas" (Pr. 3:5-6).

"Vosotros sois mis testigos, dice Jehová, y mi siervo que yo escogí, para que me conozcáis y creáis, y entendáis que yo mismo soy; antes de mí no fue formado dios, ni lo será después de mí" (Is. 43:10).

"Buscad a Jehová mientras puede ser hallado, llamadle en tanto que está cercano" (Is. 55:6).

3. Dios condujo a los israelitas por el *peregrinaje por el desierto* para dar a conocer que la vida es un *peregrinaje de fe*, que el pueblo necesitaba aprender a confiar en Dios cada vez más. El pueblo necesitaba a Dios, su amor, su gracia y su fortaleza, para alcanzar la Tierra Prometida. El creyente nunca podría alcanzar la Tierra Prometida por sí mismo, mediante su fuerza y sus esfuerzos, no importa cuán fuerte o valiente sea. El creyente nunca podría superar los inciertos peligros o encontrar cuál es el camino en el vasto desierto y llegar a la Tierra Prometida, no es posible por sí mismo o sin la ayuda de Dios. Para marchar a través del desierto, el creyente debe aprender que necesita a Dios, y que su necesidad es desesperada. El creyente necesita...

- La misericordia y la gracia de Dios
- La presencia y el amor de Dios
- La provisión y la asistencia de Dios
- El poder y la liberación de Dios

"Y te acordarás de todo el camino por donde te ha traído Jehová tu Dios estos cuarenta años en el desierto... Y te afligió, y te hizo tener hambre, y *te sustentó* con maná, comida que no conocías tú, ni tus padres la habían conocido... Tu vestido nunca se envejeció sobre ti, ni el pie se te ha hinchado en estos cuarenta años" (Dt. 8:2-4).

"Le halló en tierra de desierto, y en yermo de horrible soledad; lo trajo alrededor, lo instruyó, lo guardó como a la niña de su ojo" (Dt. 32:10).

"Dejaos del hombre, cuyo aliento está en su nariz; porque ¿de qué es él estimado?" (Is. 2:22).

"Así ha dicho Jehová: Maldito el varón que confía en el hombre, y pone carne por su brazo, y su corazón se aparta de Jehová" (Jer. 17:5).

"Mas buscad primeramente el reino de Dios y su justicia, y todas estas cosas os serán añadidas" (Mt. 6:33).

"Porque por gracia sois salvos por medio de la fe; y esto *no de vosotros*, pues es don de Dios; no por obras, para que nadie se gloríe" (Ef. 2:8-9).

4. Dios condujo a los israelitas al *peregrinaje por el desierto* para que conocieran que el hombre no vive solo de pan, sino de cada palabra que sale de la boca de Dios. El *peregrinaje por el desierto* nos muestra...

- Que el hombre no se satisface mediante las cosas materiales solamente. También necesita las cosas espirituales, especialmente la Palabra de Dios.
- Que el hombre no puede andar por la vida confiando en las palabras de hombres para enfrentar los desiertos de la vida. Tiene que caminar confiando en la Palabra de Dios para conquistar el desierto y alcanzar la Tierra Prometida.

"Y te acordarás de todo el camino por donde te ha traído Jehová tu Dios estos cuarenta años en el desierto... Y te afligió, y te hizo tener hambre, y te sustentó con maná, comida que no conocías tú, ni tus padres la habían conocido, para hacerte saber que no sólo de pan vivirá el hombre, mas de todo lo que sale de la boca de Jehová vivirá el hombre" (Dt. 8:2, 3).

"Y ahora, hermanos, os encomiendo a Dios, y a la palabra de su gracia, que tiene poder para sobreedificaros y daros herencia con todos los santificados" (Hch. 20:32).

"Toda la Escritura es inspirada por Dios, y útil para enseñar, para redargüir, para corregir, para instruir en justicia" (2 Ti. 3:16).

5. Dios condujo a los israelitas al *peregrinaje por el desierto* para enseñarles a temer a Dios, a temer su mano aleccionadora a tal punto que le obedecieran. Al andar por el desierto, Israel vio a Dios castigando y corrigiendo a las personas que hicieron lo que no se debe y desobedecieron Dios. A lo largo de la vida, a menudo somos testigos de la mano correctora de Dios. Por esto, aprendemos a temer a Dios. Aprendemos que Él nos ama y porque nos ama, Él nos corregirá. El asunto es que Dios nos castigará si le desobedecemos. Por lo tanto, la mano correctora de Dios nos anima a temerlo y obedecerlo.

"Y te acordarás de todo el camino por donde te ha traído Jehová tu Dios estos cuarenta años en el desierto, para afligirte, para probarte, para saber lo que había en tu corazón, si habías de guardar o no sus mandamientos... Reconoce asimismo en tu corazón, que como castiga el hombre a su hijo, así Jehová tu Dios te castiga. Guardarás, pues, los mandamientos de Jehová tu Dios, andando en sus caminos, y temiéndole" (Dt. 8:2, 5-6).

"Bienaventurado el hombre a quien tú, JAH, corriges, y en tu ley lo instruyes" (Sal. 94:12).

"No menosprecies, hijo mío, el castigo de Jehová, ni te fatigues de su corrección; porque Jehová al que ama castiga, como el padre al hijo a quien quiere" (Pr. 3:11-12).

"Todo pámpano que en mí no lleva fruto, lo quitará; y todo aquel que lleva fruto, lo limpiará, para que lleve más fruto" (Jn. 15:2).

"y habéis ya olvidado la exhortación que como a hijos se os dirige, diciendo: Hijo mío, no menosprecies la disciplina del Señor, ni desmayes cuando eres reprendido por él; porque el Señor al que ama, disciplina, y azota a todo el que recibe por hijo. Si soportáis la disciplina, Dios os trata como a hijos; porque ¿qué hijo es aquel a quien el padre no disciplina?" (He. 12:5-7).

6. Dios condujo a los israelitas al *peregrinaje por el desierto* para enseñarles a alabar al Señor y bendecirle por su provisión abundante y por la promesa gloriosa de la Tierra Prometida.

"Y te acordarás de todo el camino por donde te ha traído Jehová tu Dios estos cuarenta años en el desierto... Porque Jehová tu Dios te introduce en la buena tierra, tierra de arroyos, de aguas, de fuentes y de manantiales, que brotan en vegas y montes; tierra de trigo y cebada, de vides, higueras y granados; tierra de olivos, de aceite y de miel; tierra en la cual no comerás el pan con escasez, ni te faltará nada en ella; tierra cuyas piedras son hierro, y de cuyos montes sacarás cobre. Y comerás y te saciarás, y bendecirás a Jehová tu Dios por la buena tierra que te habrá dado" (Dt. 8:2, 7-10).

"Antes bien, como está escrito: Cosas que ojo no vio, ni oído oyó, ni han subido en corazón de hombre, son las que Dios ha preparado para los que le aman" (1 Co. 2:9).

"Pero el día del Señor vendrá como ladrón en la noche; en el cual los cielos pasarán con grande estruendo, y los elementos ardiendo serán deshechos, y la tierra y las obras que en ella hay serán quemadas. Puesto que todas estas cosas han de ser deshechas, ¡cómo no debéis vosotros andar en santa y piadosa manera de vivir, esperando y apresurándoos para la venida del día de Dios, en el cual los cielos, encendiéndose, serán deshechos, y los elementos, siendo quemados, se fundirán! Pero nosotros esperamos, según sus promesas, cielos nuevos y tierra nueva, en los cuales mora la justicia" (2 P. 3:10-13).

"Vi un cielo nuevo y una tierra nueva; porque el primer cielo y la primera tierra pasaron, y el mar ya no existía más. Y yo Juan vi la santa ciudad, la nueva Jerusalén, descender del cielo, de Dios, dispuesta como una esposa ataviada para su marido. Y oí una gran voz del cielo que decía: He aquí el tabernáculo de Dios con los hombres, y él morará con ellos; y ellos serán su pueblo, y Dios mismo estará con ellos como su Dios. Enjugará Dios toda lágrima de los ojos de ellos; y ya *no habrá muerte, ni habrá más llanto, ni clamor*, ni dolor; porque las primeras cosas pasaron" (Ap. 21:1-4).

"Después me mostró un río limpio de agua de vida, resplandeciente como cristal, que salía del trono de Dios y del Cordero. En medio de la calle de la ciudad, y a uno y otro lado del río, estaba el árbol de la vida, que produce doce frutos, dando cada mes su fruto; y las hojas del árbol eran para la sanidad de las naciones. Y no habrá más maldición; y el trono de Dios y del Cordero estará en ella, y sus siervos le servirán, y verán su rostro, y su nombre estará en sus frentes. No habrá allí más noche; y no tienen necesidad de luz de lámpara, ni de luz del sol, porque Dios el Señor los iluminará; y reinarán por los siglos de los siglos" (Ap. 22:1-5).

7. Dios condujo a los israelitas al *peregrinaje por el desierto* a causa de su pecado. El *peregrinaje por el desierto* fue el juicio de Dios sobre el pueblo por la incredulidad y los pecados de ellos.

"Y Jehová habló a Moisés y a Aarón, diciendo: ¿Hasta cuándo oiré esta depravada multitud que murmura contra mí, las querellas de los hijos de Israel, que de mí se quejan? Diles: Vivo yo, dice Jehová, que según habéis hablado a mis oídos, así haré yo con vosotros. *En este desierto caerán vuestros cuerpos*; todo el número de los que fueron contados de entre vosotros, de veinte años arriba, los cuales han murmurado contra mí. Vosotros a la verdad no entraréis en la tierra, por la cual alcé mi mano y juré que os haría habitar en ella; exceptuando a Caleb hijo de Jefone, y a Josué hijo de Nun. Pero a vuestros niños, de los cuales dijisteis que serían por presa, yo los introduciré, y ellos conocerán la tierra que vosotros despreciasteis. En cuanto a vosotros, *vuestros cuerpos caerán en este desierto*. Y vuestros hijos andarán pastoreando en el desierto cuarenta años, y ellos llevarán vuestras rebeldías, hasta que *vuestros cuerpos sean consumidos en el desierto*. Conforme al número de los días, de los cuarenta días en que reconocisteis la tierra, llevaréis vuestras iniquidades cuarenta años, un año por cada día; y conoceréis mi castigo. Yo Jehová he hablado; así haré a toda esta multitud perversa que se ha juntado contra mí; en este desierto serán consumidos, y ahí morirán" (Nm. 14:26-35).

"Y la ira de Jehová se encendió contra Israel, y los hizo andar errantes cuarenta años por el desierto, hasta que fue acabada toda aquella generación que había hecho mal delante de Jehová" (Nm. 32:13).

"No endurezcáis vuestros corazones, como en la provocación, en el día de la tentación en el desierto, donde me tentaron vuestros padres; me probaron, y vieron mis obras cuarenta años. A causa de lo cual me disgusté contra esa generación, y dije: Siempre andan vagando en su corazón, y no han conocido mis caminos. Por tanto, juré en mi ira: *No entrarán en mi reposo*. Mirad, hermanos, que no haya en ninguno de vosotros

corazón malo de incredulidad para apartarse del Dios vivo" (He. 3:8-12).

"entre tanto que se dice: Si oyereis hoy su voz, no endurezcáis vuestros corazones, como en la provocación. ¿Quiénes fueron los que, habiendo oído, le provocaron? ¿No fueron todos los que salieron de Egipto por mano de Moisés? ¿Y con quiénes estuvo él disgustado cuarenta años? ¿No fue con los que pecaron, *cuyos cuerpos cayeron en el desierto*? ¿Y a quiénes juró que *no entrarían en su reposo*, sino a aquellos que desobedecieron? Y vemos que no pudieron entrar a causa de incredulidad" (He. 3:15-19).

B. LOS PROPÓSITOS DE LA PEREGRINACIÓN POR EL DESIERTO INDICADO EN EL NUEVO TESTAMENTO

1. El peregrinaje por el desierto estaba señalado por Dios para que fuera un ejemplo para nosotros, una advertencia para prevenirnos de establecer nuestro corazón en cosas malvadas como hicieron los israelitas.

"Porque no quiero, hermanos, que ignoréis que nuestros padres todos estuvieron bajo la nube, y todos pasaron el mar; y todos en Moisés fueron bautizados en la nube y en el mar, y todos comieron el mismo alimento espiritual, y todos bebieron la misma bebida espiritual; porque bebían de la roca espiritual que los seguía, y la roca era Cristo. Pero de los más de ellos no se agradó Dios; por lo cual quedaron postrados en el desierto. Mas estas cosas sucedieron como *ejemplos* para nosotros, para que no codiciemos cosas malas, como ellos codiciaron. Ni seáis idólatras, como algunos de ellos, según está escrito: Se sentó el pueblo a comer y a beber, y se levantó a jugar. Ni forniquemos, como algunos de ellos fornicaron, y cayeron en un día veintitrés mil. Ni tentemos al Señor, como también algunos de ellos le tentaron, y perecieron por las serpientes. Ni murmuréis, como algunos de ellos murmuraron, y perecieron por el destructor. Y estas cosas les acontecieron como *ejemplo*, y están escritas para amonestarnos a nosotros, a quienes han alcanzado los fines de los siglos. Así que, el que piensa estar firme, mire que no caiga" (1 Co. 10:1-12; vea *bosquejos y notas*, 1 Co. 10:1-13 para un mayor análisis).

2. El peregrinaje por el desierto estaba señalado por Dios para que se escribiera en la Biblia, registrado para enseñarnos cómo andar a través del desierto de este mundo, a través de todas las pruebas, los problemas y los sufrimientos de la vida. Debemos andar en esperanza, la esperanza de Cristo y de la Tierra Prometida...

- Andar resistiendo todas las pruebas de la vida.
- Andar obteniendo aliento y ánimo de las Sagradas Escrituras (de las lecciones aprendidas de las experiencias de Israel).

"Porque las cosas que se escribieron antes, para nuestra enseñanza se escribieron, a fin de que por la paciencia y la consolación de las Escrituras, tengamos esperanza" (Ro. 15:4).

El viaje de Israel —*el peregrinaje por el desierto*— no fue ni fácil ni valorado. Se requirió de un supremo acto del poder de de Dios para forzar a Faraón para que los dejara ir, pero también por un simple acto de incredulidad de Israel ellos malgastaron su libertad recién alcanzada. La *Tierra Prometida* era para que ellos la alcanzaran y la disfrutaran, pero el viaje expuso la dureza y la incredulidad de sus corazones. Su dureza e incredulidad trajeron el juicio de Dios contra ellos, y no tuvieron permiso para entrar a la Tierra Prometida de Dios (Nm. 14:30; cp. Nm. 26:65; 32:11; 32:13; Dt. 1:35-36; Jos. 5:6; Sal. 95:10-11; Ez. 20:15-16; He. 3:18-19; 4:6).

⇒ Sus corazones deberían haberse llenado de gratitud por la gran bondad de Dios. En lugar de esto, las pruebas del *peregrinaje por el desierto* reflejaron que en realidad mentían en lo más profundo de cada uno, teniendo un espíritu incrédulo.

⇒ Sus corazones deberían haber marchado en victoria, con un espíritu de seguridad, sabiendo que Dios los guiaría y se encargaría de ellos. En lugar de esto anduvieron murmurando de aquí para allá y quejándose.

⇒ Sus corazones deberían haberse llenado de un espíritu de temor reverente y de adoración a causa del gran poder de Dios demostrado en las terribles plagas sobre Egipto. En lugar de esto se llenaron de un espíritu de idolatría e inmoralidad sexual (Éx. 32:1-6; 1 Co. 10:1-12).

Ciertamente, la experiencia de Israel fue una experiencia trágica. Pero será una tragedia aún mayor si no aprendemos del fracaso de Israel en el *peregrinaje por el desierto.* Ya que andamos en medio del desierto de este mundo, lo debemos hacer como las Escrituras dicen: Aprenda de la historia de Israel. Este es el estudio fascinante de esta división de las Escrituras: EL MAR ROJO Y LA PEREGRINACIÓN EN EL DESIERTO: LAS PRUEBAS DEL CREYENTE EN SU VIAJE A LA TIERRA PROMETIDA, 13:17–18:27.

DIVISIÓN V
EL MAR ROJO Y LA PEREGRINACIÓN EN EL DESIERTO: LAS PRUEBAS DEL CREYENTE EN SU VIAJE A LA TIERRA PROMETIDA, 13:17—18:27

A. Comienzo del viaje por el desierto: La guía de Dios por el día y por la noche, 13:17-22

B. La primera crisis de Israel en el desierto: Cruce del Mar Rojo: La gran liberación de Dios, 14:1-31

C. El gran cántico de alabanza de Moisés: Alabanza a Dios por su gran liberación, 15:1-21

D. La segunda crisis de Israel en el desierto: Agua amarga en Mara: Experiencias amargas hechas dulces y puras, 15:22-27

E. La tercera crisis de Israel en el desierto: Hambre: Los dos grandes pecados de Israel: El de rezongar y la desobediencia (incredulidad), 16:1-36

F. La cuarta crisis de Israel en el desierto: Sed: La provisión de Dios de agua, 17:1-7

G. La quinta crisis de Israel en el desierto: Guerra: Victoria por medio de la oración predominante, 17:8-16

H. La sexta crisis de Israel en el desierto: La separación matrimonial y sobrecarga de trabajo: Ayudar a otros, 18:1-27

V. EL MAR ROJO Y LA PEREGRINACIÓN EN EL DESIERTO: LAS PRUEBAS DEL CREYENTE EN SU VIAJE A LA TIERRA PROMETIDA, 13:17—18:27

A. Comienzo del viaje por el desierto: La guía de Dios por el día y por la noche, 13:17-22

1 Dios alejó a su pueblo de los problemas
- a. Dios sabía dos hechos significativos
  - 1) La ruta más corta atravesaba el país de los enemigos, los filisteos
  - 2) Su pueblo no era lo suficientemente fuerte para luchar
- b. Dios condujo a su pueblo hacia el mar Rojo
- c. Dios condujo a su pueblo de manera ordenada: Marchando por rango y fila

17 Y luego que Faraón dejó ir al pueblo, Dios no los llevó por el camino de la tierra de los filisteos, que estaba cerca; porque dijo Dios: Para que no se arrepienta el pueblo cuando vea la guerra, y se vuelva a Egipto.
18 Mas hizo Dios que el pueblo rodease por el camino del desierto del Mar Rojo. Y subieron los hijos de Israel de Egipto armados.

19 Tomó también consigo Moisés los huesos de José, el cual había juramentado a los hijos de Israel, diciendo: Dios ciertamente os visitará, y haréis subir mis huesos de aquí con vosotros.

2 Dios llevó a su pueblo a concentrarse en la gran fe: Honraban la gran fe de José, su fe en la Tierra Prometida, demostrado en su deseo de ser sepultado allí

20 Y partieron de Sucot y acamparon en Etam, a la entrada del desierto.
21 Y Jehová iba delante de ellos de día en una columna de nube para guiarlos por el camino, y de noche en una columna de fuego para alumbrarles, a fin de que anduviesen de día y de noche.
22 Nunca se apartó de delante del pueblo la columna de nube de día, ni de noche la columna de fuego.

3 Dios condujo a su pueblo con su misma presencia, en todo momento
- a. Lo condujo de Sucot a Etam[EF1,2]
- b. Usó la columna de nube y de fuego
  - 1) La columna de nube durante el día
  - 2) La columna de fuego de noche
- c. Condujo a su pueblo fielmente: Ninguna de las dos columnas dejaron de guiar al pueblo

DIVISIÓN V
EL MAR ROJO Y LA PEREGRINACIÓN EN EL DESIERTO: LAS PRUEBAS DEL CREYENTE EN SU VIAJE A LA TIERRA PROMETIDA, 13:17—18:27

A. Comienzo del viaje por el desierto: La guía de Dios por el día y por la noche, 13:17-22

(13:17-22) ***Introducción***: Dios guía a su amado pueblo. Dios nos guía día a día y noche a noche. Durante toda la vida, nos enfrentamos a problemas y dificultades, pruebas y tentaciones que son todos. . .

- escabrosos
- duros
- exigentes
- abrumadores
- estresantes
- desalentadores
- decepcionantes
- frustrantes
- agotadores
- desintegradores
- invariables
- imposibles

Parece simplemente que no hay salida, ni solución, ninguna forma de conquistar, triunfar o vencer. Pero esto no es cierto: Es una mentira destructiva. Dios nos ama y nos sacará de los problemas. Dios nos dará la forma y las fuerzas para vencer y conquistar no importa cuál sea la dificultad. Dios nos guiará de día y de noche, todos los días y todas las noches, si lo seguimos. Esta es la gran lección que se aprende desde el principio de la peregrinación de Israel por el desierto. Esto es: *Comienzo del viaje por el desierto: La guía de Dios por el día y por la noche,* 13:17-22.

1. Dios guió a su pueblo alejándolo de los problemas (vv. 17-18).
2. Dios guió a su pueblo para que se concentrara en la gran fe: Honraba la gran fe de José en la Tierra Prometida, demostrado en su deseo de ser sepultado allí (v. 19).
3. Dios guió a su pueblo con su misma presencia, en todo momento (vv. 20-22).

[1] (13:17-18) ***Guía — Problemas — Dificultades***: Dios guió a su pueblo alejándolo de los problemas. Dios era su explorador, su pionero, su guía, su líder.

1. Dios conocía dos hechos importantes.
   a. El camino más corto hacia la Tierra Prometida era bordeando la costa del Mar Mediterráneo cruzando por la tierra de los filisteos. Los filisteos se volverían agresivos, enemigos implacables del pueblo de Dios. Dios sabía que los filisteos se sentirían amenazados por dos o tres millones de personas que marchaban a través de su país, que atacarían a su pueblo.
   b. El pueblo de Dios no era lo suficientemente fuerte para pelear. Además, tenían pocas armas, si las había, con qué pelear. Habían sido preparados como esclavos, no como guerreros. No tenían absolutamente ningún entrenamiento militar. Tenían alma de esclavos, alma deshecha, servil, no alma de soldados. Dios sabía exactamente lo que su pueblo necesitaba.
   - Necesitaban sentirse libres por siempre del temor a los egipcios; por tanto, Dios iba a destruir el ejército egipcio en el Mar Rojo.
   - Necesitaban endurecerse y fortalecerse viviendo en el desierto durante varias décadas antes de enfrentarse a los enemigos que se opondrían a que entraran en la Tierra Prometida.
   - Necesitaban recibir una lección de humildad y ser probados para conocer exactamente lo que había dentro del corazón de cada uno de ellos, si cumplirían o no los mandamientos de Dios.

"Y te acordarás de todo el camino por donde te ha traído Jehová tu Dios estos cuarenta años en el desierto, para afligirte, para probarte, para saber lo que había en tu corazón, si habías de guardar o no sus mandamientos" (Dt. 8:2).

   - Necesitaban adorar y servir a Dios en el Monte de Sinaí, la montaña de Dios.

"Y él respondió: Ve, porque yo estaré contigo; y esto te será por señal de que yo te he enviado: cuando hayas sacado de Egipto al pueblo, serviréis a Dios sobre este monte" (Éx. 3:12).

   - Necesitaban recibir las leyes de Dios y formarse como una nación fuerte antes de entrar en la Tierra Prometida (Éx. 20:1s).
   - Necesitaban viajar a través de todo el desierto, cientos de millas, para aprender a confiar en Dios antes de poder heredar la Tierra Prometida, confiar en Él como su…
     - Salvador
     - Guía
     - Fuente
     - Proveedor
     - Protector
     - Esperanza

"Le halló en tierra de desierto, y en yermo de horrible soledad; *lo trajo alrededor*, lo instruyó, lo guardó como a la niña de su ojo" (Dt. 32:10).

"Los dirigió por camino derecho, para que viniesen a ciudad habitable" (Sal. 107:7).

"Conforme a la fe murieron todos éstos sin haber recibido lo prometido, sino mirándolo de lejos, y creyéndolo, y saludándolo, y confesando que eran extranjeros y peregrinos sobre la tierra. Porque los que esto dicen, claramente dan a entender que buscan una patria; pues si hubiesen estado pensando en aquella de donde salieron, ciertamente tenían tiempo de volver. Pero anhelaban una mejor, esto es, celestial; por lo cual Dios no se avergüenza de llamarse Dios de ellos; porque les ha preparado una ciudad" (He. 11:13-16).

2. Dios guió a su pueblo hacia el Mar Rojo. Lo que comúnmente llamamos Mar Rojo se traduce mejor como Mar de Juncos (*yam-suph*). El Mar de las Cañas o *yam-suf* era más probable lo que conocemos como el Mar Rojo. Pero esto es discutible. Muchos intérpretes creyentes de la Biblia opinan que el Mar Rojo está demasiado al sur para que encaje con la descripción que aparece en Éxodo 14:2. Cualquiera que sea su conclusión personal, el mar Rojo de aquella época no incluiría la extensión del mar, no incluiría el Golfo de Suez construido por el hombre. (Vea *Estudio a fondo 4*, Éx. 14:16-18 para un mayor análisis.)

3. Dios guió a su pueblo de manera ordenada. Es decir, marcharon en alguna especie de formación militar (v. 18). Los israelitas sabían que los egipcios podían cambiar de idea y comenzar a perseguirlos en cualquier momento. Si hubieran marchado en tropel, de manera desordenada, no tendrían el sentido de la fuerza, de que podrían protegerse a pesar de su enorme cantidad. El orden y la organización siempre alientan a las personas, especialmente cuando existe la posibilidad de que haya problemas. Por tanto, Dios alentó al pueblo haciendo que Moisés lo organizara en divisiones, divisiones de alguna especie de formación militar. Como un poderoso ejército, marchaban hacia la Tierra Prometida. La vista de más de dos millones de personas marchando en formación militar debió haber sido un espectáculo asombroso, un espectáculo que conmovía y excitaba al pueblo de Dios más allá de cualquier expresión. El sentido de confianza, fortaleza, y poder debió haber brotado del cuerpo de cada uno de ellos, solo por el simple hecho de formar un enorme ejército de personas.

Pensamiento 1. Dios sabe como alejarnos de los problemas. Él conoce nuestras debilidades, tanto físicas como psicológicas.

Él sabe exactamente cuánto podemos soportar. Dios siempre nos conducirá. . .

- hacia las personas correctas.
- hacia el lugar correcto.
- hacia lo correcto.
- hacia lo que hay que hacer.

Dios siempre nos conducirá y guiará. Nuestra tarea consiste simplemente en buscar a Él y seguirlo.

"Guíame, Jehová, en tu justicia, a causa de mis enemigos; endereza delante de mí tu camino" (Sal. 5:8).

"Enséñame, oh Jehová, tu camino, y guíame por senda de rectitud a causa de mis enemigos" (Sal. 27:11).

"Porque este Dios es Dios nuestro eternamente y para siempre; él nos guiará aun más allá de la muerte" (Sal. 48:14).

"¿No serás tú, oh Dios, que nos habías desechado, y no salías, oh Dios, con nuestros ejércitos? danos socorro contra el enemigo, porque vana es la ayuda de los hombres" (Sal. 60:11-12).

"Condujiste a tu pueblo como ovejas por mano de Moisés y de Aarón" (Sal. 77:20).

"Si tomare las alas del alba y habitare en el extremo del mar, aun allí me guiará tu mano, y me asirá tu diestra" (Sal. 139:9-10).

"Entonces tus oídos oirán a tus espaldas palabra que diga: Este es el camino, andad por él; y no echéis a la mano derecha, ni tampoco torzáis a la mano izquierda" (Is. 30:21).

"No temas, porque yo estoy contigo; no desmayes, porque yo soy tu Dios que te esfuerzo; siempre te ayudaré, siempre te sustentaré con la diestra de mi justicia" (Is. 41:10).

"Pero cuando venga el Espíritu de verdad, él os guiará a toda la verdad; porque no hablará por su propia cuenta, sino que hablará todo lo que oyere, y os hará saber las cosas que habrán de venir" (Jn. 16:13).

"No os ha sobrevenido ninguna tentación que no sea humana; pero fiel es Dios, que no os dejará ser tentados más de lo que podéis resistir, sino que dará también juntamente con la tentación la salida, para que podáis soportar" (1 Co. 10:13).

Pensamiento 2. El mundo es como un desierto, un desierto a través del cual debemos luchar para sobrevivir. La iglesia ha sido puesta en el mundo para mostrarnos cómo sobrevivir en el desierto. Mientras viajamos por el desierto de este mundo, debemos permanecer juntos, permanecer como un solo espíritu, permanecer en unidad. Una fuerte demostración de unidad nos protegerá y mantendrá a nuestros enemigos a raya, enemigos tales como:

⇒ Satanás

"Y yo también te digo, que tú eres Pedro, y sobre esta roca edificaré mi iglesia; y las puertas del Hades no prevalecerán contra ella" (Mt. 16:18).

"Someteos, pues, a Dios; resistid al diablo, y huirá de vosotros" (Stg. 4:7).

"Sed sobrios, y velad; porque vuestro adversario el diablo, como león rugiente, anda alrededor buscando a quien devorar; al cual resistid firmes en la fe, sabiendo que los mismos padecimientos se van cumpliendo en vuestros hermanos en todo el mundo" (1 P. 5:8-9).

⇒ El miedo

"y a vosotros que sois atribulados, daros reposo con nosotros, cuando se manifieste el Señor Jesús desde el cielo con los ángeles de su poder" (2 T. 1:7).

⇒ La condenación

"Ahora, pues, ninguna condenación hay para los que están en Cristo Jesús, los que no andan conforme a la carne, sino conforme al Espíritu" (Ro. 8:1).

⇒ El mundo

"Porque todo lo que es nacido de Dios vence al mundo; y esta es la victoria que ha vencido al mundo, nuestra fe" (1 Jn. 5:4).

[2] (13:19) ***Fe — Guía — José — Tierra Prometida***: Dios guió a su pueblo para que se concentrara en su gran fe. Esto puede verse en el honor que rindieron a la gran fe de José, su gran fe en la Tierra Prometida. Fíjese que alguna persona en Israel había guardado los huesos de José por más de 400 años. El pueblo de Dios ahora cumplía el deseo de José de ser enterrado en la Tierra Prometida: Llevaron sus huesos con ellos al comenzar su gran marcha rumbo a la Tierra Prometida de Dios.

El punto a considerar es este: José creyó en Dios. Él creyó en las grandes promesas de Dios, las promesas dadas a Abraham y a Isaac y a Jacob que era el padre de José. ¿Cuáles eran las promesas en las que creía José? Se encuentran en lo que llamamos el pacto abrahámico.

⇒ Estaba la promesa de la Simiente prometida, que incluía tanto la simiente de una gran nación como la simiente del Salvador, el Señor Jesucristo. (Vea *Estudio a fondo 2*, Éx. 1:6-7; bosquejo y notas—Gn. 12:2-3; Gn. 12:3.)

⇒ Estaba la promesa de la Tierra Prometida, que incluía tanto a la tierra de Canaán como a la tierra eterna del cielo. (Vea *Estudio a fondo 1*, Éx. 2:24; bosquejo y notas, Gn. 12:1.)

Ahora fíjese en este hecho: Israel creía en las promesas de Dios, en las promesas del pacto abrahámico. ¿Cómo sabemos esto? Fíjese en lo que hicieron: Llevaron los huesos de José con ellos al comenzar su marcha hacia la Tierra Prometida. ¿Por qué llevaron sus huesos? Porque creían en Dios. Creían, tenían esperanzas, esperaban, que Dios los guiara hacia la Tierra Prometida y luego les diera esta tierra. Ellos creían en la esperanza de la Tierra Prometida: En la paz, el descanso, la seguridad, y las provisiones que encontrarían allí. El pueblo de Dios sabía que Dios los iba a guiar a la Tierra Prometida. Por tanto, se alistaron para cumplir el deseo y la esperanza de José, llevar sus huesos a la *Tierra Prometida de Dios.*

Pensamiento 1. Hoy día, sabemos que la promesa de la Simiente prometida es cierta: El Señor Jesucristo, el Salvador del mundo, ya vino a salvarnos. Además, nació una gran nación de la simiente de Abraham, la nación de Israel y un gran cuerpo de creyentes tanto de Israel como de todas las demás naciones de la tierra.

Podemos dormir tranquilos con respecto a algo: La promesa de la Tierra Prometida es también cierta. Dios está guiando y continuará guiando a todos los creyentes a la Tierra Prometida del cielo.

"Pero el día del Señor vendrá como ladrón en la noche; en el cual *los cielos pasarán* con grande estruendo, y los elementos ardiendo serán deshechos, y la tierra y las obras que en ella hay serán quemadas. Puesto que todas estas cosas han de ser deshechas, ¡cómo no debéis vosotros andar en santa y piadosa manera de vivir, esperando y apresurándoos para la venida del día de Dios, en el cual los cielos, encendiéndose, serán deshechos, y los elementos, siendo quemados, se fundirán! Pero nosotros esperamos, según sus promesas, *cielos nuevos y tierra nueva*, en los cuales mora la justicia" (2 P. 3:10-13).

"Vi *un cielo nuevo y una tierra nueva*; porque el primer cielo y la primera tierra pasaron, y el mar ya no existía más. Y yo Juan vi la santa ciudad, la nueva Jerusalén, descender del cielo, de Dios, dispuesta como una esposa ataviada para su marido. Y oí una gran voz del cielo que decía: He aquí el tabernáculo de Dios con los hombres, y él morará con ellos; y ellos serán su pueblo, y Dios mismo estará con ellos como su Dios. Enjugará Dios toda lágrima de los ojos de ellos; y ya no habrá muerte, ni habrá más llanto, ni clamor, ni dolor; porque *las primeras cosas pasaron*" (Ap. 21:1-4).

"Desde el principio tú fundaste la tierra, y los cielos son obra de tus manos. Ellos perecerán, mas tú permanecerás; y todos ellos como una vestidura se envejecerán; como un vestido *los mudarás*, y serán mudados" (Sal. 102:25-27).

"Y todo el ejército de los cielos se disolverá, y se enrollarán los cielos como un libro; y caerá todo su ejército, como se cae la hoja de la parra, y como se cae la de la higuera" (Is. 34:4).

"Alzad a los cielos vuestros ojos, y mirad abajo a la tierra; porque los cielos serán deshechos como humo, y la tierra se envejecerá como ropa de vestir, y de la misma manera perecerán sus moradores; pero mi salvación será *para siempre*, mi justicia *no perecerá*" (Is. 51:6).

"Porque he aquí que yo crearé *nuevos cielos y nueva* tierra; y de lo primero no habrá memoria, ni más vendrá al pensamiento" (Is. 65:17).

"Porque como los cielos nuevos y la nueva tierra que yo hago permanecerán delante de mí, dice Jehová, así permanecerá vuestra descendencia y vuestro nombre" (Is. 66:22).

"Por la fe Abraham, siendo llamado, obedeció para salir al lugar que había de recibir como herencia; y salió sin saber a dónde iba. Por la fe habitó como extranjero en la tierra prometida como en tierra ajena, morando en tiendas con Isaac y Jacob, coherederos de la misma promesa; porque esperaba la ciudad que tiene fundamentos, cuyo arquitecto y constructor es Dios... Conforme a la fe murieron todos éstos sin haber recibido lo prometido, sino mirándolo de lejos, y creyéndolo, y saludándolo, y confesando que eran extranjeros y peregrinos sobre la tierra. Porque los que esto dicen, claramente dan a entender que buscan una patria; pues si hubiesen estado pensando en aquella de donde salieron, ciertamente tenían tiempo de volver. Pero anhelaban una mejor, esto es, celestial; por lo cual Dios no se avergüenza de llamarse Dios de ellos; porque les ha preparado una ciudad" (He. 11:8-10, 13-16).

"sino que os habéis acercado al monte de Sion, a la ciudad del Dios vivo, *Jerusalén la celestial*, a la compañía de muchos millares de ángeles" (He. 12:22).

"porque no tenemos aquí *ciudad permanente*, sino que buscamos la por venir" (He. 13:14).

"Y yo Juan vi la santa ciudad, *la nueva Jerusalén*, descender del cielo, de Dios, dispuesta como una esposa ataviada para su marido. Y oí una gran voz del cielo que decía: He aquí el tabernáculo de Dios con los hombres, y él morará con ellos; y ellos serán su pueblo, y Dios mismo estará con ellos como su Dios. Enjugará Dios toda lágrima de los ojos de ellos; y ya no habrá muerte, ni habrá más llanto, ni clamor, ni dolor; porque las primeras cosas pasaron" (Ap. 21:2-4).

"Y me llevó en el Espíritu a un monte grande y alto, y me mostró la gran ciudad santa de Jerusalén, que descendía del cielo, de Dios" (Ap. 21:10).

3 (13:20-22) ***Guía — Columna de nube y fuego — Nube — Fidelidad de Dios***: Dios guió a su pueblo con su propia presencia a cada paso del camino.

1. Dios guió a su pueblo a moverse desde Sucot a Etam, a acampar en el límite mismo con el desierto (v. 20). (Vea *Estudio a fondo 1, 2*, Éx. 13:20.) Este fue otro desvío hacia el sur, lejos de la Tierra Prometida. ¿Por qué? A causa de las fortificaciones egipcias en los límites del desierto.

Estos fuertes protegían a Egipto de los invasores, y evidentemente significaban una amenaza para los israelitas. Los israelitas parecían ser un blanco fácil para la venganza de Faraón. Parecían estar rodeados:

- Por un ejército egipcio hostil que los embestía.
- Por un Mar Rojo que no se podía cruzar.
- Por un desierto desconocido y peligroso.

Pero Dios tenía un plan, un plan para un glorioso escape cuando todas las esperanzas parecieran estar perdidas. El "Gran Escape" planeado por Dios comenzaba a desplegarse.

"Pacientemente esperé a Jehová, y se inclinó a mí, y oyó mi clamor" (Sal. 40:1-2).

"Dios es nuestro amparo y fortaleza, nuestro pronto auxilio en las tribulaciones" (Sal. 46:1).

"Estad quietos, y conoced que yo soy Dios; seré exaltado entre las naciones; enaltecido seré en la tierra" (Sal. 46:10).

"Venid, y ved las obras de Dios, temible en hechos sobre los hijos de los hombres. Volvió el mar en seco; por el río pasaron a pie; allí en él nos alegramos" (Sal. 66:5-6).

"Él te librará del lazo del cazador, de la peste destructora" (Sal. 91:3).

"Esperé yo a Jehová, esperó mi alma; en su palabra he esperado. Mi alma espera a Jehová más que los centinelas a la mañana, más que los vigilantes a la mañana. Espere Israel a Jehová, porque en Jehová hay misericordia, y abundante redención con él" (Sal. 130:5-7).

"Dijo: Jehová es mi roca y mi fortaleza, y mi libertador;" (2 S. 22:2).

"No temas delante de ellos, porque contigo estoy para librarte, dice Jehová" (Jer. 1:8).

"Él salva y libra, y hace señales y maravillas en el cielo y en la tierra; él ha librado a Daniel del poder de los leones" (Dn. 6:27).

2. Fíjese cómo Dios guió a su pueblo. Él utilizó una columna de nube para guiarlos de día, una nube que se convertía en nube de fuego en la noche. A la nube se le llama realmente "la columna de nube de día y la columna de fuego de noche" (vv. 21-22). ¿Qué eran estas columnas de nube y de fuego?

The Expositor's Bible Commentary dice así:

"Esta 'columna' única (14:24), que era una nube de día y un fuego de noche, cuya amplitud en su base era suficientemente amplia como para proporcionar cobijo a Israel del calor intenso (Sal. 105:39), era un símbolo visible de la presencia de Yahveh entre ellos.

- *"La columna de nube y fuego no era sino otro nombre para 'el ángel de Dios'. . . Éxodo 14:19 los considera equivalentes lo mismo que en 23:20-23.*
- *"El nombre de Dios estaba 'en' este ángel el cual iba delante de ellos para llevarlos hasta Canaán (23:20-23).*
- *"Él era el 'ángel de su faz' (Is. 63:8-9).*
- *"Malaquías 3:1 llama a este ángel 'ángel del pacto', quien es considerado equivalente al Señor, el dueño del templo.*

"Evidentemente, entonces el Cristo del Nuevo Testamento es la gloria shekinah o Yahveh del Antiguo Testamento. Desde esta columna de nube el Señor hablaría a Moisés (33:9-11) y al pueblo (Sal. 99:6-7). Este fácil movimiento de la columna de nube y fuego al ángel y otra vez al Señor mismo ya había sucedido en el mismo intercambio entre la zarza ardiente, el ángel, y el Señor en el capítulo 3".[1]

El *Compact Bible Dictionary* dice así:

"Dios guió a Israel fuera de Egipto y a través del desierto con una columna de nube de día. Esta se convertía en una columna de fuego de noche para que pudieran viajar de noche y escapar del ejército egipcio (Éx. 13:21-22). Cuando los egipcios alcanzaron a los israelitas, el ángel del Señor retiró esta columna de nube y fuego de delante de ellos y la colocó detrás como un efectivo camuflaje (Éx. 14:19, 20, 24).

⇒ *"La columna de nube se colocaba sobre la tienda de reunión fuera del campamento cada vez que el Señor se reunía allí con Moisés (Éx. 33:7-11).*

⇒ *"El Señor descendió a juzgar en la nube (Nm. 12).*

"Ningún fenómeno natural ni fuego encaja con la descripción bíblica: La nube y el fuego eran manifestaciones divinas, de una forma lo suficientemente definidas como para ser llamada columna". [2]

Probablemente lo mejor sea imaginarse la columna como dicen las Escrituras, una nube. Parece ser que el SEÑOR hizo que se formara una nube encima de los hijos de Israel, una nube que permaneció durante sus cuarenta años de peregrinaje por el desierto.

⇒ La nube protegía a las personas del calor del sol cuando era necesario (Éx. 13:21-22).

⇒ La nube se convertía en una nube de fuego de noche proporcionándoles luz a las personas cuando era necesaria (Éx. 13:21).

⇒ Había solo una columna, no dos, una "columna de fuego y nube" (Éx. 14:24).

⇒ La nube no podía ser movida por el viento (Neh. 9:19; Sal. 78:14).

⇒ El SEÑOR mismo estaba en la nube. La nube era un símbolo visible de la presencia de Dios entre su pueblo (Éx. 13:21; 14:24).

⇒ El SEÑOR con frecuencia habló al pueblo desde la nube (Nm. 12:5-6; Dt. 31:15-16; Sal. 99:6-7).

⇒ Israel con frecuencia recordaba la nube (Sal. 78:14; 105:39).

Fíjese en otro hecho: La columna de nube y fuego era un símbolo, una ilustración del bautismo. El Nuevo Testamento dice que los israelitas fueron bautizados en Moisés en la nube. ¿Cómo? Colocándose a sí mismos bajo la guía y la autoridad de la nube. La nube fue dada por Dios para mostrar a Moisés a dónde llevar a los israelitas. Por lo tanto, al seguir la nube, ellos se estaban colocando bajo la guía y la autoridad de Moisés. Se estaban identificando a sí mismos (proclamándose a sí mismos) como seguidores de Dios y del líder por Él escogido, Moisés.

"Porque no quiero, hermanos, que ignoréis que nuestros padres todos estuvieron bajo la nube, y todos pasaron el mar; y todos en Moisés fueron bautizados en la nube y en el mar" (1 Co. 10:1-2).

3. Dios condujo a su pueblo fielmente: Ni la columna de nube de día ni la columna de fuego de noche dejaron jamás de guiar al pueblo de Dios (v. 22). Recuerde que el desierto era un lugar baldío, árido, desolado, ardiente y seco. No había caminos, ni señales, ni guías para conducir al pueblo de Dios por el desierto. Es muy probable que ninguna de las personas hubiera cruzado jamás el desierto. Estaban por su cuenta, abandonados totalmente excepto por una persona: El propio Dios. ¿Qué tan fiel fue Dios? Su presencia nunca los dejó, ni

---

1 Frank E. Gaebelein, editor. *The Expositor's Bible Commentary*, vol. 2, p. 385. (La cita ha sido bosquejada por nosotros para mayor claridad.)

2 Alton T. Bryant, editor. *The Compact Bible Dictionary* (Grand Rapids, MI: Zondervan Publishing House, 1967), p. 461. (La cita ha sido bosquejada por nosotros para mayor claridad.)

por un momento. La columna de nube y fuego nunca dejó su sitio, nunca. Dios guió a su amado pueblo a cada paso de su viaje mientras marchaban hacia la Tierra Prometida.

> ***Pensamiento 1.*** Nosotros los que hemos creído (creído verdaderamente en Cristo) marchamos hacia la Tierra Prometida del cielo. Mientras marchamos, podemos estar seguros de esta gran verdad: Dios nos guía con su propia presencia y Él nunca nos dejará. No importa qué problemas surjan y no importa cuán severas puedan ser las circunstancias, Dios nos guiará a cada paso de nuestro camino. Él nunca nos abandonará.
>
> **"He aquí, yo estoy contigo, y te guardaré por dondequiera que fueres, y volveré a traerte a esta tierra; porque no te dejaré hasta que haya hecho lo que te he dicho" (Gn. 28:15).**
>
> **"Y él dijo: Mi presencia irá contigo, y te daré descanso" (Éx. 33:14).**
>
> **"Me has guiado según tu consejo, y después me recibirás en gloria" (Sal. 73:24).**
>
> **"Cuando pases por las aguas, yo estaré contigo; y si por los ríos, no te anegarán. Cuando pases por el fuego, no te quemarás, ni la llama arderá en ti" (Is. 43:2).**
>
> **"enseñándoles que guarden todas las cosas que os he mandado; y he aquí yo estoy con vosotros todos los días, hasta el fin del mundo. Amén" (Mt. 28:20).**

ESTUDIO A FONDO 1

(13:20) ***Sucot — Ciudades*:** Esta era una ciudad egipcia. Fíjese en estos hechos:

⇒ Sucot fue la primera parada de Israel cuando salieron de Egipto (cp. Éx. 12:37; 13:20; y Nm. 33:5-6).

⇒ El significado de Sucot en hebreo es *enramada.*

⇒ Sucot posiblemente sea el sitio de la actual ciudad egipcia de Tel el-Maskhutah, una ciudad fronteriza en la zona oriental de la tierra bíblica de Gosén, al oeste de los lagos amargos.[3]

⇒ El mismo nombre fue dado también a una ciudad en Canaán en tiempos de Jacob (cp. Gn. 33:17).

ESTUDIO A FONDO 2

(13:20) ***Etam — Ciudades*:** Esta era una ciudad egipcia que probablemente servía de fortaleza para proteger la frontera de Egipto. Fíjese:

⇒ Este es el lugar en donde acampó Israel después de dejar la ciudad de Sucot.

⇒ Etam se encontraba en los límites del desierto de Shur.

⇒ El probable significado de la palabra Etam en hebreo es *fortaleza.*

SUCOT[4]

ETAM

[3] *Zondervan Pictorial Encyclopedia of the Bible*, vol. 5:529.

[4] © 2011 Editorial Portavoz, Grand Rapids, MI 49501.

TIPOS, SÍMBOLOS E ILUSTRACIONES
ÉXODO 13:17-22

Término histórico	Tipo o ilustración (Fundamento bíblico de cada uno)	Aplicación para la vida del creyente de hoy día	Aplicación bíblica
La peregrinación (viaje) en el desierto (Éx. 13:17—18:27)	*La peregrinación (viaje, andanzas) del creyente...* • *al alejarse de Egipto (el mundo) y dejar atrás su vieja vida.* • *al comenzar su nueva vida viajando a la Tierra Prometida.* • *al viajar por el desierto [las pruebas] de este mundo y vencer todo cuanto el desierto le supone.* **"Y luego que Faraón dejó ir al pueblo, Dios no los llevó por el camino de la tierra de los filisteos, que estaba cerca; porque dijo Dios: Para que no se arrepienta el pueblo cuando vea la guerra, y se vuelva a Egipto. Mas hizo Dios que el pueblo rodease por el camino del desierto del Mar Rojo. Y subieron los hijos de Israel de Egipto armados" (Éx. 13:17-18).**	***(cp. Nm. 14:33; Dt. 8:2-3, 5-6; 32:10).*** ⇒ Cuando una persona es salva, se ha vuelto a Dios y se ha alejado del mundo (Egipto), se ha alejado de su vida vieja, comienza su *vida nueva* (en Cristo). De inmediato comienza a viajar hacia la Tierra Prometida del cielo. Su vida nueva es la *peregrinación* del creyente cristiano: Un viaje por el *desierto* de este mundo, por todo cuanto el desierto supone en su contra. . . • pruebas • tentaciones • problemas • dificultades • obstáculos • accidentes • sufrimientos • muerte	***"Y estas cosas les acontecieron como ejemplo, y están escritas para amonestarnos a nosotros, a quienes han alcanzado los fines de los siglos" (1 Co. 10:11).*** ***"He aquí, yo estoy contigo, y te guardaré por dondequiera que fueres, y volveré a traerte a esta tierra; porque no te dejaré hasta que haya hecho lo que te he dicho" (Gn. 28:15).*** ***"Cuando pases por las aguas, yo estaré contigo; y si por los ríos, no te anegarán. Cuando pases por el fuego, no te quemarás, ni la llama arderá en ti" (Is. 43:2).*** ***"No os ha sobrevenido ninguna tentación que no sea humana; pero fiel es Dios, que no os dejará ser tentados más de lo que podéis resistir, sino que dará también juntamente con la tentación la salida, para que podáis soportar" (1 Co. 10:13).*** ***(cp. Mt. 4:1-11; Lc. 4:1-13; 2 S. 22:2; Jer. 1:8; He. 2:14-15).***
La columna de nube y fuego (Éx. 13:21)	*Una ilustración de la presencia y guía asombrosas de Dios. Esta nube era. . .* • *una fuente de luz.* • *una fuente de dirección.* • *una fuente de protección.* • *una ilustración del bautismo.* **"Y Jehová iba delante de ellos de día en una columna de nube para guiarlos por el camino, y de noche en una columna de fuego para alumbrarles, a fin de que anduviesen de día y de noche. Nunca se apartó de delante del pueblo la columna de nube de día, ni de noche la columna de fuego" (Éx. 13:21-22; cp. Éx. 14:19-20).**	⇒ Dios ha prometido su presencia, guía, y protección en nuestro viaje por el desierto de este mundo, nuestro viaje a la Tierra Prometida del cielo. La presencia y guía de Dios: • Nos guiará con su consejo (Sal. 73:24). • Nos mostrará el camino exacto a seguir (Is. 42:16). • Nos protegerá y liberará (Sal. 34:7; cp. Sal. 91:4). • Estará con nosotros en todo momento, a cualquier costo (Gn. 28:15; Éx. 33:14). • Nos guiará a los pastos delicados y a las aguas de reposo (Sal. 23:2).	***"Me mostrarás la senda de la vida; en tu presencia hay plenitud de gozo; delicias a tu diestra para siempre" (Sal. 16:11).*** ***"Lámpara es a mis pies tu palabra, y lumbrera a mi camino" (Sal. 119:105).*** ***"Te haré entender, y te enseñaré el camino en que debes andar; sobre ti fijaré mis ojos" (Sal. 32:8).*** ***"En lugares de delicados pastos me hará descansar; junto a aguas de reposo me pastoreará" (Sal. 23:2).*** ***"Porque este Dios es Dios nuestro eternamente y para siempre; el nos guiará aun más allá de la muerte" (Sal. 48:14).*** ***"Me has guiado según tu consejo, y después me recibirás en gloria" (Sal. 73:24).***

B. La primera crisis de Israel en el desierto: Cruce del Mar Rojo: La gran liberación de Dios, 14:1-31

1 Escena 1: El plan y el propósito de Dios

a. Instrucciones de Dios a Moisés
   1) Volverse atrás
   2) Acampar junto al mar hacia Baal-zefón, delante de Pi-hahirot, entre Migdol y el mar[EF1,2,3]

b. El propósito de Dios
   1) Hacer que Faraón pensara que Israel se encontraba atrapado entre el mar y el desierto
   2) Ser glorificado en Faraón y su ejército: Haciendo que la justicia cayera sobre ellos
   3) Demostrar nuevamente la verdad a los egipcios, que Dios es nuestro SEÑOR

1 Habló Jehová a Moisés, diciendo:

2 Di a los hijos de Israel que den la vuelta y acampen delante de Pi-hahirot, entre Migdol y el mar hacia Baal-zefón; delante de él acamparéis junto al mar.

3 Porque Faraón dirá de los hijos de Israel: Encerrados están en la tierra, el desierto los ha encerrado.

4 Y yo endureceré el corazón de Faraón para que los siga; y seré glorificado en Faraón y en todo su ejército, y sabrán los egipcios que yo soy Jehová. Y ellos lo hicieron así.

2 Escena 2: El cambio de parecer de Faraón y la persecución del pueblo de Dios (símbolo de un líder malvado, del mundo)

a. Faraón y sus oficiales cambiaron de parecer con respecto a liberar al pueblo de Dios

b. Faraón movilizó a su masivo ejército
   1) Seiscientos de sus mejores carros
   2) Todos los demás carros
   3) Toda su caballería y sus tropas

c. Faraón persiguió a los israelitas y se les adelantó

5 Y fue dado aviso al rey de Egipto, que el pueblo huía; y el corazón de Faraón y de sus siervos se volvió contra el pueblo, y dijeron: ¿Cómo hemos hecho esto de haber dejado ir a Israel, para que no nos sirva?

6 Y unció su carro, y tomó consigo su pueblo;

7 y tomó seiscientos carros escogidos, y todos los carros de Egipto, y los capitanes sobre ellos.

8 Y endureció Jehová el corazón de Faraón rey de Egipto, y él siguió a los hijos de Israel; pero los hijos de Israel habían salido con mano poderosa.

9 Siguiéndolos, pues, los egipcios, con toda la caballería y carros de Faraón, su gente de a caballo, y todo su ejército, los alcanzaron acampados junto al mar, al lado de Pi-hahirot, delante de Baal-zefón.

3 Escena 3: El miedo y el clamor del pueblo de Dios

a. Vieron el ejército egipcio y el miedo se apoderó de ellos

b. Algunos clamaron al Señor

c. Otros se quejaron y murmuraron contra el líder de Dios
   1) Se quejaron de que iban a morir en el desierto
   2) Se quejaron diciendo que hubiera sido mejor haber quedado como esclavos que morir en el desierto

10 Y cuando Faraón se hubo acercado, los hijos de Israel alzaron sus ojos, y he aquí que los egipcios venían tras ellos; por lo que los hijos de Israel temieron en gran manera, y clamaron a Jehová.

11 Y dijeron a Moisés: ¿No había sepulcros en Egipto, que nos has sacado para que muramos en el desierto? ¿Por qué has hecho así con nosotros, que nos has sacado de Egipto?

12 ¿No es esto lo que te hablamos en Egipto, diciendo: Déjanos servir a los egipcios? Porque mejor nos fuera servir a los egipcios, que morir nosotros en el desierto.

4 Escena 4: El gran mensaje de gloria y liberación

a. No temáis

b. Estad firmes, manteneos firmes y ved la salvación de JEHOVÁ
   1) Los egipcios serán destruidos
   2) JEHOVÁ mismo luchará por ustedes
   3) No se muevan: Ved

c. Dejen de clamar a Dios: Levántense, adelante, avancen

13 Y Moisés dijo al pueblo: No temáis; estad firmes, y ved la salvación que Jehová hará hoy con vosotros; porque los egipcios que hoy habéis visto, nunca más para siempre los veréis.

14 Jehová peleará por vosotros, y vosotros estaréis tranquilos.

15 Entonces Jehová dijo a Moisés: ¿Por qué clamas a mí? Di a los hijos de Israel que marchen.

5 Escena 5: El gran propósito de Dios al dividir el Mar Rojo[EF4]

a. Que su pueblo fuera liberado de su enemigo

b. Que Dios se glorificara en Faraón y su ejército: haciendo que la justicia cayera sobre ellos
   1) Demostró su soberanía, poder y control: “Yo haré”

16 Y tú alza tu vara, y extiende tu mano sobre el mar, y divídelo, y entren los hijos de Israel por en medio del mar, en seco.

17 Y he aquí, yo endureceré el corazón de los egipcios para que los sigan; y yo me glorificaré en Faraón y en todo su ejército, en sus carros y en su caballería;

   2) Demostró cómo hace justicia y juicio, cómo castiga
c. Que los egipcios supieran que Dios es nuestro SEÑOR, el Dios de la liberación y la salvación

6 Escena 6: La gran liberación

a. Liberados por el ángel de Dios: Fue de la vanguardia de su pueblo a la retaguardia (cambió de guiar a proteger)
b. Liberados por la columna de nubes: También cambió
   1) Se colocó entre los egipcios y el pueblo de Dios
   2) Fue una cortina de oscuridad para los egipcios, pero una gran luz para el pueblo de Dios
c. Liberados por el poder de Dios Omnipotente
   1) Dios les dio una vía de escape
      - Provocó un fuerte viento del este que hizo que el mar se retirara durante toda la noche
      - Secó la tierra
   2) Dios liberó a su pueblo
      - Caminaron a través del mar, en seco
      - Las aguas formaron dos paredes a derecha e izquierda
d. Liberados por la presencia y control de Dios
   1) Los egipcios persiguieron a Israel hasta dentro del mar
   2) Dios miró a los egipcios
      - Hizo que se confundieran: La columna de nube y fuego les hizo

18 y sabrán los egipcios que yo soy Jehová, cuando me glorifique en Faraón, en sus carros y en su gente de a caballo.

19 Y el ángel de Dios que iba delante del campamento de Israel, se apartó e iba en pos de ellos; y asimismo la columna de nube que iba delante de ellos se apartó y se puso a sus espaldas,
20 e iba entre el campamento de los egipcios y el campamento de Israel; y era nube y tinieblas para aquéllos, y alumbraba a Israel de noche, y en toda aquella noche nunca se acercaron los unos a los otros.
21 Y extendió Moisés su mano sobre el mar, e hizo Jehová que el mar se retirase por recio viento oriental toda aquella noche; y volvió el mar en seco, y las aguas quedaron divididas.
22 Entonces los hijos de Israel entraron por en medio del mar, en seco, teniendo las aguas como muro a su derecha y a su izquierda.
23 Y siguiéndolos los egipcios, entraron tras ellos hasta la mitad del mar, toda la caballería de Faraón, sus carros y su gente de a caballo.
24 Aconteció a la vigilia de la mañana, que Jehová miró el campamento de los egipcios desde la columna de fuego y nube, y trastornó el campamento de los egipcios,

25 y quitó las ruedas de sus carros, y los trastornó gravemente. Entonces los egipcios dijeron: Huyamos de delante de Israel, porque Jehová pelea por ellos contra los egipcios.
26 Y Jehová dijo a Moisés: Extiende tu mano sobre el mar, para que las aguas vuelvan sobre los egipcios, sobre sus carros, y sobre su caballería.
27 Entonces Moisés extendió su mano sobre el mar, y cuando amanecía, el mar se volvió en toda su fuerza, y los egipcios al huir se encontraban con el mar; y Jehová derribó a los egipcios en medio del mar.
28 Y volvieron las aguas, y cubrieron los carros y la caballería, y todo el ejército de Faraón que había entrado tras ellos en el mar; no quedó de ellos ni uno.

29 Y los hijos de Israel fueron por en medio del mar, en seco, teniendo las aguas por muro a su derecha y a su izquierda.
30 Así salvó Jehová aquel día a Israel de mano de los egipcios; e Israel vio a los egipcios muertos a la orilla del mar.
31 Y vio Israel aquel grande hecho que Jehová ejecutó contra los egipcios; y el pueblo temió a Jehová, y creyeron a Jehová y a Moisés su siervo.

        perder la concentración y los confundió
      - Hizo que los carros chocaran los unos con los otros y perdieran sus ruedas
      - Infundió miedo en sus corazones, y clamaron por retirarse
e. Liberados por la justicia y el juicio ejecutados por Dios
   1) Dios dijo a Moisés que extendiera su mano sobre el mar: Las aguas volverían y cubrirían a los egipcios (los enemigos)
   2) Moisés obedeció a Dios
   3) Dios ejecutó justicia sobre los egipcios (el enemigo)
      - El SEÑOR hizo que las aguas volvieran
      - El mar arrasó a los egipcios
      - Las aguas cubrieron carros y caballería, a todo el ejército. Ni uno solo sobrevivió

7 Escena 7: Dios salva a su pueblo

a. Hecho 1: Israel caminó por el mar en seco
b. Hecho 2: Dios salvó a Israel de los egipcios (el enemigo)
c. Hecho 3: Israel vio los cadáveres, a sus malvados esclavizadores, tendidos en la orilla
d. Hecho 4: El propósito de Dios se cumplió
   1) El pueblo de Dios fue testigo de su poder
   2) El pueblo de Dios le temió
   3) El pueblo de Dios creyó en Él y en su mensajero

DIVISIÓN V
EL MAR ROJO Y LA PEREGRINACIÓN EN EL DESIERTO: LAS PRUEBAS DEL CREYENTE EN SU VIAJE A LA TIERRA PROMETIDA, 13:17—18:27

B. La primera crisis de Israel en el desierto: Cruce del Mar Rojo: La gran liberación de Dios, 14:1-31

(14:1-31) ***Introducción:*** La vida es cruel a menudo, muy cruel. Las esperanzas que nos han hecho levantarnos antes, se hunden en la decepción. En todas partes, cada día, miles de personas se enfrentan a. . .

- enfermedades
- deformidades
- accidentes
- sufrimientos
- la muerte
- la pérdida del empleo
- la escasez monetaria
- la bancarrota
- relaciones terminadas

"¿Dónde está Dios cuando realmente lo necesitamos?" se convierte en el clamor de los corazones humanos. Esa era precisamente la situación que confrontaba Israel. Los israelitas habían sido liberados de la mano cruel de Faraón, pero ¿cuál fue la razón? ¿Perecer como animales cazados? Allí estaban, atrapados entre el Mar Rojo y el ejército egipcio que los tenía rodeados. Obstáculos insalvables tuvieron que vencer, Israel tuvo que enfrentar:

⇒ A un hombre cuyo corazón endurecido lo volvió loco del odio, odio contra ellos.
⇒ A 600 carros escogidos además de los demás carros y caballería de Egipto.
⇒ Al ejército más poderoso en la faz de la tierra.

Pero observe: El problema no lo constituía Faraón y su gran poderío militar. El problema no era el Mar Rojo. El problema estaba en ellos mismos. El problema estaba en el corazón de cada uno de los israelitas y en los pensamientos secretos. Ellos se preguntaban:

- "Dios, ¿por qué permites que esto suceda?"
- "¿Por qué yo? Esto no es justo".
- "Si tan solo nos hubiéramos quedado en Egipto, la vida nos sería mucho más fácil".

Solo nos queda imaginar la escena en que Faraón se abalanzó a capturar a los israelitas:

⇒ Las madres abrazaban con fuerza a sus hijos, intentando lograr así que su último recuerdo de libertad fuera lo menos doloroso posible.
⇒ Tal vez algunos contemplaron la idea de lanzarse al Mar Rojo, dejando así que las aguas se convirtieran en su última morada.
⇒ Otros estaban decididos a caer luchando.

Las Escrituras nos dicen que el pueblo acusó, de manera implacable, a Moisés y a Dios de ser crueles. Era una acusación dolorosa, aunque completamente falsa. Cualquier otro hombre hubiera alzado sus manos y hubiera ondeado la bandera blanca de la rendición ante Faraón, pero no Moisés. Por el contrario, Moisés mostró su pueblo al SEÑOR. Él sabía que Dios lo tenía todo bajo control. Dios se estaba preparando para hacer algo grandioso, algo tan maravilloso, tan extraordinario que quedaría registrado en los anales de la historia como uno de los hechos más grandes. Dios los iba a hacer testigos oculares de su inmenso poder, un poder capaz de liberarlos de cualquier prueba, de cualquier circunstancia…

⇒ enfermedad
⇒ heridas
⇒ pérdida del empleo
⇒ pobreza
⇒ divorcio
⇒ relaciones rotas
⇒ bancarrota

Este es el mensaje de las Escrituras: *La primera crisis de Israel en el desierto: Cruce del Mar Rojo: La gran liberación de Dios, Éxodo. 14:1-31.*

1. Escena 1: El plan y el propósito de Dios (vv. 1-4).
2. Escena 2: El cambio de parecer de Faraón y la persecución al pueblo de Dios (un símbolo del líder malvado, del mundo) (vv. 5-9).
3. Escena 3: El miedo y el clamor del pueblo de Dios (vv. 10-12).
4. Escena 4: El gran mensaje de victoria y liberación (vv. 13-15).
5. Escena 5: El gran propósito de Dios al dividir el Mar Rojo (vv. 16-18).
6. Escena 6: La gran liberación (vv. 19-28).
7. Escena 7: La salvación otorgada por el SEÑOR a su pueblo (vv. 29-31).

[1] (14:1-4) ***Israel — Egipto — Baal-zefón — Justicia, de Dios — Gloria, de Dios — Dios, evidencia de*:** La primera escena es la del plan y el propósito de Dios.

1. Dios dio a Moisés una extraña y sorprendente instrucción. Él le dijo a Moisés que cambiara de dirección, que retornara y acampara cerca del Mar Rojo. . .

- hacia Baal-zefón, delante de Pi-hahirot
- entre Migdol y el mar

¡Instrucciones extrañas y sorprendentes! Israel había llegado ya al límite con el desierto, y el pueblo estaba ya listo para emprender su marcha a Horeb o al Monte Sinaí, donde adorarían a Dios. Luego marcharían en dirección a la Tierra Prometida de Canaán. Pero ahora Dios les indicaba que volvieran atrás y acamparan a la orilla del mar. ¿Por qué? ¿Por qué querría Dios que Israel retrocediera y acampara a la orilla del mar?

2. Dios tenía tres grandes propósitos, por los cuales guiaría a Israel a la orilla del mar (vv. 3-4).

a. Dios quería que Faraón pensara que Israel se encontraba atrapado entre el mar y el desierto (v. 3). Muy sencillo, Faraón oiría que Israel había acampado a la orilla del mar y sabría de inmediato que los podría atrapar allí. Se encontrarían indefensos y desvalidos. Podría entonces recapturarlos y llevarlos de regreso a Egipto como esclavos. La pérdida de mano de obra gratis y riquezas que acaecieron al liberar a los dos millones de esclavos, resultó ser un golpe devastador a la economía de Egipto. Sin duda, Faraón y su pueblo hubieron de enfrentar crisis tras crisis desde la partida de los israelitas de su país.

Por lo tanto, cuando los espías de Faraón le informaron que los israelitas habían acampado a la orilla del mar, tanto él como sus oficiales supieron que podrían recapturar a los esclavos con facilidad. Supieron que podrían recobrar su mano de obra gratis y las enormes riquezas que los israelitas se habían llevado consigo a su salida de Egipto (vea nota, Éx. 12:34-41).

b. Dios se glorificaría en Faraón y su ejército, se glorificaría por encima del malvado imperio del antiguo Egipto y se glorificaría por encima de los falsos dioses de los egipcios. Dios iba a ejecutar justicia sobre Faraón y su ejército: Serían destruidos por tener corazones endurecidos, por su terrible pecado de idolatría, por esclavizar y maltratar a otros pueblos, en especial al pueblo de Dios.
c. Dios quería que los egipcios supieran que Él es nuestro SEÑOR, el Único verdadero Salvador y Liberador del hombre, el Único Dios vivo y verdadero (v. 4). Los dioses de los egipcios eran falsos. Dios quería que los egipcios supieran que adoraban y seguían dioses falsos. Ningún dios producto del hombre sería capaz de librar a Faraón y su ejército, ningún dios producto de la imaginación del hombre sería capaz de evitar que el SEÑOR juzgara a los egipcios. Los egipcios sabrían, sin lugar a dudas, que solo existe un Dios vivo y verdadero, el SEÑOR mismo (Jehová, Yahveh).

Así, al ejecutar su juicio sobre Faraón y su ejército, Dios daba a los egipcios sobrevivientes una oportunidad para arrepentirse, para que se alejaran de su maldad y su idolatría y se volvieran al SEÑOR mismo. Aun cuando los juzgaba, Dios mostró misericordia por el pueblo egipcio.

Pensamiento 1. Solo existe un Dios vivo y verdadero, solo un verdadero *Salvador* y *Liberador* de la humanidad, el SEÑOR mismo. Las Escrituras declaran esta verdad una y otra vez.

“Porque de tal manera amó Dios al mundo, que ha dado a su Hijo unigénito, para que todo aquel que en él cree, no se pierda, mas tenga vida eterna” (Jn. 3:16).

“Le respondió Simón Pedro: Señor, ¿a quién iremos? Tú tienes palabras de vida eterna” (Jn. 6:68).

“Por eso os dije que moriréis en vuestros pecados; porque si no creéis que yo soy, en vuestros pecados moriréis” (Jn. 8:24).

“Y en ningún otro hay salvación; porque no hay otro nombre bajo el cielo, dado a los hombres, en que podamos ser salvos” (Hch. 4:12).

ESTUDIO A FONDO 1

(14:2) ***Pi-hahirot — Ciudades o áreas*:** Situada cerca del Mar Rojo, fue escenario de uno de los grandes momentos de Israel, el momento en que Dios milagrosamente derrotó al poderoso ejército de Faraón en el Mar Rojo. Existen tres principales puntos de vista acerca de la ubicación exacta de Pi-hahirot.

⇒ El primer punto de vista ubica a Pi-hahirot cerca del Mediterráneo, en el lago Sirbonis.

⇒ El segundo punto de vista la ubica justo al norte del actual Suez.

⇒ El tercer y más probable punto de vista ubica a Pi-hahirot cerca de la actual Tell Defneh (la Tahpanhes del antiguo Egipto).

ESTUDIO A FONDO 2

(14:2) ***Migdol — Ciudades o áreas*:** Nombre de un área en la región oeste de Egipto. La palabra en hebreo significa *fuerte* o *torre de vigilancia.*

⇒ Fue entre Migdol y el Mar Rojo que Israel acampó mientras aguardaban por un golpe aparentemente destructivo que les asestaría Faraón o un acto salvador de Dios (Éx. 14:2).

⇒ La ubicación geográfica de Migdol estaba justo al oeste del Mar Rojo (Éx. 14:2).

⇒ Migdol fue el último lugar de Egipto en que acampó Israel (Éx. 14:2, cp. Nm. 33:7).

⇒ En la época del profeta Jeremías, muchos de los israelitas rebeldes huyeron a Migdol y practicaron la idolatría (cp. Jer. 44:1-14; 46:14).[1]

ESTUDIO A FONDO 3

(14:2) ***Baal-zefón — Ciudades o áreas*:** El nombre significa *Baal del Norte*. Fíjese en los siguientes hechos sorprendentes acerca de dicho lugar:

⇒ Se llamó Baal-zefón en honor a una deidad egipcia. Era el lugar perfecto para que el pueblo de Dios viera hundirse al ejército de Faraón.

⇒ Baal-zefón se convirtió en un medio visual para que Israel fuera testigo de la gloria de Dios, la gloria del Dios Omnipotente contra aquellos que adoraron a los falsos dioses de Egipto (Éx. 14:2; 14:9; Nm. 33:7).

---

1 *The Compact Bible Dictionary*, editado por T. Alton Bryant, p. 361.

> **"¿A quién me asemejáis, y me igualáis, y me comparáis, para que seamos semejantes? Sacan oro de la bolsa, y pesan plata con balanzas, alquilan un platero para hacer un dios de ello; se postran y adoran. Se lo echan sobre los hombros, lo llevan, y lo colocan en su lugar; allí se está, y no se mueve de su sitio. Le gritan, y tampoco responde, ni libra de la tribulación. Acordaos de esto, y tened vergüenza; volved en vosotros, prevaricadores. Acordaos de las cosas pasadas desde los tiempos antiguos; porque yo soy Dios, y no hay otro Dios, y nada hay semejante a mí" (Is. 46:5-9).**

2 (14:5-9) ***Faraón — Egipto, ejército de; economía de***: La segunda escena fue dramática: El cambio de parecer de Faraón y la persecución del pueblo de Dios. Fíjese como los hechos son narrados con rapidez en las Escrituras, ningún hecho se narra tan rápidamente.

1. Faraón y sus oficiales cambiaron de parecer con respecto a liberar al pueblo de Dios (v. 15). Recuerde que la economía de Egipto había quedado catastróficamente devastada por las plagas. Dios había lanzado las plagas para ejecutar justicia sobre Faraón y su pueblo. Los egipcios necesitaban reconstruir su nación. Cada una de sus industrias había sido obviamente afectada: Las industrias de la agricultura, de la construcción, de la minería, de los metales, de la alimentación y de los servicios.

Pero Faraón y sus oficiales no solo tenían que lidiar con una economía devastada, sino que tenían que lidiar con la pérdida de la mayoría de su mano de obra y la pérdida de la riqueza económica. Recuerde que había más de seiscientos mil israelitas hombres, y la mayoría de ellos tenían familias numerosas. Solo imagínese la consecuencia de perder más de dos millones de esclavos, mano de obra gratis y barata.

Además del oro, la plata y otros obsequios que los egipcios dieron a cada familia israelita, sencillamente para librarse de ellos, no fuera que las plagas de Dios continuaran cayendo sobre Egipto (vea nota, Éx. 12:34-41). El monto total de las riquezas llegaría a millones de dólares. Solamente la suma de las pequeñas cantidades de oro y plata y otros objetos de valor, digamos que valdrían mil dólares, que cada familia recibió debió haber llegado a los sesenta millones de dólares. Cualquiera que haya sido el monto, sería gigantesco.

La realidad de la pérdida de las riquezas y de la mano de obra gratis estaba destinada a ocasionar daños en la reconstrucción de la economía de Egipto. Los egipcios habrían podido reconstruir su nación mucho más rápido si hubieran recapturado a los israelitas, los hubieran esclavizado y hubieran confiscado sus enormes riquezas. Faraón y sus oficiales, sin duda, analizaron estos hechos en sus reuniones, cuando se reunían para manejar la devastada economía de la nación. Por ello, al escuchar que los esclavos israelitas habían acampado entre el mar y el desierto, es fácil imaginar:

- La rabia y la indignación de Faraón y sus oficiales.
- Los pensamientos de venganza que se removieron en la mente de cada uno de ellos.
- El corazón orgulloso que arremete contra Dios y su pueblo.
- El rugir del león [Satanás] que se disponía a devorar al pueblo de Dios.

¿Cuál fue la reacción de Dios contra el plan de lanzar un ataque brutal y salvaje? Dios endureció sus corazones. Es decir, Él los abandonó a la pasión de sus corazones endurecidos. Él permitió que sus corazones se endurecieran más y más en medio de sus malvadas pasiones. Fíjese en lo que aconteció.

2. Faraón movilizó a su ejército masivo (vv. 6-9). Esto se nota en el hecho:

- De que Faraón movilizó a seiscientos de sus mejores carros, así como muchos de los otros carros de Egipto. Por "mejores carros" se entiende 600 de las más avanzadas máquinas de guerra de aquellos días.
- De que Faraón ubicó oficiales en los carros. Un determinado número de carros debió haber sido asignado a un gran número de soldados de a pie.

¡Imagínese! Seiscientos de los más avanzados carros construidos para la guerra y cientos de otros carros movilizados para el combate. La cantidad de soldados de a pie sin duda rondaba las decenas de miles.

Pero eso no fue todo. Faraón movilizó a su caballería y las tropas de apoyo. Como se dijo, era un ejército de grandes proporciones. Una gran campaña militar estaba siendo planificada y lanzada contra el pueblo de Dios, una campaña para capturarlos y esclavizarlos y llevarlos de regreso a Egipto.

3. Y la marcha armada comenzó. Faraón persiguió a los israelitas y les dio alcance en el lugar en que acamparon, a las orillas del mar (v. 9).

> ***Pensamiento 1.*** El mundo y sus gobernantes, gobiernos y pueblos son volubles. Van de política en política, se vuelven atrás y cambian lo que a menudo prometen. Esto es especialmente cierto en lo que respecta al pueblo de Dios. Por un tiempo, el mundo puede concederle paz al pueblo de Dios, permitiéndole libertad de palabra y adoración. Pero el mundo puede cambiar de la noche a la mañana y olvidarse del derecho de adoración y de la libertad de palabra. El mundo puede intentar negar a los creyentes el derecho de enseñar y ser testigos del único Dios vivo y verdadero. Por ello, los creyentes siempre han de estar preparados para alejarse del mundo, para ser perseguidos por el mundo.
>
> **"He aquí, yo os envío como a ovejas en medio de lobos; sed, pues, prudentes como serpientes, y sencillos como palomas. Y guardaos de los hombres, porque os entregarán a los concilios, y en sus sinagogas os azotarán; y aun ante gobernadores y reyes seréis llevados por causa de mí, para testimonio a ellos y a los gentiles" (Mt. 10:16-18; cp. Lc. 21:12).**

"Entonces os entregarán a tribulación, y os matarán, y seréis aborrecidos de todas las gentes por causa de mi nombre" (Mt. 24:9).

"Si el mundo os aborrece, sabed que a mí me ha aborrecido antes que a vosotros. Si fuerais del mundo, el mundo amaría lo suyo; pero porque no sois del mundo, antes yo os elegí del mundo, por eso el mundo os aborrece. Acordaos de la palabra que yo os he dicho: El siervo no es mayor que su señor. Si a mí me han perseguido, también a vosotros os perseguirán; si han guardado mi palabra, también guardarán la vuestra. Mas todo esto os harán por causa de mi nombre, porque no conocen al que me ha enviado" (Jn. 15:18-21).

"Os expulsarán de las sinagogas; y aun viene la hora cuando cualquiera que os mate, pensará que rinde servicio a Dios. Y harán esto porque no conocen al Padre ni a mí" (Jn. 16:2-3).

"Porque a vosotros os es concedido a causa de Cristo, no solo que creáis en él, sino también que padezcáis por él" (Fil. 1:29).

"Y también todos los que quieren vivir piadosamente en Cristo Jesús padecerán persecución" (2 Ti. 3:12).

[3] (14:10-12) ***Miedo — Falta de fe — Quejas — Culpar a otros*:** La tercera escena infundió miedo y terror. Fue el miedo y el clamor del pueblo de Dios. Cuando el pueblo de Dios vio al ejército más poderoso del mundo sobre el horizonte marchando hacia ellos, se sintieron como cualquier persona desarmada se sentiría: Temblaron de miedo (v. 10).

⇒ Algunos clamaron a Dios por ayuda (v. 10).

⇒ Otros gritaron improperios al líder de Dios, se quejaron y se volvieron en su contra. Acusaron a Moisés de haberlos llevado al desierto a que el ejército egipcio los masacrara. Los acusadores le recordaron a Moisés que en Egipto le habían pedido que los dejara en paz. ¡Era mejor ser esclavos que morir en el desierto (vv. 11-12)!

El pueblo de Dios se sintió indefenso y desamparado. Allí estaban, un pueblo indefenso, incluyendo a las mujeres y los niños, a punto de ser atacados por el ejército más poderoso de la tierra. No vieron vía de escape y se sintieron presas de una desesperación intensa y profunda. Culparon y condenaron al líder de Dios. Olvidaron el poderoso brazo de salvación y liberación de Dios.

Pensamiento 1. El punto es darse cuenta del miedo que sintió el pueblo de Dios y de su falta de fe. Sentir miedo, un miedo terrible, sería lo más natural en una situación así. Clamar a Dios sería una reacción normal y natural, pero no quejarse ni volverse en contra del líder de Dios. Ello revela superficialidad y fe débil. Las personas no confiaban en que Dios los libraría. Su memoria era muy mala. Piense en todo lo que Dios había hecho por ellos.

⇒ Dios había acabado de demostrar su inmenso poder al lanzar las diez plagas de juicio sobre Egipto. Todos los israelitas fueron testigos del inmenso poder de Dios.

⇒ Dios acababa de liberar a los israelitas de la esclavitud de Egipto.

⇒ Dios los había guiado paso a paso desde que habían sido liberados.

⇒ Además, Dios les había prometido llevarlos a la Tierra Prometida de Canaán.

La situación requería de fe, de una gran fe en la promesa de Dios y en su poderoso brazo que había sido puesto a prueba una y otra vez. Pero no tenían fe. Sentían que no podrían ser liberados, que no había forma posible en que pudieran salvarse de tan grande enemigo. Pero la Palabra de Dios es clara: No debemos temer. No importa cuán grave sea la situación, no importa cuán terrible el problema, no importa cuán perdida o desesperanzadora pueda parecer la situación, el creyente nunca será presa del miedo y la falta de fe.

"Y no hizo allí muchos milagros, a causa de la incredulidad de ellos" (Mt. 13:58).

"Al momento Jesús, extendiendo la mano, asió de él, y le dijo: ¡Hombre de poca fe! ¿Por qué dudaste?" (Mt. 14:31).

"Respondiendo Jesús, dijo: ¡Oh generación incrédula y perversa! ¿Hasta cuándo he de estar con vosotros? ¿Hasta cuándo os he de soportar? Traédmelo acá" (Mt. 17:17).

"Y les dijo: ¿Por qué estáis así amedrentados? ¿Cómo no tenéis fe?" (Mr. 4:40).

"¿Eres tú el Cristo? Dínoslo. Y les dijo: Si os lo dijere, no creeréis" (Lc. 22:67).

"Pero a pesar de que había hecho tantas señales delante de ellos, no creían en él" (Jn. 12:37).

Pensamiento 2. El miedo es una de las peores pesadillas que alguien puede enfrentar en su viaje por el desierto de este mundo. El miedo hace que las personas. . .

- se preocupen incesantemente por dinero
- peleen entre ellos
- se preocupen demasiado por su apariencia
- se aíslen
- tomen decisiones apresuradas e irracionales
- lancen acusaciones falsas
- traten de hacer amistades por interés
- fallen a otros
- se enfermen físicamente
- ignoren a Dios
- se encierren en sí mismos
- roben, mientan, hagan trampas, maltraten, peleen, maten

¿Qué debe hacer una persona cuando es presa del miedo? Solo existe un antídoto, solo un verdadero remedio: El Señor Jesucristo. Jesucristo puede traer paz y calma a nuestra vida; puede librarnos del miedo. Esta es la clara declaración de las Escrituras.

"Pues aun vuestros cabellos están todos contados. Así que, no temáis; más valéis vosotros que muchos pajarillos" (Mt. 10:30-31).

"La paz os dejo, mi paz os doy; yo no os la doy como el mundo la da. No se turbe vuestro corazón, ni tenga miedo" (Jn. 14:27).

"Estas cosas os he hablado para que en mí tengáis paz. En el mundo tendréis aflicción; pero confiad, yo he vencido al mundo" (Jn. 16:33).

"Por nada estéis afanosos, sino sean conocidas vuestras peticiones delante de Dios en toda oración y ruego, con acción de gracias. Y la paz de Dios, que sobrepasa todo entendimiento, guardará vuestros corazones y vuestros pensamientos en Cristo Jesús" (Fil. 4:6-7).

"Porque no nos ha dado Dios espíritu de cobardía, sino de poder, de amor y de dominio propio" (2 Ti. 1:7).

"Aunque ande en valle de sombra de muerte, no temeré mal alguno, porque tú estarás conmigo; tu vara y tu cayado me infundirán aliento" (Sal. 23:4).

"Jehová dará poder a su pueblo; Jehová bendecirá a su pueblo con paz" (Sal. 29:11).

"No temas, porque yo estoy contigo; no desmayes, porque yo soy tu Dios que te esfuerzo; siempre te ayudaré, siempre te sustentaré con la diestra de mi justicia" (Is. 41:10).

"Ahora, así dice Jehová, Creador tuyo, oh Jacob, y Formador tuyo, oh Israel: No temas, porque yo te redimí; te puse nombre, mío eres tú" (Is. 43:1).

"Cuando pases por las aguas, yo estaré contigo; y si por los ríos, no te anegarán. Cuando pases por el fuego, no te quemarás, ni la llama arderá en ti" (Is. 43:2).

"¿Quién nos separará del amor de Cristo? ¿Tribulación, o angustia, o persecución, o hambre, o desnudez, o peligro, o espada?... Antes, en todas estas cosas somos más que vencedores por medio de aquel que nos amó. Por lo cual estoy seguro de que ni la muerte, ni la vida, ni ángeles, ni principados, ni potestades, ni lo presente, ni lo por venir, ni lo alto, ni lo profundo, ni ninguna otra cosa creada nos podrá separar del amor de Dios, que es en Cristo Jesús Señor nuestro" (Ro. 8:35, 37-39).

"Porque él es nuestra paz, que de ambos pueblos hizo uno, derribando la pared intermedia de separación" (Ef. 2:14).

4 (14:13-15) ***Victoria — Salvación — Liberación — Perseverancia — Firmeza — Miedo — Audacia — Firme, estar — Firme, mantenerse — Coraje:*** La cuarta escena constituye uno de los más grandes retos a que el hombre se haya enfrentado jamás. Es el gran mensaje de victoria y liberación. Fíjese que el siervo de Dios no reaccionó ni la emprendió contra los que se quejaban y lo acusaban. Con gran compostura, Moisés lanzó tres retos al pueblo de Dios.

1. No temáis (v. 13). Imagínese la situación. El pueblo de Dios se vio enfrentado al mar que estaba delante de ellos y a un ejército iracundo detrás de ellos. Miles y miles de soldados, jinetes y carros marchaban en dirección a los israelitas, y no había hacia dónde huir. Se encontraban encerrados. ¿Cómo no temer? Sentir un miedo aterrador sería una reacción normal al enfrentar una situación así de imposible. Pero el mensajero de Dios continuó gritando: "¡No temáis!"

Pensamiento 1. No importa a qué problema nos enfrentemos, el mensaje de Dios siempre es: "No temáis". El problema puede ser. . .

- la bancarrota
- el desempleo
- las dificultades financieras
- una relación apartada
- un problema familiar
- un conflicto
- una enfermedad
- un accidente
- la muerte de un ser querido
- la tentación
- el pecado

La lista podría continuar interminablemente, pero nunca debemos desesperarnos. El primer mensaje de Dios para nosotros siempre es: "No temáis".

"Él le dijo: No tengas miedo, porque más son los que están con nosotros que los que están con ellos" (2 R. 6:16).

"No temeré a diez millares de gente, que pusieren sitio contra mí" (Sal. 3:6).

"Aunque un ejército acampe contra mí, no temerá mi corazón; aunque contra mí se levante guerra, yo estaré confiado" (Sal. 27:3).

"No temerás el terror nocturno, ni saeta que vuele de día" (Sal. 91:5).

"Jehová está conmigo; no temeré lo que me pueda hacer el hombre" (Sal. 118:6).

"Cuando te acuestes, no tendrás temor, sino que te acostarás, y tu sueño será grato" (Pr. 3:24).

"No temas, porque yo estoy contigo; no desmayes, porque yo soy tu Dios que te esfuerzo; siempre te ayudaré, siempre te sustentaré con la diestra de mi justicia" (Is. 41:10).

"Ahora, así dice Jehová, Creador tuyo, oh Jacob, y Formador tuyo, oh Israel: No temas, porque yo te redimí; te puse nombre, mío eres tú. Cuando pases por las aguas, yo estaré contigo; y si por los ríos, no te anegarán. Cuando pases por el fuego, no te quemarás, ni la llama arderá en ti" (Is. 43:1-2).

"Pues aun vuestros cabellos están todos contados. Así que, no temáis; más valéis vosotros que muchos pajarillos" (Mt. 10:30-31).

"Así que, por cuanto los hijos participaron de carne y sangre, él también participó de lo mismo, para destruir por medio de la muerte al que tenía el imperio de la muerte, esto es, al diablo, y librar a todos los que por el temor de la muerte estaban durante toda la vida sujetos a servidumbre" (He. 2:14-15).

"Cuando le vi, caí como muerto a sus pies. Y él puso su diestra sobre mí, diciéndome: No temas; yo soy el primero y el último; y el que vivo, y estuve muerto; mas he aquí que vivo por los siglos de los siglos, amén. Y tengo las llaves de la muerte y del Hades" (Ap. 1:17-18).

2. El segundo reto al pueblo de Dios fue el más difícil de todos: Estar firmes, mantenerse firmes y esperar la salvación que Jehová haría por ellos (vv. 13-14). ¡Imagínese! Allí estaba el pueblo de Dios con el ejército más poderoso del mundo marchando hacia ellos. ¿Cuál sería su reacción más natural?

Huir, salir de allí, correr adonde pudieran. Pero el líder de Dios gritaba: “Estad firmes, manteneos firmes y ved la salvación que Jehová hará hoy por nosotros”. Entonces Moisés declaró la maravillosa verdad de la promesa de Dios:

⇒ El enemigo, los egipcios, serán destruidos.
⇒ JEHOVÁ mismo luchará por ustedes.
⇒ Solo estad firmes, manteneos firmes: Ved.

Pensamiento 1. Cuando nos enfrentamos a un problema severo, un problema que no parece tener solución, ¿cuál es la inclinación natural de nuestro corazón? Usualmente es huir, desparecer, correr adonde podamos.

Sin embargo, esa no es la manera de Dios. Dios quiere que estemos firmes, nos mantengamos firmes: Veamos la salvación de Jehová. Dios quiere liberarnos. Debemos, por consiguiente, estar firmes, no ceder, no derrumbarnos ni huir. Debemos ser inquebrantables: Estar firmes, esperando que el poderoso brazo de Dios nos salve y libere.

“Escucha esto, Job; detente, y considera las maravillas de Dios” (Job 37:14).

“Estad quietos, y conoced que yo soy Dios; seré exaltado entre las naciones; enaltecido seré en la tierra” (Sal. 46:10).

“He aquí Dios es salvación mía; me aseguraré y no temeré; porque mi fortaleza y mi canción es JAH Jehová, quien ha sido salvación para mí” (Is. 12:2).

“Ciertamente Egipto en vano e inútilmente dará ayuda; por tanto yo le di voces, que su fortaleza sería estarse quietos” (Is. 30:7).

“Porque no nos ha dado Dios espíritu de cobardía, sino de poder, de amor y de dominio propio” (2. Ti. 1:7).

3. El tercer reto a la hora de enfrentar problemas es sorprendente. Dejar de clamar a Dios y de quejarse: Levántense, adelante, avancen (v. 15). Moisés acababa de proclamar un gran desafío al pueblo: “No temáis, estad firmes; creed en Dios; ved la salvación de Jehová”. Pero tan pronto Moisés terminó de presentar su desafío, caminó en dirección a su tienda y el miedo se apoderó hasta de él mismo. Es obvio que se sintió descorazonado y desamparado, presa de una sensación aterradora al sentirse indefenso. Pero fíjese en lo que sucedió: Dios suplió la necesidad de su siervo. Dios dijo a Moisés en términos bien claros: “¿Por qué clamas a mí? ¡Deja a un lado tu clamor! ¡Levántate! ¡De pie! ¡Di al pueblo que marche!” Y así lo hizo Moisés.

Pensamiento 1. Cuando nos enfrentamos a los problemas, hay un tiempo para orar y para clamar a Dios, un tiempo para estudiar y analizar el problema y planificar qué hacer. Pero también hay:

- Un tiempo para dejar de clamar y orar.
- Un tiempo para dejar de culpar a otros por el problema.
- Un tiempo para dejar de analizar y planificar.
- Un tiempo para levantarse, marchar adelante y continuar con nuestra vida, confiando en que Dios hará que el problema desaparezca.

1) Dios exige que nos levantemos y marchemos adelante: Que seamos diligentes, firmes y determinados en la vida.

“Y seréis aborrecidos de todos por causa de mi nombre; mas el que persevere hasta el fin, éste será salvo” (Mt. 10:22).

“Ahora bien, se requiere de los administradores, que cada uno sea hallado fiel” (1 Co. 4:2).

“Así que, hermanos míos amados, estad firmes y constantes, creciendo en la obra del Señor siempre, sabiendo que vuestro trabajo en el Señor no es en vano” (1 Co. 15:58).

“No nos cansemos, pues, de hacer bien; porque a su tiempo segaremos, si no desmayamos” (Gá. 6:9).

“Mi siervo Moisés ha muerto; ahora, pues, levántate y pasa este Jordán, tú y todo este pueblo, a la tierra que yo les doy a los hijos de Israel” (Jos. 1:2).

“No obstante, proseguirá el justo su camino, y el limpio de manos aumentará la fuerza” (Job 17:9).

“Irán de poder en poder; verán a Dios en Sion” (Sal. 84:7).

2) Dios exige fervor en la vida.

“¿No decís vosotros: Aún faltan cuatro meses para que llegue la siega? He aquí os digo: Alzad vuestros ojos y mirad los campos, porque ya están blancos para la siega” (Jn. 4:35).

“Nosotros, pues, *trabajábamos* en la obra; y la mitad de ellos tenían lanzas desde la subida del alba hasta que salían las estrellas” (Neh. 4:21).

“Por amor de Sion no callaré, y por amor de Jerusalén no descansaré, hasta que salga como resplandor su justicia, y su salvación se encienda como una antorcha” (Is. 62:1).

“Entonces él les dijo: ¿Por qué me buscabais? ¿No sabíais que en los negocios de mi Padre me es necesario estar?” (Lc. 2:49).

“Vuélvete a tu casa, y cuenta cuán grandes cosas ha hecho Dios contigo. Y él se fue, publicando por toda la ciudad cuán grandes cosas había hecho Jesús con él” (Lc. 8:39).

“Jesús les dijo: Mi comida es que haga la voluntad del que me envió, y que acabe su obra” (Jn. 4:34).

“Me es necesario hacer las obras del que me envió, entre tanto que el día dura; la noche viene, cuando nadie puede trabajar” (Jn. 9:4).

“cómo Dios ungió con el Espíritu Santo y con poder a Jesús de Nazaret, y cómo éste anduvo haciendo bienes y sanando a todos los oprimidos por el diablo, porque Dios estaba con él” (Hch. 10:38).

“Este había sido instruido en el camino del Señor; y siendo de espíritu fervoroso, hablaba y enseñaba diligentemente lo concerniente al Señor, aunque solamente conocía el bautismo de Juan” (Hch. 18:25).

5 (14:16-18) ***Mar Rojo — Israel, liberación de — Faraón — Egipto — Dios, gloria de***: La quinta escena cubre el

propósito de Dios para dividir el Mar Rojo. Dios tenía tres propósitos al realizar este increíble milagro.

1. Dios dividió el Mar Rojo para que su pueblo pudiera librarse de sus enemigos (v. 16). Dios dio instrucciones a Moisés de levantar su vara y extender su mano sobre el mar. El resultado sería un milagro fenomenal: Las aguas se dividirían de manera que el pueblo de Dios pudiera marchar por el mar en seco (v. 16).

Recuerde quiénes eran los que estaban a la orilla del mar, los que estaban a punto de ser atacados y esclavizados por el ejército más poderoso del mundo. Era *el pueblo de Dios*:

- El pueblo escogido por Él para ser sus testigos en la tierra, testigos de que Él es el Único Dios vivo y verdadero, el Único Salvador y Redentor de la humanidad.
- El pueblo a quien Dios había hecho las grandes promesas, la promesa de la Tierra Prometida y la promesa de la Simiente prometida, el venidero Salvador del mundo, el Señor Jesucristo.

Dios había prometido liberar a su pueblo del yugo de la esclavitud y conducirlos hasta la Tierra Prometida de Canaán (un símbolo del cielo). La promesa de Dios a su pueblo nunca se rompe. Él moverá cielo y tierra para cumplirla. Si Dios hubiera dejado solos a los israelitas para que se las arreglaran por su cuenta cuando estaban a la orilla del mar, hubieran sido derrotados y esclavizados.

Primera razón por la que Dios dividió el Mar Rojo: Para cumplir su promesa a Israel, para liberar a su pueblo de una muerte y esclavitud seguras.

2. Dios dividió el Mar Rojo para poder glorificarse en Faraón y su ejército, glorificarse al ejecutar justicia y juicio sobre ellos (v. 17). ¿Cómo se glorificó Dios a través de dicho acontecimiento?

a. Dios demostró su soberanía. Fíjese que se refiere a su persona

   ⇒ "Yo endureceré".

   ⇒ "Seré glorificado".

   Él es el Señor soberano y Majestad del universo. Por lo tanto, Él puede hacer su voluntad. Él dijo a Moisés que Él mismo se encargaría de dicho acontecimiento, no ningún hombre. Faraón no se encargaría, ni tampoco Moisés y los israelitas. Dios se encargaría; Él tenía control total de todo lo que sucedería. De ahí que la demostración de soberanía de Dios, de su control del acontecimiento, glorificaría a Dios.

b. Dios demostró su justicia y juicio, que ejecuta con rectitud. Los egipcios eran tiranos que maltrataban y esclavizaban a las personas. Además, eran un pueblo idólatra que rechazaba y negaba al SEÑOR (*Jehová, Yahveh*), el único Dios vivo y verdadero, el único verdadero Salvador y Redentor de la humanidad. Dios había dado a los egipcios una oportunidad tras otra para que se arrepintieran de sus pecados y se volvieran a Él. Sin embargo, ellos las rechazaron y sus corazones se endurecieron tanto que se volvieron obstinados. Habían llegado al punto en que nunca se arrepentirían. Por consiguiente, el día del juicio había llegado. Era hora de que Dios ejecutara justicia sobre Faraón y su ejército. Al milagrosamente destruir al más grande ejército de la tierra, Dios se glorificaría. Dios demostraría que Él es Dios Omnipotente, el SEÑOR soberano y Majestad que ejecuta justicia sobre las personas malvadas e idólatras de la tierra.

3. Dios dividió al Mar Rojo para que los egipcios supieran que Dios es JEHOVÁ, el único Dios de la liberación y la salvación (v. 18). Dios dijo a Moisés que Él iba a:

- Dividir el Mar Rojo.
- Abrir un camino para que Israel caminara a través del mar, en seco.
- Levantar al ejército egipcio para que persiguiera a Israel a través del mar.
- Destruir al ejército egipcio.

Una vez que Dios había hecho, de manera tan milagrosa, que todo esto sucediera, los egipcios que sobrevivieron estaban destinados a conocer un gran hecho: El SEÑOR (*Jehová, Yahveh*) era el Dios vivo y verdadero. Ningún dios de los egipcios poseía un poder igual. Ningún dios fruto de la imaginación y creado por el hombre podría realizar tales milagros. Y fíjese: Ningún dios egipcio fue capaz de:

- Advertir a los egipcios de la destrucción venidera.
- Salvar a los egipcios de la destrucción.

El Dios soberano, el Dios que tenía poder para liberar y salvar a las personas, y para destruir a sus enemigos, era el Dios que proclamaba Israel: El SEÑOR mismo (*Jehová, Yahveh*).

"Aprende pues, hoy, y reflexiona en tu corazón que Jehová es Dios arriba en el cielo y abajo en la tierra, y no hay otro" (Dt. 4:39).

"Tú solo eres Jehová; tú hiciste los cielos, y los cielos de los cielos, con todo su ejército, la tierra y todo lo que está en ella, los mares y todo lo que hay en ellos; y tú vivificas todas estas cosas, y los ejércitos de los cielos te adoran" (Neh. 9:6).

"De Jehová es la tierra y su plenitud; el mundo, y los que en él habitan" (Sal. 24:1).

"Tuyos son los cielos, tuya también la tierra; el mundo y su plenitud, tú lo fundaste" (Sal. 89:11).

"Jehová dijo así: El cielo es mi trono, y la tierra estrado de mis pies; ¿dónde está la casa que me habréis de edificar, y dónde el lugar de mi reposo?" (Is. 66:1).

"El Dios que hizo el mundo y todas las cosas que en él hay, siendo Señor del cielo y de la tierra, no habita en templos hechos por manos humanas, ni es honrado por manos de hombres, como si necesitase de algo; pues él es quien da a todos vida y aliento y todas las cosas. Y de una sangre ha hecho todo el linaje de los hombres, para que habiten sobre toda la faz de la tierra; y les ha prefijado el orden de los tiempos, y los límites de su habitación; para que busquen a Dios, si en alguna manera, palpando, puedan hallarle, aunque ciertamente no está lejos de cada uno de nosotros. Porque en él vivimos, y nos movemos, y somos; como algunos de vuestros propios

poetas también han dicho: Porque linaje suyo somos. Siendo, pues, linaje de Dios, no debemos pensar que la Divinidad sea semejante a oro, o plata, o piedra, escultura de arte y de imaginación de hombres. Pero Dios, habiendo pasado por alto los tiempos de esta ignorancia, ahora manda a todos los hombres en todo lugar, que se arrepientan; por cuanto ha establecido un día en el cual juzgará al mundo con justicia, por aquel varón a quien designó, dando fe a todos con haberle levantado de los muertos" (Hch. 17:24-31).

ESTUDIO A FONDO 4

(14:16-18) ***Mar Rojo***: Este mar es uno de los más proclamados cuerpos de agua en la historia de los israelitas.

⇒ El Mar Rojo se convirtió en la puerta que condujo a Israel a la libertad.

⇒ Dios utilizó el Mar Rojo como instrumento de juicio sobre el ejército de Faraón: Fueron ahogados en el mar cuando perseguían a los israelitas, con la esperanza de capturarlos y esclavizarlos nuevamente (Éx. 14:23-28; Sal. 136:15; He. 11:29).

⇒ Al Mar Rojo se le conoce como *Yam Suph*, que significa "Mar de Juncos" en hebreo.[2]

⇒ No se tiene conocimiento acerca del punto exacto por el que los israelitas cruzaron, aunque distintos expertos en el tema especulan acerca de posibles lugares:

- El extremo norte del Golfo de Suez.[3]
- El extremo sur del lago Menzaleh, cerca de 32 kilómetros al este de la ciudad de Ramesés.[4]
- Las aguas del lago Amargo, "que puede haber sido una extensión del Golfo de Suez en aquella época".[5]
- John I. Durham dice: "*La más grande dificultad al trazar la ruta del Éxodo no radica en la falta de información que nos brinda Éxodo, sino en nuestra ignorancia para identificar y hallar el punto exacto de los lugares del Éxodo*".[6]

El señalamiento de Durham es muy claro. La cuestión no radica en buscarle la quinta pata teológica al gato, sino en estudiar lo que con toda claridad se dice en la Palabra de Dios. Lo que Dios ha dicho con respecto del Mar Rojo y su efecto sobre Israel está bien recogido en las Escrituras.

1. El Mar Rojo jugó un papel importante en las diez plagas:

"Entonces Jehová trajo un fortísimo viento occidental, y quitó la langosta y la arrojó en el Mar Rojo; ni una langosta quedó en todo el país de Egipto" (Éx. 10:19).

2. El Mar Rojo demostró ser la puerta que condujo a Israel a escapar de Egipto:

"Mas hizo Dios que el pueblo rodease por el camino del desierto del Mar Rojo. Y subieron los hijos de Israel de Egipto armados" (Éx. 13:18).

"Echó en el mar los carros de Faraón y su ejército; y sus capitanes escogidos fueron hundidos en el Mar Rojo" (Éx. 15:4).

3. El Mar Rojo sería un marcador que *determinaría las fronteras* de la Tierra Prometida.

"Y fijaré tus límites desde el Mar Rojo hasta el mar de los filisteos, y desde el desierto hasta el Éufrates; porque pondré en tus manos a los moradores de la tierra, y tú los echarás de delante de ti" (Éx. 23:31).

4. El Mar Rojo sería un recordatorio constante para las generaciones futuras de la liberación que Dios otorgó a Israel.

"y lo que hizo al ejército de Egipto, a sus caballos y a sus carros; cómo precipitó las aguas del Mar Rojo sobre ellos, cuando venían tras vosotros, y Jehová los destruyó hasta hoy" (Dt. 11:4).

"Porque hemos oído que Jehová hizo secar las aguas del Mar Rojo delante de vosotros cuando salisteis de Egipto, y lo que habéis hecho a los dos reyes de los amorreos que estaban al otro lado del Jordán, a Sehón y a Og, a los cuales habéis destruido" (Jos. 2:10).

"Porque Jehová vuestro Dios secó las aguas del Jordán delante de vosotros, hasta que habíais pasado, a la manera que Jehová vuestro Dios lo había hecho en el Mar Rojo, el cual secó delante de nosotros hasta que pasamos" (Jos. 4:23).

"Saqué a vuestros padres de Egipto; y cuando llegaron al mar, los egipcios siguieron a vuestros padres hasta el Mar Rojo con carros y caballería" (Jos. 24:6).

"Y miraste la aflicción de nuestros padres en Egipto, y oíste el clamor de ellos en el Mar Rojo" (Neh. 9:9).

"Nuestros padres en Egipto no entendieron tus maravillas; no se acordaron de la muchedumbre de tus misericordias, sino que se rebelaron junto al mar, el Mar Rojo" (Sal. 106:7).

"Reprendió al Mar Rojo y lo secó, y les hizo ir por el abismo como por un desierto" (Sal. 106:9).

"Y arrojó a Faraón y a su ejército en el Mar Rojo, porque para siempre es su misericordia" (Sal. 136:15).

[2] *NIV Study Bible,* p. 107.
[3] *Ibíd.*, p. 106.
[4] *Ibíd.*, p. 107.
[5] Leon Wood. *A Survey of Israel's History*. (Grand Rapids, MI: Zondervan Publishing House, 1982), p. 130.
[6] John I. Durham. *Word Biblical Commentary*, *Exodus*. (Waco, TX: Word, Inc. 1987), p. 185.

> **"Este los sacó, habiendo hecho prodigios y señales en tierra de Egipto, y en el Mar Rojo, y en el desierto por cuarenta años" (Hch. 7:36).**
> **"Por la fe pasaron el Mar Rojo como por tierra seca; e intentando los egipcios hacer lo mismo, fueron ahogados" (He. 11:29).**

[6] (14:19-28) ***Mar Rojo — Liberación, de Dios — Salvación — Columna de humo y fuego — Israel — Egipto, ejército de*:** La sexta escena fue la increíble liberación otorgada por Dios. Lo que sucedió entonces fue una dramática demostración de la omnipotencia de Dios, de su poder omnipotente.

1. El ángel de Dios fue de la vanguardia de su pueblo a la retaguardia (v. 19). Él fue a interponerse entre Israel y los egipcios. Él fue a proteger al pueblo de Dios del ataque de los egipcios.

Pensamiento 1. A lo largo de las Escrituras, los ángeles de Dios juegan un papel activo en defensa del creyente. Los divinos mensajeros de Dios están alertas, cuidándonos a todos los que verdaderamente creemos y seguimos a Cristo. (Vea nota, Gn. 28:12-15; He. 1:4-14 para un mayor análisis.)

"Pues a sus ángeles mandará acerca de ti, que te guarden en todos tus caminos" (Sal. 91:11).

"El que hace a los vientos sus mensajeros, y a las flamas de fuego sus ministros" (Sal. 104:4).

"El diablo entonces le dejó; y he aquí vinieron ángeles y le servían" (Mt. 4:11).

"¿Acaso piensas que no puedo ahora orar a mi Padre, y que él no me daría más de doce legiones de ángeles?" (Mt. 26:53).

"Y estuvo allí en el desierto cuarenta días, y era tentado por Satanás, y estaba con las fieras; y los ángeles le servían" (Mr. 1:13).

"porque escrito está: A sus ángeles mandará acerca de ti, que te guarden" (Lc. 4:10).

"Ciertamente de los ángeles dice: El que hace a sus ángeles espíritus, y a sus ministros llama de fuego" (He. 1:7).

"Y todos los ángeles estaban en pie alrededor del trono, y de los ancianos y de los cuatro seres vivientes; y se postraron sobre sus rostros delante del trono, y adoraron a Dios" (Ap. 7:11).

2. La columna de nube también fue a la retaguardia de los israelitas, fue y se interpuso entre el pueblo de Dios y los egipcios (vv. 19-20). Y fíjese en lo que sucedió: La columna de nube:

- Se colocó entre los egipcios y el pueblo de Dios (v. 20).
- Fue una cortina de oscuridad para los egipcios, pero una gran luz para el pueblo de Dios (v. 20).

Ello significó que los egipcios perdieron a los israelitas de vista. No fueron capaces de perseguir al pueblo de Dios. Había una oscuridad total entre ellos. Al parecer, la nube descendió hasta cubrir la tierra con una niebla densa. La niebla densa apagó toda luz proveniente de la luna y de las estrellas: Es obvio que había una oscuridad total, no se podía ver, sino a unos pocos pies de distancia.

3. La omnipotencia de Dios quedó demostrada por medio de su siervo Moisés. Moisés extendió su mano sobre el mar y el poder de Dios actuó.

a. Dios les dio una vía de escape (v. 21):
   ⇒ Provocó un fuerte viento del este que hizo que el mar se retirara durante toda la noche. Las aguas se levantaron, se agruparon y se solidificaron.
   ⇒ Él secó la tierra del lecho marino.

Repare en la palabra "dividido" (*yibbakeu* o *baqa*). Esa es la palabra utilizada para dividir rocas y madera, o para dividir la tierra con un violento terremoto.[7] El Señor dividió el mar y creó un valle, un pasadizo a través del mar. El pasaje o valle debió haber tenido al menos casi un kilómetro de ancho para que dos o tres millones de personas pudieran pasar en una noche. Y así lo hicieron, porque a la mañana siguiente, entre las 2:00 y las 6:00 a.m., ya se encontraban del otro lado (cp. v. 24).

b. Dios liberó a su pueblo (v. 22). Caminaron por el mar, en seco, y las aguas formaron una pared a la izquierda y otra a la derecha de las personas mientras marchaban. Sin duda, los líderes, Moisés y Aarón, dieron el paso al frente y fueron adelante, dando aliento al pueblo de Dios para que los siguieran. Imagínese la situación: El lugar estaba abarrotado de miles de israelitas, cerca de dos o tres millones de personas, a todo lo largo de la orilla, todos formados de manera ordenada, como si fueran divisiones militares.

Todos los ojos giraron hacia lo increíble, los dos muros masivos de agua que se levantaban y habían dividido y creado un pasadizo de casi un kilómetro de ancho en el mar. Las emociones, todo tipo de emociones: asombro, maravilla, temor, pasaban una tras otra por el corazón y la mente de cada uno de los espectadores.

Entonces, de repente, el sonido de la trompeta, la señal para avanzar, sonó, y todo el que pudo ver a los dos siervos de Dios, Moisés y Aarón, observó cómo ellos dos comenzaron a caminar uno al lado del otro en el lecho marino. Había dos imponentes muros de agua enardecida que se elevaban por cientos de metros sobre sus cabezas. La primera división de personas que les seguía a los líderes, los siguió despacito, y entonces la segunda siguió a la primera, y la tercera a la segunda, cada una con más valentía proveniente de ver a aquellos que marchaban a salvo delante de ellos. Durante horas las divisiones del pueblo de Dios marcharon a través del mar, hasta que la última división finalmente arribó sin problemas a la otra orilla. Estuvieron marchando toda la noche, y toda la noche fueron testigos…

- del inmenso poder de Dios.
- de la increíble liberación otorgada por Dios.

---

[7] George Bush. *Exodus*, p. 178.

Habían experimentado un verdadero milagro. Dios había apartado las poderosas aguas del Mar Rojo, Dios había intervenido temporalmente y había cambiado las leyes de la naturaleza con el objetivo de liberar a su pueblo de sus enemigos.

El gran expositor George Bush describe la escena:

"Incontables miradas se fijaron en Moisés y Aarón . . . los venerados líderes avanzaron juntos por un camino nunca antes transitado, y al momento las volubles aguas se dividieron y, contrario a todas las leyes de los líquidos, ¡se erigieron como columnas de hielo sólido! ¡El lecho marino apareció ante ellos y se perdió en el asombro de la increíble autopista de rescate del Señor, pasaron, con los zapatos secos, y llegaron a salvo a la otra orilla!"[8]

Pensamiento 1. ¿Cómo dividió Dios el Mar Rojo y creó un pasadizo de al menos casi un kilómetro de ancho? ¿Y cómo secó Dios el lecho del mar para que dos o tres millones de personas pudieran caminar sobre suelo seco sin quedar atrapados en un pantano, todo ello en una noche? Por su omnipotencia. Dios es Dios, nuestro SEÑOR Dios de la redención, de la liberación y de la salvación. El SEÑOR puede redimir, liberar y salvar a quien Él quiera. Él eligió liberar a Israel, para salvarlos del los egipcios opresores.

"Te vieron las aguas, oh Dios; las aguas te vieron, y temieron; los abismos también se estremecieron. Las nubes echaron inundaciones de aguas; tronaron los cielos, y discurrieron tus rayos. La voz de tu trueno estaba en el torbellino; tus relámpagos alumbraron el mundo; se estremeció y tembló la tierra. En el mar fue tu camino, y tus sendas en las muchas aguas; y tus pisadas no fueron conocidas" (Sal. 77:16-20).

"Volvió el mar en seco; por el río pasaron a pie; allí en él nos alegramos" (Sal. 66:6).

"Dividió el mar y los hizo pasar; detuvo las aguas como en un montón" (Sal. 78:13).

"¿No eres tú el que secó el mar, las aguas del gran abismo; el que transformó en camino las profundidades del mar para que pasaran los redimidos?" (Is. 51:10).

"Pero se acordó de los días antiguos, de Moisés y de su pueblo, diciendo: ¿Dónde está el que les hizo subir del mar con el pastor de su rebaño? ¿dónde el que puso en medio de él su santo espíritu, el que los guió por la diestra de Moisés con el brazo de su gloria; el que dividió las aguas delante de ellos, haciéndose así nombre perpetuo, el que los condujo por los abismos, como un caballo por el desierto, sin que tropezaran?" (Is. 63:11-13).

4. La presencia y control de Dios liberó a su pueblo (vv. 23-27).

a. Los egipcios persiguieron a Israel en el mar (v. 23). ¿Qué haría que Faraón ordenara a sus tropas perseguir a Israel a través del mar?
   ⇒ ¿Furia ciega, tal vez? ¿Dureza de corazón? ¿Odio profundo y sed de venganza?
   ⇒ Tal vez todo lo mencionado arriba influyó. Al imaginarnos la situación, la columna de nube (niebla densa) probablemente ya se había disipado, lo suficiente como para alentar a Faraón a seguir con su loca persecución. Además, los egipcios seguramente escuchaban el ruido de los israelitas cuando partían. Faraón se daba cuenta de que estaban huyendo y él no estaba dispuesto a dejarlos escapar. La idea de que Dios apartó las aguas del Mar Rojo y creó un pasadizo a través del lecho marino nunca pasó por la mente de Faraón. Seguramente creyó que los israelitas marchaban a lo largo de la orilla del mar o adentrándose, de alguna manera, tierra adentro. Al imaginar la situación, siempre debemos tener en mente el siguiente hecho: Se duda que Faraón y su ejército fueran capaces de ver lo suficientemente bien a través de la niebla como para saber que perseguían a Israel por el lecho seco del mar, entre dos asombrosos y aterradores muros de agua, que se elevaban, tal vez, a cien o más pies. Por supuesto que podían escuchar el ruido de la tormenta y de violentas y bravas olas creadas por la tormenta. Pero, al parecer, Dios mantuvo la espesa y densa niebla alrededor del ejercito egipcio para que no pudieran ver que marchaban rumbo a una trampa potencial.

b. Dios miró a los egipcios (vv. 24-25). La frase "miró" (*shaqaph*) siempre implica las miradas de misericordia o ira de Dios.[9] En el presente acontecimiento, Dios miró con ira a los egipcios:
   ⇒ Hizo que se confundieran: La columna de nube y fuego les hizo perder la concentración y los confundió.
   ⇒ Hizo que los carros chocaran los unos con los otros, perdiendo así algunas de sus ruedas.
   ⇒ Infundió miedo en sus corazones, y clamaron por retirarse.

Nuevamente, George Bush nos ofrece una descripción del acontecimiento:

"'Huyamos', fue el grito que resonó en todas direcciones, a través de las filas rotas y temblorosas, pero, ¡ay!, ya era demasiado tarde. Todo intento de huir fue en vano. El día del perdón [de Dios] *había pasado. La medida de su iniquidad había llegado al límite. El tirano y su pueblo se habían endurecido a sí mismos en su rebelión contra Dios, hasta que perdió la paciencia y llegó el día de la venganza. Primero*

[8] George Bush. *Exodus*, p. 178.

[9] George Bush. *Exodus*, p. 178.

el miedo los llevó a la desesperación, y después a su destrucción"[10]

5. Dios liberó a su pueblo ejecutando justicia y juicio sobre los egipcios (vv. 26-28). Fíjese en lo que aconteció:
   a. Dios dijo a Moisés que extendiera su mano sobre el mar: Las aguas volverían y cubrirían a los egipcios (v. 26).
   b. Moisés obedeció a Dios (v. 27).
   c. Dios ejecutó justicia sobre los egipcios (v. 27).
      ⇒ El SEÑOR hizo que las aguas volvieran (v. 27).
      ⇒ El mar arrasó a los egipcios (v. 27).
      ⇒ Las aguas cubrieron carros y caballería, a todo el ejército: Ni uno solo sobrevivió (v. 28).

El salmista nos dice que Dios creó una fuerte tormenta que se desencadenó sobre los egipcios. El comentario bíblico del expositor (*The Expositor's Bible Commentary*) plantea lo siguiente:

> *"La columna de fuego debe haber encendido el cielo de repente, creando un destello tal en medio de la oscuridad, que los carros que avanzaban a toda velocidad chocaron los unos con los otros.*
>
> *"Mientras tanto, también se desató una espectacular tormenta eléctrica, con truenos, relámpagos, lluvia y un terremoto que el más valiente y arrogante de los conductores egipcios fue presa del terror. Eso entendemos de Salmo 77:16-20".*[11]

"Te vieron las aguas, oh Dios; las aguas te vieron, y temieron; los abismos también se estremecieron. Las nubes echaron inundaciones de aguas; tronaron los cielos, y discurrieron tus rayos. La voz de tu trueno estaba en el torbellino; tus relámpagos alumbraron el mundo; se estremeció y tembló la tierra. En el mar fue tu camino, y tus sendas en las muchas aguas; y tus pisadas no fueron conocidas. Condujiste a tu pueblo como ovejas por mano de Moisés y de Aarón" (Sal. 77:16-20).

"Pero él los salvó por amor de su nombre, para hacer notorio su poder. Reprendió al Mar Rojo y lo secó, y les hizo ir por el abismo como por un desierto. Los salvó de mano del enemigo, y los rescató de mano del adversario. Cubrieron las aguas a sus enemigos; no quedó ni uno de ellos" (Sal. 106:8-11).

Pensamiento 1. El punto a ver es el siguiente hecho glorioso: Dios siempre salva a su pueblo. No importa cuál sea el problema o la dificultad, Dios nos liberará. Dios hasta moverá cielo y tierra, pasará por encima de las mismas leyes de la naturaleza si es necesario, para salvarnos. Esa es su promesa: Él nos liberará.

"Dijo: Jehová es mi roca y mi fortaleza, y mi libertador" (2 S. 22:2).

"Él te librará del lazo del cazador, de la peste destructora" (Sal. 91:3).

"Pues tú has librado mi alma de la muerte, mis ojos de lágrimas, y mis pies de resbalar" (Sal. 116:8; cp. 116:1-9).

"Y hasta la vejez yo mismo, y hasta las canas os soportaré yo; yo hice, yo llevaré, yo soportaré y guardaré" (Is. 46:4).

"No temas delante de ellos, porque contigo estoy para librarte, dice Jehová" (Jer. 1:8).

"No os ha sobrevenido ninguna tentación que no sea humana; pero fiel es Dios, que no os dejará ser tentados más de lo que podéis resistir, sino que dará también juntamente con la tentación la salida, para que podáis soportar" (1 Co. 10:13).

"Y el Señor me librará de toda obra mala, y me preservará para su reino celestial. A él sea gloria por los siglos de los siglos. Amén" (2 Ti. 4:18).

"Así que, por cuanto los hijos participaron de carne y sangre, él también participó de lo mismo, para destruir por medio de la muerte al que tenía el imperio de la muerte, esto es, al diablo, y librar a todos los que por el temor de la muerte estaban durante toda la vida sujetos a servidumbre" (He. 2:14-15).

"sabe el Señor librar de tentación a los piadosos, y reservar a los injustos para ser castigados en el día del juicio" (2 P. 2:9).

7 (14:29-31) ***Liberación — Salvación — Israel — Egipto***: En la séptima escena Dios salva a su pueblo. Estos tres versículos enfatizan nuevamente cuatro hechos asombrosos.

1. Hecho 1: Israel caminó por el mar en seco (v. 29).
2. Hecho 2: Dios salvó a Israel de los antiguos egipcios (v. 30).
3. Hecho 3: Israel vio los cadáveres, a sus malvados esclavizadores, tendidos en la orilla (v. 30).
4. Hecho 4: El propósito de Dios se cumplió (v. 31).
   ⇒ El pueblo de Dios fue testigo de su poder.
   ⇒ El pueblo de Dios le temió.
   ⇒ El pueblo de Dios creyó en Él y en su mensajero. El pueblo depositó su confianza en Dios y en el liderazgo de Moisés. Ahora estaban preparados, verdaderamente preparados, para seguir a Dios y su siervo hasta la Tierra Prometida.

Pensamiento 1. Lo que Dios desea por encima de todas las cosas es confianza. Dios quiere que creamos en Él, que confiemos en Él.

"Porque tuve envidia de los arrogantes, viendo la prosperidad de los impíos. . . No pasan trabajos como los otros mortales, ni son azotados como los demás hombres" (Sal. 73:3, 5).

"Fíate de Jehová de todo tu corazón, y no te apoyes en tu propia prudencia" (Pr. 3:5).

"Tú guardarás en completa paz a aquel cuyo pensamiento en ti persevera; porque en ti ha confiado. Confiad en Jehová perpetuamente, porque en Jehová el Señor está la fortaleza de los siglos" (Is. 26:3-4).

---

[10] *Ibíd.*, p. 181.

[11] Frank E. Gaebelein, editor. *The Expositor's Bible Commentary*, Vol. 2, p. 390.

"Vosotros sois mis testigos, dice Jehová, y mi siervo que yo escogí, para que me conozcáis y creáis, y entendáis que yo mismo soy; antes de mí no fue formado dios, ni lo será después de mí" (Is. 43:10).

"¿Quién hay entre vosotros que teme a Jehová, y oye la voz de su siervo? El que anda en tinieblas y carece de luz, confíe en el nombre de Jehová, y apóyese en su Dios" (Is. 50:10).

TIPOS, SÍMBOLOS E ILUSTRACIONES
ÉXODO 14:1-31

Término histórico	Tipo o ilustración (Fundamento bíblico de cada uno)	Aplicación para la vida del creyente de hoy día	Aplicación bíblica
El Mar Rojo (Éx. 14:13-31)	*Un símbolo de liberación atravesando los más grandes juicios y obstáculos* **"Y Moisés dijo al pueblo: No temáis; estad firmes, y ved la salvación que Jehová hará hoy con vosotros; porque los egipcios que hoy habéis visto, nunca más para siempre los veréis" (Éx. 14:13).** **"Y extendió Moisés su mano sobre el mar, e hizo Jehová que el mar se retirase por recio viento oriental toda aquella noche; y volvió el mar en seco, y las aguas quedaron divididas. Entonces los hijos de Israel entraron por en medio del mar, en seco, teniendo las aguas como muro a su derecha y a su izquierda" (Éx. 14:21-22).** **"Y Jehová dijo a Moisés: Extiende tu mano sobre el mar, para que las aguas vuelvan sobre los egipcios, sobre sus carros, y sobre su caballería. Entonces Moisés extendió su mano sobre el mar, y cuando amanecía, el mar se volvió en toda su fuerza, y los egipcios al huir se encontraban con el mar; y Jehová derribó a los egipcios en medio del mar. Y volvieron las aguas, y cubrieron los carros y la caballería, y todo el ejército de Faraón que había entrado tras ellos en el mar; no quedó de ellos ni uno" (Éx. 14:26-28).**	⇒ Dios promete liberarnos atravesando todos los juicios y tentaciones de la vida, sin importar cuán. . . • difíciles • aterradoras • temibles • horribles • imposibles	***"Aunque afligido yo y necesitado, Jehová pensará en mí. Mi ayuda y mi libertador eres tú; Dios mío, no te tardes" (Sal. 40:17).*** ***"No temas, porque yo estoy contigo; no desmayes, porque yo soy tu Dios que te esfuerzo; siempre te ayudaré, siempre te sustentaré con la diestra de mi justicia" (Is. 41:10).*** ***"Y el Señor me librará de toda obra mala, y me preservará para su reino celestial. A él sea gloria por los siglos de los siglos. Amén" (2 Ti. 4:18).*** ***"el cual nos libró, y nos libra, y en quien esperamos que aún nos librará, de tan gran muerte" (2 Co. 1:10).*** ***(cp. Jn. 16:13; 1 Co. 10:13; He. 2:14-15; 13:5-6; 2P. 2:9; Is. 30:21; Sal. 48:14; 73:24; Gn. 28:15; Éx. 33:14; Dt. 20:1; Sal. 91:3; Is. 46:4; Jer. 1:8;).***

TÉRMINO HISTÓRICO	TIPO O ILUSTRACIÓN (FUNDAMENTO BÍBLICO DE CADA UNO)	APLICACIÓN PARA LA VIDA DEL CREYENTE DE HOY DÍA	APLICACIÓN BÍBLICA
Derrota de Faraón (Éx. 14:13-31)	*Un símbolo de la victoria total y completa de Dios sobre los enemigos* **"Y volvieron las aguas, y cubrieron los carros y la caballería, y todo el ejército de Faraón que había entrado tras ellos en el mar; no quedó de ellos ni uno" (Éx. 14:28).**	⇒ Jesucristo (a través de su muerte y resurrección) ha conquistado todas las fuerzas malignas del mundo físico y del mundo espiritual. Él ahora gobierna. . . • sobre los principados y potencias y gobernantes de este mundo oscuro. • sobre las fuerzas malignas del mundo espiritual (Satanás y sus ángeles del mal). (Recuerde: Faraón simboliza a Satanás.)	***"Ahora es el juicio de este mundo; ahora el príncipe de este mundo será echado fuera" (Jn. 12:31).*** ***"la cual operó en Cristo, resucitándole de los muertos y sentándole a su diestra en los lugares celestiales, sobre todo principado y autoridad y poder y señorío, y sobre todo nombre que se nombra, no solo en este siglo, sino también en el venidero; y sometió todas las cosas bajo sus pies, y lo dio por cabeza sobre todas las cosas a la iglesia" (Ef. 1:20-22).*** ***"y despojando a los principados y a las potestades, los exhibió públicamente, triunfando sobre ellos en la cruz" (Col. 2:15).*** ***(cp. Sal. 7:11; 2:8-9; Jn. 16:11; Col. 1:16-17; He. 2:14-15; 2 P. 2:4, 6, 9; Ap. 20:10; 21:8).***

C. El gran cántico de alabanza de Moisés: Alabanza a Dios por su gran liberación, 15:1-21

1 Un cántico de alabanza a Dios

a. Porque el Señor había triunfado gloriosamente: Había arrojado a los jinetes armados al mar

b. Porque el Señor es digno de alabanza y renovado compromiso
   1) Mi fortaleza y mi cántico
   2) Mi salvación
   3) Mi Dios
   4) El Dios de mi padre

1 Entonces cantó Moisés y los hijos de Israel este cántico a Jehová, y dijeron: Cantaré yo a Jehová, porque se ha magnificado grandemente; Ha echado en el mar al caballo y al jinete.
2 Jehová es mi fortaleza y mi cántico, Y ha sido mi salvación. Este es mi Dios, y lo alabaré; Dios de mi padre, y lo enalteceré.

2 Un cántico de la gran liberación de Dios

a. Liberados por su nombre: El SEÑOR, un guerrero
   1) Echó en el mar los carros y el ejército de Faraón
   2) Hundió a los capitanes escogidos de Faraón en el Mar Rojo
   3) Los cubrió y hundió en las profundidades como piedras

b. Liberados por el poder de su diestra
   1) Fue magnificada en poder
   2) Destruyó al enemigo

c. Liberados por la grandeza de su poder
   1) Derribó a los que se opusieron a Él
   2) Envió su ira y consumió al enemigo

d. Liberados por su potente control sobre las aguas: Simbolizado en el soplo de su aliento
   1) Él amontonó las aguas
   2) Mantuvo las aguas levantadas
   3) Cuajó las aguas

3 Jehová es varón de guerra; Jehová es su nombre.
4 Echó en el mar los carros de Faraón y su ejército; Y sus capitanes escogidos fueron hundidos en el Mar Rojo.
5 Los abismos los cubrieron; Descendieron a las profundidades como piedra.
6 Tu diestra, oh Jehová, ha sido magnificada en poder; Tu diestra, oh Jehová, ha quebrantado al enemigo.
7 Y con la grandeza de tu poder has derribado a los que se levantaron contra ti. Enviaste tu ira; los consumió como a hojarasca.
8 Al soplo de tu aliento se amontonaron las aguas; Se juntaron las corrientes como en un montón; Los abismos se cuajaron en medio del mar.

9 El enemigo dijo: Perseguiré, apresaré, repartiré despojos; Mi alma se saciará de ellos; Sacaré mi espada, los destruirá mi mano.
10 Soplaste con tu viento; los cubrió el mar; Se hundieron como plomo en las impetuosas aguas.
11 ¿Quién como tú, oh Jehová, entre los dioses? ¿Quién como tú, magnífico en santidad, terrible en maravillosas hazañas, hacedor de prodigios?
12 Extendiste tu diestra; La tierra los tragó.

e. Liberados por su glorioso triunfo sobre el odio feroz del enemigo, sobre su jactancia y su orgullo
   1) La jactancia del enemigo: "Yo" y "mi" (6 veces)
   2) Dios los destruyó: Los cubrió con el mar y los hundió como plomo en las impetuosas aguas

f. Liberados por la gloria de su persona: Ningún dios es como Él
   1) Magnífico en santidad
   2) Sorprendente en gloria
   3) Hacedor de prodigios (NIV)
   4) Hizo que la tierra se tragara al enemigo

13 Condujiste en tu misericordia a este pueblo que redimiste; Lo llevaste con tu poder a tu santa morada.
14 Lo oirán los pueblos, y temblarán; Se apoderará dolor de la tierra de los filisteos.
15 Entonces los caudillos de Edom se turbarán; A los valientes de Moab les sobrecogerá temblor; Se acobardarán todos los moradores de Canaán.
16 Caiga sobre ellos temblor y espanto; A la grandeza de tu brazo enmudezcan como una piedra; Hasta que haya pasado tu pueblo, oh Jehová, Hasta que haya pasado este pueblo que tú rescataste.

3 Un cántico del glorioso propósito de Dios: Guiar al redimido hasta la santa morada de Dios (la Tierra Prometida)

a. La fuente del propósito de Dios: su misericordia, su amor

b. El impacto del liderazgo y la guía de Dios
   1) Las naciones lo oirán y temblarán
   2) Los enemigos sentirán angustia
   3) Los líderes se aterrarán y temblarán
   4) Los enemigos que se opongan a la marcha del pueblo de Dios hacia la morada de Dios (la Tierra Prometida) se desvanecerán
   5) Los pueblos quedarán petrificados de temor y espanto, quietos como piedras: Hasta que el pueblo redimido de Dios llegue a la morada de Dios (la Tierra Prometida)

c. La promesa de Dios a su pueblo: El SEÑOR los introducirá y los plantará en el monte de su heredad 1) El propio lugar hecho para la morada de Dios 2) El propio santuario afirmado por las manos de Dios 3) El lugar mismo donde el SEÑOR reinará por siempre	17 Tú los introducirás y los plantarás en el monte de tu heredad, En el lugar de tu morada, que tú has preparado, oh Jehová, En el santuario que tus manos, oh Jehová, han afirmado. 18 Jehová reinará eternamente y para siempre.	mas los hijos de Israel pasaron en seco por en medio del mar. 20 Y María la profetisa, hermana de Aarón, tomó un pandero en su mano, y todas las mujeres salieron en pos de ella con panderos y danzas. 21 Y María les respondía: Cantad a Jehová, porque en extremo se ha engrandecido; Ha echado en el mar al caballo y al jinete.	1) Después de la destrucción del ejército egipcio 2) Después que los israelitas atravesaran el Mar Rojo b. María la profetisa condujo la danza y alabanza [EF1] c. El cántico: 1) El Señor ha triunfado gloriosamente 2) Él ha arrojado a los jinetes armados al mar
4 Un cántico de alabanza y danza especiales: Cantado por las mujeres del pueblo de Dios a. Cuándo: Después de la gloriosa liberación de Dios	19 Porque Faraón entró cabalgando con sus carros y su gente de a caballo en el mar, y Jehová hizo volver las aguas del mar sobre ellos;		

DIVISIÓN V
EL MAR ROJO Y LA PEREGRINACIÓN EN EL DESIERTO: LAS PRUEBAS DEL CREYENTE EN SU VIAJE A LA TIERRA PROMETIDA, 13:17—18:27

C. El gran cántico de alabanza de Moisés: Alabanza a Dios por su gran liberación, 15:1-21

(15:1-21) ***Introducción***: Dios libera a su pueblo a través de las pruebas de la vida. Cuando experimentamos su liberación (el poder de su mano sobre nuestra vida) nuestro corazón siempre está lleno de alegría y regocijo. La alabanza inunda nuestro corazón. Y con frecuencia, mientras más grande es la liberación, más grande es la alabanza elevada a Dios.

Esto es lo que le sucedió a los israelitas. La gran liberación de Dios en el Mar Rojo fue la más maravillosa liberación de la que Israel jamás fue testigo como nación. Dios sabía esto; por tanto, en su infinita sabiduría, movió a Moisés a registrar la alabanza de su corazón para siempre en las Sagradas Escrituras. El cántico usualmente se divide en cinco secciones o estrofas.

⇒ Versículos 1-5
⇒ Versículos 6-8
⇒ Versículos 9-10
⇒ Versículos 11-12
⇒ Versículos 13-18

Sin embargo, esta división parece enfocarse en pensamientos actuales y divisiones sobre el cántico. Parece mucho más natural ver el cántico como un todo en el que Moisés declara cómo Dios mismo liberó a su pueblo, de una forma gloriosa.

Fíjese que la hermana de Moisés, María, también condujo a las mujeres a cantar alabanzas a Dios (vv. 19-21). Ambos cánticos son evidentemente dos de los más antiguos cánticos registrados de forma escrita.

Este es el tema del presente pasaje, es decir: *El gran cántico de alabanza de Moisés: Alabanza a Dios por su gran liberación,* 15:1-21.

1. Un cántico de alabanza a Dios (vv. 1-2).
2. Un cántico de la gran liberación de Dios (vv. 3-12).
3. Un cántico del glorioso propósito de Dios: Guiar al redimido hasta la santa morada de Dios (la Tierra Prometida) (vv. 13-18).
4. Un cántico de alabanza y danza especial: Cantado por las mujeres del pueblo de Dios (vv. 19-21).

[1] (15:1-2) ***Cántico — Adoración — Alabanza — Acción de gracias — Nombres de Dios — Títulos — Moisés — Liberación***: El cántico de este pasaje es un cántico de alabanza a Dios. Es cantado para el SEÑOR. El Señor es el motivo de la alabanza. Se habla de él en trece ocasiones en solamente veintiún versículos.

- El cántico cantado por Moisés menciona a Dios diez veces como el SEÑOR (Jehová, Yahveh) (v. 1, 2, 3, 6, 11, 16, 17, 18).
- El cántico de Moisés también se refiere a Dios como Adonai una vez (v. 17).
- El breve cántico cantado por María (vv. 19-21) menciona al Señor en dos ocasiones (vv. 19, 21).

Moisés y los israelitas estaban inundados con la alegría del momento, y el corazón de cada uno de ellos estaba desbordante con un espíritu de regocijo y alabanza a Dios. Se nos dan dos razones para que Israel comenzara a cantar.

1. El Señor había triunfado gloriosamente en pro de su pueblo: Había arrojado a los jinetes armados de sus enemigos al mar. El Señor los había liberado gloriosamente de ser capturados y esclavizados nuevamente por los egipcios. Además, el Señor había hundido milagrosamente al ejército egipcio en el Mar Rojo. Él se había asegurado absolutamente de que los antiguos egipcios nunca más esclavizarían a su pueblo. Este era el más grande día de redención en la historia de Israel. Dios los había redimido, salvado y liberado de sus enemigos.

2. El Señor era, por tanto, digno de alabanza y renovado compromiso (v. 2). Fíjese cuán personal era el Señor para el creyente israelita en aquellos momentos. Su *relación con el Señor* era muy personal. Su corazón simplemente prorrumpió en alabanzas a Dios por la relación personal que Dios había hecho posible y operado.

a. El SEÑOR es "mi fortaleza" (v. 2). No importa qué pruebas enfrente el creyente, Dios fortalece al creyente para hacer frente a pruebas como. . .
   - problemas
   - tentaciones
   - sufrimientos
   - malvada persecución

   El creyente es débil por naturaleza, pero el SEÑOR está siempre presente con él. El Señor es su fortaleza. Esto es lo que los israelitas, el pueblo de Dios, declaraban.

b. El SEÑOR es "mi cántico" (v. 2). El creyente enfrenta las mismas pruebas y penalidades en la tierra que el incrédulo. Tanto el creyente como el incrédulo sufren en la tierra; con frecuencia el creyente sufre más a causa de la persecución y el odio del mundo. No obstante, Dios conforta al creyente y le da la paz y seguridad de su Santo Espíritu. El creyente sabe que el mundo y sus aflicciones pueden quitarle su vida, pero no su alma. Sabe que va a servir a Dios por siempre en los nuevos cielos y tierra. Por tanto, el creyente tendrá. . .
   - alegría en los juicios
   - regocijo durante los sufrimientos
   - canto ante las aflicciones

   El creyente es débil por naturaleza, pero el SEÑOR siempre está presente con él. Es la presencia del SEÑOR la que siempre pone el cántico en el corazón del creyente. Moisés y los verdaderos creyentes de Israel sabían esta gloriosa verdad; por tanto, guiaron a todo el pueblo a declarar la gloriosa verdad: "El SEÑOR es mi cántico".

c. El SEÑOR es "mi salvación" (v. 2). Los enemigos del mundo (incluidos los hombres malvados, el pecado, la muerte y el infierno) están siempre atacando y amenazando al creyente. Pero Dios es el Salvador del creyente: Él liberará y salvará al creyente de todo lo que se le oponga.

d. El SEÑOR es "mi Dios" (v. 2). Él es el Dios verdadero y vivo. Dios acababa de probar esto una vez más liberando milagrosamente a su pueblo a través del Mar Rojo y destruyendo a sus enemigos. El milagro acababa de tener lugar. Era el momento para el pueblo de Dios de reafirmar su fe y declarar que Dios es "mi Dios". Era el momento para ellos de alabarlo y renovar su compromiso con Él. Cada israelita tenía motivos para levantarse y gritar:
   - "El SEÑOR es mi Dios".
   - "Prepararé mi corazón para que en él *more su presencia*".

e. El SEÑOR es "el Dios de mi padre". Sus padres les habían enseñado a creer en Dios y en sus grandes promesas a su pueblo. Sus padres eran fuertes en la fe y Dios siempre les había ricamente bendecido. Por tanto, los israelitas declararon que ellos se comprometían a seguir el Dios de sus padres. Él era digno de ser seguido. Acababa de probar esto liberándolos milagrosamente a través del Mar Rojo.

[2] (15:3-12) ***Liberación — Poder de Dios — Cántico***: El cántico fue un cántico por la gran liberación de Dios. Seis hechos se cuentan acerca de la gran liberación de Dios.

1. Dios liberó a su pueblo por su nombre: Él es el SEÑOR, y el SEÑOR es un guerrero (vv. 3-5). El propio nombre del SEÑOR (Jehová, Yahveh) significa que Dios es nuestro Redentor, Liberador, Salvador. El SEÑOR:
- Lucha por nosotros.
- Se enfrenta a nuestros enemigos.
- Conquista toda oposición contra nosotros.
- Triunfa y gana la victoria por nosotros sobre todas las fuerzas del mal.

Esto es lo que hizo el SEÑOR por Israel:
⇒ Arrojó los carros de Faraón y su ejército al mar (v. 4).
⇒ Ahogó a los capitanes escogidos de Faraón en el Mar Rojo (v. 4).
⇒ Los cubrió y hundió en las profundidades como piedras (v. 5).

Fíjese en el énfasis sobre el agua por donde cruzó Israel:
⇒ El ejército fue arrojado al mar.
⇒ El ejército se ahogó en el Mar Rojo.
⇒ Las profundidades cubrieron al ejército.
⇒ El ejército se hundió hasta el fondo como una piedra.

El punto: El lugar por donde Israel cruzó el mar no era un lugar poco profundo, no llegaba solo hasta el tobillo o la rodilla. Era una gran masa de agua, una masa tan grande que hundió al ejército egipcio cuando Dios soltó las dos paredes de agua para que se juntaran otra vez. ¿Un milagro? ¡Sí! Un trabajo fenomenal y milagroso de Dios, todo para salvar a su pueblo tal como había prometido que lo haría.

> ***Pensamiento 1.*** El propio nombre del SEÑOR es el símbolo de un guerrero que nos libera, salva y redime de los enemigos de este mundo (cp. Éx. 14:14). El SEÑOR es el guerrero que salvó a Israel de ser despedazado y esclavizado por el ejército egipcio. De igual manera, el SEÑOR es el guerrero que nos salvará de nuestros enemigos.
>
> **"Jehová peleará por vosotros, y vosotros estaréis tranquilos" (Éx. 14:14).**
>
> **"Con él está el brazo de carne, mas con nosotros está Jehová nuestro Dios para ayudarnos y pelear nuestras batallas. Y el pueblo tuvo confianza en las palabras de Ezequías rey de Judá" (2 Cr. 32:8).**
>
> **"Alzad, oh puertas, vuestras cabezas, y alzaos vosotras, puertas eternas, y entrará el Rey de gloria. ¿Quién es este Rey de gloria? Jehová el fuerte y valiente, Jehová el poderoso en batalla" (Sal. 24:7-8).**
>
> **"Respondió Jesús y dijo: No ha venido esta voz por causa mía, sino por causa de vosotros. Ahora es el juicio de este mundo; ahora el príncipe de este mundo será echado fuera" (Jn. 12:30-31).**
>
> **"Estas cosas os he hablado para que en mí tengáis paz. En el mundo tendréis aflicción; pero confiad, yo he vencido al mundo" (Jn. 16:33).**
>
> **"Luego el fin, cuando entregue el reino al Dios y Padre, cuando haya suprimido todo dominio, toda autoridad y potencia" (1 Co. 15:24).**
>
> **"Y entonces se manifestará aquel inicuo, a quien el Señor matará con el espíritu de su boca, y destruirá con el resplandor de su venida" (2 Ts. 2:8).**
>
> **"Así que, por cuanto los hijos participaron de carne y sangre, él también participó de lo mismo, para destruir por medio de la muerte al que tenía el imperio de la muerte, esto es, al diablo, y librar a todos los que por el temor de la muerte estaban durante toda la vida sujetos a servidumbre" (He. 2:14-15).**
>
> **"El que practica el pecado es del diablo; porque el diablo peca desde el principio. Para esto apareció el Hijo de Dios, para deshacer las obras del diablo" (1 Jn. 3:8).**
>
> **"Y miré, y he aquí un caballo blanco; y el que lo montaba tenía un arco; y le fue dada una corona, y salió venciendo, y para vencer" (Ap. 6:2).**
>
> **"Pelearán contra el Cordero, y el Cordero los vencerá, porque él es Señor de señores y Rey de reyes; y los que están con él son llamados y elegidos y fieles" (Ap. 17:14).**

2. Dios liberó a su pueblo con el poder de su diestra (v. 6). La *diestra* es un símbolo de poder. Con relación a Dios, se refiere a su poder omnipotente. Él es Omnipotente: Todo el poder pertenece a Dios. Él puede hacer cualquier cosa, y nada es imposible para Él. La diestra de Dios puede descender y abrir una brecha a través de las aguas de cualquier mar, si esa fuera su voluntad. Dios puede revertir cualquier ley de la naturaleza a voluntad. Los israelitas acababan de ser testigos de este sorprendente milagro de Dios. Su cántico declara el glorioso hecho:

⇒ La diestra del SEÑOR fue magnificada en poder.

⇒ La diestra del SEÑOR destruyó y deshizo al ejército egipcio.

> ***Pensamiento 1.*** Él es Omnipotente. Dios tiene el poder para liberarnos y salvarnos de cualquier fuerza, no importa cuán maligna, terrible o aterradora. Él tiene incluso el poder para salvarnos y liberarnos de la muerte, el poder de plantar la simiente de la vida eterna en nosotros.
>
> **"Las riquezas y la gloria proceden de ti, y tú dominas sobre todo; en tu mano está la fuerza y el poder, y en tu mano el hacer grande y el dar poder a todos" (1 Cr. 29:12).**
>
> **"Yo conozco que todo lo puedes, y que no hay pensamiento que se esconda de ti" (Job 42:2).**
>
> **"Nuestro Dios está en los cielos; todo lo que quiso ha hecho" (Sal. 115:3).**
>
> **"Aun antes que hubiera día, yo era; y no hay quien de mi mano libre. Lo que hago yo, ¿quién lo estorbará?" (Is. 43:13).**
>
> **"Y mirándolos Jesús, les dijo: Para los hombres esto es imposible; mas para Dios todo es posible" (Mt. 19:26).**
>
> **"Y dijo al viñador: He aquí, hace tres años que vengo a buscar fruto en esta higuera, y no lo hallo; córtala; ¿para qué inutiliza también la tierra?" (Lc. 1:37).**
>
> **"Y a Aquel que es poderoso para hacer todas las cosas mucho más abundantemente de lo que pedimos o entendemos, según el poder que actúa en nosotros" (Ef. 3:20).**
>
> **"Mas nuestra ciudadanía está en los cielos, de donde también esperamos al Salvador, al Señor Jesucristo; el cual transformará el cuerpo de la humillación nuestra, para que sea semejante al cuerpo de la gloria suya, por el poder con el cual puede también sujetar a sí mismo todas las cosas" (Fil. 3:20-21).**
>
> **"Y el Señor me librará de toda obra mala, y me preservará para su reino celestial. A él sea gloria por los siglos de los siglos. Amén" (2 Ti. 4:18).**

3. Dios liberó a su pueblo por la grandeza de su poder (v. 7). Fíjese que se dice que Faraón y su ejército se habían levantado contra Dios, no contra Israel. Dios considera a los creyentes como propios, como a su propio pueblo, como su propia familia. Por tanto, levantarse contra los creyentes es lo mismo que levantarse contra su Padre, contra Dios mismo.

⇒ Dios derriba a aquellos que se oponen a Él. La palabra "derribar" (*haras*) simboliza destruir un edificio. Los enemigos de Dios intentaron destruir el edificio de Dios, su pueblo, su cuerpo de creyentes del Antiguo Testamento. Por tanto, Dios destruyó el edificio de su ejército.[1]

⇒ Dios envió su ira y los consumió como a hojarasca. Los consumió como si su edificio no fuera otra cosa que hojarasca.

---

1 Frank E. Gaebelein, editor. *The Expositor's Bible Commentary*, vol. 2, p. 394.

La grandeza de Dios es tan gloriosa (tan radiante y luminosa) que puede consumir el más poderoso ejército de la tierra, consumirlo como si no fuera otra cosa que simple hojarasca.

"Tuya es, oh Jehová, la magnificencia y el poder, la gloria, la victoria y el honor; porque todas las cosas que están en los cielos y en la tierra son tuyas. Tuyo, oh Jehová, es el reino, y tú eres excelso sobre todos" (1 Cr. 29:11).

"Viniendo de la parte del norte la dorada claridad. En Dios hay una majestad terrible. Él es Todopoderoso, al cual no alcanzamos, grande en poder; y en juicio y en multitud de justicia no afligirá" (Job 37:22-23).

"Voz de Jehová con potencia; voz de Jehová con gloria" (Sal. 29:4).

"Jehová reina; se vistió de magnificencia; Jehová se vistió, se ciñó de poder. Afirmó también el mundo, y no se moverá" (Sal. 93:1).

"Porque todos los dioses de los pueblos son ídolos; pero Jehová hizo los cielos. Alabanza y magnificencia delante de él; poder y gloria en su santuario" (Sal. 96:5-6).

"Métete en la peña, escóndete en el polvo, de la presencia temible de Jehová, y del resplandor de su majestad. La altivez de los ojos del hombre será abatida, y la soberbia de los hombres será humillada; y Jehová solo será exaltado en aquel día. Porque día de Jehová de los ejércitos vendrá sobre todo soberbio y altivo, sobre todo enaltecido, y será abatido" (Is. 2:10-12).

"Porque así dijo el Alto y Sublime, el que habita la eternidad, y cuyo nombre es el Santo: Yo habito en la altura y la santidad, y con el quebrantado y humilde de espíritu, para hacer vivir el espíritu de los humildes, y para vivificar el corazón de los quebrantados" (Is. 57:15).

"Y a aquel que es poderoso para guardaros sin caída, y presentaros sin mancha delante de su gloria con gran alegría, al único y sabio Dios, nuestro Salvador, sea gloria y majestad, imperio y potencia, ahora y por todos los siglos. Amén" (Jud. 24-25).

4. Dios liberó a su pueblo por su potente control sobre las aguas (v. 8). Fíjese que el "soplo del aliento de Dios" se dice que hizo que un viento fuerte procedente del oriente dividiera el Mar Rojo (14:21). Esto es simplemente lenguaje figurado, una forma poética de declarar el control de Dios sobre las aguas. El hecho es incuestionable, obvio: El soplo del aliento de Dios, el soplo del control de Dios:

- Amontonó las aguas.
- Mantuvo las aguas tormentosas, agitadas aguas levantadas.
- Cuajó las aguas profundas.

5. Dios liberó a su pueblo por su glorioso triunfo sobre el odio feroz de su enemigo, sobre su orgullo y jactancia (vv. 9-10). El espíritu de los egipcios queda expuesto en estos dos versículos. De ellos se había posesionado un espíritu de odio feroz contra los esclavos israelitas. Para los egipcios, los israelitas eran la escoria de la tierra, descendientes de detestables pastores, un pueblo que solo merecía ser esclavizado. Además, los israelitas fueron el motivo de que las diez plagas fueran lanzadas sobre Egipto, el motivo de la destrucción de Egipto y de su economía. Los egipcios siempre habían aborrecido a los israelitas, pero tras la terrible destrucción de su nación por el Dios de los israelitas, su aborrecimiento se convirtió en odio, un odio feroz. Por tanto, los egipcios habían jurado destruir totalmente al pueblo de Dios.

a. Fíjese en el juramento y la jactancia del ejército egipcio. Parece como si estuvieran tan empeñados en perseguir y destruir al pueblo de Dios que apenas podían recobrar el aliento. La imagen es la de un pecho jadeante y una voz sin aliento jactándose:
   - "Perseguiré".
   - "Apresaré".
   - "Repartiré despojos".
   - "hasta quedar hastiado" (NIV).
   - "Sacaré mi espada".
   - "Los destruirá mi mano" (v. 9).

b. Pero Dios había prometido liberar a su pueblo, y eso hizo. Cumplió su promesa. Dios hizo que el viento soplara y fíjese lo que sucedió:
   ⇒ El mar cubrió al ejército egipcio y se hundieron como plomo en las impetuosas aguas (v. 10).

Pensamiento 1. El mundo odia a los creyentes. Los creyentes viven una vida recta y pura; predican el amor y la compasión, el desinterés y la generosidad, generosidad incluso al punto del sacrificio. El mundo desprecia esta forma de vivir. Las personas mundanas de este mundo quieren. . .

- hacer lo que les plazca
- vivir como les plazca
- conseguir y poseer todo cuanto puedan
- estar cómodos y satisfacer sus deseos

Por tanto la vida del creyente y la vida del mundano están en conflicto. El resultado es trágico: El mundano ridiculiza y persigue al creyente. Pero Dios ha prometido un glorioso triunfo sobre los mundanos de esta tierra. Él ha prometido liberarnos de este mundo. Y Dios cumplirá su promesa; esto declara firmemente las Escrituras.

"En seis tribulaciones te librará, y en la séptima no te tocará el mal" (Job 5:19).

"Él te librará del lazo del cazador, de la peste destructora" (Sal. 91:3).

"No os ha sobrevenido ninguna tentación que no sea humana; pero fiel es Dios, que no os dejará ser tentados más de lo que podéis resistir, sino que dará también juntamente con la tentación la salida, para que podáis soportar" (1 Co. 10:13).

"Y el Señor me librará de toda obra mala, y me preservará para su reino celestial. A él sea gloria por los siglos de los siglos. Amén" (2 Ti. 4:18).

"sabe el Señor librar de tentación a los piadosos, y reservar a los injustos para ser castigados en el día del juicio" (2 P. 2:9).

6. Dios liberó a su pueblo por su incomparable persona: Ningún dios es como Él (vv. 1-12). Ninguna persona, ningún ser (real ni imaginario) puede compararse con Dios. Esto el SEÑOR lo acababa de probar.

⇒ Egipto era famoso por sus dioses, pero estos no eran sino dioses creados por el hombre. Eran simples ídolos incapaces de proteger a los egipcios de la ejecución de la justicia divina de Dios.

⇒ Los líderes, los reyes y los príncipes de este mundo son tratados con frecuencia como dioses, pero son simples hombres. Son frágiles, limitados y mortales, totalmente incapaces de pararse delante o contra el Señor.

El cántico de Moisés declara gráficamente la verdad: "¿Quién como tú, Oh Jehová, entre los dioses? Quién como tú..."

- magnífico en santidad
- sorprendente en gloria
- hacedor de prodigios

¿Qué prodigios? El Señor extendió su diestra y la tierra se tragó a los enemigos de su pueblo. Ningún dios creado por el hombre pudo evitar que Dios hiciera justicia con los opresores y malvados perseguidores de su pueblo.

"Él es la Roca, cuya obra es perfecta, porque todos sus caminos son rectitud; Dios de verdad, y sin ninguna iniquidad en él; es justo y recto" (Dt. 32:4).

"Porque Jehová ama la rectitud, y no desampara a sus santos. Para siempre serán guardados; mas la descendencia de los impíos será destruida" (Sal. 37:28).

"Lo dilatado de su imperio y la paz no tendrán límite, sobre el trono de David y sobre su reino, disponiéndolo y confirmándolo en juicio y en justicia desde ahora y para siempre. El celo de Jehová de los ejércitos hará esto" (Is. 9:7).

"En aquellos días y en aquel tiempo haré brotar a David un Renuevo de justicia, y hará juicio y justicia en la tierra" (Jer. 33:15).

"Y pondré mi gloria entre las naciones, y todas las naciones verán mi juicio que habré hecho, y mi mano que sobre ellos puse" (Ez. 39:21).

"¿No eres tú desde el principio, oh Jehová, Dios mío, Santo mío? No moriremos. Oh Jehová, para juicio lo pusiste; y tú, oh Roca, lo fundaste para castigar" (Hab. 1:12).

"Mas sabemos que el juicio de Dios contra los que practican tales cosas es según verdad. ¿Y piensas esto, oh hombre, tú que juzgas a los que tal hacen, y haces lo mismo, que tú escaparás del juicio de Dios?" (Ro. 2:2-3).

"sabe el Señor librar de tentación a los piadosos, y reservar a los injustos para ser castigados en el día del juicio" (2 P. 2:9).

3 (15:13-18) ***Cántico — Propósito de Dios — La Tierra Prometida — Guía de Dios***: El cántico es un cántico del glorioso propósito de Dios: Guiar a los redimidos a su santa morada, es decir, a la *Tierra Prometida*. Este pasaje definitivamente se refiere a la *Tierra Prometida*. Fíjese que los enemigos se levantarán por el camino mientras Israel marche a reclamar su prometida heredad, pero Dios hará que el corazón de los enemigos se deshaga. Dios traería a su pueblo a su heredad, a la Tierra Prometida, al propio santuario donde mora la presencia del Señor (un símbolo del cielo). (Vea *Estudio a fondo 1*, Éx. 2:24; nota, Gn. 12:1 para un mayor análisis.)

Fíjese en un hecho significativo: Estos versículos hablan del futuro. Afirman la seguridad del pueblo de Dios en la gran promesa de Dios. ¿Qué promesa?

⇒ Que Dios guiaría a su pueblo a la Tierra Prometida; que Dios se aseguraría absolutamente de que su pueblo recibiera su prometida heredad, la heredad de la Tierra Prometida (cp. 1 S. 26:19; Sal. 79:1).

Las Escrituras y los puntos del esquema cubren el mensaje proclamado por el cántico. El glorioso propósito de Dios es guiar a su pueblo redimido a su santa morada, a la Tierra Prometida (simbólicamente, la Tierra Prometida del cielo donde su divina presencia mora eternamente).

a. La fuente del gran propósito de Dios es su misericordia, su amor (v. 13). Dios había demostrado su misericordia y amor redimiendo a su pueblo. Él los había salvado del yugo de la esclavitud liberándolos de sus enemigos a través del Mar Rojo.

El punto está claro: En el futuro, el pueblo de Dios podía confiar en la misericordia y el amor de Dios. La misericordia y el amor de Dios continuarían guiando a su pueblo hasta que llegaran a la Tierra Prometida.

Pensamiento 1. Es la misericordia y el amor de Dios quien nos redime, nos salva y libera durante toda la vida. Podemos estar seguros: El amor y la misericordia de Dios nos guiarán a la Tierra Prometida, la heredad prometida de vivir junto a Dios eternamente.

"Porque de tal manera amó Dios al mundo, que ha dado a su Hijo unigénito, para que todo aquel que en él cree, no se pierda, mas tenga vida eterna" (Jn. 3:16).

"Pero Dios, que es rico en misericordia, por su gran amor con que nos amó, aun estando nosotros muertos en pecados, nos dio vida juntamente con Cristo (por gracia sois salvos), y juntamente con él nos resucitó, y asimismo nos hizo sentar en los lugares celestiales con Cristo Jesús, para mostrar en los siglos venideros las abundantes riquezas de su gracia en su bondad para con nosotros en Cristo Jesús" (Ef. 2:4-7).

"nos salvó, no por obras de justicia que nosotros hubiéramos hecho, sino por su misericordia, por el lavamiento de la regeneración y por la renovación en el Espíritu Santo, el cual derramó en nosotros abundantemente por Jesucristo nuestro Salvador,

para que justificados por su gracia, viniésemos a ser herederos conforme a la esperanza de la vida eterna" (Tit. 3:5-7).

"Bendito el Dios y Padre de nuestro Señor Jesucristo, que según su grande misericordia nos hizo renacer para una esperanza viva, por la resurrección de Jesucristo de los muertos, para una herencia incorruptible, incontaminada e inmarcesible, reservada en los cielos para vosotros" (1 P. 1:3-4).

b. El impacto del liderazgo y la guía de Dios se veía claramente: Era una clara demostración del asombroso poder de Dios (vv. 14-16). La mano de Dios descansaría poderosamente sobre su pueblo. Fíjese el impacto en los enemigos de Israel. El temor se apoderaría de ellos. Fíjese en las cinco descripciones diferentes del temor.
   ⇒ Las naciones lo oirán y temblarán.
   ⇒ Los enemigos sentirán angustia.
   ⇒ Los líderes se aterrarán y temblarán.
   ⇒ Los enemigos se desvanecerán, los enemigos que se opongan a la marcha del pueblo de Dios hacia la morada de Dios (la Tierra Prometida).
   ⇒ Los pueblos quedarán petrificados de temor y espanto, quietos como piedras, hasta que el pueblo redimido de Dios llegue a la morada de Dios (la Tierra Prometida).

Pensamiento 1. Ningún enemigo podrá jamás impedir que Dios nos guíe a la Tierra Prometida del cielo. Dios nos protege y guía día a día, y nos protegerá y guiará hasta que esté listo para llevarnos a casa en el cielo.

"Porque los ojos de Jehová contemplan toda la tierra, para mostrar su poder a favor de los que tienen corazón perfecto para con él. Locamente has hecho en esto; porque de aquí en adelante habrá más guerra contra ti" (2 Cr. 16:9).

"Jehová es mi pastor; nada me faltará. En lugares de delicados pastos me hará descansar; junto a aguas de reposo me pastoreará. Confortará mi alma; me guiará por sendas de justicia por amor de su nombre. Aunque ande en valle de sombra de muerte, no temeré mal alguno, porque tú estarás conmigo; tu vara y tu cayado me infundirán aliento. Aderezas mesa delante de mí en presencia de mis angustiadores; unges mi cabeza con aceite; mi copa está rebosando. Ciertamente el bien y la misericordia me seguirán todos los días de mi vida, y en la casa de Jehová moraré por largos días" (Sal. 23:1-6).

"El ángel de Jehová acampa alrededor de los que le temen, y los defiende" (Sal. 34:7).

"Porque este Dios es Dios nuestro eternamente y para siempre; el nos guiará aun más allá de la muerte" (Sal. 48:14).

"Me has guiado según tu consejo, y después me recibirás en gloria" (Sal. 73:24).

"En la casa de mi Padre muchas moradas hay; si así no fuera, yo os lo hubiera dicho; voy, pues, a preparar lugar para vosotros. Y si me fuere y os preparare lugar, vendré otra vez, y os tomaré a mí mismo, para que donde yo estoy, vosotros también estéis" (Jn. 14:2-3).

"Mas nuestra ciudadanía está en los cielos, de donde también esperamos al Salvador, al Señor Jesucristo; el cual transformará el cuerpo de la humillación nuestra, para que sea semejante al cuerpo de la gloria suya, por el poder con el cual puede también sujetar a sí mismo todas las cosas" (Fil. 3:20-21).

[4] (15:19-21) ***María — Cántico — Alabanza:*** El cántico movió a una especial alabanza y danza de las mujeres del pueblo de Dios. Estos tres versículos cubren lo que llaman "El cántico de María". Recuerde, María era la hermana de Moisés, la hermana mayor que tan amorosamente había cuidado de él cuando era un pequeño bebé. (Vea esquema y notas, Éx. 3:1-10 para un mayor análisis.)

a. ¿Cuándo cantó María este cántico? Inmediatamente después de la gloriosa liberación de Dios (v. 19). Las Escrituras dicen que:
   • Inmediatamente después de que Dios destruyera al ejército egipcio en el mar.
   • Inmediatamente después de que los israelitas caminaran a través del lecho seco del mar.
b. María condujo a todas las mujeres israelitas en la danza y la alabanza al Señor (v. 20). Fíjese que a María se le llama profetisa. (Vea *Estudio a fondo #1*, Éx. 15:20 para un mayor análisis.)
c. El cántico de María fue cantado para el SEÑOR (v. 21). El cántico se centraba en dos grandes hechos:
   1) La Reina Valera Revisada (1960) expresa:
      ⇒ El Señor *ha triunfado gloriosamente.*
      ⇒ El Señor ha echado al caballo y al jinete en el mar.
   2) La Nueva Versión Internacional indica:
      ⇒ El Señor sea *coronado de triunfo.*
      ⇒ El Señor ha arrojado al caballo y al jinete en el mar.

Pensamiento 1. Dios libera a su pueblo. Él siempre nos ha liberado y liberará del mal, incluso del mal final, el de la muerte y el infierno.

"No os ha sobrevenido ninguna tentación que no sea humana; pero fiel es Dios, que no os dejará ser tentados más de lo que podéis resistir, sino que dará también juntamente con la tentación la salida, para que podáis soportar" (1 Co. 10:13).

"Y el Señor me librará de toda obra mala, y me preservará para su reino celestial. A él sea gloria por los siglos de los siglos. Amén" (2 Ti. 4:18).

"Así que, por cuanto los hijos participaron de carne y sangre, él también participó de lo mismo, para destruir por medio de la muerte al que tenía el imperio

de la muerte, esto es, al diablo, y librar a todos los que por el temor de la muerte estaban durante toda la vida sujetos a servidumbre" (He. 2:14-15).

"sabe el Señor librar de tentación a los piadosos, y reservar a los injustos para ser castigados en el día del juicio" (2 P. 2:9).

"Dijo: Jehová es mi roca y mi fortaleza, y mi libertador" (2 S. 22:2).

"Y hasta la vejez yo mismo, y hasta las canas os soportaré yo; yo hice, yo llevaré, yo soportaré y guardaré" (Is. 46:4).

"No temas delante de ellos, porque contigo estoy para librarte, dice Jehová" (Jer. 1:8).

ESTUDIO A FONDO 1

(15:20) ***Profetisa*:** El llamado de la profetisa es el mismo llamado del profeta. La profetisa era una mujer llamada por Dios para hablar a través de ella. Ella era llamada, designada y ungida por Dios:

- Para declarar la Palabra de Dios.
- Para ser la mensajera de Dios.
- Para ser investida con el mismo poder y autoridad de Dios.

Las Escrituras mencionan a varias otras mujeres que fueron llamadas por Dios para recibir el don profético de hablar por Él, de ser sus profetisas:

⇒ Débora (Jue. 4:4)
⇒ La esposa de Isaías (Is. 8:3)
⇒ Hulda (2 Cr. 22:14)
⇒ Noadías (Neh. 6:14)
⇒ Ana (Lc. 2:36)
⇒ Las hijas de Felipe (Hch. 21:9)

	D. La segunda crisis de Israel en el desierto: Agua amarga en Mara: Experiencias amargas hechas dulces y puras, 15:22-27	25 Y Moisés clamó a Jehová, y Jehová le mostró un árbol; y lo echó en las aguas, y las aguas se endulzaron. Allí les dio estatutos y ordenanzas, y allí los probó;	**3 El clamor del siervo de Dios al Señor y la respuesta del Señor: Le mostró a Moisés un árbol que purificó, dulcificó las aguas.** **4 El propósito de Dios: Probar a su pueblo** **5 El resultado de la crisis: El Señor hizo un gran pacto y promesa**
1 La primera crisis: La sed a. Moisés condujo al pueblo desde el Mar Rojo hasta el desierto de Shur:[EF1] Anduvieron tres días y *no encontraron agua* b. Moisés los llevó a Mara:[EF2] Encontraron agua, pero estaba *amarga* **2 El primer terrible pecado de Israel: Quejarse, refunfuñar, murmurar**	22 E hizo Moisés que partiese Israel del Mar Rojo, y salieron al desierto de Shur; y anduvieron tres días por el desierto sin hallar agua. 23 Y llegaron a Mara, y no pudieron beber las aguas de Mara, porque eran amargas; por eso le pusieron el nombre de Mara. 24 Entonces el pueblo murmuró contra Moisés, y dijo: ¿Qué hemos de beber?	26 y dijo: Si oyeres atentamente la voz de Jehová tu Dios, e hicieres lo recto delante de sus ojos, y dieres oído a sus mandamientos, y guardares todos sus estatutos, ninguna enfermedad de las que envié a los egipcios te enviaré a ti; porque yo soy Jehová tu sanador. 27 Y llegaron a Elim, donde había doce fuentes de aguas, y setenta palmeras; y acamparon allí junto a las aguas.	a. El pacto: Condicional 1) Si oían atentamente 2) Si hacían lo recto 3) Si obedecían los mandamientos b. La promesa de Dios 1) No los castigaría con ninguna de las enfermedades que envió a los egipcios 2) Él siempre cuidaría de ellos: "Yo soy Jehová tu sanador"[EF3] **6 La abundante provisión de Dios: Los condujo a Elim, donde habían doce fuentes de agua y setenta palmeras[EF4]**

DIVISIÓN V
EL MAR ROJO Y LA PEREGRINACIÓN EN EL DESIERTO: LAS PRUEBAS DEL CREYENTE EN SU VIAJE A LA TIERRA PROMETIDA, 13:17—18:27

D. La segunda crisis de Israel en el desierto: Agua amarga en Mara: Experiencias amargas hechas dulces y puras, 15:22-27

(15:22-27) ***Introducción***: Quejarse, refunfuñar y murmurar son terribles pecados. Piense en el dolor y el sufrimiento que sentimos cuando las personas murmuran contra nosotros, especialmente cuando la queja amenaza nuestras. . .

- vidas
- amistades
- reputaciones
- caracteres
- trabajo
- relaciones
- apegos
- posiciones
- empleos
- ascensos
- inversiones

Las quejas, refunfuños y murmuraciones hieren y causan dolor. Pero más que esto, las quejas y las murmuraciones muestran una gran desconfianza en Dios:

⇒ Muestran que no creemos que Dios tiene el control y que Él hará que las cosas salgan bien.

⇒ Muestran que desconfiamos del poder de Dios, cuestionando su bondad para encargarse de la situación.

Este es el tema de este importante pasaje de las Escrituras. Nos cuenta acerca del primer terrible pecado de los israelitas, el de quejarse. Ellos refunfuñaron y murmuraron contra su líder, el amado siervo de Dios Moisés. Esto es: *La segunda crisis de Israel en el desierto: Agua amarga en Mara: Experiencias amargas hechas dulces y puras*, 15:22-27.

1. La primera crisis: La sed (vv. 22-23).
2. El primer terrible pecado de Israel: Quejarse, refunfuñar y murmurar (v. 24).
3. El clamor del siervo de Dios al Señor y la respuesta de Dios a su pueblo: Le mostró a Moisés un árbol que purificó, dulcificó, las aguas (v. 25).
4. El propósito de Dios: Probar a su pueblo (v. 25).
5. El resultado de la crisis: El Señor hizo una gran ley y promesa (vv. 25-26).
6. La abundante provisión de Dios: los condujo hasta Elim, donde habían doce fuentes de agua y setenta palmeras (v. 27).

1 (15:22-23) ***Israel — Peregrinaje por el desierto — Sed — Juicios*:** La primera crisis que enfrentó Israel durante las *andanzas por el desierto* fue la de la sed.

1. Moisés condujo a los israelitas desde el Mar Rojo, iniciando su marcha hacia el Monte Sinaí. Para llegar al Sinaí tenían que cruzar el desierto de Shur (vea *Estudio a fondo 1*, Éx. 15:22 para un mayor análisis). Fue el desierto el que creó el problema: Ellos caminaban y *no encontraban agua*. Imagínese a dos o tres millones de personas marchando a través de un desierto durante tres días *sin encontrar agua*. Las reservas de agua de algunas familias eran ya muy escasas y al parecer las de otras ya se habían agotado. Estar en el desierto sin agua era una severa crisis que afrontar. Era un asunto de vida o muerte: La supervivencia estaba en juego, la supervivencia de millones de personas incluidos niños. ¿Qué se podía hacer?

2. Moisés los condujo a un lugar donde se suponía que hubiera agua, a *Mara*. Pero por desgracia, el agua se había contaminado: El agua estaba *amarga,* no apta para beber (vea *Estudio a fondo 2*, *Mara*, Éx. 15:23). Por la reacción del pueblo, estaba al parecer tan amarga que tenían miedo de beberla, sintiendo que no era seguro hacerlo.

Pensamiento 1. Recuerde estos hechos:

⇒ Los israelitas acababan de ser *liberados por Dios* de la esclavitud egipcia. Su liberación es una ilustración de la redención del creyente, de su liberación de la esclavitud del mundo para el pecado y la muerte.

⇒ Los israelitas acababan de comenzar su viaje por el desierto, su viaje hacia la Tierra Prometida de Canaán. Esta es una ilustración del creyente iniciando su vida cristiana y camino, su viaje a través de la vida hacia la Tierra Prometida del cielo.

⇒ Por tanto, la crisis de las aguas amargas de Mara es una ilustración de las amargas pruebas que confrontará el creyente mientras camina a través de la vida, marchando hacia la Tierra Prometida del cielo.

Ahora, piense nada más en las amargas pruebas que confrontamos a lo largo de la vida, pruebas tan amargas como. . .

- estar sin agua
- estar sin comida
- estar sin hogar
- accidentes
- divorcio
- sufrimiento
- deformidades
- muerte
- pérdida de empleo
- pérdidas financieras
- severas tentaciones
- planes fallidos
- frustraciones
- desilusiones
- pena
- desaliento

Las amargas pruebas son la experiencia normal de la vida humana. Todos las confrontamos, y a todos nos dejan perplejos y confundidos. Los creyentes con frecuencia nos preguntamos: "¿Por qué Dios ha dejado que esto me suceda a mí?" Las pruebas y las tentaciones son comunes para todas las personas. Cuando nos golpean, la pregunta es: ¿Cómo vamos a reaccionar? ¿Vamos a confiar en que Dios nos ayudará y nos dará fuerzas, o murmurar y quejarnos y quizás maldecir a Dios?

"¿Por qué te abates, oh alma mía, y te turbas dentro de mí? espera en Dios; porque aún he de alabarle, salvación mía y Dios mío" (Sal. 42:5).

"No os ha sobrevenido ninguna tentación que no sea humana; pero fiel es Dios, que no os dejará ser tentados más de lo que podéis resistir, sino que dará también juntamente con la tentación la salida, para que podáis soportar" (1 Co. 10:13).

"Porque también estando con vosotros, os predecíamos que íbamos a pasar tribulaciones, como ha acontecido y sabéis" (1 Ts. 3:4).

"Amados, no os sorprendáis del fuego de prueba que os ha sobrevenido, como si alguna cosa extraña os aconteciese, sino gozaos por cuanto sois participantes de los padecimientos de Cristo, para que también en la revelación de su gloria os gocéis con gran alegría" (1 P. 4:12-13).

Pensamiento 2. Después de viajar durante tres días por el ardiente y seco desierto, los israelitas deben haberse vuelto locos de alegría al encontrar agua. ¡Pero qué terrible decepción! ¡Agua amarga, imposible de beber!

El agua amarga, imposible de beber es una ilustración de las aguas amargas del mundo, las amargas pruebas y experiencias de este mundo. La persona que bebe de las aguas de esta tierra está condenada a la decepción. Las aguas de esta tierra probarán ser amargas:

⇒ alcohol
⇒ drogas
⇒ sexo
⇒ riquezas
⇒ placer
⇒ fama
⇒ reconocimiento
⇒ poder
⇒ posición
⇒ belleza
⇒ posesiones

Las aguas del mundo nunca sacian la sed del corazón humano. Solo Jesucristo puede saciar la sed del corazón. Él es el Agua viva.

"Respondió Jesús y le dijo: Cualquiera que bebiere de esta agua, volverá a tener sed; mas el que bebiere del agua que yo le daré, no tendrá sed jamás; sino que el agua que yo le daré será en él una fuente de agua que salte para vida eterna" (Jn. 4:13-14).

"En el último y gran día de la fiesta, Jesús se puso en pie y alzó la voz, diciendo: Si alguno tiene sed, venga a mí y beba. El que cree en mí, como dice la Escritura, de su interior correrán ríos de agua viva" (Jn. 7:37-38).

"Bienaventurados los que tienen hambre y sed de justicia, porque ellos serán saciados" (Mt. 5:6).

"porque el Cordero que está en medio del trono los pastoreará, y los guiará a fuentes de aguas de vida; y Dios enjugará toda lágrima de los ojos de ellos" (Ap. 7:17).

"Bienaventurados los que tienen hambre y sed de justicia, porque ellos serán saciados" (Mt. 5:6).

"Ya no tendrán hambre ni sed, y el sol no caerá más sobre ellos, ni calor alguno" (Ap. 7:16).

"Y el Espíritu y la Esposa dicen: Ven. Y el que oye, diga: Ven. Y el que tiene sed, venga; y el que quiera, tome del agua de la vida gratuitamente" (Ap. 22:17).

"A todos los sedientos: Venid a las aguas; y los que no tienen dinero, venid, comprad y comed. Venid, comprad sin dinero y sin precio, vino y leche" (Is. 55:1).

ESTUDIO A FONDO 1

(15:22) ***Shur, desierto de***: Este desierto se extiende desde la zona nordeste de Egipto hasta la parte noroeste del desierto de Sinaí. Hacia el sur llegaba hasta las Montañas de Sinaí. A Shur también se le llama "el desierto de Etam" (Nm. 33:8). Al parecer, "*Shur*" era la palabra hebrea para este desierto y "*Etam*" la egipcia.[1]

⇒ La palabra "Shur" significa *muro*, refiriéndose al *muro* de una *fortaleza*.

⇒ El desierto de Shur es una parte significativa de las tierras del Antiguo Testamento donde los patriarcas viajaron y vivieron.

- Allí estuvieron Sara y Abraham.

"Y la halló el ángel de Jehová junto a una fuente de agua en el desierto, junto a la fuente que está en el camino de Shur" (Gn. 16:7).

"De allí partió Abraham a la tierra del Neguev, y acampó entre Cades y Shur, y habitó como forastero en Gerar" (Gn. 20:1).

- Allí estuvieron los descendientes de Ismael.

"Y habitaron desde Havila hasta Shur, que está enfrente de Egipto viniendo a Asiria; y murió en presencia de todos sus hermanos" (Gn. 25:18).

- Allí estuvieron Moisés y los israelitas.

"E hizo Moisés que partiese Israel del Mar Rojo, y salieron al desierto de Shur; y anduvieron tres días por el desierto sin hallar agua" (Éx. 15:22).

- Allí estuvo el rey Saúl quien peleó contra los amalecitas.

"Y Saúl derrotó a los amalecitas desde Havila hasta llegar a Shur, que está al oriente de Egipto" (1 S. 15:7).

- Allí estuvieron David y sus hombres que lucharon contra los gesuritas, los gezritas, y los amalecitas cuyas raíces estaban en Shur.

"Y subía David con sus hombres, y hacían incursiones contra los gesuritas, los gezritas y los amalecitas; porque éstos habitaban de largo tiempo la tierra, desde como quien va a Shur hasta la tierra de Egipto" (1 S. 27:8).

ESTUDIO A FONDO 2

(15:23) ***Mara***: La palabra significa *amargo*. El agua estaba evidentemente contaminada por algún mineral que la hacía impura y no apta para beber.

⇒ Mara era probablemente el área conocida hoy como *Ain Hawarah*. Esto está varios kilómetros tierra adentro, cerca de 75 kilómetros al sureste de Suez y solo a unas siete millas del Mar Rojo.[2]

⇒ Mara se encontraba a alrededor de tres días de viaje por el desierto de Etam. Los israelitas acamparon en Mara y demostraron un espíritu de terrible incredulidad, un espíritu de queja y murmuración en contra del Señor y su líder escogido, Moisés (Éx. 15:23; Nm. 33:8).

[2] (15:24) ***Queja — Refunfuño — Murmuración — Pecado — Israel***: Este es el primer terrible pecado de Israel, el de quejarse, refunfuñar y murmurar. Este sería un pecado cometido constantemente cuando los israelitas enfrentaban una crisis. Tenga en mente de lo que los israelitas acababan de ser testigos hacía solamente tres días antes: La gran liberación de Dios a través del Mar Rojo. Además, durante los últimos uno o dos años, habían sido testigos del tremendo poder de Dios a través de las diez plagas del juicio lanzado sobre los egipcios. Pero aquí estaban, tres días más tarde (solo tres días después de la gran liberación a través del Mar Rojo) quejándose y refunfuñando contra el siervo de Dios. Ellos deberían haber recordado de Dios. . .

- recordado su gran poder y amor
- recordado su gran preocupación y provisión

Ellos deberían haber confiado en que Dios proveería el agua. Deberían haberse inclinado en oración, pidiendo a Dios que mostrara a su líder, Moisés, dónde estaba el agua. Imagínese qué imagen tan gloriosa de confianza y victoria habría sido esa: Dos o tres millones de personas, hombres, mujeres y niños, todos inclinados juntos en hilera militar sobre las arenas del desierto, todos orando y clamando a Dios por ayuda en esta crisis.

Pero esto no sucedería. Ellos eran creyentes inmaduros: no espirituales, inestables, y carnales. El corazón carnal de cada uno de ellos lleno de incredulidad tomó el mando, y los israelitas se quejaron, refunfuñaron y murmuraron en contra del líder de Dios. Este fue el primer terrible pecado de Israel, y sería un pecado cometido una y otra vez por ellos. En realidad, cada vez que afrontaran una crisis, se quejarían y murmurarían. Fíjese en estos ejemplos:

⇒ Se quejaron y murmuraron porque no tenían comida.

"Y toda la congregación de los hijos de Israel murmuró contra Moisés y Aarón en el desierto" (Éx. 16:2).

⇒ Se quejaron y murmuraron porque no tenían agua.

"Así que el pueblo tuvo allí sed, y murmuró contra Moisés, y dijo: ¿Por qué nos hiciste subir de

---

[1] Frank E. Gaebelein, editor. *The Expositor's Bible Commentary*, vol. 2, p. 398.

[2] *Zondervan Pictorial Encyclopedia of the Bible*, vol. 4:70.

Egipto para matarnos de sed a nosotros, a nuestros hijos y a nuestros ganados?" (Éx. 17:3).

⇒ Se quejaron y murmuraron a causa de las pruebas que enfrentaban a través de sus andanzas por el desierto: Deseaban regresar a Egipto.

"Y se quejaron contra Moisés y contra Aarón todos los hijos de Israel; y les dijo toda la multitud: ¡Ojalá muriéramos en la tierra de Egipto; o en este desierto ojalá muriéramos! ¿Y por qué nos trae Jehová a esta tierra para caer a espada, y que nuestras mujeres y nuestros niños sean por presa? ¿No nos sería mejor volvernos a Egipto? Y decían el uno al otro: Designemos un capitán, y volvámonos a Egipto" (Nm. 14:2-4).

⇒ Se quejaron y murmuraron porque estaban cansados de sus líderes, estaban cansados del liderazgo de Moisés y de Aarón.

"Por tanto, tú y todo tu séquito sois los que os juntáis contra Jehová; pues Aarón, ¿qué es, para que contra él murmuréis?" (Nm. 16:11).

⇒ Se quejaron y murmuraron a causa del juicio de Dios, porque Dios ejecutaba la justicia sobre los israelitas que pecaban.

"El día siguiente, toda la congregación de los hijos de Israel murmuró contra Moisés y Aarón, diciendo: Vosotros habéis dado muerte al pueblo de Jehová" (Nm. 16:41).

Como se ha dicho en la Introducción, quejarse y murmurar son signos de desconfianza, de terrible incredulidad en Dios. Cuando nos quejamos y murmuramos, revelamos un corazón incrédulo y desconfiado. Revelamos que no creemos en la bondad y el poder de Dios. Que no creemos que Dios tenga el control, que Él resolverá la situación. Un corazón que confía en Dios siempre ora, pidiéndole a Dios que le ayude. El corazón confiado nunca se queja ni murmura contra personas ni situaciones, especialmente no contra otros hermanos creyentes y claro que tampoco contra los amados siervos de Dios. Fíjese en estos hechos relacionados con la queja y la murmuración.

1. Las quejas y las murmuraciones no son contra los siervos de Dios, sino contra Dios mismo.

   "Dijo también Moisés: Jehová os dará en la tarde carne para comer, y en la mañana pan hasta saciaros; porque Jehová ha oído vuestras murmuraciones con que habéis murmurado contra él; porque nosotros, ¿qué somos? Vuestras murmuraciones no son contra nosotros, sino contra Jehová" (Éx. 16:8).

2. Las quejas y las murmuraciones se deben con frecuencia a una persona que no cree en Dios y que no escucha su Palabra.

   "Pero aborrecieron la tierra deseable; no creyeron a su palabra, antes murmuraron en sus tiendas, y no oyeron la voz de Jehová" (Sal. 106:24-25).

3. Las quejas y las murmuraciones se deben con frecuencia a la insensatez y el pecado del hombre mismo.

   "La insensatez del hombre tuerce su camino, y luego contra Jehová se irrita su corazón" (Pr. 19:3).

   "¿Por qué se lamenta el hombre viviente? Laméntese el hombre en su pecado" (Lm. 3:39).

4. Las quejas y las murmuraciones no tienen cabida en la vida del creyente.

   "no mirando cada uno por lo suyo propio, sino cada cual también por lo de los otros" (Fil. 2:14).

5. Las quejas y las murmuraciones serán severamente juzgadas por Dios.

   "Ni murmuréis, como algunos de ellos murmuraron, y perecieron por el destructor" (1 Co. 10:10).

   "De éstos también profetizó Enoc, séptimo desde Adán, diciendo: He aquí, vino el Señor con sus santas decenas de millares, para hacer juicio contra todos, y dejar convictos a todos los impíos de todas sus obras impías que han hecho impíamente, y de todas las cosas duras que los pecadores impíos han hablado contra él. Estos son murmuradores, querellosos, que andan según sus propios deseos, cuya boca habla cosas infladas, adulando a las personas para sacar provecho" (Jud. 14-16).

Pensamiento 1. Las personas tienen sed de contentamiento, de una evasiva paz mental. Para hallar contentamiento y paz, ansían más y más todo tipo de cosas. Y el mundo ofrece todo tipo de cosas a las personas, diciéndoles que podrán satisfacer la sed del corazón humano. Pero las aguas, las cosas ofrecidas por el mundo, son amargas; dejan un sabor amargo en nuestra boca y no aplacan nuestra sed. A pesar de esto, cada día, por todo el mundo, el hombre bebe de los amargos pozos de la tierra, las amargas aguas. . .

- del placer
- de la fama
- del sexo ilícito
- de una forma banal de religión
- de las posesiones materiales
- de la posición
- del poder
- del dinero
- de las propiedades
- de las luces brillantes y el estrellato
- de la autosatisfacción
- de la idolatría

Cegado por anhelos que nunca satisfacen, el hombre bebe hasta más no poder de estas aguas. Bebe y bebe, pero al final un sabor amargo en la boca es lo único que le queda.

¿Cuál es la respuesta a las amargas aguas de la experiencia mientras el creyente viaja a través del desierto del mundo? La respuesta viene del propio Jesucristo. Solamente Él tiene el poder para dulcificar las aguas amargas de la vida. ¿Cómo crea Cristo este gran antídoto para un mundo enfermo de tanto beber aguas contaminadas? Jesucristo ha vertido su vida dentro de este mundo inundándolo con aguas vivas. Aguas que aplacan la sed del corazón humano, que dan vida al hombre. ¡Las Escrituras afirman que Dios es la única alternativa a beber las aguas amargas de esta tierra!

"Respondió Jesús y le dijo: Si conocieras el don de Dios, y quién es el que te dice: Dame de beber; tú le pedirías, y él te daría agua viva" (Jn. 4:10).

"Después me mostró un río limpio de agua de vida, resplandeciente como cristal, que salía del trono de Dios y del Cordero. En medio de la calle de la ciudad, y a uno y otro lado del río, estaba el árbol de la vida, que produce doce frutos, dando cada mes su fruto; y las hojas del árbol eran para la sanidad de las naciones" (Ap. 22:1-2).

"Y el Espíritu y la Esposa dicen: Ven. Y el que oye, diga: Ven. Y el que tiene sed, venga; y el que quiera, tome del agua de la vida gratuitamente" (Ap. 22:17).

"Jehová es mi pastor; nada me faltará. En lugares de delicados pastos me hará descansar; junto a aguas de reposo me pastoreará. Confortará mi alma; me guiará por sendas de justicia por amor de su nombre" (Sal. 23:1-3).

"Serán completamente saciados de la grosura de tu casa, y tú los abrevarás del torrente de tus delicias" (Sal. 36:8).

"He aquí Dios es salvación mía; me aseguraré y no temeré; porque mi fortaleza y mi canción es JAH Jehová, quien ha sido salvación para mí. Sacaréis con gozo aguas de las fuentes de la salvación" (Is. 12:2-3).

"Los ladrillos cayeron, pero edificaremos de cantería; cortaron los cabrahigos, pero en su lugar pondremos cedros" (Is. 49:10).

"A todos los sedientos: Venid a las aguas; y los que no tienen dinero, venid, comprad y comed. Venid, comprad sin dinero y sin precio, vino y leche" (Is. 55:1).

Pensamiento 2. El hombre está sediento, sediento de satisfacción y realización, propósito, sentido e importancia, aceptación y reconocimiento, goce y felicidad, amor y amistad.

El mundo ofrece agua al hombre, agua que dice aplacar la sed del hombre. Y cuando el hombre mira al mundo, ve la atractiva agua, agua que *parece* que calmará su sed. Pero cuando el hombre bebe el agua, es amarga. Las aguas del mundo llenarán al hombre de. . .

- amarga realización y satisfacción
- amargo propósito
- amargo sentido e importancia
- amarga aceptación y reconocimiento
- amargo goce y felicidad
- amargo amor y amistad

Las aguas del mundo (todas ellas sin excepción) dejan al hombre con amargos logros y éxitos, amarga gratificación y placer. Solamente una persona puede dulcificar las aguas de la vida para el hombre: El propio Señor Jesucristo, el agua viva. El agua que Jesucristo da verdaderamente puede dulcificar las experiencias de la vida. Esto es exactamente lo que dicen las Escrituras:

"Bienaventurados los que tienen hambre y sed de justicia, porque ellos serán saciados" (Mt. 5:6).

"mas el que bebiere del agua que yo le daré, no tendrá sed jamás; sino que el agua que yo le daré será en él una fuente de agua que salte para vida eterna" (Jn. 4:14).

"En el último y gran día de la fiesta, Jesús se puso en pie y alzó la voz, diciendo: Si alguno tiene sed, venga a mí y beba. El que cree en mí, como dice la Escritura, de su interior correrán ríos de agua viva" (Jn. 7:37-38).

"porque el Cordero que está en medio del trono los pastoreará, y los guiará a fuentes de aguas de vida; y Dios enjugará toda lágrima de los ojos de ellos" (Ap. 7:17).

3 (15:25) ***Oración — Clamor a Dios — Intercesión***: ¿Qué hizo el siervo de Dios? Moisés hizo exactamente lo que debía haber hecho: Se quedó solo con Dios y clamó en oración. Y fíjese lo que hizo el Señor: Él suplió las necesidades de su siervo y de su pueblo. A pesar de la carnalidad y del pecado, a pesar de su incredulidad y sus murmuraciones, Dios suplió sus necesidades. Dios mostró a Moisés un árbol que purificaría y haría las aguas limpias y dulces para beber. Moisés tomó un poco de madera del árbol y la echó al agua, haciendo que esta se volviera clara y pura.

Pensamiento 1. El Señor suplió las necesidades de los israelitas. Les proveyó de agua limpia y pura. Fíjese en estas dos lecciones.

1) Dios liberó a los israelitas de la severa crisis que había amenazado la vida de cada uno de ellos. Pero fíjese por qué: porque el siervo de Dios se fue solo y clamó a Dios. El siervo de Dios oró e intercedió: desesperado imploró a Dios que lo ayudara a sacar al pueblo de esta crisis que amenazaba sus vidas. Qué lección para los líderes de gobierno y para los ministros.

"Mas si desde allí buscares a Jehová tu Dios, lo hallarás, si lo buscares de todo tu corazón y de toda tu alma" (Dt. 4:29).

"Este pobre clamó, y le oyó Jehová, y lo libró de todas sus angustias" (Sal. 34:6).

"Desde el cabo de la tierra clamaré a ti, cuando mi corazón desmayare. llévame a la roca que es más alta que yo" (Sal. 61:2).

"Me invocará, y yo le responderé; con él estaré yo en la angustia; lo libraré y le glorificaré" (Sal. 91:15).

"Entonces invocarás, y te oirá Jehová; clamarás, y dirá él: Heme aquí. Si quitares de en medio de ti el yugo, el dedo amenazador, y el hablar vanidad" (Is. 58:9).

"Y antes que clamen, responderé yo; mientras aún hablan, yo habré oído" (Is. 65:24).

"Y yo os digo: Pedid, y se os dará; buscad, y hallaréis; llamad, y se os abrirá" (Lc. 11:9).

"Elías era hombre sujeto a pasiones semejantes a las nuestras, y oró fervientemente para que no lloviese, y no llovió sobre la tierra por tres años y seis meses" (Stg. 5:17).

2) Dios tomará las experiencias amargas de nuestras vidas y las dulcificará. Él purificará y limpiará las experiencias amargas de la vida. Tan solo imagine todas las molestias, problemas, dificultades, juicios, y tentaciones de la vida. Dios quitará la amargura de todos ellos. Él nos permitirá soportarlos todos. Dios nos fortalecerá para conquistarlos y atravesarlos todos, de manera victoriosa y triunfante.

"Bienaventurado el varón que soporta la tentación; porque cuando haya resistido la prueba, recibirá la corona de vida, que Dios ha prometido a los que le aman" (Stg. 1:12).

"Y sabemos que a los que aman a Dios, todas las cosas les ayudan a bien, esto es, a los que conforme a su propósito son llamados" (Ro. 8:28).

"No os ha sobrevenido ninguna tentación que no sea humana; pero fiel es Dios, que no os dejará ser tentados más de lo que podéis resistir, sino que dará también juntamente con la tentación la salida, para que podáis soportar" (1 Co. 10:13).

"Porque esta leve tribulación momentánea produce en nosotros un cada vez más excelente y eterno peso de gloria" (2 Co. 4:17).

"Y me ha dicho: Bástate mi gracia; porque mi poder se perfecciona en la debilidad. Por tanto, de buena gana me gloriaré más bien en mis debilidades, para que repose sobre mí el poder de Cristo" (2 Co. 12:9).

"Amados, no os sorprendáis del fuego de prueba que os ha sobrevenido, como si alguna cosa extraña os aconteciese, sino gozaos por cuanto sois participantes de los padecimientos de Cristo, para que también en la revelación de su gloria os gocéis con gran alegría" (1 P. 4:12-13).

"Enjugará Dios toda lágrima de los ojos de ellos; y ya no habrá muerte, ni habrá más llanto, ni clamor, ni dolor; porque las primeras cosas pasaron" (Ap. 21:4).

"Muchas son las aflicciones del justo, pero de todas ellas le librará Jehová" (Sal. 34:19).

"Jehová lo sustentará sobre el lecho del dolor; mullirás toda su cama en su enfermedad" (Sal. 41:3).

"Cuando pases por las aguas, yo estaré contigo; y si por los ríos, no te anegarán. Cuando pases por el fuego, no te quemarás, ni la llama arderá en ti" (Is. 43:2).

Pensamiento 2. J. Vernon McGee tiene un interesante comentario acerca de este punto (hemos colocado aparte las citas bíblicas para mayor simplicidad):

"¿Qué fue lo que endulzó las aguas amargas de Mara? Se nos dice que un árbol echado al agua las endulzó.

⇒ *"Deuteronomio 21:23 dice, 'porque maldito por Dios es el colgado. . . '*

⇒ *"Gálatas 3:13. . . dice, 'Maldito todo el que es colgado en un madero. '*

"Jesucristo murió sobre un madero, y es esa cruz la que dulcifica las experiencias de la vida. Él probó la muerte por cada hombre, y quitó a la muerte su aguijón. '¿Dónde está, oh muerte, tu aguijón? ¿Dónde, oh sepulcro, tu victoria?' dice 1 de Corintios 15:55. Es la cruz de Cristo la que dulcifica las experiencias de Mara de la vida".[3]

[4] (15:25) ***Prueba – Poner a prueba***: Este es un punto muy significativo. Este punto nos muestra por qué los israelitas eran incapaces de encontrar agua en el desierto. Dios estaba detrás de toda esta experiencia, detrás de la crisis. Dios tenía como propósito que los israelitas no pudieran encontrar agua. ¿Por qué? Para *probarlos*. ¿Qué significa esto, que Dios *probó* a Israel? ¿Quiere decir que Dios *prueba* a las personas?

⇒ Dios *prueba* a las personas para que sean humildes y para revelar lo que hay en el corazón de cada una de ellas.

"Y te acordarás de todo el camino por donde te ha traído Jehová tu Dios estos cuarenta años en el desierto, para afligirte, para probarte, para saber lo que había en tu corazón, si habías de guardar o no sus mandamientos" (Dt. 8:2).

"que te sustentó con maná en el desierto, comida que tus padres no habían conocido, afligiéndote y probándote, para a la postre hacerte bien" (Dt. 8:16).

"Tú has probado mi corazón, me has visitado de noche; me has puesto a prueba, y nada inicuo hallaste; he resuelto que mi boca no haga transgresión" (Sal. 17:3).

"Aconteció después de estas cosas, que probó Dios a Abraham, y le dijo: Abraham. Y él respondió: Heme aquí. Y dijo: Toma ahora tu hijo, tu único, Isaac, a quien amas, y vete a tierra de Moriah, y

[3] J. Vernon McGee. *Thru the Bible*, vol. 1, p. 251

ofrécelo allí en holocausto sobre uno de los montes que yo te diré" (Gn. 22:1-2).

⇒ Dios *prueba* a las personas para fortalecerlas y apartarlas del pecado.

"Y Moisés respondió al pueblo: No temáis; porque para probaros vino Dios, y para que su temor esté delante de vosotros, para que no pequéis" (Éx. 20:20).

⇒ Dios *prueba* a las personas para ver si estas lo obedecen.

"Y Jehová dijo a Moisés: He aquí yo os haré llover pan del cielo; y el pueblo saldrá, y recogerá diariamente la porción de un día, para que yo lo pruebe si anda en mi ley, o no" (Éx. 16:4).

⇒ Dios *prueba* a las personas para purificarlas y para moverlas a llevar una vida recta.

"Y meteré en el fuego a la tercera parte, y los fundiré como se funde la plata, y los probaré como se prueba el oro. Él invocará mi nombre, y yo le oiré, y diré: Pueblo mío; y él dirá: Jehová es mi Dios" (Zac. 13:9).

"Y se sentará para afinar y limpiar la plata; porque limpiará a los hijos de Leví, los afinará como a oro y como a plata, y traerán a Jehová ofrenda en justicia" (Mal. 3:3).

⇒ Dios *prueba* a las personas para juzgarlas y recompensarlas.

"la obra de cada uno se hará manifiesta; porque el día la declarará, pues por el fuego será revelada; y la obra de cada uno cuál sea, el fuego la probará" (1 Co. 3:13).

⇒ Dios *prueba* a las personas para ver si estas sinceramente confían en Él.

"Cuando alzó Jesús los ojos, y vio que había venido a él gran multitud, dijo a Felipe: ¿De dónde compraremos pan para que coman éstos? Pero esto decía para probarle; porque él sabía lo que había de hacer" (Jn. 6:5-6).

⇒ Dios *prueba* a las personas para que así aprendan a tener más paciencia y entereza.

"Hermanos míos, tened por sumo gozo cuando os halléis en diversas pruebas, sabiendo que la prueba de vuestra fe produce paciencia" (Stg. 1:2-3).

"Y no solo esto, sino que también nos gloriamos en las tribulaciones, sabiendo que la tribulación produce paciencia; y la paciencia, prueba; y la prueba, esperanza; y la esperanza no avergüenza; porque el amor de Dios ha sido derramado en nuestros corazones por el Espíritu Santo que nos fue dado" (Ro. 5:3-5).

5 (15:25-26) ***Pacto — Promesa — Castigo — Obediencia***: El SEÑOR hizo ahora un pacto, una gran promesa a su pueblo. Dicho sencillamente, Dios le dijo a su pueblo en una palabra lo que Él esperaba: Obediencia. Si ellos le obedecían, Él *no los castigaría*. Pero si ellos le desobedecían, Él tendría que castigarlos. De hecho, tendría que castigarlos inflingiéndoles las mismas enfermedades que a los egipcios. ¿Por qué las enfermedades de los egipcios? Sin duda a causa del principio bíblico del juicio. Dios había liberado a los israelitas sometiendo a juicio a los egipcios a causa de su incredulidad y su desconfianza hacia Dios. Por tanto, si los israelitas pecaban siendo incrédulos y desconfiando de Dios, sufrirían la misma condena que los egipcios. El gran expositor Matthew Henry dice:

"Que no pensaran los israelitas, porque Dios los había. . . honrado grandemente. . . que. . . toleraría sus pecados y les dejaría hacer lo que quisieran. No, Dios no hace distinción de personas; un israelita rebelde no sería tratado mejor que un egipcio rebelde".[4]

El principio bíblico del juicio es sencillamente así:

⇒ Lo que sembremos, eso recogeremos, y de la misma manera que midamos a otros seremos medidos.

"No os engañéis; Dios no puede ser burlado: pues todo lo que el hombre sembrare, eso también segará. Porque el que siembra para su carne, de la carne segará corrupción; mas el que siembra para el Espíritu, del Espíritu segará vida eterna" (Gá. 6:7-8).

"Porque con el juicio con que juzgáis, seréis juzgados, y con la medida con que medís, os será medido" (Mt. 7:2).

Las Escrituras expresan claramente el pacto y la gran promesa que Dios estaba haciendo a los israelitas. Fíjese, lo que llamamos pacto fue un estatuto, un decreto, una ley puesta por Dios. Recuerde, una ley o decreto ha sido fijada: Es permanente. Si la ley es obedecida, entonces la promesa es segura. La promesa será cumplida.

1. Estaba el pacto: El pueblo obedecería al Señor:
   - Oyéndolo atentamente.
   - Haciendo lo correcto.
   - Escuchando y guardando sus mandamientos (cp. Jer. 7:22-23).
2. Estaba la promesa del Señor. Si su pueblo le obedecía:
   - Él no tendría que castigarlos con las enfermedades enviadas a los egipcios (cp. Dt. 28:60).
   - Él siempre cuidaría de ellos; esto es, Él los sanaría. (Vea *Estudio a fondo 3*, Éx. 15:26.)

Pensamiento 1. Dios nos castiga, a todos nosotros los que sinceramente creemos en Él. Él nos castiga porque nos ama. El verdadero castigo es siempre por el bien del niño, y un padre amante castiga y disciplina a su hijo cuando este se desvía. Así sucede con Dios. Dios nos castiga para corregir, para evitar. . .

---

[4] Matthew Henry. *Matthew Henry's Commentary*, vol. 1, p. 339.

- que nos hundamos más y más en el pecado
- que seamos esclavizados cada vez más por el pecado
- que dañemos nuestro cuerpo
- que llenemos nuestra vida de culpa y dolor
- que nos destruyamos a nosotros mismos
- que tengamos algún accidente
- que nos matemos
- que nos condenemos nosotros mismos a una eternidad alejados de Dios

"Reconoce asimismo en tu corazón, que como castiga el hombre a su hijo, así Jehová tu Dios te castiga" (Dt. 8:5).

"Bienaventurado el hombre a quien tú, JAH, corriges, y en tu ley lo instruyes" (Sal. 94:12).

"No menosprecies, hijo mío, el castigo de Jehová, ni te fatigues de su corrección; porque Jehová al que ama castiga, como el padre al hijo a quien quiere" (Pr. 3:11-12).

"Todo pámpano que en mí no lleva fruto, lo quitará; y todo aquel que lleva fruto, lo limpiará, para que lleve más fruto" (Jn. 15:2).

"y habéis ya olvidado la exhortación que como a hijos se os dirige, diciendo: Hijo mío, no menosprecies la disciplina del Señor, ni desmayes cuando eres reprendido por él; porque el Señor al que ama, disciplina, y azota a todo el que recibe por hijo. Si soportáis la disciplina, Dios os trata como a hijos; porque ¿qué hijo es aquel a quien el padre no disciplina?" (He. 12:5-7).

"Yo reprendo y castigo a todos los que amo; sé, pues, celoso, y arrepiéntete" (Ap. 3:19).

ESTUDIO A FONDO 3

(15:26) ***Nombres de Dios — Títulos***: La palabra hebrea *Yahweh Rophe* significa "el Señor que sana". El Señor acababa de convertir las aguas amargas de Mara en puras, claras y dulces: Aptas para beber. El Señor había *sanado* el agua. Dios está declarando que Él es el Sanador, el SEÑOR que sana a las personas, que sana tanto el cuerpo como el espíritu. Él se ocupará de su pueblo, cuidará de ellos mientras atraviesan la *peregrinación por el desierto* de la vida, las pruebas y los problemas de la vida.

"Entonces Abraham oró a Dios; y Dios sanó a Abimelec y a su mujer, y a sus siervas, y tuvieron hijos" (Gn. 20:17).

"Ellos dijeron: Si enviáis el arca del Dios de Israel, no la enviéis vacía, sino pagadle la expiación; entonces seréis sanos, y conoceréis por qué no se apartó de vosotros su mano" (1 S. 6:3).

"si se humillare mi pueblo, sobre el cual mi nombre es invocado, y oraren, y buscaren mi rostro, y se convirtieren de sus malos caminos; entonces yo oiré desde los cielos, y perdonaré sus pecados, y sanaré su tierra" (2 Cr. 7:14).

"Y oyó Jehová a Ezequías, y sanó al pueblo" (2 Cr. 30:20).

"Yo dije: Jehová, ten misericordia de mí; sana mi alma, porque contra ti he pecado" (Sal. 41:4).

"Él es quien perdona todas tus iniquidades, el que sana todas tus dolencias" (Sal. 103:3).

"Él sana a los quebrantados de corazón, y venda sus heridas" (Sal. 147:3).

"Mas él herido fue por nuestras rebeliones, molido por nuestros pecados; el castigo de nuestra paz fue sobre él, y por su llaga fuimos nosotros curados" (Is. 53:5).

"Convertíos, hijos rebeldes, y sanaré vuestras rebeliones. He aquí nosotros venimos a ti, porque tú eres Jehová nuestro Dios" (Jer. 3:22).

"Y curan la herida de mi pueblo con liviandad, diciendo: Paz, paz; y no hay paz" (Jer. 6:14)

"Mas yo haré venir sanidad para ti, y sanaré tus heridas, dice Jehová; porque desechada te llamaron, diciendo: Esta es Sion, de la que nadie se acuerda" (Jer. 30:17).

"Venid y volvamos a Jehová; porque él arrebató, y nos curará; hirió, y nos vendará" (Os. 6:1).

6 (15:27) ***Elim — Provisión de Dios***: La gran bondad del SEÑOR se ve intensamente reflejada en lo que sucedió entonces. Dios proveyó abundantemente a su pueblo. Él los condujo a Elim, un oasis en el árido desierto. Elim era un área floreciente: Había doce fuentes y setenta palmeras allí. (Vea *Estudio a fondo 4*, *Elim*, Éx. 15:27.) El punto a tener en cuenta es la abundante provisión de Dios para su amado pueblo. Aunque no se menciona, el pueblo obviamente se había arrepentido de su terrible pecado de quejarse, refunfuñar y murmurar; y Dios los había perdonado, derramando la abundancia de su bendición sobre ellos. Su provisión fue sencillamente desbordante sobre su amado pueblo.

Pensamiento 1. Dios suple nuestras necesidades, las suple abundantemente.

1) Dios nos llena de gozo y satisfacción: Él nos conduce a sacar agua de los pozos de la salvación.

"Sacaréis con gozo aguas de las fuentes de la salvación" (Is. 12:3).

"Me mostrarás la senda de la vida; en tu presencia hay plenitud de gozo; delicias a tu diestra para siempre" (Sal. 16:11).

"Y los redimidos de Jehová volverán, y vendrán a Sion con alegría; y gozo perpetuo será sobre sus cabezas; y tendrán gozo y alegría, y huirán la tristeza y el gemido" (Is. 35:10).

"Estas cosas os he hablado, para que mi gozo esté en vosotros, y vuestro gozo sea cumplido" (Jn. 15:11).

"Hasta ahora nada habéis pedido en mi nombre; pedid, y recibiréis, para que vuestro gozo sea cumplido" (Jn. 16:24).

"porque el reino de Dios no es comida ni bebida, sino justicia, paz y gozo en el Espíritu Santo" (Ro. 14:17).

2) Dios siempre nos hace yacer sobre verdes pastos y nos guía hacia aguas tranquilas, aún cuando enfrentamos las terribles pruebas de la vida. La provisión de Dios es siempre suficiente para ocuparse de nosotros, sin importar a qué nos enfrentemos.

"Mas a Jehová vuestro Dios serviréis, y él bendecirá tu pan y tus aguas; y yo quitaré toda enfermedad de en medio de ti" (Éx. 23:25).

"Y te hará Jehová tu Dios abundar en toda obra de tus manos, en el fruto de tu vientre, en el fruto de tu bestia, y en el fruto de tu tierra, para bien; porque Jehová volverá a gozarse sobre ti para bien, de la manera que se gozó sobre tus padres" (Dt. 30:9).

"Serán completamente saciados de la grosura de tu casa, y tú los abrevarás del torrente de tus delicias" (Sal. 36:8).

"Bendito el Señor; cada día nos colma de beneficios el Dios de nuestra salvación" (Sal. 68:19).

"Entonces dará el Señor lluvia a tu sementera, cuando siembres la tierra, y dará pan del fruto de la tierra, y será abundante y pingüe; tus ganados en aquel tiempo serán apacentados en espaciosas dehesas" (Is. 30:23).

"Traed todos los diezmos al alfolí y haya alimento en mi casa; y probadme ahora en esto, dice Jehová de los ejércitos, si no os abriré las ventanas de los cielos, y derramaré sobre vosotros bendición hasta que sobreabunde" (Mal. 3:10).

"Mas buscad primeramente el reino de Dios y su justicia, y todas estas cosas os serán añadidas" (Mt. 6:33).

"El ladrón no viene sino para hurtar y matar y destruir; yo he venido para que tengan vida, y para que la tengan en abundancia" (Jn. 10:10).

"Y poderoso es Dios para hacer que abunde en vosotros toda gracia, a fin de que, teniendo siempre en todas las cosas todo lo suficiente, abundéis para toda buena obra" (2 Co. 9:8).

"Y a Aquel que es poderoso para hacer todas las cosas mucho más abundantemente de lo que pedimos o entendemos, según el poder que actúa en nosotros" (Ef. 3:20).

"Mi Dios, pues, suplirá todo lo que os falta conforme a sus riquezas en gloria en Cristo Jesús" (Fil. 4:19).

ESTUDIO A FONDO 4

(15:27) ***Elim***: Elim se encontraba en el fértil, bien irrigado valle hoy conocido como Wadi Gharandel.

⇒ Elim se encuentra entre el desierto de Shur y el desierto de Sin.

⇒ Se dice que la región tiene una estación lluviosa que envía torrentes de agua que corren hasta el valle.[5]

⇒ El área siempre fue exuberante y verde: Tenía doce fuentes de agua que manaban y formaban estanques y riachuelos.

⇒ Había setenta palmeras, y sin duda alguna, debido a su fértil suelo, muchos otros tipos de árboles frutales.

⇒ Israel llegó a Elim al decimoquinto día del segundo mes después de haber salido de Egipto.

"Partió luego de Elim toda la congregación de los hijos de Israel, y vino al desierto de Sin, que está entre Elim y Sinaí, a los quince días del segundo mes después que salieron de la tierra de Egipto" (Éx. 16:1).

---

5 Frank E. Gaebelein, editor. *The Expositor's Bible Commentary*, vol. 2, p. 399.

TIPOS, SÍMBOLOS E ILUSTRACIONES
Éxodo 15:22-27

Término histórico	Tipo o ilustración (Fundamento bíblico de cada uno)	Aplicación para la vida del creyente de hoy día	Aplicación bíblica
Las aguas amargas de Mara (Éx. 15:22-26)	*Amargas pruebas de la vida* **"Y llegaron a Mara, y no pudieron beber las aguas de Mara, porque eran amargas; por eso le pusieron el nombre de Mara. Entonces el pueblo murmuró contra Moisés, y dijo: ¿Qué hemos de beber? Y Moisés clamó a Jehová, y Jehová le mostró un árbol; y lo echó en las aguas, y las aguas se endulzaron. Allí les dio estatutos y ordenanzas, y allí los probó" (Éx. 15:23-25).**	⇒ Dios tomará las amargas experiencias de nuestra vida y las dulcificará. Él purificará y limpiará las amargas experiencias de la vida. Imagínese cuántos problemas, apuros, dificultades, pruebas y tentaciones hay en la vida. . . • Dios quitará la amargura de todos ellos. • Dios nos posibilitará soportarlos todos. • Dios nos fortalecerá para que caminemos y los atravesemos todos (victoriosa y triunfalmente)	***"Muchas son las aflicciones del justo, pero de todas ellas le librará Jehová" (Sal. 34:19).*** ***"Jehová lo sustentará sobre el lecho del dolor; mullirás toda su cama en su enfermedad" (Sal. 41:3).*** ***"Él te librará del lazo del cazador, de la peste destructora" (Sal. 91:3).*** ***"No temas, porque yo estoy contigo; no desmayes, porque yo soy tu Dios que te esfuerzo; siempre te ayudaré, siempre te sustentaré con la diestra de mi justicia" (Is. 41:10).*** ***"Y sabemos que a los que aman a Dios, todas las cosas les ayudan a bien, esto es, a los que conforme a su propósito son llamados" (Ro. 8:28).***

E. La tercera crisis de Israel en el desierto: Hambre: Los dos grandes pecados de Israel: El de rezongar y la desobediencia (incredulidad), 16:1-36

1 La crisis de hambre: El primer gran pecado cometido otra vez, el de quejarse y murmurar (incredulidad)

a. El pueblo partió de Elim y marchó hacia el desierto de Sin:[EF1] A los 15 días del segundo mes, exactamente un mes después que salieron de Egipto

b. El pueblo murmuró contra los siervos de Dios

1) El motivo: El hambre. Se habían quedado sin víveres

2) La terrible profundidad de su murmurar pecaminoso

- Preferirían haber muerto en Egipto en una de las plagas de Dios que en el desierto
- Dudaban de la bondad y la preocupación de Dios (incredulidad)

2 Dios prometió suplir las necesidades de su pueblo murmurador

a. Dios proveería pan del cielo

b. Dios, no obstante, probaría su fe

1) Encargándoles recoger pan cada día para ese día

2) Ordenándoles recoger el doble de pan el sexto día

1 Partió luego de Elim toda la congregación de los hijos de Israel, y vino al desierto de Sin, que está entre Elim y Sinaí, a los quince días del segundo mes después que salieron de la tierra de Egipto.

2 Y toda la congregación de los hijos de Israel murmuró contra Moisés y Aarón en el desierto;

3 y les decían los hijos de Israel: Ojalá hubiéramos muerto por mano de Jehová en la tierra de Egipto, cuando nos sentábamos a las ollas de carne, cuando comíamos pan hasta saciarnos; pues nos habéis sacado a este desierto para matar de hambre a toda esta multitud.

4 Y Jehová dijo a Moisés: He aquí yo os haré llover pan del cielo; y el pueblo saldrá, y recogerá diariamente la porción de un día, para que yo lo pruebe si anda en mi ley, o no.

5 Mas en el sexto día prepararán para guardar el doble de lo que suelen recoger cada día.

6 Entonces dijeron Moisés y Aarón a todos los hijos de Israel: En la tarde sabréis que Jehová os ha sacado de la tierra de Egipto,

7 y a la mañana veréis la gloria de Jehová; porque él ha oído vuestras murmuraciones contra Jehová; porque nosotros, ¿qué somos, para que vosotros murmuréis contra nosotros?

8 Dijo también Moisés: Jehová os dará en la tarde carne para comer, y en la mañana pan hasta saciaros; porque Jehová ha oído vuestras murmuraciones con que habéis murmurado contra él; porque nosotros, ¿qué somos? Vuestras murmuraciones no son contra nosotros, sino contra Jehová.

9 Y dijo Moisés a Aarón: Di a toda la congregación de los hijos de Israel: Acercaos a la presencia de Jehová, porque él ha oído vuestras murmuraciones.

10 Y hablando Aarón a toda la congregación de los hijos de Israel, miraron hacia el desierto, y he aquí la gloria de Jehová apareció en la nube.

11 Y Jehová habló a Moisés, diciendo:

12 Yo he oído las murmuraciones de los hijos de Israel; háblales, diciendo: Al caer la tarde comeréis carne, y por la mañana os saciaréis de pan, y sabréis que yo soy Jehová vuestro Dios.

13 Y venida la tarde, subieron codornices que cubrieron el campamento; y por la mañana descendió rocío en derredor del campamento.

14 Y cuando el rocío cesó de descender, he aquí sobre la faz del desierto una cosa menuda, redonda, menuda como una escarcha sobre la tierra.

c. Dios se probaría a Sí mismo

1) En la tarde el Señor usaría su suministro para probar que fue Él quien los salvó

2) En la mañana el Señor usaría su suministro para probar su gloria

3) El motivo: Porque el pueblo murmuró y se quejó contra Él

d. Dios hizo una advertencia: Las murmuraciones no son contra los siervos de Dios, sino contra Dios mismo

e. Dios hizo saber las condiciones previas para recibir el pan de Dios: El pueblo tenía que venir, acercarse a Dios

1) El pueblo obedeció: Miraron a la nube (símbolo de la presencia de Dios)

2) Los resultados: La gloria de Dios apareció en la nube[EF2]

f. Dios recalcó los hechos

1) Él había escuchado las murmuraciones del pueblo

2) Él supliría sus necesidades

3) Su propósito: que ellos supieran que Él es el SEÑOR su Dios

g. Dios cumplió su promesa

1) Dios dio la carne que había prometido: Las codornices vinieron y cubrieron el campamento esa misma tarde

2) Dios dio el pan (el maná del cielo) que había prometido

- La mañana siguiente después que el rocío se derritió, la tierra estaba cubierta con delgadas hojuelas que parecían escarcha

- Los israelitas lo llamaron maná, o sea: "¿qué es esto?": Era el pan prometido por Dios

3 El pueblo falló la prueba: Desobedecieron a Dios

a. El primer mandato de Dios fue obedecido: Recoger solo lo necesario para cada persona dentro de una tienda, un gomer (dos cuartos de galón o la décima parte de un bushel)
   1) El pueblo obedeció: Cada uno recogió exactamente lo que necesitaba
   2) El pueblo obedeció estrictamente: Ellos en realidad midieron la cantidad. Nadie tenía demasiado ni muy poco

b. El segundo mandato de Dios fue desobedecido: No guardar el maná para el día siguiente
   1) Algunas personas desobedecieron: Lo guardaron hasta la mañana
   2) El maná se llenó de gusanos y hedió
   3) Moisés estaba molesto
   4) Quedó demostrada la misericordia de Dios: Él dio el maná
      - El pueblo lo recogía cada mañana
      - El sol derretía todo lo que sobraba

c. El tercer mandato de Dios fue desobedecido: Recoger el doble de pan el sexto día
   1) La experiencia del pueblo: Ellos recogieron el doble de pan el sexto día y los príncipes se lo comunicaron a Moisés

15 Y viéndolo los hijos de Israel, se dijeron unos a otros: ¿Qué es esto? porque no sabían qué era. Entonces Moisés les dijo: Es el pan que Jehová os da para comer.

16 Esto es lo que Jehová ha mandado: Recoged de él cada uno según lo que pudiere comer; un gomer por cabeza, conforme al número de vuestras personas, tomaréis cada uno para los que están en su tienda.
17 Y los hijos de Israel lo hicieron así; y recogieron unos más, otros menos;
18 y lo medían por gomer, y no sobró al que había recogido mucho, ni faltó al que había recogido poco; cada uno recogió conforme a lo que había de comer.
19 Y les dijo Moisés: Ninguno deje nada de ello para mañana.
20 Mas ellos no obedecieron a Moisés, sino que algunos dejaron de ello para otro día, y crió gusanos, y hedió; y se enojó contra ellos Moisés.
21 Y lo recogían cada mañana, cada uno según lo que había de comer; y luego que el sol calentaba, se derretía.
22 En el sexto día recogieron doble porción de comida, dos gomeres para cada uno; y todos los príncipes de la congregación vinieron y se lo hicieron saber a Moisés.
23 Y él les dijo: Esto es lo que ha dicho Jehová: Mañana es el santo día de reposo, el reposo consagrado a Jehová; lo que habéis de cocer, cocedlo hoy, y lo que habéis de cocinar, cocinadlo; y todo lo que os sobrare, guardadlo para mañana.

24 Y ellos lo guardaron hasta la mañana, según lo que Moisés había mandado, y no se agusanó, ni hedió.
25 Y dijo Moisés: Comedlo hoy, porque hoy es día de reposo para Jehová; hoy no hallaréis en el campo. 26 Seis días lo recogeréis; mas el séptimo día es día de reposo; en él no se hallará.
27 Y aconteció que algunos del pueblo salieron en el séptimo día a recoger, y no hallaron.
28 Y Jehová dijo a Moisés: ¿Hasta cuándo no querréis guardar mis mandamientos y mis leyes?
29 Mirad que Jehová os dio el día de reposo, y por eso en el sexto día os da pan para dos días. Estése, pues, cada uno en su lugar, y nadie salga de él en el séptimo día.
30 Así el pueblo reposó el séptimo día.

   2) Se suponía que el pueblo cocinara lo necesario para el día de reposo el sexto día: Porque el día de reposo era un día de descanso, un día sagrado para el Señor:
   3) Algunas personas obedecieron y el maná no hedió ni se agusanó
   4) El tercer mandato fue enfatizado y recalcado
      - El séptimo día sería un día para dedicarlo al Señor
      - Durante seis días recogerían comida, pero no recogerían comida el día de reposo
   5) Algunas personas desobedecieron a Dios: Salieron el séptimo día a recoger maná y no encontraron
   6) Dios reprendió al pueblo y les dio un duro encargo: Tener presente que el Señor mismo ha establecido el día de reposo
      - Él dio seis días para recoger pan
      - Él exigió que todos descansaran y adoraran el séptimo día
      - El pueblo obedeció

31 Y la casa de Israel lo llamó Maná; y era como semilla de culantro, blanco, y su sabor como de hojuelas con miel.
32 Y dijo Moisés: Esto es lo que Jehová ha mandado: Llenad un gomer de él, y guardadlo para vuestros descendientes, a fin de que vean el pan que yo os di a comer en el desierto, cuando yo os saqué de la tierra de Egipto.

4 El maná (pan) conmemorativo: Mandato de Dios

a. El maná descrito[EF3]
   1) Era blanco como semilla de culantro
   2) Su sabor era como de hojuelas con miel

b. El mandato de Dios: Guardar un gomer (dos cuartos de galón) de maná como testimonio para las futuras generaciones, declarando cómo Dios alimentó a Israel en el desierto 1) Moisés dio instrucciones a Aarón de hacer lo que Dios había ordenado	33 Y dijo Moisés a Aarón: Toma una vasija y pon en ella un gomer de maná, y ponlo delante de Jehová, para que sea guardado para vuestros descendientes. 34 Y Aarón lo puso delante del Testimonio para guardarlo, como Jehová lo mandó a Moisés.	35 Así comieron los hijos de Israel maná cuarenta años, hasta que llegaron a tierra habitada; maná comieron hasta que llegaron a los límites de la tierra de Canaán. 36 Y un gomer es la décima parte de un efa.	2) Aarón obedeció: Guardó una vasija de maná hasta que el arca del testimonio fue construido c. El suministro de maná de Dios duró cuarenta años: Hasta que su pueblo llegó a la Tierra Prometida d. El suministro diario de Dios era abundante: Un gomer por persona (dos cuartos de galón)

DIVISIÓN V
EL MAR ROJO Y LA PEREGRINACIÓN EN EL DESIERTO: LAS PRUEBAS DEL CREYENTE EN SU VIAJE A LA TIERRA PROMETIDA, 13:17—18:27

E. La tercera crisis de Israel en el desierto: Hambre: Los dos grandes pecados de Israel: El de rezongar y el de la desobediencia (incredulidad), 16:1-36

(16:1-36) ***Introducción***: Una de las necesidades básicas del hombre es la necesidad de alimento. Sin alimento, una persona muere de hambre. En consecuencia, cuando los suministros de alimentos de una persona se ven amenazados:

- Esta se queja: Murmura y refunfuña contra el estado del tiempo, alguna enfermedad de las cosechas, o Dios.
- Esta culpa a las circunstancias, al gobierno, a la economía, a la tienda de comestibles, al campesino, a su patrón. A lo que sea o quien sea que esté causando la falta de alimento.

La confianza de una persona en Dios y en los otros se pierde rápidamente cuando su suministro de alimentos se ve amenazado. La confianza en Dios con demasiada frecuencia se desmorona cuando una persona confronta el hambre o cualquier otra prueba seria. Esta era la misma situación que enfrentaban los israelitas:

- La del hambre.
- La de quejarse, murmurar y refunfuñar.
- La de dejar de confiar en que Dios supliría sus necesidades.

Pero estas cosas no deben suceder. No debemos nunca quejarnos ni dejar de confiar en Dios, ni a causa del hambre ni a causa de ninguna otra circunstancia seria que podamos estar enfrentando. Dios nos ama y se preocupa por nosotros. Y Dios ha prometido ocuparse de nuestras necesidades en cualquier circunstancia, incluso en las que amenazan la vida. La promesa de Dios es clara:

"Mas buscad primeramente el reino de Dios y su justicia, y todas estas cosas os serán añadidas" (Mt. 6:33).

Esta es la gran lección de este pasaje: *La tercera crisis de Israel en el desierto: Hambre. Los dos grandes pecados de Israel: El de rezongar y el de la desobediencia (incredulidad)*, 16:1-36.

1. La crisis del hambre: El primer gran pecado cometido otra vez, el de quejarse y murmurar (incredulidad) (vv. 1-3).
2. La promesa de Dios: Suplir las necesidades de su pueblo murmurador (vv. 4-15).
3. La prueba del pueblo: Ellos fallaron la prueba, desobedecieron a Dios (vv. 16-30).
4. El maná (pan) conmemorativo: Mandato de Dios (vv. 31-36).

[1] (16:1-3) ***Hambre — Quejas — Murmuración — Moisés — Aarón — Israel — Pecado***: Estaba la crisis del hambre, y el primer gran pecado de Israel se cometió otra vez, el de quejarse y murmurar.

1. El pueblo salió de Elim y marchó hacia el desierto de Sin (vea *Estudio a fondo 1*, Éx. 16:1 para mayor análisis). Fíjese que el pueblo de Dios marchó hacia el desierto de Sin exactamente un mes después de haber salido de Egipto. ¡Cuán pronto el pueblo de Dios olvidó la liberación, el cuidado, la bondad y las bendiciones de Dios! Solo un mes antes, Dios había milagrosamente salvado a su pueblo de la esclavitud en Egipto. No obstante, ya estaban cometiendo un terrible pecado. Fíjese cual era el pecado.

2. El pueblo se quejaba (murmuraba y refunfuñaba) en contra de los siervos de Dios, Moisés y Aarón. ¿Por qué? Porque tenían hambre: Ya habían consumido todas sus reservas de alimentos. Antes de salir de Egipto, al parecer, a ellos se les habían dado instrucciones de llevar un mes de suministros, y ahora ya no les quedaba comida. Se hallaban en una crisis y la situación parecía irremediable. ¿En qué parte del desierto encontrarían alimento suficiente para mantener vivas a dos o tres millones de personas? Una fuente de alimentos tan grande sencillamente no existía, no en la aridez del desierto. El pueblo sabía esto, y evidentemente

comenzaron a hablar del problema entre ellos. La conversación pronto se convirtió en queja, y el pueblo comenzó a murmurar y a refunfuñar contra sus líderes, Moisés y Aarón.

Esto no debió haberlo hecho el pueblo de Dios. En vez de murmurar y quejarse, el pueblo de Dios debió haber llegado hasta sus líderes, presentarles el problema, y sugerirles que todos ellos, tanto el pueblo como los líderes, buscaran juntos a Dios. El pueblo debió haber confiado en Dios, confiado en su bondad y poder para liberarlos. Pero esto no lo hicieron. Mostraron incredulidad hacia Dios:

- No confiaron en su preocupación y cuidado.
- No confiaron en su bondad.
- No confiaron en su poder.
- No confiaron en su provisión.

Y fíjese en la terrible profundidad de su desconfianza e incredulidad, el abrasante calor de su murmuración pecadora: Ellos habrían preferido morir en Egipto en una de las plagas de Dios a morir de hambre en el desierto. Al menos en Egipto ellos tenían carne y pan. El hebreo tiene la idea de *ollas de carne:* todo lo que pudieran comer.

¡Qué audacia! ¡Qué afrenta contra Dios! ¡Cuánta temeridad, arrogancia, cinismo, rudeza, y rebeldía! ¡Qué cosas tan terribles de decir frente a Dios! Y después de que Él hubiera hecho tanto por ellos.

⇒ Recuerde la maravillosa liberación de Dios de la esclavitud en Egipto.

⇒ Recuerde el asombroso poder de Dios demostrado en el Mar Rojo.

⇒ Recuerde la espléndida provisión de agua de Dios para calmar su sed.

Todo esto había tenido lugar durante los últimos treinta días. Una y otra vez por un período de treinta días, Dios había dado y provisto espléndidamente a su querido pueblo. Pero los murmuradores tienen mala memoria. Y aquí estaban revolcándose en el foso de la pecaminosa murmuración, mostrando que el corazón de cada uno de ellos estaba lleno de...

- egoísmo
- incredulidad
- desconfianza
- pensamientos carnales y mundanos

Pensamiento 1. Nuestros recuerdos de "los buenos tiempos" del pasado, son con frecuencia amplificados y exagerados. Esto era inequívocamente cierto en el caso de los israelitas y lo es en el nuestro. Mirando hacia atrás a sus días en Egipto, los israelitas no deben haber tenido suficiente que comer. Carne y abundancia de alimentos nunca son parte de la dieta diaria ni de los esclavos ni de los pobres de ninguna sociedad. Los israelitas tenían mala memoria y una perspectiva deformada. Habían olvidado sus días de aflicción como esclavos en el mundo egipcio.

Esto muestra la gran crisis que estaban enfrentando los israelitas. Se enfrentaban al hambre. Un espíritu de desesperanza se apoderó de ellos. Ellos sabían que no había ningún lugar en el desierto donde pudieran encontrar suficiente comida para alimentarse, no para dos o tres millones de personas. No obstante, cuando surge una crisis para el creyente (el verdadero creyente) este debe apelar a Dios, no murmurar y quejarse. Al enfrentar problemas, debemos confiar en Dios, creer que Dios nos cuida, que Él nos ama, que Él nos ayudará a atravesar el problema, no importa cuán duro este sea.

"Jehová es mi fortaleza y mi escudo; en él confió mi corazón, y fui ayudado, por lo que se gozó mi corazón, y con mi cántico le alabaré" (Sal. 28:7).

"¡Cuán grande es tu bondad, que has guardado para los que te temen, que has mostrado a los que esperan en ti, delante de los hijos de los hombres!" (Sal. 31:19).

"Jehová redime el alma de sus siervos, y no serán condenados cuantos en él confían" (Sal. 34:22).

"El ángel de Jehová acampa alrededor de los que le temen, y los defiende" (Sal. 37:3).

"Encomienda a Jehová tu camino, y confía en él; y él hará" (Sal. 37:5).

"Aunque afligido yo y necesitado, Jehová pensará en mí. Mi ayuda y mi libertador eres tú; Dios mío, no te tardes" (Sal. 40:17).

"Tú guardarás en completa paz a aquel cuyo pensamiento en ti persevera; porque en ti ha confiado" (Is. 26:3).

"Confiad en Jehová perpetuamente, porque en Jehová el Señor está la fortaleza de los siglos" (Is. 26:4).

"No temas, porque yo estoy contigo; no desmayes, porque yo soy tu Dios que te esfuerzo; siempre te ayudaré, siempre te sustentaré con la diestra de mi justicia" (Is. 41:10).

"Sean vuestras costumbres sin avaricia, contentos con lo que tenéis ahora; porque él dijo: No te desampararé, ni te dejaré; de manera que podemos decir confiadamente: El Señor es mi ayudador; no temeré lo que me pueda hacer el hombre" (He. 13:5-6).

Pensamiento 2. J. Vernon McGee tiene una excelente aplicación de este punto:

> *"Los hijos de Israel... despreciaron el alimento divino de Dios y se quejaron de comerlo. Se cansaron de comer maná. Añoraban las ollas de carne de Egipto. Querían regresar a aquello de lo cual habían sido liberados.*
>
> *"Esta es la historia, me temo, de algunas personas que se han convertido, y han sido liberados de 'Egipto'* [el mundo, su antigua vida]. *De cuando en cuando se dan una escapada atrás a recoger los puerros, las cebollas y los ajos. Hay cristianos hoy día que necesitan romper con la antigua vida. Amigo, no puedes continuar viviendo como el mundo, viviendo con las cosas de Egipto, y ser siervo de Dios y tener la paz de Dios en tu corazón. Tiene que haber una ruptura con Egipto. Debemos vivir del verdadero Maná que viene del cielo, imitar al Señor Jesucristo".*[1]

[1] J. Vernon McGee. *Thru the Bible*, vol. 1, pp. 254-255.

ESTUDIO A FONDO 1

(16:1) ***Desierto de Sin***: Este era un lugar, el nombre verdadero de un desierto en la época de Moisés. El "desierto de Sin" probablemente tome su nombre de la palabra *Sinaí* o del arbusto *Seneh*. Al desierto probablemente se le llamó "desierto de Sin" a causa de su terreno, presumiblemente en referencia a la zona rocosa con espinos diseminados por todo el paisaje. El desierto se encontraba presumiblemente en el Sinaí al suroeste, cerca de la zona del actual *Debbet er-Ramleh*.

[2] (16:4-15) ***Queja — Murmuración — Refunfuño — Maná — Suministro — Provisión — Bendición — Prueba***: Estaba la promesa de Dios de suplir las necesidades de su pueblo murmurador.

1. Dios prometió proveer con *pan del cielo* a su pueblo (v. 4). El único modo concebible de que dos o tres millones de personas pudieran ser alimentadas en la aridez de un desierto (alimentadas durante cuarenta años) sería mediante un milagro de Dios. Esto era exactamente lo que Dios estaba prometiendo: Alimentar a su pueblo Él mismo, alimentarlos de tal modo que su existencia, amor y cuidado nunca pudieran ser cuestionados ni puestos en duda. (Vea *Estudio a fondo 3*, Éx. 16:31 para un mayor análisis.)

2. Dios, sin embargo, probaría la fe de su pueblo (v. 4). Dios probaría su fe de dos formas:

⇒ Encargándole a su pueblo recoger pan cada día para ese día en particular. Ellos debían recoger *solamente lo necesario para un día*, ni más ni menos. Estableciendo esta restricción, Dios probaba la confianza de ellos en Él. Ellos tenían que confiar en Dios *día tras día* para alimentarse.

⇒ Ordenando que recogieran el doble del alimento el sexto día (v. 5). Este mandato probaría la obediencia del pueblo. ¿Recogerían el doble como se les ordenó y descansarían el séptimo día o saldrían y trabajarían para recoger su alimento el séptimo día? Lo que hizo el pueblo lo veremos después (nota 3, Éx. 16:16-30).

3. Dios se probaría a sí mismo (vv. 6-7). Los siervos de Dios fueron delante del pueblo de Dios y declararon su maravillosa promesa:

⇒ En la tarde, el Señor usaría su suministro para probar que fue Él quien los salvó y los sacó de la tierra de esclavitud egipcia (v. 6).

⇒ En la mañana, el Señor usaría su suministro para probar su gloria (v. 7).

⇒ ¿Por qué iba a hacer esto el Señor? Porque el Señor iba a probarse a sí mismo (que Él era verdaderamente el Señor) porque el pueblo había murmurado y se había quejado en su contra (v. 7).

4. Ahora fíjese: Dios hizo una advertencia. Las murmuraciones no son contra los siervos de Dios, sino contra Dios mismo (v. 8). Esto es cierto de dos maneras.

a. Dios, no su siervo, es la persona que guía a su pueblo. Dios, no los siervos de Dios, había liberado a los israelitas de su esclavitud en Egipto (el mundo) y los había conducido a iniciar su marcha hacia la Tierra Prometida. Dios en su soberano liderazgo había llevado a los israelitas hasta donde estaban, no Moisés y Aarón. Por tanto, su queja, aunque dirigida contra Moisés y Aarón, estaba en realidad dirigida contra Dios y su liderazgo.

b. Las murmuraciones y las quejas demuestran desconfianza hacia Dios, que una persona no cree que Dios se preocupa y hará que las cosas salgan bien. Por tanto, cuando nos quejamos y murmuramos, le estamos diciendo a Dios que no confiamos en Él, que no confiamos en que Él nos ama y que nos liberará. Nuestras quejas y murmuraciones no son contra el siervo de Dios, no realmente. Son contra Dios.

"No endurezcáis vuestro corazón, como en Meriba, como en el día de Masah en el desierto, donde me tentaron vuestros padres, me probaron, y vieron mis obras. Cuarenta años estuve disgustado con la nación, y dije: Pueblo es que divaga de corazón, y no han conocido mis caminos. Por tanto, juré en mi furor que no entrarían en mi reposo" (Sal. 95:8-11).

"La insensatez del hombre tuerce su camino, y luego contra Jehová se irrita su corazón" (Pr. 19:3).

"Bienaventurado el hombre que siempre teme a Dios; mas el que endurece su corazón caerá en el mal" (Pr. 28:14).

"El hombre que reprendido endurece la cerviz, de repente será quebrantado, y no habrá para él medicina" (Pr. 29:1).

"¿Tú quién eres, que juzgas al criado ajeno? Para su propio señor está en pie, o cae; pero estará firme, porque poderoso es el Señor para hacerle estar firme" (Ro. 14:4).

"Ni murmuréis, como algunos de ellos murmuraron, y perecieron por el destructor. Y estas cosas les acontecieron como ejemplo, y están escritas para amonestarnos a nosotros, a quienes han alcanzado los fines de los siglos. Así que, el que piensa estar firme, mire que no caiga" (1 Co. 10:10-12).

"Por tanto, amados míos, como siempre habéis obedecido, no como en mi presencia solamente, sino mucho más ahora en mi ausencia, ocupaos en vuestra salvación con temor y temblor, porque Dios es el que en vosotros produce así el querer como el hacer, por su buena voluntad. Haced todo *sin murmuraciones y contiendas*" (Fil. 2:12-14).

"No endurezcáis vuestros corazones, como en la provocación, en el día de la tentación en el desierto, donde me tentaron vuestros padres; me probaron, y vieron mis obras cuarenta años. A causa de lo cual me disgusté contra esa generación, y dije: Siempre andan vagando en su corazón, y no han conocido mis caminos. Por tanto, juré en mi ira: No entrarán en mi reposo. Mirad, hermanos, que no haya en ninguno de vosotros corazón malo de incredulidad para apartarse del Dios vivo; antes exhortaos los

unos a los otros cada día, entre tanto que se dice: Hoy; para que ninguno de vosotros se endurezca por el engaño del pecado" (He. 3:8-13).

"Procuremos, pues, entrar en aquel reposo, para que ninguno caiga en semejante ejemplo de desobediencia" (He. 4:11).

5. Dios hizo saber las condiciones previas para recibir el pan de Dios: El pueblo tenía que venir, acercarse a Dios (vv. 9-10). Cuando los creyentes pecan contra Dios quejándose y murmurando, deben venir ante el Señor y acercarse a Él. La idea es la de confesión y arrepentimiento: Las personas se acercarían a Dios, vendrían ante Él y confesarían y se arrepentirían de sus quejas y murmuraciones.

Fíjese que el pueblo obedeció: Ellos miraron hacia la nube que simbolizaba la presencia misma de Dios (v. 10). Lo que presenciaron fue una visión fenomenal: La gloria del Señor apareció en la nube (v. 10. Vea *Estudio a fondo 2*, Éx. 16:10 para mayor análisis.)

Pensamiento 1. Con qué frecuencia Dios nos concedería una clara, intensa sensación de su gloria y presencia, si tan solo nos acercáramos a Él. Si tan solo pasáramos largas sesiones de meditación y oración en su presencia. Cuánto poder estaría presente en nuestra vida y en nuestro ministerio si con frecuencia nos quedáramos a solas con Dios por largos períodos de tiempo.

"acerquémonos con corazón sincero, en plena certidumbre de fe, purificados los corazones de mala conciencia, y lavados los cuerpos con agua pura" (He. 10:22).

"Acercaos a Dios, y él se acercará a vosotros. Pecadores, limpiad las manos; y vosotros los de doble ánimo, purificad vuestros corazones" (Stg. 4:8).

6. Dios recalcó los hechos (vv. 11-12). Fíjese que Él volvió a exponerle los hechos a Moisés: Él había escuchado las murmuraciones del pueblo y supliría sus necesidades. Pero lo estaba haciendo por un propósito muy específico: Que ellos pudieran conocer la verdad, conocer más y más que Él es el Señor su Dios. Dios quería que la verdad entrara más y más en el corazón y la vida de cada uno de ellos, de que Él y solo Él es el Único Dios vivo y verdadero. Él y solo Él sería su Dios, el Señor de sus vidas.

7. Dios cumplió su promesa (vv. 13-15).

a. Dios dio la carne que había prometido. Las codornices vinieron y cubrieron el campamento esa misma tarde (v. 13). Imagínese las suficientes codornices para alimentar a dos o tres millones de personas cada día de la semana durante cuarenta años. Además, imagínese a las codornices descendiendo siempre justo donde los israelitas habían acampado. El suministro de codornices era sin duda un espectacular milagro de Dios.

b. Dios dio el pan que había prometido: El maná del cielo (vv. 13-15).

⇒ La mañana siguiente, después que el rocío se derritió, la tierra estaba cubierta de delgadas hojuelas que parecían escarcha (v. 14).

⇒ Los israelitas nunca antes habían visto estas delgadas hojuelas. Así que las llamaron maná, que significa "¿Qué es esto?" (v. 15). Moisés informó al pueblo que era el pan del cielo que Dios había prometido. (Vea *Estudio a fondo 3*, Éx. 16:31 para un mayor análisis.)

Pensamiento 1. El hombre está hambriento, hambriento de todo tipo de cosas. Pero situado en la base misma de su hambre está el deseo de. . .

- propósito y realización
- aceptación y reconocimiento
- amor y amistad
- alegría y placer

El mundo ofrece alimento para satisfacer y saciar el hambre del hombre. Y cuando un hombre mira al mundo, ve una atractiva oferta para alimentarlo, para alimentarlo con. . .

- drogas
- alcohol
- sexo (sexo ilícito)
- placer
- luces brillantes
- éxito
- estímulos
- emoción
- posición
- honor
- fama
- belleza
- popularidad
- riquezas
- propiedades
- poder
- control

Pero trágicamente, estas cosas nunca satisfacen; nunca satisfacen los más profundos rincones del corazón del hombre. El mundo deja al hombre vacío, lo deja con una sensación de gratificación y placer vacíos y con logros y éxitos sin alcanzar.

Solo hay una manera de satisfacer el hambre del hombre: Este debe comer, participar del pan del cielo: El Señor Jesucristo. Solo Jesucristo puede satisfacer el hambre del corazón del hombre. Solo Jesucristo puede darle vida al hombre. Jesucristo es el pan de la vida. Él es el Pan dado por Dios para satisfacer el hambre del alma del hombre.

"Y Jesús les dijo: De cierto, de cierto os digo: No os dio Moisés el pan del cielo, mas mi Padre os da el verdadero pan del cielo. Porque el pan de Dios es aquel que descendió del cielo y da vida al mundo" (Jn. 6:32-33).

"Jesús les dijo: Yo soy el pan de vida; el que a mí viene, nunca tendrá hambre; y el que en mí cree, no tendrá sed jamás" (Jn. 6:35).

"Yo soy el pan de vida. Vuestros padres comieron el maná en el desierto, y murieron. Este es el pan que desciende del cielo, para que el que de él come, no muera. Yo soy el pan vivo que descendió del cielo; si alguno comiere de este pan, vivirá para siempre; y el

pan que yo daré es mi carne, la cual yo daré por la vida del mundo" (Jn. 6:48-51).

"Este es el pan que descendió del cielo; no como vuestros padres comieron el maná, y murieron; el que come de este pan, vivirá eternamente" (Jn. 6:58).

"¿Por qué gastáis el dinero en lo que no es pan, y vuestro trabajo en lo que no sacia? Oídme atentamente, y comed del bien, y se deleitará vuestra alma con grosura" (Is. 55:2).

ESTUDIO A FONDO 2

(16:10) ***Gloria de Dios — Dios de gloria — Gloria Shekinah***: La gloria del Señor apareció en la nube. Esta era la gloria *Shekinah,* la nube que simbolizaba la presencia de Dios. Era la misma nube que había guiado a Israel fuera de Egipto y que descansaría sobre el tabernáculo (Éx. 40:34-38). La gloria *Shekinah* también descansaría sobre el propiciatorio en el lugar santísimo del tabernáculo. Las Escrituras describen la gloria del Señor como sigue:

1. La gloria del Señor es como un fuego consumidor.

"Y la apariencia de la gloria de Jehová era como un fuego abrasador en la cumbre del monte, a los ojos de los hijos de Israel" (Éx. 24:17).

2. La gloria del Señor es como un pilar de fuego que irradia luz.

"Y Jehová iba delante de ellos de día en una columna de nube para guiarlos por el camino, y de noche en una columna de fuego para alumbrarles, a fin de que anduviesen de día y de noche. Nunca se apartó de delante del pueblo la columna de nube de día, ni de noche la columna de fuego" (Éx. 13:21-22).

3. La gloria del Señor es como un horno enfurecido.

"Porque no os habéis acercado al monte que se podía palpar, y que ardía en fuego, a la oscuridad, a las tinieblas y a la tempestad... porque nuestro Dios es fuego consumidor" (He. 12:18, 29).

4. La gloria del Señor es como una luz que irradia esplendor, una luz que está tan llena de esplendor que Pedro la llamó "la magnífica gloria".

"Pues cuando él recibió de Dios Padre honra y gloria, le fue enviada desde la magnífica gloria una voz que decía: Este es mi Hijo amado, en el cual tengo complacencia" (2 P. 1:17).

5. La gloria del Señor es una luz tan gloriosa y brillante que no hay necesidad de un sol.

"teniendo la gloria de Dios. Y su fulgor era semejante al de una piedra preciosísima, como piedra de jaspe, diáfana como el cristal... La ciudad no tiene necesidad de sol ni de luna que brillen en ella; porque la gloria de Dios la ilumina, y el Cordero es su lumbrera" (Ap. 21:11, 23).

6. La gloria del Señor es una luz tan brillante que ningún hombre puede acercársele.

"el único que tiene inmortalidad, que habita en luz inaccesible; a quien ninguno de los hombres ha visto ni puede ver, al cual sea la honra y el imperio sempiterno. Amén" (1 Ti. 6:16).

[3] (16:16-30) ***Desobediencia — Prueba — Examen — Maná — Acaparamiento***: El pueblo falló la prueba de Dios. Dios le dio al pueblo tres mandatos relacionados con el maná. Fíjese la respuesta a cada mandato.

1. El primer mandato de Dios fue obedecido (vv. 16-18). Él dio instrucciones al pueblo de recoger solo la cantidad de maná que necesitaba cada persona dentro de una tienda, un gomer, (dos cuartos de galón) por cada persona. Fíjese:

⇒ El pueblo obedeció. Cada persona recogió exactamente lo que necesitaba (v. 17).

⇒ El pueblo obedeció estrictamente: Ellos realmente midieron la cantidad recogida. Ninguna persona se quedó con más ni menos de lo que debía (v. 18).

2. El segundo mandato de Dios fue desobedecido (vv. 19-21). El siervo de Dios (Moisés) declaró la orden de Dios: El maná no debía ser guardado hasta el día siguiente. ¿Por qué? La razón es evidente: Esta era la prueba de Dios.

⇒ Esta era una de las formas en que Dios expondría el corazón humano, que es egoísta y carnal.

⇒ Esta era la forma en que Dios le enseñaría a su pueblo que ellos debían confiar en Él día tras día, confiar en Él para los suministros de vida.

Imagínese lo que se le pidió hacer al pueblo de Dios: Irse de noche a la cama sin un bocado de comida en la casa, confiar en Dios completamente para su pan diario.

Pero tenga este hecho en mente: Ellos esperaban marchar directamente hacia la Tierra Prometida de Canaán, esperaban estar en el desierto por solo un corto período de tiempo. Ellos no tenían idea en absoluto de que permanecerían vagando por el desierto durante *cuarenta años*, no tenían idea que se les pediría confiar en Dios para su pan diario por un período tan largo, por cuarenta años.

Pero fíjese: Esto es exactamente lo que se supone que haga el pueblo de Dios: confiar en Él día tras día, confiar en Él diariamente.

a. ¿Qué hicieron los israelitas? Algunos desobedecieron a Dios y guardaron una porción de maná para el día siguiente. Ellos no estaban bastante seguros de que Dios realmente hubiera proveído el maná, de que habría maná disponible a la mañana siguiente. Ellos simplemente no confiaban en la promesa de Dios, no creían que Dios continuaría supliendo sus necesidades. Actuaron de manera egoísta, codiciando y acaparando el maná.

b. Fíjese lo que sucedió: El maná estaba lleno de gusanos y hedía (no se podía comer) cuando los incrédulos se levantaron a la mañana siguiente.

c. El siervo de Dios, Moisés, se hallaba justificadamente enojado con el pueblo (v. 20).
d. Pero Dios demostró su misericordia: Él continuó proveyendo a su pueblo, continuó dándoles el maná (el pan del cielo) (v. 21). Y fíjese: El pueblo recogía el maná cada mañana, día tras día; y cuando salía el sol, el maná se derretía.

Pensamiento 1. Dos lecciones muy importantes se pueden aprender de la desobediencia de los israelitas, de su incredulidad y su desconfianza en Dios.

1) Debemos aprender a confiar en Dios para que provea a nuestra vida, día tras día, cada día de nuestra vida. Confiar en Dios no quiere decir confiar en Él de cuando en cuando, aquí y allá, por un rato como queremos. Dios exige que confiemos en Él siempre, en cada momento de cada día.

"Jehová redime el alma de sus siervos, y no serán condenados cuantos en él confían" (Sal. 34:22).

"Confía en Jehová, y haz el bien; y habitarás en la tierra, y te apacentarás de la verdad" (Sal. 37:3).

"Encomienda a Jehová tu camino, y confía en él; y él hará" (Sal. 37:5).

"Los que confían en Jehová son como el monte de Sion, que no se mueve, sino que permanece para siempre" (Sal. 125:1).

"El temor del hombre pondrá lazo; mas el que confía en Jehová será exaltado" (Pr. 29:25).

"Tú guardarás en completa paz a aquel cuyo pensamiento en ti persevera; porque en ti ha confiado. Confiad en Jehová perpetuamente, porque en Jehová el Señor está la fortaleza de los siglos" (Is. 26:3-4).

"Mas buscad primeramente el reino de Dios y su justicia, y todas estas cosas os serán añadidas" (Mt. 6:33).

"Jesús le dijo: Si puedes creer, al que cree todo le es posible" (Mr. 9:23).

"Pero sin fe es imposible agradar a Dios; porque es necesario que el que se acerca a Dios crea que le hay, y que es galardonador de los que le buscan" (He. 11:6).

"Porque todo lo que es nacido de Dios vence al mundo; y esta es la victoria que ha vencido al mundo, nuestra fe" (1 Jn. 5:4).

2) Debemos levantarnos temprano cada día y recoger el maná de Dios, el pan del cielo. Para mantenernos físicamente saludables, tenemos que comer diariamente. Lo mismo sucede espiritualmente. Para mantenernos espiritualmente saludables, debemos buscar el alimento espiritual para fortalecernos y pasar el día. Es decir, debemos levantarnos lo suficientemente temprano cada día para dedicarle tiempo al Señor Jesucristo:
   - En adoración y devociones.
   - En festejos y participando de Él.
   - Alimentándonos espiritualmente, alimentándonos lo suficiente para que nos alcance para todo el día.

Una vez que salga el sol, el maná se derrite. Las actividades del mundo comienzan cuando sale el sol; las esperanzas de tener tiempo para recoger el maná del alimento espiritual son escasas. La sugerencia de la Palabra de Dios es fuerte: Debemos levantarnos temprano (antes de que las actividades del día caigan en tropel sobre nosotros) para recoger el maná del alimento espiritual.

⇒ Jacob se levantaba temprano en la mañana para adorar y orar.

"Y se levantó Jacob de mañana, y tomó la piedra que había puesto de cabecera, y la alzó por señal, y derramó aceite encima de ella" (Gn. 28:18).

⇒ Los padres de Samuel se levantaban temprano en la mañana para adorar y orar.

"Y levantándose de mañana, adoraron delante de Jehová, y volvieron y fueron a su casa en Ramá. Y Elcana se llegó a Ana su mujer, y Jehová se acordó de ella" (1 S. 1:19).

⇒ Ezequías se levantaba temprano en la mañana para adorar y orar.

"Y levantándose de mañana, el rey Ezequías reunió los principales de la ciudad, y subió a la casa de Jehová" (2 Cr. 29:20).

⇒ Job se levantaba temprano en la mañana para adorar y orar.

"Y acontecía que habiendo pasado en turno los días del convite, Job enviaba y los santificaba, y se levantaba de mañana y ofrecía holocaustos conforme al número de todos ellos. Porque decía Job: Quizá habrán pecado mis hijos, y habrán blasfemado contra Dios en sus corazones. De esta manera hacía todos los días" (Job 1:5).

⇒ David se levantaba temprano en la mañana para adorar y orar.

"Despierta, alma mía; despierta, salterio y arpa; me levantaré de mañana" (Sal. 57:8).

⇒ El salmista se levantaba temprano en la mañana para adorar y orar.

"Me anticipé al alba, y clamé; esperé en tu palabra" (Sal. 119:147).

⇒ Jesucristo se levantaba temprano en la mañana para adorar y orar.

"Levantándose muy de mañana, siendo aún muy oscuro, salió y se fue a un lugar desierto, y allí oraba" (Mr. 1:35).

⇒ Las Escrituras habían predicho que Jesucristo sería despertado cada mañana para escuchar a Dios Padre.

“Jehová el Señor me dio lengua de sabios, para saber hablar palabras al cansado; *despertará mañana tras mañana*, despertará mi oído para que oiga como los sabios” (Is. 50:4).

Pensamiento 2. Hay una fuerte lección aquí sobre la acumulación y el acaparamiento del maná. No debemos nunca esconder ni acaparar al “pan del cielo”, Jesucristo. Jesucristo es el único alimento espiritual que puede satisfacer al corazón humano. Debemos por lo tanto compartir el Pan de vida, Jesucristo, con el mundo.

“pero recibiréis poder, cuando haya venido sobre vosotros el Espíritu Santo, y me seréis testigos en Jerusalén, en toda Judea, en Samaria, y hasta lo último de la tierra” (Hch. 1:8).

“porque no podemos dejar de decir lo que hemos visto y oído” (Hch. 4:20).

“Id, y puestos en pie en el templo, anunciad al pueblo todas las palabras de esta vida” (Hch. 5:20).

“Por tanto, no te avergüences de dar testimonio de nuestro Señor, ni de mí, preso suyo, sino participa de las aflicciones por el evangelio según el poder de Dios” (2 Ti. 1:8).

“Esto habla, y exhorta y reprende con toda autoridad. Nadie te menosprecie” (Tit. 2:15).

“sino santificad a Dios el Señor en vuestros corazones, y estad siempre preparados para presentar defensa con mansedumbre y reverencia ante todo el que os demande razón de la esperanza que hay en vosotros” (1 P. 3:15).

3. El tercer mandato de Dios también fue desobedecido (vv. 22-27). Dios ordenó al pueblo recoger el doble de pan el sexto día, dos gomer (cuatro cuartos de galón) por cada persona. Fíjese lo que sucedió.

a. El pueblo recogió el doble de pan el sexto día y los príncipes se lo informaron a Moisés (v. 22).
b. Se suponía que el pueblo cocinara lo que necesitaba para el día de reposo el sexto día (v. 23). ¿Por qué? Porque el día de reposo era un día de descanso, un día consagrado al Señor.
c. ¿Obedeció el pueblo a Dios? Algunos lo hicieron. Y el maná ni hedió ni se llenó de gusanos (v. 24).
d. Ahora, fíjese lo que hizo el mensajero de Dios. Él recalcó, enfatizó el tercer mandato (vv. 25-26). El punto está claro: El día de reposo era un día dedicado al Señor (v. 25).
   ⇒ Seis días se emplearían para recoger alimento, pero no hallaron alimento que recoger el día de reposo (v. 26).

   Dios hizo que su mensajero recalcara el mandato una y otra vez. No pudo haber un malentendido: El pueblo sabía exactamente lo que tenía que hacer.
e. ¿Nuevamente, obedeció el pueblo a Dios? Algunos no lo hicieron: Desobedecieron a Dios (v. 27). A pesar del claro y bien definido mandato de Dios, algunas personas deliberadamente decidieron actuar por su cuenta, hacer lo que les pareciera. Se rebelaron contra el mandato de Dios y lo desobedecieron. Salieron en el día de reposo a recoger maná. Pero fíjese: No lo encontraron.
f. ¿Cuál fue la respuesta de Dios? Él reprendió al pueblo y le dio un duro encargo (vv. 28-30).
   ⇒ Los reprendió con una pregunta: ¿Hasta cuando no querrían guardar sus mandamientos y sus leyes? (v. 28).
   ⇒ Les dio un duro encargo: Tener siempre presente que el SEÑOR mismo estableció el día de reposo. Los hechos estaban claros:
      • El Señor había dado seis días para recoger pan, para trabajar (v. 29).
      • El Señor exigía que todos descansaran y adoraran el día de reposo (v. 29).
      Fíjese: El pueblo obedeció (v. 30).

Pensamiento 1. Dos claras lecciones pueden verse en la experiencia de Israel.

1) Debemos obedecer a Dios. Dios quiere que se haga lo que dice, y espera que nosotros lo obedezcamos. Nunca debemos desobedecer a Dios, no deliberadamente, no en rebelión.

“Ahora, pues, si diereis oído a mi voz, y guardareis mi pacto, vosotros seréis mi especial tesoro sobre todos los pueblos; porque mía es toda la tierra” (Éx. 19:5).

“¡Quién diera que tuviesen tal corazón, que me temiesen y guardasen todos los días todos mis mandamientos, para que a ellos y a sus hijos les fuese bien para siempre!” (Dt. 5:29).

“Jehová tu Dios te manda hoy que cumplas estos estatutos y decretos; cuida, pues, de ponerlos por obra con todo tu corazón y con toda tu alma” (Dt. 26:16).

“Nunca se apartará de tu boca este libro de la ley, sino que de día y de noche meditarás en él, para que guardes y hagas conforme a todo lo que en él está escrito; porque entonces harás prosperar tu camino, y todo te saldrá bien” (Jos. 1:8).

“Y Samuel dijo: ¿Se complace Jehová tanto en los holocaustos y víctimas, como en que se obedezca a las palabras de Jehová? Ciertamente el obedecer es mejor que los sacrificios, y el prestar atención que la grosura de los carneros” (1 S. 15:22).

“Y si anduvieres en mis caminos, guardando mis estatutos y mis mandamientos, como anduvo David tu padre, yo alargaré tus días” (1 R. 3:14).

“No todo el que me dice: Señor, Señor, entrará en el reino de los cielos, sino el que hace la voluntad de mi Padre que está en los cielos” (Mt. 7:21).

"Cualquiera, pues, que me oye estas palabras, y las hace, le compararé a un hombre prudente, que edificó su casa sobre la roca" (Mt. 7:24).

"Respondió Jesús y le dijo: El que me ama, mi palabra guardará; y mi Padre le amará, y vendremos a él, y haremos morada con él" (Jn. 14:23).

"Si guardareis mis mandamientos, permaneceréis en mi amor; así como yo he guardado los mandamientos de mi Padre, y permanezco en su amor... Vosotros sois mis amigos, si hacéis lo que yo os mando" (Jn. 15:10, 14).

"Bienaventurados los que lavan sus ropas, para tener derecho al árbol de la vida, y para entrar por las puertas en la ciudad" (Ap. 22:14).

2) Debemos guardar el *Día del Señor* cada semana (v. 23). El *Día del Señor* es. . .
- un día de descanso
- un día sagrado dedicado al Señor (v. 23).

Debemos, por tanto, guardar el *Día del Señor*. No debemos *recoger*, es decir, trabajar, en su día. Debemos apartar un día a la semana para el descanso y la santa adoración tal como Él manda.

a) Debemos guardar el Día del Señor.

"Acuérdate del día de reposo para santificarlo" (Éx. 20:8).

"Seis días trabajarás, mas en el séptimo día descansarás; aun en la arada y en la siega, descansarás" (Éx. 34:21).

"Bienaventurado el hombre que hace esto, y el hijo de hombre que lo abraza; que guarda el día de reposo para no profanarlo, y que guarda su mano de hacer todo mal" (Is. 56:2).

"Si retrajeres del día de reposo tu pie, de hacer tu voluntad en mi día santo, y lo llamares delicia, santo, glorioso de Jehová; y lo venerares, no andando en tus propios caminos, ni buscando tu voluntad, ni hablando tus propias palabras, entonces te deleitarás en Jehová; y yo te haré subir sobre las alturas de la tierra, y te daré a comer la heredad de Jacob tu padre; porque la boca de Jehová lo ha hablado" (Is. 58:13-14).

b) Debemos hacer el bien el Día del Señor.

"Pues ¿cuánto más vale un hombre que una oveja? Por consiguiente, es lícito hacer el bien en los días de reposo" (Mt. 12:12).

"Y llegado el día de reposo, comenzó a enseñar en la sinagoga; y muchos, oyéndole, se admiraban, y decían: ¿De dónde tiene éste estas cosas? ¿Y qué sabiduría es esta que le es dada, y estos milagros que por sus manos son hechos?" (Mr. 6:2).

"Si recibe el hombre la circuncisión en el día de reposo, para que la ley de Moisés no sea quebrantada, ¿os enojáis conmigo porque en el día de reposo sané completamente a un hombre?" (Jn. 7:23).

"Y era día de reposo cuando Jesús había hecho el lodo, y le había abierto los ojos" (Jn. 9:14).

"Y un día de reposo salimos fuera de la puerta, junto al río, donde solía hacerse la oración; y sentándonos, hablamos a las mujeres que se habían reunido" (Hch. 16:13).

"Y Pablo, como acostumbraba, fue a ellos, y por tres días de reposo discutió con ellos" (Hch. 17:2).

c) Los primeros discípulos adoraban a Dios el Día del Señor.

"El primer día de la semana, reunidos los discípulos para partir el pan, Pablo les enseñaba, habiendo de salir al día siguiente; y alargó el discurso hasta la medianoche" (Hch. 20:7).

"Cada primer día de la semana cada uno de vosotros ponga aparte algo, según haya prosperado, guardándolo, para que cuando yo llegue no se recojan entonces ofrendas" (1 Co. 16:2).

"Yo estaba en el Espíritu en el día del Señor, y oí detrás de mí una gran voz como de trompeta, que decía: Yo soy el Alfa y la Omega, el primero y el último. Escribe en un libro lo que ves, y envíalo a las siete iglesias que están en Asia: a Éfeso, Esmirna, Pérgamo, Tiatira, Sardis, Filadelfia y Laodicea" (Ap. 1:10-11).

4 (16:31-36) ***Maná — Conmemoración***: Estaba el mandato de que el maná (el pan del cielo) fuera conmemorado.

1. Fíjese en la descripción del maná (v. 31). (Vea *Estudio a fondo 3*, Éx. 16:31 para un mayor análisis.)

2. Dios mandó que un gomer (dos cuartos de galón) de maná fuera guardado como evidencia para las futuras generaciones (vv. 32-34). Dios quería un testimonio para las futuras generaciones: Un testimonio que declarara cómo Él alimentó a su pueblo después que lo liberó de Egipto.

Fíjese que Moisés dio instrucciones a Aarón de hacer lo que Dios había ordenado (v. 33), y que Aarón obedeció. Él guardó una vasija de maná hasta que el arca del testimonio fue construida (v. 34). Fíjese: Tres artículos serían guardados en el arca del testimonio o como usualmente la llamamos el arca del pacto (la cual sería construida en forma de cofre) (cp. He. 9:4).

⇒ El maná que era guardado en una urna de oro.
⇒ La vara de Aarón que reverdeció (Nm. 17:10).
⇒ Las tablas que contenían los Diez Mandamientos.

3. Dios proveyó el maná durante cuarenta años, un fenomenal milagro. Dios proveyó de maná a su pueblo hasta que llegaron al suelo fértil y fecundo de la Tierra Prometida (v. 35).

4. Y fíjese: La provisión diaria de Dios era abundante. Un gomer (dos cuartos de galón) por persona.

Pensamiento 1. La fidelidad de Dios debe ser testimoniada en el corazón de cada creyente. Dios es fiel. Si le obedecemos, sinceramente lo seguimos, Él cumple sus promesas con nosotros. Él nos cuida y se preocupa por nosotros.

"Conoce, pues, que Jehová tu Dios es Dios, Dios fiel, que guarda el pacto y la misericordia a los que le aman y guardan sus mandamientos, hasta mil generaciones" (Dt. 7:9).

"Bendito sea Jehová, que ha dado paz a su pueblo Israel, conforme a todo lo que él había dicho; ninguna palabra de todas sus promesas que expresó por Moisés su siervo, ha faltado" (1 R. 8:56).

"Jehová, hasta los cielos llega tu misericordia, y tu fidelidad alcanza hasta las nubes" (Sal. 36:5).

"Las misericordias de Jehová cantaré perpetuamente; de generación en generación haré notoria tu fidelidad con mi boca" (Sal. 89:1).

"Fiel es Dios, por el cual fuisteis llamados a la comunión con su Hijo Jesucristo nuestro Señor" (1 Co. 1:9).

"Pero fiel es el Señor, que os afirmará y guardará del mal" (2 Ts. 3:3).

"Si fuéremos infieles, él permanece fiel; el no puede negarse a sí mismo" (2 Ti. 2:13).

"Por lo cual debía ser en todo semejante a sus hermanos, para venir a ser misericordioso y fiel sumo sacerdote en lo que a Dios se refiere, para expiar los pecados del pueblo" (He. 2:17).

"Mantengamos firme, sin fluctuar, la profesión de nuestra esperanza, porque fiel es el que prometió" (He. 10:23).

"De modo que los que padecen según la voluntad de Dios, encomienden sus almas al fiel Creador, y hagan el bien" (1 P. 4:19).

ESTUDIO A FONDO 3

(16:31) ***Pan del cielo — Pan de Dios, Jesucristo — Maná***: Dios prometió alimentar a los israelitas con pan del cielo. Los israelitas llamaron a este pan *maná*. El maná era semejante a la resina o semilla de culantro. La semilla del culantro es un pequeño grano blanco que se utiliza para sazonar. El sabor del *maná* era como de hojuelas con miel (Éx. 16:31) o como hojuelas hechas con aceite de oliva (Nm. 11:8). El maná podía molerse con un molino de mano o triturarse en alguna especie de mortero y cocinarlo o cocerlo en calderas (Nm. 8:7-8). Fíjese en tres escenas significativas (tres importantes lecciones) que pueden obtenerse del maná.

1. El maná fue el pan dado por Dios para salvar a Israel de la muerte física (morir de hambre). Jesucristo es el pan de Dios dado para salvar al hombre de la muerte espiritual. Esto significa que el maná era un tipo del *pan del cielo*, un símbolo del propio Señor Jesucristo. Fíjese lo que Jesucristo decía de sí mismo:

a. Jesucristo dijo que Él es el verdadero Pan del cielo.

"Y Jesús les dijo: De cierto, de cierto os digo: No os dio Moisés el pan del cielo, mas mi Padre os da el verdadero pan del cielo" (Jn. 6:32).

b. Jesucristo dijo que Él es el Pan de Dios que descendió del cielo.

"Porque el pan de Dios es aquel que descendió del cielo y da vida al mundo" (Jn. 6:33).

c. Jesucristo dijo que Él es el Pan de vida.

"Jesús les dijo: Yo soy el pan de vida; el que a mí viene, nunca tendrá hambre; y el que en mí cree, no tendrá sed jamás" (Jn. 6:35).

"Yo soy el pan de vida" (Jn. 6:48).

d. Jesucristo dijo que Él es el Pan vivo que descendió del cielo.

"Yo soy el pan vivo que descendió del cielo; si alguno comiere de este pan, vivirá para siempre; y el pan que yo daré es mi carne, la cual yo daré por la vida del mundo. . . Este es el pan que descendió del cielo; no como vuestros padres comieron el maná, y murieron; el que come de este pan, vivirá eternamente" (Jn. 6:51, 58).

e. Jesucristo dijo que quienquiera que comiera, esto es, participase, de Él como el Pan de vida viviría para siempre.

"Este es el pan que descendió del cielo; no como vuestros padres comieron el maná, y murieron; el que come de este pan, vivirá eternamente" (Jn. 6:58).

f. Jesucristo dijo que quienquiera que a Él viniese, nunca padecería hambre ni sed.

"Jesús les dijo: Yo soy el pan de vida; el que a mí viene, nunca tendrá hambre; y el que en mí cree, no tendrá sed jamás" (Jn. 6:35).

2. El maná fue enviado por Dios, pero el pueblo tenía que recogerlo. Jesucristo fue enviado por Dios, pero nosotros tenemos que aceptarlo.

"Mas a todos los que le recibieron, a los que creen en su nombre, les dio potestad de ser hechos hijos de Dios" (Jn. 1:12).

"Porque de tal manera amó Dios al mundo, que ha dado a su Hijo unigénito, para que todo aquel que en él cree, no se pierda, mas tenga vida eterna" (Jn. 3:16).

"He aquí, yo estoy a la puerta y llamo; si alguno oye mi voz y abre la puerta, entraré a él, y cenaré con él, y él conmigo" (Ap. 3:20).

3. El maná era el pan diario del redimido, el pan sobre el cual harían celebración. Y fíjese, ellos tenían que levantarse temprano para recoger el maná o el sol lo derretía. La ilustración está clara: Los creyentes debemos levantarnos temprano cada día a recoger el maná de Dios, el Pan del cielo. Debemos levantarnos temprano para recibir nuestro alimento espiritual mediante la oración y el estudio de la Santa Palabra de Dios. Y debemos recordar: Cuando salga el sol, el maná se derrite. Las actividades del día comienzan a presionarnos cuando sale el sol. El punto: Debemos levantarnos temprano para alimentarnos del Pan de vida, el Señor Jesucristo. Debemos buscar de Él en la oración y en el estudio de su Palabra, buscar de Él temprano cada día. (Vea nota, Pensamiento 1, pt. 2, Éx. 16:16-30 para mayor análisis.)

"Mas si desde allí buscares a Jehová tu Dios, lo hallarás, si lo buscares de todo tu corazón y de toda tu alma" (Dt. 4:29).

"y lo tendrá consigo, y leerá en él todos los días de su vida, para que aprenda a temer a Jehová su Dios, para guardar todas las palabras de esta ley y estos estatutos, para ponerlos por obra" (Dt. 17:19).

"Sino que en la ley de Jehová está su delicia, y en su ley medita de día y de noche" (Sal. 1:2).

"Cuando me acuerde de ti en mi lecho, cuando medite en ti en las vigilias de la noche" (Sal. 63:6).

"Dulce será mi meditación en él; yo me regocijaré en Jehová" (Sal. 104:34).

"Y me regocijaré en tus mandamientos, los cuales he amado" (Sal. 119:47).

"Me acordé de los días antiguos; meditaba en todas tus obras; reflexionaba en las obras de tus manos" (Sal. 143:5).

"Buscad a Jehová mientras puede ser hallado, llamadle en tanto que está cercano" (Is. 55:6).

"Fueron halladas tus palabras, y yo las comí; y tu palabra me fue por gozo y por alegría de mi corazón; porque tu nombre se invocó sobre mí, oh Jehová Dios de los ejércitos" (Jer. 15:16).

"Y éstos eran más nobles que los que estaban en Tesalónica, pues recibieron la palabra con toda solicitud, escudriñando cada día las Escrituras para ver si estas cosas eran así" (Hch. 17:11).

"Y ahora, hermanos, os encomiendo a Dios, y a la palabra de su gracia, que tiene poder para sobreedificaros y daros herencia con todos los santificados" (Hch. 20:32).

"Porque las cosas que se escribieron antes, para nuestra enseñanza se escribieron, a fin de que por la paciencia y la consolación de las Escrituras, tengamos esperanza" (Ro. 15:4).

"Procura con diligencia presentarte a Dios aprobado, como obrero que no tiene de qué avergonzarse, que usa bien la palabra de verdad" (2 Ti. 2:15).

"desead, como niños recién nacidos, la leche espiritual no adulterada, para que por ella crezcáis para salvación, si es que habéis gustado la benignidad del Señor" (1 P. 2:2-3).

TIPOS, SÍMBOLOS E ILUSTRACIONES
Éxodo 16:1-36

Término histórico	Tipo o ilustración (Fundamento bíblico de cada uno)	Aplicación para la vida del creyente de hoy día	Aplicación bíblica
Maná (Éx. 16:1-36)	*Provisión de Dios: El pan del cielo* **"Y Jehová dijo a Moisés: He aquí yo os haré llover pan del cielo; y el pueblo saldrá, y recogerá diariamente la porción de un día, para que yo lo pruebe si anda en mi ley, o no" (Éx. 16:4).**	⇒ El Señor Jesucristo es el pan del cielo, el pan de vida, una vida que sustenta al creyente tanto ahora como para siempre.	***"Y Jesús les dijo: De cierto, de cierto os digo: No os dio Moisés el pan del cielo, mas mi Padre os da el verdadero pan del cielo. Porque el pan de Dios es aquel que descendió del cielo y da vida al mundo" (Jn. 6:32-33).*** ***"Jesús les dijo: Yo soy el pan de vida; el que a mí viene, nunca tendrá hambre; y el que en mí cree, no tendrá sed jamás" (Jn. 6:35).*** ***"Yo soy el pan de vida. Vuestros padres comieron el maná en el desierto, y murieron. Este es el pan que desciende del cielo, para que el que de él come, no muera. Yo soy el pan vivo que descendió del cielo; si alguno comiere de este pan, vivirá para siempre; y el pan que yo daré es mi carne, la cual yo daré por la vida del mundo" (Jn. 6:48-51; cp. Jn. 6:58).***

	F. La cuarta crisis de Israel en el desierto: sed: la Provisión de Dios de agua, 17:1-7	4 Entonces clamó Moisés a Jehová, diciendo: ¿Qué haré con este pueblo? De aquí a un poco me apedrearán.	**3 El clamor del siervo de Dios: Él clamó al Señor** a. Clamó por dirección b. El pueblo amenazó su vida
1 La crisis: La sed. Los israelitas no tenían agua que beber a. Dejaron el desierto de Sin y fueron guiados de un lugar a otro por Dios b. Acamparon en Refidim[EF1] c. La crisis: No había agua	1 Toda la congregación de los hijos de Israel partió del desierto de Sin por sus jornadas, conforme al mandamiento de Jehová, y acamparon en Refidim; y no había agua para que el pueblo bebiese.	5 Y Jehová dijo a Moisés: Pasa delante del pueblo, y toma contigo de los ancianos de Israel; y toma también en tu mano tu vara con que golpeaste el río, y ve. 6 He aquí que yo estaré delante de ti allí sobre la peña en Horeb; y golpearás la peña, y saldrán de ella aguas, y beberá el pueblo. Y Moisés lo hizo así en presencia de los ancianos de Israel.	**4 La provisión de Dios** a. Dios le dijo a su mensajero que pasara delante del pueblo: Que tomara algunos de los ancianos y su vara con él b. Dios prometió estar delante de su siervo sobre la peña de Horeb[EF2] c. Dios dio instrucciones a su siervo de golpear la peña y prometió que de ella saldría agua d. El siervo de dios obedeció
2 El terrible pecado de Israel a. Acudieron a Moisés, no a Dios: Altercaron, murmuraron b. Probaron a Dios: Cuestionaron su misericordia y cuidado. Demandaron que se probase a sí mismo, que les proveyera	2 Y altercó el pueblo con Moisés, y dijeron: Danos agua para que bebamos. Y Moisés les dijo: ¿Por qué altercáis conmigo? ¿Por qué tentáis a Jehová?		
c. Acusaron a Moisés de ser un impostor: De dirigirlos mal, llevándolos hacia su muerte	3 Así que el pueblo tuvo allí sed, y murmuró contra Moisés, y dijo: ¿Por qué nos hiciste subir de Egipto para matarnos de sed a nosotros, a nuestros hijos y a nuestros ganados?	7 Y llamó el nombre de aquel lugar Masah y Meriba, por la rencilla de los hijos de Israel, y porque tentaron a Jehová, diciendo: ¿Está, pues, Jehová entre nosotros, o no?	**5 El lugar inmortalizado** a. Llamado Masah: Prueba, poner a prueba b. Llamado Meriba: discusión, disputa, contienda, enfrentamiento

DIVISIÓN V
EL MAR ROJO Y LA PEREGRINACIÓN EN EL DESIERTO: LAS PRUEBAS DEL CREYENTE EN SU VIAJE A LA TIERRA PROMETIDA, 13:17—18:27

F. La cuarta crisis de Israel en el desierto: Sed: La provisión de Dios de agua, 17:1-7

(17:1-7) ***Introducción***: La avidez por el agua, la necesidad de humedecer los labios secos, es una de los más fuertes impulsos que tiene el hombre. Mientras la sed del hombre está aplacada, este puede seguir con su vida normal. Sin embargo, si le es retenida el agua por un largo período de tiempo, el cuerpo comienza a deshidratarse. Si no se le provee de agua pronto tras la deshidratación, el hombre se enfermará y finalmente morirá.

Ahora fíjese: La sed física es un símbolo de la sed espiritual. Los hombres que sienten sed espiritual harán cualquier cosa por satisfacer su sed. La sed espiritual es algo normal, pero se convierte en algo anormal cuando el hombre trata de satisfacerla con las cosas de este mundo. . .

- sexo inmoral
- placeres de la carne
- poder egoísta
- fama egocéntrica
- posesiones
- propiedad
- reconocimiento
- posición
- amigos mundanos
- pornografía
- comer en exceso

La sed del corazón humano puede ser suplida por Dios y solo por Él. Esta es la muy necesitada lección de este pasaje: *La cuarta crisis de Israel en el desierto: Sed: La provisión de Dios de agua*, 17:1-7.

1. La crisis: La sed. Los israelitas no tenían agua que beber (v. 1).
2. El terrible pecado de Israel (vv. 2-3).
3. El clamor del siervo de Dios: Él clamó al Señor (v. 4).
4. La provisión de Dios (vv. 5-6).
5. El lugar inmortalizado (v. 7).

1 (17:1) ***Juicio — Sed — Agua — Crisis — Israel***: Estaba la crisis de la sed, de llegar a un lugar y no encontrar agua que beber. Israel había dejado el desierto de Sin y marchado hasta Refidim, donde esperaban encontrar agua. Cuando llegaron, descubrieron con horror que los arroyos estaban secos. No había agua.

El pueblo había estado vagando por el desierto durante días, tal vez semanas; y recuerde, eran dos o tres millones de personas. Estaban cansados, fatigados, y sedientos: completamente exhaustos. Los nervios estaban en tensión. Las reservas de agua sin duda llevaban días escaseando, y cada familia había racionado su reserva. Cuando llegaron a Refidim, evidentemente se habían quedado sin agua por completo. Entonces escucharon las más aterradoras palabras imaginables: "No hay agua. Los arroyos están secos".

Tuvo lugar una crisis, la más severa crisis que una persona puede enfrentar en el seco y árido desierto: No tener agua. Era una cuestión de vida o muerte, de supervivencia. ¿Qué iban a hacer? ¿Qué podían hacer?

Ahora, fíjese en un hecho significativo: Era el SEÑOR mismo el que los había llevado a acampar en Refidim, el que los había guiado en una columna de nube, con su propia presencia. ¿Por qué? ¿Por qué los habría conducido hasta un lugar donde *no había agua*?

La respuesta está en el nombre del *SEÑOR*. El SEÑOR (Jehová, Yahveh) significa Dios de revelación y liberación.

⇒ El SEÑOR evidentemente pensaba revelarse a sí mismo en Refidim, revelar que Él es el Dios de salvación y liberación, el Dios que salva y libera a su pueblo a través de todas las pruebas de la vida.

⇒ El SEÑOR pensaba evidentemente probar a su pueblo en Refidim, probar y fortalecer su fe: Enseñarles a confiar en Él más y más, a confiar más y más en que Él los cuidaría y se encargaría de sus necesidades.

⇒ El SEÑOR pensaba evidentemente glorificarse en Refidim, glorificarse probando que Él es verdaderamente Dios, el Dios que salva y libera a su pueblo a través de todas las pruebas y todos los problemas de la vida.

Pensamiento 1. ¿Quién causa tantas pruebas y tantos problemas en la vida? Frecuentemente, nosotros mismos. Somos con frecuencia la causa de los problemas y las pruebas, que traen aflicción a nuestra propia vida. Actuamos desatinadamente y abusamos de nuestro cuerpo, infringimos la ley, maltratamos a otros, actuamos irresponsablemente, nos comportamos mal, no nos ocupamos de las cosas, y la lista podría seguir. Con frecuencia causamos muchos de los problemas y las pruebas que confrontamos.

Pero fíjese: A veces surgen pruebas en nuestra vida que están más allá de nuestro control, pruebas que no hicimos absolutamente nada para que ocurran. Estas con frecuencia son provocadas por Dios. Dios a veces nos pone en situaciones que realmente nos prueban, que nos causan serios problemas. ¿Por qué?

1) Dios utiliza las pruebas para probarnos, confirmarnos y fortalecernos. Dios utiliza las pruebas para inspirarnos:
   - A clamarle por ayuda.
   - A confiar en Él más y más.
   - A volvernos más y más fuertes en entereza y en su respaldo.
   - A ser un testimonio fuerte y ser testigos de que Él realmente existe y puede liberar y salvar a aquellos que confían el Él.
   - A acercarnos más y más a Él en oración, confianza, hermandad, y comunión.

"Y te acordarás de todo el camino por donde te ha traído Jehová tu Dios estos cuarenta años en el desierto, para afligirte, para probarte, para saber lo que había en tu corazón, si habías de guardar o no sus mandamientos" (Dt. 8:2).

"Mas él conoce mi camino; me probará, y saldré como oro" (Job 23:10).

"Porque tú nos probaste, oh Dios; nos ensayaste como se afina la plata" (Sal. 66:10).

"Cuando alzó Jesús los ojos, y vio que había venido a él gran multitud, dijo a Felipe: ¿De dónde compraremos pan para que coman éstos?" (Jn. 6:5).

"Y no solo esto, sino que también nos gloriamos en las tribulaciones, sabiendo que la tribulación produce paciencia; y la paciencia, prueba; y la prueba, esperanza; y la esperanza no avergüenza; porque el amor de Dios ha sido derramado en nuestros corazones por el Espíritu Santo que nos fue dado" (Ro. 5:3-5).

"Porque esta leve tribulación momentánea produce en nosotros un cada vez más excelente y eterno peso de gloria" (2 Co. 4:17).

"Hermanos míos, tened por sumo gozo cuando os halléis en diversas pruebas, sabiendo que la prueba de vuestra fe produce paciencia. Mas tenga la paciencia su obra completa, para que seáis perfectos y cabales, sin que os falte cosa alguna" (Stg. 1:2-4).

2) Dios utiliza las pruebas para glorificarse y exaltarse. Cuando el SEÑOR nos libera y salva a través de una prueba, nosotros le glorificamos y le exaltamos por habernos liberado.

"Y comerás y te saciarás, y bendecirás a Jehová tu Dios por la buena tierra que te habrá dado" (Dt. 8:10).

"Ofrezcan sacrificios de alabanza, y publiquen sus obras con júbilo" (Sal. 107:22).

"con gozo dando gracias al Padre que nos hizo aptos para participar de la herencia de los santos en luz" (Col. 1:12).

"En lo cual vosotros os alegráis, aunque ahora por un poco de tiempo, si es necesario, tengáis que ser afligidos en diversas pruebas, para que sometida a prueba vuestra fe, mucho más preciosa que el oro, el cual aunque perecedero se prueba con fuego, sea hallada en alabanza, gloria y honra cuando sea manifestado Jesucristo" (1 P. 1:6-7).

3) Dios utiliza las pruebas para revelar que Él es Dios de salvación y liberación, el Dios que salva y libera a su pueblo de todas las pruebas de la vida. De este modo las personas saben que Dios es el SEÑOR. . .

- que Él *sí existe*
- que Él es *el único Dios vivo y verdadero.*

"Así ha dicho Jehová: En esto conocerás que yo soy Jehová: he aquí, yo golpearé con la vara que tengo en mi mano el agua que está en el río, y se convertirá en sangre" (Éx. 7:17).

"Y dijo Moisés a Faraón: Dígnate indicarme cuándo debo orar por ti, por tus siervos y por tu pueblo, para que las ranas sean quitadas de ti y de tus casas, y que solamente queden en el río. Y él dijo: Mañana. Y Moisés respondió: Se hará conforme a tu palabra, para que conozcas que no hay como Jehová nuestro Dios" (Éx. 8:9-10).

"Y aquel día yo apartaré la tierra de Gosén, en la cual habita mi pueblo, para que ninguna clase de moscas haya en ella, a fin de que sepas que yo soy Jehová en medio de la tierra. Y yo pondré redención entre mi pueblo y el tuyo. Mañana será esta señal" (Éx. 8:22-23).

"Y le respondió Moisés: Tan pronto salga yo de la ciudad, extenderé mis manos a Jehová, y los truenos cesarán, y no habrá más granizo; para que sepas que de Jehová es la tierra" (Éx. 9:29).

"Vosotros sois mis testigos, dice Jehová, y mi siervo que yo escogí, para que me conozcáis y creáis, y entendáis que yo mismo soy; antes de mí no fue formado dios, ni lo será después de mí. Yo, yo Jehová, y fuera de mí no hay quien salve. Yo anuncié, y salvé, e hice oír, y no hubo entre vosotros dios ajeno. Vosotros, pues, sois mis testigos, dice Jehová, que yo soy Dios. Aun antes que hubiera día, yo era; y no hay quien de mi mano libre. Lo que hago yo, ¿quién lo estorbará?" (Is. 43:10-13).

"Yo entonces dije: ¿Quién eres, Señor? Y el Señor dijo: Yo soy Jesús, a quien tú persigues. Pero levántate, y ponte sobre tus pies; porque para esto he aparecido a ti, para ponerte por ministro y testigo de las cosas que has visto, y de aquellas en que me apareceré a ti, librándote de tu pueblo, y de los gentiles, a quienes ahora te envío, para que abras sus ojos, para que se conviertan de las tinieblas a la luz, y de la potestad de Satanás a Dios; para que reciban, por la fe que es en mí, perdón de pecados y herencia entre los santificados" (Hch. 26:15-18).

ESTUDIO A FONDO 1

(17:1) ***Refidim — Masah — Meriba — El viaje por el desierto***: El significado de la palabra *Refidim* es *refrigerio*. Las Escrituras declaran que difícilmente haya sido un refrigerio para el pueblo de Dios. Para ellos, Refidim se convirtió en…

⇒ un lugar de incredulidad (Éx. 17:1-3).

"Toda la congregación de los hijos de Israel partió del desierto de Sin por sus jornadas, conforme al mandamiento de Jehová, y acamparon en Refidim; y no había agua para que el pueblo bebiese. Y altercó el pueblo con Moisés, y dijeron: Danos agua para que bebamos. Y Moisés les dijo: ¿Por qué altercáis conmigo? ¿Por qué tentáis a Jehová? Así que el pueblo tuvo allí sed, y murmuró contra Moisés, y dijo: ¿Por qué nos hiciste subir de Egipto para matarnos de sed a nosotros, a nuestros hijos y a nuestros ganados?" (Éx. 17:1-3).

⇒ un lugar de deslealtad a Dios (Éx. 17:7).

"Y llamó el nombre de aquel lugar Masah y Meriba, por la rencilla de los hijos de Israel, y porque tentaron a Jehová, diciendo: ¿Está, pues, Jehová entre nosotros, o no?" (Éx. 17:7).

⇒ un lugar de batalla con Amalec (Éx. 17:8-16).

"Entonces vino Amalec y peleó contra Israel en Refidim" (Éx. 17:8).

⇒ un lugar donde Moisés golpeó la peña para que saliera agua (Éx. 17:1-7; 19:2).

"He aquí que yo estaré delante de ti allí sobre la peña en Horeb; y golpearás la peña, y saldrán de ella aguas, y beberá el pueblo. Y Moisés lo hizo así en presencia de los ancianos de Israel" (Éx. 17:6).

⇒ un lugar donde Dios liberó a su pueblo (Sal. 81:7).

"En la calamidad clamaste, y yo te libré; te respondí en lo secreto del trueno; te probé junto a las aguas de Meriba" (Sal. 81:7).

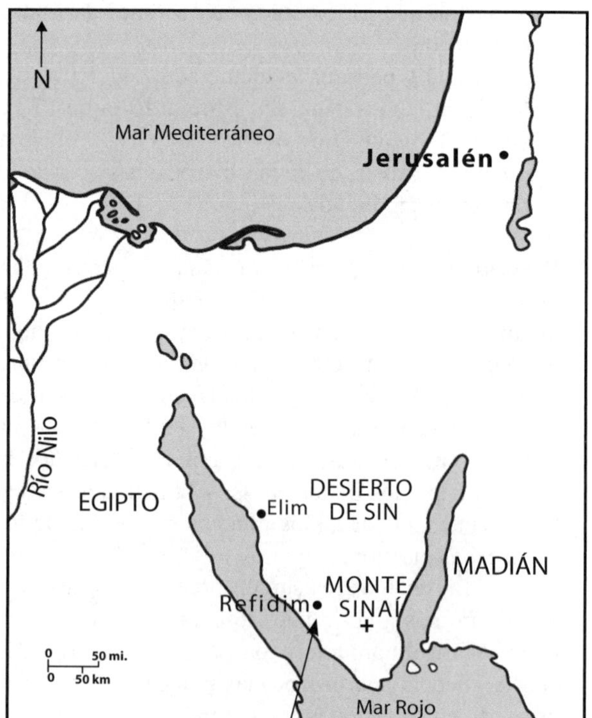

REFIDIM[1]

[1] © 2011 Editorial Portavoz, Grand Rapids, MI 49501.

2 (17:2-3) ***Israel — Refunfuño — Queja — Murmuración***: Estaba el terrible pecado de Israel. ¿Qué hizo Israel? ¿Pasaron la prueba de Dios? ¿Confiaron en Dios, en su misericordia: Creyeron que Él los amaba y se ocupaba de ellos? Fíjese en lo que hicieron.

1. Los israelitas acudieron a un hombre, no a Dios; tenían sus ojos y esperanzas puestas en un líder terrenal, no en el SEÑOR. Fíjese lo que sucedió: Ellos discutieron y murmuraron contra el líder terrenal, Moisés (v. 2). Le exigieron a Moisés: "Danos agua". Lo trataron como si él fuera un mago, como si pudiera obrar milagros y suplir sus necesidades.

El punto es este: Los ojos del pueblo estaban en Moisés, no en Dios. Se concentraron en Moisés como si fuera un hacedor de maravillas, como un obrador de milagros. Un hombre era el objeto de su atención y lealtad, no Dios.

Pensamiento 1. Nuestra confianza debe estar siempre puesta en Dios, no en el hombre. En los aterradores y difíciles problemas de la vida, el hombre no es de gran ayuda. El hombre puede ayudarnos muy poco, si es que en algo, cuando enfrentamos. . .

- enfermedad mortal
- edad muy avanzada
- un terrible accidente
- la muerte de un ser querido
- una horrible tragedia
- bancarrota
- desastres naturales
- situaciones que amenazan la vida
- el odio o la ira de un supervisor

Nuestra esperanza está en Dios, no en los líderes terrenales. Por tanto, debemos aprender a acudir a Dios y no a los hombres por ayuda.

"¡Cuán grande es tu bondad, que has guardado para los que te temen, que has mostrado a los que esperan en ti, delante de los hijos de los hombres!" (Sal. 31:19).

"Jehová redime el alma de sus siervos, y no serán condenados cuantos en él confían" (Sal. 34:22).

"Confía en Jehová, y haz el bien; y habitarás en la tierra, y te apacentarás de la verdad" (Sal. 37:3).

"Encomienda a Jehová tu camino, y confía en él; y él hará" (Sal. 37:5).

"Mejor es confiar en Jehová que confiar en el hombre" (Sal. 118:8).

"Mejor es confiar en Jehová que confiar en príncipes" (Sal. 118:9).

"Fíate de Jehová de todo tu corazón, y no te apoyes en tu propia prudencia" (Pr. 3:5).

"Dejaos del hombre, cuyo aliento está en su nariz; porque ¿de qué es él estimado?" (Is. 2:22).

"Confiad en Jehová perpetuamente, porque en Jehová el Señor está la fortaleza de los siglos" (Is. 26:4).

"¡Ay de los hijos que se apartan, dice Jehová, para tomar consejo, y no de mí; para cobijarse con cubierta, y no de mi espíritu, añadiendo pecado a pecado! Que se apartan para descender a Egipto, y no han preguntado de mi boca; para fortalecerse con la fuerza de Faraón, y poner su esperanza en la sombra de Egipto" (Is. 30:1-2).

"¡Ay de los que descienden a Egipto por ayuda, y confían en caballos; y su esperanza ponen en carros, porque son muchos, y en jinetes, porque son valientes; y no miran al Santo de Israel, ni buscan a Jehová!" (Is. 31:1).

"Y los egipcios hombres son, y no Dios; y sus caballos carne, y no espíritu; de manera que al extender Jehová su mano, caerá el ayudador y caerá el ayudado, y todos ellos desfallecerán a una" (Is. 31:3).

"¿Quién hay entre vosotros que teme a Jehová, y oye la voz de su siervo? El que anda en tinieblas y carece de luz, confíe en el nombre de Jehová, y apóyese en su Dios" (Is. 50:10).

"Así ha dicho Jehová: Maldito el varón que confía en el hombre, y pone carne por su brazo, y su corazón se aparta de Jehová" (Jer. 17:5).

"Y verá Efraín su enfermedad, y Judá su llaga; irá entonces Efraín a Asiria, y enviará al rey Jareb; mas él no os podrá sanar, ni os curará la llaga" (Os. 5:13).

"y diré a mi alma: Alma, muchos bienes tienes guardados para muchos años; repósate, come, bebe, regocíjate. Pero Dios le dijo: Necio, esta noche vienen a pedirte tu alma; y lo que has provisto, ¿de quién será?" (Lc. 12:19-20).

2. Los israelitas probaron a Dios: Cuestionaban la misericordia de Dios y demandaban que Él se probara a sí mismo, exigiendo que se ocupara de ellos en ese preciso momento y lugar (v. 2).

¿Cómo pudo el pueblo cuestionar la misericordia de Dios cuando Él había hecho tanto por ellos? ¿Cómo pudieron poner en duda su existencia y su cuidado? ¿Por qué estaban quejándose y murmurando y discutiendo con el siervo de Dios? La respuesta es evidente:

⇒ Porque no eran un pueblo de oración. En vez de quejarse y murmurar contra Dios y Moisés, debieron haberse acercado a Moisés y sugerirle que todos buscaran de Dios en oración, buscaran de Él para que supliera sus necesidades. Imagínese qué gran vista hubiera sido: De dos a tres millones de personas juntos de rodillas, en medio del desierto, clamando a Dios para que les proveyese agua. Qué imagen tan diferente de Israel tendríamos en las Escrituras si ellos tan solo hubieran hecho lo que debían: Unidos a Moisés en oración, buscar de Dios para que supliera sus necesidades. Pero esto no sucedería.

3. Los israelitas acusaron a Moisés de ser un impostor: De dirigirlos mal, y de llevarlos hacia su muerte (v. 3). Fíjese lo seria que se volvió la situación: El pueblo estaba a punto de apedrear a Moisés (cp. v. 4). Se volvieron violentos, llenos de una ira descontrolada, rencor y furia.

⇒ Se olvidaron de todo lo relacionado con las maravillosas provisiones de Dios en el pasado: De que Dios ya les había proveído de agua.

⇒ Se olvidaron de todo lo relacionado con cuán gloriosamente Dios había utilizado a su siervo en el pasado: Cómo Moisés los había liberado de la esclavitud en Egipto y conducido a través del Mar Rojo.

La muerte, la muerte a causa de la sed y la deshidratación, los miraba a la cara, y ellos estaban aterrorizados. Habían crecido tan poco en Dios y sabían tan poco acerca de Dios que inmediatamente se volvieron contra el siervo de Dios, Moisés.

Pensamiento 1. ¿Otra vez, por qué? ¿Cómo podían los israelitas olvidar tan pronto las bendiciones de Dios? ¿Olvidar tan pronto cómo Dios había magníficamente liberado a su pueblo?

1) A causa del corazón y la mente de cada uno de ellos. Estos eran. . .
   • carnales
   • pecadores
   • egoístas

"Por cuanto los designios de la carne son enemistad contra Dios; porque no se sujetan a la ley de Dios, ni tampoco pueden" (Ro. 8:7).

"Esto, pues, digo y requiero en el Señor: que ya no andéis como los otros gentiles, que andan en la vanidad de su mente" (Ef. 4:17).

"Todas las cosas son puras para los puros, mas para los corrompidos e incrédulos nada les es puro; pues hasta su mente y su conciencia están corrompidas" (Tit. 1:15).

2) A causa de la incredulidad y la desconfianza. Ellos no habían crecido en la oración ni en la confianza en el Señor. Día tras día en sus andanzas por el desierto habían mantenido sus pensamientos en cosas carnales, en las cosas de este mundo en vez de ponerlos en Dios. Habían evidentemente pensado poco en Dios, poco en su gloriosa persona y poder, poco acerca de su maravillosa salvación y liberación.

   Por tanto, habían aprendido poco acerca de Dios...
   • poco acerca de confiar y creer en Él
   • poco acerca de adorarlo y honrarlo
   • poco acerca de ser testigo y dar testimonio de Él

"Por eso os dije que moriréis en vuestros pecados; porque si no creéis que yo soy, en vuestros pecados moriréis" (Jn. 8:24).

"No endurezcáis vuestros corazones, como en la provocación, en el día de la tentación en el desierto, donde me tentaron vuestros padres; me probaron, y vieron mis obras cuarenta años. A causa de lo cual me disgusté contra esa generación, y dije: Siempre andan vagando en su corazón, y no han conocido mis caminos. Por tanto, juré en mi ira: No entrarán en mi reposo. Mirad, hermanos, que no haya en ninguno de vosotros corazón malo de incredulidad para apartarse del Dios vivo" (He. 3:8-12).

"Procuremos, pues, entrar en aquel reposo, para que ninguno caiga en semejante ejemplo de desobediencia" (He. 4:11).

"Mas quiero recordaros, ya que una vez lo habéis sabido, que el Señor, habiendo salvado al pueblo sacándolo de Egipto, después destruyó a los que no creyeron" (Jud. 5).

3 (17:4) ***Oración — Intercesión***: El siervo de Dios clamó a Dios por ayuda. El pueblo estaba molesto e impaciente con Moisés, al punto de llegar a la violencia: Estaba a punto de apedrear a Moisés. Él estaba experimentando lo que más tarde experimentaría Pablo: "amándoos más, seré amado menos" (2 Co. 12:15). Moisés hizo lo único que podía hacer: Se quedó a solas con Dios y clamó a Dios por ayuda. Fíjese que Moisés estaba muy molesto con los israelitas: Los llamó "este pueblo" en vez de "mi pueblo". El pecado y los ataques personales del pueblo contra Moisés habían puesto una gran distancia, un alejamiento, entre ellos. Los profetas de Dios con frecuencia sintieron esta distancia y este alejamiento cuando el pueblo se rebelaba contra Dios y los atacaba (Is. 6:9; Hag. 1:2).

Pensamiento 1. Nuestra única esperanza en situaciones desesperadas es clamar a Dios en oración. Cuando nada más puede ayudar, la oración puede. Dios escucha y responde a la oración.

"Pedid, y se os dará; buscad, y hallaréis; llamad, y se os abrirá" (Mt. 7:7).

"Mas si desde allí buscares a Jehová tu Dios, lo hallarás, si lo buscares de todo tu corazón y de toda tu alma" (Dt. 4:29).

"Este pobre clamó, y le oyó Jehová, y lo libró de todas sus angustias" (Sal. 34:6).

"Desde el cabo de la tierra clamaré a ti, cuando mi corazón desmayare. Llévame a la roca que es más alta que yo" (Sal. 61:2).

"Buscad a Jehová y su poder; buscad siempre su rostro" (Sal. 105:4).

"y me buscaréis y me hallaréis, porque me buscaréis de todo vuestro corazón" (Jer. 29:13).

4 (17:5-6) ***Necesidad — Necesidades — Provisión — Suministro — La peña — Israel — Agua***: Estaba la provisión de Dios. Dios escuchó el clamor de su amado siervo, escuchó su desesperado ruego por ayuda.

1. Dios le dijo a su siervo que pasara delante del pueblo: Que tomara a algunos de los ancianos de Israel y su vara o caña con él (v. 5). ¿Para qué llevar a los ancianos con él? Para que fueran testigos presenciales del milagro. ¿Para qué llevar la vara? No para lanzar ninguna plaga ni castigo sobre ellos, sino para hacer surgir el poder de Dios. Dios quería suplir las necesidades de los incrédulos y desconfiados reincidentes. Fíjese la paciencia, la tolerancia, y la longanimidad de Dios.

Fíjese en su voluntad de obrar largo tiempo en nosotros, esperando nuestro arrepentimiento y que confiemos en Él, como debiéramos hacer siempre.

"Por amor de mi nombre diferiré mi ira, y para alabanza mía la reprimiré para no destruirte" (Is. 48:9).

"Por la misericordia de Jehová no hemos sido consumidos, porque nunca decayeron sus misericordias" (Lm. 3:22).

"Rasgad vuestro corazón, y no vuestros vestidos, y convertíos a Jehová vuestro Dios; porque misericordioso es y clemente, tardo para la ira y grande en misericordia, y que se duele del castigo" (Jl. 2:13).

"¿O menosprecias las riquezas de su benignidad, paciencia y longanimidad, ignorando que su benignidad te guía al arrepentimiento?" (Ro. 2:4).

"Pero acerca de Israel dice: Todo el día extendí mis manos a un pueblo rebelde y contradictor" (Ro. 10:21).

"El Señor no retarda su promesa, según algunos la tienen por tardanza, sino que es paciente para con nosotros, no queriendo que ninguno perezca, sino que todos procedan al arrepentimiento" (2 P. 3:9).

2. Ahora fíjese lo que Dios prometió hacer por su pueblo reincidente: Prometió que estaría delante de su siervo sobre *la peña de Horeb* (v. 6).

3. Dios dio instrucciones a su amado siervo de golpear la peña, y prometió que el agua brotaría de ella (v. 6). (Vea *Estudio a fondo 2*, Éx. 17:6 para un mayor análisis.)

4. El siervo de Dios obedeció (v. 6). Moisés tomó su vara y golpeó la peña a la vista de todos los ancianos allí presentes. El resultado: El agua brotó de la peña, brotó como un río que ramifica en varios arroyos.

Fíjese en otro hecho también: Se dice que el SEÑOR mismo estaba allí provocando que el agua manara de la peña. ¿Cómo fue esto posible? Por Dios, por su poder omnipotente. El SEÑOR estaba delante de la peña y cuando Moisés la golpeó, el SEÑOR provocó que un río y surtidores de agua brotaran de la peña o de la tierra debajo de la peña. Esto es exactamente lo que se afirma en otras Escrituras.

"Porque no quiero, hermanos, que ignoréis que nuestros padres todos estuvieron bajo la nube, y todos pasaron el mar; y todos en Moisés fueron bautizados en la nube y en el mar, y todos comieron el mismo alimento espiritual, y todos bebieron la misma bebida espiritual; porque bebían de la roca espiritual que los seguía, y la roca era Cristo" (1 Co. 10:1-4).

"El cual cambió la peña en estanque de aguas, y en fuente de aguas la roca" (Sal. 114:8).

Pensamiento 1.

El desierto dejará a una persona seca, agotada, y vacía de cualquier humedad. Esta es una imagen del hombre que se queda espiritualmente seco, áspero y vacío. Espiritualmente:

- El hombre tiene un espíritu seco; Dios parece estar lejos, muy lejos.
- El hombre tiene un corazón seco; la ternura se le secó hace tiempo.
- El hombre tiene un alma seca; le falta una relación personal con Cristo y devoción personal.
- El hombre tiene una seca vida amorosa; el egocentrismo extingue cualquier oportunidad de compartir juntos los sacrificios.
- El hombre tiene amistades secas; las relaciones superficiales son la norma.
- El hombre tiene una mente seca; las distracciones mundanas rigen cada pensamiento.
- El hombre tiene sus oídos secos, las palabras de Dios son fingidamente escuchadas.
- El hombre tiene una seca carrera; el trabajo se ha convertido en una tarea detestable.
- El hombre tiene una seca vida familiar, poca comunicación y poca realización y amor.
- El hombre tiene una seca visión del futuro; existen pocas esperanzas en una vida plena y de satisfacción.

Las personas vacías sienten una desesperada necesidad de saciar su sed. Pero fíjese, hay gloriosas noticias: Hay un agua que calma la sed y la sequedad del hombre. Existe un agua viva, un agua que da vida al hombre. Esa agua es Jesucristo mismo. Jesucristo es el agua de vida. Él puede saciar la seca y áspera sed del hombre. Esta es la fuerte afirmación de las Escrituras.

"¿No crees que yo soy en el Padre, y el Padre en mí? Las palabras que yo os hablo, no las hablo por mi propia cuenta, sino que el Padre que mora en mí, él hace las obras. Creedme que yo soy en el Padre, y el Padre en mí; de otra manera, creedme por las mismas obras. ... Y todo lo que pidiereis al Padre en mi nombre, lo haré, para que el Padre sea glorificado en el Hijo. Si algo pidiereis en mi nombre, yo lo haré" (Jn. 4:10-11, 13-14).

"En el último y gran día de la fiesta, Jesús se puso en pie y alzó la voz, diciendo: Si alguno tiene sed, venga a mí y beba. El que cree en mí, como dice la Escritura, de su interior correrán ríos de agua viva" (Jn. 7:37-38).

"Bienaventurados los que tienen hambre y sed de justicia, porque ellos serán saciados" (Mt. 5:6).

"Serán completamente saciados de la grosura de tu casa, y tú los abrevarás del torrente de tus delicias" (Sal. 36:8).

"Sacaréis con gozo aguas de las fuentes de la salvación" (Is. 12:3).

"Porque yo derramaré aguas sobre el sequedal, y ríos sobre la tierra árida; mi Espíritu derramaré sobre tu generación, y mi bendición sobre tus renuevos" (Is. 44:3).

"A todos los sedientos: Venid a las aguas; y los que no tienen dinero, venid, comprad y comed. Venid, comprad sin dinero y sin precio, vino y leche" (Is. 55:1).

"Y el Espíritu y la Esposa dicen: Ven. Y el que oye, diga: Ven. Y el que tiene sed, venga; y el que quiera, tome del agua de la vida gratuitamente" (Ap. 22:17).

Pensamiento 2. Jesucristo afirmó que Él es el agua de vida, el agua que salva y da vida al hombre. Jesucristo es la única agua que puede saciar la sed del alma del hombre, que puede satisfacer al hombre.

"Respondió Jesús y le dijo: Si conocieras el don de Dios, y quién es el que te dice: Dame de beber; tú le pedirías, y él te daría agua viva" (Jn. 4:10).

"Respondió Jesús y le dijo: Cualquiera que bebiere de esta agua, volverá a tener sed; mas el que bebiere del agua que yo le daré, no tendrá sed jamás; sino que el agua que yo le daré será en él una fuente de agua que salte para vida eterna" (Jn. 4:13-14).

"En el último y gran día de la fiesta, Jesús se puso en pie y alzó la voz, diciendo: Si alguno tiene sed, venga a mí y beba" (Jn. 7:37).

"El que cree en mí, como dice la Escritura, de su interior correrán ríos de agua viva. Esto dijo del Espíritu que habían de recibir los que creyesen en él; pues aún no había venido el Espíritu Santo, porque Jesús no había sido aún glorificado" (Jn. 7:38-39).

"porque el Cordero que está en medio del trono los pastoreará, y los guiará a fuentes de aguas de vida; y Dios enjugará toda lágrima de los ojos de ellos" (Ap. 7:17).

"Y me dijo: Hecho está. Yo soy el Alfa y la Omega, el principio y el fin. Al que tuviere sed, yo le daré gratuitamente de la fuente del agua de la vida" (Ap. 21:6).

"Y el Espíritu y la Esposa dicen: Ven. Y el que oye, diga: Ven. Y el que tiene sed, venga; y el que quiera, tome del agua de la vida gratuitamente" (Ap. 22:17).

"A todos los sedientos: Venid a las aguas; y los que no tienen dinero, venid, comprad y comed. Venid, comprad sin dinero y sin precio, vino y leche. ¿Por qué gastáis el dinero en lo que no es pan, y vuestro trabajo en lo que no sacia? Oídme atentamente, y comed del bien, y se deleitará vuestra alma con grosura" (Is. 55:1-2).

Pensamiento 3. Hay una gran lección aquí: Debemos aprender a confiar en Dios, creer en Él, dejar que sea Él el que se encargue de nuestras necesidades. Dios suplirá nuestras necesidades, incluso las más severas y difíciles. Dios hará lo que sea necesario para suplir nuestras necesidades: Él incluso dará aguas en el desierto y ríos en la soledad para cuidar de nosotros (Is. 43:20). Nuestra tarea es confiar en Dios, dejar que Él se encargue.

"Mas buscad primeramente el reino de Dios y su justicia, y todas estas cosas os serán añadidas" (Mt. 6:33).

"El que cree en el Hijo tiene vida eterna; pero el que rehúsa creer en el Hijo no verá la vida, sino que la ira de Dios está sobre él" (Jn. 3:36).

"Yo soy la vid, vosotros los pámpanos; el que permanece en mí, y yo en él, éste lleva mucho fruto; porque separados de mí nada podéis hacer" (Jn. 15:5).

"no que seamos competentes por nosotros mismos para pensar algo como de nosotros mismos, sino que nuestra competencia proviene de Dios" (2 Co. 3:5).

"Mas a Jehová vuestro Dios serviréis, y él bendecirá tu pan y tus aguas; y yo quitaré toda enfermedad de en medio de ti" (Éx. 23:25).

"¡Cuán grande es tu bondad, que has guardado para los que te temen, que has mostrado a los que esperan en ti, delante de los hijos de los hombres!" (Sal. 31:19).

"Muchos dolores habrá para el impío; mas al que espera en Jehová, le rodea la misericordia" (Sal. 32:10).

"Jehová redime el alma de sus siervos, y no serán condenados cuantos en él confían" (Sal. 34:22).

"Confía en Jehová, y haz el bien; y habitarás en la tierra, y te apacentarás de la verdad" (Sal. 37:3).

"Encomienda a Jehová tu camino, y confía en él; y él hará" (Sal. 37:5).

"El temor del hombre pondrá lazo; mas el que confía en Jehová será exaltado" (Pr. 29:25).

"Tú guardarás en completa paz a aquel cuyo pensamiento en ti persevera; porque en ti ha confiado. Confiad en Jehová perpetuamente, porque en Jehová el Señor está la fortaleza de los siglos" (Is. 26:3-4).

"Traed todos los diezmos al alfolí y haya alimento en mi casa; y probadme ahora en esto, dice Jehová de los ejércitos, si no os abriré las ventanas de los cielos, y derramaré sobre vosotros bendición hasta que sobreabunde" (Mal. 3:10).

[5] (17:7) ***Refidim — Masah — Meriba — Memorial*:** El lugar de Refidim fue inmortalizado. Moisés quería que las siguientes generaciones recordaran siempre lo sucedido en Refidim; por lo tanto, le dio dos nombres al lugar.

⇒ Masah, que significa prueba, poner a prueba. Esto, por supuesto, en referencia a la prueba del pueblo (que dudó, cuestionó) puesta a Dios.

⇒ Meriba, que significa discusión, contienda, y enfrentamiento. Esto en referencia al espíritu de queja y murmuración del pueblo contra Dios y su siervo Moisés.

Pensamiento 1. Dos importantes lecciones deben aprenderse de este punto. Todos nosotros (cada creyente) dejamos un legado sobre la tierra. Bajo ningún motivo debemos dejar el legado que dejaron los israelitas.

1) El legado de probar a Dios: De incredulidad y desconfianza, de duda y cuestionamiento de Dios, cuestionando su existencia y su misericordia.

"Bien; por su incredulidad fueron desgajadas, pero tú por la fe estás en pie. No te ensoberbezcas, sino teme. Porque si Dios no perdonó a las ramas naturales, a ti tampoco te perdonará" (Ro. 11:20-21).

"para preguntarle: ¿Eres tú aquel que había de venir, o esperaremos a otro?" (Mt. 11:3).

"Y no hizo allí muchos milagros, a causa de la incredulidad de ellos" (Mt. 13:58).

"Viniendo entonces los discípulos a Jesús, aparte, dijeron: ¿Por qué nosotros no pudimos echarlo fuera? Jesús les dijo: Por vuestra poca fe; porque de cierto os digo, que si tuviereis fe como un grano de mostaza, diréis a este monte: Pásate de

aquí allá, y se pasará; y nada os será imposible" (Mt. 17:19-20).

"Y les dijo: ¿Por qué estáis así amedrentados? ¿Cómo no tenéis fe?" (Mr. 4:40).

"Finalmente se apareció a los once mismos, estando ellos sentados a la mesa, y les reprochó su incredulidad y dureza de corazón, porque no habían creído a los que le habían visto resucitado" (Mr. 16:14).

"Mas a ellos les parecían locura las palabras de ellas, y no las creían" (Lc. 24:11).

"Entonces él les dijo: ¡Oh insensatos, y tardos de corazón para creer todo lo que los profetas han dicho!" (Lc. 24:25).

"Pero a pesar de que había hecho tantas señales delante de ellos, no creían en él" (Jn. 12:37).

"Le dijeron, pues, los otros discípulos: Al Señor hemos visto. Él les dijo: Si no viere en sus manos la señal de los clavos, y metiere mi dedo en el lugar de los clavos, y metiere mi mano en su costado, no creeré" (Jn. 20:25).

"Mirad, hermanos, que no haya en ninguno de vosotros corazón malo de incredulidad para apartarse del Dios vivo" (He. 3:12).

"Procuremos, pues, entrar en aquel reposo, para que ninguno caiga en semejante ejemplo de desobediencia" (He. 4:11).

"Y él respondió: Yo te ruego que si he hallado gracia delante de ti, me des señal de que tú has hablado conmigo" (Jue. 6:17).

"¿Quién ha creído a nuestro anuncio? ¿y sobre quién se ha manifestado el brazo de Jehová?" (Is. 53:1).

2) El legado de quejarse, refunfuñar y murmurar.

"La insensatez del hombre tuerce su camino, y luego contra Jehová se irrita su corazón" (Pr. 19:3).

"Jesús respondió y les dijo: No murmuréis entre vosotros" (Jn. 6:43).

"Ni murmuréis, como algunos de ellos murmuraron, y perecieron por el destructor" (1 Co. 10:10).

"Haced todo sin murmuraciones y contiendas" (Fil. 2:14).

ESTUDIO A FONDO 2

(17:6) ***La peña de Horeb***: Las Escrituras enseñan que la *peña* es un símbolo del Señor Jesucristo. Como dice el título del himno, Jesucristo es la "roca de la eternidad". Una y otra vez a través de las Escrituras, la roca representa al SEÑOR. (Vea esquema y notas, 1 P. 2:4-8 para un estudio en profundidad de "Cristo, la roca viva".)

1. Se dice que los israelitas bebieron de la roca espiritual, la roca de Cristo.

"y todos bebieron la misma bebida espiritual; porque bebían de la roca espiritual que los seguía, y *la roca era Cristo*" (1 Co. 10:4).

¿Qué significa decir que Cristo fue la roca espiritual que siguió a los israelitas? Significa que Él fue el cimiento, el sostén, la seguridad, la base sólida de la vida de cada uno de ellos. Él estaba allí para apoyarlos, para que estuvieran a salvo y seguros y para proveerles de cualquier cosa que necesitaran.

2. Moisés *golpeó la peña* y el agua brotó de la roca, agua que salvó y trajo vida a los israelitas. Jesucristo fue "golpeado, atormentado, y afligido" y se convirtió en la fuente de agua viva para todos nosotros.

"Ciertamente llevó él nuestras enfermedades, y sufrió nuestros dolores; y nosotros le tuvimos por azotado, por herido de Dios y abatido. Mas él herido fue por nuestras rebeliones, molido por nuestros pecados; el castigo de nuestra paz fue sobre él, y por su llaga fuimos nosotros curados" (Is. 53:4-5).

"Respondió Jesús y le dijo: Cualquiera que bebiere de esta agua, volverá a tener sed; mas el que bebiere del agua que yo le daré, no tendrá sed jamás; sino que el agua que yo le daré será en él una fuente de agua que salte para vida eterna" (Jn. 4:13-14).

"En el último y gran día de la fiesta, Jesús se puso en pie y alzó la voz, diciendo: Si alguno tiene sed, venga a mí y beba. El que cree en mí, como dice la Escritura, de su interior correrán ríos de agua viva" (Jn. 7:37-38).

3. El Salmista clamó a la roca por ayuda en su aflicción.

"Desde el cabo de la tierra clamaré a ti, cuando mi corazón desmayare. Llévame a la roca que es más alta que yo" (Sal. 61:2).

4. Israel recordó que Dios era su roca.

"Y se acordaban de que Dios era su refugio, y el Dios Altísimo su redentor" (Sal. 78:35).

5. Jesucristo es la roca, la piedra angular, que determina el destino de todas las personas.

"Por lo cual también contiene la Escritura: He aquí, pongo en Sion la principal piedra del ángulo, escogida, preciosa; y el que creyere en él, no será avergonzado. Para vosotros, pues, los que creéis, él es precioso; pero para los que no creen, la piedra que los edificadores desecharon, ha venido a ser la cabeza del ángulo; y: Piedra de tropiezo, y roca que hace caer, porque tropiezan en la palabra, siendo desobedientes; a lo cual fueron también destinados" (1 P. 2:6-8).

6. Jesucristo es el único cimiento sobre el cual las personas pueden construir y tomar como fundamento para la vida de cada una de ellas.

"Porque nadie puede poner otro fundamento que el que está puesto, el cual es Jesucristo" (1 Co. 3:11).

TIPOS, SÍMBOLOS E ILUSTRACIONES
Éxodo 17:1-7

TÉRMINO HISTÓRICO	TIPO O ILUSTRACIÓN (FUNDAMENTO BÍBLICO DE CADA UNO)	APLICACIÓN PARA LA VIDA DEL CREYENTE DE HOY DÍA	APLICACIÓN BÍBLICA
La roca de Refidim (Éx. 17:6)	*La provisión de agua de Dios* **"He aquí que yo estaré delante de ti allí sobre la peña en Horeb; y golpearás la peña, y saldrán de ella aguas, y beberá el pueblo. Y Moisés lo hizo así en presencia de los ancianos de Israel" (Éx. 17:6).** **"Sacaréis con gozo aguas de las fuentes de la salvación" (Is. 12:3).**	⇒ Jesucristo es nuestra roca, la roca de nuestra salvación. . . • quien nos provee del agua que salva y nos da vida. • quien nos sostiene durante las tormentas de la vida. • quien es la piedra angular, que determina el destino de todos nosotros. • quien es el único cimiento sobre el cual podemos construir y tomar como fundamento para nuestras vidas.	***"y todos bebieron la misma bebida espiritual; porque bebían de la roca espiritual que los seguía, y la roca era Cristo" (1 Co. 10:4; cp. Is. 53:4-5).*** ***"Respondió Jesús y le dijo: Cualquiera que bebiere de esta agua, volverá a tener sed; mas el que bebiere del agua que yo le daré, no tendrá sed jamás; sino que el agua que yo le daré será en él una fuente de agua que salte para vida eterna" (Jn. 4:13-14).*** ***"Por lo cual también contiene la Escritura: He aquí, pongo en Sion la principal piedra del ángulo, escogida, preciosa; y el que creyere en él, no será avergonzado. Para vosotros, pues, los que creéis, él es precioso; pero para los que no creen, la piedra que los edificadores desecharon, ha venido a ser la cabeza del ángulo; y: Piedra de tropiezo, y roca que hace caer, porque tropiezan en la palabra, siendo desobedientes; a lo cual fueron también destinados" (1 P. 2:6-8; cp. 1 Co. 3:11).***
Meriba (Éx. 17:7)	*Discusión, contienda, y enfrentamiento: Quejas contra Dios y sus siervos* **"Así que el pueblo tuvo allí sed, y murmuró contra Moisés, y dijo: ¿Por qué nos hiciste subir de Egipto para matarnos de sed a nosotros, a nuestros hijos y a nuestros ganados?. . . Y llamó el nombre de aquel lugar Masah y Meriba, por la rencilla de los hijos de Israel, y porque tentaron a Jehová, diciendo: ¿Está, pues, Jehová entre nosotros, o no?" (Éx. 17:3, 7).**	⇒ Los creyentes carnales se quejan, murmuran y refunfuñan. Se quejan contra Dios y sus siervos. Son como un cáncer espiritual que se propaga e infecta a todo el grupo de creyentes.	***"Ni murmuréis, como algunos de ellos murmuraron, y perecieron por el destructor" (1 Co. 10:10).*** ***"Haced todo sin murmuraciones y contiendas" (Fil. 2:14).*** ***"Jesús respondió y les dijo: No murmuréis entre vosotros" (Jn. 6:43).*** ***"Si alguno se cree religioso entre vosotros, y no refrena su lengua, sino que engaña su corazón, la religión del tal es vana" (Stg. 1:26).*** ***(cp. Éx. 16:8; Sal. 52:2; 106:24-25; 120:2; Stg. 3:5-8; 1 P. 3:10; Jud. 14-16).***

TÉRMINO HISTÓRICO	TIPO O ILUSTRACIÓN (FUNDAMENTO BÍBLICO DE CADA UNO)	APLICACIÓN PARA LA VIDA DEL CREYENTE DE HOY DÍA	APLICACIÓN BÍBLICA
Masah (Éx. 17:7)	*El nombre "Masah" significa poner a prueba: Dudar de y cuestionar a Dios* **"Y llamó el nombre de aquel lugar Masah y Meriba, por la rencilla de los hijos de Israel, y porque tentaron a Jehová, diciendo: ¿Está, pues, Jehová entre nosotros, o no?" (Éx. 17:7).**	⇒ No se debe dudar ni cuestionar a Dios. Cómo puede la criatura cuestionar al SEÑOR Dios. . . • Él es el Creador y Sustentador del universo. • quien es el Señor y Majestad de todo. • quien es el Dador de todo don perfecto y bueno, el Padre de la Luz, quien nunca cambia. • quien es el único Dios verdadero y vivo.	***"Mirad hermanos, que no haya en ninguno de vosotros corazón malo de incredulidad para apartarse del Dios vivo" (He. 3:12).*** ***"Bien; por su incredulidad fueron desgajadas, pero tú por la fe estás en pie. No te ensoberbezcas, sino teme. Porque si Dios no perdonó a las ramas naturales, a ti tampoco te perdonará" (Ro. 11:20-21).*** ***"Entonces él les dijo: ¡Oh insensatos, y tardos de corazón para creer todo lo que los profetas han dicho!" (Lc. 24:25).*** ***"¿Eres tú el Cristo? Díноslo. Y les dijo: Si os lo dijere, no creeréis" (Lc. 22:67).*** ***"Pero a pesar de que había hecho tantas señales delante de ellos, no creían en él" (Jn. 12:37).*** ***"Y no hizo allí muchos milagros, a causa de la incredulidad de ellos" (Mt. 13:58).*** ***(cp. Ro. 4:20; 2 Ts. 3:3; 1 Ti. 1:13; 2 Ti. ,2:13; He. 3:19; He. 10:23)***

	G. La quinta crisis de Israel en el desierto: Guerra: Victoria por medio de la oración predominante, 17:8-16	sentó sobre ella; y Aarón y Hur sostenían sus manos, el uno de un lado y el otro de otro; así hubo en sus manos firmeza hasta que se puso el sol.	1) La constante oración llevaba al avance 2) El debilitamiento de la oración llevaba al retroceso d. Necesitó una piedra para descansar y apoyarse con el fin de ser constante en la oración e. Necesitó otros que pudieran apoyar y sostener al siervo de Dios: Aarón y Hur[EF2]
1 La crisis a. Los amalecitas atacaron a Israel[EF1] b. Moisés designó un comandante para movilizar un ejército: Josué c. Moisés prometió buscar de Dios, ser constante en la oración	8 Entonces vino Amalec y peleó contra Israel en Refidim. 9 Y dijo Moisés a Josué: Escógenos varones, y sal a pelear contra Amalec; mañana yo estaré sobre la cumbre del collado, y la vara de Dios en mi mano.	13 Y Josué deshizo a Amalec y a su pueblo a filo de espada.	**3 El resultado de la constancia en la oración** a. El enemigo fue derrotado
2 La constancia en la oración a. Se hizo mientras se libraba la batalla b. Se hizo en un collado a la vista de todos: Para mostrar que la victoria se debía al SEÑOR únicamente c. Era de crítica importancia	10 E hizo Josué como le dijo Moisés, peleando contra Amalec; y Moisés y Aarón y Hur subieron a la cumbre del collado. 11 Y sucedía que cuando alzaba Moisés su mano, Israel prevalecía; mas cuando él bajaba su mano, prevalecía Amalec. 12 Y las manos de Moisés se cansaban; por lo que tomaron una piedra, y la pusieron debajo de él, y se	14 Y Jehová dijo a Moisés: Escribe esto para memoria en un libro, y di a Josué que raeré del todo la memoria de Amalec de debajo del cielo. 15 Y Moisés edificó un altar, y llamó su nombre Jehová-nisi; 16 y dijo: Por cuanto la mano de Amalec se levantó contra el trono de Jehová, Jehová tendrá guerra con Amalec de generación en generación	b. La victoria sería escrita y recordada para siempre c. Se pronunció un juicio sobre el enemigo: Sería completamente exterminado d. El nombre de Dios fue establecido para siempre: Jehová-Nisi, el Señor es mi estandarte [EF3]

DIVISIÓN V
EL MAR ROJO Y LA PEREGRINACIÓN EN EL DESIERTO: LAS PRUEBAS DEL CREYENTE EN SU VIAJE A LA TIERRA PROMETIDA, 13:17—18:27

G. La quinta crisis de Israel en el desierto: Guerra: Victoria por medio de la oración predominante, 17:8-16

(17:8-16) ***Introducción***: Crisis. ¿Qué hacemos cuando alguna crisis nos toca de cerca? Ninguna crisis es más amenazadora que la guerra. Una guerra lanzada en la misma puerta trasera de uno. Esto fue lo que le sucedió ahora a Israel, pero la atención no está en la guerra. La atención está en aquello que trajo la victoria: La constancia de la oración: La intercesión, el clamor a Dios. La victoria sobre los enemigos de la vida viene del SEÑOR y únicamente del SEÑOR. Cuando los enemigos de la vida nos atacan, nuestra tarea es ir delante del SEÑOR y clamar ante Él por la victoria. Esta es la lección, y la gran atención de este pasaje: *La quinta crisis de Israel en el desierto: Guerra: Victoria por medio de la oración predominante,* 17:8-16.

1. La crisis (vv. 8-9).
2. La constancia en la oración (vv. 10-12).
3. El resultado de la constancia en la oración (vv.13-16).

[1] (17:8-9) ***Amalecitas — Crisis — Israel***: Estaba la crisis de la guerra.

1. Los amalecitas atacaron Israel mientras estaban acampados en Refidim. (Vea *Estudio a fondo 1, amalecitas*, Éx. 17:8 para mayor análisis.) ¿Por qué atacarían los amalecitas a Israel? Sin duda, porque se sintieron amenazados. Eran un pueblo del desierto que vivía al sur de la Tierra Prometida de Canaán. Habían evidentemente oído hablar de la liberación de Israel de Egipto y de su marcha hacia Canaán, alrededor de dos o tres millones de ellos. Para llegar a Canaán, esta gran cantidad de israelitas tendría que marchar o bien cerca o bien a través de la tierra de los amalecitas. Los líderes de los amalecitas no tenían idea de cuáles eran las intenciones de Israel, si de pasar por sus tierras en paz o si atacarlos y saquearlos. Por tanto, los amalecitas lanzaron un ataque sorpresivo contra Israel. El ataque fue súbito, totalmente inesperado. Cuatro hechos deben señalarse acerca del ataque de los amalecitas.

a. El ataque fue extremadamente cruel y salvaje. Fue lanzado primeramente contra los inválidos y los indefensos: Los rezagados (los enfermos, viejos, y fatigados) quienes iban detrás del grupo principal de viajeros. Las Escrituras dicen que los amalecitas los mataron a todos (Dt. 25:17-19).

b. El ataque fue un ataque sorpresivo lanzado contra un gran número de civiles, no contra un ejército, totalmente inmotivado y fuera de lugar. Los líderes de los amalecitas debieron haber enviado emisarios para averiguar las intenciones de Israel y buscar la paz. El lanzamiento de un ejército para comenzar a matar, mutilar, violar y esclavizar al pueblo era algo reprobable.

c. Los amalecitas pretendían aniquilar a los israelitas, exterminarlos completamente y borrarlos de la faz de la tierra. Eran conducidos por el prejuicio y el odio amargo contra los israelitas, el mismo amargo prejuicio que han sentido muchas naciones contra los judíos durante generaciones.

d. Los amalecitas debían haber sabido que Dios había prometido la tierra de Canaán a Israel. Debían haberlo sabido de la misma forma que las personas hoy saben que los judíos ven a la tierra de Palestina (Canaán) como *la Tierra Prometida* dada a ellos por Dios. Pero los amalecitas debieron darse cuenta de este hecho mucho más que nosotros hoy. ¿Por qué?

⇒ Porque los amalecitas eran los descendientes de Esaú, el hermano gemelo de Jacob. Y Dios le había dado la promesa de la *Tierra Prometida* a Jacob y a sus descendientes. Esaú sabía todo acerca de la promesa. Y fíjese: Amalec era el nieto de Esaú. Su padre, Elifaz, era el hijo mayor de Esaú. Esaú seguramente contó las grandes promesas de Dios tanto a su hijo Elifaz como a su nieto Amalec (cp. Gn. 36:15).

El punto es este: Los amalecitas eran primos lejanos de los israelitas. Ellos probablemente sabían y ciertamente debían conocer sobre la promesa a Israel de la Tierra Prometida de Canaán. Debieron haber enviado emisarios y averiguar las intenciones de Israel, no lanzar un ataque brutal y salvaje contra ellos. El comentario bíblico del expositor (*The Expositor's Bible Commentary)* dice:

> *"Existen grandes posibilidades de que [los amalecitas] hayan sabido acerca de la promesa de la tierra de Canaán que fue hecha al hermano gemelo de Esaú, Jacob; por tanto, ellos no debieron sentir amenaza alguna a sus intereses en el Neguev si hubieran recordado y tomado en serio esta promesa. Después de todo, la promesa sería un medio de bendecir a Amalec junto con todas las demás naciones (Gn. 12:3) si ellos solamente, como Abraham, hubieran creído. En vez de eso ellos 'vinieron' (wayyabo) y atacaron a Israel en Refidim, a cierta distancia al sur de la región norte-central del Sinaí en donde vivían".*[1]

2. Moisés designó un comandante para movilizar un ejército para defender a Israel, el joven Josué (v. 9). Al parecer, Moisés ya le había encargado a Josué movilizar un ejército para Israel. Esto lo sugiere la rapidez con que Josué y los hombres armados fueron capaces de movilizarse y detener el ataque de los amalecitas. Recuerde, el ataque era un ataque sorpresivo contra aquellos que se quedaron atrás: Los inválidos, enfermos, fatigados y viejos.

¿De dónde obtuvieron las fuerzas armadas de Israel sus armas? Probablemente de los egipcios. Cuando fueron liberados por los egipcios, ellos solicitaron una paga (sueldos atrasados) por su trabajo de esclavos. Una de las solicitudes puede haber sido la de armas con el propósito de protegerse y cazar en medio del desierto, armas tales como espadas, arcos y flechas. Esta habría sido una solicitud natural y comprensible. También está la posibilidad de que pudieran haber recobrado algunas armas de los egipcios cuando su ejército fue ahogado en el Mar Rojo. Además, ellos habrían hecho cuantas armas pudieran mientras marchaban de un lugar a otro en sus andanzas por el desierto, armas tales como largas lanzas, hondas, arcos y flechas, y escudos.

3. Fíjese que Moisés prometió buscar a Dios, interceder por Josué y los soldados (v. 9). Josué iría a pelear; Moisés iría a orar. Moisés prometió que iría hasta la cumbre del collado más alto de los alrededores del campo de batalla, y levantaría la vara de Dios, pidiendo y clamando a Dios en oración. La vara de Dios era considerada como el *estandarte* de Israel. En consecuencia, cuando vieran *la vara de Dios* (su estandarte) alzada en alto, sabrían que el siervo de Dios estaba clamando a Dios. Se sentían alentados y motivados a luchar más allá de sus fuerzas. Sabían que Dios les daría la victoria sobre su enemigo. El punto es este: Moisés prometió a los guerreros de Israel que él sería su intercesor, su guerrero en la oración.

Pensamiento 1. Con frecuencia somos atacados por los enemigos de esta vida, enemigos tales como. . .

- las enfermedades
- los agravios
- los prejuicios
- el odio
- la tentación
- la lujuria
- la avaricia
- la arrogancia
- la soledad
- el vacío
- la muerte

Cuando los enemigos nos atacan, nuestra única esperanza es el Señor, ir ante Él y clamar por ayuda. La constante oración (la intercesión, la búsqueda del rostro de Dios) son nuestra única esperanza.

"Buscad a Jehová y su poder; buscad su rostro continuamente" (1 Cr. 16:11).

"Pedid, y se os dará; buscad, y hallaréis; llamad, y se os abrirá" (Mt. 7:7).

"orando en todo tiempo con toda oración y súplica en el Espíritu, y velando en ello con toda perseverancia y súplica por todos los santos" (Ef. 6:18).

"Orad sin cesar" (1 Ts. 5:17).

"y me buscaréis y me hallaréis, porque me buscaréis de todo vuestro corazón" (Jer. 29:13).

[1] Frank E. Gaebelein, editor. *The Expositor's Bible Commentary*, Vol. 2, p. 408.

ESTUDIO A FONDO 1

(17:8) ***Amalecitas***: Los amalecitas fueron los encarnizados y eternos enemigos de Israel. Fueron la primera nación que atacó físicamente al pueblo de Dios en su viaje desde Egipto a la Tierra Prometida. Una tribu nómada, cuya influencia se extendía desde Sinaí hasta Canaán. Desde su primer ataque a Israel en Refidim (Éx. 17:1), el odio de los amalecitas por Israel quedó demostrado con su desprecio por Dios, una estúpida falta de temor hacia Él. Significativos hechos históricos en las relaciones de Israel con los amalecitas fueron:

⇒ Los amalecitas atacan cobardemente a los miembros débiles del éxodo (Dt. 25:17-18).

⇒ Las instrucciones no negociables de Dios de exterminar a los amalecitas (Dt. 25:19).

⇒ Una vergonzosa derrota ante los amalecitas a causa de la rebelión de Israel contra Dios (Nm. 14:39-45).

⇒ Una alianza impía de los amalecitas, el rey de Moab, y los amonitas derrotó al pueblo de Dios y se apoderó de la ciudad de las palmas (probablemente Jericó, Dt. 34:3) (Jue. 3:12-14).

⇒ La gran victoria de Gedeón sobre las fuerzas combinadas de los amalecitas y los madianitas (Jue. 7:19-23).

⇒ El fracaso moral del Rey Saúl para obedecer las instrucciones del SEÑOR de matar al rey de los amalecitas (Agag). Esto costó a Saúl su lugar como rey de Israel (1 S. 15:1-23).

⇒ Las conquistas del rey David de Amalec (2 S. 8:12; 1 Cr. 18:11).

[2] (17:10-12) ***Oración, constancia de la — Oración, débil — Intercesión — Piedra, la***: Estaba la constancia de la oración.

1. Fíjese que Moisés oraba mientras Josué y el ejército combatía: *Se oró constantemente* mientras se libraba la batalla (v. 10).

Pensamiento 1. El momento para perseverar en la oración es cuando el enemigo nos ataca. Espiritualmente, el ataque puede ser el ensañamiento de algún (a). . .

- tentación
- mal pensamiento
- idea lujuriosa
- sugerencia inmoral
- deseo de robar
- inclinación a mentir
- acto de egoísmo
- tentación de engañar

Físicamente, el ataque puede ser la amenaza del ridículo, la burla, el abuso, la persecución, el daño corporal, incluso la amenaza de muerte. Cualquiera que sea el ataque del enemigo, la esperanza del creyente se halla en Dios. Tan pronto como es lanzado el ataque, tan pronto como el creyente se da cuenta del ataque, el creyente debe inmediatamente volverse a Dios y orar. Y debe ser constante en su oración.

"Buscad a Jehová y su poder; buscad su rostro continuamente" (1 Cr. 16:11).

"Pedid, y se os dará; buscad, y hallaréis; llamad, y se os abrirá" (Mt. 7:7).

"Velad y orad, para que no entréis en tentación; el espíritu a la verdad está dispuesto, pero la carne es débil" (Mt. 26:41).

"También les refirió Jesús una parábola sobre la necesidad de orar siempre, y no desmayar" (Lc. 18:1).

"Hasta ahora nada habéis pedido en mi nombre; pedid, y recibiréis, para que vuestro gozo sea cumplido" (Jn. 16:24).

"orando en todo tiempo con toda oración y súplica en el Espíritu, y velando en ello con toda perseverancia y súplica por todos los santos" (Ef. 6:18).

"Orad sin cesar" (1 Ts. 5:17).

2. Moisés hizo exactamente lo que prometió que haría: Subió hasta la cumbre del collado más elevado. Subió hasta la misma cumbre para que todos pudieran verlo mientras oraba a Dios. ¿Por qué?

3. A causa de la importancia crucial de la constancia de la oración (v. 11). Fíjese lo que sucedió.

a. Cuando Moisés levantaba su mano y la vara de Dios, Israel prevalecía (v. 11).

b. Cuando se cansaban las manos de Moisés y él bajaba sus brazos y la vara, Israel tenía que retirarse ante el embate del enemigo (v. 11).

¿Por qué sucedía esto? Porque Dos necesitaba enseñarle a su pueblo una contundente lección. Ellos estaban solo comenzando su viaje hacia la *Tierra Prometida*, y necesitaban aprender la verdad básica de la vida: La victoria es a través del SEÑOR y a través del SEÑOR únicamente. En el futuro, no importa qué enemigo fuera, la única esperanza de victoria era el SEÑOR. Nadie más podría llevarlos victoriosamente a la *Tierra Prometida*, nadie excepto el SEÑOR.

Esta es la razón por la cual Dios quería a Moisés en la cumbre del collado a la vista de todos, para que pudieran ser testigos del poder de. . .

- la constancia de la oración
- la intercesión
- el clamor a Dios
- la búsqueda de Dios
- el ruego a Dios
- la confianza en Dios

El pueblo de Dios, tanto los soldados como los civiles, podían ver fácilmente lo que sucedía cuando Moisés era lo suficientemente fuerte para mantener la vara alzada: El ejército de Dios comenzaba a avanzar contra el enemigo, comenzaba a ganar la batalla. Pero también fueron testigos de lo que sucedía cuando Moisés se cansaba y bajaba la vara de

Dios: Empezaban a perder la batalla y se veían obligados a retirarse.

Pensamiento 1. La lección estaba clara: Cuando el enemigo ataca, el pueblo de Dios debe ir ante Dios: El pueblo de Dios debe…

- ser constante en la oración
- convertirse en intercesor
- clamar a Dios
- buscar a Dios
- rogar continuamente a Dios
- confiar en Dios

“Entonces Josafat se inclinó rostro a tierra, y asimismo todo Judá y los moradores de Jerusalén se postraron delante de Jehová, y adoraron a Jehová” (2 Cr. 20:18).

“En aquellos días él fue al monte a orar, y pasó la noche orando a Dios” (Lc. 6:12).

“Y dijo: Déjame, porque raya el alba. Y Jacob le respondió: No te dejaré, si no me bendices” (Gn. 32:26).

“Este pobre clamó, y le oyó Jehová, y lo libró de todas sus angustias” (Sal. 34:6).

“Desde el cabo de la tierra clamaré a ti, cuando mi corazón desmayare. Llévame a la roca que es más alta que yo” (Sal. 61:2).

4. Fíjese que Moisés, el guerrero de la oración, necesitó una piedra en la que sentarse para tener descanso y apoyo (v. 12). La piedra lo sostuvo, lo sustentó, y le dio descanso para que pudiera resistir y mantenerse constante en la oración.

Pensamiento 1. Recuerde que la piedra es un símbolo, una imagen del SEÑOR Jesucristo. (Vea *Estudio a fondo 2*, Éx. 17:6.) Como la roca de nuestra vida, Él es nuestro. . .

- apoyo
- descanso
- seguridad
- cimiento

“Mas Jehová me ha sido por refugio, y mi Dios por roca de mi confianza” (Sal. 94:22).

“Él es la Roca, cuya obra es perfecta, porque todos sus caminos son rectitud; Dios de verdad, y sin ninguna iniquidad en él; es justo y recto” (Dt. 32:4).

“La piedra que desecharon los edificadores ha venido a ser cabeza del ángulo” (Sal. 118:22).

“Jesús les dijo: ¿Nunca leísteis en las Escrituras: La piedra que desecharon los edificadores, ha venido a ser cabeza del ángulo. El Señor ha hecho esto, y es cosa maravillosa a nuestros ojos?” (Mt. 21:42).

“edificados sobre el fundamento de los apóstoles y profetas, siendo la principal piedra del ángulo Jesucristo mismo” (Ef. 2:20).

“Por lo cual también contiene la Escritura: He aquí, pongo en Sion la principal piedra del ángulo, escogida, preciosa; y el que creyere en él, no será avergonzado” (1 P. 2:6).

Pensamiento 2. Todos los creyentes hemos enfrentado momentos en nuestras andanzas por el desierto en los que el agotamiento y la total fatiga golpean con gran fuerza. Ha habido momentos. . .

- en que las fechas límites siguieron llegando, y mientras más trabajábamos más nos atrasábamos
- en que los momentos de devoción personal hacia Dios fueron hechos a un lado, hasta que llegaran momentos más apropiados
- en que la pareja no entendía y provocaba tensión y frustración entre nosotros
- en que los niños nos ocupaban demasiado tiempo o se metían en muchos problemas
- en que un ser querido nos abandonaba o moría y nos quedábamos con un dolor insoportable
- en que la comunión con el cuerpo de Cristo era el último de nuestros pensamientos
- en que nuestro horario estaba fuera de control
- en que la vida era solamente soportada y no disfrutada
- en que algún accidente o enfermedad golpeaba con toda su fuerza
- en que las finanzas han andado mal y no nos ha alcanzado para mantenernos
- en que los enemigos atacaban y no veíamos escapatoria
- en que todo ha parecido en vano, como si todo estuviera perdido

Dios sabe que nosotros necesitamos su apoyo día tras día, momento a momento. Aquí es donde Jesucristo hace su entrada. Él es la Roca de nuestra salvación. Él nos sostiene mientras caminamos a través del desierto de este mundo. Cuando llegamos al final de nuestras fuerzas, Él sostendrá nuestra vida. Él es la Roca, el Apoyo que nunca se desploma, la Fuente sin límites ni fronteras, un Salvador que nunca se cansa de salvarnos de nosotros mismos.

“El eterno Dios es tu refugio, y acá abajo los brazos eternos; Él echó de delante de ti al enemigo, y dijo: Destruye” (Dt. 33:27).

“Jehová, roca mía y castillo mío, y mi libertador; Dios mío, fortaleza mía, en él confiaré; mi escudo, y la fuerza de mi salvación, mi alto refugio” (Sal. 18:2).

“Porque ¿quién es Dios sino solo Jehová? ¿Y qué roca hay fuera de nuestro Dios? Dios es el que me ciñe de poder, y quien hace perfecto mi camino” (Sal. 18:31-32).

“Me diste asimismo el escudo de tu salvación; tu diestra me sustentó, y tu benignidad me ha engrandecido” (Sal. 18:35).

“Viva Jehová, y bendita sea mi roca, y enaltecido sea el Dios de mi salvación” (Sal. 18:46).

“Porque él me esconderá en su tabernáculo en el día del mal; me ocultará en lo reservado de su morada; sobre una roca me pondrá en alto” (Sal. 27:5).

"A ti clamaré, oh Jehová. Roca mía, no te desentiendas de mí, para que no sea yo, dejándome tú, semejante a los que descienden al sepulcro" (Sal. 28:1).

"Inclina a mí tu oído, líbrame pronto; sé tú mi roca fuerte, y fortaleza para salvarme. Porque tú eres mi roca y mi castillo; por tu nombre me guiarás y me encaminarás" (Sal. 31:2-3).

"Y me hizo sacar del pozo de la desesperación, del lodo cenagoso; puso mis pies sobre peña, y enderezó mis pasos" (Sal. 40:2).

"No temas, porque yo estoy contigo; no desmayes, porque yo soy tu Dios que te esfuerzo; siempre te ayudaré, siempre te sustentaré con la diestra de mi justicia" (Is. 41:10).

"Y hasta la vejez yo mismo, y hasta las canas os soportaré yo; yo hice, yo llevaré, yo soportaré y guardaré" (Is. 46:4).

"porque todo aquel que invocare el nombre del Señor, será salvo" (Ro. 10:13).

"echando toda vuestra ansiedad sobre él, porque él tiene cuidado de vosotros" (1 P. 5:7)

5. Fíjese que el guerrero de la oración, Moisés, también necesitó de otros que pudieran ayudarlo en su intercesión y ruego a Dios. Otros dos hombres habían subido al collado a ver al SEÑOR con Moisés: Aarón y Hur. (Vea *Estudio a fondo 2*, *Hur*, Éx. 17:12 para mayor análisis.)

Cuando Moisés estuvo demasiado cansado para sostener en alto la vara de Dios, los dos hombres sostuvieron sus brazos. Fíjese que ellos se quedaron junto a Moisés todo el día, hasta la puesta del sol. Tenga presente que estos tres hombres eran siervos de Dios. Allí en el collado, sosteniendo en alto la vara de Dios, con la batalla por su propia supervivencia librándose abajo en el valle, estos hombres estaban haciendo lo que cualquier siervo de Dios estaría haciendo:

⇒ Orando y clamando a Dios.
⇒ En brega e intercediendo con Dios.
⇒ Suplicando y rogándole a Dios.

El punto aquí es este: Un guerrero de la oración con frecuencia no es suficiente. Se necesita tener apoyo en la oración. Se necesita de otros cuando el enemigo ataca y amenaza al pueblo de Dios.

Pensamiento 1. Cada creyente necesita ser constante en la oración. Hay momentos en los que nosotros, nuestros seres queridos, amigos, iglesia y creyentes de todo el mundo necesitan de oraciones especiales (períodos de intercesión especiales), de clamor a Dios. Por lo tanto, debemos estar listos para orar y orar (listos para pasar largos períodos de tiempo en oración) listos para ser constantes en la oración, rogando a Dios que nos dé la victoria sobre el feroz enemigo que nos ataca.

"En aquellos días él fue al monte a orar, y pasó la noche orando a Dios" (Lc. 6:12).

"Y dijo: Déjame, porque raya el alba. Y Jacob le respondió: No te dejaré, si no me bendices" (Gn. 32:26).

"orando en todo tiempo con toda oración y súplica en el Espíritu, y velando en ello con toda perseverancia y súplica por todos los santos" (Ef. 6:18).

"Orad sin cesar" (1 Ts. 5:17).

"y me buscaréis y me hallaréis, porque me buscaréis de todo vuestro corazón" (Jer. 29:13).

ESTUDIO A FONDO 2

(17:12) *Hur*: Más de un hombre en el Antiguo Testamento lleva el nombre de Hur. El más conocido es el Hur aquí mencionado, el cual era hijo de Caleb y Efrata, y el abuelo de Bezaleel el artista (1 Cr. 2:19-20).

⇒ Hur sirvió con Moisés.
⇒ Hur puede que haya sido el cuñado de Moisés, el esposo de la hermana de Moisés, María.[2]
⇒ Hur, junto a Aarón, sostuvo a Moisés mientras oraban por la victoria durante la batalla (Éx. 17:10-13).
⇒ Hur ayudó a gobernar las tribus mientras Moisés estaba en el Monte Sinaí (Éx. 24:14).
⇒ Hur tomó parte en la construcción del Tabernáculo (Éx. 31:2; 1 Cr. 2:19).
⇒ Un hombre llamado Hur fue un rey madianita que murió con Balaam (Nm. 31:1-8; Jos. 13:21).
⇒ Un hombre llamado Hur fue un oficial de Salomón que trabajaba en Efraín. La responsabilidad de este Hur era la de suministrar los alimentos del palacio de Salomón.[3]
⇒ El hijo de Hur fue gobernante con Nehemías. Ayudó a reconstruir la muralla alrededor de Jerusalén (Neh. 3:9).

(Vea Éx. 17:10, 12; 24:14; 31:1-2; 35:30; 38:22; Nm. 31:8; Jos. 13:21; 1 R. 4:8; 1 Cr. 2:19-20, 50; 4:1, 4; 2 Cr. 1:5; Neh. 3:9).

3 (17:13-16) ***Victoria — Triunfo — Amalecitas — Nombres de Dios***: Estaba el resultado de la constancia de la oración.

1. El enemigo fue derrotado (v. 13). Dios le dio a su pueblo la victoria sobre su enemigo. Los amalecitas fueron aplastados.

Pensamiento 1. Los amalecitas son una imagen de los enemigos feroces y violentos, que el creyente tiene que enfrentar mientras camina a través del desierto de este mundo. Enemigos tales como. . .

[2] Flavio Josefo. *Antiquities of the Jews*. "Complete Works", III, 2, 4.

[3] *Zondervan Pictorial Encyclopedia of the Bible*, Vol. 3:227.

- gobernantes malvados
- pueblos opresores
- drogas
- alcohol
- glotonería
- inmoralidad
- pornografía
- lujuria
- avaricia
- orgullo
- soledad
- hastío
- pérdida del empleo
- falta de propósito
- falta de dinero
- temor
- desesperación
- impotencia

Tales enemigos son extremadamente peligrosos. Pero hay esperanza, gloriosa esperanza. Todos los enemigos, sin importar cuán fuertes o terribles sean, pueden ser derrotados. Podemos vencer y conquistar. Podemos alcanzar la victoria sobre todos, no importa a cuál nos enfrentemos. ¿Cómo? ¡Mediante Dios! Mediante el poder de Dios. Acudiendo al Señor por ayuda. Si llamamos (oramos, somos constantes en la oración) Dios nos escuchará y nos liberará de los amalecitas de nuestros tiempos. Dios nos dará la victoria sobre todos los enemigos, sin importar quién o qué son, y sin importar cuán feroz sea su ataque. La victoria solo llega cuando el poder de Dios, el poder de la oración, es usado para vencer a los amalecitas de estos tiempos.

"Pedid, y se os dará; buscad, y hallaréis; llamad, y se os abrirá" (Mt. 7:7).

"También les refirió Jesús una parábola sobre la necesidad de orar siempre, y no desmayar" (Lc. 18:1).

"Pero ni un cabello de vuestra cabeza perecerá" (Lc. 21:18).

"Estas cosas os he hablado para que en mí tengáis paz. En el mundo tendréis aflicción; pero confiad, yo he vencido al mundo" (Jn. 16:33).

"el cual nos libró, y nos libra, y en quien esperamos que aún nos librará, de tan gran muerte" (2 Co. 1:10).

"Y el Señor me librará de toda obra mala, y me preservará para su reino celestial. A él sea gloria por los siglos de los siglos. Amén" (2 Ti. 4:18).

"Así que, por cuanto los hijos participaron de carne y sangre, él también participó de lo mismo, para destruir por medio de la muerte al que tenía el imperio de la muerte, esto es, al diablo, y librar a todos los que por el temor de la muerte estaban durante toda la vida sujetos a servidumbre" (He. 2:14-15).

"sabe el Señor librar de tentación a los piadosos, y reservar a los injustos para ser castigados en el día del juicio" (2 P. 2:9).

"Jehová peleará por vosotros, y vosotros estaréis tranquilos" (Éx. 14:14).

"Cuando salgas a la guerra contra tus enemigos, si vieres caballos y carros, y un pueblo más grande que tú, no tengas temor de ellos, porque Jehová tu Dios está contigo, el cual te sacó de tierra de Egipto" (Dt. 20:1).

"Dijo: Jehová es mi roca y mi fortaleza, y mi libertador Dios mío, fortaleza mía, en él confiaré; mi escudo, y el fuerte de mi salvación, mi alto refugio; salvador mío; de violencia me libraste" (2 S. 22:2-3).

"Buscad a Jehová y su poder; buscad su rostro continuamente" (1 Cr. 16:11).

"El ángel de Jehová acampa alrededor de los que le temen, y los defiende" (Sal. 34:7).

"Aunque afligido yo y necesitado, Jehová pensará en mí. Mi ayuda y mi libertador eres tú; Dios mío, no te tardes" (Sal. 40:17).

"Él te librará del lazo del cazador, de la peste destructora" (Sal. 91:3).

"No temas, porque yo estoy contigo; no desmayes, porque yo soy tu Dios que te esfuerzo; siempre te ayudaré, siempre te sustentaré con la diestra de mi justicia" (Is. 41:10).

"Cuando pases por las aguas, yo estaré contigo; y si por los ríos, no te anegarán. Cuando pases por el fuego, no te quemarás, ni la llama arderá en ti" (Is. 43:2).

"No temas delante de ellos, porque contigo estoy para librarte, dice Jehová" (Jer. 1:8).

2. La victoria tenía que ser escrita y recordada por siempre (v. 14). Dios dijo a Moisés que escribiera dando cuenta del ataque y la victoria para que Josué y las siguientes generaciones siempre recordaran el hecho. Pero fíjese: ¿Qué quería específicamente Dios que recordara su pueblo? Que la victoria es a través del SEÑOR y solamente a través de Él. Cuando los enemigos atacan al pueblo de Dios, su esperanza es el SEÑOR. El pueblo de Dios debe ir ante el SEÑOR y orar, y ser constante en la oración hasta que el SEÑOR le dé la victoria.

"Entonces cantó Moisés y los hijos de Israel este cántico a Jehová, y dijeron: Cantaré yo a Jehová, porque se ha magnificado grandemente; ha echado en el mar al caballo y al jinete" (Éx. 15:1).

"Dios mío, en ti confío; no sea yo avergonzado, no se alegren de mí mis enemigos" (Sal. 25:2).

"Por cuanto me has alegrado, oh Jehová, con tus obras; en las obras de tus manos me gozo" (Sal. 92:4).

"y despojando a los principados y a las potestades, los exhibió públicamente, triunfando sobre ellos en la cruz" (Col. 2:15).

3. Se pronunció un juicio sobre el enemigo: El enemigo del pueblo de Dios sería completamente exterminado (v. 14). Los amalecitas como nación serían completamente destruidos. La maldad y la crueldad de los amalecitas eran terribles (vea nota, Éx. 17:8-9 y *Estudio a fondo 1*, Éx. 17:8 para análisis). En consecuencia, enfrentarían el juicio de Dios. Ellos habían decidido borrar al pueblo de Dios de la faz de la tierra, pero al final, Dios trajo el juicio de la extinción sobre ellos. Su extinción final como nación al parecer tuvo lugar bajo Saúl y David (1 S. 15:1-35; 2 S. 1:1-8:12).

4. El nombre de Dios fue establecido para siempre: Moisés construyó un altar allí en Refidim y lo llamó *Jehová-Nisi*, que significa "el SEÑOR es mi estandarte" (vv. 15-16. Vea *Estudio a fondo 3*, Éx. 17:15.) Fíjese que Moisés honró a Dios, no a Josué. Él no hizo que Josué desfilara ante el pueblo en una marcha triunfal; él hizo construir un altar para Dios.

Pensamiento 1. Hay muchos enemigos a través de la vida que buscan destruirnos, enemigos terribles: enemigos tales como. . .

- las enfermedades
- los accidentes
- la tentación
- el alcohol
- la lujuria
- la inmoralidad
- el abuso
- la irresponsabilidad
- la bancarrota
- la avaricia
- la glotonería
- la soledad
- la violencia
- las amenazas
- la guerra

La lista pudiera seguir, pero hay esperanza. La liberación es posible. La victoria sobre todos los enemigos puede suceder. La victoria es a través del Señor. Pero fíjese: La victoria es a través del Señor y solamente a través de Él.

"Mas a Dios gracias, el cual nos lleva siempre en triunfo en Cristo Jesús, y por medio de nosotros manifiesta en todo lugar el olor de su conocimiento" (2 Co. 2:14).

"Mas gracias sean dadas a Dios, que nos da la victoria por medio de nuestro Señor Jesucristo" (1 Co. 15:57).

"Porque todo lo que es nacido de Dios vence al mundo; y esta es la victoria que ha vencido al mundo, nuestra fe" (1 Jn. 5:4).

ESTUDIO A FONDO 3

(17:15) ***Nombres de Dios – Títulos***: *Jehová Nisi* significa "el SEÑOR es mi estandarte". Moisés había levantado la vara de Dios como estandarte de Israel, como el emblema, el símbolo de Israel. Recuerde, la vara era el símbolo del poder de Dios. Moisés había clamado, orando para que Dios concediera la victoria sobre el enemigo que había atacado al pueblo de Dios. La vara de Dios había sido levantada como el *estandarte* identificador y *símbolo* de que el poder de Dios estaba allí presente con Israel. El SEÑOR (Jehová, Yahveh) estaba presente y les dio la victoria. Fue la presencia, la salvación y la liberación de Dios (su poder), los que dieron el triunfo. Por tanto, Moisés declaró que el estandarte de Israel, el estandarte del pueblo de Dios, era el SEÑOR mismo.

TIPOS, SÍMBOLOS E ILUSTRACIONES
Éxodo 17:8-16

Término histórico	Tipo o ilustración (Fundamento bíblico de cada uno)	Aplicación para la vida del creyente de hoy día	Aplicación bíblica
La piedra sobre la que Moisés se sentó (Éx. 17:12)	*Una imagen de apoyo y salvación* **"Y las manos de Moisés se cansaban; por lo que tomaron una piedra, y la pusieron debajo de él, y se sentó sobre ella; y Aarón y Hur sostenían sus manos, el uno de un lado y el otro de otro; así hubo en sus manos firmeza hasta que se puso el sol" (Éx. 17:12).** **"Pacientemente esperé a Jehová, y se inclinó a mí, y oyó mi clamor. Y me hizo sacar del pozo de la desesperación, del lodo cenagoso; *puso mis pies sobre peña*, y enderezó mis pasos" (Sal. 40:1-2).**	⇒ Jesucristo es la roca de nuestra vida, la roca que nos fortalece en nuestro andar por el desierto de este mundo. Jesucristo es la roca de . . . • nuestra salvación. • nuestro apoyo. • nuestra seguridad. • nuestros cimientos.	***"Él solamente es mi roca y mi salvación; es mi refugio, no resbalaré mucho" (Sal. 62:2).*** ***"La piedra que desecharon los edificadores ha venido a ser cabeza del ángulo" (Sal. 118:22).*** ***"edificados sobre el fundamento de los apóstoles y profetas, siendo la principal piedra del ángulo Jesucristo mismo" (Ef. 2:20).*** ***"Porque ¿quién es Dios sino solo Jehová? ¿Y qué roca hay fuera de nuestro Dios? Dios es el que me ciñe de poder, y quien hace perfecto mi camino" (Sal. 18:31-32).*** ***"Mas Jehová me ha sido por refugio, y mi Dios por roca de mi confianza" (Sal. 94:22).*** ***(cp. 1 S. 2:2; 2S. 22:47; Dt. 32:4; Sal. 28:1; 62:2; 1 P. 2:6-9).***

TÉRMINO HISTÓRICO	TIPO O ILUSTRACIÓN (FUNDAMENTO BÍBLICO DE CADA UNO)	APLICACIÓN PARA LA VIDA DEL CREYENTE DE HOY DÍA	APLICACIÓN BÍBLICA
Jehová Nisi: El SEÑOR es mi estandarte (Éx. 17:15-16)	*El nombre de Dios es el estandarte del creyente. Su nombre es el emblema, el símbolo, la señal que identifica al creyente* **"Y Moisés edificó un altar, y llamó su nombre Jehová-nisi; y dijo: Por cuanto la mano de Amalec se levantó contra el trono de Jehová, Jehová tendrá guerra con Amalec de generación en generación" (Éx. 17:15-16).** **"Estos confían en carros, y aquéllos en caballos; mas nosotros del nombre de Jehová nuestro Dios tendremos memoria" (Sal. 20:7).**	⇒ El nombre del Señor Jesucristo es el estandarte. Su nombre es el emblema, el símbolo, la señal que identifica al creyente ⇒ El nombre del Señor es aquello que el creyente lleva consigo en su viaje por el desierto de este mundo. El nombre del Señor es su estandarte (su poder), su testigo en su marcha hacia la Tierra Prometida del cielo.	***"Por lo cual Dios también le exaltó hasta lo sumo, y*** *le dio un nombre* ***que es sobre todo nombre, para que en el nombre de Jesús se doble toda rodilla de los que están en los cielos, y en la tierra, y debajo de la tierra; y toda lengua confiese que Jesucristo es el Señor, para gloria de Dios Padre" (Fil. 2:9-11).*** ***"Pero éstas se han escrito para que creáis que Jesús es el Cristo, el Hijo de Dios, y para que creyendo, tengáis vida en su nombre" (Jn. 20:31).*** ***"Por cuanto en mí ha puesto su amor, yo también lo libraré; le pondré en alto, por cuanto ha conocido mi nombre" (Sal. 91:14).*** ***"Nuestro socorro está en el nombre de Jehová, que hizo el cielo y la tierra" (Sal. 124:8).*** ***"Torre fuerte es el nombre de Jehová; a él correrá el justo, y será levantado" (Pr. 18:10).*** ***(cp. Neh. 9:5-6; Sal. 113:1-5).***

H. La sexta crisis de Israel en el desierto: Separación matrimonial y sobrecarga de trabajo: Ayudar a otros, 18:1-27

1 Primera ayuda: Jetro hizo que Moisés se reuniera con su familia

a. Jetro, el suegro de Moisés, escuchó las noticias de todo lo que Dios había hecho por Moisés e Israel

b. Moisés había enviado a su esposa de regreso a casa: Probablemente debido a su implacable rebelión contra Dios (cp. 4:24-26)

c. Moisés había demostrado tener gran fe al nombrar a sus hijos

1) Gersón significa "que es de fuera del lugar", un extraño, un extranjero

2) Eliezer significa "mi Dios es quien me ayuda"

d. Jetro tomó la decisión de llevar a la familia de Moisés junto a él. Cuando habían acampado cerca del monte de Dios (el Monte Sinaí)

1) Cortesía de Jetro: Envió a un mensajero a decirle a Moisés que iba acompañado de la esposa y los hijos de Moisés

2) La bondad y el recibimiento de Moisés y el aparente perdón concedido a su esposa: Fue a recibir a su familia y les demostró gran humildad, les saludó y

1 Oyó Jetro sacerdote de Madián, suegro de Moisés, todas las cosas que Dios había hecho con Moisés, y con Israel su pueblo, y cómo Jehová había sacado a Israel de Egipto.

2 Y tomó Jetro suegro de Moisés a Séfora la mujer de Moisés, después que él la envió,

3 y a sus dos hijos; el uno se llamaba Gersón, porque dijo: Forastero he sido en tierra ajena;

4 y el otro se llamaba Eliezer, porque dijo: El Dios de mi padre me ayudó, y me libró de la espada de Faraón.

5 Y Jetro el suegro de Moisés, con los hijos y la mujer de éste, vino a Moisés en el desierto, donde estaba acampado junto al monte de Dios;

6 y dijo a Moisés: Yo tu suegro Jetro vengo a ti, con tu mujer, y sus dos hijos con ella.

7 Y Moisés salió a recibir a su suegro, y se inclinó, y lo besó; y se preguntaron el uno al otro cómo estaban, y vinieron a la tienda.

8 Y Moisés contó a su suegro todas las cosas que Jehová había hecho a Faraón y a los egipcios por amor de Israel, y todo el trabajo que habían pasado en el camino, y cómo los había librado Jehová.

9 Y se alegró Jetro de todo el bien que Jehová había hecho a Israel, al haberlo librado de mano de los egipcios.

10 Y Jetro dijo: Bendito sea Jehová, que os libró de mano de los egipcios, y de la mano de Faraón, y que libró al pueblo de la mano de los egipcios.

11 Ahora conozco que Jehová es más grande que todos los dioses; porque en lo que se ensoberbecieron prevaleció contra ellos.

12 Y tomó Jetro, suegro de Moisés, holocaustos y sacrificios para Dios; y vino Aarón y todos los ancianos de Israel para comer con el suegro de Moisés delante de Dios.

13 Aconteció que al día siguiente se sentó Moisés a juzgar al pueblo; y el pueblo estuvo delante de Moisés desde la mañana hasta la tarde.

14 Viendo el suegro de Moisés todo lo que él hacía con el pueblo, dijo: ¿Qué es esto que haces tú con el pueblo? ¿Por qué te sientas tú solo, y todo el pueblo está delante de ti desde la mañana hasta la tarde?

15 Y Moisés respondió a su suegro: Porque el pueblo viene a mí para consultar a Dios.

16 Cuando tienen asuntos, vienen a mí; y yo juzgo

les preguntó a cada uno cómo estaba

3) El gran testimonio de Moisés y su actuar como testigo de Dios: Compartió todo lo que el Señor había hecho a Faraón y a los egipcios y todas las penurias que pasaron en su viaje por el desierto.

2 Segunda ayuda: Jetro reconoció públicamente que Dios había bendecido a su yerno y a Israel

a. Jetro alabó a Dios por su bondad para con Israel

b. Jetro bendijo al SEÑOR por haber liberado a Israel de los egipcios

c. Jetro fue un gran testigo del SEÑOR: Que Él es más grande que todos los demás dioses

d. Jetro proveyó el holocausto y otros sacrificios para un servicio de adoración y comunión: Celebrado con Moisés, Aarón, y los ancianos

3 Tercera ayuda: Jetro vio que Moisés estaba agotado y le ofreció una sabia solución

a. El liderazgo de Moisés: Se había establecido como único juez y las personas tenían que esperar todo el día para poder verle

b. Jetro cuestionó lo acertado de la estructura organizativa de Moisés.

1) La pregunta de Jetro: ¿Por qué se instauró Moisés como único juez?

2) La respuesta de Moisés: Las personas exigían de su

atención personal, querían que él interpretara las leyes y la voluntad de Dios para solucionar las disputas c. El hecho: Había surgido un serio problema en el liderazgo, el de agotarse y de tener demasiado trabajo 1) Tanto las personas como Moisés se estaban agotando 2) El trabajo era demasiado como para que solo una persona lo hiciera d. Jetro ofreció una sabia solución a la crisis de liderazgo 1) Moisés sería el representante ante Dios y el principal maestro del pueblo: • Para enseñarles los mandamientos y las leyes de Dios • Para enseñarles cómo vivir • Para enseñarles su deber ante Dios y los hombres	entre el uno y el otro, y declaro las ordenanzas de Dios y sus leyes. 17 Entonces el suegro de Moisés le dijo: No está bien lo que haces. 18 Desfallecerás del todo, tú, y también este pueblo que está contigo; porque el trabajo es demasiado pesado para ti; no podrás hacerlo tú solo. 19 Oye ahora mi voz; yo te aconsejaré, y Dios estará contigo. Está tú por el pueblo delante de Dios, y somete tú los asuntos a Dios. 20 Y enseña a ellos las ordenanzas y las leyes, y muéstrales el camino por donde deben andar, y lo que han de hacer. 21 Además escoge tú de entre todo el pueblo varones de virtud, temerosos de Dios, varones de verdad, que aborrezcan la avaricia; y ponlos sobre el pueblo por jefes de millares, de	centenas, de cincuenta y de diez. 22 Ellos juzgarán al pueblo en todo tiempo; y todo asunto grave lo traerán a ti, y ellos juzgarán todo asunto pequeño. Así aliviarás la carga de sobre ti, y la llevarán ellos contigo. 23 Si esto hicieres, y Dios te lo mandare, tú podrás sostenerte, y también todo este pueblo irá en paz a su lugar. 24 Y oyó Moisés la voz de su suegro, e hizo todo lo que dijo. 25 Escogió Moisés varones de virtud de entre todo Israel, y los puso por jefes sobre el pueblo, sobre mil, sobre ciento, sobre cincuenta, y sobre diez. 26 Y juzgaban al pueblo en todo tiempo; el asunto difícil lo traían a Moisés, y ellos juzgaban todo asunto pequeño. 27 Y despidió Moisés a su suegro, y éste se fue a su tierra.	2) Moisés elegiría hombres devotos y capaces para que fungieran como sus oficiales a) Hombres que fueran incorruptibles: que odiaran la falsedad y la avaricia b) Hombres que supervisaran a miles, cientos y decenas 3) Moisés se encargaría de los casos más importantes y difíciles 4) Moisés realizaría la organización siguiendo sólo los mandamientos de Dios 5) El resultado: Una carga menos pesada, menos presión y paz nacional e. La sabiduría del liderazgo: Moisés escuchó a su suegro 1) Escogió a hombres capaces para servir como jueces 2) Él se encargó de los casos difíciles f. Moisés le dijo adiós a su suegro: Jetro regresó a casa

DIVISIÓN V
EL MAR ROJO Y LA PEREGRINACIÓN EN EL DESIERTO: LAS PRUEBAS DEL CREYENTE EN SU VIAJE A LA TIERRA PROMETIDA, 13:17—18:27

H. La sexta crisis de Israel en el desierto: Separación matrimonial y sobrecarga de trabajo: Ayudar a otros, 18:1-27

(18:1-27) ***Introducción***: El agotamiento es un problema muy serio para algunas personas. ¿Quiénes? Piensen acerca de:

- Las madres que trabajan.
- Madres solteras que trabajan y crían a sus hijos.
- Hombres y mujeres que tienen que trabajar durante muchas horas y que tal vez tengan dos trabajos sencillamente para poder llegar a fin de mes.
- Ejecutivos, gerentes y profesionales que tienen sobre sí tantas responsabilidades.
- Secretarias y trabajadores de oficina que tienen que ejecutar y estar pendientes de tantos detalles.

La lista podría continuar interminablemente, pero la idea ya está clara: Tener demasiado trabajo representa un problema para muchas personas en la sociedad. Muchos de nuestros conocidos, amigos, vecinos y quizá nosotros mismos tenemos demasiado trabajo. Y, para muchos de nosotros, el problema parece no tener solución. Tener demasiado trabajo es un problema que a veces erosiona a los matrimonios y a la salud, hasta el punto en que ambos se destruyen. Tener demasiado trabajo fue uno de los problemas, una verdadera crisis, que tuvo que enfrentar Moisés. Tal es el tema de el presente pasaje: *La sexta crisis de Israel en el desierto: Separación matrimonial y sobrecarga de trabajo: Ayudar a otros,* 18:1-27.

1. Primera ayuda: Jetro hizo que Moisés se reuniera con su familia (vv. 1-8).
2. Segunda ayuda: Jetro reconoció públicamente que Dios había bendecido a su yerno y a Israel (vv. 9-12).
3. Tercera ayuda: Jetro vio que Moisés estaba agotado y le ofreció una sabia solución (vv. 13-27).

1 (18:1-8) ***Jetro — Familia, División de la — Suegro — Moisés*:** Jetro dio su primera ayuda: Hizo que Moisés se reuniera con su familia.

1. Jetro, el suegro de Moisés, escuchó las noticias de todo lo que Dios había hecho por Moisés e Israel (v. 1). ¿Cómo? Viajeros y vendedores, hombres de estado y negociantes, todos pudieron haber hecho circular la noticia alrededor del mundo. El mundo, tal y como se conocía, se hubiera enterado de la gran liberación de Israel de la esclavitud egipcia. Y el líder de Israel era Moisés, el yerno de Jetro. Jetro obviamente se emocionó al escuchar la noticia, ya que Dios obraba por medio de su yerno. Jetro se encontraba justo como cualquiera de nosotros nos hubiéramos encontrado, emocionado, muy emocionado, porque su yerno era el líder de una gran nación. (Vea esquema y nota, Éx. 2:15-22 para mayor análisis de Jetro.)

2. Ahora, fíjese en este importante hecho: Hacía algún tiempo Moisés había enviado a su esposa e hijos de regreso a casa, junto a Jetro (v. 2). ¿Cuándo? ¿Y con qué propósito? Las Escrituras no lo dicen, no de manera definitiva. Algunos expertos en el tema sugieren algunas razones de peso:

⇒ Que Moisés había enviado a su familia de regreso por razones de seguridad, los había enviado de regreso antes del comienzo de sus confrontaciones con Faraón y el comienzo de las diez plagas.

⇒ Que Moisés había enviado a su esposa de regreso a casa hacía poco tiempo para que Jetro regresara con ella y le hiciera una visita.

Existe una tercera posibilidad que parece ajustarse más a la historia de las Escrituras. Recuerden la última vez que las Escrituras mencionan a la esposa de Moisés, Séfora: Por su implacable rebelión contra Dios. Ella se había opuesto a circuncidar a su hijo de manera tan resuelta, que Moisés cedió ante ella y decidió no obedecer al mandamiento de Dios, el mandamiento de que circuncidara a su hijo. Resultado: Dios castigó y disciplinó a Moisés. De hecho, se enfermó de tal gravedad que por poco muere. ¿Por qué? ¿Por qué castigaría Dios a Moisés tan severamente? ¿En especial después de que Dios acababa de llamarle al ministerio? Porque Moisés no podría ser el líder del pueblo de Dios si no iba a obedecer y seguir a Dios, y la circuncisión era la primera y más básica señal de que una persona creía en Dios y seguía a Dios.

Recostado en su lecho de muerte, Moisés, de alguna manera, se lo hizo saber a Séfora y ella accedió a la circuncisión para retirar la mano castigadora de Dios de encima de su esposo. Pero ella solo accedió exteriormente, solo verbalmente, no desde su corazón. Ella se sentía tan molesta y con ansias de venganza debido a aquella situación que tomó el prepucio de su hijo y lo arrojó a los pies de Moisés, quien se encontraba, recuérdenlo, en cama, gravemente enfermo, al borde de la muerte. En cuanto ella arrojó el prepucio todavía ensangrentado a los pies de Moisés, gritó: "Tú me eres un esposo de sangre" (Éx. 4:24-26).

El punto es el siguiente: Séfora se había rebelado contra Dios, una rebelión implacable, y que entraba en conflicto mortal con Moisés y su creencia en Dios. ¿Qué hizo Moisés con respecto a la crisis familiar después que Dios le devolvió la salud? La mayoría de los expertos piensan que Moisés envió a su esposa de regreso a casa, junto a Jetro, después del estallido de su implacable rebelión. Como ya se dijo, esto parece adecuarse más a las Escrituras. Probablemente Moisés sintió que la rebelión implacable de su esposa contra Dios y contra sí mismo pondría en peligro la misión de Dios. Por ello, la envió de regreso a casa de sus padres.

Pensamiento 1. Los conflictos familiares pueden obstaculizar y dificultar el llamamiento de una persona a servir a Dios, en especial si dichos conflictos comprenden alguna rebelión implacable contra el cónyuge y Dios. Las Escrituras plantean que las familias no deben vivir en el conflicto, las discusiones, la amargura, la división y la rebelión, no los unos contra los otros y no contra Dios. La enseñanza de las Escrituras es clara:

"Las casadas estén sujetas a sus propios maridos, como al Señor" (Ef. 5:22).

"Y vosotros, padres, no provoquéis a ira a vuestros hijos, sino criadlos en disciplina y amonestación del Señor" (Ef. 6:4).

"No mintáis los unos a los otros, habiéndoos despojado del viejo hombre con sus hechos" (Col. 3:9).

"Vosotros, maridos, igualmente, vivid con ellas sabiamente, dando honor a la mujer como a vaso más frágil, y como a coherederas de la gracia de la vida, para que vuestras oraciones no tengan estorbo" (1 P. 3:7).

3. Fíjese que Moisés había demostrado tener gran fe al nombrar a sus hijos (vv. 3-4).

a. Moisés nombró a su hijo mayor "Gersón", que significa "extraño, extranjero, foráneo, expulsión" (v. 3). ¿Por qué nombró Moisés a su hijo Gersón? Porque Moisés era un forastero en tierra extraña. Era un extranjero, un extraño en una tierra que no era la de él. ¿Dónde estaba la tierra de Moisés? ¿Por qué Moisés no reclamaba a Madián como su hogar? ¿Acaso no se había establecido allí, casado allí, y ahora tenía hijos allí? Moisés debió vivir en Madián durante cuarenta años. ¿Qué quiso decir Moisés cuando dijo que él era solamente un forastero en una tierra extraña (Madián)? No se refería a Egipto, ya que él no era egipcio, y Egipto había esclavizado a su familia y pueblo.

Solo podía haber una tierra a la que Moisés hiciera referencia: La *Tierra Prometida*, la tierra de Canaán, que era símbolo e imagen de la Tierra Prometida del cielo. El corazón de Moisés estaba en la Tierra Prometida de Dios. Él declaraba su fe en la Tierra Prometida, tanto en la Tierra Prometida de Canaán como en la Tierra Prometida del cielo. (Vea *Estudio a fondo 1*, Éx. 2:24; nota 2, Gn. 12:1 para mayor análisis.) El Nuevo Testamento declara que los grandes líderes de la Biblia creían en la Tierra Prometida del cielo, al igual que en la Tierra Prometida de Canaán. Ellos creían en una *tierra celestial* y una *ciudad celestial*. Su verdadero hogar no estaba en esta tierra, no en una tierra ni una ciudad terrenal. Su verdadero hogar era un hogar celestial, una tierra y una ciudad celestiales que son eternas, que Abraham y todos los creyentes heredarán. Fíjese cómo las Escrituras declaran con claridad dicho hecho:

> **"Por la fe Abraham, siendo llamado, obedeció para salir al lugar que había de recibir como herencia; y salió sin saber a dónde iba. Por la fe habitó como extranjero en la Tierra Prometida como en tierra ajena, morando en tiendas con Isaac y Jacob, coherederos de la misma promesa; *porque esperaba la ciudad* que tiene fundamentos, cuyo *arquitecto y constructor es Dios*" (He. 11:8-10).**
>
> **"Conforme a la fe murieron todos éstos sin haber recibido lo prometido, sino mirándolo de lejos, y creyéndolo, y saludándolo, y confesando que eran extranjeros y peregrinos sobre la tierra. Porque los que esto dicen, claramente dan a entender que buscan una patria; pues si hubiesen estado pensando en aquella de donde salieron, ciertamente tenían tiempo de volver. Pero anhelaban una mejor, esto es, *celestial*; por lo cual Dios no se avergüenza de llamarse Dios de ellos; porque les ha preparado una ciudad" (He. 11:13-16. Fíjese en el v. 15: Se indica claramente que la mente de Abraham estaba en la eterna patria celestial. Si no hubiera sido así, habría regresado a su antiguo hogar. Nunca hubiera deambulado y padecido las dificultades que sufrió. Podríamos añadir, tampoco lo hubiera hecho Moisés).**
>
> **"sino que os habéis acercado al monte de Sion, a la ciudad del Dios vivo, *Jerusalén la celestial*, a la compañía de muchos millares de ángeles" (He. 12:22).**
>
> **"porque no tenemos aquí *ciudad permanente*, sino que buscamos la por venir" (He. 13:14).**
>
> **"Porque no por la ley fue dada a Abraham o a su descendencia la promesa de que sería *heredero del mundo*, sino por la justicia de la fe" (Ro. 4:13).**

b. Moisés llamó a su hijo menor Eliezer, que significa "mi Dios es quien me ayuda". Fíjese por qué: Debido a Dios. Él creía que Dios era el único que le había librado de ser capturado y ejecutado por Faraón. Por lo tanto, honró a Dios al nombrar a su hijo Eliezer, "mi Dios es quien me ayuda". (Vea esquema y notas, Éx. 2:11-25 para mayor análisis.)

El punto a analizar es el siguiente: Moisés nunca perdió su fe en Dios, ni siquiera cuando el gobierno de Egipto lo persiguió por criminal, ni siquiera cuando era un joven tratando de formar una familia.

> **"mas temed a Jehová vuestro Dios, y él os librará de mano de todos vuestros enemigos" (2 R. 17:39).**
>
> **"En seis tribulaciones te librará, y en la séptima no te tocará el mal" (Job 5:19).**
>
> **"Tú *eres* mi refugio; me guardarás de la angustia; con cánticos de liberación me rodearás" (Sal. 32:7).**
>
> **"Él te librará del lazo del cazador, de la peste destructora" (Sal. 91:3).**
>
> **"Y hasta la vejez yo mismo, y hasta las canas os soportaré yo; yo hice, yo llevaré, yo soportaré y guardaré" (Is. 46:4).**
>
> **"No temas delante de ellos, porque contigo estoy para librarte, dice Jehová" (Jer. 1:8).**
>
> **"el cual nos libró, y nos libra, y en quien esperamos que aún nos librará, de tan gran muerte" (2 Co. 1:10).**
>
> **"Y el Señor me librará de toda obra mala, y me preservará para su reino celestial. A él sea gloria por los siglos de los siglos. Amén" (2 Ti. 4:18).**

4. Hubo la decisión de Jetro de reunir a Moisés con su familia (v. 5). En algún momento, Jetro decidió realizar un viaje para ir a visitar a Moisés y llevar a la esposa e hijos de Moisés de regreso junto a él. Al parecer, la situación era delicada, fíjese en lo que hizo Jetro.

a. Fíjese que Jetro demostró gran cortesía. Él envió a un mensajero a decirle a Moisés que iba a visitarlo y que llevaba consigo a la esposa e hijos de Moisés. Esto era lo que se estilaba en aquellos días o pensaba que la situación entre Séfora y Moisés era aún extremadamente delicada. Él, por lo tanto, quiso notificar a Moisés con antelación que Séfora y los niños irían con él.

b. Fíjese en la bondad de Moisés y el recibimiento que dio a su familia (v. 7). Salió a saludar a su familia y denotó gran humildad. Los recibió: Les saludó y le preguntó a cada uno cómo estaba.

c. Después de los saludos, con seguridad fueron todos a la tienda privada de Moisés, donde él les contó acerca de la poderosa liberación de Egipto concedida por Dios y de su viaje por el desierto (v. 8).

Pensamiento 1. Cortesía, bondad, receptividad, perdón y compartir juntos, así debe ser el espíritu del creyente al recibir a miembros alejados de la familia. Observe: Este debe ser incluso el espíritu de los creyentes que pueden haber tenido diferencias grandes con algún miembro de su familia. Reconciliación y perdón constituyen la voluntad de Dios para los miembros de familias divididas. Dios quiere que las familias se reconcilien y vivan juntos en perdón y amor.

> **"Y perdónanos nuestras deudas, como también nosotros perdonamos a nuestros deudores" (Mt. 6:12).**
>
> **"Porque si perdonáis a los hombres sus ofensas, os perdonará también a vosotros vuestro Padre celestial" (Mt. 6:14).**
>
> **"Entonces se le acercó Pedro y le dijo: Señor, ¿cuántas veces perdonaré a mi hermano que peque contra mí? ¿Hasta siete?" (Mt. 18:21).**

"Y cuando estéis orando, perdonad, si tenéis algo contra alguno, para que también vuestro Padre que está en los cielos os perdone a vosotros vuestras ofensas. Porque si vosotros no perdonáis, tampoco vuestro Padre que está en los cielos os perdonará vuestras ofensas" (Mr. 11:25-26).

"Y si siete veces al día pecare contra ti, y siete veces al día volviere a ti, diciendo: Me arrepiento; perdónale" (Lc. 17:4).

"Antes sed benignos unos con otros, misericordiosos, perdonándoos unos a otros, como Dios también os perdonó a vosotros en Cristo" (Ef. 4:32).

"soportándoos unos a otros, y perdonándoos unos a otros si alguno tuviere queja contra otro. De la manera que Cristo os perdonó, así también hacedlo vosotros" (Col. 3:13).

"Vosotros, maridos, igualmente, vivid con ellas sabiamente, dando honor a la mujer como a vaso más frágil, y como a coherederas de la gracia de la vida, para que vuestras oraciones no tengan estorbo" (1 P. 3:7).

[2] (18:9-12) ***Jetro — Yerno — Adorar*:** Hubo la segunda ayuda de Jetro: Él admitió públicamente que Dios había bendecido a su yerno.

1. Jetro alabó a Dios por su bondad para con Israel: Se regocijó por la gran liberación de Israel de la esclavitud de Egipto concedida por Dios (v. 9).

2. Jetro realmente hizo estragos en alabanzas al SEÑOR por su gran liberación (v. 10). Instintivamente dejó escapar: "Bendito sea el SEÑOR". Fíjese que llamó SEÑOR (Jehová, Yahveh) a Dios, al Dios de la liberación, la salvación y la redención, el Dios que se revela a sí mismo y hace un pacto con el hombre. Ello indica que Jetro era un verdadero creyente, una persona que sinceramente confiaba en el SEÑOR y sus grandes promesas.

3. Jetro fue también un gran testigo de Dios. Él declaró que el SEÑOR era más grande que todos los demás dioses (v. 11). Ponía así al SEÑOR por encima de todos los demás dioses que los egipcios y otros adoraban. Declaraba que solo existía un SEÑOR soberano, Majestad de todo el universo, solo un Liberador y Salvador, JEHOVÁ mismo. (Cp. la confesión de Naamán, 2 R. 5:15.)

4. Jetro proveyó el holocausto y otros sacrificios de adoración para un servicio de adoración y comunión. Fíjese que fue celebrado por Moisés y todos los ancianos de Israel (v. 12). Jetro reconocía públicamente la maravillosa bendición de Dios sobre su yerno y sobre Israel.

Pensamiento 1. ¿Cuántos miembros de una familia se sienten complacidos los unos con los otros? ¿Tan complacidos que reconozcan que Dios los ha bendecido? Cuán importante es que arreglemos nuestra vida, que:

- Nos arrepintamos y llevemos una vida honrada.
- Perdonemos y nos reconciliamos con los miembros alejados de nuestra familia.
- Oremos y pidamos a Dios que bendiga a los miembros de nuestra familia.
- Humilde y desinteresadamente reconozcamos que Dios ha bendecido a algún miembro de la familia.
- Seamos amables con los miembros de nuestra familia.

"En esto conocerán todos que sois mis discípulos, si tuviereis amor los unos con los otros" (Jn. 13:35).

"Este es mi mandamiento: Que os améis unos a otros, como yo os he amado" (Jn. 15:12).

"El amor sea sin fingimiento. Aborreced lo malo, seguid lo bueno" (Ro. 12:9).

"Amaos los unos a los otros con amor fraternal; en cuanto a honra, prefiriéndoos los unos a los otros" (Ro. 12:10).

"Así que, sigamos lo que contribuye a la paz y a la mutua edificación" (Ro. 14:19).

"Antes sed benignos unos con otros, misericordiosos, perdonándoos unos a otros, como Dios también os perdonó a vosotros en Cristo" (Ef. 4:32).

"Vestíos, pues, como escogidos de Dios, santos y amados, de entrañable misericordia, de benignidad, de humildad, de mansedumbre, de paciencia" (Col. 3:12).

"Por lo cual, animaos unos a otros, y edificaos unos a otros, así como lo hacéis" (1 Ts. 5:11).

[3] (18:13-27) ***Trabajo — Agotamiento — Crisis — Liderazgo — Organización — Gobierno — Democracia*:** Hubo la tercera ayuda de Jetro: Vio que Moisés estaba agotado y le ofreció una sabia solución. Lo que sucedió después fue interesante. Demuestra que Jetro era un hombre de verdadera sabiduría y que Moisés y él habían desarrollado una relación muy cercana en aquellos cuarenta años en que Moisés había trabajado para él en Madián. (Vea esquema y notas, Éx. 2:15-22; 4:18-19 para mayor análisis.)

1. A la mañana siguiente, sin duda muy temprano, Moisés se levantó y se dirigió a la tienda de la jefatura. Allí estuvo todo el día juzgando a las personas. Él era *el único juez* en Israel, el único juez para dos o tres millones de personas (v. 13). Los resultados eran fatídicos: Había una sorprendente cantidad de casos atrasados. Muchas de las personas aguardaban su turno desde horas tempranas de la mañana hasta tarde en la noche, en espera de llevar sus casos ante Moisés.

2. Jetro cuestionó la sabiduría de la estructura organizativa de Moisés (vv. 14-15).

⇒ Le preguntó a Moisés por qué solo él era el juez (v. 14).

⇒ Moisés sencillamente respondió que las personas exigían que los atendiera en persona: Querían que él interpretara la voluntad y las leyes de Dios para resolver disputas (v. 15).

3. La respuesta de Jetro fue la de dejar claro inmediatamente un hecho obvio: Un serio problema había surgido en el liderazgo, el del *agotamiento* (vv. 17-18).

⇒ Moisés y el pueblo estaban agotados.

⇒ El trabajo era demasiado para que solo una persona lo hiciera.

4. Entonces Jetro ofreció una sabia solución a la crisis de liderazgo (vv. 19-23). Pero fíjese que primero Jetro apeló a

que Dios estaba con Moisés (v. 19). ¿Cuál fue el consejo de Jetro para resolver la crisis de liderazgo?

a. Primero, Moisés sería el representante ante Dios y el principal maestro del pueblo (vv. 19-20). Él debería:
   - Enseñar los decretos y los mandamientos de Dios. (Note: Ya se había escrito un libro con las leyes de Dios en la época de Moisés.)
   - Enseñar al pueblo cómo vivir.
   - Enseñar a las personas su deber ante Dios y los hombres.

b. Segundo, Moisés elegiría hombres devotos y capaces para que fungieran como sus oficiales (v. 21). Fíjese en las cualidades de los jueces que serían elegidos:
   ⇒ Hombres que fueran capaces. Es decir, que tuvieran la habilidad natural de juzgar las diferencias entre las personas.
   ⇒ Hombres que temieran a Dios.
   ⇒ Hombres de confianza. Es decir, hombres en los que se pudiera confiar.
   ⇒ Hombres que odiaran la falsedad y la avaricia.

c. Tercero, Moisés se encargaría de los casos más importantes y difíciles, los jueces se encargarían de las disputas más sencillas (v. 22).

d. Cuarto, Moisés realizaría la organización siguiendo sólo los mandamientos de Dios (v. 23).

Observe la humildad de Jetro. Él sabía que nadie haría caso a su idea a menos que Dios la aprobara. Así se lo dejó saber a Moisés. Resultado: Si Dios permitía que Moisés estructurara las cortes de Israel de dicha manera, ello significaría una carga menos pesada, menos presión y paz nacional (v. 23).

5. Note la sabiduría del liderazgo de Moisés: Él escuchó a su suegro (vv. 24-27). Otro pasaje nos dice que en ese momento Moisés verdaderamente estableció una democracia: Le dio a conocer la idea al pueblo y les dejó elegir a aquellos que fungirían como sus jueces (v. 25. Cp. Dt. 1:9-13.) Los jueces se encargaron de los problemas entre las personas, excepto los casos más difíciles. Los casos más difíciles eran llevados ante Moisés (v. 26).

6. Entonces Jetro regresó a casa (v. 27).

Pensamiento 1. Tener demasiado trabajo es un problema muy serio para algunos de los miembros del pueblo de Dios. Algunos de nosotros tenemos que trabajar día y noche, y, a pesar de ello, nos espera una cantidad similar de trabajo para cuando terminemos. ¿Cuál es la respuesta? Parte de la respuesta consiste en:

- Reestructurar la organización, justo como hizo Moisés.
- Estructurar la carga de trabajo en unidades más pequeñas, justo como hizo Moisés.
- Delegar más y más trabajo en otros, justo como hizo Moisés.
- Conseguir más y más trabajadores, justo como hizo Moisés.
- Pedir a las personas que ayuden a encontrar trabajadores aptos y devotos, justo como hizo Moisés.
- Pedir a Dios para que solucione el problema, justo como hizo Moisés (v. 23. Cp. Dt. 1:9-13.)
- Pedir fuerza a Dios día tras día, justo como seguramente hizo Moisés.

"y os daré pastores según mi corazón, que os apacienten con ciencia y con inteligencia" (Jer. 3:15).

"Entonces dijo a sus discípulos: A la verdad la mies es mucha, mas los obreros pocos. Rogad, pues, al Señor de la mies, que envíe obreros a su mies" (Mt. 9:37-38).

"¿No decís vosotros: Aún faltan cuatro meses para que llegue la siega? He aquí os digo: Alzad vuestros ojos y mirad los campos, porque ya están blancos para la siega. Y el que siega recibe salario, y recoge fruto para vida eterna, para que el que siembra goce juntamente con el que siega" (Jn. 4:35-36).

"Cuando hubieron comido, Jesús dijo a Simón Pedro: Simón, hijo de Jonás, ¿me amas más que éstos? Le respondió: Sí, Señor; tú sabes que te amo. Él le dijo: Apacienta mis corderos. Volvió a decirle la segunda vez: Simón, hijo de Jonás, ¿me amas? Pedro le respondió: Sí, Señor; tú sabes que te amo. Le dijo: Pastorea mis ovejas. Le dijo la tercera vez: Simón, hijo de Jonás, ¿me amas? Pedro se entristeció de que le dijese la tercera vez: ¿Me amas? y le respondió: Señor, tú lo sabes todo; tú sabes que te amo. Jesús le dijo: Apacienta mis ovejas" (Jn. 21:15-17).

"Los ancianos que gobiernan bien, sean tenidos por dignos de doble honor, mayormente los que trabajan en predicar y enseñar" (1 Ti. 5:17).

"Lo que has oído de mí ante muchos testigos, esto encarga a hombres fieles que sean idóneos para enseñar también a otros" (2 Ti. 2:2).

"Apacentad la grey de Dios que está entre vosotros, cuidando de ella, no por fuerza, sino voluntariamente; no por ganancia deshonesta, sino con ánimo pronto" (1 P. 5:2).

Término histórico	Tipo o ilustración (Fundamento bíblico de cada uno)	Aplicación para la vida del creyente de hoy día	Aplicación bíblica
TIPOS, SÍMBOLOS E ILUSTRACIONES **Éxodo 18:1-27** *Eliezer, hijo menor de Moisés* (Éx. 18:4)	*Dios es quien me ayuda* **"y el otro se llamaba Eliezer, porque dijo: El Dios de mi padre me ayudó, y me libró de la espada de Faraón" (Éx. 18:4).**	⇒ Dios es quien nos ayuda. Él nos ayuda cuando estamos/somos. . . • débiles • necesitados • pobres • indefensos • afligidos • temerosos • criticados • condenados • atacados • solos • vacíos • perdidos • infravalorados • ignorados	***"Aunque afligido yo y necesitado, Jehová pensará en mí. Mi ayuda y mi libertador eres tú; Dios mío, no te tardes" (Sal. 40:17).*** ***"No temas, porque yo estoy contigo; no desmayes, porque yo soy tu Dios que te esfuerzo; siempre te ayudaré, siempre te sustentaré con la diestra de mi justicia" (Is. 41:10).*** ***"de manera que podemos decir confiadamente: El Señor es mi ayudador; no temeré lo que me pueda hacer el hombre" (He. 13:6).***

ÍNDICE DE BOSQUEJOS Y SERMONES
ÉXODO 12:1—50:26

RECUERDE: Cuando consulte un tema y busque la referencia de las Escrituras, usted no solo tendrá el texto bíblico, sino también un bosquejo y una discusión (comentario) del pasaje de la Biblia y del tema.

Esta es una de las grandes ventajas de *La Biblia de bosquejos y sermones*. Cuando posea todos los tomos, no solo tendrá todo lo que los otros índices bíblicos le ofrecen; es decir, un listado de todos los temas y sus referencias bíblicas, SINO que también tendrá:

- un bosquejo de *cada* texto y tema de la Biblia.
- una discusión (comentario) de cada texto y tema.
- cada tema respaldado por otros textos de la Biblia o referencias cruzadas.

Descubra el gran valor usted mismo. Dé una mirada rápida al primer tema de este índice.

AARÓN
Llamamiento de. 4:13-17; 4:27-31; 5:13-27, esp. 13; 7:1-7
Familia de.
  Tuvo una madre creyente y valiente. 2:2
  Sus progenitores fueron Amram y Jocabed. 6:20
  Su hermana se llamaba María. 15:20
  Sus hijos fueron Nadab, Abiú, Eleazar e Itamar. 6:23
  Su esposa fue Elisabet. 6:23
  Su hermano menor fue Moisés. 2:2
Árbol genealógico de. Cuadro de. 6:13-27
Vida de. Tenía 83 años cuando recibió el llamamiento de servir a Dios. 6:28—7:7
Ministerio de.
  Fue testigo y ejecutó milagros frente a Faraón. 7:8-10; 7:17-21
  Fue profeta y portavoz de Moisés. 7:1-2
Dios lo eligió para que ayudara a Moisés a liberar a los israelitas de la esclavitud. 4:13-17; 4:27-31; 6:13-27

Busque las referencias. Después los textos bíblicos y el bosquejo de las Escrituras. Luego lea el comentario. De inmediato verá el gran valor de este índice de *La Biblia de bosquejos y sermones.*

Notas

Notas

Notas

Notas

EDITORIAL
PORTAVOZ

NUESTRA VISIÓN

Maximizar el efecto de recursos cristianos de calidad que transforman vidas.

NUESTRA MISIÓN

Desarrollar y distribuir productos de calidad —con integridad y excelencia—, desde una perspectiva bíblica y confiable, que animen a las personas a conocer y servir a Jesucristo.

NUESTROS VALORES

Nuestros valores se encuentran fundamentados en la Biblia, fuente de toda verdad para hoy y para siempre. Nosotros ponemos en práctica estas verdades bíblicas como fundamento para las decisiones, normas y productos de nuestra compañía.

Valoramos la excelencia y la calidad
Valoramos la integridad y la confianza
Valoramos el mérito y la dignidad de los individuos y las relaciones
Valoramos el servicio
Valoramos la administración de los recursos

Para más información acerca de nuestra editorial y los productos que publicamos visite nuestra página en la red: www.portavoz.com